대한민국
자치행정학 연구

The study of local autonomy administration
in the Republic of Korea

Ⅰ

대한민국 자치행정학 연구 Ⅰ
The study of local autonomy administration in the Republic of Korea

지은이 최진혁
1판 1쇄 2024년 8월 19일
1판 2쇄 2025년 10월 15일
발행인 김정겸 **펴낸곳** 충남대학교출판문화원 **주소** 대전광역시 유성구 대학로 99
전화 042-821-6045 **홈페이지** http://www.cnupress.co.kr **E-mail** cnupress@cnu.ac.kr

ISBN 979-11-6503-287-6 94350
ISBN 979-11-6503-286-9 94350(세트)
정가 42,000원

대한민국 자치행정학 연구

The study of local autonomy administration in the Republic of Korea

I

최진혁

충남대학교출판문화원

머리말

1991년 지방의회의 재구성과 1995년 지방자치단체장 주민직선과 함께 다시 시작된 우리나라의 지방자치제도는 그동안 중앙집권적 논리 하에 희생된 민주화의 간절한 염원을 담는 사건으로 대한민국 현대 정치 · 행정사에 매우 의미 있는 중요한 전환기적 성격을 띤다고 볼 수 있습니다. 군사정권에 의해 희생된 민주정치의 원혼(魂)은 국민들의 가슴 속에 지펴져 더 이상 자유민주주의 국가의 정통성을 잃은 중앙권력에 끌려갈 수 없었고, 이제는 지방자치단체(지방정부)마다 우리의 대표를 우리 손으로 직접 선출하여 우리 지역의 문제를 스스로 해결해 나가는 지방자치제도만이 민주정치(지방민주주의)를 실현하는 유일한 길임을 항변하게 하였던 것이었습니다. 따라서 1961년 5.16 군사혁명에 의해 폐지되었던 주민대표기관으로서 지방의회를 무엇보다 다시 살리는 일(지방자치의 부활)이 시급한 것이었습니다. 그러나 당시 임명자치단체장을 두고 지방의회의원만 주민직선으로 하는 지방자치는 '반쪽 지방자치'라며 자치단체장의 주민직선을 강력하게 요구하였고, 마침내 1995년 자치단체장도 주민이 직접 선출하는 주민자치의 시대를 열게 되었습니다. 그러나 그 이후 민선자치(현재 민선8기 중·후반)의 경험은 주민직선에 의해 자치단체장과 지방의원을 선출한다고 해서 우리가 염원하던 진정한 지방민주주의(자유민주주의)는 완성될 수 없다는 교훈을 체득하는 시행착오를 겪고 있는 것입니다. 즉, 민선자치가 시행되면서 직선된 자치단체장과 지방의회의원은 재선이라는 절대적 과제에 봉착하면서 주민들에게 '표'만를 생각할 수밖에 없는, 따라서 전시(展示)행정 내지 인기(人氣)행정의 유혹에 매몰(埋沒)되어 지방정책은 왜곡(歪曲)될 수밖에 없는 상황을 만들어내는 우(愚)를 범하였던 것입니다. 그리고 민선자치는 신자유주의

(Neoliberalism)와 결합되면서 더욱 수요자(需要者) 중심주의, 고객지향(顧客志向)적 행정 등을 강조하면서 주민들을 단순한 행정서비스의 객체(客體)로서의 지위만을 부여하였을 뿐이었습니다. 그러다보니 지방자치단체(지방정부)의 행정서비스에 대해 소비자로서의 수동적인 주민을 만들어내었을 뿐이었고, 더 나아가 대다수 주민들은 지역이기주의와 자기이해에 함몰(陷沒)되어 지방자치(지방민주주의)를 근간으로 하는 자치행정에 많은 혼란을 야기하는 주범이 되고 말았습니다. 요컨대, 지방민주주의를 지탱할 역량 내지 여건(지방민주주의 제도, 시민사회 성숙)이 구비되어 있지 않고서는 지방민주주의(주민참정) 수단으로서의 선거(주민참여), 주민자치의 효과는 그리 크게 나타나지 않는, 아니 오히려 왜곡 반감될 수 있다는 사실을 깨닫게 되었습니다.

여기에 노무현 참여정부(대통령자문 정부혁신지방분권위원회)와 이명박(MB)정부(대통령소속 지방분권촉진위원회), 박근혜정부(대통령소속 지방자치발전위원회), 문재인정부(대통령소속 자치분권위원회)가 추진한 지방분권개혁의 문제점을 진단하여 국가 및 지방자치단체개혁을 바르게 추진해야 할 의무가 윤석열 정부(대통령직속 지방시대위원회)의 과제가 되고 있는 것입니다. 마치 프랑스의 프랑수와 미테랑(François Mitterand) 좌파(사회당) 정부가 추진한 지방분권개혁을 보다 발전적 분권정책으로 국가개혁을 수행하려 했던, 요컨대 지방분권화를 더욱 가속화시키기 위한 대안으로 헌법개정을 모색하였던 쟈크시락(Jacques Chirac)과 지방행정체제개편을 모색하면서 새로운 지방자치단체 개혁을 모색하였던 니콜라사르코지(Nicolas Sarkozy)의 우파정부의 노력과 계속된 지방분권개혁으로 새로운 도약을 추구하였던 프랑수와 올랑드(François Hollande) 좌파(사회당)정부, 그리고 중도신당 '레프

블릭앙마르슈'(La République En Marche : 공화국 전진)로 집권한 에마뉘엘 마크롱(Emmanuel Macron)의 경험이 소중하게 다가오는 이유입니다.

요컨대, 1991년 지방의회의 재구성과 1995년 자치단체장의 주민직선에 의한 지방자치 정착에의 노력은 마침내 참여정부의 지방분권과 지역균형발전 정책이라는 보다 적극적인 지방분권화시대를 열어가게 하였고, 이어 이명박정부의 5+2광역경제권을 기초로 한 지방행정체제개편 논의 속에 지방분권정책의 지속화로 이어 나갔던 것이었습니다.

이어 박근혜정부는 그동안의 우리의 지방자치는 자치역량의 미흡으로 국민행복과 국가발전으로 이어지는 데는 한계가 있었다고 진단하고 지방분권강화와 지방재정확충 및 건전성 강화정책을 펼쳤던 것입니다. 또한 '정부3.0' 방식의 새로운 패러다임의 정부운영방식을 추구하면서 '소통하는 투명한 정부', '일 잘하는 유능한 정부', '국민중심의 서비스 정부'를 실현하고자 노력하였습니다.

그리고 헌정초유의 대통령탄핵정국에 따른 문재인정부의 등장은 더욱 자치분권과 분권형헌법개정을 통한 국가발전을 주장하기에 이르렀습니다.[1] 이와 함께 32년만의 지방자치법 전부개정을 통해 획기적인 주민주권 구현, 실질적 자치권 확대, 자치단체 투명성·책임성 제고, 중앙-지방 협력관계 정립 및 자치단체 사무수행 능률성 강화를 강조하였습니다.

---

1 "내 삶을 바꾸는 자치분권"의 비전 하에 '연방제에 버금가는 강력한 지방분권'을 목표로 하는 5개 핵심전략(중앙권한의 획기적 지방이양, 강력한 재정분권 추진, 자치단체의 자치역량 제고, 풀뿌리 주민자치 강화, 네트워크형 지방행정체계 구축)을 강조하는 자치분권로드맵을 제시하였다.

이어 우파정부로의 정권교체를 이룬 윤석열정부는 기존의 자치분권위원회와 국가균형발전위원회를 단일 위원회인 〈지방시대위원회〉[2]로 통합하여 운영하고 있습니다.

이러한 맥락에서 필자는 우리나라가 60-70년대 저개발도상국의 발전행정의 시각에서 지방행정을 논의했던 관점에서 90-2020년대 자치행정으로 그 패러다임을 전환시켰던 시대 한 복판에 있었기에 그 전환기적 자치행정의 실상과 학문적 이론정립의 내용을 체계적으로 정리할 필요성이 있다고 판단하였습니다. 따라서 20세기 후반부터 자치행정의 성장 및 한편으론 시행착오적 혼란시기가 병행되었던 21세기 전반에까지 학술적으로 접근한 연구내용을 이 저서에 담아보고자 하였습니다. 여기에서 특히 우리나라와 지방자치의 유전인자(DNA)가 유사한 대륙계 지방자치의 대표모델로서 프랑스가 경험한 자치분권의 지혜를 공유하면서 우리가 해결해야 할 자치행정의 문제를 보다 적실성 높게 그 시사점을 제시하고자 노력하였습니다. 지방자치 부활이후 약 30여년, 어떻게 보면 자치행정의 토대를 만들어가는 과정에서 자치행정학자로서 고민해야 했던 자치분권 연구과제들이 우리나라 자치행정의 실상을 바로 이해하고, 또한 이 연구서를 기반으로 앞으로 더욱 발전된 자치행정학의 이론적 틀을 정립하는데 도움이 될 수 있기를 소망해봅니다.

---

2 1)비전 : 대한민국 어디서나 살기 좋은 지방시대 ; 2)목표 : 지방주도 균형발전 책임있는 지방분권 ; 3) 5대전략 : ①자율성 키우는 과감한 지방분권 ②인재를 기르는 담대한 교육개혁 ③일자리 늘리는 창조적 혁신성장 ④개성을 살리는 주도적 특화발전 ⑤삶의 질 높이는 맞춤형 생활복지 ; 4) 4대가치 : 자율, 공정, 연대, 희망 5)9대 정책 : ①기회발전특구 지정 : 양질의 신규 일자리 ②교육자유특구 도입 : 지역-대학 동반성장 ③ 지방정부 주도의 도심융합특구 조성 ④로컬리즘을 통한 문화·콘텐츠 생태계 조성 ⑤ 첨단 전략산업 중심 지방경제 성장 ⑥디지털 재창조로 지방 신산업 혁신역량 강화 ⑦매력있는 농어촌 중심으로 생활인구 늘리기 ⑧ 킬러규제 일괄해소로 투자 활성화 ⑨ 지방분권형 국가로의 전환

이 책자는 총 11편으로 구성하게 되었는데, 자치행정이 종합행정으로서 그 이론과 실제를 망라하여 접근하다보니 방대한 연구서가 되어 자치행정학 연구(I), (II)로 나누어 정리하게 되었습니다. 제I권으로 제1편은 지방자치의 역사적 · 헌정적 기원, 제2편은 헌법과 지방자치법, 제3편은 지방행정체제와 기관구성, 제4편은 지방자치단체의 구성 : 지방의회와 집행기관(자치단체장, 지방공무원), 제5편은 지방선거와 지방민주주의, 제II권으로 제6편은 주민참여 및 민원행정, 제7편은 시민사회와 로컬거버넌스, 제8편은 자치분권과 지역균형발전, 제9편은 교육자치와 교육분권, 제10편은 지방재정, 제11편은 광역행정과 대도시 자치행정 사례를 실었습니다. 이 방대한 원고를 정리 · 편집하는 과정에서 수고를 아끼지 않고 큰 도움을 준 충남대학교 출판부와 유지연 박사에게 고마운 마음을 전합니다.

그동안 교육자, 학자로서의 길을 가는 동안 많은 어려움 속에서도 늘 기도로서 용기를 주신 어머님, 아버님, 특히 새벽기도를 통해 자식의 앞날을 하나님께 맡겨드렸던 어머님의 숭고한 사랑과 희생에 절로 머리가 숙여집니다. 하나님 마음에 합한 자로서 겸손함을 훈육해주셨던 어머님이 수확의 감사를 드리는 7월 맥추감사절에 더욱 그리워지기만 합니다. 교육자로서 엄격하셨던 아버님이 들려주셨던 그 성경말씀("우리가 알거니와 하나님을 사랑하는 자 곧 그의 뜻대로 부르심을 입은 자들에게는 모든 것이 합력하여 선을 이루느니라" : Nous savons, du reste, que toutes choses coopèrent au bien de ceux qui aiment Dieu, de ceux qui sont appelés selon son dessein ; Romains 8:28)도 감사의 생을 살아가라는 교훈을 주신 것으로 보입니다. 또한 오로지 성경말씀에 의지하며 기도와 찬양으로 사위사랑이 지극하셨던 장모님, 학문적 식견과 도전정신으로 파리유학을 강권하셨던 장인어른, 그 덕분에 미력하지만 오늘날 저에게 주어진 역할을 조금이나마 완수할 수 있었지 않았나 여겨집니다. 그리고 무엇보다 자치행정학자로의 길을 열어주시고 특히 프랑스 지방자치행정 연구에 도전하도록 북돋아주셨던 정세욱교수님의 큰 가르침이 이 책자의 결실을 보게 하였습니다, 또한 박사후 연구과정(서울대 행정대학원)에서 재무행정, 지방재정의 심도있는 가르침을 주셨던 강신택교수님, 그리고 지방재정을 넘어 정부회계분야에까지 연구의 영역을 넓혀주신 강인재원장님의 도움이 이 책의 완성도를 높일 수 있었습니다. 머리숙여 감사인사를 올립니다. 또한 전국 최초, 최고의 자치행정학과(도시·자치융합학과)로서 자부심과 열정으로 함께 동고동락 해주셨던 동료 선후배 교수님들께도 감사의 인사를 전하고자 합니다.

끝으로 그동안 바쁜 학내외 일정을 이해해주고 교육자, 학자로서의 삶에 최선을 다할 수 있도록 많은 희생을 감당해준 소중한 아내와 가족들에게 이 책으로 그동안의 고마움과 미안한 마음을 대신 전하고자 합니다. 특히 하늘나라에서 늘 기도해주시는 어머님, 아버님 생전에 책출간의 기쁨을 드리지 못하였음을 용서하시고, 늦었지만 매순간 최선을 다해 쌓은 연구업적인 이 소중한 책자를 정성스럽게 바치고자 합니다.

2024년 7월 25일

초록빛 짙은 싱그러운 푸르름과 성하(盛夏)의 계절을 알리는 매미소리와 함께 충남대 연구실에서 저자 씀

목차

01

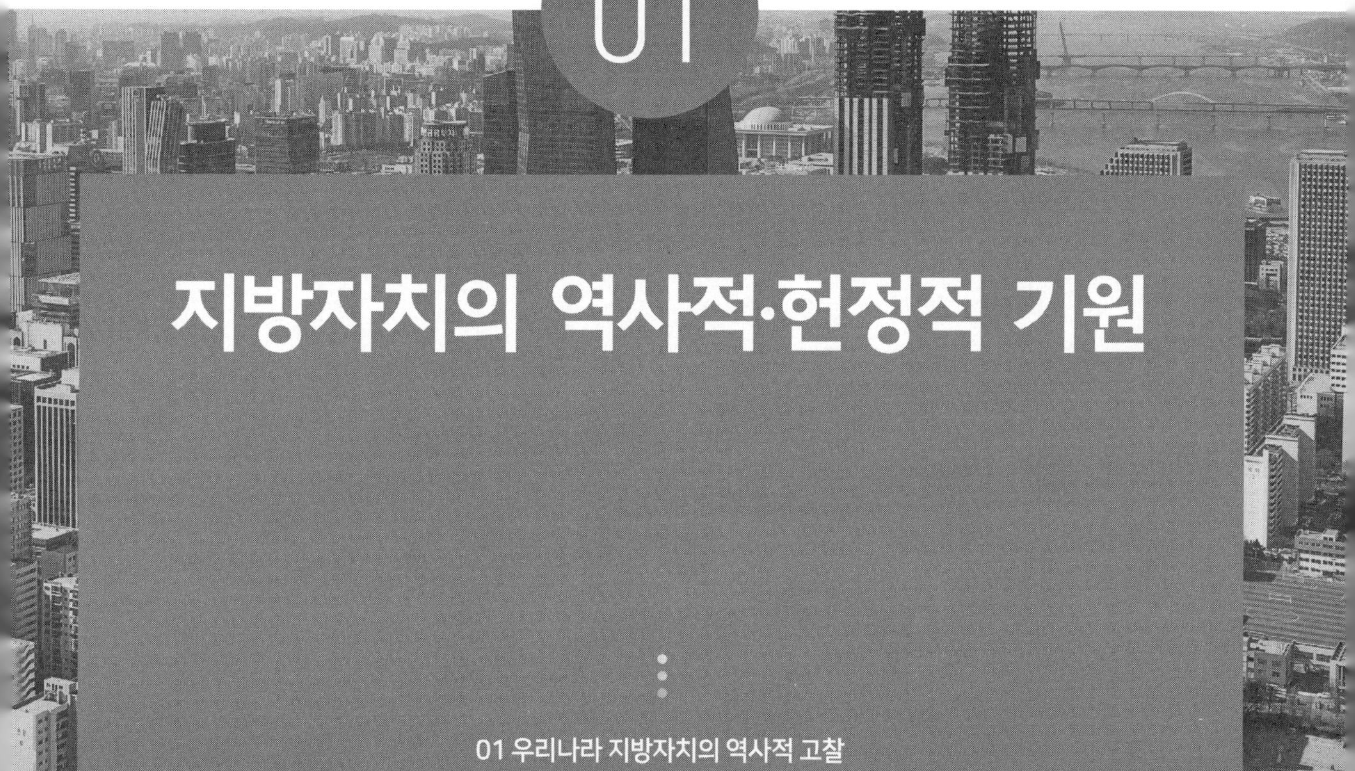

지방자치의 역사적·헌정적 기원

01 우리나라 지방자치의 역사적 고찰[1]

제1절 지방자치의 역사적 전통

대한민국 국가로서 자치권을 헌법에 보장받아 지방자치를 명문화(1948.8.15)하면서 근대(近代)[2]적 의미의 지방자치가 시작되었다고 할 수 있다. 그러나 유럽의 국가들에서처럼 국가성립 이전에 그 역사적 뿌리를 어디에서 찾을 수 있을까하는 질문에 그들이 중세시대로 거슬러 올라가 그 기원을 찾고 있듯이 우리는 고려시대, 조선시대로 그 유사한 제도를 찾아볼 수 있으며, 이어 외형만 자치의 형태를 갖춘 채 중앙집권통치의 형태로 나타난 일제시대, 미군정시대의 그것을 살펴볼 수 있을 것이다.

1. 고려시대

1) 사심관(事審官)제

사심관제도는 지방호족인 건국공신을 출신지방의 통치에 맡겼던 제도로서, 보통 지방의 행정사무를 실제적으로 담당하는 향리(鄕吏) 추천 · 감독권을 부여하여 지방세력

1 한국지방자치학회 발표논문(우리나라 지방자치제도의 역사적 고찰 : 소중한 경험과 값진 교훈, 2020.8)을 보완 정리함.

2 근대(近代)의 의미는 유럽역사의 시대구분에 의한 것으로 보통 산업혁명 이후 18, 19세기로 보는 견해가 있지만 왕정이 끝나고 전개되는 시대로서도 보는 관점이 있어 이를 우리사회에 적용해 볼 경우 조선 왕정시대를 마치고 일제, 미군정을 넘어 새롭게 국가형성을 이룬 시기인 대한민국 정부수립 이후로 이해하고자 한다.

가의 동태를 파악 · 견제하려는 것이었으나 당시에는 오늘날과 같은 주민참여라는 것은 없었고, 주민착취와 수탈에 급급하였던 제도로 평가받았다.

2) 향직단체(鄕職團體)

향직단체는 지방토호세력가를 중심으로 부역(賦役)의 부과 및 징수하기 위한 소규모 지방행정조직이었다. 당시 지방토호세력의 협조 없이는 요역(徭役) · 공납(貢納) 등의 과정이 어려웠기 때문에 이들에게 중앙관직의 위계(位階 : hierarchy)와 같은 명칭과 직위를 주고 소규모의 조직으로 지방행정을 담당하기 위해 주(州), 목(牧), 군(郡), 현(縣)에 두었던 행정기관이었다.

3) 기인제도(其人制度)

기인제도는 향직단체가 지방행정의 기능을 부여받는 대신에 국왕에 대한 충성의 보증으로 지방토호(地方土豪)와 향리의 발호(跋扈)를 막기 위해 지방토호의 자제를 중앙에 인질로 보냈던 제도였다.

2. 조선시대

1) 향청(鄕廳)

조선초기의 유향소(留鄕所)를 일시 폐지하였다가 후에 이를 향청으로 개칭하였다. 향청의 조직은 민선제로 좌수(座首)를 장(수령)으로 하고, 그를 보좌하는 임기 2년의 명예직인 3-5인의 별감(別監)을 두었다. 지방민의 풍속교정과 향리규찰, 민의의 대변기관이었으나 그 설치목적이 지방민의 권익보호 보다 지방문벌과 세력가들의 지위와 권위를 외관의 전횡으로부터 보호하자는데 있었으므로 오늘날의 지방자치와는 거리가 먼 개념이었다.

2) 향약(鄕約)

향약은 조선중기 이후 지방의 양반, 토호, 유림 등의 상류계급을 중심으로 전개된 주민자치규약으로서 일종의 민간교화운동이었다. 그 중요한 4대 강목(綱目)은 덕업상권(德

業相勸 : 지방주민들의 선행을 장려하고 생업에 충실하게 함), 과실상규(過失相窺 : 상호간의 허물을 비판 · 경고하여 잘못을 개선하게 함), 예속상교(禮俗相交 : 유교문화를 보급하고 사회생활을 바르게 함), 환난상휼(患難相恤 : 질병과 재난을 당했을 때 서로 긍휼함으로 돕게 함)이었다.

3) 향회(鄕會)

향회는 오늘날 지방의회와 비슷한 기능을 하는 것으로 볼 수 있었던 제도로 1895년 향회 규정 및 향약판무(鄕約辦務)규정에 의해 군 · 면(郡 · 面 : 실제로 坊 · 社 등 명칭 다양) · 리(里 : 실제로 洞 · 浦 · 坪 · 村 등 명칭 다양)에 설치되어 도로 · 교량 · 산림 · 조세 등에 관하여 심의기능을 수행하였다. 따라서 우리나라에 있어 근대적 의미의 지방자치의 효시(嚆矢)로 이해하고 있다. 그러나 향회제도는 지방행정기관의 자기선임원칙과 임기제 및 명예직제 등 지방주민의 참여를 인정한 자치제도였으나 일제강점으로 더 이상 발전하지 못하였다.

이하 조선의 지방관제틀 내에서 향청 · 향회제도의 사적 진전흐름을 이해할 수 있다(그림 1-1참조).

<그림 1-1> 조선의 지방관제

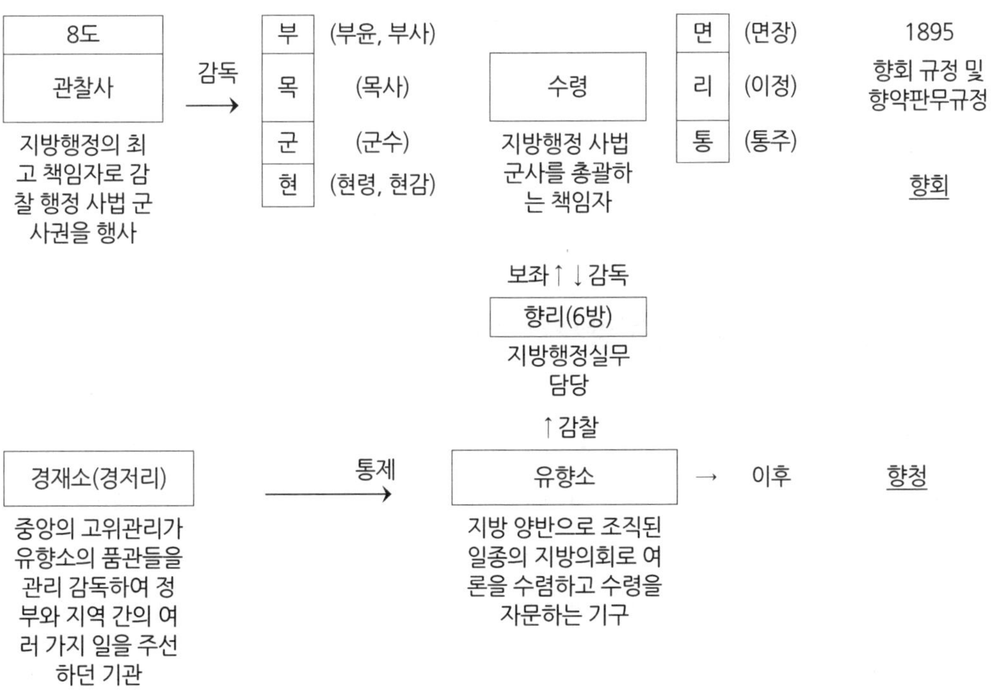

3. 일제시대

일제는 1913년 부제(府制 : 최초의 공법인), 1917년 면제(面制), 1930년 읍제(邑制) · 도제(道制)의 공포로 도 · 부 · 읍 · 면(道 · 府 · 邑 · 面)은 법인격을 부여받고 법제상 지방자치단체가 되었다. 부회(府會), 도회(道會), 읍회(邑會)는 의결기관으로서 임기 4년의 명예직 의원으로 구성되었다. 그러나 이러한 지방제도는 외형상으로 자치적 형식을 갖추었을 뿐이지 실제로는 집행기관 절대우위하의 중앙집권적 관료통치를 위한 도구에 불과하였다.

4. 미군정시대

미군정하에서는 자주적인 독립정부를 구성할 때까지 잠정적인 조치라는 명분하에 일제시대의 지방제도를 전적으로 수용하였다. 따라서 이 시기의 지방제도는 중앙의 기능을 단순히 지방에 분산하여 운영하는데 지나지 않았다. 미군정하(2년11개월)의 지방제도상의 주요 변화는 다음과 같다.

① 서울시(경성부)를 경기도의 관할에서 분리하여 도와 동등한 지위로 승격시키고 서울특별시로 개칭하였다(1946년 8월 14일 서울특별시 헌장 제정).

② 제주도를 전라남도에서 분리시켜 도로 승격시켰다.

③ 교육구와 교육위원회를 설치하였다.

제2절 근대적 의미의 지방자치제도

우리나라의 근대적 의미의 지방자치제도는 대한민국 정부수립과 더불어 제헌헌법(1948. 7. 17)에 의해 보장되어[3] 제정된 지방자치법(1949. 7. 4)에 의해 비롯되었다. 그러

3 제헌헌법 제8장 지방자치 제96조 지방자치단체는 법령의 범위 내에서 그 자치에 관한 행정사무와 국가가 위임한 행정사무를 처리하며 재산을 관리한다. 지방자치단체는 법령의 범위 내에서 자치에 관한 규정을 제정할 수 있다. 지방자치단체는 이 조항에 근거한 자치권에 의하여 그의 관할구역과 주민을 통치하고 그 관리사무를 자기의 자율과 책임하에 처리할 수 있는 법률적 권능을 가지게 되었다. 국가와는 별개의 법인격이 부여되고 그 독자적 사무가 인정되는

나 우리나라의 지방자치는 집권자의 정권연장의 수단으로 이용되거나[4] 국가행정의 능률성 도모를 위해 유보 당하는[5] 역사적 시련을 겪으면서 진전되어 왔다. 즉, 헌법에 지방자치가 보장되었음에도 불구하고 헌법부칙에 지방의회의 구성을 법률사항으로 위임하고 실제는 법률제정을 회피함으로써 무용지물화하거나[6] 조국통일시까지 유예하거나[7] 지방자치단체의 재정자립도를 감안하여 순차적으로 하되 그 시기를 법률로써 정할 것을 규정하였던 것이다.[8] 이렇듯 정치권으로부터 정권유지의 도구나 중앙정부의 능률성 추구로 전락되었었던 우리의 지방자치는 1987년 6.29 민주화 항쟁이후 마침내 1991년 지방의회의 재구성과 1995년 지방자치단체장을 주민직선으로 하는 획기적인 지방자치의 시대를 구가하게 되었다. 그러나 30년만에 부활된 지방자치도 주민이 필요로 하는 지방자치를 추구하지 못했고 중앙정치, 중앙정부의 필요성에 의하여 그들의 정쟁게임 하에서 지방자치를 추구하였다. 즉, 여전히 중앙정부의 정치 · 행정논리에 입각한 '중앙집권방식으로의 지방자치'가 되고 있는 것이다. 이러한 그동안의 지방자치의 한계를 인식하여 16대 대선을 활용해 학계, 시민단체, 언론 등 각계 전문가그룹들이 진정한 지방자치 실현을 위한 지방분권화 운동을 적극적으로 전개하였다.[9] 어떻게 하면 불균형적으로 발전되어온 지역문제를 해결하여 '지방분권과 지역균형발전'을 이루어낼

지방자치단체가 사무를 처리하고 존립하기 위해 일정한 권능을 가져야 하는데, 우리나라는 헌법에서 이를 명시적으로 보장하고 있는 것이다. 제97조 지방자치단체의 조직과 운영에 관한 사항은 법률로써 정한다. 지방자치단체에는 각각 의회를 둔다. 지방의회의 조직, 권한과 의원의 선거는 법률로써 정한다.

4 1950년대 지방자치는 집권자의 정권연장의 수단으로 이용되었다. 따라서 지방자치단체장의 선임방식의 변화가 가장 중요한 자치법의 개정요인이 되었던 것이다(간선제-직선제-임명제-직선제). 당시의 집권측은 지방자치단체를 자신들의 입장을 대변하고 지지해줄 하나의 정치기반 정도로 생각하였다(손봉숙, 1995 : 75 ; 김병찬·정정길, 1995).

5 1961년 5월 군사혁명위원회 포고 제4호로써 전국의 지방의회가 해산되고, 이어 6월 국가재건비상조치법 제20조로써 도지사, 서울특별시장과 인구 15만 이상의 시장은 최고회의 승인을 얻어 내각이, 기타의 지방자치단체장은 도지사가 임명하도록 하였다.

6 제3공화국 헌법(1962.12.26)은 "이 헌법에 의한 최초의 지방의회 구성시기에 관하여는 법률로 정한다"(부칙 제7조 제3항)고 규정하여 지방의회의 구성을 법률사항으로 위임하였고, 사실상 법률제정을 회피함으로써 지방자치제는 헌법에만 있을 뿐 그 시행은 이루어지지 않게 되었다.

7 유신헌법과 더불어 출범한 제4공화국은 헌법에 지방자치제를 규정하고 있으면서도 부칙 제10조에서 "이 헌법에 의한 지방의회는 조국통일이 이루어질 때까지 구성하지 아니한다"고 하여 사실상 지방자치의 포기를 명문화하였다.

8 제5공화국 헌법(1980.10.27)에서도 지방자치에 관한 헌법조항을 두었으나 부칙 제10조에서 "이 헌법에 의한 지방의회는 지방자치단체의 재정자립도를 감안하여 순차적으로 구성하되 그 구성시기는 법률로 정한다"고 규정함으로써 재정자립도를 이유로 하여 지방의회의 구성을 미루어왔다.

9 지방분권 지식인 선언, 지방자치법 개악저지 및 분권촉구 결의문 발표대회, 지방자치현장 선언 등 전국적, 지역적으로 분권조직을 형성하여 활동하였다. 특히 지식인 선언 그룹과 NGO그룹(참여자치지역운동연대, 지역경실련협의회, 시민사회단체연대회의 지방자치위원회)이 참여하는 '지방분권운동 전국조직 창립준비위원회'가 구성되기도 하였다(지역균형발전을 위한 지방분권운동 대전·충남연대 창립식 및 기념 토론회, 2002 : 8-9).

수 있을 것인가가 노무현정부의 주요 현안과제가 되었던 이유이다.

이어 이명박정부는 5+2광역경제권을 기초로 한 지방행정체제개편 논의 속에 지방분권정책을 이어갔다. 즉, 세계화에 대응하는 광역권경제권 구축, 지역개성을 살린 특성화된 지역발전, 지방분권 · 자율을 통한 지역주도 발전체제, 지역간 협력 · 상생을 통한 동반발전을 기치로 내세워 국가균형발전정책을 수행하려 하였다. 21세기 새로운 환경변화에 부합하기 위해서는 국내에서만 한정되었던 내국적 균형정책으로는 더 이상 국가발전을 기약하기 어렵고, 따라서 세계화에 대응하는 경쟁력 있는 지역을 창조하고, 지역별 비교우위를 토대로 차별화된 발전전략으로 지역의 잠재력을 확충하여 지역경쟁을 유도하여야 한다는 것이었다. 이와 더불어 지난 정부의 지방분권을 실질적 지방분권으로 전환하여 지역의 자율성과 책임성을 동시에 제고할 수 있도록 하고, 중앙과 지방의 협력체계를 구축하는데 지역이 주도하고 중앙은 이를 조정하고 지원하는 협력방식으로 하며, 수도권과 비수도권간 및 각 지역간 발전적 분업구조 형성과 상호협력을 통해 지역간 동반 · 상생 발전을 도모하고자 하였다.

우파정부로의 정권재창출에 성공한 박근혜정부는 그동안의 우리의 지방자치는 자치역량의 미흡으로 국민행복과 국가발전으로 이어지는 데는 한계가 있었다고 진단하고 지방분권강화정책을 국정과제로 추진하고자 하였다. 또한 '정부3.0' 방식의 새로운 패러다임의 정부운영방식을 추구하면서 '소통하는 투명한 정부', '일 잘하는 유능한 정부', '국민중심의 서비스 정부'를 실현하고자 노력하였다.[10]

그리고 헌정초유의 대통령탄핵정국에 따른 문재인정부의 등장은 더욱 자치분권과 분권형헌법개정을 통한 국가발전을 주장하였다. 즉, "내 삶을 바꾸는 자치분권"의 비전 하에 '연방제에 버금가는 강력한 지방분권'을 목표로 하는 5개 핵심전략(중앙권한의 획기적 지방이양, 강력한 재정분권 추진, 자치단체의 자치역량 제고, 풀뿌리 주민자치 강화, 네트워크형 지방

10 '정부 3.0'의 명칭은 '정부1.0', '정부2.0'의 연장선상에서 비롯되는 것으로 국민에게 일방적으로 정보를 제공하던 정부운영방식을 '정부 1.0'으로 보고, 그보다 진전된 정부와 국민간에 쌍방향 소통이 가능해진 정부운영방식을 '정부 2.0'으로 칭하면서 보다 획기적인 국민중심의 서비스를 지향하기 위한 차원에서 제기되었다. 따라서 그동안 정부 1.0, 2.0의 운영방식에서 비롯된 문제점을 극복해나가고 새로운 환경에 대처해가는 과정에서 이제 정부는 국민에게 공공정보를 적극적으로 개방하고 공유하며 부처간의 칸막이를 없애 소통과 협력이 원활히 이루어지도록 함으로써 국민 개개인에게 맞춤형 행정서비스를 제공하는 동시에 일자리 창출을 통해 지역경제활성화에 기여하도록 진화한 유능한 정부운영방식을 추구하고자 하는 것으로 이해할 수 있다(최진혁, 2013 : 우정공무원 강의안).

행정체계 구축)을 강조하는 자치분권로드맵을 제시하였다. 이어 자치분권 종합계획 확정(2018.9.11)에 따라 "우리 삶을 바꾸는 자치분권" 비전과 "주민과 함께 하는 정부, 다양성이 꽃피는 지역, 새로움이 넘치는 사회"라는 목표 하에 33개 추진과제(6개 핵심전략 : 주민주권 구현, 중앙권한의 획기적인 지방이양, 재정분권의 강력한 추진, 중앙-지방 및 자치단체간의 협력강화, 자치단체의 자율성과 책임성 확대, 지방행정체제개편과 지방선거제도 개선)를 제시하였다.

이런 맥락 하에서 자치분권정책을 더욱 강화하고 주민중심의 지방자치를 구현하는 차원에서 30여년만에 전면적이고 대대적인 지방자치법 전부개정을 준비하였고, 또한 그동안 단일사무별로 세분화된 입법방식으로 논의해야하는 이양사무의 비효율적인 사무배분방식을 효율적으로 진행시키기 위한 지방일괄이양법이 올해 초(2020.1.9)에 제정되기도 하였다. 이에 본고는 우리가 과거 추구하였고, 현재 추구하고 있고, 또한 미래에 추구하여야 하는 지방자치제도를 헌법이 보장하는 지방자치의 본질을 이해하여 올바른 제도설계를 위하여 그 역사적 맥락을 고찰하고 소중한 경험에 따른 값진 교훈를 제시하고자 한다(최진혁, 2005 : 216-218).

1. 지방자치의 태동기

1) 제1공화국

제1공화국에서의 지방자치는 주민의 필요보다는 국가의 필요에 의해 시작된 것으로 지방자치단체는 행정조직이기보다는 하나의 정치조직으로 기능했으며, 지방의회도 지방자치 본래의 목적을 상실한 채 정권유지의 도구로 전락하여 중앙에 종속되어 있었다. 이 기간 동안 4차례의 개정을 보게 되는 가운데 1,2차 지방선거를 치르게 된다.

(1) 제정 지방자치법(1949년 7월 4일 공포; 법률 제32호)의 주요 내용

제정 지방자치법은 지방의 행정을 국가의 감독 하에 지방주민의 자치로 행하게 함으로써 대한민국의 민주적 발전을 기함을 목적으로 규정하고 있다. 국가의 감독과 주민의 자치가 (어떻게 작동하여) 대한민국의 민주적 발전으로 견인되어야 함을 규정하고 있다. 그런 맥락에서 총 7개 장 156개조 부칙 4개조로 구성하였다. 즉 제1장 총강(총칙, 조례와 규칙), 제2장 지방의회(조직, 권한, 소집과 회기, 의장 · 부의장과 서기, 위원회, 회의, 청원, 의원의 사직과 자격심사, 질서, 징계), 제3장 선거(선거권 · 피선거권, 선거구와 투표구, 선거인명부, 선거위원회, 의원후보자와 선거운동, 선거방법과 당선인, 재선거와 보권선거, 선거에 관한 쟁송, 벌칙), 제4장 집행기관(지방자치단체의 장, 보조기관, 지방자치단체의 행정기구, 지방의회와의 관계), 제5장 재무(재산 · 공공시설과 수입 · 지출, 예산과 결산), 제6장 군,구, 동리와 서, 제7장 소청규정과 부칙으로 되어 있다. 주요 내용은 다음과 같다.

① 지방자치단체의 종류는 도와 서울특별시 및 시읍면의 2종으로 하되, 도와 서울특별시는 정부직할 하에 두고, 시읍면은 도의 관할구역 내에 두게 함으로써 그 계층구조가 서울특별시는 단층제, 시는 2층제, 읍면은 3층제로 하였다.

② 지방자치단체의 정부형태를 규정한 조항은 없으나 의결기관(지방의회)과 집행기관(자치단체장)의 관계를 기초자치단체장(시읍면장)을 지방의회(시읍면의회)에서 간선하는 것으로 보아 의회중심형의 기관통합형으로 볼 수 있을 것이다.[11] 그러나 광역단위인 도와 서울특별시는 그 자치단체장을 대통령이 임명하고 지방의회를 구성하지 않아 자치단체장의 역할만 부각되고(지방의회 실종) 중앙정부의 하부행정기관으로서의 위치만이 강하게 나타날 뿐이었다. 그리고 집행기관은 공동책임자로서 합의제가 아니라 단일한 지도자가 책임을 지는 독임제를 채택하였다.

③ 시읍면장은 자치단체의 공무원(별정직)으로 하고 대통령 임명(관선)의 서울특별시장 · 도지사는 국가공무원으로 하여 그 지위(국가-지방공무원)를 달리하였다. 그리고 기초자치단체(시읍면)에는 지방공무원만을 두는 행정조직으로 광역자치단체는 국가공무원과 지방공무원을 혼용하는 행정조직으로 하였는데 국가공무원은 과장급 이상이 해당되었다.

④ 지방의회는 임기 4년의 명예직 의원으로 구성되며 의원수는 인구를 기준으로 정하였고 국회의원과 당해 자치단체의 유급직원을 겸직할 수 없었다.[12] 그리고 지방

11 정세욱교수는 기관분립형 정부형태로 구분하였는데, 이는 자치단체장(시읍면장)이 지방의회에서 선출되었다 하더라도 자치단체장과 지방의회간의 권력의 분립차원으로 해석한 듯하다.

12 제12조 : 도와 서울특별시의회의 의원은 인구 100만미만인 때에는 25인을 정원으로 하고 100만이상 200만미만일 때에는 100만을 초과하는 인구 매5만에 대하여 1인을 증가하고 200만이상일 때에는 200만을 초과하는 인구 매8만에 대하여 1인을 증가한다.

의회는 그 자치단체의 장을 불신임할 수 있게 하였고, 불신임의결이 있을 때 10일 이내에 자치단체장은 의회를 광역단체장은 대통령의, 시읍면장은 도지사의 허가를 얻어 의회해산을 할 수 있도록 하였다(내각책임제 형태가미).[13]

⑤ 지방자치단체는 법인으로서 "그 지방의 공공사무와 법령에 의하여 그 단체에 소속된 사무를 처리한다"고 규정하여(제3조 2항) 고유사무, 단체위임사무의 근거를 제시하였다. 이와 함께 "지방의 국가행정사무는 법령에 다른 규정이 없는 한 그 지방자치단체의 장에게 위임하여 행하게 하여(102조) 기관위임사무의 근거를 밝혔다. 그러나 기능(사무)배분 측면에서 광역(도)과 기초자치단체(시읍면)간의 규정은 두지 않았고, 국가사무의 위임방법에 관하여 기관위임사무규정을 두어 자치단체장에 전적으로 맡기는 전형적인 포괄적 수권형을 채택하였다.

⑥ 지방세는 보통세와 목적세(호별세부과금, 특별부과금)로 구분하여, 도에 있어서는 국세부가세와 독립세를, 시, 읍, 면에 있어서는 국세부가세, 도세부가세와 독립세를 보통세로 하였다(지방세법 제2조).[14]

⑦ 지방자치단체의 권능에는 중앙집권적 정치 · 행정구조 하에서 제한된 범위 내의 자치조직권 및 자치입법권, 자치행정권이 있었다.

⑧ 지방자치단체의 하급행정단위로 도에 군을 두고, 인구 50만 이상의 시에 구를 두며, 시읍면과 구에는 동 · 리를 두었는데(제145조), 군수와 구청장은 도지사, 시장의 추천으로 내무부장관을 경유하여 대통령이 임명(국가공무원)하고, 동 · 이장은 동 · 리주민이 직접 선거하도록 하였다(제146조).

⑨ 주민의 행정참여와 주민통제방법으로 선거권 이외에 민중출소제도를 채택하여 조례 또는 장의 명령이나 처분이 헌법이나 법률에 위반된다고 인정되는 경우에 주

13 제121조 지방의회는 그 자치단체의 장을 불신임할 수 있다. 불신임의결은 재적의원 3분지 2이상의 출석과 출석의원 3분지 2이상의 찬성이 있어야 한다. 불신임의결이 있을 때에는 10일 이내에 도지사 또는 서울특별시장은 대통령의, 시, 읍, 면장은 도지사의 허가를 얻어 그 의회를 해산할 수 있다. 불신임의결이 있은 후 전항에 의한 의회의 해산을 하지 아니하거나 또는 해산 후 처음 소집된 의회에서 다시 불신임의결을 하였을 때에는 그 자치단체의 장은 당연 퇴직된다.

14 독립세로서 도는 호별세, 가옥세, 면세지특별지세, 임야세, 도축세, 어업세, 차량세, 부동산취득세, 입정세를 부과할 수 있었고(지방세법 제22조), 시읍면은 국세부가세인 지세부가세, 영업세부가세, 광세부가세와 도세부가세인 호별세부가세, 가옥세부가세, 면세지특별지세부가세, 부동산취득세부가세를 부과할 수 있게 하였다(지방세법 제37조, 제38조).[시행 1949. 11. 1.] [법률 제84호, 1949. 12. 22., 제정]

민 100인 이상의 연서로 이유를 구하여 도와 서울특별시에서는 대통령, 시읍면에서는 제1차로 도지사, 제2차로 대통령에게 소청할 수 있게 하였고, 이들이 소청을 받은 후 60일 이내에 결정하여 공고하고 관계인에게 통지하도록 하였다(제153조). 그리고 이 결정에 이의가 있을 때에는 결정통지서를 받은 날부터 10일 이내에 대법원에 출소할 수 있게 하였다(제154조).

(2) 제1차 지방선거(1952)

1949년 7월 공포된 지방자치법에 따라 1950년 12월에 지방의회 구성을 위한 지방선거가 실시될 예정이었으나 6.25 동란으로 실시하지 못하고 1952년 4월 25일(시 · 읍 · 면)과 5월 10일(도)에 부산 임시수도에서 서울특별시, 경기도, 강원도를 제외한 최초의 지방의회의원선거를 실시하였다. 당시 국내정치는 이승만대통령이 국회에서 간선제로 선출되는 것이 불리하다고 보아 직선제로의 헌법개정을 모색하던 시기였다.[15] 따라서 직선제 개헌을 위한 지지세력을 확보하기 위해 지방의회를 활용한 것으로 볼 수 있다.[16]

이렇듯, 중앙정국의 회오리 속에 대한민국의 근대적 지방의회가 최초로 구성되어 지방자치가 출범하였다. 그러나 중앙정치의 정략적 접근에 의해 지방의회 의원, 시읍면장을 선출하다보니 이에 따른 수많은 폐해와 문제점을 드러내게 되었다. 여기에 제정

15 1950년 제2대 국회의원 총선거에서 여권이 참패함에 따라 이승만대통령의 국회지지를 기대하기 어려워졌다. 이런 배경에서 1951년 11월 30일 대통령 직선제 개헌안을 상정하지만 국회에서 부결되고 오히려 야당의원들은 국회의 권한을 강화하는 내각책임제 개헌안을 발의하게 된다. 여기에 위기를 느낀 이승만대통령은 다시 부결된 대통령직선제 개헌안을 수정하여 5월 14일 재발의하게 된다. 당시 전시라는 분위기를 이용하여 계엄을 선포하고 국회의원을 겁박하여 결국 1952년 7월 4일 삼우장, 신라회 등 친여계 의원들은 두 개헌안을 절충시킨 즉, 대통령직선제와 국회 양원제 등을 골자로 한 이른바 '발췌개헌(拔萃改憲)'안을 상정하여 불법적으로 통과시키게 된다(7월 7일 공포). 이로써 8월 5일 제2대 대통령은 국민의 직접선거로 이승만후보가 당선되고 함태영후보가 제3대부통령으로 당선되었다(위키백과, 2020 / 대한민국 제2대 대통령선거).

16 제1대 시읍면의회의원선거(1952.4.25) 결과 / 선거인수:7,536,304명, 투표자수:6,836,734명, 투표율(%): 91%, 의석수:17,559의석, 무투표 당선자: 3,399명 / 시의회의원선거는 17개 시에서 실시되었는데 유권자 총수는 해당 시들의 총인구 2,668,745명의 42%인 1,111,489명이었으며, 그 중 80%에 해당하는 891,728명이 투표에 참여하여 378명의 의원들을 선출하였다. 읍의회의원선거는 72개 읍에서 실시되었는데 유권자 총수는 선거가 실시된 읍의 총인구 1,750,102명의 42%에 해당하는 734,538명이었으며, 그 중 88%인 649,544명이 투표에 참여하여 1,115명의 의원을 선출하였다. 면의회의원선거는 1308개 면에서 실시되었는데 유권자 총수는 선거가 실시된 면의 총인구수 13,464,023명의 42%에 해당하는 5,689,917명이었으며, 그 중 5,295,462명이 투표에 참가하여 93%라는 높은 투표율을 보였다. 이는 시 · 읍의회의원 선거와 비교해 월등히 높은 수치였다. 이 선거에서 당선된 면의회의원은 16,051명이었다(위키백과, 2020 ; 1952년 대한민국 지방선거 / 시읍면의회의원선거). 도의회의원선거(1952.5.10) 결과 /선거인수:6,358,383명, 투표자수:5,165,226명, 투표율(%):81%, 의석수:306의석 / 도의회의원선거는 서울특별시와 경기도,강원도는 완전 미수복 지역으로 선거지역에서 제외하고, 전라북도 남원 · 완주 · 순창 및 정읍의 4개 군은 치안 관계로 선거를 연기하여 7개 도에서만 실시되었다(위키백과, 2020; 1952년 대한민국지방선거 / 도의회의원선거).

지방자치법의 미비점들이 표출되었고, 국민들의 정치역량과 민주적 정치의식수준이 지방자치를 실시하기에는 매우 부족하다는 사실을 인정해야 했다. 즉,

① 읍 · 면의회의원선거를 시행함에 있어 소구역인 읍 · 면 내에서 혈연 · 지연을 중심으로 한 선거전이 치열해져, 주민간에 반목과 적대감정이 심화되는 문제를 양산하였다.

② 시읍면의회가 시읍면장을 선출함에 있어 각기 자기사람이 선출되게 하려고 상대방을 비방함에 따라 지방의회 내에서 폭력사태가 빈번히 발생하였고, 심지어 시읍면의회가 구성된 이후 6-7개월이 지나도록 시읍면장이 선출되지 못하는 경우도 발생하였다.

③ 지방의회는 지방자치단체장을 불신임할 수 있고, 지방자치단체장인 시읍면장은 의회를 해산할 수 있도록 한 제도가 이론상으로는 의결기관과 집행기관간의 견제와 균형을 유지하기 위한 법적 장치로 간주되나, 시읍면장은 상급관청의 도지사의 허가를 받아야만 의회해산을 할 수 있었기 때문에 실제로는 견제와 균형이 이루어지지 못하였다. 따라서 지방자치단체장이 지방의회에 예속되는 결과를 낳게되었는 바, 예를들면 지방의회의원들의 이권청탁을 자치단체장이 들어주지 않을 경우 불신임결의안을 받게 되는 어이없는 상황을 연출하게 되었던 것이다. 제2차 지방자치법개정(1956년 2월 13일)으로 시읍면장을 의회간선제에서 주민직선제로 바꾸고 의회해산제도가 폐지된 때까지 약 3년동안에 사직한 시읍면장 수는 1,168명으로 나타났는데, 그 중 불신임결의에 의해 해직당한 시읍면장은 66명이었는데 비하여 의회해산은 18건에 불과하였다는 점에서 그 불균형의 폐해를 짐작할 수 있다.[17]

이와 같은 문제점이 드러남에 따라 지방자치제도에 대한 비판, 특히 지방의회에 대한 불만이 대두되었다. 그러나 이러한 결함이 생기는 가장 중요한 이유는 지방의회의원을 비롯한 국민들의 정치의식수준이 낮기 때문이란 점을 간과하고, 모두 현행법에 문제가 있기 때문이라고 생각하여 집행기관에서는 중앙정부에 지방자치법 개정의견서를 제출하였는가 하면 각급 지방의회에서는 지방자치제개정건의를 의결하였다. 이러한 움직임 속에서 일반적으로 논의된 내용은 ①시읍면장의 직선제, ②지방의회의원의 정수 감

17 아마 "시읍면장 못해 먹겠다"라는 자조섞인 목소리가 나올 법 하지 않았겠나 싶다. 중앙정국에서 참여정부때 노무현 대통령이 여소야대 정국에서의 발언("대통령 못해 먹겠다")과 일맥상통하는 것으로 이해할 수 있지 않을까 본다.

소, ③지방의회의원과 시읍면장의 임기단축, ④의회의 빈번한 소집과 집행기관의 부자유가 많았던 폐단을 없애기 위한 의회소집제도의 개정 및 의회 회의일수의 제한, ⑤의회의 자치단체장에 대한 불신임결의권 및 장의 의회해산권 폐지 등이었다.

이러한 여론에 따라 정부가 국회에 제출안 지방자치법개정안이 통과되어 제2차 지방자치법개정이 이루어지는데, "본법 시행당시 재임 중인 지방의회의원 또는 시읍면장으로서 1956년 8월 15일까지에 시행하는 최초의 지방의회의원선거와 시읍면장선거일 전에 그 임기가 만료되는 자는 당해 선거일까지 계속 재임한다"(부칙 제3조)고 하였다. 그러나 이는 제3대 대통령선거(1956.5.15)[18]를 불과 3개월 앞둔 시기에 임기를 연장해 준데 대하여 대통령선거를 의식한 정치적 계략(꼼수)이라는 비판론이 제기되었고, 민의원(民議院)의원선거구를 분할하여 도의회의원선거구를 책정한 것은 국무위원들이 자신의 선거기반을 방어하기 위한 방편이란 비난도 일었다(정세욱, 2005 : 95).

(3) 제2차 지방선거(1956.8.8 시읍면장, 시읍면의원 ; 8.13 서울특별시, 도의원)

시읍면장 직선제를 채택한 제2차 지방자치법 개정으로 시읍면장에 대한 최초의 직접선거가 실시되었다. 그리고 최초로 서울특별시의회를 구성하게 됨으로써 전국의 기초의회(시읍면), 광역의회가 모두 구성되는 지방자치가 진일보하는 상황을 연출하였다. 그러나 여전히 서울특별시장과 도지사는 대통령이 임명권 아래 놓여 있었다.

가. 시읍면장, 시읍면의회의원 선거(1956.8.8)

① 선거인수: 209,815명

② 투표자수: 181,863명

③ 투표율(%): 86.6%

18 1948년 제정된 헌법과 1952년 개정된 헌법의 제55조는 대통령의 임기와 연임에 대하여 "대통령의 임기는 4년으로 한다. 단, 재선에 의하여 1차 중임할 수 있다"라고 규정하고 있다. 이 헌법 규정대로라면 이승만은 더 이상 출마조차 할 수 없었다. 그럼에도 불구하고 이승만은 정권연장을 위해 '초대에 한해서 중임을 철폐한다'는 내용을 담긴 개헌안을 내놓고 이 안이 사실상 부결되었음에도 '사사오입의 원리'를 내세워 2차 개헌을 강행하기에 이르게 된다('四捨五入 개헌'). 대통령은 자유당 이승만후보, 부통령은 민주당 장면후보가 당선되었다. 당시 민주당은 신익희, 장면 후보를 정 · 부통령후보로 지명하고 "못 살겠다. 갈아보자"라는 구호로 자유당의 이승만, 이기붕 정 · 부통령후보와 대결하였다.

④ 당선자: 시 · 읍 · 면장: 582명; 시 · 읍 · 면의회의원: 16,961명

나. 특별시 · 도의회의원 선거(1956.8.13)

① 선거인수 : 8,421,772명

② 투표자수 : 7,223,605명

③ 투표율(%) : 86%

④ 의석수 : 437석

다. 총평

시읍면장이 주민의 직접선거로 선출됨에 따라 지방의회의원의 무리한 청탁을 들어주지 않더라도 불신임결의가 발의되지 않게 되었고, 그 임기동안 일관성있게 지방정책을 펴나갈 수 있게 되었다. 그러나 시읍면장은 선거민의 면담과 접대에 많은 시간을 소모하게 되어 사무처리를 위한 시간은 적었고, 따라서 근무가 불성실해졌으며 재선을 위한 인기위주에 급급하여 행정의 공정성이 저해되었고, 남발한 공약을 이행하기 위하여 파행적인 재정운영을 강행함으로써 지방재정이 더욱 악화되었다. 또한 시읍면공무원의 인사가 선거와 관련하여 정실인사로 흐름으로써 시읍면공무원의 반발과 사기저하를 낳기도 하였다. 특히 시읍면장후보들이 과다한 선거비용을 들였기 때문에 이러한 부채를 갚기 위한 부정 · 부패행위도 행정과정에서 드러나게 되었다.

민주주의와 지방자치의 역사적 경험이 없고, 오로지 수직적 · 관존민비적 · 권위주의적 정치행정문화의 오랜 전통 속에서 절대군주체제, 식민통제체제로 이어 온 우리나라에서 지방자치가 처음 실시되어 주민직선으로 뽑힌 시읍면장이 그만큼의 문제점만을 드러낸 것은 차라리 다행으로 볼 수 있었다(정세욱, 2005 : 97-98). 집권여당의 중앙정국에서의 위기감은 주민직선의 시읍면장을 오래 지속하게 하지 못하게 하였고 결국 임명제로 돌아서는 상황을 연출하였기 때문이다. 즉, 집권여당인 자유당은 장기집권을 위한 계략으로 시읍면장 직선제를 임명제로 바꾸는 내용을 주요골자로 하는 정부제안의 제

4차 지방자치법개정안을 소위 2 · 4파동을 겪으면서 가결하였고,[19] 이것이 1958년 12월 26일에 공포됨으로써 직선제는 채택된지 2년 반만에 폐지되고 말았다. 시읍면장을 여당인물로 임명함으로써 다가오는 대통령선거(1960.3.15)에 대비하여 관권선거로 정권연장을 도모하려했던 것이다. 그러나 이 개정법에 의한 제3대 지방의회의원선거의 실시를 5개월 앞두고 1960년 3월 15일에 실시된 정 · 부통령선거가 불법 · 부정선거라고 규탄하는 시위가 격렬해지더니, 마침내 4.19학생의거로 이승만대통령이 하야하고 자유당정권이 붕괴됨에 따라 이 지방선거도 실시되지 못하였다(정세욱, 2005 : 98).

2) 제2공화국(1960.6.15)

4.19혁명 이후 내각책임제를 골자로 한 제2공화국헌법은 1960년 6.15일 공포되었고,[20] 7.29 총선거에서 민주당이 집권하였다(제5대 국회). 제5대 국회는 종래의 지방자치제도의 결함을 근본적으로 시정함으로써 민주화를 도모하기 위하여 지방자치법개정기초위원회를 구성하였는데, 이 위원회는 법개정안을 작성하여 국회에 제출하였으며, 마침내 제5차 지방자치법 개정을 보게 되었다. 이로써 자치단체의 장이 모두 주민직선으로 선출되게 되었다.

이렇듯 제2공화국은 주민직선에 의한 기관구성을 통해 지방민주화의 기대에 부응할 것으로 기대되었다. 그러나 지방자치를 운영하는 과정에서 특히 지방자치단체장의 소속정당과 지방의회의 과반수 이상을 차지한 정당이 다를 때에는 장과 의회간에 반목과 불화가 극심하여 의회가 장을 축출하기 위한 책략을 쓴 예도 있었고, 공선된 야당소속(신민당) 도지사와 국가가 임명한 국장간에 반목과 충돌이 빚어지기도 했으며, 중앙정부와 도간의 협력의 미숙, 협력체제의 결여 등 상당한 결함이 드러났다. 이렇듯 지방민주화의 기대를 받았던 제2공화국 지방자치제도는 1961년 5.16군사혁명으로 종언(終言)을 고하고 말았다.

---

19 1958년 12월 24일 자유당이 대공 사찰강화와 언론통제를 내용으로 하는 국가보안법 개정안과 지방자치법 개정안을 국회에서 통과시킨 사건으로 2·4 보안법 파동(二四保安法波動)으로 불린다.

20 자유당정권이 시읍면장의 선임방식을 임명제로 장기집권책략을 꾀하였기 때문에 이를 방지하기 위하여 제2공화국 헌법은 "지방자치단체장의 선임방법은 법률로써 정하되 적어도 시 읍 면의 장은 그 주민이 직접 이를 선거한다"(제97조 2항)고 명시하여 시읍면장의 직선제를 헌법적으로 보장(la garantie constitutionnelle)하였다(정세욱, 2005 : 99).

3) 지방자치제도 9년간의 경험과 교훈

제헌헌법에 보장되어 시행된 근대적 의미의 지방자치제도는 절대적 권력에의 항거로서 지방민주주의의 탄생이라는 서구의 경험과는 달리 우리만의 특수한 소중한 경험을 갖게 하였는바, 대체로 다음과 같이 정리할 수 있을 것이다(정세욱, 2005 : 101).

1) 통치권자와 정치인, 관료들이 지방자치에 대한 올바른 인식을 갖고 있지 못하거나 인식이 부족하면 아무리 완벽한 지방자치제도를 갖추고 있더라도 소기의 성과를 거두지 못한다는 교훈을 얻었다. 통치권자, 집권당, 정치인, 관료들은 국가의 민주정치의 창달을 도모하기 위한 정책적 배려나 장기적 안목에서가 아니라 그들의 정치기반확충과 정권연장을 위한 도구로써 이용하기 위하여, 상황의 변화에 따라 집권당에 유리하도록 서슴없이 지방자치제도를 고쳐왔다. 이는 일천한 지방자치사를 보더라도 지방자치제도개혁의 중심이 지방자치단체장의 선임방법에 치중되어 간선제-직선제-임명제-직선제-임명제로 고쳐진 과정에서 쉽게 읽을 수 있다.

2) 지방의회의원이나 지방자치단체장의 역할인식이 결여되어 있거나 부족하면 어떠한 지방정부형태와 지방자치제도하에서도 지방자치는 원활히 운영될 수 없다는 교훈을 얻었다.

3) 지방자치제도에 문제점이 있으면 자치의 이상을 실현하기 어렵다는 교훈을 얻었다. 예로서 지방자치단체의 종류, 규모와 능력의 차이 등을 무시하고 획일적으로 규정한 점, 도와 시, 읍, 면간의 기능을 배분조차 하지 않은 점, 포괄적 수권주의를 채택한 점 등이다.

4) 지방자치가 독일, 프랑스의 정치사에서 볼 수 있는 바와 같이 군주의 권력에 대항하는 이른바 민권의 항의적, 투쟁적 개념으로서 발전되었거나, 영국의 정치사에서 보는 바와 같이 일상적 생활방식으로서 자연히 발달해 오지 않는 한, 국민들의 정치역량이 부족하면 지방자치의 실효를 거둘 수 없다는 사실을 깨닫게 되었다.

2. 지방자치의 중단기

1) 제3공화국

1961년 5월 군사혁명위원회는 전국의 지방의회를 해산하고 지방의회의 의결사항을 읍 · 면은 군수, 시에 있어서는 도지사, 서울특별시와 도는 내무부장관의 승인을 얻어 집행토록 하였다. 이어서 그해 6월 서울특별시장, 도지사 및 인구 15만 이상의 시장은 내각에서 임명하고 기타 자치단체장은 도지사가 임명하도록 하였다(국가재건비상조치법 제20조). 1961년 9월 공포된 '지방자치에 관한 임시조치법'은 군자치제를 규정하였고, 의회의 의결사항에 대하여 도와 서울특별시에는 내무부장관의, 시와 군에 있어서는 도지사의 승인을 얻어 각각 시행하도록 하고, 읍면장은 군수가 임명하게 하였다. 군사정부는 1964년 1월 민정이양시기까지 지방자치제도의 개혁을 추진하였다.

제3공화국 헌법(1962.12.26) : "이 헌법에 의한 최초의 지방의회 구성시기에 관하여는 법률로 정한다"(부칙 제7조 제3항)고 규정하여 지방의회의 구성을 법률사항으로 위임하였으나 사실상 법률제정을 회피함으로써 지방자치제는 헌법에만 있을 뿐 그 시행은 이루어지지 않았다.

2) 제4공화국

유신헌법(維新憲法)과 더불어 출범한 제4공화국(1972.12.27)은 헌법[21]에 지방자치제를 규정하고 있으면서도 부칙(附則) 제10조에서 "이 헌법에 의한 지방의회는 조국통일이 이루어질 때까지 구성하지 아니한다"고 하여 사실상 지방자치의 포기를 명문화하였다. 당시 지방자치법 제6차개정(1973.1.15; 법률 제2437호)이 있었는데, 이는 정부조직의 경직성을 완화하여 정부기구를 행정수요에 알맞도록 자율적으로 조정할 수 있게 하기

21 대통령 박정희는 1972년 10월 17일 초헌법적인 국가긴급권을 발동하여 국회를 해산하고 정치 활동을 금지하는 동시에 전국적인 비상계엄령을 선포한 뒤, 11월 21일 국민투표를 통해 유신 헌법을 확정하였고, 대통령 취임일인 12월 27일에 공포 · 시행되었다. 사실상 유신 헌법은 박정희 대통령의 장기집권을 위한 개헌으로서 국민의 기본권 침해, 권력 구조상에 있어 대통령 권한의 비대로 독재를 가능하게 한 헌법이었다. 그 주요 내용은 법률유보 조항을 두어 기본권 제한을 보다 쉽게 했고, 통일주체국민회의를 설치했으며, 대통령의 권한을 대폭 강화하여 영도적(領導的) 국가원수(元首)로서의 역할을 하도록 했다. 또한 국회의 회기를 단축하고 권한을 약화했으며, 법관을 대통령이 임명하게 했고, 대통령을 통일주체국민회의에서 선거하도록 하였다([네이버 지식백과], 2020).

위하여 중앙행정기관의 보조기관과 특별지방행정기관의 설치를 대통령령으로 정할 수 있도록 하였던 것이다.[22]

3) 제5공화국

제5공화국 헌법(1980.10.27)에서도 지방자치에 관한 헌법조항을 두었으나 부칙 제10조에서 "이 헌법에 의한 지방의회는 지방자치단체의 재정자립도를 감안하여 순차적으로 구성하되 그 구성시기는 법률로 정한다"고 규정해 놓음으로써 재정자립도를 이유로 하여 지방의회의 구성을 미루어왔다. 그래서인지 모르지만 이 기간에는 지방자치법개정이 전혀 시도되지도 않았다.

3. 지방자치의 부활기(제6공화국 이후)

1) 노태우정부

제6공화국 헌법(1987.10.27)은 제5공화국 헌법 부칙에 있던 지방의회의 구성에 관한 유보조항을 삭제하여 지방자치의 조속한 실시를 위한 기틀을 마련하였으며, 이에 따라 지방자치법의 전부개정이 이루어졌다.

2) 문민정부(1993.2.25; 김영삼 정부)시대

전면적인 지방자치제의 실시가 계속 지연되어 오다가 문민정부에 들어와서 이른바 정치개혁에 관련된 입법의 일환으로 지방자치법 개정안이 공포되고 1995년 6.27 제1회 동시 지방선거를 통해 실질적인 지방자치의 실현을 이룩하였다. 당시 지방자치부활의 상징인 제4대 지방의원들은 의정활동을 행하면서 부딪힌 문제점들을 토로하면서 학계

22 이는 정부조직법개정법률[1973·1·15, 법률 제2437호]에 따른 자치법 개정으로 다음의 내용이 주가 된다. 즉, 정부조직의 경직성을 완화하여 정부기구를 행정수요에 알맞도록 자율적으로 조정할 수 있게 하기 위하여 중앙행정기관의 보조기관과 특별지방행정기관의 설치를 대통령령으로 정할 수 있도록 하고, 수출신장 및 공업기술정책의 강력한 추진을 뒷받침할 수 있도록 상공부 본부기구를 강화하는 동시에 상공부장관소속하에 공업진흥청 및 공업단지관리청을 신설하며, 새마을사업·농어촌소득증대 및 식량행정을 강력하게 추진하기 위하여 농림부기구를 보강하고, 국무총리 밑에 행정조정실을 신설하여 국무총리의 정부감독권을 효율적으로 수행할 수 있도록 하는 한편 원자력개발이용의 능률화를 위하여 원자력청을 폐지하여 민간연구소로 전환시키고 행정분야는 과학기술처에 흡수하도록 하려는 것이었다.

를 비롯한 전국시도의회의장협의회 등이 지방자치법 개정의 목소리를 높였다.

3) 국민의 정부(1998.2.25 김대중 정부)시대

호남지역에 정치기반을 둔 새정치국민회의와 충청권에 기반을 둔 자유민주연합은 김대중을 단일후보로 내세워 제15대 대통령 선거에서 승리하여 헌정사상 첫 여야 정권 교체를 실현한 셈이 되었다.

4) 지방자치의 경험 : 제6공화국 출범과 3김 시대의 지역주의 고착

(1) 지방자치 부활(復活)의 산고(産苦)

1987년 6.10민주화 항쟁이후 6.29선언에 따른 대한민국의 민주주의는 대통령직선제와 함께 중단되었던 지방자치의 부활을 예고하였다. 즉, 제6공화국 헌법(1987.10.27)은 제5공화국 헌법 부칙에 있던 지방의회의 구성에 관한 유보조항을 삭제하여 지방자치의 조속한 실시를 위한 토대를 마련하였으며, 이에 따라 지방자치법의 전부개정(1988.4.6)이 이루어졌다. 그러나 내무부가 준비한 이 법안은 철저히 중앙집권적, 국가중심의 논리가 강하게 작용하는 단체자치적 내용이 주를 이루었다. 그러면서 정작 지방자치의 실행을 위해 필요했던 지방의회 구성의 시기를 정치적인 이해관계에 의해 미루어오다가 마침내 1991년 3월 시 · 군 · 구의원선거로 기초의회가, 6월 시 · 도의원선거로 광역의회가 구성되었다. 그러나 집행기관의 장(자치단체장)은 중앙정부가 임명하는 상황에서 '반쪽짜리 지방자치'로 비판의 대상이 될 뿐이었다. 이렇듯 전면적인 지방자치제의 실시가 계속 지연되어 오다가 문민정부에 들어와서 이른바 정치개혁에 관련된 입법의 일환으로 지방자치법 개정안이 공포되고 마침내 1995년 6.27 제1회 동시 지방선거를 통해 실질적인 지방자치의 실현을 이룩하게 되었다.[23] 이후 지방선거에서의 정당추천제

23 지방자치법전부개정(1988.4.6공포 제7차 개정법률)은 시 · 군 · 자치구의회의원선거는 이법 시행일로부터 1년 이내(1989년 4월 30일 이내)에 실시하고, 시 · 군 · 자치구의회가 구성된 날로부터 2년 이내에 시 · 도의회를 구성하게 되어 있었다(부칙 제2조). 그러나 1988년 4월 26일 실시된 제13대 국회의원선거결과 정치권은 여소야대로 재편되었고 국민의 힘을 얻은 야3당(민주당, 평민당, 공화당)은 과도한 중앙집권적 내용으로 규정된 이 전부개정법안으로는 지방자치를 수행할 수 없음을 천명하면서 각각 독자적인 지방자치법개정법률안을 국회에 제출하여 야 3당의 합의로 지방자치법개정법률안(제8차; 1989년 3월 9일)이 성안되었다. 그러나 노태우대통령이 이 개정법률안에

를 절대적으로 추구하였던 정치적 동기에 힘입은 세력이, 당시 호남지역에 정치기반을 둔 새정치국민회의와 충청권에 기반을 둔 자유민주연합이 김대중(DJ)을 단일후보로 내세워 마침내 대통령 선거(제15대)에서 승리하여 헌정사상 첫 여 · 야 정권교체를 실현하기에 이른다(국민의 정부(1998.2.25 김대중 정부). 이 기간에 우리가 경험한 지방자치의 현주소와 교훈적 내용(평가)을 살펴보면 다음과 같다.

① 주민의 필요보다 당파적 이해관계에 우선하는 지방자치제도

1987년 6.29 민주화선언 이후 제6공화국 헌법은 지방의회 구성 유보조항인 부칙 제10조를 삭제하여 지방자치의 실시를 기정사실화하였지만 정치권의 역학관계에 따라 주민이 필요로 하는 것보다는 당파적 이해관계를 통해 파행적으로 진행될 수밖에 없었다. 당시 여당(민정당)은 지방자치실시에 따른 권력축소 염려로 지방자치법상 규정된 실시약속(89년 4월 30일 이내 기초지방의회 구성하고 그로부터 2년 이내 광역지방의회 구성; 지방의회의원 선거 1990년 6월30일까지 실시, 그후 1년 이내에 기초 및 광역자치단체장 선거실시; 지방의회 선거 1991년 6월 30일 이내 실시,[24] 자치단체장 선거 1992년 6월 30일 이내 실시)을 어기면서 지방의회 구성과 자치단체장 직선을 미루어 왔다.[25] 반면 야당은 지방자치실시를 적극적으로 활용하여 지방권력을 확장해가면서 추후 정권교체의 교두보로서 인식해가기 시작하였다.

② 집권당의 지방자치제 실시 연기배경

집권당(여당)은 그동안 누렸던 권력독점의 달콤함이 지방자치실시로 권력의 축소 내

거부권을 발동하였고 결국 4당 합의로 만들어낸 8차개정법률안이 국회통과(1989년 12월 19일 ; 12월 30일 공포)하였는바, 지방의회의원선거는 1990년 6월 30일 이내, 자치단체장선거는 1991년 6월 30일 이내에 각각 실시하도록 하였다. 그러나 정치권의 이해관계 속에 법이 정한 지방의회의원선거일시가 계속 연기되는 상황에서 90년 2월 3당 통합은 여대야소의 정치지형을 만들어내면서 당시 여당(민자당)은 지방선거를 실시하는 것을 탐탁치 않게 생각하고 또 미루려 하였다. 한편 당시 정당추천허용여부가 양당의 가장 큰 관심사였는데, 그들의 정략적 판단 하에 여당(민자당)은 정당추천제 반대론에, 야당(평민당)은 정당추천제 절대적 찬성을 주장하였다. 이렇듯 여 · 야간의 충돌은 계속 진행되면서 수적 열세에 있는 야당이 그들의 의견을 제대로 존중받지 못하게 되자 장외투쟁과 단식(90년 10월 김대중대표 지방자치실시를 위한 단식투쟁)을 통해 마침내 여 · 야간의 합의로 지방자치법개정법률안(제9차 ; 1990.12.31)이 통과되어 지방의회의원선거를 1991년 6월 30일 이내에, 지방자치단체장선거를 1992년 6월 30일 이내에 각각 실시하도록 하였다(정세욱, 2004 : 105-108).

24 지방의회 선거만 약속한 1991년 6월 30일 이내에 지켜질 수 있었다.

25 지방의회선거 1991년 6월 30일 이내의 약속은 지켜졌으나 자치단체장 선거는 법정선거공고일 1주일 전에 새로운 법정기일을 담은 지방자치개정법률안을 민자당이 제출·통과시켜 1992년 6월30일 이내 실시의 약속은 무산되었다(유재원, 1994 : 501).

지 약화현상을 가져올 것이라는 우려로 가급적 지방자치의 연기 내지 실시한다면 최소 범위로 한정시키려는 전략이었다. 따라서 제5공화국 헌법에서 재정자립도를 감안하여 높은 자치단체부터 순차적으로 허용하는 것으로 하였지만 오히려 여당(민정당)은 지방자치법개정안(1986.8.18)은 재정자립도가 낮은 시 · 군 · 구 기초자치단체부터 지방의회를 구성할 것을 제안하였다. 그리고 권력의 유지차원에서 지방의회보다 자치단체장의 영향력이 더 중요하다고 판단하여 지방자치를 실시하더라도 지방의회만 선거하고 자치단체장은 가급적 연기하려는 행태를 보였다. 또한 권력의 영향력을 고려하여 지방의회의 구성도 기초의회를 광역의회보다 우선할 것을 주장하였다.

③ 정권의 정통성의 부재로 인한 집권당(여당)의 정치적 이익의 수단으로 활용된 지방자치제도

제5공화국 정권은 군사쿠데타로 집권하였기에 정권의 정통성이 없었고, 따라서 이를 만회하기 위해 민주주의의 열매로 상징되는 지방자치제도를 또 다른 면에서 활용할 필요도 제기되었다. 따라서 지방자치실시를 전면에 내세우면서 정권을 유지해나가는 이율배반적인 전략을 모색하였던 것이다.

④ 정권연장이나 정파적 이익의 수단으로 고착화된 지방자치제도

결국 우리의 지방자치제도는 정권연장을 위한 수단으로 활용대상이 되었고, 또한 불합리하게 권력을 찬탈한 후 정권의 정통성을 회복하고, 정치적 불안정을 타개하기 위한 도구로 사용되었다(유재원, 1994 : 502). 당시 여당에 비해 야당은 지방자치제 실시를 적극적으로 주장하였지만 이 또한 그들의 권력투쟁방식으로 이해하였던 것이다. 즉, 지방자치제도는 이를 통해서 지방권력을 장악하고 중앙의 영향력을 최소화시켜 종국에는 정권교체가 가능할 수 있다는 철저한 권력투쟁의 산물이었던 것이다. 따라서 야당도 지방자치제도의 구체적인 운영문제를 논의하는 과정에서 여당과 마찬가지로 정치적 이해관계 속에서 당파적 이익에 우선하는 행태를 보일 뿐이었다.

⑤ 3김정치에 따른 지역분할구도 고착 : 특정지역에 특정정당이 지배하는 '일당독점(지배)' 형태 연출

제1회 동시지방선거(1995.6.27)에서부터 3김(김영삼-김대중-김종필) 선거정치가 작동하여 제2회 동시지방선거(1998.6.4)는 전국 16개시 · 도가 '1당 지배체제'로 들어가는 확연한 지역분할구도가 공고해졌다.

4. 지방자치의 부흥기(復興期)

참여정부는 압축성장시대의 중앙집권체제의 효율성이 더 이상 그 효과를 보지 못하고 오히려 국가발전의 저해요인이 되고 있음을 인식하여 지방분권의 시대적 요구를 수용해야 한다는 논리에서 3대 추진원칙과 4대 추진전략을 제시하고 있다. 즉, 국가와 지방정부, 시민사회의 연대를 바탕으로 한 선분권 후보완의 원칙, 지방자치단체의 행정업무를 주민에 가까운 지방자치단체에 배분하겠다는 보충성의 원칙, 행정사무를 이양함에 있어 중 · 대단위 사무를 중심으로 포괄적으로 이양한다는 포괄성의 원칙이 그것이다.[26] 추진전략으로는 선도과제 우선추진(중앙권한의 지방이양, 획기적인 재정분권 추진), 정부혁신과 연계추진(중앙의 행정·재정세제 개혁과 연계, 지방정부 혁신), 중앙부처의 자발적 참여유도(혁신과 기능이양에 대한 인센티브), 국민적 공감대 확산(정치권, 시민사회, 학계, 언론 등 여론수렴)을 제시하고 있다.

26 지방분권의 원칙은 대한민국의 단일성체제 내에서 지방자치단체의 다양성을 확보하는 기본 틀 속에서 도출되어야 한다. 따라서 참여정부가 제시하는 선분권 후보완의 원칙, 보충성의 원칙, 포괄성의 원칙은 단일국가체제 안에서의 지방분권의 논리에 맞게 보다 근본적인 차원에서 재조명되어야 한다. 즉, 국가와 지방자치단체간의 연계성을 보장한다는 차원에서 국가와 지방자치단체, 지방자치단체간의 연계성 강화(보장)의 원칙, 지방자치단체의 자율행정, 책임행정을 보장한다는 차원에서 지방자치단체의 자율 책임행정보장의 원칙, 주민에 가깝게 가는 자치행정을 보장한다는 차원에서 주민과 지방자치단체간의 관계밀접성 강화원칙을 제시함이 타당하리라 본다. 왜냐하면 참여정부가 내세운 3대 원칙은 위에서 밝힌 원칙의 하위적 개념이기 때문이다. 결국 선분권 후보완의 원칙은 우선 분권정책을 추진하고 난 이후 점진적으로 보완해 나간다는 참여정부의 의지로 이는 원칙으로까지 제시하지 않아도 이미 분권정책을 펼쳐 나가는 과정에 자연히 용인되고 내포되어지는 사안이기 때문이다. 또한 보충성의 원칙은 행정기능을 주민에 가까운 지방자치단체에게 우선적으로 배분하겠다는 것으로 주민에 가깝게 가는 자치행정의 보장원칙 내지는 주민근접성의 원칙에 흡인될 수 있는 사안이기 때문이다. 그리고 포괄성의 원칙은 행정사무를 이양함에 있어 중 대단위 사무를 중심으로 포괄적으로 이양하겠다는 것으로 지방자치단체 자율행정의 보장원칙에 포함될 수 있는 사안이기 때문이다. 왜냐하면 행정사무를 지방자치단체에 포괄적으로 이양하겠다는 의지는 이양하는 사무로 인하여 지방자치단체간에 감독의 관계가 형성되어서는 아니 된다는 중요한 사실을 내포하는 사안이기 때문이다. 요컨대, 지방자치단체의 자율행정을 어떻게 하면 보장 할 수 있을 것인가의 고민에서 포괄성의 원칙이 자연히 배태될 수 있었음을 인식하여야 할 것이다(최진혁, 2003 : 20-21).

1) 국민의 참여정부(2003.2.25 노무현대통령)시대 : 지방분권과 지역균형발전

(1) 지방분권정책

참여정부는 그동안 추진되었던 우리나라의 지방분권화가 중앙부처의 이기주의와 개별적 단위사무 위주의 단편적 이양으로 실질적 지방분권을 기대하기 어려웠고, 시민단체와의 유기적 협력관계가 미약하여 국민적 공감대 형성을 이끌어내는데 한계를 드러내었다고 보았다. 게다가 자치조직권 등 자치역량을 강화하기 위한 제도적 개선의 노력이 미흡하였고, 지방재정 기반의 취약 내지 불균형과 재정집행의 자율성 제약, 지방정부 스스로의 책임성 확보와 자체혁신 노력이 부족하였다고 진단하였다. 따라서 과거정부의 분권화는 종합적이고 체계적인 지방분권 추진이 미흡할 수밖에 없었고, 지방정부의 자기혁신 노력도 부족하여 실질적이고 국민체감적인 분권효과가 미약하였다고 평가하고 있다(정부혁신지방분권위원회, 2005). 이러한 분석(자체평가)에 기초하여 참여정부는 7가지 지방분권 추진 기본방향을 정하고 이에 따라 20가지 주요과제를 제시하였다.

(2) 제4회 전국동시지방선거(2006.5.31)

5.31지방선거는 참여정부 후반기에 치러진, 즉 노무현 대통령의 지지율이 20%대를 상회하던 레임덕 기간에 이루어진 선거였기 때문에 정권심판 성격으로서의 선거가 진행되어 여당인 열린우리당이 완패하였고 야당인 한나라당의 완승으로 매듭지어졌다. 한나라당은 TK, PK, 강원도 뿐만 아니라 기존 열세지역이라고 불렸던 수도권까지 모두 60%의 지지율을 받으며 압승을 거뒀다. 반면 열린우리당은 기초단체장 19석, 광역자치단체장 1석이라는 초라한 성적표를 받아들여야 했다.[27] 반면 한나라당은 득표율 53.8%로 충청도와 전라도를 제외한 모든 지역에서 압도적 승리를 얻을 수 있었다. 아쉽게도 충청도 심대평대표의 국민중심당과의 분열로 인해 성과를 낼 수 없었고, 결국 충남지사직도 확보하지 못한 국민중심당은 이회창과 연합해 자유선진당으로 개명하게 된다.

27 열린우리당은 전라남도를 기반으로 한 민주당에까지 밀리며 제3당으로 밀려났다. 이 여파로 열린우리당은 몰락의 길을 걷기 시작했고, 정동영과 천정배, 김한길 등 당내 주요 인사들이 탈당하면서 열린우리당이 무너지는 결과를 낳았다(위키백과, 2020).

2) 이명박정부(2008.2.25-2013.2.24)

(1) 지방분권 과제

이명박 정부는 4가지 지방분권 추진분야를 정하고, 이에 따라 20가지 주요과제를 제시하고 있다.

① 권한 및 기능재배분

중앙권한의 지방이양으로 지방자치단체의 실질적 자치권행사가 가능하도록 국가/지방간 사무구분체계 개선추진, 중앙행정권한의 지방이양 확대를 수행하였다. 즉, 2012년 상반기까지 1,505건의 국가사무 이양으로 지방권한확대, 기관위임사무 폐지를 위해 법령상 발굴한 사무(1,217건) 중 이양심의대상선정(114건), 초중등교육법 등 개정을 통한 중앙권한의 지방이양을 수행하였다.

② 지방재정확충

2010년 지방소득세·소비세 도입 및 세목체계 간소화에 이어, 2011년에는 '화력발전에 대한 지역자원시설세' 과세를 위한 지방세법을 개정하여 취약한 지방재정의 건전성 및 과세형평성을 강화하였다. 2012년에는 지방소비세 확대, 지방소득세 독립세 전환, 지방교부세 법정율 인상 등을 위해 관계기관·수요자 의견수렴, 의원발의 법안 대응 등을 통한 합리적 방안 및 공감대 형성 등 지속적인 제도개선을 추진하였다.

③ 자치역량강화

2011년까지 자치입법권 확대를 위한 조례제정 근거부령(44건 중 11건 완료 : 수산업 등 법률 9건, 시행규칙 2건)을 정비하였다. 2012년도에는 추가로 '도시공원 및 녹지 등에 관한 법률', '사회복지 사업법' 등 2건을 정비하여 시행규칙상 조례제정 근거를 법률로 상향 완료하였다.

④ 협력 및 공감대 확산

국가적 현안의 중앙-지방의 공동 대응을 위한 시 · 도(부)단체장 회의 등(7회), 중앙분쟁조정위원회 및 행정협의조정위원회에서 분쟁조정신청건을 조정하였다(지방분권촉진위원회, 2012). 그러나 근본적인 자치분권적 중앙-지방협력체계로서 국회 상원제도의 구성은 기대하기 어려웠다.

상기의 노력에도 불구하고 국가사무와 지방사무의 비율이 8:2로 국가사무가 과다한 상황이고 국세와 지방세 비율이 78:22로 지방세비중이 적고 지방세로 인건비를 해결하지 못하는 지방자치단체가 137개(56%)(2010년)로 전체 자치단체 중 과반수 이상을 차지하고 있는 형편이다. 그리고 교육, 경찰분야에 대한 자치단체장의 통합적 역할을 할 수 없는 상황이고, 지방자치단체에 대한 국가의 강력한 포괄적 감독이 지속되고 있어 지방분권의 실효성은 매우 제한되어 나타났다고 볼 수 있다(지방분권촉진위원회, 2010). 그럼에도 불구하고 지방소비세, 소득세 도입에 따른 지방재정 확충은 매우 긍정적으로 받아들여진다(최진혁, 2017 : 66-69).

2) 제5회 전국동시지방선거(6.2지방선거)(2010.6.2)

6.2지방선거는 MB정부 중간평가성격으로 치러지다보니 한나라당은 예상보다 부진했고, 범야권은 선전하는 결과를 보였다. 최초로 전국 단위의 선거에 교육감 직선제가 실시되었고, 이로 인해 1인 8표로 치러진 첫 선거였다.

3) 박근혜정부(2013.2.25-2017.5.9)

(1) 지방분권과제

박근혜정부는 그동안의 우리의 지방자치는 자치역량의 미흡(권한과 자율성 미흡 : 사무구분체계 모호, 중앙중심 사무배분, 중앙의존형 지방재정구조 ; 책임성 결여 : 방만한 재정운영, 선심성 사업추진, 폐쇄적 인사운용 ; 고비용 · 저효율의 지방행정체제 지속 : 급속한 환경변화에도 행정체제 불변)으로 국민행복과 국가발전으로 이어지는 데는 한계가 있었다고 진단하고 지방분권강화(강력한 지방분권추진체계 구축, 중앙권한의 지방이양 적극 추진, 핵심 지방분권과제<특행기관 정비, 자치경찰제도

도입 등> 추진, 생산적 지방자치를 위한 제도 개선〈지방의회 활성화, 중앙-지방협력회의 등〉)와 지방재정 확충 및 건전성 강화(지방자치단체의 자체재원 비중 확대, 지방재정조정제도 개선, 지방재정의 건전성 및 투명성 대폭 강화) 정책을 국정과제로 추진하였다. 요컨대, 박근혜정부는 성숙한 지방자치, 행복한 지역주민이라는 비전으로 주민편익증진, 행정효율제고, 지방경쟁력 강화라는 목표 하에 20개 정책과제를 제시하였다. 그 중 지방자치의 근본 틀을 개선하여 지자체가 자율성과 핵심역량을 발휘토록 함으로써 국민들에게 직접적인 파급효과가 큰 8개 과제를 핵심과제로 선정하여 선택과 집중을 통한 단계적 시행을 해 나갔으며, 지방자치발전을 위해 관련 제도를 새롭게 정비할 필요가 있는 10개 일반과제로, 중 · 장기적 관점에서 국민적 합의를 거쳐 반드시 추진할 필요가 있는 2개 미래발전과제로 하여 추진하였다(최진혁, 2017 : 69).

상기의 노력에도 불구하고 여전히 국가와 지방자치단체의 사무배분의 불균형, 조례제정에 있어서 법령의 범위와 한계의 모호, 자치단체에 대한 국가의 강력한 통제 등이 자치분권화를 저해하고 있는 것으로 보았다. 특히 법정수임사무의 필요성에 따른 사무배분을 단행하였지만 국회에서 처리되지 못하여 자동 폐기되는 상황을 연출하였다.[28] 또한 역대 정부에서 이양이 결정되었음에도 불구하고, 현재까지 법률개정이 되지 않은 미이양사무를 일괄 이양하기 위해 '지방일괄이양법'을 제정하고자 하였지만 아직도 숙제로 남겨두고 있는 실정이다.[29] 이와 더불어 여전히 그동안 지방이양사무로 발굴된 사무가 단위사무 위주로 되어 있어 포괄적인 권한 이양이 되지 못했고, 사무이양에 따른 행정 · 재정적 뒷받침도 이루어지지 않아 자치분권의 효과를 기대하기 어려웠다(최진혁,

28 행정자치부(당시 행정안전부)는 2009년 5월 「기관위임사무 폐지 및 사무구분체계 개선방안」을 수립하고 각 계의 의견을 들어 지방자치법 개정안을 마련하였다. 개정안에서는 지방자치단체의 사무를 자치사무와 법정수임사무로 명시하고, 중앙행정기관이 법정수임사무를 설정할 때에는 사무 설정에 대한 근거, 대상 및 국가의 경비 부담에 관한 사항을 법령에서 정하도록 하고 있다. 행정자치부는 2011년 법정수임사무를 도입하기 위한 지방자치법 개정안을 국회에 제출하였으나 18대 국회 임기 만료로 자동 폐기되었으며, 2012년 9월 다시 국회에 제출하였으나, 법정수임사무의 도입 필요성에 대한 입법정책적 판단이 필요하다는 이유로 계류 상태에 있다가 19대 국회 임기만료로 자동폐기되었다('16. 5.)(지방자치발전위원회, 2016).

29 지방일괄이양법을 통해 중앙정부와 지방정부간의 권한과 사무를 재배분하자는 것이고, "지방분권 및 지방행정체제 개편에 관한 특별법(제11조)"에도 국가는 권한 및 사무를 지자체에 포괄적·일괄적으로 이양하기 위하여 필요한 법적 조치를 마련하고, 이에 따른 행정적·재정적 지원을 병행하도록 명시하고 있다. 지방이양촉진위원회부터 지방자치발전위원회에 이르기까지 정부는 중앙권한의 지방이양 심의를 통해 3,000여건이 넘는 권한을 지방에 배분하면서 지방권한의 강화에 일정 부분 기여를 하고 있다. 그럼에도 불구하고, 발굴된 사무가 단위사무 위주로 되어 있어 포괄적인 권한 이양이 되지 못했고, 사무이양에 따른 행정·재정적 뒷받침도 이루어지지 않아 지방권한 확대에 아쉬움이 많았다(지방자치발전위원회, 2016).

2017 : 70-71).

(2) 제6회 동시지방선거(2014.6.4)

제6회 6.4 지방선거는 박근혜정부 출범후 1년 3개월여 뒤 치른 선거였기에 어떻게 보면 허니문기간이 지나고 약간의 정권심판 내지 견제 심리가 작동하는 시기, 또 다른 면에서는 그리 크게 정권차원에서 영향을 줄 수 있는 여건이 마련되지 못했던 시기였다고 볼 수 있었다. 따라서 여당인 새누리당과 야당인 새정치민주연합이 대등한 경쟁을 치른 결과를 보게 되었다. 즉, 기초단체장과 득표율로는 여당인 새누리당이 승리하였고, 광역단체장과 교육감으로는 야당인 새정치민주연합이 승리하였다(<표 1-1> 참조).[30]

<표 1-1> 제6회 동시지방선거

제6회지방선거	새누리당	새정치 민주연합	통합 진보당	정의당	노동당	무소속	합계
시도지사	8	9					17
시도의회의원	375	309			1	20	705
광역의원비례	41	40	3				84
시군구의 장	117	80				29	226
시군구의회의원	1,206	989	31	10	6	277	2,519
기초의원비례	207	168	3	1			379

30 언론사에 따라서 조선일보 등 보수언론은 득표율에서 새정치민주연합이 패한 점, 기초단체장에서 거의 모든 지역에서 새정치민주연합이 후퇴한 것, 그리고 세월호 정국에서 부진한 점을 들어 새누리당의 승리라고 주장하였다. 반면 한겨레신문같은 진보언론은 교육감에서 거의 대부분의 지역에서 보수가 진 것, 가장 중요한 광역단체장에서는 호남과 호서지역을 모조리 새정치민주연합이 휩쓴 것, 득표율로도 새정치민주연합이 부울경에서 선전한 점을 들어 새정치민주연합의 승리라고 주장했다(위키백과, 2020). 제6회 지방선거에서는 총 7개의 선거가 치러지기 때문에 유권자는 1인 7표를 행사한다. 투표 용지는 2번에 나뉘어 사용된다. 1차 투표 용지에는 교육감, 광역자치단체장과 기초자치단체장을 기표하며, 2차 투표 용지에는 광역자치단체의원, 기초자치단체의원, 광역자치단체의원 비례대표와 기초자치단체의원 비례대표를 기표한다. 다만 제주특별자치도는 기초자치단체장과 기초자치단체의회 의원을 선출하지 않고 교육의원을 선출하므로 이번 지방 선거에서 총 5개의 선거가 치러지므로 유권자는 1인 5표를 행사하며[2], 세종특별자치시는 기초 자치단체와 광역 자치단체가 통합되어 있는 관계로 1인 4표를 행사한다. 이 선거에서는 같은 해 7월 1일에 출범한 세종특별자치시와 통합 청주시에 대한 첫 선거가 실시되었다. 부재자 신고가 필요 없는 사전 투표가 처음 실시된 선거였다(위키백과, 2020).

4) 문재인정부(2017.5.10-2022,5.9)

(1) 지방분권과제

헌정초유의 대통령탄핵정국에 따른 문재인정부의 등장은 더욱 자치분권과 분권형 헌법개정을 통한 국가발전을 주장하였다. 즉, "내 삶을 바꾸는 자치분권"의 비전 하에 '연방제에 버금가는 강력한 지방분권'을 목표로 하는 5개 핵심전략(중앙권한의 획기적 지방이양, 강력한 재정분권 추진, 자치단체의 자치역량 제고, 풀뿌리 주민자치 강화, 네트워크형 지방행정체계 구축)을 강조하는 자치분권로드맵을 제시하였다. 이어 자치분권 종합계획 확정(2018.9.11)에 따라 "우리 삶을 바꾸는 자치분권" 비전과 "주민과 함께 하는 정부, 다양성이 꽃피는 지역, 새로움이 넘치는 사회"라는 목표 하에 33개 추진과제(6개 핵심전략 : 주민주권 구현, 중앙권한의 획기적인 지방이양, 재정분권의 강력한 추진, 중앙-지방 및 자치단체간의 협력 강화, 자치단체의 자율성과 책임성 확대, 지방행정체제개편과 지방선거제도 개선)를 제시하였다. 그리고 1988년 이후 다시 30년만에 지방자치법 전면개정을 시도하고 있다.

(2) 제7회 동시지방선거(2018.6.13)

제7회 6.13지방선거는 문재인정부 출범 1년여 뒤에 이루어졌는데, 지난 정부의 탄핵정국으로 적폐청산의 프레임으로 치러지게 됨에 따라 여당인 더불어민주당의 압승(광역자치단체장 17곳 중 14곳, 기초단체장 226곳 중 151곳에서 승리 ; 국회의원 재보궐선거에서는 12석 중 11석 획득)으로 나타났다. 반면 야당인 자유한국당은 광역자치단체 중 대구와 경북 2곳에서 승리하는데 그쳤고, 기초단체장에서는 53곳, 국회의원 재보궐선거에서는 1석을 차지하는데 그쳤다. 1인 7표의 비교적 높은 투표율(60.2%)을 보였다. 국회의원 재보궐선거 결과에 따라 국회 의석수는 민주당 130석, 자유한국당 113석, 바른미래당 30석, 민주평화당 14석, 정의당 6석, 무소속 6석이 됐다(<표 1-2> 참조)(네이버 지식백과, 2020).

<표 1-2> 제7회 동시지방선거

제7회	더불어 민주당	자유 한국당	바른 미래당	민주 평화당	정의당	민중당	무소속	합계
시도지사	14	2					1	17
시도의회의원	605	113	1	1	1		16	737
광역의원비례	47	24	4	2	10			87
시군구의 장	151	53		5			17	226
시군구의회의원	1,400	876	19	46	17	11	172	2,541
기초의원비례	238	133	2	3	9			385

(3) 지방선거의 총평

2018년 6.13지방선거(민선7기)를 앞두고 지방정치의 장으로 나올 지역일꾼(자치단체장, 지방의회의원) 후보들을 선정하는 공천과정에 불협화음이 끊이질 않고[31] 그 과정에서 야당 정당대표의 정치적 수사와 슬로건을 두고 당내 갈등이 표면화되었다.[32] 6.13지방선거 역시 국가적 사안으로 부각된 4.27 남북정상회담(문재인-김정은)으로 전쟁없는 평화협정체결이라는 판문점선언으로 '지방 없는' 선거를 시행하였다.[33] 더구나 지역일꾼들이 그 지역사회에 어떻게 봉사할 것인가에 대한 정책공약에 대해서는 무관심으로 크게 주목을 받지 못하는 상황으로 전개되었다(최진혁, 2018).[34]

31 6·13 지방선거를 앞두고 각 정당의 후보 공천과 경선 작업이 마무리 단계에 접어든 가운데, 여야 정당 모두 파열음이 끊이지 않고 있다. 더불어민주당은 전략공천에 반발하는 일부 예비후보들이 매일같이 국회를 찾아 집단 항의를 하고 있다. 한 예비후보는 자해 소동을 벌이기도 했다... 또한 자유한국당에서는 공천반발에 따른 탈당(안상수 현 창원시장)과 구성원간의 갈등으로 어수선한 분위기이다.(http://news.chosun.com/site/data/html_dir/2018/05/02/2018050201561.html)

32 홍준표 자유한국당 대표가 남북정상회담을 '위장평화쇼'라고 한 데 대해 남경필 경기도지사 후보는 "국민의 일반적 생각에서 동떨어지면 지지받기 어렵다. 깊이 생각하고 말씀했으면 한다"고 했다. 또 남 지사는 자유한국당의 지방선거 슬로건인 '나라를 통째로 넘기시겠습니까'에 대해서도 "보편적 인식과 거리가 멀다. 갈라치기 이런 쪽으로 보일 수 있다"며 "국민 편 가르기에 우리가 앞장서서는 안 된다"고 했다. 김태호 경남지사 후보도 홍 대표가 남북정상회담을 비판한 것에 대해 "(홍 대표가) 너무 나갔다. 국민적 우려를 낳을 수 있는 부분에 대해 후보자와 당 지도부 간 조율과정을 거치는 것도 굉장히 중요하다"고 지적했다. 김 후보는 당지도부의 지원 없이 선거운동을 할 계획인 것으로 알려졌다. 재선 도전에 나서는 유정복 인천시장도 페이스북에 "홍준표 대표를 비롯한 당 지도부는 아직도 정신을 못 차리고 있다", "남북정상회담과 관련해 무책임한 발언으로 국민 기대에 찬물을 끼얹는 몰상식한 발언이 당을 더 어렵게 만들어 가고 있다" 등의 의견을 밝혔다.(http://news.chosun.com/site/data/html_dir/2018/05/02/2018050201561.html)

33 6.13지방선거 전날(12일) 미 · 북 정상회담이 싱가포르로 정해지면서 지방선거 이슈가 실종될 우려가 커졌다. 이를 두고 여당인 더불어민주당은 북한과의 대화국면이 선거에 긍정적 영향을 미칠 것으로 보고 '하늘도 우리를 돕는 모양'이라며 여유로운 반면 야당인 자유한국당은 정책 이슈가 실종되고 속수무책으로 밀려 이대로면 해보나마나한 선거에 우려를 표명하고 있다(조선일보, 5.12).

34 대선주자였던 안철수 서울특별시장 후보가 민생현장을 방문하고 정책공약을 발표해도 북한이슈에 묻혀 주목을 받지 못하는 분위기임을 보도하고 있다(조선일보, 5.12).

지난 2010년 6 · 2지방선거(민선5기) 때는 2006년 5.31지방선거(민선4기)에서 모처럼 시작된 메니페스토(manifesto)에 의한 정책선거가 가능해졌고 어느 정도 진일보시킬 수 있는 사회적 공감대를 형성하기도 하였다. 그러나 여전히'대선의 전초전'내지 '현 정부에 대한 중간평가' 또는'중앙정당의 대리전'으로 치러지다 보니 지방선거가 지니는 주민의 일상생활과 밀접한 관련이 있는 지역현안과제를 정책적으로 판단해 볼 수 있는 그런 선거와는 거리가 멀었던 것이다. 즉, 지방선거의 쟁점을 지역문제가 아니라 중앙정치의 쟁점을 부각시키고 후보자의 도덕성 흠결에 집중시킴으로써, 후보자를 주로 소속정당 내지 혈연, 지연, 학연으로 선택하도록 하였다. 그 결과, 주민은 지역의 특정정당 독점구조로 고착화되는 지역주의에 매몰되게 하였으며, 지방자치는 여전히 중앙정치에 예속되어 반자치적으로 운영되고 있고, 정책실종에 따른 무책임정치를 자행할 수밖에 없었던 것이다. 따라서, 지방자치가 지역의 문제를 정책화하지 못한 채, 주민의 진정한 올바른 선택을 받지 못함으로써 주민자치를 실현해 내는데 한계를 드러낼 수밖에 없었던 것이다. 그러면서도 우리는 지역의 문제를 그 지역에 맞게 처리하게 하는 자치분권을 강화한 주민자치시대를 열어가겠다는 공언을 하고 있는 것이다.

요컨대, 지난 선거들이 제기한 문제점은 지방선거에 정책화되어있지 않은 중앙정당이 지나치게 개입해서 드러난 부작용이 매우 심각하다는데 있다. 정당민주화도 실현되지 못하고 정책정당으로서의 주민의 요구를 반영하지 못하는 미숙한 정당체제로 지난 선거를 치렀던 것이다. 더구나 지방선거가 회를 거듭할수록 정치인들 그들만의 리그로 전락한 '권력의 섬'을 만들어 놓으면서 유능한 일반시민들이 지역에 봉사할 수 있는 통로를 개방하지 못하여 훌륭한 지역인재를 충원해 내는데 그 역할을 다하지 못하는 비판을 받고 있는 것이다. 결국 정치권의 이해관계 속에 정당공천을 둘러싼 비리와 잡음은 당선 후 자치단체장과 지방의원의 지방공직 부패로 연결되고, 지역감정의 조장과 지역주의의 고착화를 야기하였고, 유권자인 주민들은 더욱 정치에 대한 불신의 벽을 높게 쌓게 하였던 것이다.

또한 교육의 독립성을 강조하여 정당이 배제된 상태에서 치른 교육감 선거의 경우도 정책과 공약 중심의 경쟁은 기대할 수 없었고, 색깔론과 상호비방전으로 얼룩지면서 유권자의 불신과 회의만 증폭시켰다. 결국, 교육감 (및 교육의원선거는) 누가 누군지 모른 채 마구잡이로 찍는 이른바'묻지마 투표'혹은 후보 이름 게재 순서를 정당순서로 착각해 찍는'일자 투표'내지'로토 투표'가 되었다는 평가다. 따라서 선거결과는 투표율에 상관없이 교육민의는 왜곡될 수밖에 없었고 정책선거와는 상관없는 교육감직선을 통한 교육자치는 주민의 불신과 비대표성을 안고 출발하는 근본적인 문제에 직면하게 되었다.

5) 참여정부 이후의 지방자치의 평가 : 지방자치의 경험과 교훈

(1) 총괄적 평가[35]

우선, 그동안 초중앙집권적인 지방행정운영에 대한 반발로써 시작된 우리의 지방자치는 지방자치단체의 자율과 책임만을 중시한 독립적 성격을 강조하다보니 자연히 국가(중앙정부)로부터 연계되고 협력적인 자치행정을 운영하는데 상당한 제약을 받을 수밖에 없었다. 즉, 주민이 직접 자치단체장과 의회의원을 선출하여 주민자치의 근간은 마련하였을런지는 모르나, 중앙행정과 지방행정을 연계해 줄 수 있는 국가운영시스템의 미비로 국가와 지방간의 원활한 의사소통이 제약될 수밖에 없었다. 여기서 국가정책에 대한 지방주민의 반발을 해결하는데 어려움이 있었으며, 그에 따른 행 · 재정적 낭비를 지켜볼 수밖에 없었다. 뿐만 아니라 지역의 주민대표기관이라고 하는 지방의회를 만들어 놓았다고는 하지만 각각의 지방의원들은 그 지역에서만 활동할 수밖에 없었던 이유로, 다시 말해 각자의 지역에서 격리되어 의정활동을 할 수밖에 없어 지역의 문제를 소상하게 다른 지방의회나 국회에 알리고 협조를 원활히하는 데는 일정한 한계가 있었고, 또한 국회의원에게 종속된 관계 속에서 일을 할 수밖에 없는 까닭에 지역의 문제를 국회의원과 대등한 관계에서 논의하는데 원초적 한계를 드러낼 수밖에 없었다. 여기에 국가는 "대한민국 공화국의 단방(단일)국가체제 내에서 통일성을 확보하고 각 지방자치단체의 다양성을 함께 존중해 나가야 하는 지방분권체제 안에서 중앙정부와 지방정부간의 원활한 협력관계가 보장되는 지방자치임"을 확인해 주어야 할 책무가 있다.

35 필자의 칼럼을 참고하여 보완정리하였음. 민선자치 15년 경험을 통한 값진 교훈(대전일보 칼럼; 2010.10)

다음으로 지방자치단체는 주민을 위해 보다 값싸고 양질의 행정서비스를 제공해야 하는데, 직선된 자치단체장과 의회의원은 주민들에게 '표'를 과도하게 생각할 수밖에 없어 전시행정 내지 인기행정의 유혹에 매몰되어 지방정책은 왜곡될 수밖에 없는 상황에 놓이게 되었다는 점이다. 즉, 자치단체장이나 의회의원은 선거에서 그 지위가 주어지는 까닭에 선거를 통해 안게 된 정치적 부채에 연연하게 되고, 따라서 특혜의 제공이나 인사상의 배려 등으로 부패의 연결고리가 자연히 형성될 수밖에 없는 여지를 만들어 놓고 말았다. 지역마다 영향력있는 선거권자들의 무리한 인사 및 사업청탁과 압력으로 공무원의 인사가 정실에 치우칠 가능성이 커졌으며 자치행정의 공정성을 잃는 사례가 많아졌다. 여기에 자치단체장, 의회의원의 선거운동에 과다한 비용지출, 그 부채를 갚기 위해 공무를 빙자하여 사리사욕을 추구하는 행위와 차기 재선을 노린 인기획득에 치우친 자치운영에 대한 근본적인 차단책이 필요할 것이다. 집행기관의 견제 · 감시기관으로서 지방의회가 새롭게 거듭나야 하고 건강한 시민사회를 만들어내어 시민단체의 바른 역할이 선행되어야 하는 이유가 바로 여기에 있다.

마지막으로 보다 역동적인 주민에 대한 역할변화가 필요하다. 그동안 민선자치의 화두는 수요자 중심주의, 고객지향적 행정 등으로 주민들을 단순한 행정서비스의 객체로서의 지위만을 부여하였을 뿐이다. 그러다보니 자치단체의 행정서비스에 대해 소비자로서의 수동적인 주민을 만들어내었다. 더 나아가 대다수 주민들은 지역이기주의와 자기이해에 함몰되어 자치행정에 많은 혼란을 야기하였다. 주민의 민주적 소양이 전제되어야만 지방자치가 성공할 수 있다는 명확하고 단순한 사실을 재확인한 셈이다. 이제 고객지향적이고 피동적 주민을 자기지역의 발전을 위해 자치행정서비스를 지방자치단체와 함께 만들어내는 공동생산자로서의 역동적 주민으로 바꾸어내는 노력이 뒤따라주어야 할 때라고 본다.

(2) 지방선거, 정치권력 측면의 평가

① 노무현 참여정부의 '지방분권과 국가균형발전'의 정권브랜드화 속에 진행된 지방자치제 : 대선에서의 충청권 공략을 위한 충남 연기 공주일원으로 하는 행정수도 선언

② 지방선거가 아닌 중앙선거 : 현 정부에 대한 중간평가, 중앙정당의 대리전

5.31지방선거(2006)에서 대전충남 충청권에서의 국민중심당(심대평 대표)은 제1야당인 한나라당과의 분열로 충남지사직도 확보하지 못하고 쇠락의 길로 접어들면서 이회창과 연합해 자유선진당으로 개명하게 된다. 지방자치단체장 3선 제한이 처음 적용되고 지방의회 유급제가 도입된 이후 실시되는 첫 번째 선거였기에 유능한 정치신인 전문가들이 충원될 것으로 기대하였다. 그러나 여전히 정권에 대한 중간평가 내지는 정당의 대리전으로 지방선거라기보다 중앙선거로 평가되었다. 따라서 지방선거의 쟁점을 지역문제가 아니라 중앙정치의 쟁점을 부각시키는 쪽으로 이끌어 지역의 특정정당 독점구조로 고착화되는 지역주의에 매몰되게 하였다. 여기에 지방자치는 여전히 중앙정치에 예속되어 반자치적으로 운영될 수밖에 없었다.

③ 지방선거에서 정당공천의 전면적 허용에 따른 부작용 증가 : 정치적 충원모델의 오작동

정당공천을 둘러싼 비리와 부패가 만연하였고, 참신하고 유능한 정치신인과 전문가들의 충원에 실패하였다. 공무원의 줄서기 관행과 인물과 공약중심의 정책선거는 기대하기 어려웠다.

④ 지방선거에 정책화되어있지 않은 중앙정당이 지나치게 개입하여 부작용 증가 : 정책선거 실종, 정당민주화 실현되지 못한 미숙한 정당체제

결국 지방선거는 정치인들 그들만의 리그로 전락한 '권력의 섬'으로 만들어 놓아 유능한 지역일군, 지역인재를 충원해내는 역할을 기대하기 어려웠다.

참고문헌

김순은. (2003). 참여정부의 지방분권추진계획(분권로드맵)의 평가. 〈지방정부연구〉 7(2).
유재원. (1994). 지방자치의 정치 : 정당의 역할을 중심으로. 〈한국행정학보〉 28(2).
정세욱. (2005). 〈지방자치학〉. 서울: 법문사.
최진혁. (2018). 우리나라 지방선거의 과제 : 정책선거 강화를 중심으로. 〈지방행정연구〉. 32(2).

최진혁. (2017). 지방분권의 제2도약으로서 대한민국의 자치분권 추진과제에 관한 연구 -문재인정부 출범에 부쳐- 〈한국지방자치학회보〉. 29(3)
최진혁. (2015). 21세기 지방자치의 현대적 경향. 〈한국지방자치학회보〉. 27(3)
최진혁 · 육동일. (2010). 사회통합과 지방자치 활성화를 위한 지방선거제도 개선방안 도출. 대통령자문사회통합위원회.
최진혁. (2009). 지방행정체제 개편의 내용과 전망:대안검토를 중심으로. 〈사회과학연구〉. 20(3))
최진혁. (2012a). 지방의회 의정활동 전문성 강화방안 : 대전광역시의회 입법정책지원제도를 중심으로. 〈정치 · 정보연구〉. 14(2)
최진혁. (2012b). 지방재정거버넌스 설계방안. 〈지방재정11-12〉
최진혁. (2010). 민선자치 15년 경험과 값진 교훈. 〈대전일보 칼럼〉
최진혁. (2005). 지방분권화에 부응하는 지방자치법의 발전적 개정방향. 〈지방정부연구〉. 9(1)
최진혁 외. (2005). 〈자립적 지역발전모델〉. 대영문화사.
최진혁. (2003). 참여정부 지방분권화 정책의 발전적 비평. 〈한국행정학회 학술발표논문집〉
최진혁. (2002). 우리나라 지방분권의 발전적 고찰. 〈사회과학연구〉. 제13권
최진혁. (2001). 프랑스 신지방분권화의 기본내용. 〈월간 자치발전〉
최창호. (2009). 〈지방자치학〉. 삼영사
한국지방자치학회. (2008). 〈한국지방자치의 이해〉. 박영사.
공직선거 및 선거부정방지법 (2003).
정부혁신지방분권위원회. (2003). 〈참여정부 지방분권의 비전과 추진방향〉.
행정자치부. (2005). 〈민선지방자치 10년 평가〉.
지방자치법(일부개정 2007.5.17 법률 제8435호 시행일 2008.1.1.).
대통령자문 정부혁신지방분권위원회. (2005). 〈참여정부의 지방분권〉.
대통령소속 지방분권촉진위원회. (2009). 〈지방분권 종합실행계획안〉.
대통령소속 지방분권촉진위원회. (2009). 〈2009 지방분권백서〉.
대통령소속 지방분권촉진위원회. (2010). 〈제1기 지방분권촉진위원회 지방분권백서〉.
대통령소속 지방분권촉진위원회. (2012). 〈제2기 지방분권촉진위원회 지방분권백서〉.
대통령소속 지방자치발전위원회. (2016).
Auby, Jean-Bernard et Auby, Jean-François. (1990). Droit des collectivités locales. Paris : PUF.
Baguenard, Jacques. (1996). La décentralisation. Paris : P.U.F.
Baguenard Jacques et Becet Jean-marie. (1995). La démocratie locale. Paris : P.U.F.
Luchaire, François et Yves. (1983). Le droit de la décentralisation. Paris : P.U.F.
Verpeaux, Michel. (2005). Droit des collectivités territoriales. Paris : P.U.F.

02 우리나라 지방분권의 발전적 고찰

제1절 서론

대한민국 정부수립과 함께 제헌헌법에 의해 보장된 우리나라의 지방자치[1]는 집권자의 정권연장의 수단으로 이용되어 자치단체장의 선거방식의 변화(간선제-직선제-임명제-직선제)를 가져 왔고, 국가행정의 능률성 도모(중앙집권행정)를 위해 지방의회를 해산하는 역사적 시련을 겪으면서 진전되어 왔다. 헌법부칙에 지방의회의 구성을 조국통일시까지 유예하거나 지방자치단체의 재정자립도를 감안하여 순차적으로 하되, 그 시기를 법률로써 정할 것을 규정하였던 지방자치의 준비기를 보내고, 1987년 6.29 민주화 항쟁이후 정치권의 정쟁차원의 소용돌이 속에서 마침내 1991년 지방의회의 재구성과 1995년 지방자치단체장을 주민직선으로 하는 외형적이나마 지방자치의 시대를 구가하게 되었다. 그러나 주민이 필요로 하는 지방자치를 추구하지 못했고 국가의 필요성에 의하여 그것도 정치가들이 그들의 정쟁게임 하에서 지방자치를 추구하였다. 따라서 11년간의 지방의회, 7년간의 민선자치단체장의 경험은 우리의 지방자치가 '성공한 지방자치'로 뿌리내리기에는 일정한 태생적 한계를 인정해야 했던 것이다. 그럼에도 불구하고 오늘

1 헌법 제8장 제117조 제1항은 "지방자치단체는 주민의 복리에 관한 사무를 처리하고 재산을 관리하며, 법령의 범위 안에서 자치에 관한 규정을 제정할 수 있다"고 하여 지방자치단체는 이 조항에 근거한 자치권에 의하여 그의 관할구역과 주민을 통치하고 그 관리사무를 자기의 자율과 책임 하에 처리할 수 있는 법률적 권능을 가지게 되었다. 국가와는 별개의 법인격이 부여되고 그 독자적 사무가 인정되는 지방자치단체가 사무를 처리하고 존립하기 위해 일정한 권능을 가져야 하는데, 우리나라는 헌법에서 이를 명시적으로 보장하고 있는 것이다.

날 우리 정치 · 행정환경의 변화는 우리의 지방분권화를 더욱 가속화시키고 있다.

우선 국가의 입장에서 보면 그동안 정부수립 후 반세기에 가깝게 중앙집권방식에 의한 행정수행방식으로 길들여진 행정체제로는 더 이상 효율적인 행정을 산출할 수 없음을 깨닫게 되었다는 사실이다. 따라서 중앙에 집중되어 있는 권한과 기능은 점차 지방정부로 이양되었고, 그에 따라 지방정부의 자율권이 신장되고 책임행정이 강화되기에 이르렀다. 그런 측면에서 행정통제는 지시 · 감독에서 지도 · 지원의 형태로 바뀌고 있다. 다음으로 자치단체의 입장에서 보면 어떻게 하면 주민에게 보다 값싸고 양질의 서비스를 제공할 수 있겠는가에 고심하고 있다는 것이다. 이는 지방정부가 시장경제의 논리에서 민간부문과의 경쟁을 할 수밖에 없는 상황하에 비롯된 것으로 행정업무의 질적 변화, 지방공무원의 전문화, 행정장비의 과학화, 지방정부의 경영합리화를 도모하게 되었다. 마지막으로 주민의 입장에서 보면 주민들도 이제는 자기지역의 문제에 직접 참여하여 어떻게 하면 우리의 자치단체를 위해 우리의 권리와 의무를 다할 수 있을 것인가를 깊이 생각하게 되었다는 점이다. 즉, 집권화 방식의 운영에서 오는 주민의 소극적 자세를 지양하고 분권화를 통하여 주민의 민주화 훈련을 제고시키지 않을 수 없게 되었다는 점이다. 따라서 주민의 자치의식 함양, 참여확대에 따라 보다 나은 서비스에의 요구 내지 삶의 질을 고양하는데 관심을 피력하게 되었으며, 주민의 자율과 책임의식의 고양으로 자연히 관치행정(官治行政)에서 자치행정(自治行政)으로 전환되기에 이르렀다.

이러한 맥락에서 본 연구는 지방분권의 일반적 원칙들을 고찰해 보면서 우리나라 지방분권의 현 상황을 실정법적인 측면에서 진단해 보고 '성공한 지방자치'로 뿌리내리기 위해서는 우리의 지방분권이 어떠한 방향으로 나아가야 할 것인지 그 과제를 제안해 보고자 한다.

제2절 지방분권의 이론적 배경

1. 지방자치와 지방분권

일반적으로 지방자치는 "일정한 지역과 주민을 기초로 하는 공공단체가 그 지역내의 공공사무를 지역주민의 의사에 따라 주민이 선출한 기관을 통하여 (또는 스스로) 주민의 부담으로 처리하는 과정"으로 이해된다(정세욱, 2000a : 7 ; 최창호, 1997 : 45-46). 여기서의 공공단체, 즉 지방자치단체는 국가로부터 자치권을 부여받은 독립된 법인격을 갖는 단체로서 그 전래된 자치권을 가지고 그들의 자율과 책임 하에 주민에게 보다 나은 공공서비스를 창출해야 하는 의무를 가지고 있다. 이러한 견해는 기본적으로 지방자치를 단체자치와 주민자치라는 두 가지 차원에서 파악하게 한다. 즉, 단체자치란 국가와 지방자치단체간의 관계를 중시하는 법률적, 행정적 의미의 자치개념으로서 중앙정부에 대한 지방정부의 자율성 측면을 강조한다. 따라서 중앙정부와 지방정부간의 집권 · 분권 문제가 그 핵심주제가 된다. 반면 주민자치는 지방자치단체와 주민간의 관계를 중시하는 정치적 의미의 자치로서 지방정부에 대한 주민참여 내지 시민사회의 투입측면을 강조한다.[2] 따라서 주민의 지방자치단체에의 참여 내지 통제가 핵심문제가 된다. 이러한 이해에 기초한다면 지방자치는 중앙정부로부터의 '분권'과 지방정책과정에 대한 주민의 '참여'로 요약된다(이승종, 2001 : 85 ; 홍준현, 2001 : 313).

2. 지방자치단체에 적용된 지방분권 : 지방분권의 조건

우리나라의 지방분권은 단체자치 국가에서 보는 바와 같이 국가의 통일성 내에서 지방자치단체의 다양성을 보장하는 것이라 볼 수 있다. 따라서 국가의 일정한 감독과 지

2 오늘날 지방자치단체는 그동안 공공서비스 공급에 일방적이고 직접적인 책임을 지는 경향에서 이제는 민간부문, 자원봉사 영역 등 다양한 사회부문이 공동으로 참여하는 공공-민간 동반자적 주민서비스 공급체계로 변모하고 있다. 이는 과거의 관료나 정치엘리트에 의한 일방적인 통치가 아닌 사회의 다원적 참여구조(네트워크)를 통한 지배와 신자유주의철학을 토대로 한 시장경제원리에 바탕을 둔 '로컬 거버넌스(Local Governance)'의 개념으로 받아들이고 있다.

방자치단체의 자율성과 책임성을 강조하게 된다. 그런 측면에서 지방분권의 실현은 다음 3가지 조건을 존중할 때 이루어진다고 볼 수 있다(Baguenard, 1996 : 17-70).

1) 지방사무의 존재

우리나라 헌법 제117조는 "지방자치단체는 주민의 복리에 관한 사무를 처리하고..." 라고 규정하여, 지방자치단체의 존립목적이 주민복리에 관한 사무의 처리에 있음을 밝히고 있다. 지방자치법 제9조 제1항과 제93조 및 제94조에 의하면 우리나라의 지방자치단체 사무는 자치사무, 단체위임사무, 기관위임사무로 분류하고 있음을 알 수 있다.[3]

이와 같은 맥락에서 프랑스도 국가사무와 구별된 지방사무의 존재를 지방분권의 첫 번째 소여로 보고 있다(Rivero, 1990 : 394). 지방자치단체의 사무는 '지방의회의 자유로운 결정에 의해서 처리할 수 있다'고 규정할 수 있다. 이는 지방자치단체의 사무는 법률에 별도로 규정을 하지 않는 한 해당 자치단체의 이해에 관한 모든 사무(주민의 복리에 관한 모든 사무)가 지방자치단체의 자치사무로 된다는 것이다. 프랑스의 1884년 4월 5일 법에 따르면 지방사무는 지방자치단체에 관계되는 모든 분야에 관여할 수 있는 자치단체의 법률적 능력에 기초한 개념으로 파악하고 있다. 1983년 1월 7일 법률도 '코뮨, 데빠르트망과 레지옹은 그들 권한의 사무를 그들 협의에 처리한다'고 규정하여 포괄적 규정을 확인할 수 있다. 다만 추가적으로 지방자치단체가 행해야 할 기능을 자치단체마다 특화하여 구체적으로 규정하고 하고 있다. 지방사무의 개념은 매우 규정하기 어려운 일이나 지방자치단체 이해에 따라 지방자치단체가 수행할 것이 요청되는 업무로 볼 수 있을 것이다.

---

3 지방자치법 제9조 제1항은 "지방자치단체는 그 관할구역 안의 자치사무와, 법령에 의하여 지방자치단체에 속하는 사무를 처리한다"고 규정하고 있는데 자치사무란 그 자치단체의 고유사무를 뜻하고, '법령에 의하여 지방자치단체에 속하는 사무'는 위임사무에 속한다고 할 수 있다. 일반적으로 단체위임사무는 법령에 의하여 중앙정부 또는 상급자치단체로부터 그 지방자치단체에 위임된 사무를 말한다. 따라서 법령에 "시·도지사, 시장·군수가...를 시행한다"고 규정하고 있는 사무 중 국가적 이해관계와 지방적 이해관계가 있는 사무 및 ".....가 지방자치단체에 위임한다"고 규정되어 있는 사무가 해당된다. 기관위임사무는 법령에 의하여 중앙정부 또는 상급 지방자치단체로부터 지방자치단체의 집행기관(장, 교육감)에게 그 처리가 위임된 사무를 말한다. 따라서 법령에 "시·도지사, 시장·군수가.....를 시행한다" 고 규정하고 있는 사무 중, 전국적 통일을 요하는 사무 및 ".....가 시·도지사, 시장·군수에게 위임한다"고 규정하고 있는 사무가 해당된다(최창호, 1995 : 258-259).

2) 중앙권력으로부터의 독립적 지방기관(지방자치단체)

지방분권이 실현되려면 지방사무가 중앙정부로부터 독립된 지방기관에 의하여 책임있게 수행되어야 한다는 것이다. 즉, 중앙정부의 영향력 지배하에 자치단체의 기능이 상실되어서는 아니 되고, 지방기관(자치단체)이 그들의 책임성을 완전히 행사할 수 있어야 한다는 것이다. 그러기 위해 지방자치단체가 재정자치를 행사할 법인격을 부여받아야 하고 주민의 의해 선출되어야 한다는 것이다. 이는 국가로부터 자치권을 부여받아 일정한 독립적 관계를 추구하여야 한다는 것이다.

3) 자율적 관리

중앙권한에 독립적으로 존재하는 지방기관은 그들의 기능을 행사하는데 있어 실제의 자치를 혜택받고 누려야 한다는 것이다. 이러한 기능적 독립성은 지방사무의 자치행정을 자연히 허용하게 되는 것이다. 즉, 주민에 의해 선출된 기관에 의한 자유로운 행정(관리)이 되어야 한다는 것이다(분권화된 행정구현).

3. 지방분권의 개념과 기본논리

1) 지방분권의 개념

오늘날 대부분의 국가에서는 통치권이나 행정권한을 중앙정부와 지방정부가 분담하여 처리하고 있다. 일반적으로 중앙집권은 국가공동체 내의 결정권한과 업무가 중앙에 집중되어 있고 지방자치단체가 국가의 하부행정기관으로 존재하는 국가형태라면 지방분권은 지방자치단체에게 결정권과 업무가 이전되어 있는 국가형태라고 할 수 있다(이기우, 1997 : 98). 이는 곧 국가내의 권력의 지리적 배분을 의미하는 것으로 지방자치단체에 적용된 분권으로 볼 수 있다. 요컨대 본 연구에서는 중앙정부의 권한이 지방정부로의 이전을 지방분권화로 규정하고자 한다.[4]

4 분권화의 개념은 다양한데 조직이론에서는 계층제 내에서 상위 지위에 있는 권한을 하위지위로 이양하는 조직 내적 현상으로 보기도 하며(Stevens, 1994), 지방정부론에서는 중앙정부로부터 지방정부로 권한이 이전되는 정부간의 관계로 파악하기도 한다(Conyers, 1984).

2) 지방분권의 기본논리

지방정부가 주민들에게 보다 가까이 있어서 주민들의 욕구를 보다 잘 알고 있기 때문에 주민들에게 보다 적합한 서비스를 제공해줄 수 있다는 것이 지방분권의 기본논리이다. 즉, 자원의 효율적 배분은 서비스 공급에 대한 책임이 그 서비스의 수혜자를 가장 잘 대표해주는 정부계층에 부여될 때 가능하다는 것이다(Ter-Minassian, 1997). 즉, 지방분권을 통해 보다 민주적이고 참여적인 정부를 지향할 수 있고, 공공서비스와 주민의 서비스를 일치시킴으로써 지방정부의 정치지도자가 유권자에 대해서 대응성과 책임성을 확보해 나갈 수 있다는 것이다(Ter-Minassian, 1997 ; 홍준현, 2001 : 315).

그런데 지방정부는 의외로 주민들이 필요로 하는 서비스를 만족할 만한 수준으로 공급하지 못하는 경우가 많다는 것이다. 그 이유를 Kingsley(1996)는 지방분권이 아직 완전하게 진행되지 못한 것에서 찾고 있다. 즉, 많은 국가에서 중앙정부는 중앙의 기능을 공식적으로 지방정부에 이양 또는 위임했지만, 지방정부가 그 기능을 자율적으로 수행할 수 있는 권한 또는 기능을 수행하는데 소요되는 재원을 마련할 수 있는 권한을 완전히 이양 또는 위임하지 않았다는 것이다. 한편 Dillinger(1994)는 중앙정부가 지방분권을 찬성하는 동기에는 양면성이 있다고 경고하고 있다. 즉, 그 동기에는 첫째, 중앙집권체제는 더 이상 적합하게 기능하지 않는다는 원칙과 둘째, 도시화로 인해 요구되는 엄청난 비용을 부담하기 위해서 재원을 마련하는 책임을 지방정부에 전가하려고 하는 정치적 편의성이 혼합되어 있다고 볼 수 있다는 것이다(홍준현, 2001 : 316).

제3절 지방분권의 현황

우리나라의 지방분권은 지방자치단체가 국가의 단일성 내에서 국가로부터 일정한 자치권을 부여받아 그들의 자율과 책임으로 자치행정을 추구해 나갈 수 있도록 하는 단체자치적 논리 하에 존재한다. 따라서 자치권, 국가와 지방자치단체간의 기능배분, 국가의 지방자치단체에 대한 통제 부문을 중심으로 지방분권화의 정도를 가늠해 볼 수 있을 것이다.

1. 자치권

1) 자치입법권

우리나라 헌법 제117조는 "지방자치단체는 ---법령의 범위 안에서 자치법규를 제정할 수 있다"고 규정하고 있고, 지방자치법 제15조에서도 "법령의 범위 안에서 조례를 제정할 수 있다"고 규정하여 법령 우위에 의한 조례제정권의 한계를 밝히고 있다. 이 경우 그 '법령의 범위 안에서---'의 뜻이 무엇이냐가 주요한 의문이 되는데 '법령의 위임하에서' 또는 '법령에 근거하여'로 해석하는 경우가 많아 자치입법권의 범위는 그만큼 낮다고 볼 수 있다. 따라서 자치단체의 고유사무에 관하여는 '법령에 위반되지 않는 한도 내에서' 조례를 제정할 수 있다는 의미, 즉 법령의 규정이나 입법취지에 저촉되지 않는 한 조례를 제정할 수 있는 것으로 받아들여야 한다는 것이 학계의 공통된 주장이다.

또한 지방자치법 제15조 단서에서 "주민의 권리제한 또는 의무부과에 관한 사항이나 벌칙을 정할 때에는 법률의 위임이 있어야 한다"고 규정하고 있는데, 이는 지방자치의 본질이 지방자치단체가 일정한 지역에서 자치적 재원과 자주적 결정으로 지역주민의 복지서비스를 창출한다고 본다면 당연히 권리제한과 의무부과를 수반하게 될 것이기 때문에 합당한 규정이라고 보기 어렵다는 것이다(하혜수·최영출, 2000 : 39).

또한 조례는 상급자치단체의 조례나 규칙에 위반해서는 아니 되는 (지자법 제17조, 제8조3항) 상위법규 우위에 의한 조례제정권의 한계를 밝히고 있다. 이 경우 시 · 도가 단체위임형식으로 시 · 군 · 자치구에 위임한 사무의 경우에 특히 적용되는 것으로 기초자치단체의 자율적인 행정권 수행에 대한 제약으로 작용하고 있다.

2) 자치조직권

지방자치법은 헌법에 의거하여 지방의회의 조직과 권한, 의장 · 위원회, 자치단체장의 선거, 보조기관 · 소속행정기관 · 하부행정기관 등 지방자치단체의 조직의 대강을 규정하고 있으며, 그 밖의 구체적인 조직사항에 관하여는 각 지방자치단체로 하여금 일정한 범위 안에서 자치입법, 의결 등의 형식으로 스스로 조직하거나 또는 조직에 참여할 수 있는 권능을 부여하였다. 따라서 실정법상으로는 각 자치단체가 그 지방의 실정에 맞는 조직을 편성할 수 있는 자치조직권을 어느 정도 가지고 있다 할 것이다. 그러나 현재 지방자치단체의 부단체장, 행정기구, 공무원, 소속행정기관 등에 관한 사항을 대통령령으로 정하게 되어 있으므로(지자법 제101조-제107조) 자치조직권의 폭은 매우 좁다고 할 것이다(정세욱, 2000a : 167). 즉 시 · 도의 부지사 부시장을 국가공무원으로 보하고 부단체장의 직급을 대통령령으로 하고 있다. 시 · 도와 시 · 군 · 구의 행정기구도 대통령령으로 정하고 있어 지방자치단체의 특성을 살리지 못하고 있다.[5] 또한 자치구 · 시 · 군의 행정기구는 시, 도지사의 승인을 얻어 조례로 정하고 있어(지자법 102조 1항) 지방의회의 자주조직권도 제약되어 있는 실정이다.

3) 자치행정권

우리나라의 자치행정권에 대한 중앙정부의 관여와 감독은 매우 강한 것으로 나타나고 있다. 즉, 지방자치법에 의하면 주무부장관은 지방자치단체장의 명령, 처분에 대한 취소 · 정지권, 위임사무 불이행에 대한 직무이행명령권 및 대집행권, 자치사무에 대한 감사권을 가지고 있어 자치행정권이 근본적으로 침해되고 있다(정세욱, 2000a : 172-175). 그 구체적 내용은 다음과 같다.

(1) 취소 · 정지권 : 자치단체의 사무에 관한 장의 명령이나 처분이 위법하거나 또는 부당하여 공익을 해한다고 인정될 때에는 시 · 도지사에 대하여는 주무부장관이, 시 · 군 및 자치구의 장에 대하여는 시 · 도지사가, 기간을 정하여 서면으로 시정을 명하고, 그 기간 내에 이행하지 않을 때에는 이를 취소하거나 정지할 수 있다. 다만 자치사무에 관한 명령이나 처분은 법령에 위반한 것에 한한다(지자법 제157조 1항)고 하였다. 즉 자치사무에 관한 단체장의 명령 · 처분이 위법하다고 판단되거나, 위임사무에 관한 명령 · 처분이 위법 또는 부당하다고 인정될 때 주무부장관은 법원에 소송을 제기하지 않고 그 자의적 판단에 근거하여 취소 · 정지할 수 있도록 하였다.

(2) 직무이행명령권 : 지방자치단체장이 법령에 의하여 그 의무에 속하는 국가위임사

5 예컨대 인구 200만명 이상인 도는 10개국(局)을, 200만명 이하인 도는 8개국(局)을 두도록 대통령령에 규정하고 있는데 인구 199만명인 도와 201만명인 도의 행정수요에 무슨 차이가 있다고 국(局)의 수를 2개나 차이를 두고 있는지 알 수 없다는 것이다(정세욱, 2002 : 15).

무 또는 시 · 도위임사무의 관리 및 집행을 명백히 게을리 하고 있다고 인정되는 때에는 시 · 도지사에 대하여는 주무부장관이, 시 · 군 · 자치구의 장에 대하여는 시 · 도지사가 기간을 정하여 서면으로 그 이행할 사항을 명령할 수 있다(지자법 제157조의 2/ 1항). 직무 이행명령은 자치단체장이 위임사무를 이행하지 않는데 대한 통제수단으로 간주된다.

(3) 대집행권 : 주무부장관 또는 시 · 도지사의 직무이행명령에도 불구하고 자치단체장이 기간내에 법령상 의무에 속하는 위임사무의 관리 · 집행을 이행하지 않을 때에는 '주무부장관 또는 시 · 도지사는 --- 당해 자치단체의 비용부담으로 대집행-- 할 수 있다. 이 경우---행정대집행법을 준용한다'(지자법 제157조의 2/ 2항)고 하고 있다.

(4) 자치사무에 대한 감사권 : '행정자치부장관 또는 시 · 도지사는 지방자치단체의 자치사무에 관하여 --- 서류, 장부 또는 회계를 감사할 수 있다. 이 경우 감사는 법령위반사항에 한하여 실시한다'(지자법 제158조)고 하였다.

(5) 사전승인권 : 지방자치법은 자치사무에 대하여도 자치단체장의 자율적인 결정 · 집행권을 보장하지 않고 주무부장관의 승인을 얻도록 규정하고 있어 자치행정권이 제약되고 있다.

(6) 행정규칙에 의한 자치행정권의 침해 : 주무부장관은 법률의 아무런 근거규정도 없이 지침, 준칙, 내시, 훈령 등 내부규칙을 남발하여 자치단체의 자주적 행정을 제약하고 있다.

4) 자치재정권

우리나라 지방세의 종목과 세율은 지방세법에 의해서만 정할 수 있고(헌법 제59조) 지방자치단체가 그 지역의 특수한 세원에 대하여 세목을 설치할 수 없게 하고 있다. 즉, 지방자치단체의 조례에 의한 법정외세제도를 인정하지 않고 있어 자치단체의 재정적 자주성이 미약한 실정이다.

2. 국가와 지방자치단체간의 기능배분

우리나라의 기능배분은 예시적 포괄주의를 기본으로 하고 예외적으로 특례주의를 채택하고 있다. 즉, 지방자치단체가 처리할 수 없는 국가사무를 열거하면서(지자법 제11조) 지방자치단체의 사무를 기능영역별로 예시하는 방식을 채택하고 있다(제9조 2항). 또한 광역자치단체와 기초자치단체간 기능배분에 있어 특정자치단체의 특수성을 감안하는 두 가지 특례(특별시·광역시와 자치구간의 특례 ; 인구 50만명 이상 시의 특례)가 인정되고 있다. 즉, '자치구의 자치권의 범위는 법령이 정하는 바에 의하여 시 · 군과 다르게 할 수 있다'(지자법 제2조 제2항)고 규정하여 성질상 대도시 전체로서 처리해야 할 행정기능은 시 · 군과 다르게 자치구에서 처리하지 아니하고 특별시 · 광역시에서 처리하도록 하였다. 또한 자치구가 아닌 구가 설치된 '인구 50만명 이상의 시에 대하여는 도가 처리하는 사무의 일부를 직접 처리하게 할 수 있다'(지자법 제10조 제1항)고 규정함으로써 중소도시나 군에 획일적으로 배분되는 권한과 달리 대도시에 보다 많은 권한을 부여하고 있다.

일반적으로 제기되고 있는 우리나라 기능배분의 문제점은 다음과 같다.

1) 추상적이고 개괄적인 사무배분원칙과 기준

지방자치법에 규정된 사무배분 원칙과 사무예시 등이 추상적이어서 현실성이 부족하고 대부분이 선언적인 규정으로 직접적 구속력을 확보하는데 미흡하다는 것이다(홍준현, 2001 : 319). 따라서 사무배분의 상당부분은 사무구분 당사자들의 주관적인 판단이나 행정관례에 이루어질 수밖에 없는 실정이다(하미승, 1992 : 650).

2) 중복적 기능배분

광역자치단체와 기초자치단체간의 기능배분에 있어 광역자치단체 사무로 6개의 유형(광역적 사무, 통일적 사무, 연락 · 조정사무, 독자처리 부적당 사무, 대규모시설 설치 · 관리사무 등)을 규정하고 있으나 그 기준들이 모호하고, 기초자치단체에 대해서는 광역자치단체에 속하지 않는 잔여사무가 기초자치단체의 사무로 귀속된다고 하여 사무배분규정이 없는 형편이다. 단위사무를 광역자치단체나 기초자치단체 중에서 어느 한 계층에 배분하지 않고 양 계층에 똑같이 부여하여 사실상 중복적 기능배분을 조장하고 있다.[6]

---

6 '사회복지 시설의 설치·운영 및 지원', '장애인 복지시설운영·지원', '지역내 노사관계 동향파악 및 지원', '중소기업 창업민원실의 설치·운영', '중소기업이전실시계획의 작성', '토지구획정리사업의 시행', '택지개발사업의 시행', '농공지

한편 단위사무를 어느 한 자치계층에게 총체적으로 배분하지 않고 이를 또 분할하여 광역자치단체와 기초자치단체에 배분하고 있어 각 자치단체의 권한과 책임이 모호하다.[7]

이처럼 행정기능을 중복시켜 자치단체간의 권한다툼이나 책임회피현상을 조장시킬 뿐만 아니라 광역자치단체가 기초자치단체의 기능수행에 관여하게 되어 기초자치단체의 자치권이 침해받게 되어 있는 실정이다.

3) 획일적 기능배분

획일적 사무이양의 결정은 소극적 지방이양으로 귀착되는 폐단을 가져온다. 예컨대, 조직이나 인사에 관련된 권한의 이양을 요구하는 서울특별시에 대해 과거 내무부는 여타 광역자치단체도 따라서 요구할 것이라는 우려 때문에 권한이양을 거부하였다. 또한 동일한 사무에 대해서 자치단체간에 이양희망여부에 대해 상이한 견해를 갖고 있는 경우에는 사무가 지방으로 이양되는 것보다는 중앙에 존치하는 방향으로 결정나기 쉽다는 것이다(김재훈, 1996 : 89).

4) 재원과 기능의 불일치

중앙정부 사무의 지방이양에 있어 많은 경우 지방이양이 단순히 사무의 이양에만 그치고 재원과 인력이 뒷받침되지 않아 지방이양이 오히려 새로운 부담요인으로 작용한다는 것이다. 특히 기관위임사무는 지방자치단체가 현재 수행하고 있는 사무이기 때문에 이양대상사무로 이양심의회에 많이 상정되지만, 국고보조금이 수반되는 사무의 경우 지방자치단체들이 국고지원의 중단을 우려해 이양받기를 꺼려한다는 것이다(김재훈, 1998 : 18).

구생산제품의 판매지원', '문화예술진흥사업 경비의 지원' 등의 기능은 시·도와 시·군·자치구에 똑같이 부여되어 있어서 이들 기능을 어느 자치단체가 그 책임 하에 담당해야 할 것인지 알 수 없다(정세욱, 2001 : 238). 지방자치법시행령[별표 1]지방자치단체의 종류별 사무 참조.

7 시 · 도에는 '노인복지사업계획 수립 · 조정'기능을, 시 · 군 · 자치구에는 '노인복지사업계획 수립 · 시행'기능을 배분하고 있으며, 전자에는 '소비자 보호시책 수립'을, 후자에는 '소비자보호시책의 수립 · 시행'을 분담시키고 있다(정세욱, 2001 : 238). 지방자치법시행령[별표 1]지방자치단체의 종류별 사무 참조.

3. 국가의 지방자치단체에 대한 통제

중앙정부의 지방정부에 대한 통제는 '지방분권은 하나의 자치의 형태이지 독립의 형태가 아니다'라는 앙드레 드 로바데르(André de Laubadère) 교수의 명쾌한 논리에 입각하여 국가의 단일성 확보를 위해 일정한 범위 내에서 중앙정부의 통제기능이 인정될 필요가 있다(Laubadère, 1984). 다만 지방분권화에 부응하는 중앙통제의 정도가 어떠해야 하는가를 따져볼 일이다. 현행 지방자치법은 중앙정부에게 권고 · 지도 · 감독권(지자법 155조; 156조), 시정명령 및 취소 · 정지(지자법 157조), 직무이행명령 및 대집행권(지자법 157조의 2), 감사권(지자법 제158조), 지방의회의 의결에 대한 재의요구권 및 제소권(지자법 제159조) 등을 부여하고 있다.

일반적으로 지적 될 수 있는 문제점은 다음과 같다(정세욱, 2001 : 266-269).

① 지방자치단체의 자치사무에 관한 그 장의 명령 · 처분이 위법하다고 인정되더라도 주무부장관 또는 시 · 도지사가 바로 취소 · 정지시킬 수 있다고 규정한 사항은 시정을 요한다. 그 이유는 시 · 도지사 또는 주무부장관은 헌법상 자치단체장의 명령 · 처분이 위법하다는 유권적 판단 및 선언을 할 수 있는 권한이 없기 때문이다. 자치단체장의 명령 · 처분이 위법한가의 여부는 법률상 쟁송이며 사법작용이지 행정작용이 아니기 때문이다. 지방행정을 수행함에 있어 구체적인 법률상 쟁송이 있는 경우에(당사자로부터의 쟁송제기를 전제로 하여) 무엇이 적법이며 무엇이 위법인가를 판단 · 선언함으로써 법질서의 유지를 목적으로 하는 작용은 사법부의 기능영역이지 행정부(주무부장관)의 권한사항이 아니다라는 뜻이다.

② 지방자치단체장은 --- 자치사무에 관한 명령이나 처분의 취소 또는 정지에 대하여 이의가 있는 때에는 그 취소 또는 정지처분을 통보받은 날로부터 15일 이내에 대법원에 소를 제기할 수 있다(제157조 2항)는 규정은 일반적인 법상식에 맞지 않는다. 소송에서는 본래 위법임을 주장하는 측이 그 취소 정지를 구하는 소를 법원에 제기하는 것이 법상식인데 제157조는 이와 정반대로 위법하다고 판단하는 중앙정부(주무부장관)는 지방자치단체장의 명령 · 처분을 자의적으로 취소 · 정지할 수 있도록 규정해놓고 지방자치단체장에게 억울하면 법원에 소를 제기하라고 규정하고 있으니 말이다.

③ 지방자치단체의 위임사무에 관한 그 장의 명령 · 처분이 현저히 부당하여 공익을 해한다고 인정되면 설령 적법하더라도 주무부장관(시·도에 대하여) 또는 시 · 도지사(시·군·자치구에 대하여)가 취소 · 정지할 수 있도록 한 규정은(제157조 1항) 시정을 요한다. 왜냐하면 지방자치단체의 행위에 대하여 주무부장관에게 합목적성의 통제권과 취소 · 정지권까지 부여하여 자치권을 축소하는 선진국의 예를 찾아볼 수 없기 때문이다.

④ 주무부장관 또는 시 · 도지사에게 직무이행명령권과 대집행권을 인정한 것도 시정을 요한다. 법원이 발해야 할 직무이행명령권을 어떻게 주무부장관과 시 · 도지사에게 부여할 수 있는지 알 수가 없다. 소송절차도 거치지 않고 주무부장관에게 직무이행명령권과 그 불이행시의 대집행권까지 부여하고 있는 것은 자치행정권을 크게 말살하는 조치인 것이다.

제4절 지방분권의 과제

지방자치단체가 자기지역의 사무를 처리하는데 있어 국가기관의 도움을 받지 않고 주민의 적극적 참여 속에 자치단체간의 감독 없이 수평적 관계 하에서 진정한 분권화된 행정을 추구하기 위하여 다음과 같은 점이 고려되어야 할 것으로 보인다.

1. 자치권의 확대

1) 자치입법권의 강화

지방자치단체의 자치입법권을 확대하기 위해서는 우선 지방자치법 제15조의 개정이 필요하다. 즉 "법령의 범위 안에서"를 "법령에 위반하지 않는 범위 안에서"로 전환되어야 한다. 법령에 위반하지 않는 조례로는 첫째, 당해 사항을 규율한 국가의 법령이 없고 국법상 완전히 공백상태에 있는 사항에 관하여 정하는 조례, 둘째, 국가법령이 규제하고 있는 사항과 동일한 사항에 관하여 당해 국가법령과 다른 목적으로 규제하는 조례, 셋째, 같은 경우에 국가법령이 규제의 범위 외에 두고 있는 사항을 규제하는 조례

등을 둘 수 있다(김철수, 1997 : 901). 또한 주민의 권리제한과 의무부과 등을 규정한 지방자치법 제15조의 단서규정을 엄격히 제한하여 해석할 필요가 있다. 이에 대한 논란을 피하기 위해 법률에서 주민의 권리제한과 의무부과에 대해 조례를 정할 수 있는 근거를 명확히 할 필요가 있다(홍준현, 2001 : 327).

2) 자치조직권의 강화

지방자치단체가 그 지역의 실정에 맞는 조직을 편성할 수 있도록 자치조직권을 확대해주어야 한다. 그러기 위해서는 지방자치법, 지방자치법 시행령, 지방자치단체의 행정기구와 정원기준 등에 관한 규정 등에 규정되어 있는 각종 규제조항이 철폐되어야 할 것이다. 특히 지방자치단체간의 균형과 규모의 적정화라는 명목으로 행정자치부로부터 시달되는 조직관리지침은 자치조직권을 저해하는 수단이 되므로 그 시정이 요구된다(홍준현, 2001 : 328). 이러한 맥락에서 지방자치단체의 부단체장, 행정기구 · 공무원 · 소속행정기관 등에 관한 사항이 대통령령으로 정하게 되어 있는 사항(지자법 제101조-107조)도 자치권 강화에 부응하는 방향에서 그 개정이 요구된다. 조직인사권과 관련하여 지방자치단체에 근무하는 모든 공무원을 지방공무원으로 전환하고 자치단체장이 인사권을 행사할 수 있도록 해야 한다. 부시장 · 부지사를 지방공무원으로 보하되 그 자격과 직급, 정원, 기타 필요한 사항을 그 자치단체의 조례로 정할 수 있도록 해야 한다. 더 나아가 필요하다면 현행 부단체장 제도를 폐지하고 총괄관리관제도를 도입하여 단체장에게는 정치적 기능을, 총괄관리관에는 행정적 기능을 각각 분담토록 하는 방안도 고려해볼 수 있다.

특히 지방자치단체의 공무원정원을 조례로 정하지 않고 행정자치부가 승인권을 가지고 있음은 자치조직권에 배치된다. 정원책정을 자치단체의 자율에 맡길 경우 업무량에 비해 정원을 증대할 우려가 있어 지방공무원 정원책정권을 자치단체에 부여할 수 없다면 현행 총정원제에서 총비용제로 전환함이 바람직하다. 지방자치단체의 재정력을 기준으로 하여 자치단체를 5개 내지 8개 군(群)으로 분류하고 각 자치단체군(群)별로 자치단체의 총 예산액 중 인건비비율이 30%, 40% 또는 50%를 초과할 수 없도록 제한한다면 그 인건비 비율의 범위 내에서 자치단체가 정원을 신축적으로 운영할 수 있을 것이다. 만약 지방자치단체가 공무원 수를 다소 증원하여 그 이상의 수입을 올릴 수 있다면 굳이 증원을 막을 필요가 없다는 것이다(정세욱, 2002 : 15).

3) 자치재정권의 강화

지방자치단체에 자주적 과세권을 인정해 주어야 한다. 따라서 국가가 법률로 정한 세목 이외에 자치단체가 조례로서 지방세의 세목, 과세객체, 과세표준, 세율 등을 정하여 부과, 징수할 수 있어야 한다.

2. 국가와 지방자치단체간의 합리적인 기능배분

1) 기능배분의 원칙과 기준의 재정립

국가와 지방자치단체간에 합리적 기능배분을 위해서는 무엇보다도 지방자치법과 지방자치법 시행령, '중앙행정권한의 지방이양촉진에 관한 법률'에서 제시하고 있는 중앙권한의 지방이양과 광역자치단체와 기초자치단체간 사무배분을 위한 원칙과 기준을 재정립할 필요가 있다. 왜냐하면 원칙과 기준의 불명확성은 중앙과 지방간의 사무관할에 관한 분쟁을 지속적으로 야기할 수 있기 때문이다(이승종, 1996).

이러한 원칙과 기준은 단순히 지방이양과 사무재배분이라는 틀 속에서뿐만 아니라 보다 폭넓게 국가기능의 배분이라는 관점에서 설정되어야 한다. 즉, 그 기능이 과연 필요한 것인지, 그 기능을 반드시 국가가 수행해야만 하는 것인지, 국가가 기능을 수행해야 할 경우에도 민간에 위탁을 줄 수는 없는 것인지, 중앙정부가 해야 하는지 또는 지방자치단체가 해야 하는지, 지방자치단체가 해야 할 경우에도 광역자치단체가 해야 하는지 기초자치단체가 해야 하는지, 이양을 해야 하는지 또는 위임을 해야 하는지에 대한 체계적인 검토가 동시에 요구되는 것이다(홍준현, 2001 : 328).

중앙과 지방간의 사무배분은 단순히 권한의 배분에 그치지 말고 재원의 배분과 조직, 인력의 조정과 연계되어야 하며, 궁극적으로는 정부조직 구조조정작업과 연계될 수 있도록 다음과 같은 방향에서 고려해 볼 필요가 있다.

첫째, 지방자치단체간의 모든 중첩된 감독을 폐지하여야 할 것이다. 우선 관료제현상을 피하기 위하여 어떠한 지방자치단체도 다른 지방자치단체에 행정적이든, 재정적이든, 기술적이든 여하한의 감독도 허용해서는 아니 된다. 즉, 권한배분은 지방자체단체들 중 어느 하나가 다른 지방자치단체에게 어떠한 형태라도 감독을 설정하거나 행사하도록 하는 여하한 형태의 감독을 허용할 수 없다는 것이다. 오로지 국가만이 규제권(pouvoir réglementaire)을 발동할 수 있으며, 국가만이 각 자치단체에게 의무를 부과시킬 수 있도록 해야 한다. 마찬가지로 지방자치단체간의 관계도 한 지방자치단체가 그 권한의 행사를 용이하게 하기 위하여 계약(conventions)의 형태 하에 상호동의를 끌어낼 수 있도록 해야 한다.

둘째, 분야별에 따른 권한배분 및 총체적 이양(transfert en bloc)이 이루어질 수 있도록 한다. 지방자치단체와 국가간의 권한배분은 가능하면 권한의 각 분야에 해당되는 자원이 국가에게나 지방자치단체(시·도, 시·군·자치구)에게나 총체적으로 부여될 수 있도록 이루어져야 할 것이다. 이 총체적 이양의 원칙은 어떠한 지방자치단체이든지 다른 지방자치단체에 대한 일체의 간섭과 권한의 침해를 하지 못하도록 하기 위한 것이다.[8]

셋째, 권한과 재원이 동시 이양되어야 할 것이다. 즉, 어떠한 권한이양도 혜택받는 자치단체에게 새로운 부담을 야기해서는 아니 된다. 즉, 모든 권한의 이양은 해당된 재원의 이양을 동시에 수반해야한다는 것이다. 이 경우 국가는 그 재원을 지방분권 총괄보조금과 지방교부세 등으로 해결할 수 있을 것이다. 뿐만 아니라 재정적 보상 이외에도 법률은 이전된 권한을 행사하는데 필요한 장비나 서비스의 이전도 제시해야 한다.

요컨대, 행정구조의 기능과 해당된 기관원의 상황에 관해 서비스 이전의 결과를 고려하여 만일 서비스 이전의 용의주도한 준비를 필요로 한다면 지방자치단체의 새로운 권한행사에 필요한 장비나 재산이 즉각적으로 이루어져야 할 것이다. 이 경우 권한의 이전은 권한행사에 필요한 재산을 혜택받은 자치단체의 처분에 완전한 권한을 부여해야 한다. 즉, 국가의 권한이양을 통해 서비스나 재산을 혜택받은 지방자치단체는 그들의

---

8 정세욱 교수는 이 총체적 이양의 원리에 빗대어 우리나라 지방자치법 시행령 별표1에 나타난 사항을 비판하고 있다. "각 기능 영역은 한 기능의 계획수립부터 집행에 이르기까지 모두를 국가에게든, 시읍면에게든, 도, 레죵에게든 어느 한 계층에게만 배분해야 한다. 따라서 예컨대, '중소기업의 육성'을 시 · 도나 시 · 군 · 자치구의 어느 한 계층에 전체적으로 배분하지 않고 이를 또 나누어 '중소기업 육성지원계획수립'은 시 · 도에, '중소기업 육성지원 세부계획의 수립, 추진'은 시 · 군 · 자치구에 배분해서는 안되며, '노인복지시설의 설치, 운영 및 지원' 기능을 시 · 도와 시 · 군 · 자치구에 공통으로 부여하는 중복형방식(지방자치법 시행령 별표1)은 더구나 타당하지 않다." (정세욱, 2000 : 208)

관리와 정리처분을 위해 필요한 권한을 행사하도록 해야 할 것이다.

2) 차등 이양제도의 구체화

차별적 이양의 허용은 자주재원으로 조직과 인사관리가 가능한 자치단체에 대해서는 조직이나 인사관리 권한을 이양하고, 그렇지 못한 자치단체에는 이양을 유보함으로써 지역실정에 보다 부합하는 사무이양을 가능하게 해줄 수 있다는 논리이다(홍준현, 2001 : 331).

3. 국가의 지방자치단체에 대한 합리적인 통제

지방자치단체에 대한 국가의 통제는 지방자치의 이념을 존중하는 방향에서 자치단체의 자율적 통제장치가 제대로 기능하지 않을 때에 한하여 행사하도록 해야 할 것이다. 따라서 다음과 같은 방향에서 이루어져야 할 것으로 본다.

첫째, 기관위임사무의 경우 국가의 통제가 불가피하다고 볼 수 있으나 자치사무에까지 법령위반여부에 대해서 국가나 광역자치단체가 판단하는 것은 무리가 있다. 따라서 자치사무에 대해서는 사법부에 의해 보다 중립적으로 법령위반여부를 판단하도록 해야 한다. 이와 함께 자치단체장의 행위에 대한 판단은 일반행정문제는 사법부에서 재정문제는 회계검사원(감사원)에 판단하도록 하는 합법성 통제에 충실해야 한다. 즉, 단체장의 작위 또는 부작위가 위법이라고 인정될 때에는 주무부장관은 그 내용이 행정에 관한 것이라면 이를 취소 · 정지시키거나 또는 이행을 강제하는 판결을 구하는 소를 법원에 제기하고, 예산 및 재정에 관한 것이면 회계원(감사원)에 청구하여 각각 그 판단에 따르게 한다. 예컨대, 지방정부가 법령에 의하여 의무가 부여된 사무의 결정 또는 처리를 하지 않을 때에는 주무부장관은 그 의무의 이행을 명하는 소송을 법원에 제기할 수 있게 하면 된다. 그러므로 주무부장관과 시 · 도지사의 취소 · 정지권과 직무이행명령권, 대집행권에 관한 규정을 개정하여 주무부장관과 시 · 도지사가 관할 고등법원에 자치단체장의 결정 · 명령 · 처분의 취소 · 정지명령을 구하거나 또는 자치단체장에 대한 직무이행명령을 구하는 소송을 제기하는데 그치도록 해야 할 것이다.

둘째, 위임사무에 대해서도 각종 감사가 자치단체장의 자율적인 행정집행을 방해하지 않는 범위에서 공정하게 이루어지게 하기 위해서는 행정감사와 회계감사를 이원화시킬 필요가 있다.

셋째, 주무부장관이 자치행정에 대한 합목적성의 통제를 못하도록 해야 한다. 자치행정의 내용이 공익에 부합되는가, 공익을 해할 우려가 있는가, 합목적적인가의 여부에 대하여는 중앙정부(주무부 장관)가 관여하지 않도록 하며 당해 집행기관, 지방의회 및 주민통제에 의하도록 해야 한다.

넷째, 감사방식에 대한 개선이 필요하다. 즉, 단순히 예산지출의 적법성에 대한 감사보다 경영성과를 판단하는 통제로 전환할 필요가 있다. 이를 위해 표준화된 감사기법의 정리와 전산감사의 역량의 개발이 요구된다.

한편 지방자치관련법을 개정하여 주민투표제, 주민에 의한 단체장 및 의회의원 소환제, 지방의회의 단체장 불신임의결제도, 단체장으로부터 독립적 지위를 가진 회계검사관의 설치 등 단체장에 대한 민주적, 자율적 통제장치를 구비해야 한다. 이와 함께 지방의회의 조사권을 강화하여 의회 또는 위원회에 소환장 발부권을 부여하고 출석요구에 불응하거나 증언을 거부한 자를 법정모독으로 형사처벌할 수 있도록 해야 한다. 자치단체 감사기관이 단체장의 부정, 예산의 낭비 등을 적발하여 응분의 법적 조치가 이루어질 수 있도록 해야 한다(정세욱, 2000b : 25).

4. 주민자치적 측면 : 주민을 위한 지방민주주의의 발전 모색

주민을 위한 자치행정이 되기 위해서는 자기 자치단체에서 행하는 사무에 대해 정보를 알아야 하며, 그리고 그들에 관계되는 정책결정에 의견을 개진할 수 있어야 하는 것이다. 이는 지방민주주의의 가장 중요한 원칙이 된다. 즉, 행정행위의 투명성 원칙과 지방정치에의 주민참여의 원칙을 의미하는 것이다. 따라서 주민과 지방자치단체간의 관계를 중시하는 지방정부 중심체제를 강화해야 한다. 즉, 주민참여, 주민통제의 기능을 활성화하는 노력이 전개되어야 한다. 따라서 주민을 대표하는 지방의회의 역할을 강화하는 방안이 모색된다. 우리 행정환경상 특히 지방의원의 자질, 능력을 제고할 수 있는 방안 모색과 자유로운 의회행정 보장과 같은 분야에 깊은 성찰이 있어야 할 것이다.

이와 더불어 주민이 선출해준 자치단체장과 지방의회의원이 주민의 의사에 반하는 행위에 대하여 주민이 소환투표를 통하여 임기 전에 그들을 해임시킬 수 있는 제도를 강구할 필요가 있다. 또한 주민참여의 제도화만으로 참여활성화가 이루어지는 것은 아니기 때문에 이에 더하여 주민의식의 고양을 위한 노력이 전개되어야 할 것이다. 이를 위하여 지방자치단체 내부 참여관련 조직의 확충, 시민교육관련기구 및 제도의 확충 · 정비, 참여에 대한 공직자의 수용성 강화(여론수렴의 의무강화를 통하여 참여에 대한 수용성 증대 가능 ; 시민단체와의 교호작용), 정보공개, 분권의 신장이 요구된다(이승종, 2002 : 94).

1) 정보공개 권리(행정행위 투명성의 원칙)

지방행정관청의 행위에 관한 주민의 알 권리로서의 정보공개제도를 발전 정착시켜야 한다. 그러나 행정정보의 공개로 개인의 프라이버시나 기업의 이익에 침해를 주거나, 행정의 공정하고 적절한 운영에 현저히 지장을 주거나, 주민 전체의 이익을 훼손하는 등의 문제가 발생할 수 있다. 따라서 정보 이용 · 공개 등을 통제하는 목적한정제를 규정하며, 비공개 대상을 설정해야 한다.

참고로 프랑스 지방자치단체의 정책결정의 공개상황은 다음과 같다.

1992년까지 시읍면행위에 대해서는 게시판 공고는 의무적이었다. 의사결정록(registre des délibérations)에 기입등록하지 않으면 의결의 유효성은 상실되는 것으로 보았다. 그러나 이러한 방식은 도나 지역자치단체의 행위에 대해서는 불충분한 것이었다. 왜냐하면 자기 지역기관이 행한 일반적 행위(정책결정)를 알기 위해 그 도청이나 지역청으로의 거리이동이 모든 주민에게 용이하지 않았기 때문이다. 마찬가지로 도의 행위는 도행정행위모음집(Recueil des actes administratifs départementaux)에 공개해야만 했다.

1992년 2월 6일 법은 자치단체 정책결정에 대한 공개성에 대해 지방자치단체의 의무를 더 한층 강화하였다. 따라서 지방자치단체의 의결기관이나 집행기관에서 행한 모든 규제적 성격을 갖는 행위(tous les actes à caractère réglementaire)는 공개의 의무를 지고 있다. 마찬가지로 3,500명 이상의 모든 시읍면은 행정행위모음집(Recueil des actes administratifs)을 개설할 의무를 지게 되었다. 여기에서 규정적 성격의 의결조치들은 공개하도록 하고 있다(Baguenard & Becet, 1995 : 100). 특히 공개의 의무를 더욱 강력하게 요구하고 있는 분야는 다음과 같다(Baguenard & Becet, 1995 : 101-102).

- 1982년 1월 7일 법 4조에 예시된 기준 내에서 직 · 간접적 도움에 의한 경제적 발전을 도모하고자하는 목적에서의 정책의결사항
- 농촌주민의 기대만족에 필요한 서비스 유지의 보장을 위한 의결, 혹은 어려움에 직면한 기업에의 도움을 주기 위한 의결사항
- 공공서비스 위탁조건을 허락하는 의결사항

2) 주민참여의 원리

자치행정에 있어 주민참여는 행정의 민주화와 효율화를 추구하여 진정한 분권화를 이루기 위해 필요한 것으로 간주된다. 최근 프랑스 지방자치단체의 주민참여의 활성화를 위한 정책대안을 참고하면 다음과 같다.

(1) 의무적 주민참여

도시계획의 권한으로 합의제(공모제) 원칙을 제시하고 있다. 파리 · 리옹 · 마르세이유 행정조직에 대한 1982년 12월 31일 법률은 지역연합을 선호하여 완전한 근원적인 참여방식을 설정하고 있다.

① 합의(공모)와 도시계획

도시계획의 시행에는 사전적 협의가 의무적이다. 왜냐하면 도시계획으로 인하여 주민의 생활환경이 크게 변하여 삶의 변화를 초래하기 때문이다. 이 운영의 주도권을 갖는 공법인은 합의제로 구성되는데, 이 합의제는 주민들(해당인)의 연합을 허용해야 하며, 도시계획정책형성기간 내내 참여하게 된다. 일반적으로 이 합의제는 두 가지 의결을 보게 되는데, 첫째로 추구하여야 할 목표들과 일련의 방법들(모임-토론, 전시 등)이고, 둘째로 완전한 계획이 끝나기 전에 합의제의 결산을 도모하게 된다. 이러한 의결이 없이 이루어진 토지장악승인은 불법으로 간주하게 된다.

② 구청 자문위원회(Comités d'initiative et de consultation d'arrondissement)

프랑스 세 개의 초거대 도시의 행정조직에 관한 1982년 12월 31일 법은 구청자문위원회를 설정하였다. 지방연합의 대표들이 참여하여 구청의 활동을 행사하는 것이다. 이 위원회와 구의회는 상호 정보교환을 행한다. 3개월에 한번은 이 위원회가 의회에 참석하여 구청의 활동영역을 소개한다.

(2) 임의적 주민참여

'시읍면특별위원회'(extra-municipal)위원회는 시읍면의회와 시읍면장의 임기 내내 의원과 주민간의 대화를 활성화하기 위해 중간구조를 설정하였다. 일반적으로 주민들은 다양한 연합체의 구성원으로 존재하게 되는데, 여기에는 보통 의무적 혹은 임의적으로 구성된 중간기구에 의한 참여와 주민의 직접적 상담 수단에 의한 참여로 구분한다.

① 자문위원회(comités consultatifs)에 의한 참여

주민 3500명 이상의 시읍면에서는 공공서비스 관리를 위해 하나 혹은 여러 개의 상담위원회를 의무적으로 설치하고 있다. 상담위원회는 시읍면 지역의 전체 혹은 부분에 관해 관련된 문제를 해결하기 위해 시읍면의회에 의해 구성될 수 있다고 규정하고 있다. 이 상담위원회는 시읍면장에 의해서 주도되며, 혹은 시읍면간 협력 공공기관(영조물)의 장에 의해 주도되기도 한다. 그런데 이 위원회는 해당 공공서비스 사용자 연합대표 구성원들이 포함되어야 한다는 것이다.

② 주민투표(référendum communal)

주민투표는 시읍면장에 의해 제안되고 주민 3500명 이상인 시읍면에서는 시읍면의회의원 1/3의 연서에 의해 요구된다.

5. 기타 과제

1) 교육자치제 개선

교육자치는 국가로부터의 분권과 일반행정으로부터의 분권을 통해 실현될 수 있다. 즉, 국가로부터의 일정한 자치권을 부여받아 교육자치기관이 그들의 자율과 책임 하에 교육·학예사무를 관장하는 것이다. 따라서 과거의 권위주의적 교육통치에서 벗어나 주민이 참여하는 민주적 교육통치를 지향하여야 할 것이다. 또한 교육은 본질적으로 가치창조적 활동이기 때문에 외부의 간섭이나 통제로부터 벗어나야 하고, 특히 일반행정으로부터 분리되어 그 전문성을 보장받을 수 있어야 하는 것이다. 그럼으로써 교육행정이 교육자들의 고유한 전문성과 독자성이 발휘될 수 있도록 지원체계를 강화해나갈 수 있을 것이다. 그런 측면에서 교육자치기관구성은 일반행정과 교육행정을 분리 속의 통합형태로 발전시켜 나아가야 할 것이다. 즉, 일반행정과 교육행정을 각각 자치단체장과 교육감의 집행기관에서 담당하되, 지방자치단체의 교육행정과 일반행정을 총괄하는 의결기관을 하나로 하여 그 연계성을 강화하는 것이다. 물론 이 경우 교육·학예부문의 전문성을 고려한 의결기구가 되도록 법제정비와 그 운영의 묘를 살려야 함은 당연하다 할 것이다.

그러기 위해서는 교육자치행정을 담당할 교육감과 교육위원을 교육행정의 전문성과 민주적 가치관 및 합리적 성품을 지닌 민주적 리더십을 갖춘 준비된 인사를 선출해야 한다. 왜냐하면 그동안 중앙집권적인 교육행정체제에서 볼 수 없었던 막강한 권한이 합법적으로 임기가 보장된 상황에서 우리 지역의 교육행정을 책임지어야 하는 중책을 맡게되었기 때문이다. 이제 보다 검증된 교육감과 교육위원을 선출해야 하는 것이 '성공한 교육자치'의 확립에 절대적인 요건이 되고 있음은 그동안 경험에 따른 우리의 소중한 자산이 되고 있기 때문이다.

더 나아가 교육자치란 교육활동의 이해당사자인 교사, 학생, 학부모가 교육활동을 자신들의 책임 하에 처리하는 것이라고 할 수 있기 때문에 교육활동이 이루어지고 있는 단위학교에서 교육행정관청의 간섭을 받지 아니하고 교육에 관하여 독자적인 의사결정을 할 수 있는 범위가 확대되어야 한다.

2) 자치경찰제 실시

경찰의 기능은 크게 두 가지로 분류되는바, 그 하나는 정보, 범죄수사, 장비, 통계 등 전국적 성질을 가진 사무이고, 다른 하나는 교통, 위생, 방범 등 지역적 성질을 가진 사무이다. 따라서 국가적 사무는 국가경찰이 담당해야 하지만 지역적 성질을 가진 사무는 자치경찰에 맡겨야 할 것이다. 자치경찰 기관구성은 경찰기능의 정치적 중립성을 보장하기 위하여 시 · 도지사 소속 하에 상대적 독립성을 가진 행정위원회로서 경찰위원회를 두고 그 밑에 시 · 도경찰청장을 두는 안이 바람직하지 않을까 본다. 시도경찰위원회 위원은 시 · 도지사, 시 · 도의회, 중앙의 국가경찰위원회가 추천하는 인사를 시 · 도지사가 임명하는 방안이 어떨까 한다(정세욱, 2002 : 10).

3) 특별지방행정기관의 시·도에의 통합

우리나라는 지방자치단체의 사무 중 지방자치단체가 처리하는 국가의 위임사무 비중이 과다(약 80%)함에도 불구하고 중앙정부는 따로 특별지방행정기관(지방병무청, 지방보훈청, 지방국토관리청, 지방항만청 등)을 설치 · 운영하고 있다.[9] 이는 중앙관청의 장이 지방에 자기의 지휘 · 감독을 받는 일선기관을 설치하여 직접 지방을 통제하려는 발상으로 지방자치를 저해할 수 있는 사안이다. 뿐만 아니라 특별지방행정기관에 의한 행정으로 지방자치단체에 의한 종합화된 지방행정이 어렵고, 지방자치단체와 중복행정으로 인한 비효율적 행정 등으로 그 문제점이 제기된다. 따라서 지방자치정신에 부응하도록 하기 위해 특별지방행정기관에 의한 행정은 특수하고 부득이한 경우에 한하고 모두 지방자치단체의 일반행정에 통합하는 방안을 모색해야 할 것이다.[10]

---

9 2001년 4월 현재 23개 중앙행정기관에 설치된 7,176개의 특별지방행정기관들은 기관별 유형을 살펴보면 다음과 같다. 노동행정기관 58개, 세무행정기관 175개, 공안행정기관 3354개, 현업행정기관 3,165개, 기타 행정기관 424개 등이다(안성호, 2002 : 42).

10 이와 관련하여 안성호 교수는 우편·전화 서비스(PTT)와 연방철도(SBS)를 제외한 일체의 연방정부 소속 특별지방행정기관을 두지 않는 스위스 사례를 들고 있다(안성호, 2002 : 44).

4) 중앙과 지방간의 의사전달경로 제도화 : 지방의원의 국회의원 겸직제도와 지방자치단체장의 국정참여방안

지방의 의사가 중앙에 전달되도록 하는 제도를 강구할 필요가 있다. 이를 위해 정치적 측면에서는 지방의원의 국회의원 겸직제도를 고려해볼 수 있고, 행정적 측면에서는 지방자치단체장의 국정참여방안을 모색할 수 있다.

5) 지방의회의 기능과 권한강화

우리나라는 지방의회의 권한이 자치단체장에 비하여 미약한 실정이다. 따라서 지방의회의 위상을 높이고 권한을 강화하여 실질적인 견제와 균형이 이루어질 수 있도록 법과 제도를 정비해야 한다. 그런 맥락에서 자치입법권 강화, 지방의원의 전문성, 지방의회 운영의 전문화, 지방의회와 집행기관간의 권한의 균형화, 지방의회의 주민에 대한 밀접성(접근성 용이; 지방의회의 시민참여 활성화)확보를 위한 조치가 이루어져야 한다. 한편 지방의회의 주민대응성을 높이고 위상을 강화하기 위해서는 지방의원의 지방의정 활동에 대한 평가작업이 이루어져야 한다.

제5절 결론

우리나라의 지방분권화는 국가와 지방자치단체간의 효율적 행정논리와 주민과 지방자치단체간의 민주적 성격을 가속하기 위한 정치적 논리가 혼합되어 있다고 볼 수 있다. 즉, 전자의 논리에서는 국가가 지방자치단체에 얼마만한 자치권을 부여해주어야 하는지, 국가와 지방자치단체간의 기능배분을 어떻게 해야 효과적인지, 국가가 지방자치단체에 대한 중앙통제게임을 어느 정도에서 한정시킬 것인가가 주요 관심이 되었고, 후자의 논리에서는 주민참여 및 주민통제를 어떻게 하면 활성화시킬 수 있을 것인지가 주요 의제가 되었다.

따라서 그동안 국가가 지방자치단체에 깊숙이 관여하는 정치행정게임인 분산행정에서 지방의회가 주체가 되어 자기지역의 사무는 그들의 자유로운 의결과 집행으로 책임정치행정을 추구하는 진정한 분권행정으로의 전환이 선행되어야 한다고 본다. 이야말로 행정적 의미의 자치에 더하여 정치적 의미의 자치게임을 더욱 활성화하여 진정한 지방분권을 이루어낼 수 있다고 본다. 그런 의미에서 국가의 의사가 직접적, 수직적으로 침투하는 비대화된 행정영역을 줄이고, 그동안 상대적으로 소외되었던 주민참여와 주민통제의 역할을 강화하기 위한 일환으로서의 지방의회의 존재이유(la raison d'être de l'assemblée locale)를 강화할 필요가 있다.

참고문헌

김병찬·정정길. (1995). 50년대 지방자치. 서울대학교 출판부.

김익식. (1990). 지방분권화이론 정립을 위한 소고 : 개념적 · 방법론적 고려사항. 지방행정연구

김익식. (1990). 중앙과 지방정부간의 권한배분의 측정 : 지방분권이론의 정립을 위한 시론. 한국행정학보. 24(3).

김재훈. (1996). 중앙-지방간 사무재배분 성과. 지방자치 3월호.

김재훈. (1998). 지방이양의 평가와 권한이양 등에 관한 법안. 지방자치 7월호.

정세욱. (2000a). 지방자치학. 법문사.

정세욱. (2000b). 자치행정권의 범위와 통제체제에 관한 연구 : 자율적 통제와 중앙통제를 중심으로. 한국지방자치학회보. 12(3).

정세욱. (2002). 지방자치제도개혁과 자치역량제고. 지방자치제도 개선을 위한 포럼. 대전·충남지방자치학회/대전·충남행정학회

안성호. (2002). 지방분권 개혁의 과제. 지방자치제도 개선을 위한 포럼. 대전·충남 지방자치학회/대전·충남행정학회.

이기우. (1997). 한국에서 지방분권화의 현황과 과제. 한국정치학회 민선자치 2주년 기념 학술심포지움.

최진혁. (2002). 프랑스 신지방분권화의 정치·행정적 논리. 한국정책학회 학술논문집.

최진혁. (2001). 프랑스 신지방분권화의 기본내용. 월간 자치발전.

최진혁. (2002). 우리나라 교육자치제의 발전과제. 한국행정학회 추계학술대회 발표논문집(I).

하미승. (1992). 중앙-지방간 기능배분업무의 효율화를 위한 전문가 지원체계(ESS) 사례연구. 한국행정학보. 26(3).

하혜수·최영출. (2000). 지방정부의 자치권 확대방안 연구. 경기개발연구원.

홍준현. (2001). 한국 지방분권의 평가 : 행정적 측면을 중심으로. 한국지방정부학회 하계학술대회발표논문집.

홍준현. (2001). 중앙사무의 지방이양에 있어서 차등이양제도의 도입방향. 한국지방 자치학회보.

13(3).
홍준형. (1998). 자치입법권의 범위와 한계. 자치의정 9 · 10월호
Baguenard, Jacques. (1996). *La décentralisation*. Paris : P.U.F.
Baguenard Jacques et Becet, Jean-Marie. (1995). *La démocratie locale*. Paris : P.U.F.
De Laubadère, André. (1984). *Traité de Droit Administratif*, Paris : L.G.D.J.
Kingsley, G. Thomas. (1996). "Perspectives on Devolution", *APA Journal*, 62(4).
Ter-Minassian, Teresa. (1997). "Decentralizing Government", *Fiance & Development*, 34(3).

03 지방분권의 제2도약으로서 대한민국 자치분권 추진과제

제1절 서론

박근혜 대통령 탄핵정국에 따라 보궐선거 성격으로 치른 대한민국 제19대 대선(2017.5.19)은 민주당 제3기 정부라 일컫는 문재인 진보좌파정부를 탄생시키게 하였다. 지방분권의 기초를 다진 민주당 제1기 김대중(DJ) 국민의 정부를 거쳐 지방분권과 국가균형발전을 정권브랜드화한 민주당(열린우리당) 제2기 노무현 참여정부가 제시하였던 행정수도(행정중심복합도시)와 47개 지방분권과제는 이제 민주당 제3기 문재인 정부에서 그 완성도를 높여 제2의 도약을 이루어내야 하는 시대적 상황(당위성)에 직면해 있다. 여기에 바로 87년 민주화항쟁 이후 얻어낸 과실(열매)로서 대한민국이 펼쳐 온 지방분권정책을 기본으로 한 '지방자치체제(자치분권체제)'를 재구성(restructuring)해야 하는 이유가 있다. 그동안 26년의 지방자치체제의 경험[1]은 여러 부정적인 평가에도 불구하고 국가의 주요정책이 민생의 주체인 주민들에게 가장 근접한 곳에서 정책의 과실을 실효성있게 체감할 수 있는 주요한 장치로 기능하였기 때문이다. 그런 배경에서 그동안 중앙집권정책 내지 중앙집권적 지방자치가 얼마나 많은 폐해점이 있었는가를 정확하게 진단하고 이를 국민들에게 소상히 알리고 교감(소통)하여 우리나라가 진정한 선진국가로 발돋움하기 위해서는 자치분권정책으로 갈 수밖에 없는 논리를 제공해야 한다. 여기에서

1 1,2공화국의 9년간의 지방자치 경험을 합산하면 제헌헌법제정 이후 35년이 된다.

그동안의 참여정부[2]와 MB정부, 박근혜정부에서 수행한 자치분권정책을 정확히 진단해야 하는 이유가 있다. 어떤 배경에서 무슨 정책이 입안되었고 어떠한 과정을 거쳐 어떤 결과(성과 유무 판단)를 내고 있는가를 분석하여 문재인정부의 제2의 도약으로서의 동력을 확보해야 하는 소이(所以)이다.

그동안 지방분권과 지방자치의 역사적 맥락을 보면 제1,2공화국의 경험을 차치하고서라도 1991년 지방의회의 재구성과 1995년 지방자치단체장 주민직선이 큰 전환점을 제공하였음을 상기할 수 있다. 이는 우리의 지방자치제도가 그동안 중앙집권적 논리하에 희생된 민주화의 간절한 염원을 담는 사건으로 우리나라 정치·행정사에 매우 의미 있는 중요한 전환기임에 틀림없는 것으로 볼 수 있다. 이제는 우리의 대표를 우리 손으로 직접 선출하는 것만이 민주정치를 실현하는 유일한 길임을 항변하게 하였다. 임명자치단체장을 두고 지방의원만 주민직선으로 하는 지방자치는 '반쪽 지방자치'라며 자치단체장의 주민직선을 강력하게 요구했던 배경이 바로 그것이다. 그러나 주민직선에 의해 자치단체장과 지방의원을 선출한다고 해서 우리가 염원하던 민주주의는 완성될 수 없다는 교훈을 체득하는 시행착오를 겪기도 하였다. 또한 민선자치가 시행되면서 직선된 자치단체장과 의회의원은 재선이라는 절대적 과제에 봉착하면서 주민들에게 '표'만을 생각할 수밖에 없는, 따라서 전시행정 내지 인기행정의 유혹에 매몰되어 지방정책은 왜곡될 수밖에 없는 상황을 만들어내는 우를 범하였다. 그리고 민선자치는 신자유주의와 결합되면서 더욱 수요자 중심주의, 고객지향적 행정 등을 강조하면서 주민들을 단순한 행정서비스의 객체로서의 지위만을 부여하였을 뿐이다. 그러다보니 자치단체의 행정서비스에 대해 소비자로서의 수동적인 주민을 만들어내었을 뿐이었고, 더 나아가 대다수 주민들은 지역이기주의와 자기이해에 함몰되어 자치행정에 많은 혼란을 야기하는 주범이 되고 말았다(최진혁, 2010). 요컨대, 민주주의를 지탱할 역량 내지 여건(민주주의 제도, 시민사회 성숙)이 구비되어 있지 않고서는 민주주의(주민참정) 수단으로서의 선거(주민참여), 주민자치의 효과는 그리 크게 나타나지 않는다는 사실을 깨닫게 되

2 참여정부는 2003년 지방분권특별법을 제정하고, 2004년 주민투표, 2005년 주민소송, 2006년 제주특별자치도 도입, 2007년 주민소환제, 총액인건비제를 도입하는 등 분권국가의 기반을 마련하는 성과를 도출하였지만, 그동안 중앙집권에서 오는 국가-지방관계의 여러 폐해점을 정확하게 진단하지 못하고, 또한 지방자치단체의 역량이 준비되어 있지 않은 상황에서는 지방분권의 참된 성과를 기대할 수 없었다(최진혁, 2012a).

었다.

여기에 참여정부와 MB정부, 박근혜정부가 추진한 지방분권개혁의 문제점을 진단하여 국가개혁을 바르게 추진해야 할 의무가 문재인정부의 과제가 되고 있다. 마치 프랑스의 프랑수와 미테랑(François Mitterand) 사회당(좌파)정부가 추진한 지방분권개혁을 보다 발전적 분권정책으로 국가개혁을 수행하려 했던, 요컨대 지방분권화를 더욱 가속화시키기 위한 대안으로 헌법개정을 모색하였던 자크 시락(Jacques Chirac)과 지방행정체제개편을 모색하면서 새로운 지방자치단체 개혁을 모색하였던 니콜라 사르코지(Nicolas Sarkozy)의 공화당(우파)정부에 이어 프랑수와 올랑드(François Hollande) 사회당(좌파)정부의 경험이 소중하게 다가오는 이유이다.

제2절 자치분권의 이론적 배경

자치분권은 지방자치와 지방분권의 합성어로 지방자치를 이루기 위해선 지방분권이 함께(선행)해야 하고 지방분권이 실현되기 위해서는 지방자치의 가치 내지 정신이 더불어 가야하는 뗄레야 뗄 수 없는 밀접한 관계다. 지방자치는 주민참여를 통한 아래로부터의 민주주의를 구현하고, 국가의 법인격을 부여받은 자치단체의 자율과 책임을 동반한 행정업무 수행을 전제로 하기 때문에 자치와 분권의 요소가 함께 작동하고 있다고 할 것이다. 일반적으로 지방자치단체는 국가로부터 자치권을 부여받은 독립된 법인격을 갖는 단체로서 국가로부터 전래되고 헌법에 보장된 자치권을 가지고 그들의 자율과 책임 하에 주민참여 속에 주민에게 보다 나은 양질의 공공서비스를 창출해야 하는 의무를 가지고 있다. 이러한 견해는 기본적으로 지방자치를 단체자치와 주민자치라는 두 가지 차원에서 파악하게 한다. 즉, 단체자치란 국가와 지방자치단체간의 관계를 중시하는 법률적 · 행정적 의미의 자치개념으로서 중앙정부에 대한 지방정부의 자율성 측면을 강조한다. 따라서 중앙정부와 지방정부간의 집권 · 분권 문제가 그 핵심주제가 된다. 반면 주민자치는 지방자치단체와 주민간의 관계를 중시하는 정치적 의미의 자치로서 지방정부에 대한 주민참여 내지 시민사회의 투입측면을 강조한다.[3] 따라서 주민의 지방자치단체에의 참여 내지 통제를 통한 자치가 핵심문제가 된다. 이러한 이해에 기초한다면 지방자치는 중앙정부로부터의'분권'과 지방정책과정에 대한 주민의'참여'에 의한 '자치'로 요약된다.

1. 지방자치의 개념

지방자치는 매우 다의적인 개념으로 이해되었는데, 이는 각 국가의 역사적 전통과 사회 · 문화적 환경의 상이함에서 비롯되고 있기 때문이다. 그럼에도 불구하고 유럽에서 생성된 지방자치제도는 크게 두 가지 대비되는 유형으로 발전되어 왔는데, 그 하나는 영국을 중심으로 엥글로 색슨(anglo-saxon)국가로 불리워지는 국가에서 발전한 주민자치(autonomie des citoyens)의 형태이고, 또 다른 하나는 프랑스, 독일을 중심으로 발전한 대륙계국가의 단체자치(autonomie des collectivités) 형태이다. 당시 주민자치는 지방의 조세로써 경비를 지출하고 국가의 법률에 따라 명예직공무원에 의하여 처리하는 지방자치단체의 행정을 말하는 것으로, 이는 지방주민의 의사와 책임 하에 스스로 또는 주민이 선출한 대표자를 통하여 사무를 처리하는 것을 의미한다. 즉, 주민자치는 자치단체와 주민과의 관계에 중점을 둔 자치로서 지방정치에 주민의 참여를 강조하는, 즉 민주주의 원리를 구현하려는 정치적 의미의 자치개념으로 받아들여지고 있다. 이와 같이 지방자치가 주민참여의 기능을 강조하게 되는 경우 거기에는 풀뿌리민주주의(grass-roots democracy)가 자리잡게 된다. 이에 비해 단체자치의 대표격인 프랑스에는 영국과 같은 엥글로-색슨 국가에서 사용하는 지방정부(local government ; le gouvernement local)가 없고, 국가로부터 일정한 법인격을 부여받은 지방자치단체(les collectivités territoriales ; les collectivités locales)가 있을 뿐이라는 것이다(최진혁, 2015 : 6). 즉, 국가로부터 별개의 법

3 오늘날 지방자치단체는 그동안 공공서비스 공급에 일방적이고 직접적인 책임을 지는 경향에서 이제는 민간부문, 자원봉사 영역 등 다양한 사회부문이 공동으로 참여하는 공공-민간 동반자적 주민서비스 공급체계로 변모하고 있다. 이는 과거의 관료나 정치엘리트에 의한 일방적인 통치가 아닌 사회의 다원적 참여구조(네트워크)를 통한 지배와 신자유주의철학을 토대로 한 시장경제원리에 바탕을 둔 '로컬 거버넌스(Local Governance)'의 개념으로 받아들이고 있다.

인격을 부여받은 자치단체가 국가로부터 일정한 독립된 지위와 권한을 부여받아 자율과 책임성을 가지고 독자적인 행정을 수행하도록 하는 국가와 지방자치단체와의 관계에 중점을 둔 법률적 의미의 자치개념으로 받아들여지고 있다.[4] 이와 같이 주민자치와 단체자치는 유럽 민주주의의 발현으로 서로 다르게 나타났지만, 오늘날 이 두 가지 자치측면은 긴밀한 관련성을 가지고 상호교차접근으로 각 국가가 처한 사회 · 문화 · 정치 · 행정환경에 접목되어 다양하게 나타나고 있다.[5] 결국 지방자치는 주민들이 스스로 또는 대표자를 통하여 행정사무를 처리하는 주민자치적 요소와 국가로부터 독립적으로 법인격을 부여받은 지방자치단체가 행하는 단체자치적 요소가 결합됨으로써 완전한 지방자치가 될 수 있는 것으로 볼 수 있다.

이런 맥락에서 지방자치의 개념을 정리해 보면 대부분의 학자는 단체자치와 주민자치의 두 자치의 성분 결합방식에 따라 다양하게 정의하고 있음을 알 수 있다.[6] 노융희교수(1987 : 13)는 지방자치를 지방분권(단체자치)과 민주주의(주민자치)를 지방자치를 이해하는데 중요한 사상적 기반으로 하고 있고, 정세욱교수(1984, 2005 : 5)는 자치권을 가지는 지방자치단체, 일정한 지역과 주민, 지방적 사무, 자치권, 지방정치 및 행정에의 주민참여, 자주재원을 그 주요 요소로 보는데 비하여[7], 최창호교수(2009 : 46)는 독립적인

---

4 법률적 의미의 자치란 국가에 대한 자치단체의 법적 독립성을 의미하는 것으로서, 이를 보장하는 제도적 장치로는 첫째, 그 법인화와, 둘째, 고유사무에 대한 행정통제의 배제를 들고 있다(정세욱, 2005 : 4).

5 Alan Norton은 지방자치의 유형을 라틴 또는 남유럽군, 북유럽군, 영국군, 북미군 및 일본국의 5개 군으로 분류하여 그 특징적 설명을 하고 있다(Norton, 1994 : 13-14). 또한 Samuel Humes & Eileen M. Martin은 지리적 인접성을 기준으로 지방자치 유형을 9개 군으로 분류하였다. ①Anglo-saxon군 : 영국, 오스트레일리아, 남아연방, 캐나다, 미국. ; ②북유럽군(North Europe Group) : 노르웨이, 스웨덴, 덴마크, 핀란드, 아이슬란드. 스칸디나비아제국 ; ③중앙 및 서북유럽군(Central and North-West Europe Group) : 독일, 오스트리아, 스위스, 네덜란드, 벨기에, 룩셈부르그. ; ④동유럽군(East Europe Group) : 러시아, 폴란드, 불가리아, 유고슬라비아. ; ⑤남유럽군(South Europe Group) : 프랑스, 이탈리아, 그리스, 스페인, 포르투칼. ; ⑥중남미군(South and Central America Group) : 브라질, 에콰도르, 콜롬비아, 엘살바도르. ; ⑦서아시아 · 북아프리카군(West Asia and North Africa Group) : 튀니지, 터키, 레바논, 이란. 회교국가 ; ⑧남아시아 · 동아프리카군(South Asia and East Africa Group) : 수단, 에티오피아, 인도, 스리랑카, 말레이시아, 미얀마. ; ⑨동아시아군(East Asia Group) : 태국, 필리핀, 일본(Humes & Martin, 1961 ; 정세욱, 2005 : 41-44).

6 소진광교수는 '지방'과 '자치'라는 두 가지 성분의 결합방식에 따라 지방자치의 개념정의가 다양하였다고 밝히고 있다(한국지방자치학회, 2008 : 6).지방자치의 개념을 그 본질과 관련하여 '지방'과 '자치'라는 두 가지 성분의 결합방식으로 볼 경우 '지방'은 실체를, '자치'는 변환장치를 의미하는 것으로 해석한다(소진광, 2005 : 7 ; 한국지방자치학회, 2008 : 8). 지방은 변화의 주체로서 자주적이고 능동적이어야 하며, 변화의 객체로서 현재 상태와 미래의 지향하는 것을 포함하여야 하는 것으로 보고, 방향감각이 없는 변화는 관리될 수 없고, 속도감각이 없는 변화는 통제될 수 없는 것으로 본다. 따라서 지방 스스로 문제를 해결하고 환경변화에 능동적으로 대처할 자주적 수단(제도 및 기관)이 없고, 변화의 관리와 관련하여 방향감각이 없다면 '자치(自治)'는 '타치(他治)'와 다를 바 없게 된다. 그리고 지방자치는 각각의 지방마다 그들의 특성을 반영하여 차별적 발전을 도모해내는 다양성을 발휘해내고 이것이 국가 전체적으로 조화를 이루어 국가경쟁력을 제고하는 방향으로 나아가도록 해야 한다는 것이다.

7 정세욱교수는 지방자치를 "일정한 지역을 기초로 하는 단체가 그 지역 내의 (행정)사무를 자주재원을 가지고 당해 지

지방자치단체, 국가의 감독, 공동문제, 자주재정, 자기부담, 자기처리, 공동협력을 지방자치의 주요 요소로 보고 있다.[8] 결국, 이들의 공통 요소를 끄집어내어 다시 정의를 내리면 "일정한 지역과 주민을 기초로 하는 공공단체가 일정한 국가(중앙정부)의 감독(국가와의 협력) 하에 그 지역 내의 공공행정사무를 국가가 부여한 자치권을 가지고 지역주민의 의사에 따라 주민이 선출한 기관을 통하여 주민의 부담으로 처리하는 과정으로써 지역발전과 국가발전에 기여하는 것"으로 정의할 수 있다. 이럴 경우 지방자치의 개념의 구성요소는 다음과 같이 정리할 수 있을 것이다. ①일정한 지역과 주민, ②공공단체(지방자치단체), ③국가(중앙정부)의 감독(중앙통제) ; 공동협력(국가의 협력), ④공공행정사무 : 공동문제(자치사무), ⑤자치권, ⑥(지역주민의 의사에 따라) 주민이 선출한 기관, ⑦주민의 (자기)부담(자주재정), ⑧자기처리(주민참여).

2. 지방분권의 개념

지방분권은 "국가와 지방자치단체의 권한과 책임을 합리적으로 배분함으로써 국가와 지방자치단체의 기능이 서로 균형을 이루도록 하는 것을 말한다" (지방분권촉진에 관한 특별법 제2조)고 규정하고 있다. 그러면서 "주민의 자발적 참여를 통하여 지방자치단체가 그 지역에 관한 정책을 자율적으로 결정하고 자기의 책임하에 집행하도록 하며, 국가와 지방자치단체간 또는 지방자치단체 상호간에 역할을 합리적으로 분담하도록 함으로써 지방의 창의성 및 다양성이 존중되는 내실있는 지방자치를 실현함에 둔다"고 그 이념적 배경을 밝히고 있다(지방분권촉진에 관한 특별법 제3조).[9] 이와 같이 우리나라의 지방분권은 단체자치 국가에서 보는 바와 같이 국가의 통일성 내에서 지방자치단체의 다

방주민의 의사와 책임 하에 자주적으로 처리하는 과정"으로 정의하고 있다(정세욱, 2005 : 5).

8 최창호교수는 자치초반기에는 일정한 "국가(중앙정부)의 감독"을 주요 요소로 보았으나 훗날, "국가와의 협력"으로 수정하여 정의하고 있다. "일정한 지역의 주민들이 지방공공단체를 구성하여 국가(중앙정부)의 일정한 감독 하에 그 지역 안의 공동문제를 자기부담에 의하여 스스로(또는 대표자를 통하여) 처리하는 것"에서 "일정한 지역의 주민이 지방자치단체를 구성하여, 국가와의 협력아래, 그 지역의 공동문제를, 자기부담에 의하여, 스스로(또는 그 대표자를 통하여) 처리함으로써 국가발전에 기여하는 것"로 수정정의를 내리고 있다(최창호, 2009 : 46).

9 지방분권의 비전, 원칙과 전략 1)보충성의 원칙 : 주민생활과 밀접한 권한과 기능은 지방자치단체에 배분하되, 지방자치단체가 수행할 수 없는 사항만 중앙정부가 직접 처리 2)자율성의 원칙 : 지방자치단체가 지역실정과 주민의견 등을 토대로 최대한 자유롭고 창의적으로 정책 결정 및 집행 3)포괄성의 원칙 : 중 · 대단위 사무(기능)를 중심으로 이양하고, 그 처리에 필요한 재원과 인력도 함께 이양(지방분권촉진위원회).

양성을 보장하는 것이라 볼 수 있다. 따라서 국가의 일정한 감독과 지방자치단체의 자율과 책임성, 창의성, 주민의 자발적 참여를 강조하게 된다. 그런 측면에서 지방분권의 실현은 국가사무와 구별된 지방사무의 존재(Rivero, 1990 : 394),[10] 지방사무가 중앙정부로부터 독립된 지방자치단체에 의하여 책임있게 수행되어야 함과 주민이 선출한 기관에 의한 자유로운 행정(관리)(분권화된 행정구현)이 보장받는 조건을 담보할 때 이루어진다고 볼 수 있다(Baguenard, 1996 : 17-70).

3. 선행연구의 경향

그동안 국내학계에 소개된 자치분권에 대한 연구는 1980년대 중반 이후 지방자치 1세대 학자들[11]에 의해 국정운영의 지방분권적 운영의 타당성을 끌어내려는 기능적 측면의 법 · 제도적 연구가 주를 이루었다. 이후 참여정부에 들어서면서 한국지방자치학회의 2-3세대 학자들에 의해 실제적 논의를 발전시켜나갔는데, 대체로 국내의 지방분권의 내용으로서 각 정부가 추구하는 자치분권의 과제를 제시하고 평가하는 연구[12]가 주를 이루면서 이를 위한 선진국가(미국, 영국, 프랑스, 독일, 일본, 스위스)들의 지방분권정책의 사례[13]를 소개하고 시사점을 찾아내려는 연구가 부각되었다. 분권화수준에 대한 주요국가의 비교분석(The World Competitiveness Report, 1955)을 통해 분권화의 유형(이종수, 2002 : 71-86)을 밝혀냈으며,[14] 우리나라 지방분권정책의 수립과 집행에 효과적으로 활용할 수 있는 다양한 지표를 개발하고 지방분권의 수준을 측정해보려는 연구(홍준현외,

10 프랑스의 1884년 4월 5일 법에 따르면 지방사무는 지방자치단체에 관계되는 모든 분야에 관여할 수 있는 자치단체의 법률적 능력에 기초한 개념으로 파악하고 있다. 1983년 1월 7일 법률도 "코뮨, 데빠르트망과 레지옹은 그들 권한의 사무를 그들 협의에 처리한다"고 규정하여 포괄적 규정을 확인할 수 있다. 다만 추가적으로 지방자치단체가 행해야 할 기능을 자치단체마다 특화하여 구체적으로 규정하고 하고 있다. 지방사무의 개념은 매우 규정하기 어려운 일이나 지방자치단체 이해에 따라 지방자치단체가 수행할 것이 요청되는 업무로 볼 수 있을 것이다(Rivero, 1990 : 394).

11 노융희, 정세욱, 최창호, 김안제교수 등이 해당한다.

12 참여정부 지방분권추진계획의 평가(김순은, 2003), 참여정부의 지방분권화 정책의 발전적 비평(최진혁, 2003), 참여정부에서의 지방분권정책의 성과와 과제(이기우, 2007), 참여정부 지방분권 추진과정 및 성과와 한계분석(허훈, 2008), 이명박정부의 지방분권정책평가와 새 정부의 지방분권 추진과제 및 방향(최근열, 2013) 등의 연구가 있다.

13 미국 : 김익식, 이승종, 홍준현교수 ; 영국 : 김순은, 이종수, 최영출교수 ; 프랑스 : 배준구, 임도빈, 안영훈, 최진혁교수 ; 독일 : 이기우, 심익섭교수 ; 일본 : 강형기, 오재일, 권영주, 임승빈, 채원호, 김찬동, 소순창 교수 ; 스위스 : 안성호교수 등이다.

14 정치적 민주주의를 위한 분권화(유형1), 경제적 효율성을 위한 지방정부 개혁(유형2), 현대국가의 구조변환에 대한 대응으로서의 분권화(유형3)로 대별하였다(이종수, 2002).

2006)와 분권화가 국가경쟁력 및 국민행복도 수준에 어떤 영향을 미치는지의 지방분권 수준과 영향요인관계분석이 뒤를 이었다(최영출, 2013).

그리고 자치분권의 양대 산맥이라 할 수 있는 영국과 프랑스의 비교연구를 통해 그동안 20세기 후반까지의 연구에 그친 내용을 확장시키는 기여를 하였는바, 역사적 배경, 국가와 지방의 관계, 지방자치단체(지방정부)와 주민과의 관계, 지방정부체제의 구조와 기능의 시각에서 21세기 지방자치의 새로운 현대적 경향으로서의 진전내용을 밝혔다(최진혁, 2015 : 1-29). 한편 지방분권사상에 대한 보다 심층적인 연구로서 연방주의 이론의 창시자인 알투시우스(J. Althusius), 분권적 정부에서 통치의 이상향을 찾았던 제퍼슨(T. Jefferson), 프랑스의 정치사상가로서 미국민주주의의 핵심가치를 지방자치에서 찾았던 Alexis de Tocqueville, J. T. Smith의 주장을 우리나라에 수용된 것과 거부된 것을 살펴본 후에 J.S. Mill의 국가편의적 사고가 우리에 맞지 않음을 지적하면서 지방분권사상에 대한 보다 심층적 연구의 필요성을 제기하였다(김석태, 2016 : 1-24).

4. 이론적 논의의 틀

상기의 이론적 논의를 통해 우리나라 자치분권의 올바른 방향 및 추진과제를 단체자치와 주민자치의 논리로 풀어가고자 한다. 특히 국가의 성격규정, 지방정부 역량강화, 시민사회활성화 차원의 논점을 부각해 보고자 한다(그림 3-1 참조).

<그림 3-1> 이론적 논의의 틀

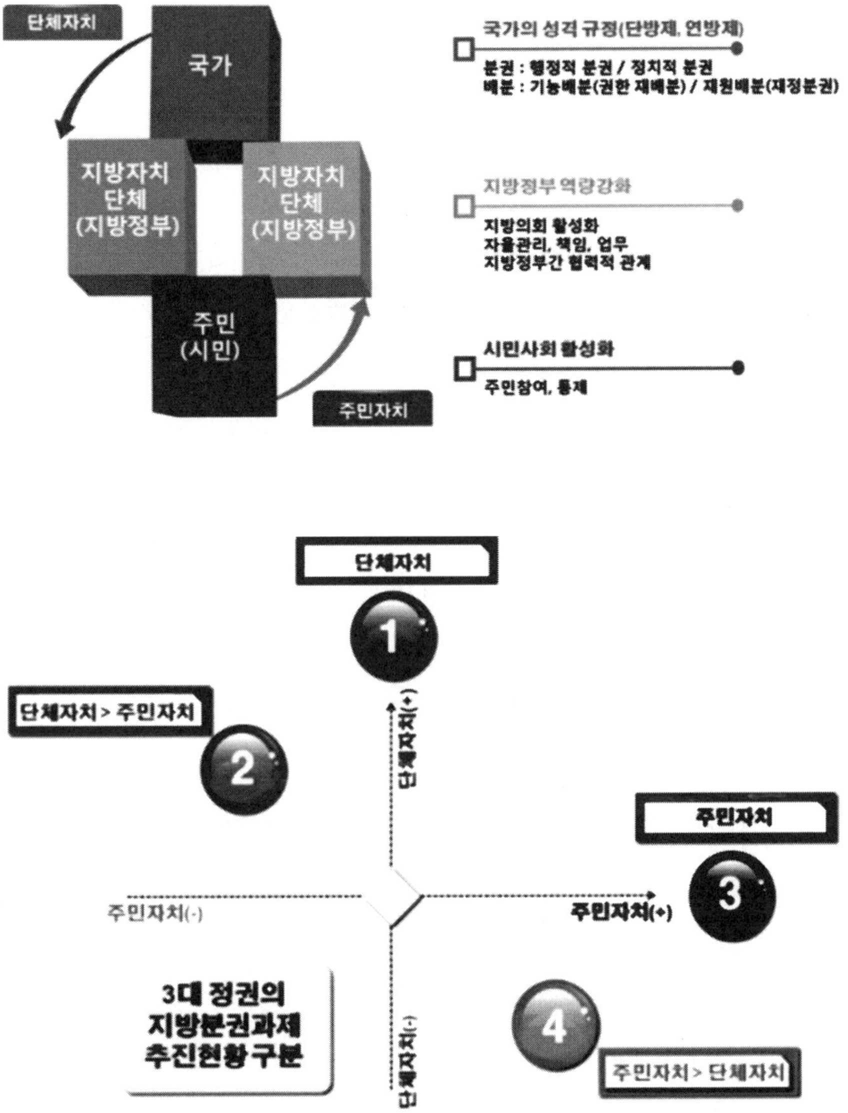

제3절 지방분권 추진현황 : 추진분야 및 주요과제

1. 참여정부의 지방분권

1) 지방분권 추진 기본방향 및 과제

참여정부는 그동안 추진되었던 우리나라의 지방분권화가 중앙부처의 이기주의와 개별적 단위사무 위주의 단편적 이양으로 실질적 지방분권을 기대하기 어려웠고, 시민단체와의 유기적 협력관계가 미약하여 국민적 공감대 형성을 이끌어내는데 한계를 드러내었다고 보았다. 게다가 자치조직권 등 자치역량을 강화하기 위한 제도적 개선의 노력이 미흡하였고, 지방재정 기반의 취약 내지 불균형과 재정집행의 자율성 제약, 지방정부 스스로의 책임성 확보와 자체혁신 노력이 부족하였다고 진단하였다. 따라서 과거정부의 분권화는 종합적이고 체계적인 지방분권 추진이 미흡할 수밖에 없었고, 지방정부의 자기혁신 노력도 부족하여 실질적이고 국민체감적인 분권효과가 미약하였다고 평가하고 있다(정부혁신지방분권위원회, 2005).

이러한 분석(자체평가)에 기초하여 참여정부는 7가지 지방분권 추진 기본방향을 정하고 이에 따라 20가지 주요과제를 제시하였다. 이를 단체자치 · 주민자치 관점과 행정적 · 정치적 관점의 분권논리에 의해 고찰해 보면 다음 〈표 3-1〉과 같다. 즉, 참여정부 지방분권 추진기본방향 및 주요과제 1. 2. 3은 단체자치적 관점에서, 4. 6은 주민자치적 관점에서, 5. 7은 단체자치와 주민자치적 관점이 혼합되어 있는 것으로 분류해 볼 수 있는데, 엄밀히 말하면 5는 강한 주민자치적 관점에 단체자치적 측면이 첨가된 경우로 주민자치가 단체자치보다 우위에 있는 것이고(<그림 3-1>의 ④에 해당), 7은 강한 단체자치적 관점에 주민자치적 측면이 중복된 경우로 단체자치가 주민자치보다 우위에 있는 경우이다(<그림 3-1>의 ②에 해당). 이를 정치적 · 행정적 관점에서 살펴본다면 대체로 정치적 측면은 주민자치를 반영하고 있고 행정적 측면은 단체자치를 반영하고 있다고 볼 수 있지만 단체자치적 측면이 강한 1) 3) 4) 8) 9) 10) 18) 19) 20)의 경우는 정치적, 행정적 두 가지 측면을 함께 공유하고 있다고 볼 수 있을 것이다(표 3-1 참조).

<표 3-1> 참여정부 지방분권 추진 기본방향 및 주요과제

기본방향 · 주요과제	단체자치 · 주민자치적 관점	행정적(1) · 정치적(2) 관점
1. 중앙-지방정부간 권한재배분 1) 지방분권추진기반 강화 2) 중앙권한의 획기적 지방이양 3) 지방교육자치제도 개선 4) 지방자치경찰제도 도입 5) 특별지방행정기관 정비	단체자치	 (1)+(2) (1)+ (1)+(2) (1)+(2) (1)
2. 획기적 재정분권의 추진 6) 지방재정력 확충 및 불균형 완화 7) 지방세정제도 개선 8) 지방재정의 자율성 강화 9) 지방재정운영의 투명성 · 건전성 확보	단체자치	 (1) (1) (1)+(2) (1)+(2)
3. 지방정부의 자치행정역량강화 10) 지방자치권 강화 11) 지방정부 내부혁신 및 공무원역량강화	단체자치	 (1)+(2) (1)
4. 지방의정활성화 및 선거제도 개선 12) 지방의정활성화 13) 지방선거제도 개선	주민자치	 (2) (2)
5. 지방정부의 책임성 강화 14) 지방정부에 대한 민주적 통제체제 확립 15) 지방정부에 대한 평가제도 개선	주민자치>단체자치	 (2)+(1) (2)+(1)
6. 시민사회의 활성화 16) 다양한 주민참정제도 도입 17) 시민사회활성화 기반강화	주민자치	 (2) (2)
7. 협력적 정부간 관계 정립 18) 중앙-지방간 협력체제 강화 19) 지방정부간 협력체제 강화 20) 정부간 분쟁조정기능 강화	단체자치>주민자치	 (1)+(2) (1)+(2) (1)+(2)

더 나아가 지방분권5개년 종합실행계획을 보면 다음과 같이 47개 분권과제를 제시하고 있다. 이 중 정부혁신지방분권위원회 주관과제가 7개, 위원회 역점과제가 9개, 부처 주관과제가 31개였다(지방분권위원회, 2005 : 42-45).[15]

15 1. 중앙-지방정부간 권한재배분 : 사무구분체계개선, 중앙행정권한의 지방이양, 대도시특례제도 강화, 제주특별자치도 추진, 교육자치제도 개선, 자치경찰제도 도입, 특별지방행정기관 기능조정, 지방분권화 지표개발 및 분권수준 측정제도 도입, 자치단체 관할구역 합리적 조정, 지방분권특별법 제정 2. 획기적 재정분권의 추진 : 지방재정력 확충 및 불균형 완화 : 지방교부세법정율 단계적 상향조정, 지방교부세제도 개선, 국세와 지방세의 합리적 조정, ; 지방세정제도 개선 : 지방세의 신세원 확대, 재산세와 종합토지세 과표현실화, 지방세 비과세 · 감면축소 ; 지방재정의 자율성 강화 : 국고보조금정비, 지방예산편성지침폐지 및 보완, 지방채발행승인제도 개선, 지방양여금제도 개선, ; 지방재정운영의 투명성 · 건전성 강화 : 지방재정평가기능 강화, 자치단체 복식부기회계제도 도입, 자치단체 예산지출 합리성 확보, 재정운영 투명성 · 건전성 강화 3. 지방정부의 자치행정역량강화 : 지방자치권 강화 : 자치입법권 확대, 자치조직권 강화, 분권형 도시계획체계 구축, ; 지방정부내부혁신 및 공무원 역량강화 : 지방자치단체 자체혁신체제 구축, 지방공무원 교육훈련혁신, 지방공무원 인사제도 개선, 지방자치단체 인사공정성 제고, 중앙-지방간 인사교류 활성

2) 평가

참여정부의 지방분권 노력은 선분권 후보완의 원칙, 보충성의 원칙, 포괄성의 원칙 등을 내세워 추진하였으나 분권논리에 익숙지 않은 학자 및 일반인들에게 지방분권의 당위성을 알리기에는 충분하지 못했다는 지적을 받았다. 따라서 지방분권의 논리개발을 지방분권의 세계적 동향, 지방분권과 경제적 효율성, 정치적 책임성, 지역개발, 문화발전 등에 주목하여 지방분권의 국가발전에의 기여도를 보다 명확하게 규명하여 제시할 필요성을 제기하였다(정부혁신지방분권위원회, 2005 : 120-128). 그럼에도 불구하고 지방분권을 왜 해야 하는가에 대한 깊은 성찰이 부족하여 그 실천적 동력을 얻어내는 데는 일정한 한계가 있었다.

당시 세부 분권과제로서 특별지방행정기관과 지방자치단체간 업무의 중복에 따른 비효율성, 행정서비스전달체계 비능률성 등의 문제로 특별지방행정기관의 정비는 시급히 요청되었고 중소기업지원, 노동, 국도 · 하천, 항만 · 수산, 식의약품, 환경분야 등에서 시행되었다. 그러나 기능조정 대상기관 선정기준의 모호성[16]과 여전히 지방자치단체가 처리하기 어려운 전문성을 이유로 중앙정부 관련부처의 강한 반발을 야기해 소기의 성과를 거둘 수 없었다. 또한 사무구분체계 개선으로 자치사무와 (가칭)국가관여지방사무로 2원화하였다. 단체위임사무는 폐지하고 자치사무로 전환하며, 기관위임사무는 폐지하고 (가칭)국가관여사무로 하였지만 실효성확보를 위한 법 · 제도적 장치를 마련하지 못하고 후일을 기약해야만 했다. 그리고 지방분권화 지표개발 및 분권수준측정제도 도입하여 지방분권수준을 조직인사(5개), 사무배분(5개), 재정(8개) 18개 지표를 대상으로 시행하였다. 그러나 대표성 있는 지표개발이 곤란하고, 지표의 활용방법 등을

화 4. 지방의정활성화 및 선거제도 개선 : 지방의정활동 기반강화(지방의회 의결권 강화, 보수체계 개편, 회기, 상임위 제도 개선, 의회소속 직원 인사제도 개선, 지방의원 전문성 · 책임성 제고 등), 지방선거제도 개선(공영제 강화, 후원회제 도입, 선거구제 합리적 개선, 정당참여제도 개선, 임기 중 선거출마사퇴 개선, 지방선거 투표참여 제고 등) 5. 지방정부의 책임성 강화 : 자치단체에 대한 감사체계 구성, 주민감사청구제도 활성화, 주민소송제도 도입, 주민소환제도 도입, 자치단체에 대한 평가제도 개선 6. 시민사회 활성화 : 조례 제/개폐청구제 개선, 주민자치제도 개선, 자원봉사활동 장려/지원, 지역 내 전문가의 정책과정 참여 확대, 주민투표제도 도입 7. 협력적 정부간 관계 정립 : 중앙-지방정부간 협력체제 강화(협의조정기능강화, 자치단체의 국정참여 활성화 등), 지방정부간 협력체제 강화, 중앙-지방, 지방간 분쟁조정기능강화

16 당초 기능조정 대상기관 선정기준은 첫째, 주민편의성이 요구되고, 현지성이 강하거나 단순 집행적 업무를 처리하는 기관으로서 자치단체와 유사하거나 중복된 업무를 처리하는 기관, 둘째, 지역경제 또는 주민의 삶의 질에 중대한 영향을 미치는 사무를 처리하고 있어서 지방의회의 통제가 필요한 기관, 셋째, 시 · 도에서 꾸준히 이양을 요구하고 있는 기능을 수행하고 있는 기관을 확인하는 것이었다(정부혁신지방분권위원회, 2005 : 183).

면밀히 사전검토하고 시험측정을 거쳐 지표를 선정해야 함에도 처음이라 그러지 못해 시행착오를 겪을 수밖에 없었다. 또한 지방자치단체 책임성 확보수준을 측정하는 것이 곤란하기에 분권과 책임성이 조화된 지표를 개발하는 것이 필요했다. 계량적 측정이 곤란한 정성적 부분은 체감지표에 반영하는 한편 장기적으로는 공식적 지표화를 추진해야 하였다. 통계자료의 확보도 어렵고 비교 가능한 통계자료의 축적이 되어있지 않아 시의성 있는 측정의 문제점도 제기되었다. 그리고 지방재정세제 제도 개선을 위해 재정세제전문위원회를 지방분권전문위원회와 별도로 구성하여 재정분권과제를 추진하였다. 당시 합리적 세제개혁과 재정분권방안에 대해 모색하였는바, 지방소비세도입방안, 재산보유과세 개편방안, 탄력세율제도의 활성화와 자치단체의 신세원 개발방안, 지방세의 비과세 · 감면제도개선 등을 논의하였다. 특히 시급한 재정분권시책으로 '지방소비세'의 파급효과를 감안하여 그 도입방안에 대한 논의를 하였다. 그러나 지방소비세도입에 재정경제부와 기획예산처가 중앙정부의 재정수요 증대와 함께 세수규모의 축소를 우려해 반대하여 소기의 성과를 얻기 어려웠다. 국세의 지방세 이양은 자치단체간의 재정력 격차를 더욱 심화시켜, 수도권지역은 더욱 세수가 집중되는 불균형 현상을 지적하기도 하였다. 그리고 분권형 도시계획체계의 구축을 위해 미국, 영국, 프랑스, 독일 등의 사례를 통해 계획체계, 수립 및 결정권한, 중앙정부의 관여방식을 검토하였다. 중앙과 지방의 역할분담 재정립방안, 도시기본 및 관리계획의 승인 · 결정권을 지방으로 이양하는 방안, 지방정부의 계획역량강화방안, 세부방안 마련 및 시행착오 최소화를 위한 시범실시 추진방안이 모색되었다(정부혁신지방분권위원회 2005).

2. 이명박(MB) 정부의 지방분권

1) 지방분권 추진 기본방향 및 주요과제

이명박 정부는 4가지 지방분권 추진분야를 정하고, 이에 따라 20가지 주요과제를 제시하고 있다. 이를 단체자치 · 주민자치 관점과 행정적 · 정치적 관점의 분권논리에 의해 고찰해 보면 다음 〈표 3-2〉와 같다. 즉, 이명박(MB)정부 지방분권추진 기본방향 및 주요과제 1, 2는 단체자치적 측면에서, 3, 4는 단체자치와 주민자치 관점이 혼합되어 있는 것으로 볼 수 있는데, 3은 주민자치 우위형(강한 주민자치적 관점에 단체자치적 측면이 첨가된 과제)이고 4는 단체자치 우위형(강한 단체자치 관점에 주민자치적 측면이 중복된 과제)으로 볼 수 있다. 이를 정치적 · 행정적 관점에서 살펴본다면 대체로 정치적 측면은 주민자치를 반영하고 있고 행정적 측면은 단체자치를 반영하고 있다고 볼 수 있지만 단체자치적 측면이 강한 4) 5) 8) 14) 15) 16) 18)의 경우와 주민자치적 측면이 강한 9) 10) 11) 12) 19)는 정치적, 행정적 두 가지 측면을 함께 공유하고 있다고 볼 수 있을 것이다(표 3-2 참조). 결국 전체적으로 볼 때 단체자치적 개혁과제가 주민자치적 개혁과제보다 많았다고 볼 수 있다.

<표 3-2> 이명박 정부 지방분권 추진 기본방향 및 주요과제

분야 · 기본방향 · 주요과제	단체자치 · 주민자치적 관점	행정적(1) · 정치적(2) 관점
1. 권한 및 기능재배분	단체자치	
1) 사무구분체계 개선		(1)
2) 중앙행정권한의 지방이양		(1)
3) 특별지방행정기관 기능조정		(1)
4) 교육자치제도 개선		(1)+(2)
5) 자치경찰제도 도입		(1)+(2)
2. 지방재정 확충	단체자치	
6) 국세와 지방세의 합리적 조정		(1)
7) 지방교부세제도 개선		(1)
8) 지방재정의 투명성 · 건전성 제고		(1)+(2)
3. 자치역량강화	단체자치<주민자치	
9) 자치입법권 확대		(2)+(1)
10) 지방의회의 전문성 · 자율성 강화		(2)+(1)
11) 주민직접참여제도 보완		(2)+(1)
12) 지방선거제도 개선		(2)+(1)
13) 지방자치단체 평가기준 마련 및 진단 · 평가		(1)
14) 지방자치행정체제정비		(1)+(2)
4. 협력 및 공감대 확산	단체자치>주민자치	
15) 정부 및 지방자치단체간 협력체제 강화		(1)+(2)
16) 분쟁조정기능 강화		(1)+(2)
17) 특별지방자치단체제도 도입 · 활용		(1)
18) 지방공무원 인사교류 확대 및 교육훈련제도 개선		(1)+(2)
19) 자원봉사활동 장려 · 지원		(2)+(1)
20) 지방분권 홍보 및 공감대 확대		(1)

(1) 권한 및 기능재배분

중앙권한의 지방이양으로 지방자치단체의 실질적 자치권행사가 가능하도록 국가·지방간 사무구분체계 개선추진, 중앙행정권한의 지방이양 확대를 수행하였다. 즉, 2012년 상반기까지 1,505건의 국가사무 이양으로 지방권한확대, 기관위임사무 폐지를 위해 법령상 발굴한 사무(1,217건) 중 이양심의대상선정(114건), 초중등교육법 등 개정을 통한 중앙권한의 지방이양을 수행하였다.

① 특별지방행정기관 기능조정 : 2010년 1단계 3개분야(국도·하천, 해양항만, 식의약품)의 기능이관에 따른 법률개정(11개 법률, 15개 시행령)과 인력(208명), 재원(3,969억원) 이관을 완료하였다. 이어 이관업무에 대한 운영실태 점검(2012.5-6), 제주특별자치도 특행정비 효과분석(2012.4) 등 관계기관과 연계하여 지속적인 제도개선을 추진하였다.

② 교육자치제도 개선 : 유아교육법과 초등교육법을 개정하여 교육감·학교장의 권한과 책임을 강화하고, 유아 및 초·중등학교 업무관련 교과부장관 권한을 교육감 등에게 이양하였다. 다만 부교육감 임명제청권을 교육감에 이양하는 '지방교육자치법 개정안'이 18대 국회에서 자동폐기되어 19대 국회에서 재차 입법추진이 필요한 사안이었다.

(2) 지방재정확충

2010년 지방소득세·소비세 도입 및 세목체계 간소화에 이어, 2011년에는 '화력발전에 대한 지역자원시설세' 과세를 위한 지방세법을 개정하여 취약한 지방재정의 건전성 및 과세형평성을 강화하였다. 2012년에는 지방소비세 확대, 지방소득세 독립세 전환, 지방교부세 법정율 인상 등을 위해 관계기관·수요자 의견수렴, 의원발의 법안 대응 등을 통한 합리적 방안 및 공감대 형성 등 지속적인 제도개선을 추진하였다.

(3) 자치역량강화

2011년까지 자치입법권 확대를 위한 조례제정 근거부령(44건 중 11건 완료 : 수산업 등 법률 9건, 시행규칙 2건)을 정비하였다. 2012년도에는 추가로 '도시공원 및 녹지 등에 관한 법률', '사회복지 사업법' 등 2건을 정비하여 시행규칙상 조례제정 근거를 법률로 상향 완료하였다.

(4) 협력 및 공감대 확산

국가적 현안의 중앙-지방의 공동 대응을 위한 시·도(부)단체장 회의 등(7회), 중앙분쟁조정위원회 및 행정협의조정위원회에서 분쟁조정신청건을 조정하였다(지방분권촉진위원회, 2012). 그러나 근본적인 자치분권적 중앙-지방협력체계로서 국회 상원제도의 구성은 기대하기 어려웠다.

2) 평가

상기의 노력에도 불구하고 국가사무와 지방사무의 비율이 8:2로 국가사무가 과다한 상황이고 국세와 지방세 비율이 78:22로 지방세비중이 적고 지방세로 인건비를 해결하지 못하는 지방자치단체가 137개(56%)(2010년)로 전체 자치단체 중 과반수 이상을 차지하고 있는 형편이다. 그리고 교육, 경찰분야에 대한 자치단체장의 통합적 역할을 할 수 없는 상황이고, 지방자치단체에 대한 국가의 강력한 포괄적 감독이 지속되고 있어 지방분권의 실효성은 매우 제한되어 나타났다고 볼 수 있다(지방분권촉진위원회, 2010). 그럼에도 불구하고 지방소비세, 소득세 도입에 따른 지방재정 확충은 매우 긍정적으로 받아들여진다.

3. 박근혜정부의 지방분권

1) 지방분권 추진 기본방향 및 주요과제

박근혜정부는 그동안의 우리의 지방자치는 자치역량의 미흡(권한과 자율성 미흡 : 사무구분체계 모호, 중앙중심 사무배분, 중앙의존형 지방재정구조 ; 책임성 결여 : 방만한 재정운영, 선심성 사업추진, 폐쇄적 인사운용 ; 고비용 · 저효율의 지방행정체제 지속 : 급속한 환경변화에도 행정체제 불변)으로 국민행복과 국가발전으로 이어지는 데는 한계가 있었다고 진단하고 지방분권강화(강력한 지방분권추진체계 구축, 중앙권한의 지방이양 적극 추진, 핵심 지방분권과제<특행기관 정비, 자치경찰제도 도입 등> 추진, 생산적 지방자치를 위한 제도 개선<지방의회 활성화, 중앙-지방협력회의 등>)와 지방재정 확충 및 건전성 강화(지방자치단체의 자체재원 비중 확대, 지방재정조정제도 개선, 지방재정의 건전성 및 투명성 대폭 강화) 정책을 국정과제로 추진하였다. 요컨대, 박근혜정부는 성숙한 지방자치, 행복한 지역주민이라는 비전으로 주민편익증진, 행정효율제고, 지방경쟁력 강화라는 목표 하에 20개 정책과제를 제시하였다(표 3-3 참조). 그 중 지방자치의 근본 틀을 개선하여 지자체가 자율성과 핵심역량을 발휘토록 함으로써 국민들에게 직접적인 파급효과가 큰 8개 과제를 핵심과제로 선정하여 선택과 집중을 통한 단계적 시행을 해 나갔으며, 지방자치발전을 위해 관련 제도를 새롭게 정비할 필요가 있는 10개 일반과제로, 중 · 장기적 관점에서 국민적 합의를 거쳐 반드시 추진할 필요가 있는 2개 미래발전과제로 하여 추진하였다(표 3-3 참조).

이를 단체자치 · 주민자치 관점과 행정적 · 정치적 관점의 분권논리에 의해 고찰해보면 다음 〈표 3-3〉과 같다. 즉, 박근혜정부 지방분권추진 기본방향 및 주요과제 1, 4는 단체자치적 측면, 2, 3은 주민자치적 측면의 과제인데, 1) 4) 10) 11) 16) 18)과제는 단체자치와 주민자치 관점이 혼합되어 있는 것으로 볼 수 있다. 2는 주민자치 우위형(강한 주민자치적 관점에 단체자치적 측면이 첨가된 과제)이고 4는 단체자치 우위형(강한 단체자치 관점에 주민자치적 측면이 중복된 과제)으로 볼 수 있다. 이를 정치적 · 행정적 관점에서 살펴본다면 대체로 정치적 측면은 주민자치를 반영하고 있고 행정적 측면은 단체자치를 반영하고 있다고 볼 수 있지만 단체자치적 측면이 강한 1) 4) 16) 18)의 경우와 주민자치적 측면이 강한 10) 11) 13) 15)는 정치적, 행정적 두 가지 측면을 함께 공유하고 있다고 볼 수 있을 것이다(표 3-3 참조). 결국 전체적으로 볼 때 단체자치적 개혁과제가 주민자치적 개혁과제보다 많았다고 볼 수 있다.

<표 3-3> 박근혜정부 지방분권 추진 기본방향 및 주요 과제

분야 · 기본방향 · 주요과제	과제 유형	단체자치 · 주민자치적 관점	행정적(1) · 정치적(2) 관점
1. 강력한 지방분권기조 확립과 실천			
1) 자치사무와 국가사무의 구분체계 정비	핵심		(1)+(2)
2) 중앙권한 및 사무의 지방이양	핵심	단체자치	(1)
3) 특별지방행정기관 정비	일반		(1)
4) 국가와 지방자치단체의 협력체제 정비	일반		(1)+(2)
2. 자치기반 확충 및 자율과 책임성 강화			
5) 지방재정확충 및 건전성 강화	핵심		(1)
6) 지방선거제도 개선	일반	주민자치 > 단체자치	(2)
7) 지방의회 활성화 및 책임성 제고	일반		(2)
8) 지방자치단체 평가제도 개선	일반		(1)
9) 지방자치단체간 행정협력체제 정립	일반		(1)
3. 주민중심 생활자치 · 근린자치 실현			
10) 자치경찰제도 도입	핵심		(2)+(1)
11) 교육자치와 지방자치 연계 · 통합노력	핵심		(2)+(1)
12) 읍 · 면 · 동주민자치회 도입	핵심	주민자치	(2)
13) 지방자치단체간 관할구역 경계조정 제도개선	일반		(2)+(1)
14) 주민직접참여제도 강화	일반		(2)
15) 지방자치단체 소규모 읍 · 면 · 동 통합	일반		(2)+(1)
4. 미래지향적 지방행정체제 구축			
16) 특별시 · 광역시 자치구 · 군의 지위 및 기능개편	핵심		(1)+(2)
17) 대도시 특례제도 개선	핵심	단체자치>주민자치	(1)
18) 지방자치단체 기관구성형태 다양화	미래		(1)+(2)
19) 도의 지위 및 기능 재정립	미래		(1)
20) 시 · 군 · 구통합 및 통합지자체 특례 발굴	일반		(1)

2) 평가

상기의 노력에도 불구하고 여전히 국가와 지방자치단체의 사무배분의 불균형, 조례 제정에 있어서 법령의 범위와 한계의 모호, 자치단체에 대한 국가의 강력한 통제 등이 자치분권화를 저해하고 있는 것으로 보았다. 특히 법정수임사무의 필요성에 따른 사무배분을 단행하였지만 국회에서 처리되지 못하여 자동 폐기되는 상황을 연출하였다.[17] 또한 역대 정부에서 이양이 결정되었음에도 불구하고, 현재까지 법률개정이 되지 않은

17 행정자치부(당시 행정안전부)는 2009년 5월 「기관위임사무 폐지 및 사무구분체계 개선방안」을 수립하고 각 계의 의견을 들어 지방자치법 개정안을 마련하였다. 개정안에서는 지방자치단체의 사무를 자치사무와 법정수임사무로 명시하고, 중앙행정기관이 법정수임사무를 설정할 때에는 사무 설정에 대한 근거, 대상 및 국가의 경비 부담에 관한 사항을 법령에서 정하도록 하고 있다. 행정자치부는 2011년 법정수임사무를 도입하기 위한 지방자치법 개정안을 국회에 제출하였으나 18대 국회 임기 만료로 자동 폐기되었으며, 2012년 9월 다시 국회에 제출하였으나, 법정수임사무의 도입 필요성에 대한 입법정책적 판단이 필요하다는 이유로 계류 상태에 있다가 19대 국회 임기만료로 자동폐기되었다('16. 5.)(지방자치발전위원회, 2016).

미이양사무를 일괄 이양하기 위해 '지방일괄이양법'을 제정하고자 하였지만 아직도 숙제로 남겨두고 있는 실정이다.[18] 이와 더불어 여전히 그동안 지방이양사무로 발굴된 사무가 단위사무 위주로 되어 있어 포괄적인 권한 이양이 되지 못했고, 사무이양에 따른 행정 · 재정적 뒷받침도 이루어지지 않아 자치분권의 효과를 기대하기 어려웠다.

제4절 문재인 정부 자치분권 과제

1. 국가의 형태(체제) : 국가성격에 맞는 지방분권의 목표와 전략수립

문재인정부의 지방분권정책이 소기의 성과를 내기 위해서는 우선, 그동안 중앙집권정책이 얼마나 많은 폐해점이 있었는가를 정확하게 진단하고 이를 국민들에게 소상히 알리고 교감(소통)하여 우리나라가 선진국가로 발돋움하기 위해서는 지방분권정책으로 갈 수밖에 없는 논리를 제공해야 한다. 이와 함께 그동안 좌우파정부가 제안한 지방분권정책이 소기의 성과를 거두지 못한 이유는 무엇인지 논의해야 한다. 어떤 배경에서 어떠한 정책이 입안되었고 어떠한 과정을 거쳐 어떤 결과(성과 유무 판단)를 내고 있는가를 분석하여야 한다. 이를 바탕으로 문재인정부에서 성공적으로 이끌 수 있는 가시적 지방분권과제(새로운 과제, 지속적 과제)를 제시해야 한다.

여기에서 우리나라의 국가의 성격(국가형태)을 규정하고 그 안에서 지방분권의 기본이념 및 방향을 국가체제와의 관계 속에 (국정운영 : 국가-지방관계) 큰 틀 안에서 제시해 주고, 그에 따른 하위 목표 및 원칙들이 제시되어야 할 것이다. 예컨대, 우리나라 지방분권의 기본논리는 자유민주주의체제를 기본으로 하는 단일국가체제의 틀 속에서 작동해

18 지방일괄이양법을 통해 중앙정부와 지방정부간의 권한과 사무를 재배분하자는 것이고, "지방분권 및 지방행정체제 개편에 관한 특별법(제11조)"에도 국가는 권한 및 사무를 지자체에 포괄적·일괄적으로 이양하기 위하여 필요한 법적 조치를 마련하고, 이에 따른 행정적·재정적 지원을 병행하도록 명시하고 있다. 지방이양촉진위원회부터 지방자치발전위원회에 이르기까지 정부는 중앙권한의 지방이양 심의를 통해 3,000여건이 넘는 권한을 지방에 배분하면서 지방권한의 강화에 일정 부분 기여를 하고 있다. 그럼에도 불구하고, 발굴된 사무가 단위사무 위주로 되어 있어 포괄적인 권한 이양이 되지 못했고, 사무이양에 따른 행정 · 재정적 뒷받침도 이루어지지 않아 지방권한 확대에 아쉬움이 많았다(지방자치발전위원회, 2016).

야 한다. 왜냐하면 우리나라는 실질적으로 정부수립 후 제헌헌법이래 단일국가체제를 유지해온 민주공화국이기 때문이다. 즉, 우리나라의 지방분권은 연방국가체제가 아닌 단일(방)국가체제 속에서의 지방분권을 추진한다는 원칙을 제시해 주어야 한다.[19] 그럼으로써 단일국가가 채택하는 지방분권의 논리를 명확히 할 수 있기 때문이다. 예컨대, "우리나라는 '대한민국 공화국의 불가분성(indivisibilité de la République Korea)'과 주권불가분성(indivisibilité de la souveraineté)에 기초하여 국가의 단일성원칙을 존중하는 지방분권화이어야 한다"는 사실을 밝혀줄 필요가 있다. 따라서 어떤 정치세력도 자치의 영역을 확대하고자 혹은 훗날 북한과의 통일을 준비하여야 한다는 미명 하에 대한민국 주권을 나누어 가지려는 위험을 차단하고 국가의 단일성(통일성) 내에서 지방자치단체의 다양성을 확보해나가는 지방분권 국가임을 천명해야 할 것이다.

1) 지방분권목표 : 지방자치단체의 자율(자치)행정보장, 국가와 자치단체간의 협력보장, 새로운 주민의 창출(주민의 권리확충강화, 의무강화)

자치분권을 통해 궁극적으로 무엇을 실현해 갈 것인가에 대한 답을 찾아야 한다. 그동안 국가의 지방자치단체에 대한 통제 · 감독 부문이 지나쳐 자치단체의 자율성을 보장하기엔 일정한 한계가 있었다. 무엇보다 지방자치의 성공의 열쇠는 어떻게 하면 자치단체의 자유스러운 행정을 보장할 수 있는가에 달려 있다. 따라서 자율(자치)행정을 근간으로 하여 분권과 참여, 책임의 논리가 적용되는 지방자치법을 제정해야 할 것이다.[20] 그런 배경에서 중앙집권적인 논리로서 규정하고 있는 법령으로서의 논의를 법률로서의 논의로 이끌어가야 할 것이다. 그동안 지방분권은 국가의 정책이 지방에서 수용되지 못하고 지역이기주의 매몰되어 갈등을 양산해내는 측면이 많았다. 이는 그동안의 지방자치가 지방자치단체의 자율과 책임이라는 논리에서만 접근되었지 국가와 지방자치단체간, 지방자치단체간 협력차원에서는 소홀했다는 사실을 지적하지 않을 수 없다. 따라서 국가와 지방자치단체간의 협력보장이라는 지방분권목표가 설정되어야 한다.

또한 지방분권사회에 맞는 성숙한 주민의 창출을 도모해야 한다. 매번 자기이익에 반

19 연방제국가를 선언하려면 헌법개정이 이루어져야 하는 상황이다.

20 지방자치법 개정방향(본인 논문 참조)

하면 비판과 저항만하는 고객지향적인 주민에서 국가와 자기 자치단체의 공익을 생각할 수 있는 성숙한 가치지향적인 새로운 주민으로서의 변화를 이끌어 내주어야 한다. 아무리 많은 지방분권제도를 법과 함께 내놓는다 하더라도 공익적 사고에 가치지향화된 공동생산자(co-producer)로서의 주민이 존재하지 않는다면 모두 허상이 되고 만다. 따라서 새로운 주민의 창출을 모색해야 하는 바 시민교육을 어떻게 정립하여(시민주도, 정부지원) 활성화 시킬 것인가에 대한 고민이 필요하다.

2) 지방분권개혁방향 및 과제

위와 같은 배경에서 문재인정부는 지속적으로 지방발전과 균형발전을 담보해 낼 수 있는 실용-지향적 지방분권개혁을 추진해야 할 것으로 본다. 이를 위해 우선 국정의 통합을 유지할 수 있는 지방분권정책을 제시해야 한다. 전국 243개 지방자치단체에서 발생하는 정치 · 경제 · 사회 전반에 걸친 문제를 〈내치〉차원에서 종합적으로 조정하여 통치권의 정치적 부담을 완화시켜 줄 수 있어야 하기 때문이다. 그리고 지방행 · 재정 등을 총괄적으로 지원 · 관리하여 국정과 지방행정을 통합 · 조정해야 한다. 이는 정부와 소속정당을 달리하는 지방자치단체장 출현시 예상되는 국정표류를 차단하고 국가 주요정책 사업을 지속적으로 추진해야 하기 때문이다. 이러한 맥락에서 우리나라에 합당한 중앙-지방자치단체간의 바람직한 관계를 설정해야 한다. 즉, 국가와 지방자치단체, 지방자치단체와의 관계가 국가의 통일성 내에서 유기적인 협조 내지 연계성 있는 지방분권화를 도출해야 한다. 국가의 지배논리가 너무 강해서도 아니 되지만 지방의 독립적 논리가 너무 강해서도 아니 된다는 것이다. 환언하면 국가와 지방자치단체가 따로 격리되어 지방행정을 수행하는 것은 바람직하지 않다는 사실이다. 그런 측면에서 지방의 문제가 국가의 문제가 될 수 있으며, 국가의 문제가 지방의 문제가 될 수 있다는 현실에서 서로 통합의 논리에서 지방분권화를 조명해야 한다. 이러한 배경에서 그동안 논의되었던 광역지방자치단체장의 국무회의 참석제도(국정을 시도지사와 협의)('제2국무회의' 제도 도입)는 긍정적이다. 여기에서 한 걸음 더 나아가 정치적 측면에서의 연계성을 강화하는 차원에서 지역의 지방의회가 국회와의 연계성을 가지면서 지방행정을 펼쳐나갈 수 있는 제도적 보완을 고민해야 한다. 지역대표가 참여하는 상원개념의 국회를 모색해 볼 수 있는 이유이다. 그런 차원에서 "생산적 지방자치, 통합적 국정관리, 고품질 주민서비스"를 통한 "저비용 고효율의 지방자치" 모델을 구축해야 할 것이다. 이를 통해 국정운영의 효율성을 증진시켜 지방의 발전과 국가의 발전이 선순환하는 실천적 지방자치의 틀을 만들어 갈 수 있을 것이다.

둘째, 지방자치단체의 자율성을 확대하고 이에 상응하는 행정역량 및 책임성을 강화하는 지방분권개혁이어야 한다. 중앙행정권한의 지방이양을 추진하고, 국세와 지방세의 합리적 조정과 지방재정조정제도를 통해 재정자립도를 제고하며, 자치입법권 확대 및 지방인사의 공정성과 개방성을 확대해 나감으로써 자치역량을 강화해야 한다. 또한 지방자치단체의 자율성을 신장시켜주기 위해서는 국가가 지방자치단체에게 자치권을 확대해 주어야 하는 것도 필요하지만 이와 더불어 그동안 지방자치단체에게 행했던 강력한 중앙통제의 게임을 바꿔주어야 할 것이다. 신지방분권하의 통제방식으로 권력적 · 사전적 통제의 폐지와 행정법원에 의한 적법성의 통제, 감사원(지역감사원)에 의한 예산 · 회계의 적법성 통제를 논의해야 하는 이유이다.

셋째, 주민자치적 측면을 강화한 지방분권개혁이 되어야 한다. 그동안 주민참여, 주민통제지향적인 지방민주주의를 추구하려고 노력하였지만 집단이기적인 주민 앞에 그 효과가 상쇄되었다. 따라서 이제 주민의식과 역량을 제고할 수 있는 장치가 필요하다. 고객지향적이고 수요자중심의 논리에서 만들어 놓은 주민의 형상에서 행정서비스의 공동생산자(co-producer)로서 함께 책임질 수 있는 성숙한 주민의식과 역량을 구축해 내어야 한다. 직접민주주의의 강화는 지역주민이 자기 자치단체의 정책결정, 집행에 대해 직접적 표현의 능력을 가질 때 비로소 지방분권이 실현될 수 있다는 사고에서 출발한다. 따라서 지방자치단체는 결정적 주민투표(référendums décisionnels), 주민발의, 주민소환제, 주민참여예산제를 확대 보완해주어야 한다.

2. 자치분권의 적정성 판단기준

문재인정부의 과제는 효율적인 성과높은 정부를 추진해야 할 것이며, 그에 따른 조직개편이 이루어져 성과 있는 조직으로 거듭나 국가경쟁력을 제고할 수 있어야 할 것이다. 그렇게 하기 위하여 국가는 그 경영논리의 방식을 자치분권체계로 설정해야 한다. 그것도 국가의 통일성 내에서 지방자치단체의 다양성을 함께 추진 할 수 있는 자치분권체계를 재설정해야 한다. 여기에서 우리는 국가의 통합성 확보의 필요성을 제고하고 그동안의 잘못된 분권내용을 바로잡아 지방과 국가가 상생 발전할 수 있는 국가와 지방자치단체간의 새로운 관계모형을 제시해야 한다. 뿐만 아니라 지방자치단체의 자치행정체계, 지방자치단체와 지방자치단체, 지방자치단체와 주민과의 관계설정도 자치분권의 논리에 맞게 재설정되어야 한다. 이러한 배경에서 자치분권화가 어떠한 방향에서 어떠한 내용으로 설정되어야 하는가를 다음의 몇 가지 적정성 판단기준에 따라 제시하고자 한다(<표 3-4> 참조).

<표 3-4> 자치분권의 적정성 판단기준

적정성 판단기준	내용
1) 국가와 지방자치단체간의 연계	단일국가체계 하에서의 지방분권(상생협력의 관계)
2) 지방자치단체에 대한 중앙정부의 지도 · 감독	자치분권에 부응하는 국가의 지방자치단체에 대한 지도 · 감독
3) 지방자치단체와 중앙정부의 기능배분, 재원배분	기능이양, 재원이양
4) 주민참여, 주민통제	지방민주주의 · 직접민주주의 강화
5) 역동적 주민의 창출	공동생산자로서의 성숙한 주민
6) 지역이기주의에 따른 지방행정의 비효율성 극복	지방자치단체의 자치역량 제고
7) 민선자치단체장 · 지방의회의원의 부정부패에 따른 지방자치행정의 신뢰성 상실 극복	지방자치단체의 자치역량 제고
8) 사회계층의 다원화에 따른 계층간의 갈등, 불균형적인 지역발전으로 인한 지역갈등극복	지방자치단체의 자치역량 제고

3. 지방분권과제 추진일정(로드맵)

그동안의 지방분권정책의 공과를 바탕으로 문재인정부에서 성공적으로 이끌 수 있는 가시적 분권과제(새로운 과제, 지속적 과제)를 제시하고 추진근거, 추진주체, 기대효과(성과지표), 추진일정, 과제점검 등을 담은 로드맵을 구체적으로 제시해야 한다(예 : 표 3-5 참조). 새 정부의 분권과제를 몇 개의 대과제로 묶어 다음과 같이 대분류할 수 있다).

<표 3-5> 지방분권과제 추진일정

대분류	세부과제명 (a:새로운 과제, b:지속적 과제)	추진근거 (특별법)	추진주체 (기관)	기대효과 (성과지표)	추진일정	과제점검
1. 중앙-지방(정부)간 합리적 역할 배분	1) 2) 3)					
2. 주민밀착형 행정서비스 확대 (시민사회활성화)	1) 2) 3)					
3. 지방재정력 확충 (획기적 재정분권의 추진)	1) 2) 3)					
4. 자치행정역량 강화 (지방정부의 자치행정역량강화)	1) 2) 3)					
5. 협력 및 공감대 확산 (협력적 정부간 관계정립)	1) 2) 3)					

4. 지방분권의 방법

그리고 중요한 것 중 하나는 자치분권을 어떠한 방법으로 수행하느냐에 대한 답을 제시해 주어야 할 것이다. 그런 측면에서 우리의 자치분권은 국가와 지방자치단체간의 관계에서 비롯되는 여러 방법들도 중요하지만 주민의 지방자치단체에의 참여와 그들에 의한 자율행정추구가 문재인정부의 지방분권 추진계획의 기본방향인 까닭에 다음과 같은 방법에서 분권의 방향을 설정해 주어야 할 것이다. 즉, “대한민국의 자치분권은 주민대표기관(지방의회, 지방자치단체장)과의 대화와 협의를 기본으로 한다”가 그것이다.

5. 국가와 지방자치단체와의 관계 재정립

1) 국가의 지방자치단체에 대한 통제

자치분권의 논리 하에 국가와 지방자치단체와의 관계를 재정립해야 한다. 그런 측면에서 권한 재배분 문제도 중요하지만 국가의 지방자치단체에 대한 통제문제는 매우 중요한 과제가 된다. 지방자치단체에게 아무리 많은 자치권을 부여하고 권한이양을 한다 하더라도 중앙정부의 강한 통제가 지속되는 한 지방분권은 그 실효성을 상실할 수밖에 없기 때문이다. 특히 그동안 우리나라의 지방자치단체에 대한 중앙정부의 강한 통제는 지방자치를 황폐하게 하는 가장 주요한 요인이었음을 상기해볼 때 더욱 그렇다. 따라서 중앙정부나 광역자치단체가 광역, 기초자치단체에 행하는 통제게임을 보다 자치분권화의 논리에 부응한 통제로 바꾸어 주어야 한다. 즉, 지방자치단체에 대한 국가의 통제는 지방자치의 이념을 존중하는 방향에서 자치단체의 자율적 통제장치가 제대로 기능하지 않을 때에 한하여 행사하도록 해야 할 것이다. 따라서 다음과 같은 방향에서 이루어져야 할 것으로 본다.

첫째, 기관위임사무의 경우 국가의 통제가 불가피하다고 볼 수 있으나 자치사무에까지 법령위반여부에 대해서 국가나 광역자치단체가 판단하는 것은 무리가 있다. 따라서 자치사무에 대해서는 사법부에 의해 보다 중립적으로 법령위반여부를 판단하도록 해야 한다. 이와 함께 자치단체장의 행위에 대한 판단은 일반행정문제는 사법부에서 재정문제는 회계검사원(감사원)에 판단하도록 하는 합법성 통제에 충실해야 한다. 즉, 단체장의 작위 또는 부작위가 위법이라고 인정될 때에는 주무부장관은 그 내용이 행정에 관한 것이라면 이를 취소 · 정지시키거나 또는 이행을 강제하는 판결을 구하는 소를 법원에 제기하고, 예산 및 재정에 관한 것이면 회계원(감사원)에 청구하여 각각 그 판단에 따르게 해야 할 것이다. 둘째, 주무부장관이 자치행정에 대한 합목적성의 통제를 못하도록 해야 한다. 자치행정의 내용이 공익에 부합되는가, 공익을 해할 우려가 있는가, 합목적적인가의 여부에 대하여는 중앙정부(주무부 장관)가 관여하지 않도록 하며 당해 집행기관, 지방의회 및 주민통제에 의하도록 해야 할 것이다.

2) 지방자치단체의 자율성 확보와 책임성을 강화해 줄 수 있는 기능배분

국가와 자치단체간의 연계협력을 강조하고 있는 프랑스 정부가 1982년 지방분권화의 보완으로 제시하고 있는 새로운 기능배분에 시사점을 얻어 고려해야 할 사항을 제시하고자 한다(www.interieur.gouv.fr. 2017).

첫째, 지방자치단체 권한의 확대와 명백한 권한배분을 동시에 추구할 수 있는 기능배분방식을 고려해야 한다. 따라서 국가와 지방자치단체간의 기능배분은 포괄적 규정주의를 원칙으로 하고 각 지방자치단체의 전문성을 고려하여 예시적 열거주의를 보완적으로 채택하여 양 제도의 장점을 활용해야 할 것이다. 이와 함께 명백한 기능배분과 확대된 권한을 향유하기 위해서 총체적 이양의 원칙과 권한의 유연한 배분이 가능해야 한다. 따라서 국가와 지방자치단체간, 지방자치단체간의 계약화를 통해 보완적으로 권한배분의 유연성을 확보할 수 있을 것이다.

둘째, 국가와 지방자치단체간, 광역자치단체와 기초자치단체간의 기능배분은 자유스러운 행정을 어떻게 하면 구축할 수 있겠는가의 논리에서 기능배분의 원칙을 설정해야 할 것이다. 이를 위해 지방자치단체간의 감독금지원칙, 총체적 이양의 원칙 등이 제시되어야 할 것이다.

셋째, 각 자치단체의 고유한 기능적 임무를 활용한 기능배분이어야 한다. 지방자치단체의 권한 영역의 각각은 해당 자치단체의 여건에 맞게 근접성 혹은 이를 행사할 수 있는 기술적 능력, 채택된 지방정치 · 행정구조(기관구성형태)에 따라 행사되어야 할 것이다.

넷째, 보충성의 원칙(principe de subsidiarité)을 존중하는 기능배분이어야 한다. 지방자치단체는 지방자치단체 각 계층에 가장 효율적으로 사용될 수 있는 권한의 총체를 결정하는 권한을 가지게 함과 동시에 주민의 가장 가까운 수준에서 가장 효과적으로 행사될 수 있는 차원에서 배분되도록 해야 할 것이다.

다섯째, 국가와 지방자치단체, 지방자치단체간의 기능배분은 중앙집권체제와 과도한 도시집중이 만들어 놓은 갈등구조를 해결하는 지역균형발전의 틀 속에서 설정되어야 할 것이다. 이러한 배경에서 국가와 지방자치단체간에, 다른 지방자치단체간에 상생 · 보완 · 협력하는 지역균형발전을 도모해야 한다.

6. 지방자치단체의 정치 · 행정체제 : 정치 · 행정적 통합적 분권 ; 자치적 분권 강화

우리나라의 자치분권의 논리가 국가의 단일성 체계 내에서 지방자치단체의 다양성을 추구하려는 것이라면 국가와 지방자치단체의 논리가 동시에 작용하는 이중정치 ·

행정체제를 모색하여야 할 것이다. 즉, 한편으로는 국가중심의 논리에서 지방행정을 수행하려는 고리가 있어야 할 것이고(분산행정 · 행정적 분권), 한편으로는 지방자치단체중심의 논리에서 해당지역의 사무를 자율과 책임 하에 지방행정을 수행하려는 틀을 만들어야 한다(분권행정 · 자치적 분권). 요컨대, 지방분권이라 해서 지방자치단체의 자율성과 책임성만을 강조하는 지방자치단체중심의 일방적인 분권이 되어서는 곤란하다. 따라서 국가와 지방자치단체가 주민과 시민사회와 함께 하는 정치 · 행정적 통합적 분권을 이루어내야 할 것이다. 이러한 맥락 하에서 정치적 측면에서는 지방의원과 국회의원이 함께 국가의 문제와 지방의 문제를 상의할 수 있는 정치적 장을 마련해야 하고, 행정적 측면에서는 지방자치단체장의 국정참여방안(제2국무회의)이 모색되어야 한다.

7. 지방의회의 활성화

지방의회 의정활동의 전문성을 어떻게 하면 강화할 수 있을 것인가에 대한 답을 찾아야 한다. 이를 위해 입법정책지원기능과 관련한 의정활동 전문성과 관련하여 활성화방안을 모색해야 한다. 즉, 지방의회의 전문성 강화차원의 활성화방안은 본질적으로 의회조직차원과 의원개인차원의 논의가 우선되어야 하고, 부가적으로는 우리나라와 같이 기관분리형의 기관구성에서는 집행기관과 연계성을 띤 지방정부차원을 고려해야 하고, 지역의 문제가 국가(중앙)의 문제가 되기도 하고 국가의 문제가 지역의 문제가 되기도 하기 때문에 이에 관계된 입법활동이 국회와 지방의회와의 협력관계차원에서 논의할 때 가능하다고 할 것이다(최진혁, 2005). 첫째, 본질적으로 지방의회 사무처조직은 그 지역여건에 맞는 전문성 있는 조직체계를 준비해야 하고, 그러기 위해 지방의회 사무처조직의 독립성, 자율성을 확보해야 하며(인사문제 효율성, 투명성, 공정성 제고)(조직차원), 둘째, 지방의회 의원의 입법지식과 의사운영능력을 높일 수 있는 전문성을 제고하는데 있다(개인차원). 셋째, 부가적으로 지방의회와 집행기관 각각의 입법정책의 연계성 확보를 통하여 지방의회뿐만 아니라 나아가 지방정부의 경쟁력을 강화하는데 있으며(지방정부차원), 넷째, 국회와 지방의회와의 협력 · 동반자적 관계(중앙-지방관계 차원)에서 모색해 볼 수 있다(최진혁, 2012a : 287).

8. 주민자치의 실현에 부응하기 위한 지방분권 모색

주민자치의 본질에 충실하기 위하여는 지방자치단체의 정치행정게임에 주민참여를 활성화하고 주민에 의한 통제를 받는 장치를 마련해야 한다. 그런 측면에서 주민투표제, 주민발안제, 주민소환제 등의 직접참정제도를 제도화하고 계속해서 활성화방안을 모색해야 한다. 특히 지방자치단체의 폐치 · 분합이나 지방자치행정조직의 구성형태의 변경 또는 당해 지역과 주민에게 중대한 영향을 미치는 사안과 같이 지방자치의 본질적 요소와 직결되는 중요사항에 관한 국회의 입법이나 지방자치단체장의 결정 및 당해 지역 주민의 전체적 의사를 구할 필요가 있는 사항에 관하여는 지방자치의 본질상 반드시 주민투표를 거치도록 할 필요가 있다. 그리고 사안의 중요도에 따라 의무적 · 임의적 주민참여제를 도입할 수도 있을 것이다(최진혁, 2002 : 342-343).[21]

9. 지방행정체제개편

지방행정체제개편은 국가의 민주적, 효율적인 지방행정수행방식으로서의 계층구조, 지방자치단체의 규모, 기능배분(행 · 재정적 수요), 역사 · 문화적 환경, 행정역량, 지역경제 특성, 공간지리적 특성(중심지이론, 정주체계이론) 등을 고려하고, 주민들의 다양한 요구를 반영하여 접근되어야 한다. 요컨대, 지방행정체제개편은 국가의 지방행정수행방식의 효율성을 담보할 수 있는 차원(통합론)과 지역정서를 고려한 주민의 지방행정에의 참여확대(민주성)차원(분절론)에서 논의되어야 한다(최진혁, 2009 : 71-72).

21 예를 들면 다음과 같다.①의무적 주민참여 : 도시계획의 시행에는 의무적 주민참여 원칙을 제시할 수 있다(파리 · 리용 · 마르세이유 행정조직에 대한 1982년 12월 31일 법률). 왜냐하면 도시계획으로 인하여 주민의 생활환경이 크게 변하여 삶의 변화를 초래하기 때문이다. 주민참여 없이 이루어진 도시계획은 불법으로 간주하게 된다. ②임의적 주민참여 : 지방의회와 주민과의 대화를 활성화하기 위해 중간구조인 시특별위원회(extra-municipal)를 설정할 수도 있다. 이를 통하여 주민들은 임의적으로 구성된 중간기구에 의한 참여와 주민이 직접적으로 자문수단을 통해 참여할 수 있을 것이다.③정보공개원리(행정행위 투명성의 원칙) : 지방행정관청의 행위에 관한 주민의 알 권리로서의 정보공개제도를 발전 정착시켜야 한다. 그러나 행정정보의 공개로 개인의 프라이버시나 기업의 이익에 침해를 주거나, 행정이 공정하고 적절한 운영에 현저히 지장을 주거나, 주민 전체의 이익을 훼손하는 등의 문제가 발생할 수 있다. 따라서 정보이용 · 공개 등을 통제하는 목적한정제를 규정하며, 비공개 대상을 설정해야 한다.

10. 영리하고 스마트한 거버넌스체제 구축

앞으로의 지방행 · 재정활동은 단순한 구성요소들간의 협력관계가 아닌 구성요소들간의 창의적이고 스마트한, 영리한 구성요소가 될 수 있도록 하는 국가와 자치단체, 기업(민간부문), 공공부문과 민간부문, 주민간의 행 · 재정협력체제를 만들 수 있을 때 진정한 행 · 재정책임성과 성과를 구현해낼 수 있는 지방행 · 재정거버넌스를 구축할 수 있을 것으로 본다. 따라서 문재인 정부의 자치분권은 시민과 시민단체, 지역공동체 등이 보다 역동적으로 참여할 수 있도록 해야 하며, 더 나아가 보다 지혜롭고 영리함으로 행 · 재정활동을 영위하게 하는 전문가집단과 성숙한 주민의식으로 무장한 시민단체와 협력하는 창의적이고 영리한 거버넌스체제를 구축해야 한다. 따라서 예를 들면 그동안 적용해온 주민참여예산제도는 더욱 더 주민참여범위를 넓히는 것뿐만 아니라 이들의 의식제고를 위한 프로그램개발이 필요하고, 전문성을 갖춘 예산참여위원회를 구성하여 지자체의 행 · 재정활동의 창의성과 효과성을 견인해 낼 수 있도록 해야 한다. 요컨대, 체제적 방식에 의한 국가와 지방자치단체, 기업(민간부문), 주민(시민단체, 지역협의회, 전문가단체)과의 지혜로움과 창의성을 견지한 협력은 상호의존적인 체제구성요소들간에 상호진전과 상호협력 및 상호발전의 전체 에너지를 만들어내는 큰 시너지효과를 창출할 수 있을 것으로 보기 때문이다(최진혁, 2012b : 93).

제5절 결론

그동안 우리나라의 지방자치는 민주주의를 지탱할 역량 내지 여건(민주주의 제도, 시민사회 성숙)이 구비되어 있지 않고서는 민주주의(주민참정) 수단으로서의 선거(주민참여)의 효과는 그리 크게 나타나지 않는다는 사실을 경험하였다. 같은 맥락에서 참여정부, MB, 박근혜정부가 추구한 자치분권도 물론 여러 측면에서 성과가 있었지만[22] 지방자치단체

22 2003년 지방분권특별법을 제정하고, 2006년 제주특별자치도를 도입하는 등 분권국가의 기반을 마련하였고, 2007년 총액인건비제를 도입하고 행정권한의 지방이양을 통하여 지방의 자율성을 강화하였고, 2004년 주민투표, 2005

의 역량, 성숙한 주민의식이 준비되어 있지 않은 상황에서는 자치분권의 성과를 기대할 수 없었다. 따라서 문재인 정부는 다음과 같은 방향에서 자치분권의 방향과 내용을 설정해야 할 것이다.

첫째, 우리나라에 합당한 중앙-지방자치단체간의 바람직한 관계를 설정해야 한다. 즉, 국가와 지방자치단체, 지방자치단체와의 관계가 국가의 통일성 내에서 유기적인 협조 내지 연계성 있는 자치분권화가 되어야 한다. 국가의 지배논리와 지방의 독립적 논리가 균형있게 적용되어야 한다. 이러한 배경에서 그동안 논의되었던 광역지방자치단체장의 국무회의 참석제도(제2국무회의)는 긍정적이다. 여기에서 한 걸음 더 나아가 정치적 측면에서의 연계·협력을 강화하는 차원에서 지역의 지방의회가 국회와의 연계성을 가지면서 지방행정을 펼쳐나갈 수 있는 제도적 보완을 고민해야 한다.

둘째, 지방자치단체의 자율성을 확대하고 이에 상응하는 행정역량 및 책임성을 강화하는 자치분권이어야 한다. 중앙행정권한의 지방이양을 추진하고, 국세와 지방세의 합리적 조정과 지방재정조정제도를 통해 재정자립도를 제고하며, 자치입법권 확대 및 지방인사의 공정성과 개방성을 확대해 나감으로써 자치역량을 강화해야 하는 이유이다.

세째, 지방민주주주의, 직접민주주의를 강화하는 주민자치 주도의 자치분권이 되어야 한다. 이를 위해서는 주민과 가까이 하는 자치행정이 되도록 해야 한다. 주민들이 자기 자치단체에서 행하는 사무에 대해 정보를 알아야 하며, 그리고 그들에 관계되는 정책결정에 그들의 의견을 자유롭게 개진할 수 있도록 해주어야 하고, 주민의 이해에 반하는 정책으로 해를 끼치는 경우에는 주민감사 내지 통제제도를 허용해 주어야 한다. 이는 지방민주주의의 가장 중요한 원칙으로 행정행위의 투명성 원칙과 지방정치에의 주민참여, 주민통제의 원칙을 의미하는 것이다. 그런데 결국 주민과 가까이 하는 행정은 주민을 대표하는 지방의회를 통해서 제도적으로 가능하다. 따라서 지방의회의 새로운 역할정립이 요구된다. 특히 지방의원의 자질, 능력을 제고할 수 있는 방안 모색과 자유로운 의회행정 보장과 같은 분야에 깊은 성찰이 있어야 할 것이다.

년 주민소송, 2007년 주민소환제를 도입하여 주민참여제도의 활성화를 기하였고, 2010년 지방소비세, 지방소득세 도입 등 지방세제개편, 2014년 읍·면·동주민자치회 도입으로 근린자치 활성화를 기하였다는 점에서 성과로 기억될 수 있다.

네째, 우리가 구축해야 할 새로운 지방행 · 재정거버넌스는 크게 두가지 측면의 통합관계를 고민해야 하고, 그 안에서의 질적인 상관관계를 모색해야 할 것이다. 즉, 그동안 체제 안에 놓여진 구성요소들간에 관습적으로 행하는 협력관계가 아니고 서로 창의적으로 영리함으로 시너지효과를 극대화하는 협력을 이끌어내는 다양한 행위자들(개인, 기구, 공공부문과 민간부문)의 수평적인 통합을 이루어내고, 국가 전체발전의 목표와 전략에 상응할 수 있는 국가와 지방자치단체간의 수직적 통합을 이끌어내는 것이라 볼 수 있다.

참고문헌

김석태. (2016). 지방분권사상과 한국의 지방자치. 「지방정부연구」 19(4).

김순은. (2003). 참여정부의 지방분권추진계획(분권로드맵)의 평가. 「지방정부연구」 7(2).

김재훈. (1998). 지방이양의 평가와 권한이양 등에 관한 법안. 「지방자치 7월호」.

배준구. (2004). 「프랑스의 지방분권」. 도서출판 금정.

소진광. (2005). 「지방자치와 지역발전」. 박영사.

안성호. (2016). 「왜 분권국가인가 : 리바이어던에서 자치공동체로」. 박영사.

이종수. (2002). 「지방정부이론」. 박영사.

정세욱. (2005). 「지방자치학」. 서울: 법문사.

최영출. (2013). 지방분권 수준과 영향요인 관계 분석. 「지방정부연구」 17(2).

최진혁. (2015). 21세기 지방자치의 현대적 경향. 「한국지방자치학회보」 27(3).

최진혁. (2009). 지방행정체제 개편의 내용과 전망 : 대안검토를 중심으로. 「사회과학연구」 20(3).

최진혁. (2012a). 지방의회 의정활동 전문성 강화방안 : 대전광역시의회 입법정책지원제도를 중심으로. 「정치 · 정보연구」 14(2).

최진혁. (2012b). 지방재정거버넌스 설계방안. 「지방재정11-12」.

최진혁. (2010). 민선자치 15년 경험과 값진 교훈. 「대전일보 칼럼」.

최진혁. (2005). 우리나라 지방자치법의 발전적 고찰. 「지방정부연구」 9(1).

최진혁 외. (2005). 「자립적 지역발전모델」. 대영문화사.

최진혁. (2003). 참여정부 지방분권화 정책의 발전적 비평. 「한국행정학회 학술발표논문집」.

최진혁. (2002). 우리나라 지방분권의 발전적 고찰. 「사회과학연구」. 제13권.

최진혁. (2001). 프랑스 신지방분권화의 기본내용. 「월간 자치발전」.

최창호. (2009). 「지방자치학」. 삼영사.

하혜수 · 최영출. (2000). 「지방정부의 자치권확대방안 연구」. 경기개발연구원.

한국지방자치학회. (2008). 「한국지방자치의 이해」. 박영사.

홍준현 외. (2006). 지방분권수준 측정을 위한 지방분권 지표의 개발과 적용. 「지방정부연구」. 10(2).

공직선거 및 선거부정방지법(2003).
정부혁신지방분권위원회. (2003). 「참여정부 지방분권의 비전과 추진방향」.
행정자치부. (2005). 「민선지방자치 10년 평가」.
지방자치법(일부개정 2007.5.17 법률 제8435호 시행일 2008.1.1.).
대통령자문 정부혁신지방분권위원회. (2005). 「참여정부의 지방분권」.
대통령소속 지방분권촉진위원회. (2009). 「지방분권 종합실행계획안」.
대통령소속 지방분권촉진위원회. (2009). 「2009 지방분권백서」.
대통령소속 지방분권촉진위원회. (2010). 「제1기 지방분권촉진위원회 지방분권백서」.
대통령소속 지방분권촉진위원회. (2012). 「제2기 지방분권촉진위원회 지방분권백서」.
대통령소속 지방자치발전위원회. (2016).
Auby, Jean-Bernard et Auby, Jean-François. (1990). Droit des collectivités locales. Paris : PUF.
Baguenard, Jacques. (1996). La décentralisation. Paris : P.U.F.
Baguenard Jacques et Becet Jean-marie. (1995). La démocratie locale. Paris : P.U.F.
Luchaire, François et Yves. (1983). Le droit de la décentralisation. Paris : P.U.F.
Verpeaux, Michel. (2005). Droit des collectivités territoriales. Paris : P.U.F.

02 헌법과 지방자치법

01 헌법과 지방자치

제1절 국가와 지방자치단체와의 관계의 의미 : 단체자치의 논리

자치행정은 한 국가 안에서 지방자치단체를 통해서 이루어지는 것이므로 국가와 지방자치단체간의 (기본적) 관계를 고찰할 필요가 있다. 대체적으로 국가와 지방자치단체간의 관계에 중점을 두어 자치이론을 설명하려했던 대륙계 단체자치의 전형(중요한 이론적 논거)으로 볼 수 있을 것이다. 우리나라 지방자치법 제1조(목적)[1] 규정에도 "이 법은 ... 국가와 지방자치단체의 기본적인 관계를 정함으로써 지방자치행정을 민주적이고 능률적으로 수행하고, 지방을 균형있게 발전시키며, 대한민국을 민주적으로 발전시키려는 것을 목적으로 한다"고 밝히고 있다. 이는 특히 우리나라와 같은 단일국가(단방국가)에서 시사하는 바가 크다고 볼 수 있다.

1. 지방자치의 제도적 보장; 헌법과 지방자치

국가와는 별개의 법인격이 부여되고 국가사무와 구별된 지방사무가 존재하여 주민이 선출한 기관에 의한 자유로운 행정이 이루어지는 지방자치단체가 그들의 독자적 사

1 지자법 제1조 (목적) 제1조(목적) 이 법은 지방자치단체의 종류와 조직 및 운영, 주민의 지방자치행정 참여에 관한 사항과 국가와 지방자치단체 사이의 기본적인 관계를 정함으로써 지방자치행정을 민주적이고 능률적으로 수행하고, 지방을 균형 있게 발전시키며, 대한민국을 민주적으로 발전시키려는 것을 목적으로 한다.

무를 처리하고 존립하기 위하여는 일정한 권능을 가져야 하는데, 우리나라는 헌법 제117조에서 이를 명시적으로 보장하고 있다(헌법 제8장 제117조 제①항). 즉, "지방자치단체는 주민의 복리에 관한 사무를 처리하고 재산을 관리하며 법령의 범위 안에서 자치에 관한 규정을 제정할 수 있다"고 규정하고 있어 지방자치단체는 이 조항에 근거한 자치권에 의하여 그의 관할구역과 주민을 통치하고 그 관리사무를 자기의 자율과 책임 하에 처리할 수 있는 법률적 권능을 가지게 되었다. 이는 우리나라 자치행정이 기본적으로 지방자치에 근거하여 운영되어야 할 것을 밝히고 있는 것이며, 자치단체의 자치권은 법률로서도 박탈할 수 없는 국가기본법인 헌법에 보장된 권리로 이해할 수 있는 것이다. 요컨대, 국가의 모법인 헌법에 자치권의 제도적 보장(la garantie institutionnelle, la garantie par la Constitution)을 천명하고 있는 것이며, 그 연장선상에서 "지방의회의 조직 · 권한 · 의원선거와 지방자치단체장의 선임방법 기타 지방자치단체의 조직과 운영에 관한 사항은 법률로 정한다"고 규정하고 있는 것이다(헌법 제118조 ②항).

헌법에 지방자치를 규정한 의미를 좀 더 확대 해석해 보면, 우선 지방자치제도가 우리나라에서 헌법적 사항으로 지방민주주의의 기초제도(국가의 기본제도)로 인정하고 있다는 것이고, 다음으로 지방자치단체에게 자치권(자치입법, 조직, 행정, 재정)을 창설하여 부여했다는 사실이며, 이 자치권을 법률이 터치(제한, 파기)할 수 없는 헌법에 제도적으로 보장하고 있음을 확인해주고 있는 것이다(정세욱, 2005 : 88-89). 이렇듯 우리나라 헌법에 지방자치를 명문 규정하고 있는데, 그 기본원칙은 지방분권주의 이념에 따른 자치사무의 처리, 자치사무와 위임사무의 구별 불인정, 지방의회를 통한 대의민주주의 구현(기관구성)(지방자치단체에 의회를 둔다 제118조 ②), 자치입법법권(법령의 범위 안에서 자치에 관한 규정을 제정할 수 있다 제117조 ①), 자치재정권(재산을 관리한다 제117조 ①) 보장, 자치행정조직의 민주화(지방의회와 지방자치단체의 집행기관의 선임 제118조 ①, ②), 법률유보(지방자치단체의 종류, 지방자치단체의 조직과 운영에 관한 사항 제117조 ②) 등을 들 수 있다(김도창, 1981 : 116-118).

2. 제도적 보장설(制度的 保障說)

지방자치권은 국가의 통치권에 위임된 권력이라는 점에서는 국권설과 입장을 같이

하지만 헌법에 의하여 제도적 보장을 받는 권력이라고 주장하는 학설이다. 즉 지방자치를 헌법에 객관적인 제도로 보장함으로써 입법자는 일반법률에 의하여 지방자치의 구체적 내용을 형성할 수는 있되, 제도 자체를 폐지하거나 그 핵심적 본질을 침해할 수는 없다는 것이다. 이는 칼 슈미트(Carl Schmitt)에 의해 확립되었으며 오늘날의 다수설 내지 통설이다. 이를 뒷받침할 수 있는 바이마르 헌법 제127조 지방자치에 관한 규정과 우리나라 헌법 제117조, 제118조 규정을 통해 지방자치를 제도적으로 보장하고 있음을 알 수 있다. 요컨대, 자치권은 국가의 통치권으로부터 전래된 것으로서 헌법에 규정된 범위 내에서 허용되는 것으로 이해해야 한다.

제2절 자치권의 해석

1. 국가가 부여한 권리로서의 자치권

지방자치단체는 국가의 창조물이고 그 자치권은 주권을 가진 국가로부터 수여 또는 전래된 권리인 까닭에 국가의 법률에 의하여 한계지어지고 국가의 주권적 통제에 종속됨을 그 특질로 한다. 따라서 자치권과 자치사무의 범위는 국법에 의하여 정해지며 국법에 따라 국가의 감독을 받게 된다. 그런데 이러한 법규정에 의하여 지방자치단체에게 자치권이 창설, 부여되는 것인가, 또는 이미 존재하는 자치권이 다만 확인 · 선언되는데 지나지 않는 것인가에 관하여 이론이 대립되고 있다. 그러나 자치단체의 법인격과 자치권은 국법에 의하여 비로소 창조되고 발생하는 것이기 때문에 이를 자치권의 창설적 규정으로 보아야 할 것이다.

그러한 의미에서 오늘날 자치권의 문제는 중세 유럽제국의 봉건적 특권이나 지방권의 문제에서 지방분권의 문제로 변질되었음을 유의할 필요가 있다. 따라서 자치행정에는 민주주의적 요소보다 지방분권적 요소가 월등하게 부각된다. 그것은 자치행정에 의해서만 비로소 지방행정이 권위적인 중앙행정으로부터의 상대적인 독립성을 확보할 수 있으며, 이러한 지방행정의 상대적 독립성이야말로 바로 지방분권의 핵심적 징표로 간주되기 때문이다(정세욱, 2005 : 142). 자치권의 문제가 지방분권의 문제라고 한다면 구체적으로 국가가 지방자치단체에 어느 정도의 권능을 부여해야 할 것인가라는 문제가 제기된다. 자치단체가 처리할 수 있는 공공사무의 범위는 국법에 의하여 수여되는 것이므로 시대와 국가에 따라 각각 일정하지 않다. 그러나 지방적 이해관계에 관한 사항(les questions d'intérêt local ; matters of local interest) 또는 주민의 공통적 관심사항 등의 지방적 공공사무는 자치단체에 수여되는 것이 일반적 경향이다. 지방자치단체가 지방적 성격의 사무를 전반적으로 처리하는 까닭에 자치권은 보편성 · 일반성(universal principle), le principe universel)이란 또 다른 특질을 갖게 된다. 어떻든 자치권은 국가로부터 수여된 권리이므로 그것은 국가와 자치단체간의 사무배분 또는 기능배분의 문제로 귀착된다.

2. 지방자치단체의 독자적 권리(자주성)로서의 자치권

지방자치단체의 자치권은 비록 국가로부터 부여된 것이어서 국가의 주권적 통제에서 완전히 벗어날 수는 없다 할지라도 일정한 범위 내의 자주성을 그 본질로 하는 독자적 권리라고 할 수 있다. 이러한 독자적 권리야말로 바로 지방자치단체로서의 권능과 중앙정부의 하급기관으로서의 권한을 구별하는 징표가 되고 있다. 그 이유는 자치권을 상급기관의 무제한한 지휘 · 감독을 받는 하급행정기관의 지위와 동일시한다면 자치권의 본질은 상실되며, 또한 헌법이나 법률로 자치권을 보장한 의의가 없을 것이기 때문이다. 자치권이 독자적인 성질을 갖는다는 징표는 다음과 같다.

① 지방자치단체 기관에 대한 자기선임 원칙 : 지방의회의원, 자치단체장 등을 주민이 직접 선출하는 것은 자치단체가 국가의 하급기관과는 다른 독립성을 갖고 있기 때문이다.

② 독립된 경제주체로의 지위(자치재정권) : 자치단체가 국가로부터 어느 정도 독립된 경제주체로서의 지위를 가진다는 점에서 찾을 수 있으며, 이것이 자치재정권을 행사할 수 있는 근거이다.

③ 자치입법권 : 자치단체가 그 구역 내에 주소 · 거소를 가진 자나 일시 체류하는 자,

기타 재산을 소유하거나 영업소를 가진 자를 기속하는 법규(조례와 규칙)를 제정하는 권능인 자치입법권으로 구체화된다.

요컨대, 우리나라의 지방자치제도상의 자치권은 국가의 통치권에서 전래된 것이면서, 헌법에 의하여 보장되고 있는 것이다.

3. 주민주권론적 시각

(지방)자치권의 본질에 관하여는 전술한 바와 같이 학설의 대립이 있으나, 헌법상의 (지방)자치권은 국가의 통치권과 병립 · 공존하는 지방자치단체 고유의 공권력으로서 헌법적 보장을 받는 것으로 이해할 수 있다(양석진, 2005 : 151). 즉, 국가와는 별개의 법인격이 부여되고 그 독자적 사무가 인정되는 지방자치단체가 이러한 사무를 처리하고 존립하기 위하여는 일정한 권능을 가져야 하는바, 우리나라는 헌법 제117조에서 이를 명시적으로 보장하고 있는 것이다. 또 한편으로는 상기의 지방자치단체가 종국으로는 주민에게 양질의 행정서비스를 제공해주어야 하는데, 그렇게 하기 위해서는 일정한 권능을 필요로 하는바, 이를 헌법에서 규정하여 보장한 것으로 해석할 수 있을 것이다. 이렇듯 지방자치권은 근대국가에 있어서는 전(前)국가적인 자연권으로서의 지방권이 아니라 국가의 통치권에서 전래된 것이면서, 주민주권에 기초하여 헌법에 의하여 보장되고 있는 것으로 해석할 수 있다. 국가권력의 정당성은 국민에게 있다는 국민주권론(Locke, Rousseau)은 국가주권설(19세기 후반 독일 법실증주의자)을 거쳐 현대국가에 이르러 다시 국민주권론으로 회귀하게 되었고, 따라서 오늘날 지방정부의 권력은 주민으로부터 나온다는 주민주권론을 주창할 수 있을 것이기 때문이다(제6편 제1장 정책결정에서 주민주권의 강화 참조). 이와 같이 (지방)자치권이 주민주권원리에서 비롯되고 있다고 볼 때, 자치권의 행사는 주민주권의 실현에 부응할 수 있도록 그에 따른 대안 및 제도적 장치들을 강구할 필요가 있을 것이다.

02 지방분권 개헌의 필요성과 과제 : 프랑스 지방분권형 헌법개정의 시사점

제1절 서론 : 문제제기

2018년 대한민국은 (지방)분권형 헌법개정의 당위성을 엄중하게 명령하고 있다. 1987년 민주화 항쟁 이후 얻어낸 소중한 과실로서의 지방민주주의의 징표인 지방자치가 제대로 작동하지 못하고 있고, 제왕적 대통령제에서 비롯된 수많은 문제(측근비리, 국정농단 등)와 중앙집권적 국정운영에 따른 국가발전에의 역기능 현상을 보며 더 이상 '87년 헌정체제로는 국민을 위한 국가소임을 다해 나아갈 수 없음을 깨닫고 있는 것이다. 특별히 문재인정부에 분권형헌법개정의 기대를 거는 이유는 2000년대 초반 노무현 참여정부가 갈망하였지만 미완성에 그쳤고, MB와 박근혜정부 역시 미완으로 남겨두었던 지방분권과 국가균형발전에의 과제들을 보다 완성된 작품으로 만들어 가야만하는 시대적 상황에 놓여있기 때문이다. 물론 그동안 약 27년의 지방자치체제의 경험(물론 1,2공화국의 9년간의 지방자치 경험을 합산하면 제헌헌법제정 이후 36년임)은 여러 부정적인 평가에도 불구하고 자치분권이라는 국정운영체계에 힘입어 국가의 주요정책이 민생의 주체인 주민들에게 가장 근접한 곳에서 그 지역의 여건에 맞게 정책의 과실을 실효성 있게 체감할 수 있게 하였고, 그것이 지역발전과 국가발전의 성장동력이 될 수 있다는 데에 큰 의미를 부여할 수 있을 것이다.

그런데 작금의 지방정치 · 행정의 환경은 보다 강화된 자치분권에의 길을 요구하고 있음에도 불구하고, 어려운 헌법개정보다는 법률개정으로도 보다 확대된 자치분권이 가능하다고 주장하는 이들이 있다. 이는 현행 헌법이 자치입법권, 자치조직권, 자치행정권, 자치재정권 등 자치분권의 핵심적 내용이 법령에 위임되어 지방자치단체는 중앙정부의 하급기관으로 전락하여 중앙정부가 시키는 것만, 또는 시키는대로 하는 형식적 지방자치 수준에 그칠 수 밖에 없음을 간과하고 있는 데서 오는 심각한 문제이다. 일반적으로 자치단체는 주민에게 양질의 행 · 재정서비스를 창출하고 배분하는데 있어 자치권을 행사해야 하는데 국가가 정하는 법령의 범위 내에서 작동하도록 만들어놓았기 때문에 지방에서 자치적으로 할 수 있는 일은 매우 제한적이라는 사실이다. 설사 법률을 개정하려고 해도 그동안 우리가 겪은 현실은 국회와 중앙부처가 비협조적이어서 국회에 계류 중인 수많은 자치분권개혁입법안이 사장된 경우가 허다했다는 사실이다. 지난 20여년의 보수 · 진보를 막론하고 정권마다 지방분권관련 특별법을 제정하여 자치분권 강화를 외쳤지만 에너지만 낭비한 꼴이 되었던 이유이다.

이는 중앙정부가 지방자치단체의 역량과 잠재적 능력을 무시하거나 과잉보호(?)하여 그들의 잠재적 역량을 사장시켜 버리거나 중앙정부에 길들여지는 '사육단체(飼育團體)'로의 결과를 초래하고 있다는 심각한 문제인식에서 비롯되고 있는 것이다. 좋은 부모의 역할은 자녀가 자신의 역량을 십분 발휘해 자기 여건에 맞게 행복한 삶을 영위하도록 지원해주는데 있지 자녀의 모든 문제를 간섭하고 통제하여 대신 결정권한을 행사하는데 있지 않은 것이다. 물론 자녀가 성인으로 성장할 때까지 후견인으로서 지원해주고 통제해야 하는 것은 당연하지만 이제 성인이 되어 가정을 이룬 자녀에게는 그들 스스로 자기 인생을 개척해 나아갈 수 있도록 역량을 강화시키는 지원을 아끼지 말아야 하는 것이다.

프랑스가 혁명기의 자코방과 나폴레옹적 중앙집권주의에 따라 지방자치단체에 후견인제도를 두어 지역의 보호자 · 감독자 역할을 하게 했으나, 마침내 이 제도는 1982년 프랑수와 미테랑(François Mitterand) 사회당 좌파정권에서 폐기되면서 획기적인 자치분권화의 시대를 전개할 수 있었다. 이어 지방분권개혁 추진과정에서 나타난 중앙부처의 과거로의 회귀현상, 즉 재중앙집권화의 흐름을 차단하고 자치분권을 강화하기 위한 조치로서 자크시락(Jacques Chirac) 대통령이 지방분권형 헌법개정을 단행하게 되는 배경이 되었다. 국가의 행정조직을 분권화하는 신중한 개혁으로서 헌법 제1조에 프랑스 공화국

조직은 지방분권화이다(Son organisation est décentralisée)라고 규정하면서 자치분권으로의 변화를 가져올 수 있는 수단과 방법을 국가, 지방자치단체, 주민의 시각에서 제시하고 있는 것이다. 즉, 공화국의 조직, 지방자치단체를 위한 새로운 역할, 보다 역동적인 주민의 역할을 강조하고 있는 것이다. 여기서 우리는 국가의 성격규정을 단일공화국체제로서 단방국가체제인가 연방국가체제인가를 명확히 해야 하고, 국가와 지방자치단체간의 연계성 확보 및 주민참여효과를 극대화하는 자치분권을 규정해야 한다. 이와 함께 지방자치단체는 국가와의 권한배분에 있어 지방자치단체 각 계층에 가장 효율적으로 사용될 수 있는 모든 권한에 대한 결정을 행사할 수 있게 하는 보충성의 원칙을 밝히면서 자유스러운 행정이 보장받고 자치단체에 관련된 모든 사무를 결정할 권한을 부여하도록 해야 한다. 한편 자치단체의 자치재정력을 강화하여 과세자주권, 재정지출의 자주성, 권한과 재원의 동시배분, 지방재정조정제도의 확립을 보장해주어야 한다. 그리고 촛불정신으로 표출된 실질적 주권자로서 주민의 직접민주주의를 강화해야 한다.

이제 중앙정부와 지방정부, 행정기관과 주민의 관계는 더 이상 '가부장적인 아버지'와 '어린아이'와의 후견인, 피후견인 관계가 아니다. 지방은 자기의 역량을 그 지역여건에 맞게 가치화하여 지역발전을 이뤄내고 주민에게 실익(實益)이라는 실과(實果)를 제공하여 구성원으로서의 자긍심을 갖게 해야 한다. 이를 통해 대한민국의 발전을 견인해 내는 새로운 시대를 열어가야 한다. 여기에 2018년 대한민국의 지방분권형헌법개정은 더 이상 선택사항이 아니라 필수사항임을 잊어서는 안된다(최진혁, 2018).[1]

제2절 과제 : 지방민주주의의 바른 길잡이 역할

우리나라 헌법은 제8장에서 지방자치의 기본원칙과 그 보장을 규정하고 있고, 이를 근거로 지방자치법을 마련하여 지방자치를 통한 민주주의 국가를 지향하고 있다.[2] 즉,

1 필자의 헤럴드경제신문 헤럴드포럼(2018.3.20)에 기고한 글임을 밝힙니다.

2 대한민국 헌법 제8장 지방자치 제117조 ①지방자치단체는 주민의 복리에 관한 사무를 처리하고 재산을 관리하며, 법령의 범위 안에서 자치에 관한 규정을 제정할 수 있다. ②지방자치단체의 종류는 법률로 정한다. 제118조 ①지방자치단체에 의회를 둔다. ②지방의회의 조직 · 권한 · 의원선거와 지방자치단체의 장의 선임방법 기타 지방자치단체

국가로부터 자치권을 부여받아 일정한 독립적 성격을 갖는 지방자치단체가 주민대표기관인 지방의회를 두어 그 지역 내의 공공사무를 지역주민의 자발적 참여를 전제로 하고 있다. 여기에서 우리는 '분권과 참여(decentralization and participation)'의 논리가 배태되고 있는 자치분권의 요체를 확인할 수 있다. 결국 지방자치는 주민참여를 통한 아래로부터의 민주주의를 구현하고, 국가의 법인격을 부여받은 자치단체가 자율과 책임을 동반한 행정업무 수행을 전제로 하고 있는 것이다.

그동안 시행착오를 겪으면서 진행되어온 우리나라의 지방자치가 헌법에 보장되어 시행되었기에 그나마 작금의 박근혜정부의 국정운영의 파행에서 비롯된 위기를 극복할 수 있었지 않나 싶다. 즉, 대한민국 정부수립 후 불완전하였지만 36년여의 지방자치의 학습은 중앙정국의 불안정이나 혼란이 지방에까지 파급되는 것을 최소화하는 방파제 역할을 할 수 있었던 것이다. 제1, 제2공화국 9년간의 값진 학습효과, 1991년 지방자치부활 이후 제6공화국 27년의 소중한 경험과 교훈을 토대로 하여 2018년 대한민국의 새로운 국정운영좌표를 어떻게 설정할 것인가를 깊이 생각하게 하는 시점이다. 이제는 지방민주주의의 활성화를 통해 대한민국의 민주주의의 완성도를 높여야 할 때이다. 새로운 정치행정환경변화에 부응하는 자치분권으로 지방민주주의를 재설계해야 하는 이유가 바로 여기에 있다.

그런 배경에서 국가와 지방자치단체, 주민과의 관계 설정을 기본으로 하여 분권형헌법개정으로 논의되어야 하는 내용을 정리해 보고자 한다(그림 2-1 참조).

의 조직과 운영에 관한 사항은 법률로 정한다.

<그림 2-1> : 대한민국 자치분권개헌의 논의의 틀

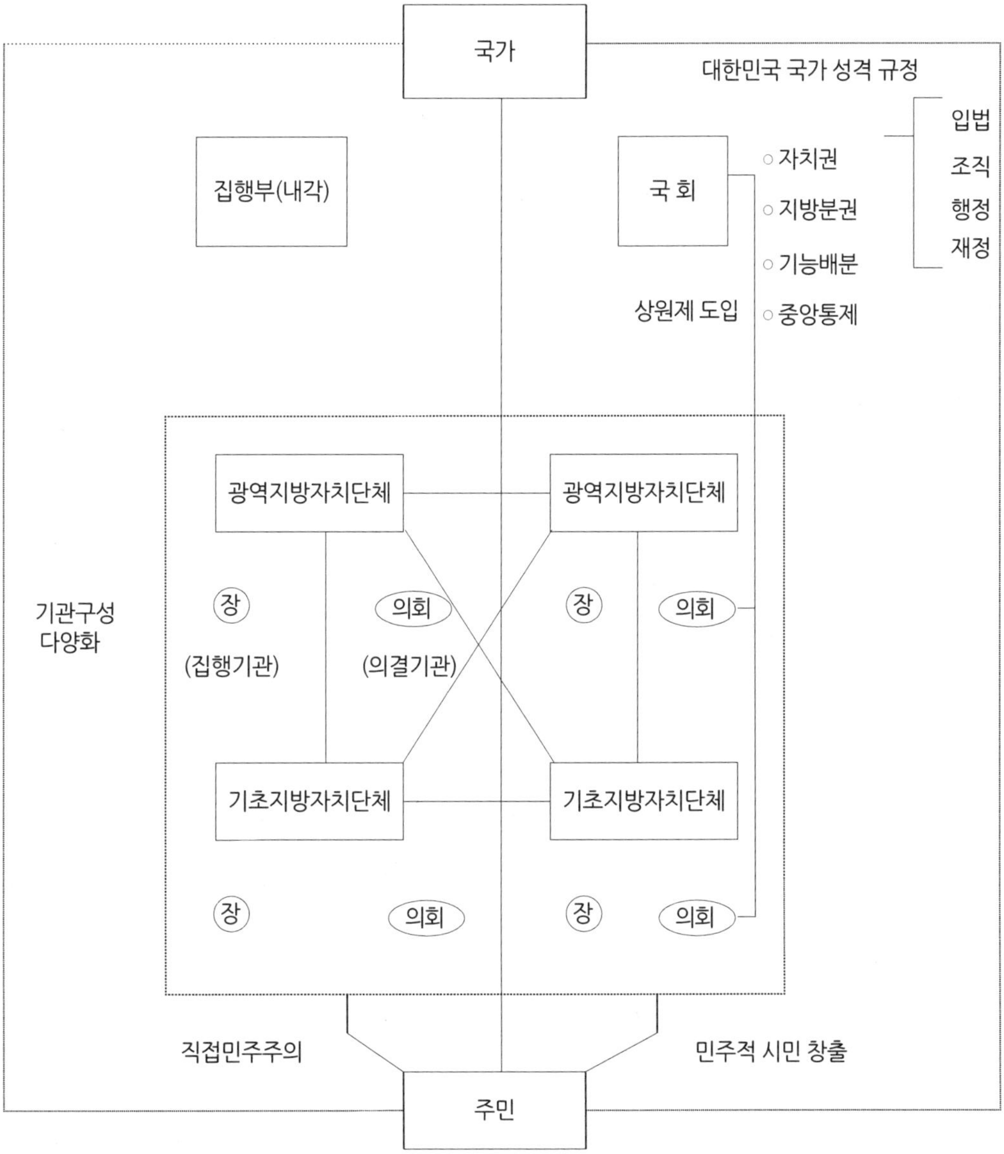

1. 대한민국 국가의 성격 규정과 그에 따른 자치분권의 핵심논의 전개

우리가 추구하는 자치분권이 대한민국이라는 민주공화국을 천명한 단일국가라고 한다면 헌법이 규정하는 국가의 통일성 내에서 243개 지방자치단체의 다양성과 자율성을 보장하는 것이라 할 수 있다. 따라서 자치단체의 자율성을 해치지 않는 범위 내에서 국가의 일정한 지도감독과 지방자치단체의 자율과 책임성을 강조하게 된다. 그런 측면에서 자치분권의 실현은 적어도 다음 세 가지 조건을 존중할 때 이루어진다고 볼 수 있을 것이다.

우선 국가사무와 구별된 지방사무가 존재해야 한다. 그리고 지방자치단체의 사무는 자치분권의 본질적 기관인'지방의회의 자유로운 결정에 의해서 처리할 수 있다'고 규정할 수 있어야 한다. 이는 지방자치단체의 사무는 법률에 별도로 규정을 하지 않는 한 해당 자치단체의 이해에 관한 모든 사무(주민의 복리에 관한 모든 사무)가 지방자치단체의 자치사무로 된다는 것을 의미하는 것으로 볼 수 있기 때문이다.

다음으로 자치분권이 실현되려면 지방사무가 중앙정부로부터 독립된 지방기관에 의하여 책임있게 수행되어야 한다. 즉, 중앙정부의 영향력 지배하에 자치단체의 기능이 상실되어서는 아니 되고, 자치단체가 그들의 책임성을 완전히 행사할 수 있어야 한다는 것이다. 그러기 위해 지방자치단체가 재정자치를 행사할 법인격을 부여받아야 하고 주민에 의해 선출되어야 하는 것이다. 이는 국가로부터 자치권을 부여받아 일정한 독립적 관계를 추구하여야 한다는 논리인 것이다.

그리고 자치단체의 자율적 관리가 보장되어야 한다. 다시 말해 중앙권한에 독립적으로 존재하는 지방기관은 그들의 기능을 행사하는데 있어 실제의 자치를 혜택받고 누려야 하는 것이다. 이러한 기능적 독립성은 지방사무의 자치행정을 자연히 허용하게 되어 자치분권의 틀을 제공하게 되는 것이다. 요컨대 주민에 의해 선출된 기관에 의한 자유로운 행정(관리)이 되어야 하는 것이다(Rivero, 1990 : 394-395 ; 최진혁, 2017 : 58-61).

요컨대, 우리가 추구하는 자치분권은 대한민국 국가의 정체성으로서의 민주공화국 단일국가로서 "일정한 지역과 주민을 기초로 하는 공공단체가 일정한 국가(중앙정부)의 지도 · 감독(국가와의 협력) 하에 그 지역 내의 공공행정사무를 국가가 부여한 자치권을 가지고 지역주민의 의사에 따라 주민이 선출한 기관을 통하여 주민의 부담으로 처리하는 과정으로써 지역발전과 국가발전에 기여하는 것"으로 받아들여져야 한다. 여기에서 자치분권의 본질을 구성하고 있는 요인은 무엇이고, 이러한 요소들이 어느 방향에서 어느 수준에서 어떻게 변화하게 될 때 자치분권이 활성화될 수 있는지에 대한 논의를 전개할 수 있어야 한다. 이 과정에서 지방민주주의의 뿌리가 제대로 자리잡을 것이며 이를 통해 대한민국 민주주의가 더욱 완성된 모습으로 다가설 수 있을 것이다. 자치분권의 바른 길잡이로서의 국정운영의 패러다임의 전환이 절실히 필요한 시점임에 틀림없다.

그런 배경에서 헌법전문, 총강에 다음과 같은 내용을 개정 · 보완할 필요가 있다.

第1條 ① 대한민국(大韓民國)은 민주공화국(民主共和國)이다.

② 대한민국(大韓民國)의 주권(主權)은 국민(國民)에게 있고, 모든 권력(權力)은 국민(國民)으로부터 나온다.

"대한민국 주권은 하나이며 나뉘어질 수 없다."

③ 대한민국(大韓民國)은 지방분권국가(地方分權國家)이다. "대한민국은 지방자치조직을 근간으로 하는 분권국가이다"

"대한민국은 지방민주주의를 토대로 하는 지방분권국가이다."

2. 국가와 지방자치단체와의 관계 재설계

우선 대한민국이 단일국가라는 정통성 안에 243개 자치단체의 다양성과 특성을 살린 자치분권이 균형과 조화를 이루어 나아가야 한다. "지방분권은 자치의 형태이지 독립의 형태가 아니다(André de Laubadère, 1984 : 95)"라는 단일국가의 자치분권의 정책기조 아래 국가와 243개 지방자치단체가 협력네트워크체제가 가동되어야 한다. 따라서 국민대표기관인 국회와 주민대표기관인 지방의회간의 연계협력체제를 가동하고 우리가 마주친 현안과제들을 국가와 지방자치단체의 두 시각에서 조절하게 하는 제도적 장치를 강구해 주었으면 한다. 이와 더불어 광역자치단체와 기초자치단체가 그 지역에서만 격리되어 존재하게 하지 말고 그 지역의 문제를 국가차원에서, 광역차원에서 통합적으로 함께 논의할 수 있도록 해주어야 한다. 국가의 문제가 지역의 문제로, 지역의 문제가 국가의 문제로 될 수 있기 때문이다. 그리고 자치분권에 맞는 국가와 지방자치단체와의 관계를 설정해 주어야 하는데, 여기에는 자치권, 기능배분, 중앙통제(국가의 지방자치단체에 대한 지도 · 감독) 등의 내용을 자치분권의 논리에 맞게 설계해 주어야 한다. 국가는 지방자치단체가 보다 확장된 권한을 가지고 이를 자율적으로 행사할 수 있도록 해 주어야 하는 이유이다. 따라서 기존의 중앙집권 논리에 순치된 자치입법권, 자치조직권, 자치행정권, 자치재정권의 내용이 지방분권 논리에 맞도록 재설계되어야 하고, 그 일환으로 국가와 지방자치단체간의, 지방자치단체 상호간의 권한(기능)배분의 조정이 이루어져야 한다. 그런 면에서 그동안 지방이양 의결(2000~2012년, 3,101개) 이후 자치단체에 장기간 미이양된 사무(500여개)는 '지방이양일괄법(중앙행정권한 및 사무 등의 지방일괄이양을 위한 관계 법률정비와 지원에 관한 법률)'의 제정을 통해 조속히 해결할 수 있어야 한다.

1) 자치권

(1) 자치입법권

우리나라 헌법 제117조는 "지방자치단체는 --- 법령의 범위 안에서 자치법규를 제정할 수 있다"고 규정하고 있고, 지방자치법 제22조에서도 "법령의 범위 안에서 조례를 제정할 수 있다"고 규정하여 법령우위에 의한 조례제정권의 한계를 밝히고 있다. 이 경우 그 '법령의 범위 안에서---'의 뜻이 무엇이냐가 주요한 의문이 되는데 '법령의 위임하에서' 또는 '법령에 근거하여'로 해석하는 경우가 많아 자치입법권의 범위는 그만큼 낮다고 볼 수 있다. 따라서 자치단체의 고유사무에 관하여는 '법령에 위반되지 않는 한도 내에서' 조례를 제정할 수 있다는 의미, 즉 법령의 규정이나 입법취지에 저촉되지 않는 한 조례를 제정할 수 있는 것으로 받아들여야 한다는 것이 학계의 공통된 주장이다.

또한 지방자치법 제22조 단서에서 "주민의 권리제한 또는 의무부과에 관한 사항이나 벌칙을 정할 때에는 법률의 위임이 있어야 한다"고 규정하고 있는데, 이는 지방자치의 본질이 지방자치단체가 일정한 지역에서 자치적 재원과 자주적 결정으로 지역주민의 복지서비스를 창출한다고 본다면 당연히 권리제한과 의무부과를 수반하게 될 것이기 때문에 합당한 규정이라고 보기 어렵다는 것이다(하혜수·최영출, 2000 : 39).

또한 조례는 상급자치단체의 조례나 규칙에 위반해서는 아니 되는 (지자법 제17조, 제8조3항) 상위법규 우위에 의한 조례제정권의 한계를 밝히고 있다. 이 경우 시 · 도가 단체위임형식으로 시 · 군 · 자치구에 위임한 사무의 경우에 특히 적용되는 것으로 기초자치단체의 자율적인 행정권 수행에 대한 제약으로 작용하고 있다.

따라서 자치입법권을 확대하기 위해 우선 과도한 법령선점 실태를 분석하여 정비함으로써 조례제정 범위를 확대하고, 중장기적으로 지방정부가 지역의 특색을 반영한 독자적인 법률(조례)을 자율적으로 제정할 수 있도록 개선해 나가는 방안을 모색해야 한다.

① 법률이나 대통령령에서 직접 조례로의 위임 확대

자치입법권과 관련하여 법률이나 대통령령으로 위임하여 처리하는 것을 조례로 직접 위임하여 조례의 제정범위를 확대하도록 한다.

② 부령 대신 조례로 위임하는 규정 확대

지방정부가 사무를 처리하는 경우에는 지역적 특성과 여건을 반영 할 수 있도록 부령에서 획일적으로 규정하지 말고, 조례로 정하도록 위임하는 규정을 확대 추진하도록 한다.

③ 조례로 위임한 사항에 관한 하위법령 규정 제한 추진

법령에서 조례로 위임한 사항에 대하여 국가가 다시 대통령령, 부령으로 규정하는 사례를 방지하여 조례로 위임한 본래의 입법취지를 훼손하지 않도록 지방자치법을 개정 추진한다. 사무구분체계 개선방안에 대한 의견수렴을 거쳐 지방자치법 등 관련법령을 개정함으로써 그 동안 조례제정권을 약화시켰던 기관위임사무를 폐지해야 한다.

(2) 자치조직권

지방자치법은 헌법에 의거하여 지방의회의 조직과 권한, 의장 · 위원회, 자치단체장의 선거, 보조기관 · 소속행정기관 · 하부행정기관 등 지방자치단체의 조직의 대강을 규정하고 있으며, 그밖의 구체적인 조직사항에 관하여는 각 지방자치단체로 하여금 일정한 범위 안에서 자치입법, 의결 등의 형식으로 스스로 조직하거나 또는 조직에 참여할 수 있는 권능을 부여하였다. 따라서 실정법상으로는 각 자치단체가 그 지방의 실정에 맞는 조직을 편성할 수 있는 자치조직권을 어느 정도 가지고 있다 할 것이다. 그러나

현재 지방자치단체의 부단체장, 행정기구, 공무원, 소속행정기관 등에 관한 사항을 대통령령으로 정하는 기준에 따라 그 지방자치단체의 조례로 정하도록 되어 있으므로(법 제110조-제116조)[3] 자치조직권의 범위가 넓다고 보기 어렵다(정세욱, 2005 : 167).

지방정부마다 각각의 행재정수요에 탄력적으로 대응할 수 있도록 조직과 인력을 필요시 조례를 통해 지방정부가 자율적으로 결정할 수 있도록 자치조직권을 확대해 나아가야 한다. 또한 법령 제 · 개정시에 자치권 침해여부를 심사하는 '자치분권 영향평가제도"를 두어 대응할 수 있도록 해주어야 한다.

(3) 자치행정권

우리나라의 자치행정권에 대한 중앙정부의 관여와 감독은 매우 강한 것으로 나타나고 있다. 즉, 지방자치법에 의하면 주무부장관은 지방자치단체장의 명령, 처분에 대한 취소 · 정지권, 위임사무 불이행에 대한 직무이행명령권 및 대집행권, 자치사무에 대한 감사권을 가지고 있어 자치행정권이 근본적으로 침해되고 있다(정세욱, 2005 : 172-175). 그 구체적 내용은 다음과 같은데, 이를 자치분권의 논리에 맞는 통제내용으로 바꿔주는 노력이 뒤따라야 할 것이다. 여기서 프랑스의 경험을 공유할 필요성이 높이 제기된다(후술 : 지방자치단체에 대한 국가의 지도 · 감독부분 참고).

① 취소 · 정지권 : 자치단체의 사무에 관한 장의 명령이나 처분이 위법하거나 또는 부당하여 공익을 해한다고 인정될 때에는 시 · 도지사에 대하여는 주무부장관이, 시 · 군 및 자치구의 장에 대하여는 시 · 도지사가, 기간을 정하여 서면으로 시정을 명하고, 그 기간 내에 이행하지 않을 때에는 이를 취소하거나 정지할 수 있다. 다만 자치사무에 관한 명령이나 처분은 법령에 위반한 것에 한한다(지자법 제169조 1항)고 하였다. 즉 자치사무에 관한 단체장의 명령 · 처분이 위법하다고 판단되거나, 위임사무에 관한 명령 · 처분이 위법 또는 부당하다고 인정될 때 주무부장관은 법원에 소송을 제기하지 않고 그 자의적 판단에 근거하여 취소 · 정지할 수 있도록 하였다.

② 직무이행명령권 : 지방자치단체장이 법령에 의하여 그 의무에 속하는 국가위임사

3 지방자치단체의 행정기구의 설치와 지방공무원의 정원은 인건비 등 대통령령으로 정하는 기준에 따라 그 지방자치단체의 조례로 정하도록 하고 있다(지방자치법 제112조 2항).

무 또는 시 · 도위임사무의 관리 및 집행을 명백히 게을리 하고 있다고 인정되는 때에는 시 · 도지사에 대하여는 주무부장관이, 시 · 군 · 자치구의 장에 대하여는 시 · 도지사가 기간을 정하여 서면으로 그 이행할 사항을 명령할 수 있다(지자법 제170조 1항). 직무이행명령은 자치단체장이 위임사무를 이행하지 않는데 대한 통제수단으로 간주된다.

③ 대집행권 : 주무부장관 또는 시 · 도지사의 직무이행명령에도 불구하고 자치단체장이 기간내에 법령상 의무에 속하는 위임사무의 관리 · 집행을 이행하지 않을 때에는 '주무부장관 또는 시 · 도지사는 --- 당해 자치단체의 비용부담으로 대집행-- 할 수 있다. 이 경우---행정대집행법을 준용한다'(지자법 제170조 2항)고 하고 있다.

④ 자치사무에 대한 감사권 : '행정안전부장관 또는 시 · 도지사는 지방자치단체의 자치사무에 관하여 --- 서류, 장부 또는 회계를 감사할 수 있다. 이 경우 감사는 법령위반사항에 한하여 실시한다'(지자법 제171조 1항)고 하였다. 행정안전부장관 또는 시 · 도지사는 위 사항에 따라 감사를 실시하기 전에 해당 사무의 처리가 법령에 위반되는지 여부 등을 확인하여야 한다(지자법 제171조 2항).

⑤ 사전승인권 : 지방자치법은 자치사무에 대하여도 자치단체장의 자율적인 결정 · 집행권을 보장하지 않고 주무부장관의 승인을 얻도록 규정하고 있어 자치행정권이 제약되고 있다. 예를들어 자치구가 아닌 구와 읍 · 면 · 동의 명칭과 구역은 종전과 같이 하고, 이를 폐지하거나 설치하거나 나누거나 합칠 때에는 행정안전부장관의 승인을 받아 그 자치단체의 조례로 정하도록 하고 있다(지자법 제4조의 2, 1항).

⑥ 행정규칙에 의한 자치행정권의 침해 : 주무부장관은 법률의 아무런 근거규정도 없이 지침, 준칙, 내시, 훈령 등 내부규칙을 남발하여 자치단체의 자주적 행정을 제약하고 있다.

(4) 자치재정권

자치재정권은 지방자치단체가 주민을 위해 행정기능을 수행함에 있어 필요한 경비를 충당하기 위해 중앙정부의 간섭을 받지 않고 자주적으로 그 재원을 조달 · 관리할 수 있는 권한을 의미한다. 따라서 지방자치단체가 ①자치단체의 독자적 예산결정권, ②자치단체가 국가와의 관계에서 적정한 기능배분을 기초로 하여 적정한 경비부담의 구분이나 재원배분을 보장받을 권리, ③지방세 조례에 의한 자주적 과세권, ④자주적 기채권, ⑤자치단체의 재산관리권을 행사할 수 있도록 해 주어야 한다.

2) 프랑스 자치단체 권한행사(자치권) 방식의 시사점

지방자치단체의 결정권은 계속 유지되고 보완되는 것으로 나타났다. 즉, 개정헌법의 제72조는 모든 자치단체에 3가지 법률적 기준을 다음과 같이 제시하고 있다(최진혁, 2008 : 94-96).

① 자유스러운 행정(la libre administration)

② 법률에 규정된 조건에 따른 행정

③ 지방의회의원에 의한 행정

그러나 이들 요소들은 지방자치단체의 권한행사를 위한 규제권한(un pouvoir réglementaire)에 의해 보완되었다. 게다가 새로운 규정 제72조-1항은 진정한 결정적 지방주민투표조직을 허용하면서 선출된 지방의회가 더 이상 결정권한의 독점성을 누리지 못하게 하였다.

(1) 고유한 규제권한; 자치입법권 강화

지방자치단체를 위한 규제권한의 헌법적 인식은 이들 자치단체에게 고유한 규제권한을 초래(야기)시킬 수 있는가에 대한 논의이다. 이에 대한 긍정적 답변은 국가가 더 이상 배타적 지위를 갖지 아니하는 것으로 이해되어 연방주의적 논의가 가능해진다. 지방자치단체의 규제권한은 코르시카(Corse) 법률에 관한 2002년 1월 17일 헌법위원회의 결정에 의해 인식되었던 것으로 다음과 같은 조건을 전제로 행사되어진다.

① 규제권한은 법규를 존중하는 한도 내에서 행사된다.

② 법률이 규제권한으로 부여해 준 권한 영역 외에는 규제권한을 행사할 수 없다.

③ 규제권한은 규제권한이 헌법 제21조[4]가 헌법 제13조[5]에 의한 대통령이 인지한 권한을 보류하고 국무총리에게 부여해준 법률집행을 소환하는 목적도 효과도 가지지 않는다.

이들 조건 내에서 헌법위원회에 의하면 입법관은 지방자치단체에 속한 권한의 범위 내에서 지방자치단체의 영역에 법의 적용방식을 정의하는 것을 감독(배려)할 수 있다는 것이다. 그리고 공적 자유를 활용하고 보장받는 중요한 조건이 공화국 지역 전체에 동일하게 적용되어야 한다는 것이다.

그럼 헌법개정안이 법률의 이러한 상태에 무엇을 가져왔느냐의 질문을 할 수 있는데 프랑스 학계는 다음과 같이 제시하고 있다(Yves Luchaire & François Luchaire, 2003 : 24-25).

-지방의회의원에 의한 자유스러운 행정을 가져왔다고 본다. 이는 마치 규제권한의 처분을 법률이 정해준 조건 안에서 이루어지게 한 것처럼 해석할 수 있다. 이 규제권한은 통제나 폐지선상을 결정할 수 있는 법률 밑에 항상 존재하고 있음을 밝히는 사안이다.

-지방규제권한은 공공자유의 활용이라는 기본적 조건을 항상 소환할 수 없다.

-개정헌법은 행정통제에 대해 변함없음을 보여주고 있다. 따라서 지방규제(법)는 법률이 정해준 조건 내에서 심판관에 의해 언제나 폐지의 대상이 된다는 것이다.

-개정되지 않은 헌법 제21조에 의해 지방규제권한은 국무총리의 법률집행의 규제권한을 훼손하지 않는다는 것이다.

(2) 법규에 저촉되는 권한행사

한편 지방자치단체와 그들의 연합체는 어떤 조건 하에서 자치단체 권한을 행사하는 입법적 조치에 위반할 수 있음을 규정하고 있다(제72조 4항). 그러나 법규에 저촉되는 권

4 국무총리는 정부의 활동을 지휘한다. 그는 국방의 책임자이다. 국무총리는 법률의 집행을 보장한다. 국무총리는 제13조 규정의 조건 하에 규제권한을 행사하고 문관과 무관을 임명한다. 국무총리는 권한 중 일부를 장관에 위임할 수 있다. 국무총리는 경우에 따라 제15조에서 예정한 의회와 위원회의 주재에서 대통령을 대행한다. 국무총리는 예외적으로 명백한 위임에 근거하여 그리고 결정된 의사일정에 의하여 국무회의의 주재를 위해 대통령을 대행할 수 있다.

5 공화국대통령은 국무회의에서 심의된 법규명령과 정령에 서명한다. 대통령은 문관과 무관을 임명한다. 국사원위원, 레죵도네르훈장국(상훈국)총재, 대사 및 특사, 회계원의 심계관, 도지사, 해외영토의 정부대표, 장군, 교육총장, 중앙행정관청장을 국무회의에서 임명한다. 국무회의에서 임명되는 다른 관직과 대통령의 임명권이 그의 이름으로 행사될 수 있도록 위임할 수 있는 요건에 대해 기관부속법이 정한다.

한행사는 다음의 제한 내지 조건에 규제된다.

① 법규에 저촉될 수 있는 집행은 공공자유와 보장된 헌법적 권한 행사의 근본적 조건에 관계될 때 문제될 수 없다.

② 법규에 저촉될 수 있는 행사(집행)의 조건들은 부속법규에 제시되어야만 한다.

③ 위반한 법률과 규칙은 이들 저촉사항을 감독해야 하고 전술한 부속법에 의해 예시된 조건 하에서 승인되어야만 한다.

④ 이들 저촉(위반)은 실험적인 측면에서와 목표와 제한된 기한을 위해서만 개입될 수 있다.

새로운 헌법 제72조 규정에 대해서는 다음과 같은 다양한 관점이 존재한다.

① 이러한 법규에 저촉되는 행사는 그러나 지방자치단체에게 입법적 권한의 부여에 이르게 하지는 않는다. 즉, 이는

-한편으로 법률은 국회에서 결정되는 것을 항상 규정하고 있는 제34조는 바뀌지 않았다는 사실에서 기인하고,

-또 다른 한편으로 이들 자치단체는 그들의 권한을 행사하기 위해 규제권한을 처분하는 것을 규정하면서 새로운 규정 제 72조는 단 하나의 영역 안에 자치단체를 포함하였다는 사실에 연유한다.

② 저촉되는 행사는 항시성을 가지고 운영되는 것이 아니라 목표와 제한된 기한 내에서만 개입된다는 것이다.

③ 저촉되는 행사는 지방자치단체 연합체(공동체)에 적용될 수 있어 저촉영역은 그 만큼 넓어진 셈이다.

3) 기능배분 : 프랑스의 지혜 공유

(1) **권한의 포괄적 규정주의**(ne clause générale de compétence)**와 부여된 권한**(compétences d'attribution)

지방자치단체의 권한은 권한의 포괄적 규정주의(une clause générale de compétence)에

의해 정의되는 것인지 혹은 부여된 권한(compétences d'attribution)으로 볼 것인지를 분별해야 한다.

첫째, 이 문제는 지방분권사상에 의해 연루될 것이기 때문에 지방자치단체는 '지방사무'(les affaires locales)(경우에 따라 레지옹사무, 데빠르트망사무, 코뮨사무)로 간주될 수 있는 영역 내에 접근되는 모든 쟁점을 관리하기 위해 권한을 가질 것이다라는 시각이다. 따라서 레지옹의회, 데빠르트망의회, 코뮨의회는 그들의 협의에 의해 권역, 도, 시읍면·시군 사무를 처리하는 것으로 규정하고 있다(레지옹의회는 1972년 법률 제6조, 데빠르트망의회는 1982년 3월 2일 법률 제23조, 코뮨의회는 코뮨법규 L.121-26조).[6]

둘째 그 누구도 지방사무를 세부적인 방식으로 규정하는 것이 불가능하기 때문에 지방자치단체는 법률에 의해 명확히 자치단체에 배분된 쟁점사안들을 관리하기 위해서만 권한을 가질 수 있다는 것이다. 이러한 견해는 지방권한을 규정하거나 혹은 국가의 권한을 지방에 이양하는 수많은 특별규정을 양산하게 된다. 그런데 만일 지방권한이 지방사무의 개념에 의해 사전적으로 정의되었다면 구태여 권한을 하나씩 규정하는 특별규정은 왜 제기되는지 의문해 보아야 할 것이다. 이 의문에 대한 답을 명확히 하기 위해서는 자치단체의 권한의 대상(목적, 자치단체의 관심영역)을 구별해야 했던 것이다. 즉, 부여된 쟁점에 대응할 수 있는 행위유형을 검토해야 했던 것이다(Auby, 1990 : 114-115).

지방자치단체의 목적은 개괄적인 것이다. 혹은 정확히 말하자면 지역적 요소에 의해 전적으로 정의된다. 따라서 권역 기관, 도 기관, 시읍면·시군 기관은 권역적, 도, 시읍면·시군 각각의 공공이해의 모든 쟁점에 대해 간여할 수 있다. 단지 이러한 일반적인 목적을 구성하는 내용에 지방자치단체가 처분하는 권한은 매우 다양할 수 있다. 이 경우 거시적으로 두 가지 유형의 상황을 구별하여야 한다.

우선 법규가 지방자치단체에게 부여된 쟁점사안에서 권한을 부여하는 것으로 지방자치단체가 제3자에게(주민이나 다른 공법인에게) 부과하는 결정을 취할 수 있는 가능성을 명확히 부여했을 경우에서만의 상황이다. 이 경우 그들의 권한은 열거주의(compétences énumératives), 혹은 부여된 권한(compétences d'attribution)으로 설명된다. 예를 들어 지방

6 최근 지방분권개혁으로 데파르트망, 레지옹자치단체는 포괄적 규정주의를 폐지하고 코뮨자치단체에만 유지하는 것으로 하였다.

분권법은 시읍면, 시군 자치단체가 지방사무인 도시계획 영역 내에서 행사할 수 있는 권력(pouvoir)을 구체적으로 결정하게 된다.

다음으로 기타 모든 다른 쟁점사안에 대해 지방자치단체의 권한은 다음과 같이 요약된다. 즉, 지방자치단체는 지방의 공공이해에 대해 당연히 방어할 가능성을 갖고 있다(지역적 공공기관은 이에 대한 쟁송이 지역적 기관이 어떠한 다른 법률적 행위를 할 수 없는 사안에 관련된 것이라 하더라도 지역발전과 개발에 관심 있는 모든 쟁송에 개입 할 수 있다. 국사원 판결 1976년 3월 5일)는 것이다. 따라서 지방자치단체는 지방이해에 관한 쟁점사안에 대한 소원을 표출할 수 있는 것이다(시읍면, 시군 법규 L.121-26조 : 시읍면, 시군 의회는 모든 지방이해 대상에 대해 소원을 표출한다).

마지막으로 지방자치단체는 의무적 결정을 취할 수 있는 가능성을 갖고 있다. 즉, 지방자치단체는 입법규정의 존중과 국가적 법규질서 하에 자치단체가 창설하는 공공서비스의 조직을 규제한다. 또한 자치단체가 관리하는 공공서비스 사용을 규제한다. 이러한 배경 하에 시읍면, 시군 자치단체는 과태료납부기관과 중계납부기관을 창설할 수 있는 것이다.

요컨대, 지방자치단체의 일반적 권한은 포괄적 규정주의와 부여된 권한으로서의 논리가 주는 어떠한 제한 속에 존재하고 있는 것이다.

(2) 국가와 지방자치단체간의 권한배분(répartition des compétences entre l'Etat et les collectivités locales)과 지방자치단체간의 권한배분(entre les collectivités locales elles-mêmes)

지방권한의 범위획정은 국가와 지방자치단체간, 지방자치단체간의 권한배분의 문제를 필연적으로 제기한다. 그런데 공공단체간의 권한배분은 그 경계획정이 명확히 나누어져 있는 상황과는 거리가 있다. 왜냐하면 같은 목적에 권한이 경쟁되는 상황을 많이 연출하기 때문이다. 즉, 수많은 가정 내에서 부여된 쟁점에 국가권한과 지방권한이 동시에 행사되기 때문이다(한마디로 말하면 일반적 현상으로 국가규제권의 개입가능성이 항상 존재하기 때문이다). 혹은 상이한 자치단체로부터 나오는 권한이 존재하기 때문이다. 그 예로 우리는 자치단체에 속하는 초등, 중등 교육기관의 관리에서 찾아볼 수 있다(코뮨은 초등학교,

데빠르트망은 중학교, 레지옹은 고등학교). 이 분야에 대해 국가는 교육과 인사에 대한 책임을 갖는다. 이 경우 지방자치단체는 원칙상 기관의 설치를 결정하고, 이 권한의 행사는 국가가 결정하는 권한에 조건지워지게 된다.

다른 한편으로는 변화하기 쉬운 합병된 다양한 권한이 존재하기 때문이다. 가장 좋은 예를 도시계획에서 들 수 있다. 시읍면, 시군이 승인된 토지이용계획안(POS)을 부여받음과 그렇지 않음에 따라 오늘날 모든 종류의 권한(건축허가, 개발운영)은 국가에게 부여되고 코뮨에 부여된다.

(3) 지방권한의 일반적 한계(les limites générales des compétences locales)

첫째로, 권한의 중첩성에 관계없이 오로지 국가에만 전적으로 보유된 권한이 있다는 것이다. 그것이 바로 사법, 국방이라는 것이다. 지방자치단체와 비군사적 성격의 방어 측면에서 어떤 지방권한은 특히 경찰에 관한 권한은 국방영역에서 국가의 결정에 합치되도록 해야만 한다. 또한 중요한 것은 외교의 경우이다. 그러나 어떤 외부행위로서 국제교류는 오늘날 지방자치단체에도 알려져 있는 상황이다. 즉, 전통적으로 자매도시를 제외하고, 현재 법률은 자치단체의 국경사이의 협력(la coopération transfrontalière des collectivités locales)을 허용하고 있다.

둘째로 어쨌든 지방권한은 지방공공이해(l'intérêt public local)라는 제한이 있다. 지방자치단체가 그들의 목적을 위해 처리하는 권한의 강도에 상관없이 이들 권한행사의 외부경계는 지방공공이해에 의해 결정된다. 이는 정의하기 어려운 개념이며 주관적인 것으로 어떠한 자치단체의 주창이 지방공공이해와 합치되는 것인가를 판례는 자주 제기하고 있는 것이다(Auby : 113-118).

(4) 정책적 시사점

프랑스의 기능배분은 지방분권화정책의 중요한 과제 중의 하나로서 제시되고 있다. 즉, 프랑스의 지방분권화는 민주적 성격을 가속하기 위한 구조적 측면과 확장하고픈 권한측면, 증대하고픈 행위 수단, 특히 재정적 수단 측면에서 읽을 수 있다. 프랑스 지방분권정책은 민주적 구조개혁으로 지방의회의 위상을 강화시켰고, 국가의 지방자치단체에 대한 중앙통제게임을 바꾸었으며, 지방의 자율적인 권한행사가 가능하도록 하게 만들었다는 점이다. 요컨대, 지방자치단체의 자유스러운 행정이 보장받도록 하기 위한 노력이 전개되었던 것이다. 그 일환으로 국가와 지방자치단체간의, 지방자치단체 상호간의 권한배분의 조정이 이루어졌고, 그들의 분권논리에 부응하기 위해 자치단체간의 감독 금지에 따른 총체적 권한 이양, 권한이양에 따른 재원보상 등이 이루어졌다. 그러나 명확히 경계를 설정하기 어려운 지방사무로 인하여 중복된 재원문제는 여전히 숙제로 남고 있다. 즉, 국가와 지방자치단체간의 권한의 중첩은 지방분권의 중요한 폐해점 중 하나가 되고 이다. 민주주의 심화와 공공정책 효과성의 증대는 각각 자치단체의 책임이 분명하게 제시될 때 가능하다는 것이다. 따라서 기능배분의 명확화와 단순성이 최근 우파정부의 제2차 지방분권 운동의 주요의제가 되고 있다. 그런 배경에서 2003년 3월 28일 헌법개정은 법률에 보충성의 원칙을 활용하게 하면서 공화국의 분권화된 조직의 새로운 영역을 규정하였다.

오늘날 프랑스 우파정부가 그동안 추구해온 1982년 좌파정부의 지방분권화의 보완으로 새로운 기능배분에 있어 고려해야 할 사항은 다음과 같다.

① 포괄적 규정주의와 예시적 열거주의의 절충

프랑스의 기능배분은 포괄적 규정주의를 원칙으로 하고 각 지방자치단체의 전문성을 고려하여 예시적 열거주의를 보완적으로 채택하여 양 제도의 장점을 활용하고 있다. 즉, 지방자치단체 권한의 확대와 명백한 권한배분을 동시에 추구하고 있는 것이다.

② 각 자치단체의 고유한 기능적 임무를 활용한 기능배분

지방자치단체의 권한 영역의 각각은 객관적, 지리적 성향에 따라 이전되어야 할 것이다. 즉, 근접성 혹은 이를 행사할 수 있는 기술적 능력, 채택된 지방정치/행정구조에 따라 행사되어야 할 것이다. 마찬가지로 각 지방자치단체의 영역은 고유한 그들의 기능적 임무를 고려해 주어야 할 것이다.

③ 자유스러운 행정(자치행정)구현에 부응하는 기능배분체계

국가와 지방자치단체간, 광역자치단체와 기초자치단체간의 기능배분은 자유스러운 행정을 어떻게 하면 구축할 수 있겠는가의 논리에서 여러 가지 원칙을 제시하게 하고 있다. 예를 들면 지방자치단체간의 감독금지원칙, 총체적 이양의 원칙 등이 제시되는 것이 바로 그것이다.

④ 명백하고 확장된 권한의 추구 : 선도지방자치단체의 활용

명백한 기능배분과 확대된 권한을 향유하기 위해서 총체적 이양의 원칙과 권한의 유연한 배분을 시도하고 있다. 즉, 국가와 지방자치단체간, 지방자치단체간의 계약화를 통해 보완적으로 권한배분의 유연성을 확보하게 하고 있다. 뿐만 아니라 선도(先導)지방자치단체를 활용하여 지방자치단체의 권한개입의 중복으로 오는 혼란을 배제하고자 하였다. 국가와 지방자치단체간의 권한배분에 있어 유사한 권한의 총체적 이양의 목적은 그동안의 경험에서 볼 때 달성하기 어렵다는 것을 알게 되었고, 따라서 입법관은 주민에게 제공하는 서비스를 향상시키기 위해 협력동반체(les partenariats)를 조직하게 되었다.

선도지방자치단체(collectivité 'chefs de file')의 지명은 (기존의 자치단체간의 공동 분할하여 행사되는 권한) 동반권한(compétences partagées)영역에서 추구된 정책의 연계성(조화성)을 실현시키는데 유용하게 활용할 수 있을 것이다.

⑤ 권한위임방식

지방자치단체간의 권한배분을 적정하게 맞추기 위해 공공정책의 응집성(연계성)과 근접성의 요구에 따라 권한위임방식(des délégations de compétences)을 활용할 수 있을 것이다. 권한위임은 권한이전과는 다르게 임시적이며, 자발성과 계약에 기초한다. 권한위임은 주민에게 가장 가까운 수준에서 결정이 이루어지기 위해 국가 혹은 지방자치단체에게 그의 책임성과 통제 하에 하위수준의 단체에게 어떤 활동을 부여하는 것을 허용할 수 있다. 요컨대, 권한 위임의 실제는 보충성의 원칙을 실행하는데 기여할 수 있을 것이다.

⑥ 보충성의 원칙 존중

지방자치단체의 권한은 주민의 가장 가까운 수준에서 가장 효과적으로 행사될 수 있는 차원에서 배분되도록 하고 있다. 즉, 지방자치단체는 지방자치단체 각 계층에 가장 효율적으로 사용될 수 있는 권한의 총체를 결정하는 권한을 가지게 한다. 이 보충성의 원칙(principe de subsidiarité)은 또 한편으로는 주민에게 가장 가까운 수준에서 권한의 유사한 그룹으로 이전하게 한다.

⑦ 지방자치단체의 실습권한(droit à l'expérimentation) : 지방자치단체의 책임성 강화

지방자치단체가 법률이 부여한 권한을 행사하거나 법률, 법규에 유리하게 기여할 수 있는 변경사항 등을 스스로 실습할 수 있게 하고 있다. 그러나 실습권한의 영역은 엄격하게 설정된다. 즉, 실습은 자치권행사나 헌법적으로 보장된 권한의 필수불가결한 조건들을 규정하는 규칙을 손상시킬 수 없는 범위 내에서 이루어지도록 한다. 이러한 자치단체의 실습권한의 귀결로서 헌법에서 보충성의 원칙을 제시할 수 있다. 이러한 규정의 배경은 지방자치단체가 그들의 실습권한을 사용할 때 새로운 규칙과 과거의 규칙이 공존하는 기간을 가지게 되는데, 이 경우 가장 적절한 규칙이 다른 것을 대체하게 된다는 사실을 시사하게 한다. 프랑스 헌법 제37조-1은 규제권을 행사하는데 있어 입법관과 정부내각이 지방자치단체의 권한배분 부문에서 이 실습화를 행사하는 권리가 있음을 밝히고 있다. 이는 권한을 행사하는 적절한 수준을 결정하기 위해서 뿐 아니라 지방자치단체에 능력을 주기 위해서 마련되었다.

⑧ 권한의 점진적 이양

권한의 이양은 이양받을 지방자치단체의 능력과 이양할 사무의 종류와 양 등을 고려하여 이양시기를 점진적으로 시행하고 있다.

⑨ 지방분권을 보완하는 차원에서의 기능배분

첫 번째 단계에서 추구하지 못했던 지방분권의 내용을 완전하게 하는 방향에서 기능배분이 모색되어져야 할 것이다.

⑩ 지역조직 단순화의 가능성

지역조직을 보다 단순화하는 차원에서 헌법을 통해 입법관에게 현존하는 자치단체를 특별법규자치단체로 대체시키는 대체능력을 부여할 수 있다. 프랑스 헌법(제72조)(경우에 따라서 유권자의 소원을 접수한 이후(제72조-1)을 기초로 코르시카(Corse)지방을 제도적 조직 변경을 행하는데 유권자의 자문을 조직하게 하였다. 즉, 해외영토, 도와 지역을 대체하는 법에 의한 단일한 자치단체의 창설은 자치단체 유권자의 동의를 전제로 할 수 있다. 헌법은 이러한 목적 하에 공화국대통령에게 (내각의 제안에 기초하여, 상·하양원의 주장에 기초하여) 주민투표를 조직할 수 있는 권한을 부여하고 있다(제73조).

⑪ 국가와 지방자치단체간의 연계성 확보 및 주민참여효과를 극대화하는 기능배분 : 근접성과 연계성(응집성, 조화성)의 요구

기능배분은 우선 단일국가체제 내에서 국가의 통일성과 지방자치단체의 다양성을 함께 추구하려는 지방분권논리에 맞는 방향에서 추진되어야 할 것이다. 즉, 국가와 지방자치단체가 연계성을 가지고 주민참여의 효과를 극대화하는 방향에서 기능배분제도가 수립되어야 한다. 주민의 근접성을 강화하는 지방행정이 가능한 기능배분을 추구하고 있다. 각 행정수준에 적합한 임무에 따라 권한의 유사한 단위를 구성하여 배분할 수 있다. 경우에 따라서는 실험적 국면을 거친 후에 권한의 유사한 단위를 형성할 수 있을 것이다.

⑫ 지역균형발전을 고려한 기능배분

국가와 지방자치단체, 지방자치단체간의 기능배분은 중앙집권체제와 과도한 도시집중이 만들어 놓은 갈등구조를 해결하는 지역균형발전의 틀 속에서 설정되어야 한다. 이러한 배경에서 국가와 지방자치단체간에, 다른 지방자치단체간에 상생·보완·협력하는 지역균형발전을 도모해야 한다. 즉, 예를 들어 '프랑스 신도시(les villes nouvelles) 개발은 대도시 주변의 도시로서 무정부적 발전에 대처하고 부정적인 도시화진전(도시중심부에 너무 많은 인구집중)에 따른 균형적인 도시창출에 두었다. 파리지역의 경우 1965년의 도시계획안에 의하면 8개 도시를 예견하고 있었는데, 그 중에서 5개만이 최종적으

로 채택되었다. 파리 주변으로는 Cergy-Pontoise, Evry, Marne-la-Vallé, Melun-Sénart, Saint-Quentin-en-Yvelines도시가 있고, 지방에는 Lille-Est, Le Vaudreuil pres de Rouen, L'Isle-d'Abeau pres de Lyon, Rives de l'Etang de Berre(Fos) pres de Marseille가 있다.

4) 국가의 지방자치단체에 대한 지도 · 감독(중앙통제)

(1) 일반행정에 대한 통제

국가의 지방자치단체에 대한 강력한 통제내용을 자치분권의 논리에 맞게 개정해 주어야 한다. 프랑스 미테랑정부가 들어서면서 지방자치단체의 의결내용, 명령, 처분은 그것이 제정 공포되고 국가대표(représentant de l'Etat)에게 통보됨으로써 바로 집행될 수 있으며, 국가행정기관에 의한 사전 승인 집행의 중지, 무효화 선언 등 모든 사전적 통제(contrôle *a priori*)를 폐지한 배경이 바로 그것이다. 따라서, 국가대표에 의해 지방자치단체에 행해졌던 통제방식이 사라지고 사법부인 행정재판소(le tribunal administratif)에 그 소를 제기할 수 있는 권한만 인정하는 합법성의 통제(le contrôle de légalité)가 중요하게 부상하게 되었다. 즉, 지방자치단체는 그들의 결정사항을 일정한 기간 내에 국가대표에게 통보해야 하지만[7] 국가대표는 설사 자치단체의 결정이 합법성에 위배된다고 판단되더라도 이를 무효화할 수 없으며, 다만 행정재판소에 제소할 수 있을 뿐이라는 것이다. 따라서 행정재판소만이 그 무효판결을 내릴 수 있다는 것이다. 따라서 지방자치단체에서 결정한 내용이 법령에 위배되거나 공익을 해한다고 판단하는 경우 취소정지권을 발동하는 계서적 관계의 자치단체장과 중앙부서의 장의 통제내용은 보다 객관적으로 합리적으로 판단할 수 있는 독립적 기관의 행정법원에 맡겨져서 처리될 수 있는 방향으로 전환되어져야 할 것이다(최진혁, 2002 : 340; 1999 : 242).

---

7 지방자치단체가 국가대표(도지사)에게 통보해야 할 행위는 법에 제한적으로 열거하고 있다(1982년 7월 법).
-지방의회의 모든 의결사항
-지방의회의 위임(délégation de l'assemblée)에 의하여 이루어진 결정
-시읍면장(maire), 도의 집행기관(도의회의장)이 경찰권을 행사하면서 내린 결정
-집행기관이 법을 집행함에 있어 그 권한에 속하는 다른 모든 분야에서 내리는 규제적 성격(caractère réglementaire)을 가진 행위
-시장 · 차입에 관한 계약 또는 산업적 · 상업적 성격의 지방공공시설의 양도 · 임대에 관한 계약
-공무원의 합격결정, 임명 · 승진 · 처벌에 관한 개별적 결정

(2) 예산과 회계의 규칙성과 합법성 통제

지방자치단체는 예산편성과 예산의결, 결산승인 과정에서 적어도 지방분권화에 부응하는 예산과 회계의 규칙성과 적법성 통제가 이루어지는 지방재정법과 이를 규제할 전문적 기관을 모색해야 한다. 왜냐하면 지방자치단체의 재정적 자율권을 신장시켜주어야 하는 지방(재정)분권적 체제에 순응해야 하기 때문이다. 따라서 지방자치단체의 재정적 통제를 중앙정부(행정안전부)가 하더라도 이를 객관화하여 판단할 수 있는 재정전문가의 판단에 따를 수 있는 제도적 장치를 준비해야 한다. 즉, 지금과 같이 중앙정부의 일방적인 통제에서 벗어나 독립된 전문감사기관(예 : 지방회계심의원)과의 협력체제 안에서 자치단체의 자율성을 제고시켜 줄 수 있는 통제방식으로 전환이 필요할 수 있다. 그럴 경우 행정안전부에서 할 수 있는 통제의 범위는 합법성 통제에 한하는 정도에 그칠 수 있도록 제한하는 것이 합당할 것이다. 예를 들면 프랑스 지방자치단체가 지방분권화정책의 일환으로 국가대표가 행하는 예산통제에서 보여주고 있듯이, 법정기한 내에 예산이 채택되지 않은 경우, 실질적 균형예산이 의결되지 않은 경우, 의무적 경비예산이 계상되지 않은 경우, 행정회계에 적자예산이 발생한 경우 등에 한하여 지역회계원(la chambre régionale des comptes)이 통제를 행사할 수 있도록 하는 것이다(최진혁, 2012 : 95-97).

그런 맥락에서 지방예산 편성 및 승인과정에서 지방분권화에 부응하고 재정거버넌스적 통제 방법을 다음과 같이 구상해 볼 수 있을 것이다(그림 2-2 참조).

① 예산편성

지방자치단체의 장은 회계연도마다 예산안을 편성하여 시 · 도는 회계연도 시작 50일 전까지, 시군 및 자치구는 회계연도 시작 40일 전까지 지방의회에 제출하여야 한다(지방자치법 127조 ①항).

시 · 도 : 11월 11일까지

시 · 군 · 구 : 11월 21일까지

*주민참여예산제도 활용

② 예산의결

상기의 예산안을 시 · 도의회에서는 회계연도 시작 15일 전까지, 시 · 군 및 자치구의회에서는 회계연도 시작 10일 전까지 의결해야 한다(지방자치법 제127조 ②항).

시 · 도 : 12월 16일까지

시 · 군 · 구 : 12월 21일까지

*행정안전부만이 통제하는 차원에서 지역회계심의원과 같은 전문기관과 함께 통제할 수 있는 체제 구축

③ 결산승인

지방자치단체의 장은 출납폐쇄 후 80일 이내에 결산서와 증빙서류를 작성하고 지방의회가 선임한 검사위원의 검사의견서를 첨부하여 다음 연도 지방의회의 승인을 받아야 한다. 결산의 심사결과 위법 또는 부당한 사항이 있는 경우에 지방의회는 본회의 의결 후 지방자치단체 또는 해당기관에 변상 및 징계조치 등 그 시정을 요구하고, 지방자치단체 또는 해당 기관은 시정요구를 받은 사항을 지체없이 처리하여 그 결과를 지방의회에 보고하여야 한다(지방자치법 제134조 ①항).

결산서 작성 : 다음연도 5월 19일까지

의회제출 : 다음연도 6월 말까지(지방재정법 시행령 제59조 ①항)

*행정안전부만이 통제하는 차원에서 지역회계심의원과 같은 전문기관과 함께 통제할 수 있는 체제 구축

*전문가 집단 : 공인회계사(공공회계전문가)와 같은 전문가가 지방의회의 한 분과위원회처럼 운영되어 그들로 하여금 결산회계검사를 행할 수 있도록 한다.

<그림 2-2> 예산편성과정에서의 거버넌스 구축방안

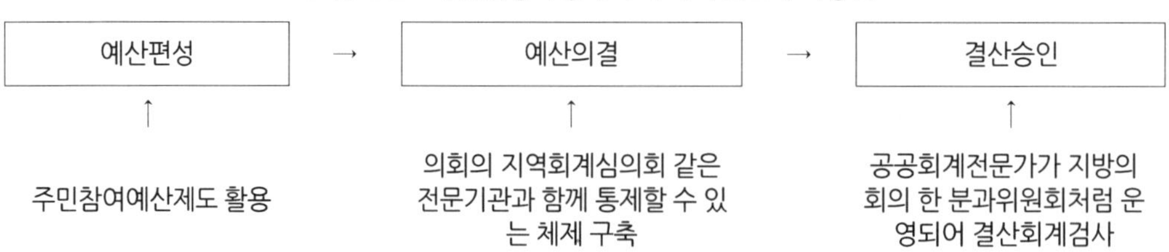

5) 지역대표형 상원 신설 : 프랑스 사례

지역주민의 의사에 따라 기관선임이 이루어지고, 이들 기관에 의해 자치단체의 이해에 관련된 모든 사무를 자율과 책임으로 수행하게 된다. 따라서 이를 분권화된 행정(Administration décentralisée)으로 표현할 수 있다(최진혁, 2011 : 60).

이러한 맥락에서 국가의 의사가 정치적 라인에서 어떻게 연계되고 있는가를 살펴보면 국회의 상원(Sénat)의 구성을 보면 알 수 있게 된다. 즉, 프랑스 상원은 헌법에 의하여 지방자치단체를 대표하는 기관으로 존재하고 있다(제34조 2항). 상원의 임기는 9년으로 3년마다 1/3씩 개선하고 있는데, 상원의원은 각 도(département)에서 선거인단(collège électoral)에 의해 선출된다. 그런데 선거인단은 국회의원(députés), 지역의회의원(conseillers régionaux), 도의회의원(conseillers généraux), 시의회대표(délégués des conseils municipaux)로 구성된다.[8] 따라서 상원의 의사가 지방과 매우 밀접하게 연계되어있음을 확인할 수 있다. 또한 하원(Assemblée Nationale)의 경우도 겸임제도에 의해 지방자치단체와 밀접한 연계성을 유지하고 있다(후술). 뿐만 아니라 각각의 지방의회는 각종 시민연합체와 위원회제도를 통하여 광역의회와 기초의회간, 기초의회간, 광역의회간에 연계성이 활성화되어 있다.

각 상원의원은 국가를 대표하지만 동시에 도의 대표(le représentant d'un département)로 존재한다. 도의원들에 의한 선출자, 즉 선출받은 자의 선출자(grands électeurs)로서 도의원들의 대변인으로 활동하며 중앙권력 옆에서 지방의 이해를 대변하는 역할을 수행한다. 상이한 도자치단체에서 온 서로 상치되는 지방경험을 가지고 있는 상원의원 전체는 지방이해와 국가이해를 조정할 수 있다.

요컨대 프랑스의 상원은 하나의 입법부 안에 프랑스의 지방자치단체를 대표하는 것으로 동일한 하나의 문제를 국가와 지방자치단체의 두 시각에서 조절하게 하는 제도적

8 국회의원(국민의회) 557명, 지역의회의원 1,340명, 도의회의원 3,800명에 비하여 시의회대표는 약 110,000명에 이른다. 시의회대표자의 수는 주민수와 시대표성의 중요도에 비례하여 정해진다. 주민 9,000명 미만인 시읍면에서는 1명 내지 15명의 대표를 선출한다. 주민 9,000명에서 30,999명 이하의 시읍면에서는 모든 시의회의원이 선거인단이 된다. 주민 31,000명 이상의 시읍면에서는 시의회의원에 추가하여 30,000명에서 1,000명이 넘을 때마다 1명의 추가대표(délégués supplémentaires)를 선출한다. 대표의 선출방식은 주민 9,000명 이하의 시읍면에서는 3회 다수대표제(scrutin majoritaire à trois tours)로 하고 있다. 주민 30,000명 이상의 시읍면에서는 최대잔여식 비례대표제(représentation proportionnelle à la plus forte reste)로 선출된다.

장치로 간주된다. 그런 배경에서 지방자치단체에 관계되는 법률안은 상원의원에 의해 검토되고, 상임위원회[9]가 특별히 지방자치단체의 재정상황을 체크하게 된다.

3. 지방자치단체(지방정부) 자체 재설계

지방자치단체는 더욱 더 어떻게 하면 자치의 주체인 고객(수요자)인 주민에게 보다 값싸고 양질의 행 · 재정서비스를 제공할 수 있을 것인가를 고심해야 하며, 자치분권의 실익이 주민에게 돌아갈 수 있도록 해주어야 한다. 여기에서 자치단체의 자율과 책임에 기반한 자기혁신이 이루어져야 한다. 행정업무의 질적 변화에 따른 지방공무원의 전문화와 함께 지방공직자들을 변화의 역군(役軍)으로 지역발전의 창도자(唱導者)로서의 명예를 드높여 주어야 한다. 또한 실적제와 직업공무원제에 입각한 우리 지방공무원들이 지역주민의 요구에 적극 대응할 수 있는 관료적 대응성 제고차원의 노력이 균형적으로 이루어졌으면 한다. 이에 더하여 지방자치단체의 자율성 확대에 상응하는 행정역량 및 책임성이 강화되는 대안들이 준비되었으면 한다. 지방이양일괄법으로 중앙행정권한의 지방이양을 추진하고, 국세와 지방세의 합리적 조정과 지방재정조정제도를 통해 자치재정권을 제고하며, 자치입법권, 자치조직권 확대 및 지방구성원들이 공감하는 지방인사의 공정성을 확립함으로써 자치역량을 강화할 수 있을 것이다. 또한 자치단체의 책임성을 강화하기 위해 내부통제제도로서의 감사시스템을 작동하게 하고 더 나아가 감사원(지역감사원)에 의한 자치단체의 예산 · 회계의 적법성 통제가 가능하도록 제도적 장치를 준비해주어야 한다. 그리고 무엇보다 중요한 것은 지방의회가 주민으로부터 신뢰받는 기관으로 다시 태어날 수 있도록 도와주어야 한다. 지역주민의 아픔과 고충을 함께 하며 그들을 위해 전적으로 봉사할 수 있는 자세가 명예롭게 존중받는 사회문화를 만들어 가야 한다. 노블레스 오블리주(Noblesse oblige) 정신이 지방의회에서 작동할 수 있게 해 주어야 하는 이유는 바로 여기에 있다.

9 6개 상임위원회가 존재한다. ①문화사업위원회 : 52명, ②경제 및 계획사업 위원회 : 78명, ③외국, 국방, 군비사업 위원회 : 52명, ④사회사업 위원회 : 52명, ⑤재정, 예산통제, 국가의 경제회계 위원회 : 43명, ⑥헌법, 입법, 일반선거, 규제 및 일반행정 위원회 : 44명

1) 지방정부

지방정부에 주민직선의 지방의회와 집행기관을 두어 그들의 자유로운 결정과 책임으로 지방자치행정을 처리할 수 있도록 해주어야 한다. 이와 더불어 주민중심의 주민자치행정을 강화하기 위하여 지방의회의 법률(조례)로 주민총회를 구성할 수 있도록 해야 한다. 또한 지방정부의 입법기관인 지방의회가 지방정부의 조직 · 운영과 집행기관의 선임방법(지방정부의 기관구성)에 관하여 지방정부가 스스로 결정할 수 있도록 자치조직권을 확대 부여해야 한다. 그리고 자치행정을 강화하기 위하여 "어떠한 지방정부도 다른 지방정부에 대해 감독(통제)을 행할 수 없게 해야 한다(하나의 지방정부가 또 다른 지방정부에 대한 감독금지)." 다만 위임사무를 처리하였거나, 법령에 위반된 명백히 위법한 정책결정을 하였을 경우에 한하여 제한적으로 허용하도록 한다.

2) 기관구성의 다양화

지방정부의 기관구성은 지방의 일을 주민 스스로 처리할 수 있는 방식을 결정하는 것으로 볼 수 있다. 따라서 전체적인 제도의 틀은 우리나라의 국가운영체제에 부합하는 지방정부 기관구성 다양화 폭을 먼저 설정하고 이 범위 안에서 가능한 여러 형태의 기관구성 조합을 각각의 장, 단점과 함께 제시함으로써 주민들이 직접 선택할 수 있도록 설계되어야 한다. 국가가 미리 법률로 여러 개의 자치단체 기관구성형태를 설정해 놓고, 자치단체의 규모(인구 및 면적), 행 · 재정적 수요, 정치문화, 행정역량, 지역경제 특성(도시적 산업과 농촌적 산업) 등을 감안하여 각 자치단체별로 주민투표에 의하여 주민들이 선택할 수 있어야 한다.

지방정부의 기관구성을 다양화하는 방법은 기관분립형 정부구성형태를 기본으로 하되 자치단체장의 선임방식의 변화와 성과관리의 제고를 통해 유연화된 정부조직을 다음과 같이 추구할 수 있을 것이다. 즉, 우리나라 기관구성의 역사적 배경을 고려하여 기관분립형의 장점을 극대화할 수 있는 방향에서 주민직선형 분립형태와 주민직선형의 분립형을 보완할 수 있는 지방의회가 자치단체장을 임명하여 시정을 책임질 수 있는 의회-지배인형 내지 행정을 총괄할 책임자를 의회인준으로 임명하게 하는 수석행정관제로 발전시켜 나갈 수 있을 것이다. 향후 우리나라 지방정부의 기관구성을 다양화할 경우 그동안 우리나라 정치 · 행정환경 속에 길들여진 기관분립형 정부구조를 기본으로 하면서 지방의회가 중심이 되는 기관통합형 정부구조를 부분적으로 도입할 필요성이 제기될 수 있다. 기관통합형 기관구성 형태는 특히 소규모 자치단체와 농어촌형자치단체에서 의회민주주의를 습득할 수 있는 기회로 제공할 수 있을 것이다. 또한 기관통합형은 주민직선으로 구성된 지방의회가 지방자치단체의 최고기관으로서 의결기능뿐만 아니라 집행기능까지도 수행하게 하려는 정부형태라서 '풀뿌리 민주주의'를 인식하고, 터득하는데 적합하다. 즉, 이 제도는 집행기관의 주요 고위행정관료를 선임하고 통제함으로써 행정서비스의 정책결정에서 집행까지 주민에 대하여 궁극적인 책임을 지는데 유리한 정부구성형태이다. 또한 기관통합형 정부조직에서 지방행정을 보다 책임있고 전문화를 지향한다는 차원에서 지방의회의 지휘 · 감독을 받고 집행부서를 총괄하는 시지배인(city-manager)을 의회에서 선임하여 활용하는 방안도 고려될 수 있다(최진혁, 2016 : 106-107).

3) 지방의회

주민중심의 자치분권을 강화하기 위해서는 자치적 분권의 핵심기관인 지방의회를 공고히 하는 데에서 비롯되어진다. 프랑스가 중앙집권국가에서 지방분권국가로 가는 기본원리는 그동안 국가의 의사가 직접적, 수직적으로 침투하는 비대화된 행정영역을 줄이고, 그동안 상대적으로 소외되었던 주민참여와 주민통제의 역할을 강화하기 위한 일환으로서의 지방의회의 존재이유(la raison d'être de l'assemblée locale)를 강화한 것으로 이해할 수 있다. 따라서 그 기본이념은 분산행정(행정적 분권)에서 분권행정(자치적 분권)으로의 전환이었다고 할 수 있다. 즉, 1982년 프랑스의 지방분권화정책이 시행된 경우에서와 같이 데빠르트망(département : 도)과 레지옹(région : 지역)의 집행부는 더 이상 도지사(국가대표)가 아니라 코뮨(commune : 시읍면, 시군)의 그것과 같이 해당 자치단체의 주민대표기관인 의회의장에게 맡겨졌고, 동시적으로 국가의 지방자치단체에 대한 행정적 감독은 폐지되어 지방자치단체의 활동은 지방의회의원의 자유로운 의결에 의해 완전한 권한행사를 하게 되었던 것이다. 따라서 국가대표(représentant de l'Etat : préfet 도지사)가 지방자치단체에 행한 사전적, 행정적 통제방식이 헌법적 조처에 따라 사후적, 합법성의 통제(contrôle de légalité)로 변화하게 되었던 것이다. 즉, 지방의회의 조직과 기능에 관한 논의를 통해 지방의회의 위상을 제고해주고 그 역할을 강화해 나아갔던 사실을 반면교사로 삼아야 할 것이다.

또한 지방의회는 국가의 의사와 지방의 의사가 서로 교차하여 논의할 수 있는 공간을 만들어 내주어야 한다. 이는 국가의 의사가 수직적 내지 계서적으로 침투되는 행정관계영역과는 달리 주민에 의해 선거로 그 정당성을 부여받아 수평적 정치관계 영역 안에 존재하기 때문이다. 따라서 주민에 의해 선출된 지방의회의원이 자율과 책임으로 그들의 의결에 따라 그 지역의 사무를 처리하게 되는 것이다. 요컨대, 지역주민의 의사에 따라 기관선임이 이루어지고, 이들 기관에 의해 자치단체의 이해에 관련된 모든 사무를 자율과 책임으로 수행하게 된다. 따라서 이 영역에서 이루어지는 정치행정활동을 분권화된 행정(Administration décentralisée : 자치적 분권)으로 이해할 수 있다. 이러한 맥락에서 국가의 의사가 정치관계영역에서 지방자치단체와 어떻게 연계되어야 할 것인가에 대한 고민은 국회의 상원(Sénat)제도를 통해 해결할 수 있을 것이다(전술 : 지역대표형 상원신설 참고).

4. 직접민주주의의 보완 : 민주적 시민의 창출

마지막으로 우리는 자치분권의 정신과 논리에 맞는 새로운 공동체적 주민의 창출과 더불어 주민과 함께 행 · 재정서비스를 만들어내는 신거버넌스체제(New governance system)를 확립해 나가야 한다. 자기지역의 문제에 직접 참여하여 어떻게 하면 우리 자치단체를 위해 우리의 권리와 의무를 다할 수 있을 것인가를 깊이 생각하게 하는 성숙한 주민을 만들어 나아가야 한다. 시민교육을 어떻게 정립하여(시민주도, 정부지원) 활성화시킬 것인가에 대한 고민이 필요한 대목이다. 그리고 특히 촛불정신으로 표출된 실질적 주권자로서 국민적 참여요구가 증대된 시대적 상황에서 이 새로운 지역주민이 자기 자치단체의 정책결정, 집행에 대해 직접적 표현능력을 행사할 수 있도록 직접민주주의제를 강화해 주어야 할 것이다. 주민투표제, 주민발의제, 주민소환제, 주민참여예산제를 더욱 확대 · 보완해야 하는 이유는 바로 여기에 있다.

제3절 결론

이제 민선7기가 시작되었다. 그동안 23년의 민선자치 경험(물론 1,2공화국의 9년, 91년 지방자치 부활로 다시 시작된 지방자치 경험을 합산하면 제헌헌법제정 이후 36년임)은 우리에게 지방민주주의를 위해서 지불해야 하는 소중한 경험과 값진 교훈을 주었다. 자치단체장과 지방의원을 주민들이 직접 선출만 한다고 해서 우리가 염원하던 진정한 민주주의는 완성될 수 없음을 체득하는 학습효과를 겪고 있는 것이 그것이다. 민주화된 정당체제를 갖추지 못한 상태에서 정책정당으로서의 주민의 요구를 반영하지도 못하고, 유능한 인사가 지역에 봉사할 수 있게 하는 지역민이 공감하는 정치적 충원제도를 마련하지 못하여 갈수록 정치에 대한 불신을 낳게 하고 있는 것이다. 또한 민선자치가 시행되면서 직선된 자치단체장과 의회의원은 재선이라는 절대적 과제에 봉착하면서 주민들에게 '표'만을 생각할 수밖에 없는, 따라서 전시행정 내지 인기행정의 유혹에 매몰되어 지방정책은 왜곡될 수밖에 없게 되었다. 더구나 그간의 민선자치는 신자유주의와 결합되면서 더욱 수요자 중심주의, 고객지향적 행정 등을 강조하면서 주민들을 단순한 행정서비스의 객체로서의 지위만을 부여하다보니 자치단체의 행정서비스에 대해 소비자로서의 수동적인 주민을 만들어내었을 뿐이었고, 더 나아가 대다수 주민들은 지역이기주의와 자기이해에 함몰되어 공동체정신을 중시하는 자치행정에 많은 혼란과 위기를 맞게 하였다. 이와 같은 교훈을 거울삼아 분권형헌법개정을 이루어내어 민선7기 이후는 지방민주주의의 완성을 향해 전진해 나아가야 한다.

참고문헌

김철수.(2002). 헌법학개론, 박영사.
성낙인.(1995). 프랑스 헌법학, 법문사.
최진혁.(2002). 우리나라 지방분권의 발전적 고찰, 사회과학연구, 제13권, 충남대학교 사회과학연구소.
최진혁.(2008). 지방분권(개혁)을 위한 헌법개정에 관한 연구 -프랑스 사례를 중심으로-, 한국지방자치학회보 20(2).

최진혁.(2011). 국가와 지방자치단체간의 연계(협력)체제에 관한 연구 -프랑스 사례를 중심으로- 한국비교정부학보 15(1).

최진혁.(2012). 지방재정 거버넌스 설계방안, 지방재정 11,12(6). 한국지방재정공제회.

최진혁.(2016). 우리나라 지방정부 기관구성의 다양화 방안 -시론적 접근-, 한국지방자치학회보 28(2).

최진혁.(2017). 지방분권의 제2도약으로서 대한민국의 자치분권 추진과제에 관한 연구 -문재인정부 출범에 부쳐-, 한국지방자치학회보 29(3).

Constitution de 1958. 프랑스 5공화국 헌법.

대한민국 제6공화국 헌법.

분권형헙법개정안에 대한 국회자문위안(2017년), 대통령안(2018년).

Jean-Bernard, Auby et Jean-François, Auby. (1990). Droit des collectivités locales, puf.

Laubadère, André de. (1984), Traité de droit administratif, Vol.1, 9e édition, L.G.D.J.

Luchaire, Yves et Luchaire, François. (2003). Décentralisation et Constitution, Economica.

Rivero, Jean. (1990). droit administratif. Treizième édition, Dalloz.

03 지방분권형 헌법개정안 연구에 대한 토론

1987년 6월 민주화항쟁의 결과로 만들어진 현행헌법은 21세기 대격변기를 헤쳐 나갈 새로운 국가시스템을 구축해야 하는 시점에서 재설계(내지 전면개정)되어야 하는 당위성을 안고 있다. 그동안 지방자치와 지방분권의 측면에서 볼 때 헌법에서 규정해야 할 사항들을 법률에 위임하고 법률은 또 다시 대통령령이나 부령에 위임함으로써 국회의 다수당이나 중앙정부의 관점에서 이루어져온 것이 사실이다. 그런 배경에서 지방분권형 헌법개정의 필요성에 전적으로 공감하지만, 즉 지방정부가 보다 많은 자치권을 향유해야 한다는 측면에서 분권헌법을 준비해야 하는 것에 공감하지만 또 한편으로는 단일국가모델 하의 243개 지방자치단체들이 다양성을 함께 추진해나가야 하기 때문에 국가의 중요성을 간과해서는 아니된다는 논리에서 다음과 같은 문제제기를 하고자 한다. 그런 배경에서 프랑스 지방분권형 헌법개정의 배경, 의미와 시사점을 참고해야 할 것 같아 제시하고자 한다(최진혁, 2013).

— 제1절 전문, 총강, 국민의 권리와 의무

헌법의 성립유래와 헌법의 기본정신을 담아야 하는 전문이기 때문에 대한민국 국민의 인권과 국민주권의 원리를 바탕으로 하는 자치분권 조항을 보완해야 되지 않나 여겨진다.

분권을 강조하기 위한 측면에서 자치분권으로 명기하는 방안을 고려해볼 수 있다. 따라서 "유구한 역사와 전통에 빛나는 우리 대한국민은 ...... 자율과 조화, 자치분권을 바탕으로 자유민주적 기본질서를 더욱 확고히 하여 ... 개정한다"

헌법정신의 내용

① 대한민국의 건국이념과 임시정부의 법통계승, ② 정의 · 인도 · 동포애로 민족단결의 공고, ③ 자율과 조화, 자치분권을 바탕으로 자유민주적 기본질서의 확립 ④ 국민의 기본권보장 ⑤ 책임과 의무의 강조 ⑥ 항구적 국제평화의 추구

제1장 총강

대한민국의 구성요소, 국가형태, 평화통일주의, 국제평화주의, 국제협조주의, 직업공무원제, 복수정당제, 문화국가주의를 선언하고 있는데, 분권의 논리가 적용되기 위해서 다음의 내용을 추가적으로 보완하는 것이 어떨까 한다.

1. 대한민국 구성

제1조 ①대한민국은 민주공화국이다.

②대한민국의 주권은 국민에게 있고, 모든 권력은 국민으로부터 나온다.

여기에 더하여 대한민국의 성격을 보다 구체화할 필요가 있다. 이는 국가의 형태 내지 성격과 연계하여 밝혀주어야 하는 중요한 명제이기 때문이다. 예컨대, "대한민국은 주권불가분성(indivisibilité de la souveraineté)에 의한 단일한 국가(unitary state)이다. 따라서 우리가 추구하는 지방분권개헌은 주권불가분성에 기초하여 국가의 단일성원칙을 존중하는 지방분권으로 하는 국가의 성격규정으로부터 비롯되어야 하는 것이다.

③대한민국은 주권불가분성에 의한 단일국가이다.

즉, 이 논제는 대한민국은 단일(단방)국가이지 연방국가가 아니라는 사실이다. 따라서 연방국가에서 비롯되어질 수 있는 권력을 나누어 통치할 수 있는 근거를 차단할 수 있는 근거가 된다. 자치의 확대를 빙자한 국민을 이용하여 권력투쟁의 장을 차단하기 위한 방패막이가 필요한 이유가 바로 여기에 있다. 혹여 정치권에서 수도권, 영남권, 호남권, 충청권 등의 권력분점의 기회를 차단할 수 있을 것이기 때문이다. 따라서 우리나라

의 지방분권은 연방국가체제가 아닌 단일국가체제 속에서의 지방분권을 추진한다는 원칙을 제시해 주어야 한다. 그럼으로써 단일국가가 채택하는 분권의 논리를 명확히 할 수 있기 때문이다. 그럼으로써 대한민국은 국가의 단일성(통일성) 내에서 지방자치단체의 다양성을 확보해나가는 지방분권(으로 운영해나가는) 국가임을 천명할 수 있는 것이다.

아니면 민주공화국의 성격을 구체화하는 방안도 모색해 볼 수 있다. 즉, 대한민국은 불가분적 민주공화국이다. 이는 다음의 제2조와 연계하여 생각해 볼 수도 있다.

제2조 ① 대한민국의 국민이 되는 요건은 법률로 정한다.

② 국가는 법률이 정하는 바에 의하여 재외국민을 보호할 의무를 진다.

③ 대한민국은 불가분적, 비종교적 민주공화국이다. 대한민국은 출신(성분), 인종, 종교의 차별없이 모든 국민에 대하여 법률 앞에서의 평등을 보장한다.

제3조 대한민국의 영토는 한반도와 그 부속도서로 한다.

제4조 대한민국은 통일을 지향하며, 자유민주적 기본질서에 입각한 자치분권적 평화통일정책을 수립하고 이를 추진한다.

국민의 권리와 의무

제38조

②국민의 모든 자유와 권리는 국가안전보장·질서유지 또는 공공복리를 위하여 필요한 경우에 한하여 법률 또는 자치법률로써 제한할 수 있으며, 제한하는 경우에도 자유와 권리의 본질적인 내용을 침해할 수 없다.

자치법률로 제한할 수 있는 것은 원칙적으로 자치사무여야 할 것이다. 따라서 국가안전보장과 관련한 문제를 자치법률로 제한하기에는 무리가 있다는 생각이다.

2. 국가의 기본조직

제41조

①국가의 모든 조직은 권력의 분립 및 견제와 균형, 민주적 법치주의, 그리고 보충성

의 원리를 기초로 구성한다.

지방분권형 개헌에 합치되기 위해서는 국가의 기본조직을 규정하는 조항에 당연히 다음과 같은 규정이 필요하다.

①국가의 조직은 자치분권으로 한다.

제42조

④ 기초자치의회는 헌법과 법률이 정하는 바에 따라 조례를 제정할 수 있으며, 조례는 당해 기초자치의회의 관할 구역 내에서 효력을 가진다.

자치의회의 형평성 관점에서 왜 기초자치의회만 규정하고 있는가에 대한 의문이 든다. 광역자치의회는 다른 이유로 또 다른 규정을 두어야 하는 것인가? 이를 불식하기 위한 규정이 마련되어야 하는 이유가 있다.

④기초 · 광역자치의회는... 기초 · 광역자치의회의 관할구역 내에서 효력을 가진다.

제43조

③자치정부의 조직은 헌법에 특별한 규정이 없는 한 당해 자치의회가 입법하는 자치법률 또는 조례로 정한다.

우리가 추구하는 지방분권은 단일한 국가 내에서 자치단체의 다양성을 존중하는 체제이기 때문에 일정부분 국가의 관여가 필요한 부분도 있을 것이다. 지방자치법은 헌법에 의거하여 자치단체의 조직의 대강을 규정하고 있으며, 그밖의 구체적인 조직사항에 관하여는 일정한 범위 안에서 자치입법의 형식으로 조직하거나 조직에 참여할 수 있는 권능을 부여하고 있다. 주민자치 대표격인 영국의 주민자치도 국회의 법률에 의거하여 월권의 법리(doctrine of 'Ultra vires')를 적용하고 있는 것이 통례인 까닭에 자치의회가 독립적으로만 해당 자치정부의 조직에 대한 규정을 논의하기에는 과도한 면이 없지 않다. 따라서 법령이 아니라 법률 안에서 논의해야 할 부분을 규정함이 바람직하다. 즉, ③자치정부의 조직은 헌법과 법률에 특별한 규정이 없는 한 당해 자치의회가 입법하는 자치법률 또는 조례로 정한다.

④정부와 자치정부간, 자치정부 상호간 행정권의 배분은 헌법에 특별한 규정이 없는 한 보충성의 원리를 따른다.

이 규정도 같은 맥락에서 "헌법과 법률에 특별한 규정이 없는 한 ..."으로 규정해야 할 것이다. 그리고 보충성의 원리만을 부각시키고 있는데, 그 보충성 원리가 제대로 작동하기 위해서는 자치정부간의 감독금지 규정이 따라야 할 것이다. 보충성의 논리로 기초자치단체에 우선 배분하였다고 하지만 광역자치정부가 기초자치정부에 과도한 감독이 진행된다면 그 효과는 반감될 수밖에 없기 때문이다. 따라서 ④정부와 자치정부간, 자치정부 상호간 행정권의 배분은 헌법과 법률에 특별한 규정이 없는 한 보충성의 원리와 자치정부간 감독금지 원칙을 따른다.

3. 국회

국회에 양원제를 도입하는 것은 지방분권을 위해 필요하다는 견해를 이미 오래 전부터 필자는 주장해 왔다. 그런 면에서 긍정적이다. 다만 그 구성규정은 지방분권논리에 맞도록 하는 것이 타당할 듯싶다.

제51조

①참의원은 자치의회에서 선출한 국회의원으로 구성한다.

이렇게 규정하면 상원(참의원)의원을 두는 효과가 없다. 왜냐하면 참의원을 두는 것은 지방자치단체의 대표가 국회에 진입하여 지방의 문제를 진솔하게 다루게 할 수 있기 때문이다. 그리고 지방자치단체의 대표들이 다양하게 진입하게 하는 것이 보다 지방분권논리에 부합하기 때문에 그에 따른 선출방식으로서의 선거제도를 고민해야 한다. 또한 국회와 지방의회와의 연계협력체제를 확보할 수 있는 차원에서 상원제도를 고민해야 한다. 그런 배경에서 일반적으로 광역단위에서 선거인단을 조직하여 간접선거방식을 활용하는 방식을 제안한다. 선거인단은 국회의원, 광역의원, 기초의원으로 한다. 따라서 ①참의원은 국회와 자치의회를 포함한 선거인단에서 선출한 국회의원으로 한다. 그래야만이 국회와 지방의회가 연계고리를 가지고 협력의 장이 만들어질 수 있는 것이다. 그런 배경에서 ②, ③규정은 전면 재고를 요한다.

4. 정부

제98조

①정부와 자치정부간 연대와 협력을 추진하고 자치와 분권을 강화하기 위하여 자치분권평의회를 둔다.

②자치분권평의회는 대통령, 각 광역자치정부의 장, 기초자치정부의 장의 협의회가 광역자치정부의 장의 숫자와 동수로 선출하는 대표로 구성한다.

③정부와 자치정부는 자치분권평의회에 법률안 · 자치법률안 · 명령안 · 예산안 · 조례안 등에 관한 의견을 제출하거나 자문을 구할 수 있다.

④자치분권평의회는 대통령이 주재하되, 그 조직 · 직무범위 기타 필요한 사항은 참의원의 의결을 얻어 법률로 정한다.

자치분권평의회를 두는 것이 지방분권 논리에 합당한 것인가를 숙고해야 한다. 일반적으로 진정한 지방분권은 자치적 분권으로의 완성을 말한다. 따라서 국회차원의 참의원을 구성하여 지방의 대표의 대표기관에게 지방의 문제의 이니시어티브를 쥐게 해주는 것이다. 따라서 자치분권평의회와 참의원의 관계를 규정해주어야 한다. 공연히 참의원의 역할에 방해되는 자치분권평의회가 되어서는 곤란하기 때문이다.

5. 감사원

제104조 국가의 세입 · 세출의 결산, 국가 및 법률이 정한 단체의 회계검사와 행정기관 및 공무원의 직무에 관한 감찰을 하기 위하여 감사원을 둔다.

지방분권의 논리에 부합하기 위해서는 제104조 이외에 지방자치단체의 세입 · 세출의 결산, 자치단체의 회계검사 및 자치단체 공무원의 직무감찰을 위해 지역회계감사원을 둘 필요가 있다. 따라서 적정한 단위(권역별)에 지역회계감사원을 구성한다.

6. 자치의회와 자치정부

제121조

①광역자치의회는 주민이 직접 선출하는 의원과 기초자치의회가 선출하는 의원으로 구성한다. 다만, 참의원의 의결을 얻어 제정된 법률로 당해 지역의 기초자치의회의 합동회의가 광역자치의회를 겸하도록 할 수 있다.

광역자치의회 구성을 주민이 직접 선출하는 의원과 기초자치의회가 선출하는 의원으로 구성하는 진정한 이유가 무엇인지 모르겠다. 또한 기초자치의회의 합동회의가 광역자치의회를 겸하도록 할 수 있다는 의미는 무엇인지 의아하다. 민주주의 대표원리에 입각하면 광역의회가 해당 지역주민으로부터 대표로서의 위상을 위임받은 것인데, 구태여 기초의회가 또 선출하게 함은 오히려 대표위임을 침해하는 상황이 될 수 있다. 다만 광역의회와 기초의회가 같은 구역에서 대표권을 가지고 따로 따로 업무를 수행하다 보니 비효율적인 의정활동이 되어버린 것이다. 특히 대도시 광역의회와 기초의회와의 관계는 더욱 그렇다. 따라서 광역의회의원 중에서 해당 선거구역을 포함하는 경우 기초의회의원을 겸할 수 있는 의원선정이 이루어지는 방향에서 찾으면 어떨까 한다. 물론 기초자치의회의원은 해당지역의 주민으로부터 선출하도록 한다. 결국 기초의원 중에는 기초의원만 하는 의원도 있고 기초의원과 광역의원을 동시에 수행하는 의원도 있게 되는 상황이 만들어지는 것이다.

7. 기타

이외에 분권형 헌법개정을 위해 성숙한 주민에 대한 규정을 마련하는 것이 어떨까 한다. 즉, 보다 역동적인 역량있는 주민의 역할에 대해서 말이다. 예를들면 주민의 청원권을 강화하여 지방자치정부의 유권자가 지방의회에 그들의 고민을 숙의할 수 있도록 하고, 직접민주주의의 진전에 도움이 되는 규정들을 생각해 보는 것이 어떨까 한다. 유권자들이 해당 자치단체의 조직의 변경이나 자치단체의 경계변경 등의 논의를 할 때는 반드시 주민의 의견을 의무적으로 들어 처리하도록 하는 것이 그것이다.

또한 지방분권형 헌법개정에 필요한 내용은 무엇보다 재정자치의 수단을 넓혀주는 데 있다. 따라서 법률의 범위 내에서 자원의 자유스러운 처분이 가능하도록 해주어야 할 것이고, 지방자치정부가 모든 사물에 대해 전체 혹은 부분적으로 세를 부과할 수 있는 가능성을 부여해주어야 할 것이며, 권한과 재원의 동시배분이 이루어지도록 해야 하며, 법률에 의한 지방재정조정기구를 두어 부유한 자치정부와 그렇지 못한 자치정부의 재정을 관리해야 할 것이다.

8. 프랑스 헌법개정의 배경과 시사점

2003년 헌법개정은 1982년 지방분권화 추진과정에서 나타난 재중앙집권화의 흐름을 차단하기 위한 차원에서 시도되었다. 즉, 미테랑정권에서 추진한 지방분권개혁이 그 시행과정에서 중앙부서의 공직자들에 의해 직 · 간접적으로 간섭받거나 제한을 받는 상황들을 보면서 이를 바로 잡는다는 차원에서 헌법개정을 보게 되었다. 이에 따라 2002년 5월에 우파정권을 창출한 자크시락대통령은 국가의 행정조직을 분권화하는 신중한 개혁으로서 이러한 변화를 가져올 수 있는 수단과 방법을 제시하고 있는 것이다(후술).

첫째, 단일한 공화국체계 내에서 국가조직의 지방분권화를 명시하였다. 즉, 헌법개정을 통한 지방분권추진은 공화국체제를 보존하면서 국가의 행정조직만을 분권화하려는 의지를 담고 있다. 이런 배경에서 국가와 지방자치단체간의 연계성 확보 및 주민참여 효과를 극대화하는 지방분권이 되고 있는 것이다(근접성과 연계성<응집성, 조화성>의 요구).

프랑스의 지방분권은 우선 단일국가체제 내에서 국가의 통일성과 지방자치단체의 다양성을 함께 추구하려는 논리에 맞는 방향에서 추진되고 있다. 즉, 국가와 지방자치단체가 연계성을 가지고 주민참여의 효과를 극대화하는 방향에서 지방분권화를 추진하고 있다. 그런 배경에서 주민의 근접성을 강화하는 지방행정이 가능한 기능배분을 추구하고 있다. 각 행정수준에 적합한 임무에 따라 권한의 유사한 단위를 구성하여 배분할 수 있다. 경우에 따라서는 실험적 국면을 거친 후에 권한의 유사한 단위를 형성할 수 있을 것이다.

둘째, 자유스러운 행정(자치행정)구현에 부응하는 지방분권체계를 모색하고 있다. 그런 배경에서 국가와 지방자치단체간, 광역자치단체와 기초자치단체간의 기능배분은 자유스러운 행정을 어떻게 하면 구축할 수 있겠는가의 논리에서 여러 가지 원칙을 제시하게 하고 있다. 예를 들면 지방자치단체간의 감독금지원칙, 총체적 이양의 원칙 등이 제시되는 것이 바로 그것이다. 더 나아가 개정헌법은 지방자치단체는 모든 권한을 결정할 임무를 갖는다고 규정하고 있다.

셋째, 명백하고 확장된 권한을 추구하고자 한다. 여기서 선도지방자치단체을 활용하고 있다. 명백한 기능배분과 확대된 권한을 향유하기 위해서 총체적 이양의 원칙과 권한의 유연한 배분을 시도하고 있다. 즉, 국가와 지방자치단체간, 지방자치단체간의 계약화를 통해 보완적으로 권한배분의 유연성을 확보하게 하고 있다. 뿐만 아니라 선도지방자치단체를 활용하여 지방자치단체의 권한개입의 중복으로 오는 혼란을 배제하고자 하였다. 국가와 지방자치단체간의 권한배분에 있어 유사한 권한의 총체적 이양의 목적은 그동안의 경험에서 볼 때 달성하기 어렵다는 것을 알게 되었고, 따라서 입법관은 주민에게 제공하는 서비스를 향상시키기 위해 협력동반체(les partenariats)를 조직하게 되었다. 선도지방자치단체(collectivité 'chefs de file')의 지명은 (기존의 자치단체간의 공동 분할하여 행사되는 권한) 동반권한(compétences partagées)영역에서 추구된 정책의 연계성(조화성)을 실현시키는데 유용하게 활용할 수 있을 것이다.

넷째, 지방자치단체간의 권한배분을 적정하게 맞추기 위해 공공정책의 응집성(연계성)과 근접성의 요구에 따라 권한위임방식(des délégations de compétences)을 활용할 수 있을 것이다. 권한위임은 권한이전과는 다르게 임시적이며, 자발성과 계약에 기초한다. 권한위임은 주민에게 가장 가까운 수준에서 결정이 이루어지기 위해 국가 혹은 지방자치단체에게 그의 책임성과 통제 하에 하위수준의 단체에게 어떤 활동을 부여하는 것을 허용할 수 있다. 요컨대, 권한 위임의 실제는 보충성의 원칙을 실행하는데 기여할 수 있을 것이다.

다섯째, 지방자치단체의 권한은 주민의 가장 가까운 수준에서 가장 효과적으로 행사될 수 있는 차원에서 배분되도록 하고 있다. 즉, 지방자치단체는 지방자치단체 각 계층에 가장 효율적으로 사용될 수 있는 모든 권한에 대한 결정을 행사할 수 있게 한다. 이 보충성의 원칙(principe de subsidiarité)은 또 한편으로는 주민에게 가장 가까운 수준에서 권한의 유사한 그룹으로 이전하게 한다.

여섯째, 지방자치단체의 실험권한(droit à l'expérimentation)을 부여하고 지방자치단체의 책임성을 강화하고 있다. 즉 지방자치단체가 법률이 부여한 권한을 행사하거나 법률, 법규에 유리하게 기여할 수 있는 변경사항 등을 스스로 실험할 수 있게 하고 있다. 그러나 실험권한의 영역은 엄격하게 설정된다. 즉, 실험은 자치권행사나 헌법적으로 보장된 권한의 필수불가결한 조건들을 규정하는 규칙을 손상시킬 수 없는 범위 내에서 이루어지도록 한다. 이러한 자치단체의 실험권한의 귀결로서 헌법에서 보충성의 원칙을 제시할 수 있다. 이러한 규정의 배경은 지방자치단체가 그들의 실험권한을 사용할 때 새로운 규칙과 과거의 규칙이 공존하는 기간을 가지게 되는데, 이 경우 가장 적절한 규칙이 다른 것을 대체하게 된다는 사실을 시사하게 한다. 프랑스 헌법 제37조-1은 규제권을 행사하는데 있어 입법관과 정부내각이 지방자치단체의 권한배분 부문에서 이 실험화를 행사하는 권리가 있음을 밝히고 있다. 이는 권한을 행사하는 적절한 수준을 결정하기 위해서 뿐 아니라 지방자치단체에 능력을 주기 위해서 마련되었다. 요컨대, 새로운 제도를 도입할 경우 구체적인 내용에 따라 지방자치단체에서 충분한 논의와 실험을 거쳐 이를 활용하게 하고 있다. 따라서 지방자치단체마다 단순히 획일적으로 제도를 도입할 것이 아니라 자치단체에 따라 정책적 실험을 거쳐 선별적으로 채택하는 방안을 강구할 수 있다.

일곱째, 역동적이고 적극적인 주민을 강조하고 있다. 즉 직접민주주의를 강조한다. 이런 배경에서 지방행정을 보다 민주적으로 추구하기 위해 주민투표제를 채택하였다. 기존의 자문형 주민투표제에서 결정형 주민투표제로 변경하여 직접민주주의를 강화한 것이 바로 그것이다.

여덟째, 자치재정력을 강화하고 있다. 이를 위해 자치재정권을 헌법에 보장해야 한다. 즉, 과세자주권, 재정지출의 자주성, 권한과 재원의 동시배분, 지방재정조정제도의 확립을 강화해야 할 것이다.

04 지방분권화에 부응하는 지방자치법의 발전적 개정방향

제1절 서론 : 문제제기

우리나라의 근대적 의미의 지방자치제도는 주민의 필요에 의해 출발했다기 보다는 정치인들의 권력다툼의 산물로 중앙정부의 주도로 이어져 왔다. 제1, 2공화국의 소중한 경험에 이어 3, 4, 5공화국의 철저한 중앙집권 방식의 국정운영으로 지방자치는 중단되어야 했다. 그러나 국민들의 민주주의에의 간절한 바램에 힘입어 마침내 1987. 6. 29 민주화선언이 이루어졌고, 그에 따라 지방민주주의 시대를 활짝 열게 된 것이다. 즉, 1991년 지방의회 재구성, 1995년 주민직선의 자치단체장을 봄으로써 완전한 지방자치의 시대를 선언한 것이다. 그러나 여전히 중앙정부 주도에 정치인들의 정쟁게임 안에서 지방자치가 운용되다보니 진정한 주민자치로서 지방자치가 되지 못하고 있는 것이다. 따라서 3金시대를 거쳐 노무현 참여정부는 지방분권과 지역균형발전을 정권브랜드화하여 지방자치를 강화하고자 하였다. 그동안 2년간의 지방분권개혁에 대해 다양한 평가가 이루어지고 있지만 진정한 지방분권과 지역균형발전을 위해서는 우선 중앙집권적 제도와 법령개선이 선행되어야 한다고 본다. 요컨대, 지방자치법의 올바른 개정방향은 진정한 지방분권 실현을 위해 헌법이 보장하는 지방자치의 본질을 이해하여 지방자치단체의 역량을 강화하는 방향에서 이루어져야 할 것이다.

이러한 맥락에서 본 연구는 우리나라 지방자치법의 실상을 종합적으로 파악하여 21세기 지방분권화시대에 부응하는 진정한 지방자치법의 내용은 무엇인지 제시하고자 한다. 그동안 중앙집권적 논리 하에 운영되어온 불완전한 지방자치가 '성공한 지방자치'로 뿌리내리기 위해서는 어떻게 변화 · 발전되어야 하는지 지방자치법의 개정 또는 보완내용을 파악하고자 한다.

제2절 지방자치법의 변천과정 및 이론적 배경

1. 지방자치법의 변천

1) 지방자치의 태동기

(1) 제1공화국

제헌헌법에 의해 보장받은 지방자치는 제1공화국에서 지방자치법의 제정을 보게 된다. 그러나 제1공화국에서의 지방자치단체는 행정조직이기보다는 하나의 정치조직으로 기능했으며, 지방의회도 지방자치 본래의 목적을 상실한 채 정권유지의 도구로 전락하여 중앙에 예속되어 있었다. 이 기간 동안 4차례의 개정을 보게 되는 가운데 1,2차 지방선거를 치르게 된다.[1]

(2) 제2공화국

4.19혁명 이후 내각책임제를 골자로 한 개정헌법은 지방자치단체장의 선임방식을 법

1 ①제1차 개정(1949.12) : 부지사제 폐지, 농지세의 국세전환, 행정자치부장관과 도지사에게 지방의회의 권한대행을 인정하는 경과규정 삽입 ②제2차 개정(1956.2) : 도지사 · 서울특별시장의 임명제, 시·읍·면장 및 동·이장의 주민직선제, 의회의 자치단체장에 대한 불신임결의제도 폐지, 지방의원 및 시읍면장의 임기 단축(4년-3년), 지방의원 정수의 감소 및 의회일수 제한, 자치단체의 가예산제도 채택, 자치단체장의 의회의결에 대한 거부권 인정 ③제3차 개정(1956.7) : 지방의원과 시읍면장의 임기상의 기득권 인정, 인구비례에 의한 도의원의 정원설정, 인구와 지리관계를 참작하여 시·군·구의 구역분할 ④제4차 개정(1958.12) : 시·읍·면장 및 동·이장의 임명제와 장에 대한 불신임제 채택, 지방의원의 임기 4년으로 환원, 의회의 폐회 중 위원회개최의 금지, 지방의회가 법정회의일수를 초과할 경우 감독관청의 폐회명령권 인정, 의장단에 대한 불신임제도의 폐지. 제1차 지방선거(1952, 4 /5) : 1949년 7월 공포된 지방자치법에 따라 1950년 12월에 지방의회구성을 위한 지방선거가 실시될 예정이었으나 6.25동란으로 실시하지 못하고 1952년 4월(시읍면)과 5월(도)에 부산임시수도에서 서울특별시, 경기도, 강원도를 제외한 최초의 지방의회의원 선거를 실시하였다. 제2차 지방선거(1956.8) : 시·읍·면장에 대한 최초의 직접선거실시, 전국의 지방의회구성, 최초로 서울시의회 구성

률로 정하되 적어도 시 · 읍 · 면장은 그 주민이 직접 선거하도록 규정하였다.[2]

-5차 개정(1960.11) : 자치단체장(임기 4년) 및 동 · 이장의 주민직선, 선거권 연령의 인하(21세에서 20세로) 및 자치단체장의 피선거권(25세 이상)규정, 지방의회의 회의일수 제한 등.

2) 지방자치의 중단기

(1) 제3공화국

1961년 5월 군사혁명위원회는 전국의 지방의회를 해산하고 지방의회의 의결사항을 읍 · 면은 군수, 시에 있어서는 도지사, 서울특별시와 도는 내무부장관의 승인을 얻어 집행토록 하였다. 이어서 그해 6월 서울특별시장, 도지사 및 인구 15만 이상의 시장은 내각에서 임명하고 기타 자치단체장은 도지사가 임명하도록 하였다(국가재건비상조치법 제20조).

제3공화국 헌법(1962.12.26) : "이 헌법에 의한 최초의 지방의회 구성시기에 관하여는 법률로 정한다"(부칙 제7조 제3항)고 규정하여 지방의회의 구성을 법률사항으로 위임하였으나 사실상 법률제정을 회피함으로써 지방자치제는 헌법에만 있을 뿐 그 시행은 이루어지지 않았다.

(2) 제4공화국

유신헌법과 더불어 출범한 제4공화국은 헌법에 지방자치제를 규정하고 있으면서도 부칙 제10조에서 "이 헌법에 의한 지방의회는 조국통일이 이루어질 때까지 구성하지 아니한다"고 하여 사실상 지방자치의 포기를 명문화하였다.

제6차 개정(1973.1) : 경찰서와 소방서의 설치근거를 폐지하였다.

(3) 제5공화국

제5공화국 헌법(1980.10.27)에서도 지방자치에 관한 헌법조항을 두었으나 부칙 제10

2 제3차 지방선거(1960.12) : 서울특별시, 도 및 시·읍·면의 지방의회의원과 자치단체장에 대한 주민직선제 실시(최초의 특별시장, 도지사 직선)

조에서 "이 헌법에 의한 지방의회는 지방자치단체의 재정자립도를 감안하여 순차적으로 구성하되 그 구성시기는 법률로 정한다"고 규정해 놓음으로써 재정자립도를 이유로 하여 지방의회의 구성을 미루어왔다.

3) 지방자치의 부활기

(1) 제6공화국

제6공화국 헌법은 제5공화국 헌법 부칙에 있던 지방의회의 구성에 관한 유보조항을 삭제하여 지방자치의 조속한 실시를 위한 기틀을 마련하였으며, 이에 따라 지방자치법의 개정이 이루어졌다.

①제7차 개정(1988.4, 전문개정)[3], ②제8차 개정(1989.12), ③제9차 개정(1990.12)

④제10차 개정(1991.5), ⑤제11차 개정(1991.12)

(2) 문민정부시대

전면적인 지방자치제의 실시가 계속 지연되어 오다가 문민정부에 들어와서 이른바 정치개혁에 관련된 입법의 일환으로 지방자치법 개정안이 공포되고 1995년 6.27 제1회 동시 지방선거를 통해 실질적인 지방자치의 실현을 이룩하였다.

①제12차 개정(1994.3)

-도 · 농복합형태의 시(시와 군을 통합한 지역, 인구 5만 이상의 도시형태를 갖춘 지역이 있는 군)를 규정하고, 여기에 읍 · 면 · 동을 둘 수 있도록 하였다.

-주민투표제를 도입하였다.

-시 · 도에 부단체장 2인을 둘 수 있도록 하고, 그 중 1인은 정무직 또는 별정직 지방공무원으로 보하되 그 자격기준은 당해 지방자치단체의 조례로 정하고, 정무직 또는

3 지방자치단체의 종류를 서울특별시·직할시·도와 시·군·자치구의 2종으로 구분하였다. 지방자치단체의 사무범위를 포괄적으로 예시하고 지방자치단체의 계층별로 사무배분기준을 정하였다. 자치단체장에게 선결처분권을, 내무부장관 또는 시·도지사에게 재의요구권을 부여하였다. 지방의회의원선거에 관한 사항은 지방자치법과 분리하여 별도로 법을 제정하도록 하였다. 지방선거의 선거권을 20세 이상으로 하고, 피선거권에 있어서는 의회의원을 25세, 기초자치단체장을 30세, 광역자치단체장을 35세 이상으로 하였다. 지방의회의 구성시기를 지방의회의 종류별로 달리 정하였다(박응격, 2001 : 42).

일반직 국가공무원으로 보하는 1인은 대통령이 임명하도록 하였다.

-자치단체장의 선거는 1995년 6월 30일 이내에 실시하며, 자치단체장과 이 법 시행 후 최초로 실시되는 총선거에 의한 지방의원의 임기는 1995년 7월 1일부터 개시되고 1998년 6월 30일 만료된다고 규정하였다.

②제13차 개정(1994.12)

-직할시를 광역시로 개편하고 광역시 안에 군을 둘 수 있도록 하였다.

-자치단체장의 계속 연임은 3기에 한하도록 하고 특별시의 부시장은 3인까지 둘 수 있도록 하였다.

-자치단체 소속 국가공무원은 소속 장관이 자치단체장의 의견을 들어 임용하도록 하였다.

③제14차 개정(1995.1)

-자치단체 소속 국가공무원에 대한 임용제청권을 자치단체장이 갖도록 하였다.

④제15차 개정(1995.8)

-도·농복합형의 시 설치기준을 확대하였다(인구 15만 이상인 군 내에 인구 2만 이상의 도시형태를 갖춘 지역이 2개 이상이 있고 그 지역들의 인구의 합이 5만 이상인 경우 추가).

(3) 국민의 정부시대

①제16차 개정(1995.12.29), ②제17차 개정(1999.2.5), ③제18차 개정(1999.2.8), ④제19차 개정(1999.8.31)

-주민의 직접참여를 확대하기 위해 주민의 조례제정·개폐청구제도 및 주민감사청구제도를 도입하였다.

(지자법 제13조의 3) 20세 이상의 지방자치단체 주민은 주민 총수의 20분의 1의 범위 안에서 대통령령이 정하는 20세 이상의 주민수 이상의 연서로 당해 지방자치단체장에게 조례의 제정이나 개폐를 청구할 수 있다.

(지자법 제13조의 4) 지방자치단체의 20세 이상의 주민은 20세 이상의 주민 총수의 50분의 1의 범위 안에서 당해 지방자치단체의 조례가 정하는 20세 이상의 주민수 이상의 연서로 시·도에 있어서는 주무부장관에게, 시·군 및 자치구에 있어서는 시·도지사에

게 당해 지방자치단체와 그 장의 권한에 속하는 사무의 처리가 법령에 위반되거나 공익을 현저히 해한다고 인정되는 경우에는 감사를 청구할 수 있다.

-지방자치단체분쟁조정위원회의 기능을 심의기구에서 의결기구로 강화하였다. 그리고 자치단체간 분쟁은 다른 법률에 특별한 규정이 없는 한 행정자치부장관 또는 시·도지사가 당사자의 신청에 의하여 조정할 수 있게 하였으나, 자치단체간의 분쟁이 공익을 현저히 저해하여 조속한 조정이 요청되는 때에는 행정자치부장관 또는 시·도지사가 당사자의 신청이 없어도 직권조정할 수 있게 하였다.

⑤제20차 개정(2000.1.12)

인구 800만 이상의 광역시 및 도의 부단체장의 정수를 3인으로 하고 그 중 1인으로 하여금 특정지역의 사무를 담당할 수 있도록 하였다.

(4) 국민의 참여정부시대 : 지방분권과 지역균형발전

① 제21차 개정(2002.3.25)사유

종전에는 지방자치단체의 장이 궐위되거나 공소제기된 후 구금상태에 있는 경우 또는 의료기관에 60일 이상 계속하여 입원한 경우에만 부단체장이 그 권한을 대행하도록 하였으나, 2002년 7월 1일부터는 지방자치단체의 장이 금고 이상의 형의 선고를 받고 그 형이 확정되지 않은 경우에도 부단체장이 그 권한을 대행하도록 하려는 것이었다.[4]

② 제22차 개정(2003.7.18)사유

지방의회의원을 명예직으로 하도록 한 규정을 삭제하는 한편, 국가의 정책으로 인하여 도시가 형성되고, 도의 출장소가 설치된 지역으로서 인구가 3만 이상이고, 인구 15

4 법률 제6669호(2002.3.25) 지방자치법중개정법률 제101조의2제1항을 다음과 같이 한다.
①지방자치단체의 장이 다음 각호의 1에 해당되는 경우에는 부지사·부시장·부군수·부구청장(이하 이 조에서 "부단체장"이라 한다)이 그 권한을 대행한다.
1. 궐위된 경우
2. 공소제기된 후 구금상태에 있는 경우
3. 금고 이상의 형의 선고를 받고 그 형이 확정되지 않은 경우
4. 의료법에 의한 의료기관에 60일 이상 계속하여 입원한 경우

만 이상의 도농복합형태의 시의 일부인 지역은 도농복합형태의 시를 설치할 수 있도록 하려는 것이었다.[5]

③ 제23차 개정(2004.1.19)사유

행정수행범위의 확대, 행정수요의 다변화 등으로 대도시행정의 새로운 틀이 요구되고 있으므로 인구 50만명 이상의 대도시에 대하여는 그 특성을 고려하여 행정, 재정 및 국가의 지도·감독상의 특례를 규정할 수 있는 근거를 마련하려는 것이었다.[6]

4) 지방자치의 구축기

참여정부는 압축성장시대의 중앙집권체제의 효율성이 더 이상 그 효과를 보지 못하고 오히려 국가발전의 저해요인이 되고 있음을 인식하여 지방분권의 시대적 요구를 수용해야 한다는 논리에서 3대 추진원칙과 4대 추진전략을 제시하고 있다. 즉, 국가와 지방정부, 시민사회의 연대를 바탕으로 한 선분권 후보완의 원칙, 지방자치단체의 행정업무를 주민에 가까운 지방자치단체에 배분하겠다는 보충성의 원칙, 행정사무를 이양함에 있어 중·대단위 사무를 중심으로 포괄적으로 이양한다는 포괄성의 원칙이 그것이다.[7] 추진전략으로는 선도과제 우선추진(중앙권한의 지방이양, 획기적인 재정분권 추진), 정부

---

5 ⊙법률 제6927호(2003.7.18) 지방자치법 중 다음과 같이 개정한다.
제7조제2항에 제4호를 다음과 같이 신설한다.
4. 국가의 정책으로 인하여 도시가 형성되고, 제106조의 규정에 의하여 도의 출장소가 설치된 지역으로서 그 지역의 인구가 3만 이상이고, 인구 15만 이상의 도농복합형태의 시의 일부인 지역
제32조제1항 각호외의 부분중 "지방의회의원은 명예직으로 하되,"를 "지방의회의원에게"로 하고, 동항 제1호 단서를 삭제한다.

6 ⊙법률 제7128호(2004.1.29) 지방자치법중개정법률 ; 지방자치법중 다음과 같이 개정한다.
제161조의2를 다음과 같이 신설한다. 제161조의2 (대도시에 대한 특례인정) 서울특별시와 광역시를 제외한 인구 50만 이상 대도시의 행정, 재정운영 및 국가의 지도·감독에 있어서는 그 특성을 고려하여 관계법률이 정하는 바에 의하여 특례를 둘 수 있다.

7 지방분권의 원칙은 대한민국의 단일성체제 내에서 지방자치단체의 다양성을 확보하는 기본 틀 속에서 도출되어야 한다. 따라서 참여정부가 제시하는 선분권 후보완의 원칙, 보충성의 원칙, 포괄성의 원칙은 단일국가체제 안에서의 지방분권의 논리에 맞게 보다 근본적인 차원에서 재조명되어야 한다. 즉, 국가와 지방자치단체간의 연계성을 보장한다는 차원에서 국가와 지방자치단체, 지방자치단체간의 연계성 강화(보장)의 원칙, 지방자치단체의 자율행정, 책임행정을 보장한다는 차원에서 지방자치단체의 자율·책임행정보장의 원칙, 주민에 가깝게 가는 자치행정을 보장한다는 차원에서 주민과 지방자치단체간의 관계밀접성 강화원칙을 제시함이 타당하리라 본다. 왜냐하면 참여정부가 내세운 3대 원칙은 위에서 밝힌 원칙의 하위적 개념이기 때문이다. 결국 선분권 후보완의 원칙은 우선 분권정책을 추진하고 난 이후 점진적으로 보완해 나간다는 참여정부의 의지로 이는 원칙으로까지 제시하지 않아도 이미 분권정책을 펼쳐 나가는 과정에 자연히 용인되고 내포되어지는 사안이기 때문이다. 또한 보충성의 원칙은 행정기능을 주민에 가까운 지방자치단체에게 우선적으로 배분하겠다는 것으로 주민에 가깝게 가는 자치행정의 보장원칙 내지는 주민근접성의 원칙에 흡인될 수 있는 사안이기 때문이다. 그리고 포괄성의 원칙은 행정사무를 이양함에 있어 중·대단위 사무

혁신과 연계추진(중앙의 행정·재정세제 개혁과 연계, 지방정부 혁신), 중앙부처의 자발적 참여유도(혁신과 기능이양에 대한 인센티브), 국민적 공감대 확산(정치권, 시민사회, 학계, 언론 등 여론수렴)을 제시하고 있다.

2. 지방자치법의 이론적 배경

우리나라 헌법은 제8장에서 지방자치의 기본원칙과 그 보장을 규정하고 있고, 이를 근거로 지방자치법을 마련하여 지방자치를 통한 민주주의 국가를 지향하고 있다. 즉, 국가로부터 자치권을 부여받아 일정한 독립적 성격을 갖는 지방자치단체가 그 지역 내의 공공사무를 지역주민의 자발적 참여를 전제로 하고 있다. 요컨대 '분권과 참여(decentralization and participation)'의 논리가 배태되고 있다. 즉, 단체자치의 논리가 헌법 제117조[8]에, 주민자치의 논리가 헌법 제118조[9]에 담겨있는 것이다(그림4-1 참조).

를 중심으로 포괄적으로 이양하겠다는 것으로 지방자치단체 자율행정의 보장원칙에 포함될 수 있는 사안이기 때문이다. 왜냐하면 행정사무를 지방자치단체에 포괄적으로 이양하겠다는 의지는 이양하는 사무로 인하여 지방자치단체 간에 감독의 관계가 형성되어서는 아니 된다는 중요한 사실을 내포하는 사안이기 때문이다. 요컨대, 지방자치단체의 자율행정을 어떻게 하면 보장 할 수 있을 것인가의 고민에서 포괄성의 원칙이 자연히 배태될 수 있었음을 인식하여야 할 것이다(최진혁, 2003 : 20-21).

8 헌법 제117조 ①지방자치단체는 주민의 복리에 관한 사무를 처리하고 재산을 관리하며, 법령의 범위 안에서 자치에 관한 규정을 제정할 수 있다. ②지방자치단체의 종류는 법률로 정한다.

9 헌법 제118조 ①지방자치단체에 의회를 둔다. ②지방의회의 조직 · 권한 · 의원선거와 지방자치단체의 장의 선임방법 기타 지방자치단체의 조직과 운영에 관한 사항은 법률로 정한다.

1) 헌법이 보장한 지방자치

<그림 4-1> 헌법이 보장하는 지방자치의 구조(헌법 제117조~118조)

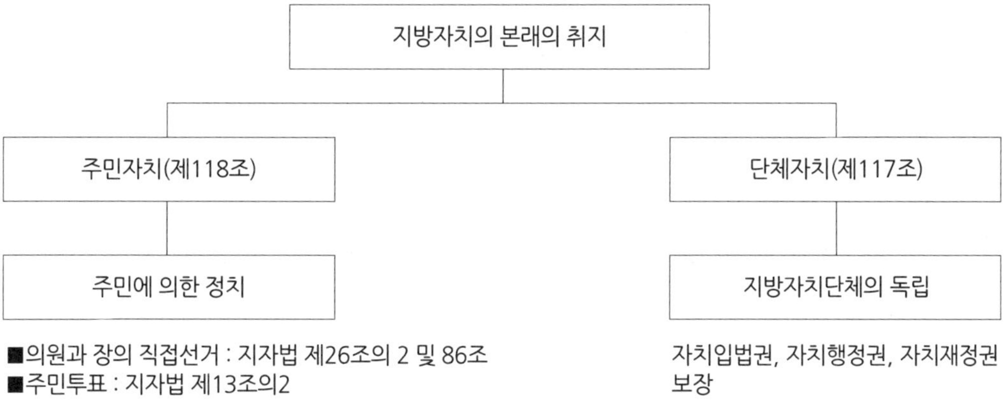

자료 : 천병태, 지방자치법, 2003 : 77

2) 지방자치와 지방분권

일반적으로 지방자치는 "일정한 지역과 주민을 기초로 하는 공공단체가 그 지역내의 공공사무를 지역주민의 의사에 따라 주민이 선출한 기관을 통하여 (또는 스스로) 주민의 부담으로 처리하는 과정"으로 이해된다(정세욱, 2004 : 7 ; 최창호, 1997 : 45-46). 여기서의 공공단체, 즉 지방자치단체는 국가로부터 자치권을 부여받은 독립된 법인격을 갖는 단체로서 그 전래된 자치권을 가지고 그들의 자율과 책임 하에 주민에게 보다 나은 공공서비스를 창출해야 하는 의무를 가지고 있다. 이러한 견해는 기본적으로 지방자치를 단체자치와 주민자치라는 두 가지 차원에서 파악하게 한다. 즉, 단체자치란 국가와 지방자치단체간의 관계를 중시하는 법률적 · 행정적 의미의 자치개념으로서 중앙정부에 대한 지방정부의 자율성 측면을 강조한다. 따라서 중앙정부와 지방정부간의 집권 · 분권 문제가 그 핵심주제가 된다. 반면 주민자치는 지방자치단체와 주민간의 관계를 중시하는 정치적 의미의 자치로서 지방정부에 대한 주민참여 내지 시민사회의 투입측면을 강조한다.[10] 따라서 주민의 지방자치단체에의 참여 내지 통제가 핵심문제가 된다.

---

10 오늘날 지방자치단체는 그동안 공공서비스 공급에 일방적이고 직접적인 책임을 지는 경향에서 이제는 민간부문, 자원봉사 영역 등 다양한 사회부문이 공동으로 참여하는 공공-민간 동반자적 주민서비스 공급체계로 변모하고 있다. 이는

이러한 이해에 기초한다면 지방자치는 중앙정부로부터의 '분권'과 지방정책과정에 대한 주민의 '참여'로 요약된다(홍준현, 2001 : 313).

3) 지방자치단체에 적용된 지방분권 : 지방분권의 조건

우리나라의 지방분권은 단체자치 국가에서 보는 바와 같이 국가의 통일성 내에서 지방자치단체의 다양성을 보장하는 것이라 볼 수 있다. 따라서 국가의 일정한 감독과 지방자치단체의 자율과 책임성을 강조하게 된다. 그런 측면에서 지방분권의 실현은 다음 3가지 조건을 존중할 때 이루어진다고 볼 수 있다(Baguenard, 1996 : 17-70).

(1) 지방사무의 존재

국가사무와 구별된 지방사무의 존재를 지방분권의 첫 번째 소여로 보고 있다(Rivero, 1990 : 394). 지방자치단체의 사무는 '지방의회의 자유로운 결정에 의해서 처리할 수 있다'고 규정할 수 있다. 이는 지방자치단체의 사무는 법률에 별도로 규정을 하지 않는 한 해당 자치단체의 이해에 관한 모든 사무(주민의 복리에 관한 모든 사무)가 지방자치단체의 자치사무로 된다는 것이다. 프랑스의 1884년 4월 5일 법에 따르면 지방사무는 지방자치단체에 관계되는 모든 분야에 관여할 수 있는 자치단체의 법률적 능력에 기초한 개념으로 파악하고 있다. 1983년 1월 7일 법률도 "코뮨, 데빠르트망과 레지옹은 그들 권한의 사무를 그들 협의에 처리한다"고 규정하여 포괄적 규정을 확인할 수 있다. 다만 추가적으로 지방자치단체가 행해야 할 기능을 자치단체마다 특화하여 구체적으로 규정하고 하고 있다. 지방사무의 개념은 매우 규정하기 어려운 일이나 지방자치단체 이해에 따라 지방자치단체가 수행할 것이 요청되는 업무로 볼 수 있을 것이다.

(2) 중앙권력으로부터의 독립적 지방기관(지방자치단체)

지방분권이 실현되려면 지방사무가 중앙정부로부터 독립된 지방기관에 의하여 책임있게 수행되어야 한다는 것이다. 즉, 중앙정부의 영향력 지배하에 자치단체의 기능이

과거의 관료나 정치엘리트에 의한 일방적인 통치가 아닌 사회의 다원적 참여구조(네트워크)를 통한 지배와 신자유주의철학을 토대로 한 시장경제원리에 바탕을 둔 '로컬 거버넌스(Local Governance)'의 개념으로 받아들이고 있다.

상실되어서는 아니 되고, 지방기관(자치단체)이 그들의 책임성을 완전히 행사할 수 있어야 한다는 것이다. 그러기 위해 지방자치단체가 재정자치를 행사할 법인격을 부여받아야 하고 주민의 의해 선출되어야 한다는 것이다. 이는 국가로부터 자치권을 부여받아 일정한 독립적 관계를 추구하여야 한다는 것이다.

(3) 자율적 관리

중앙권한에 독립적으로 존재하는 지방기관은 그들의 기능을 행사하는데 있어 실제의 자치를 혜택받고 누려야 한다는 것이다. 이러한 기능적 독립성은 지방사무의 자치행정을 자연히 허용하게 되는 것이다. 즉, 주민에 의해 선출된 기관에 의한 자유로운 행정(관리)이 되어야 한다는 것이다(분권화된 행정구현).

요컨대, 지방자치법은 지방분권과 주민참여의 논리를 펼칠 수 있는 내용을 담아야 할 것이다.

제3절 현행 지방자치법의 현황 및 문제점, 개정 또는 보완방안

현행 지방자치법은 제1장 총강, 제2장 주민, 제3장 조례와 규칙, 제4장 선거, 제5장 지방의회, 제6장 집행기관, 제7장 재무, 제8장 지방자치단체 상호간의 관계, 제9장 국가의 지도 · 감독, 제10장 서울특별시등 대도시행정의 특례에 관한 162개조와 부칙으로 구성되어 있다. 이 순서에 따라 논의되어야 할 규정들을 규정의 문제점과 개정 또는 보완방안으로 살펴보도록 한다.

1. 총강

1) 총칙 (목적)

(1) 규정의 문제점

지방자치법 제1조는 "이 법은 지방자치단체의 종류와 그 조직 및 운영에 관한 사항을 정하고, 국가와 지방자치단체와의 기본적 관계를 정함으로써 지방자치행정의 민주성과 능률성을 도모하며 지방의 균형적 발전과 대한민국의 민주적 발전을 기함을 그 목적으로 한다"고 규정하고 있다.[11] 이 규정은 우리나라 지방자치법이 '지방자치단체의 조직과 운영'의 전반에 관한 기본법으로서의 성격을 제시하는 규정으로 포괄적임을 알 수 있다. 그러나 지방자치를 헌법에서 보장한 취지에 부응하려 한다면 주민의 권리확충강화, 지방자치단체의 자주성 · 자율성 확대 · 강화, 지방자치단체의 행정운영의 효율성 증대와 공정성 내지 투명성 확보 등의 원칙을 제시하는 것이 보다 바람직 할 것이다.

또한 지방자치의 본질상 단체자치와 주민자치, 전래권설과 고유권설이 대립되고 있으나 입법적으로는 양 이념의 절충이 가능하며, 지방자치를 수행하고 있는 모든 나라들의 경우 일방적으로 단체자치적인 혹은 주민자치적인 요소만 가지고 있는 것이 아니기 때문에 우리나라의 지방자치도 절충형을 지향하는 것으로 이해될 수 있다. 따라서 지방자치법에 국가와 지방자치단체간의 관계(단체자치)뿐만 아니라 지방자치단체와 주민(주민자치)과의 관계를 존중하는 문언이 첨가되어야 할 것으로 본다. 즉, 주민참여, 대민행정서비스 강화 등의 내용이 첨가되어야 할 것이다.

(2) 개정 또는 보완 방안

예컨대 "이 법은 지방자치단체의 종류와 그 조직 및 운영에 관한 사항과 국가와 지방

11 1949년 지방자치법(1949.7.4 법률 제32호) 제1조는 "본법은 지방의 행정을 국가의 감독하에 지방주민의 자치로 행하게 함으로써 대한민국의 민주적 발전을 기함을 목적으로 한다"고 규정하였고, 1988년의 지방자치법(1988.4.6 법률 제4004호 전문개정) 제1조는 "이 법은 지방자치단체의 종류와 그 조직 및 운영에 관한 사항을 정하고, 국가와 지방자치단체와의 기본적 관계를 정함으로써 지방자치행정의 민주성과 능률성을 도모하며, 국가와 지방자치단체와의 기본적 관계를 정함으로써 지방자치행정의 민주성과 능률성을 도모하며 지방자치단체의 건전한 발전을 기함을 목적으로 한다"고 하였다.

자치단체와의 기본적 관계를 정하고 주민의 참여를 제도적으로 보장함으로써 지방자치행정의 민주성과 능률성을 도모하고 주민의 권익을 신장하며 지방의 균형적 발전과 대한민국의 민주적 발전을 기함을 그 목적으로 한다"(최승원, 2001 : 2). 이에 더하여 "지방자치단체의 조직과 운영의 기본원칙은 다음과 같다. ①주민의 권리확충강화원칙, ②지방자치단체의 자율행정의 보장원칙, ③지방자치단체의 행정운영 효율성증대 및 공평성(형평성) 내지 투명성 확보원칙"을 제시할 수 있다.

2) 지방자치단체의 종류 및 관할구역

(1) 규정의 문제점

지방자치법 제2조는 우리나라 지방자치단체의 종류를 광역자치단체인 특별시와 광역시 및 도, 기초자치단체인 시와 군 및 구(자치구)로 규정하여 도시자치단체와 농촌자치단체를 불문하고 2계층화하고 있다. 이 조항은 주민의 생활권 개념과는 거리가 있으며 주민자치를 수행하기에는 그 규모가 너무 크다는데 문제가 있다. 농촌의 경우 군보다는 읍 · 면이 생활권이 되고 있고, 대도시의 경우 광역생활권의 측면에서 자치구가 오히려 광역생활권을 방해하고 있다.

지방자치단체의 구역변경에 기초자치단체(시 · 군 및 자치구)의 관할구역 경계변경은 대통령령으로 하고 있는 반면 지방자치단체의 폐치 · 분합 내지 경계변경은 법률로 정하고 있어 광역 · 기초자치단체의 구역변경의 차이를 두고 있다.

(2) 개정 또는 보완방안

지방자치단체의 구역변경은 당해 구역에 거주하는 주민의 생활권에 영향을 주기 때문에 반드시 주민의 의견수렴절차를 거치게 할 필요가 있다. 따라서 법률 또는 대통령령으로 정하기 전에 주민의 의사를 반영할 수 있도록 "주민의 투표에 의한다"는 부분이 보완되어야 할 것이다. 아울러 주민의 연대감을 존중하는 측면에서 주민청문절차도 구역변경의 필요적 요건규정으로 명문화하여 이를 거치지 않은 구역변경은 적법절차 위반으로 위법 · 무효화시킬 수 있도록 하여야 한다(최승원, 2001 : 4).

지방자치단체로서의 법인격은 광역 · 기초를 불문하고 대등한 관계이므로 기초자치단체의 구역변경도 법률로 정하는 것이 타당할 것이다.

3) 지방자치단체의 기능과 사무

(1) 규정의 문제점

우리나라의 기능배분은 예시적 포괄주의를 기본으로 하고 예외적으로 특례주의를 채택하고 있다. 즉, 지방자치단체가 처리할 수 없는 국가사무를 열거하면서(지자법 제11조) 지방자치단체의 사무를 기능영역별로 예시하는 방식(지자법 제9조)을 채택하고 있다. 즉, 지방자치단체는 그 관할구역의 자치사무와 법령에 의하여 지방자치단체에 속하는 사무(위임사무)를 처리한다. 그러나 법률에 이와 다른 규정이 있는 경우에는 예시한 사무라도 처리할 수 없도록 하고 있다. 그리고 지방자치단체의 종류별 사무기준(지자법 제10조)을 광역 · 기초자치단체별로 제시하고 있지만 국가와 지방자치단체간, 상급자치단체와 기초자치단체간의 감독(통제)관계가 뚜렷한 현 실정에서는 그 실효성을 얻기가 어렵다. 따라서 주민에 가까운 기초자치단체보다 광역자치단체에게 보다 많은 권한과 사무가 집중될 수밖에 없다.

(2) 개정 또는 보완방안

우선 지방자치의 본질에 충실하여 기초자치단체에게 보다 실질적인 권한을 이양해야 한다. 그러기 위해서 성질상 전국에 걸쳐 획일적 · 통일적 처리를 요하는 기능과 사무를 제외하고는 모든 기능을 지방자치단체에 이양하여야 하며, 지방자치단체는 당해 자치단체와 이해관계가 있는 모든 사무를 처리할 수 있도록 하여야 한다. 그리고 국가가 지방자치단체에게, 상급지방자치단체가 하급지방자치단체에게 권한을 이양함에 있어 그 이양할 권한으로 인하여 양자간에 감독관계가 설정되어서는 안된다. 따라서 권한이양으로 인한 자치단체간의 감독금지원칙을 첨가하여야 할 것이다.

3) 자치단체 기관구성형태

현행 지방자치법은 지방자치단체의 정부구성형태에 대한 언급이 없다. 의결기관과 집행기관과의 권력의 분장관계를 어떻게 해야 할지 각 지역의 특성에 맞는 조직구성을 할 수 있도록 해 주어야 한다. 따라서 획일적인 기관대립형 정부조직을 지양하여 기관통합형, 의회-관리관형, 의회-집행위원회형, 주민총회형과 같은 정부형태를 자치단체가 자율적으로 선택할 수 있도록 한다.

2. 주민

지방자치의 본질에 충실하기 위하여는 지방자치단체의 정치행정게임에 주민참여를 활성화하고 주민에 의한 통제를 받는 장치를 마련해야 한다. 그런 측면에서 주민투표제, 주민발안제, 주민소환제 등의 직접참정제도를 제도화할 필요가 있다.

1) 주민참여의 제도화·활성화

(1) 규정의 문제점

지방자치법 제13조의 2(주민투표)는 "①지방자치단체의 장은 지방자치단체의 폐치 · 분합 또는 주민에게 과도한 부담을 주거나 중대한 영향을 미치는 지방자치단체의 주요 결정사항 등에 대하여 주민투표에 붙일 수 있다. ②주민투표의 대상 · 발의자 · 발의요건 · 기타 투표절차 등에 관하여는 따로 법률로 정한다"고 규정하고 있다. 그러나 관련법률을 제정하지 않고 있어 주민투표는 사문화된 상태이다. 이는 지방자치의 본질상 명백한 입법부작위로 간주된다(최승원, 2001 : 5).

지방자치법 제13조의 4(주민의 감사청구)는 "지방자치단체의 20세 이상의 주민은 20세 이상의 주민 총수의 50분의 1의 범위 안에서 당해 지방자치단체의 조례가 정하는 20세 이상의 주민 수 이상의 연서로 시 · 도에 있어서는 주무부장관에게, 시 · 군 및 자치구에 있어서는 시 · 도지사에게 당해 지방자치단체와 그 장의 권한에 속하는 사무의 처리가 법령에 위반되거나 공익을 현저히 해한다고 인정되는 경우에는 감사를 청구할 수 있다”고 규정하고 있다. 그러면서 수사 또는 재판에 관여하게 되는 사항, 개인의 사생활을 침해할 우려가 있는 사항, 다른 기관에서 감사하였거나 감사중인 사항(다만 다른 기관에서 감사한 사항이라도 새로운 사항이 발견되거나 중요사항이 감사에서 누락된 경우는 그러하지 아니하다)은 감사청구의 대상에서 제외시키고 있다. 이 규정은 법령에 위반되는 경우는 차치하고 “공익을 현저히 해한다고 인정되는 경우”는 다분히 자의적으로 해석될 수 있다. 따라서 판단을 내릴 수 있는 주체 혹은 판단기관에 대한 적법한 설명이 필요하다.

(2) 개정 또는 보완방안

지방자치단체의 폐치 · 분합이나 지방자치행정조직의 구성형태의 변경 또는 당해 지역과 주민에게 중대한 영향을 미치는 사안과 같이 지방자치의 본질적 요소와 직결되는 중요사항에 관한 국회의 입법이나 지방자치단체장의 결정 및 당해 지역 주민의 전체적 의사를 구할 필요가 있는 사항에 관하여는 지방자치의 본질상 반드시 주민투표를 거치도록 지방자치법을 개정할 필요가 있다(최승원, 2001 : 5). 그리고 사안의 중요도에 따라 의무적 · 임의적 주민참여제를 다음과 같이 도입할 수도 있을 것이다(최진혁, 2002 : 342-343). 예를 들면 다음과 같다.

① 의무적 주민참여

도시계획의 시행에는 의무적 주민참여 원칙을 제시할 수 있다.[12] 왜냐하면 도시계획으로 인하여 주민의 생활환경이 크게 변하여 삶의 변화를 초래하기 때문이다. 주민참여 없이 이루어진 도시계획은 불법으로 간주하게 한다.

② 임의적 주민참여

지방의회와 주민과의 대화를 활성화하기 위해 중간구조인 시특별위원회(extra-municipal)를 설정할 수도 있다. 이를 통하여 주민들은 임의적으로 구성된 중간기구에 의한 참여와 주민이 직접적으로 상담 수단을 통해 참여할 수 있을 것이다.

12 프랑스 사례 : 파리·리용·마르세이유 행정조직에 대한 1982년 12월 31일 법률은 지역연합을 선호하여 주민의 완전한 근원적인 참여방식을 설정하고 있다.

③ 정보공개 권리(행정행위 투명성의 원칙)

지방행정관청의 행위에 관한 주민의 알 권리로서의 정보공개제도를 발전 정착시켜야 한다. 그러나 행정정보의 공개로 개인의 프라이버시나 기업의 이익에 침해를 주거나, 행정의 공정하고 적절한 운영에 현저히 지장을 주거나, 주민 전체의 이익을 훼손하는 등의 문제가 발생할 수 있다. 따라서 정보 이용 · 공개 등을 통제하는 목적한정제를 규정하며, 비공개 대상을 설정해야 한다.

참고로 프랑스 지방자치단체의 정책결정의 공개상황은 다음과 같다.

1992년까지 시읍면행위에 대해서는 게시판 공고는 의무적이었다. 의사결정록(registre des délibérations)에 기입등록하지 않으면 의결의 유효성은 상실되는 것으로 보았다. 그러나 이러한 방식은 도나 지역자치단체의 행위에 대해서는 불충분한 것이었다. 왜냐하면 자기 지역기관이 행한 일반적 행위(정책결정)를 알기 위해 그 도청이나 지역청으로의 거리이동이 모든 주민에게 용이하지 않았기 때문이다. 마찬가지로 도의 행위는 도행정행위모음집(Recueil des actes administratifs départementaux)에 공개해야만 했다.

1992년 2월 6일 법은 자치단체 정책결정에 대한 공개성에 대해 지방자치단체의 의무를 더 한층 강화하였다. 따라서 지방자치단체의 의결기관이나 집행기관에서 행한 모든 규제적 성격을 갖는 행위(tous les actes à caractère réglementaire)는 공개의 의무를 지고 있다. 마찬가지로 3500명 이상의 모든 시읍면은 행정행위모음집(Recueil des actes administratifs)을 개설할 의무를 지게 되었다. 여기에서 규제적 성격의 의결조치들은 공개하도록 하고 있다(Baguenard & Becet, 1995 : 100). 특히 공개의 의무를 더욱 강력하게 요구하고 있는 분야는 다음과 같다(Baguenard & Becet, 1995 : 101-102).

- 1982년 1월 7일 법 4조에 예시된 기준 내에서 직 · 간접적 도움에 의한 경제적 발전을 도모하고자하는 목적에서의 정책의결사항
- 농촌주민의 기대만족에 필요한 서비스 유지의 보장을 위한 의결, 혹은 어려움에 직면한 기업에의 도움을 주기 위한 의결사항
- 공공서비스 위탁조건을 허락하는 의결사항

2) 명예시민제도의 활용

외국인에 대한 명예시민제도를 활용해야 한다.

3. 조례와 규칙

국가와는 별개의 법인격이 부여되고 그 독자적 사무가 인정되는 지방자치단체는 이러한 사무를 처리하고 존립하기 위해 자치권에 근거하여 당해 관할구역 내에 적용할 자치법규를 행사하게 된다. 지방자치의 제도적 보장을 약속하고 있는 우리의 헌법정신에 비추어 볼 때 자치입법권은 보다 강화될 필요가 있다.

1) 규정의 문제점

지방자치법 제15조(조례)는 "지방자치단체는 법령의 범위 안에서 그 사무에 관하여 조례를 제정할 수 있다. 다만, 주민의 권리제한 또는 의무부과에 관한 사항이나 벌칙을 정할 때에는 법률의 위임이 있어야 한다"고 규정하여 법령우위에 의한 조례제정권의 한계를 밝히고 있다. 이 경우 그 '법령의 범위 안에서---'의 뜻이 무엇이냐가 주요한 의문이 되는데 '법령의 위임 하에서' 또는 '법령에 근거하여'로 해석하는 경우가 많아 자치입법권의 범위는 그만큼 낮다고 볼 수 있다. 따라서 자치단체의 고유사무에 관하여는 '법령에 위반되지 않는 한도 내에서' 조례를 제정할 수 있다는 의미, 즉 법령의 규정이나 입법취지에 저촉되지 않는 한 조례를 제정할 수 있는 것으로 받아들여야 할 것으로 본다.

또한 "주민의 권리제한 또는 의무부과에 관한 사항이나 벌칙을 정할 때에는 법률의 위임이 있어야 한다"고 규정하고 있는데, 이는 지방자치의 본질이 지방자치단체가 일정한 지역에서 자치적 재원과 자주적 결정으로 지역주민의 복지서비스를 창출한다고 본다면 당연히 권리제한과 의무부과를 수반하게 될 것이기 때문에 합당한 규정이라고 보기 어렵다(하혜수·최영출, 2000 : 39).

또한 조례는 상급자치단체의 조례나 규칙에 위반해서는 아니 되는 (지자법 제17조, 제8조 3항) 상위법규 우위에 의한 조례제정권의 한계를 밝히고 있다. 이 경우는 시 · 도가 단체위임형식으로 시 · 군 · 자치구에 위임한 사무의 경우에 특히 적용되는 것으로 기초자치단체의 자율적인 행정권 수행에 대한 제약으로 작용하고 있다.

2) 개정 또는 보완방안

지방자치단체의 자치입법권을 확대하기 위해서는 우선 지방자치법 제15조의 개정이 필요하다. 즉 "법령의 범위 안에서"를 "법령에 위반하지 않는 범위 안에서"로 전환되어야 한다. 법령에 위반하지 않는 조례로는 첫째, 당해 사항을 규율한 국가의 법령이 없고 국법상 완전히 공백상태에 있는 사항에 관하여 정하는 조례, 둘째, 국가법령이 규제하고 있는 사항과 동일한 사항에 관하여 당해 국가법령과 다른 목적으로 규제하는 조례, 셋째, 같은 경우에 국가법령이 규제의 범위 외에 두고 있는 사항을 규제하는 조례 등을 둘 수 있다(김철수, 1997 : 901). 또한 주민의 권리제한과 의무부과 등을 규정한 지방자치법 제15조의 단서규정을 엄격히 제한하여 해석할 필요가 있다. 이에 대한 논란을 피하기 위해 법률에서 주민의 권리제한과 의무부과에 대해 조례를 정할 수 있는 근거를 명확히 할 필요가 있다(홍준현, 2001 : 327).

4. 선거

선거제도는 근대 민주정치에 있어 주민의 의사를 국정(도정 · 시정)에 반영하는 국민참정제도로서 가장 중요한 기제로 간주된다. 주민의 자유의사에 따라 자치단체의 장, 의원을 어떻게 하면 공정하게 선거하여 민주정치에 기여할 수 있는가에 대한 고민이 필요하다. 따라서 지방자치법에서 위임된 지방의회의원의 정수와 선거구 획정, 지방선거에서 정당공천 허용 또는 배제, 불법타락선거를 방지하고 공명선거 확립 등에 대한 논의가 필요하다.

1) 의원정수의 기준

(1) 규정의 문제점

지방의회의원이 주민의 대표로서의 지위를 가지려면 이론상 인구비례에 따라 의원정수를 정해야 한다. 그러나 우리나라는 인구를 고려함이 없이 기초의원 정수는 읍 · 면 · 동마다 1인을, 광역의원 정수는 자치구 · 시 · 군 또는 국회의원 지역선거구마다 2인을 뽑고 있다. 다만 인구규모에 따라 초과인구수에 의한 가산정수를 더하는 보완책에 그치고 있다.[13]

(2) 개정 또는 보완방안

지방의회의원정수는 전면적으로 인구비례에 따라 결정해야 할 것이다. 따라서 지방자치법에 각 인구규모에 따른 의원정수를 산정하여 제시해 주어야 할 것이다.

2) 지방선거에서 정당공천 허용 또는 배제의 문제

(1) 규정의 문제점

현행 공직선거법은 지방자치단체장과 광역의원후보에 대해서는 정당추천을 허용하고 기초의원 후보에 대해서는 이를 금지하고 있다. 그러나 실제로는 정당들은 기초의원후보를 내천하고 있어 중앙정당이 지방선거에 깊이 관여하고 있다. 이렇듯, 지방선거에서의 정당공천제도는 중앙당의 지방관여로 인하여 지방자치라는 본래의 의의가 퇴색되는 결과를 가져왔다. 그리고 기초지방자치단체의 장의 선거에 정당참여를 허용

13 시·도의 지방의회의원 정수는 그 관할구역 안의 자치구·시·군(하나의 자치구·시·군이 2이상의 국회의원 지역선거로 된 경우에는 국회의원지역선거구를 말하며, 행정구역의 변경으로 국회의원지역선거구와 행정구역이 합치되지 아니하게 된 때에는 행정구역을 말한다)마다 3인으로 하되, 인구 30만을 넘는 자치구·시·군에 있어서는 30만을 넘는 매 20만까지 마다 1인을 더하고 인구가 7만 미만이 되는 자치구·시·군은 2인으로 한다. 제1항의 기준에 의하여 산정된 의원정수가 23인 미만이 되는 광역시는 그 정수를 23인으로 하고, 17인 미만이 되는 도는 그 정수를 17인으로 한다(공직선거 및 선거부정방지법 제22조). 자치구·시·군의 자방의회의원 정수는 그 관할구역 안의 읍·면·동마다 1인으로 하되, 인구 2만을 넘는 읍·면·동에 있어서는 2만을 넘는 매 2만까지 마다 1인을 더한다. 이 경우 그 기준에 의하여 산정된 의원정수가 7인 미만이 되는 때에는 그 정수를 7인으로 하고, 45인을 넘는 때에는 그 정수를 45인으로 한다. 다만 인구가 70만을 넘는 때에는 그 정수를 50인으로 한다(공직선거 및 선거부정방지법 제23조).

하는 것과 관련하여 유독 기초지방자치단체 의회의원선거에서만 정당공천을 배제하고 있는지 알 수가 없다. 법논리적으로 볼 때 형평성에 위배된다(최승원, 2001 : 8).

(2) 개정 또는 보완방안

지역당파적 폐해가 심각한 우리의 경우 지방선거에 정당참여 배제주장이 일응 설득력이 있다. 그러나 지방자치의 본질상 정당참여를 배제할 법적 논거를 제시하기 어렵고 지방선거에 정당참여를 배제하는 것으로써 근본적인 문제해결이 될 것으로 기대할 수는 없다. 지방선거에서의 정당공천을 허용하느냐 배제하느냐의 문제는 지방자치의 이념과 현실 사이의 간극을 극복함에 있어서 어느 것이 보다 바람직한 것인가의 관점에서 접근할 문제이나, 적어도 굳이 기초지방자치단체의 지방의회에 대해서만 정당공천을 배제할 법리적 근거는 없다고 하겠다(최승원, 2001 : 8).

3) 선거비용, 정치자금의 투명성 확보

선거비용은 되도록 축소되어야 하고 투명하게 사용되어야 한다. 따라서 선거에 소요되는 비용은 철저하게 주민 수에 맞추어 그 한도액을 정할 필요가 있다. 그리고 후원금을 받을 수 있는 한도액도 정해주어야 하고, 깨끗지 못한 후원금(예 : 도박으로 취득한 금액)은 사용할 수 없게 한다. 한편 선거공영제를 확대해나가야 하지만 그에 따른 부작용을 막기 위한 제도를 규정해 주어야 할 것이다. 즉, 선거공영제를 실시하면 그 비용전액을 국가 또는 지방자치단체가 부담하게 되어 많은 인사가 선거에 출마하려 할 것이다. 즉, 후보자 난립현상을 예기할 수 있기 때문에 추천받을 선거권자수를 늘리고 후보자등록 기탁금을 대폭 인상하는 규정을 삽입하여야 할 것이다.

4) 피선거권자의 거주기간

현행법은 피선거권의 거주요건으로 선거일 현재 계속하여 60일 이상 당해 지방자치단체의 관할 구역 안에 주민등록이 되어있어야 할 것을 요구하고 있는데(공직선거 및 선거부정방지법 제16조 제3항), 이는 지역사정에 밝은 인사가 지역대표가 되어야 한다는 논리에서 그 기간을 연장해야 할 것이다.

5) 외국인의 참정권부여

현행법은 우리나라 국민에게만 선거권과 피선거권을 부여하고 있다. 따라서 장기체류하는 외국인일지라도 지방자치법상 참정권을 가질 수 없다. 지방자치단체에 장기체류하고 있는 외국인과 근로자에게 인권과 권익보호차원에서 해당 지방자치단체의 총거주인구 대비 일정비율 이상일 경우에는 이들의 참여를 전적으로 배제하는 것이 바람직스럽다고 여기기 어렵다. 따라서 외국인에게 선거권 · 피선거권을 부여하기는 어렵다고 하더라도, 주민통합과 외국인 협력 도모 및 국내외 인적 교류확대와 해외동포의 상호주의적 권익보호 차원에서 적절한 제도적 장치가 필요할 것이다(최승원, 2001 : 9).

5. 지방의회

지방의회와 관련하여 국내 학계에서는 주로 정당 참여의 문제, 자치입법권의 강화문제, 지방의원의 유급제 및 지방의원의 전문성 강화문제 등에 관심을 피력하였다. 이러한 논의의 기본인식은 지방의회의 위상을 높이고 권한을 강화하는(지방의회의 역량강화) 방향에서 찾아야 할 것이다.

1) 권한

우리나라는 지방의회의 권한이 자치단체장에 비하여 미약한 실정이다. 따라서 지방의회의 위상을 높이고 권한을 강화하여 실질적인 견제와 균형이 이루어질 수 있도록 법과 제도를 정비해야 한다. 그러한 맥락에서 자치입법권의 강화, 지방의원의 전문성, 지방의회 운영의 전문화, 지방의회와 집행기관간의 권한의 균형화, 지방의회의 주민에 대한 밀접성(접근성 용이 : 지방의회의 시민참여 활성화)확보를 위한 조치가 이루어져야 한다.

2) 사무처 직원 인사권

지방자치법 제83조 제2항은 “사무직원은 지방의회의 의장의 추천에 의하여 당해 지방자치단체의 장이 임명한다”고 규정하고 있다. 우리나라는 기관대립형의 지방정부구성형태를 가지고 있음에도 유독 자치단체장에게 의회소속 공무원의 인사권을 부여하고 있는 것은 균형의 논리에 반한다고 할 것이다. 지방의회의장의 지휘 · 감독으로 지방의원의 의정활동을 보필해야 할 책무를 가진 의회사무처직원들이 자치단체장의 눈치를 살피고 있으며, 의회로부터는 집행부의 스파이로 오해받고 있는 실정이다. 따라서 지방의회의장에게 사무처직원의 인사권을 부여해야 한다. 다만 지방의회 사무처(국-과)의 규모가 작아 인사행정상 문제가 있으므로 지방공무원법을 개정하여 의회행정직을 신설하고, 시 · 도단위로 의회소속 공무원들의 인사를 하는 방안도 강구할 필요가 있다. 시도의회의장과 관내 시 · 군 · 자치구의회의장들로 인사위원회를 구성하여 이 위원회가 시 · 도의회-시 · 군 · 자치구의회 상호간의 인사교류, 승진 등을 심의 · 결정하되, 해당의회 내에서의 보직인사는 의장이 하도록 해야 할 것이다(정세욱, 2002 : 14).

3) 의원의 유급제

지방의회 의원은 명예직으로 하되 지방의원의 직무수행량을 감안하여 의정활동비와 여비, 회기수당 등을 지급하고 있다(지자법 제32조). 따라서 명예직의 의미는 이미 퇴색된 것이라며 지방의원의 전문성 내지 자질 제고를 위해서는 유급직으로 전환하는 것이 바람직하다는 논리이다. 그러나 지방의회의원의 유급직 전환이 일응 타당할는지 모르지만 지방의원은 주민의 대표자이자 봉사자로서의 기능을 제1의적 사명으로 하고 있기 때문에 그 기본정신은 유지되어야 할 것으로 보인다. 따라서 효율적인 의정활동을 수행하기 위해서 유급제에 상응하는 보수제도를 정착할 필요가 있다. 즉, 인구규모에 따른 각각의 지방자치단체에 최고 수당액을 담고 있는 수당표 내에서 각 지방의회의 자유스러운 결정에 따라 행하게 할 수 있다(최진혁, 1999 : 71).[14]

4) 의장 또는 의원의 제척

지방자치법 제62조는 "지방의회의 의장이나 의원은 본인, 배우자, 직계존비속 또는

14 예를 들어 프랑스 지방의회의원은 공직지표계의 최종지표(l'indice brut terminal de l'échelle indiciaire de la fonction publique)에 해당되는 지급액의 준거에 의해 결정된다. 즉, 지방의원은 자치법규에 의회의원의 직무나 기능, 해당 자치단체의 인구규모에 따라 변화하는 수당체계를 예시하고 있다. 즉, 그 금액은 국사원 정령(decret en Conseil d'Etat)에 의해 결정된 한계치 범위 내에서 공직처리지수의 근거기준에 의하여(최종지수의 40-70%사이), 또한 인구규모에 따라 결정된다. 물론 최고수당액 결정은 지방의회의 협의에 의해 결정된다(Dosière, Fortier et Mastias, 1994 : 70-71 ; 최진혁, 1999 : 71).

형제자매와 직접 이해관계가 있는 사건에 대하여는 그 의사에 참여할 수 없다. 다만, 의회의 동의가 있는 때에는 의회에 출석하여 발언할 수 있다"고 규정하고 있다. 그러나 지방의회의 결정사항과 관련있는 의원의 의사참여가 배제될 수 없기 때문에 지금 규정보다는 제척대상을 확대적용할 필요가 있다. 예컨대, 지방의원의 배우자, 직계존비속, 형제자매뿐만 아니라 법률상 대리권을 가지는 자연인 또는 법인도 포함시켜야 할 것이다.

6. 집행기관

1) 자치조직권 (집행기관의 자치역량강화)

(1) 규정의 문제점

지방자치법은 헌법에 의거하여 지방의회의 조직과 권한, 의장 · 위원회, 자치단체장의 선거, 보조기관 · 소속행정기관 · 하부행정기관 등 지방자치단체의 조직의 대강을 규정하고 있으며, 그 밖의 구체적인 조직사항에 관하여는 각 지방자치단체로 하여금 일정한 범위 안에서 자치입법, 의결 등의 형식으로 스스로 조직하거나 또는 조직에 참여할 수 있는 권능을 부여하였다. 따라서 실정법상으로는 각 자치단체가 그 지방의 실정에 맞는 조직을 편성할 수 있는 자치조직권을 어느 정도 가지고 있다 할 것이다. 그러나 현재 지방자치단체의 부단체장, 행정기구, 공무원, 소속행정기관 등에 관한 사항을 대통령령으로 정하게 되어 있으므로(지자법 제101조-제107조) 자치조직권의 폭은 매우 좁다고 할 것이다(정세욱, 2004 : 167). 즉, 시 · 도의 부시장 · 부지사를 국가공무원으로 보하고 부단체장의 직급을 대통령령으로 하고 있다. 시 · 도와 시 · 군 · 구의 행정기구도 대통령령으로 정하고 있어 지방자치단체의 특성을 살리지 못하고 있다.[15]

15 예컨대 인구 200만명 이상인 도는 10개局을, 200만명 이하인 도는 8개局을 두도록 대통령령에 규정하고 있는데 인구 199만명인 도와 201만명인 도의 행정수요에 무슨 차이가 있다고 局의 수를 2개나 차이를 두고 있는지 알 수 없다는 것이다(정세욱, 2002 : 15).

(2) 개정 또는 보완(자치조직권의 강화)

지방자치단체가 그 지역의 실정에 맞는 조직을 편성할 수 있도록 자치조직권을 확대해주어야 한다. 그러기 위해서는 지방자치법, 지방자치법 시행령, 지방자치단체의 행정기구와 정원기준 등에 관한 규정 등에 언급하고 있는 각종 규제조항이 철폐되어야 할 것이다. 특히 지방자치단체간의 균형과 규모의 적정화라는 명목으로 행정자치부로부터 시달되는 조직관리지침은 자치조직권을 저해하는 수단이 되므로 그 시정이 요구된다(홍준현, 2001 : 328). 이러한 맥락에서 지방자치단체의 부단체장, 행정기구 · 공무원 · 소속행정기관 등에 관한 사항이 대통령령으로 정하게 되어 있는 사항(지자법 제101조-107조)도 자치권 강화에 부응하는 방향에서 그 개정이 요구된다. 조직인사권과 관련하여 지방자치단체에 근무하는 모든 공무원을 지방공무원으로 전환하고 자치단체장이 인사권을 행사할 수 있도록 해야 한다. 부시장 · 부지사를 지방공무원으로 보하되 그 자격과 직급, 정원, 기타 필요한 사항을 그 자치단체의 조례로 정할 수 있도록 해야 한다. 더 나아가 필요하다면 현행 부단체장 제도를 폐지하고 총괄관리관제도를 도입하여 단체장에게는 정치적 기능을, 총괄관리관에는 행정적 기능을 각각 분담토록 하는 방안도 고려해볼 수 있다.

특히 지방자치단체의 공무원정원을 조례로 정하지 않고 행정자치부가 승인권을 가지고 있음은 자치조직권에 배치된다. 정원책정을 자치단체의 자율에 맡길 경우 업무량에 비해 정원을 증대할 우려가 있어 지방공무원 정원책정권을 자치단체에 부여할 수 없다면 현행 총정원제에서 총비용제로 전환함이 바람직하다.[16]

2) 지방자치단체장에 대한 견제

임기제로 주민의 직선에 의해 선출되는 지방자치단체장이더라도 정치적 신임을 전제로 임기가 보장되는 것이므로 주민의 의사에 반하는 행동(무분별한 난개발, 선심행정, 예산낭비 등)을 했을 때 임기 전에 해임시킬 수 있도록 해야 한다. 다만 이 제도는 정치적으로 반

16 지방자치단체의 재정력을 기준으로 하여 자치단체를 5개 내지 8개群으로 분류하고 각 자치단체群별로 자치단체의 총 예산액 중 인건비비율이 30%, 40% 또는 50%를 초과할 수 없도록 제한한다면 그 인건비 비율의 범위 내에서 자치단체가 정원을 신축적으로 운영할 수 있을 것이다. 만일 지방자치단체가 공무원 수를 다소 증원하여 그 이상의 수입을 올릴 수 있다면 굳이 증원을 막을 필요가 없기 때문이다(정세욱, 2002 : 15).

대파가 악용할 소지가 있기 때문에 남용방지절차를 마련해야 할 것이다. 예컨대, 선출 후 또는 퇴임전 1년 이내에는 소환할 수 없도록 하고, 소환절차도 일정 수의 의원 또는 주민신청에 의한 의회의 특별정족수 의결로 소환을 발의하고 유권자인 주민 유효투표수의 과반수 이상의 찬성으로 소환신청을 의결할 수 있게 하는 방안을 고려할 수 있다.

3) 자치단체장 리더십 전이(사무인계)

지방자치법 제97조는 "지방자치단체의 장이 퇴직하는 때에는 그 소관사무의 일체를 후임자에게 인계하여야 한다"고만 규정하고 있을 뿐 당선확정후 취임까지 짧은 기간 속에 당선자의 인수활동 및 방법과 지원에 대한 구체적인 법규정이 없는 실정이다. 단체장 취임초기단계의 조직혼란과 행정의 공동화현상에서 오는 비용을 줄이고 나아가 행정의 지속성과 안정성을 확보하는 것이 자치행정의 주요한 과제가 될 것이므로 이에 대한 법규보완이 필요하다. 단체장 당선자가 이 인계인수기간에 무엇을 어떻게 하느냐에 따라서 전 임기에 걸친 행정성과에 지대한 영향을 미칠 수 있기 때문이다. 대체로 다음과 같은 점을 고려해야 할 것으로 본다.

① 인계인수 활동과 절차에 관한 법적 · 제도적 장치를 마련한다.

② 선거일 조정 : 성공적인 인수인계가 되기 위해 선거 후 취임일정 등을 감안하여 선거일을 조정해야 한다.

③ 현직 단체장의 선거운동의 문제

④ 인수위원회의 구성 : 전 · 현직 공무원뿐만 아니라 민간분야의 분야별 정책전문가, 그리고 시민운동가들을 균형 있게 구성해야 한다.

⑤ 관련자료 엄중 인계 : 지방자치단체장직 인계인수가 있을 때마다 관련 자료들을 모두 보관하여 차후에 다음 단체장에게 참고할 수 있는 제도적 장치를 마련하여야 한다.

7. 재무

우리나라 지방세의 종목과 세율은 지방세법에 의해서만 정할 수 있고(헌법 제59조) 지방자치단체가 그 지역의 특수한 세원에 대하여 세목을 설치할 수 없게 하고 있다. 즉,

지방자치단체의 조례에 의한 법정외세제도를 인정하지 않고 있어 자치단체의 재정적 자주성이 미약한 실정이다. 그러므로 자치재정권의 강화측면에서 지방자치단체에 자주적 과세권을 인정해 주어야 한다. 따라서 국가가 법률로 정한 세목 이외에 자치단체가 조례로서 지방세의 세목, 과세객체, 과세표준, 세율 등을 정하여 부과 · 징수할 수 있어야 한다.

8. 지방자치단체 상호간의 관계

각 지방자치단체는 독립적이지만 자치단체간의 공동의 이익(이해)에 관련되는 분야에서는 서로 긴밀하게 협력하여 생산성 있는 정치 · 행정운영을 도모해야 한다. 특히 현대 자치행정은 그 업무가 복잡하고 전문성을 띤 경우가 많기 때문에 자치단체 독자적으로 행하기에는 일정한 한계가 있다. 따라서 광역행정수행방식의 구체적 조항이 마련되어야 할 것이다. 예를 들면 광역행정 운영조직, 계약내용, 재원수단 등의 내용을 규정해주어야 할 것이다. 그리고 지방자치법 제140조는 지방자치단체 상호간의 사무를 처리함에 있어서 분쟁이 발생할 경우 행정자치부장관 또는 시 · 도지사가 당사자의 신청에 의하여 조정하거나 조속한 조정을 요할 때에는 직권으로 조정할 수 있도록 하고 있다. 그런데 이러한 자치단체간의 분쟁을 조정함에 있어 지방의회의 역할을 배제하고 있다. 따라서 자치단체간의 분쟁을 조정함에 있어 주민자치의 이념을 실현한다는 차원에서 주민의 참여 내지는 대표기관(지방의회)의 역할을 강조하는 규정이 필요할 것으로 보인다. 즉, 지방자치단체간의 분쟁을 처리함에 있어 상급자치단체의 장의 조정에 앞서 당해 지방자치단체의 주민과 의회 상호간의 조정절차를 규정해주어야 할 것이다.

9. 국가의 지도 · 감독

우리나라의 자치행정권에 대한 중앙정부의 관여와 감독은 매우 강한 것으로 나타나고 있다. 즉, 지방자치법에 의하면 주무부장관은 지방자치단체장의 명령, 처분에 대한 취소 · 정지권, 위임사무 불이행에 대한 직무이행명령권 및 대집행권, 자치사무에 대한 감사권을 가지고 있어 자치행정권이 근본적으로 침해되고 있다(정세욱, 2000 : 172-175). 그 구체적 내용은 다음과 같다.

1) 규정의 문제점

(1) 취소 · 정지권 : 자치단체의 사무에 관한 장의 명령이나 처분이 위법하거나 또는 부당하여 공익을 해한다고 인정될 때에는 시 · 도지사에 대하여는 주무부장관이, 시 · 군 및 자치구의 장에 대하여는 시 · 도지사가, 기간을 정하여 서면으로 시정을 명하고, 그 기간 내에 이행하지 않을 때에는 이를 취소하거나 정지할 수 있다. 다만 자치사무에 관한 명령이나 처분은 법령에 위반한 것에 한한다(지자법 제157조 제1항)고 하였다. 즉, 자치사무에 관한 단체장의 명령 · 처분이 위법하다고 판단되거나, 위임사무에 관한 명령 · 처분이 위법 또는 부당하다고 인정될 때 주무부장관은 법원에 소송을 제기하지 않고 그 자의적 판단에 근거하여 취소 · 정지할 수 있도록 하였다.

지방자치단체의 자치사무에 관한 그 장의 명령 · 처분이 위법하다고 인정되더라도 주무부장관 또는 시 · 도지사가 바로 취소 · 정지시킬 수 있다고 규정한 사항은 시정을 요한다. 그 이유는 시 · 도지사 또는 주무부장관은 헌법상 자치단체장의 명령 · 처분이 위법하다는 유권적 판단 및 선언을 할 수 있는 권한이 없기 때문이다. 자치단체장의 명령 · 처분이 위법한가의 여부는 법률상 쟁송이며 사법작용이지 행정작용이 아니기 때문이다. 지방행정을 수행함에 있어 구체적인 법률상 쟁송이 있는 경우에(당사자로부터의 쟁송제기를 전제로 하여) 무엇이 적법이며 무엇이 위법인가를 판단 · 선언함으로써 법질서의 유지를 목적으로 하는 작용은 사법부의 기능영역이지 행정부(주무부장관)의 권한사항이 아니다라는 뜻이다.

지방자치단체의 위임사무에 관한 그 장의 명령 · 처분이 현저히 부당하여 공익을 해한다고 인정되면 설령 적법하더라도 주무부장관(시·도에 대하여) 또는 시 · 도지사(시·군·자치구에 대하여)가 취소 · 정지할 수 있도록 한 규정은(제157조 1항) 시정을 요한다. 왜냐하면 지방자치단체의 행위에 대하여 주무부장관에게 합목적성의 통제권과 취소 · 정지권까지 부여하여 자치권을 축소하는 선진국의 예를 찾아볼 수 없기 때문이다. 또한 지방자치단체장은 --- 자치사무에 관한 명령이나 처분의 취소 또는 정지에 대하여 이의가 있는 때에는 그 취소 또는 정지처분을 통보받은 날로부터 15일 이내에 대법원에 소를 제기할 수 있다(제157조 2항)는 규정은 일반적인 법상식에 맞지 않는다. 소송에서는 본래 위법임을 주장하는 측이 그 취소 정지를 구하는 소를 법원에 제기하는 것이 법상식인데 제157조는 이와 정반대로 위법하다고 판단하는 중앙정부(주무부장관)는 지방자치단체장의 명령 · 처분을 자의적으로 취소 · 정지할 수 있도록 규정해놓고 지방자치단체장에게 억울하면 법원에 소를 제기하라고 규정하고 있으니 말이다.

(2) 직무이행명령권 : 지방자치단체장이 법령에 의하여 그 의무에 속하는 국가위임사무 또는 시 · 도위임사무의 관리 및 집행을 명백히 게을리 하고 있다고 인정되는 때에는 시 · 도지사에 대하여는 주무부장관이, 시 · 군 · 자치구의 장에 대하여는 시 · 도지사가 기간을 정하여 서면으로 그 이행할 사항을 명령할 수 있다(지자법 제157조의 2/ 1항). 직무이행명령은 자치단체장이 위임사무를 이행하지 않는데 대한 통제수단으로 간주된다.

(3) 대집행권 : 주무부장관 또는 시 · 도지사의 직무이행명령에도 불구하고 자치단체장이 기간내에 법령상 의무에 속하는 위임사무의 관리 · 집행을 이행하지 않을 때에는 '주무부장관 또는 시 · 도지사는 --- 당해 자치단체의 비용부담으로 대집행-- 할 수 있다. 이 경우---행정대집행법을 준용한다'(지자법 제157조의 2/ 2항)고 하고 있다.

주무부장관 또는 시 · 도지사에게 직무이행명령권과 대집행권을 인정한 것도 시정을 요한다. 법원이 발해야 할 직무이행명령권을 어떻게 주무부장관과 시 · 도지사에게 부여할 수 있는지 알 수가 없다. 소송절차도 거치지 않고 주무부장관에게 직무이행명령권과 그 불이행시의 대집행권까지 부여하고 있는 것은 자치행정권을 크게 말살하는 조치인 것이다.

(4) 자치사무에 대한 감사권 : '행정자치부장관 또는 시 · 도지사는 지방자치단체의 자치사무에 관하여 --- 서류, 장부 또는 회계를 감사할 수 있다. 이 경우 감사는 법령위반사항에 한하여 실시한다'(지자법 제158조)고 하였다.

(5) 사전승인권 : 지방자치법은 자치사무에 대하여도 자치단체장의 자율적인 결정 · 집행권을 보장하지 않고 주무부장관의 승인을 얻도록 규정하고 있어 자치행정권이 제약되고 있다.

(6) 행정규칙에 의한 자치행정권의 침해 : 주무부장관은 법률의 아무런 근거규정도

없이 지침, 준칙, 내시, 훈령 등 내부규칙을 남발하여 자치단체의 자주적 행정을 제약하고 있다.

요컨대, 현행 지방자치법은 중앙정부에게 권고 · 지도 · 감독권(지자법 155조 / 156조), 시정명령 및 취소 · 정지(지자법 157조), 직무이행명령 및 대집행권(지자법 157조의 2), 감사권(지자법 제158조), 지방의회의 의결에 대한 재의요구권 및 제소권(지자법 제159조) 등을 부여하고 있다.

2) 개정 또는 보완방안

지방자치단체에 대한 국가의 통제는 지방자치의 이념을 존중하는 방향에서 자치단체의 자율적 통제장치가 제대로 기능하지 않을 때에 한하여 행사하도록 해야 할 것이다. 따라서 다음과 같은 방향에서 이루어져야 할 것으로 본다.

첫째, 기관위임사무의 경우 국가의 통제가 불가피하다고 볼 수 있으나 자치사무에까지 법령위반여부에 대해서 국가나 광역자치단체가 판단하는 것은 무리가 있다. 따라서 자치사무에 대해서는 사법부에 의해 보다 중립적으로 법령위반여부를 판단하도록 해야 한다. 이와 함께 자치단체장의 행위에 대한 판단은 일반행정문제는 사법부에서 재정문제는 회계검사원(감사원)에 판단하도록 하는 합법성 통제에 충실해야 한다. 즉, 단체장의 작위 또는 부작위가 위법이라고 인정될 때에는 주무부장관은 그 내용이 행정에 관한 것이라면 이를 취소 · 정지시키거나 또는 이행을 강제하는 판결을 구하는 소를 법원에 제기하고, 예산 및 재정에 관한 것이면 회계원(감사원)에 청구하여 각각 그 판단에 따르게 한다. 예컨대, 지방정부가 법령에 의하여 의무가 부여된 사무의 결정 또는 처리를 하지 않을 때에는 주무부장관은 그 의무의 이행을 명하는 소송을 법원에 제기할 수 있게 하면 된다. 그러므로 주무부장관과 시 · 도지사의 취소 · 정지권과 직무이행명령권, 대집행권에 관한 규정을 개정하여 주무부장관과 시 · 도지사가 관할 고등법원에 자치단체장의 결정 · 명령 · 처분의 취소 · 정지명령을 구하거나 또는 자치단체장에 대한 직무이행명령을 구하는 소송을 제기하는데 그치도록 해야 할 것이다.

둘째, 위임사무에 대해서도 각종 감사가 자치단체장의 자율적인 행정집행을 방해하지 않는 범위에서 공정하게 이루어지게 하기 위해서는 행정감사와 회계감사를 이원화시킬 필요가 있다.

셋째, 주무부장관이 자치행정에 대한 합목적성의 통제를 못하도록 해야 한다. 자치행정의 내용이 공익에 부합되는가, 공익을 해할 우려가 있는가, 합목적적인가의 여부에 대하여는 중앙정부(주무부 장관)가 관여하지 않도록 하며 당해 집행기관, 지방의회 및 주민통제에 의하도록 해야 한다.

넷째, 감사방식에 대한 개선이 필요하다. 즉, 단순히 예산지출의 적법성에 대한 감사보다 경영성과를 판단하는 통제로 전환할 필요가 있다. 이를 위해 표준화된 감사기법의 정리와 전산감사의 역량의 개발이 요구된다.

10. 서울특별시 등 대도시행정의 특례

지방자치법 제161조는 "서울특별시의 지위 · 조직 및 운영에 있어서는 수도로서의 특수성을 고려하여 법률이 정하는 바에 의하여 특례를 들 수 있다"고 규정하고 있을 뿐 다른 대도시의 특례에 대한 언급이 없다. 대도시의 특성을 인정한다면 서울시를 비롯한 대도시에 적용될 수 있는 공통조항(조직, 재무, 인사)을 제정하고 대도시를 개별적으로(각 자치단체에 대하여) 별도의 특례를 두는 것도 고려해 볼 필요가 있다.

11. 추가조항

한편 지방자치관련법을 개정하여 지방의회의 단체장 불신임제도, 단체장으로부터 독립적 지위를 가진 회계검사관의 설치 등 단체장에 대한 민주적, 자율적 통제장치를 구비해야 한다. 이와 함께 지방의회의 조사권을 강화하여 의회 또는 위원회에 소환장 발부권을 부여하고 출석요구에 불응하거나 증언을 거부한 자를 법정모독으로 형사처벌할 수 있도록 해야 한다. 자치단체 감사기관이 단체장의 부정, 예산의 낭비 등을 적발하여 응분의 법적 조치가 이루어질 수 있도록 해야 한다(정세욱, 2000 : 25).

그리고 세계화, 정보화 시대에 부응하여 외국지방자치단체와의 협약, 교류문제를 제시해주어야 하고, 전자행정에 관련된 입법사항을 지방자치법에서 마련해야 할 것이다.

제4절 결론

지방자치법은 헌법정신에 충실한 법제도로 거듭나야 한다. 그동안 우리나라의 지방자치법은 대체로 지방자치를 실시하기 이전에 중앙집권의 논리로 지방자치가 실시되지 않을 것을 전제로 제정되었다. 따라서 자연히 지방자치단체가 그들의 자율과 책임하에서 처리해야 할 기능도 중앙관서의 장이 처리하도록 입법화되어 있다. 그 뿐만 아니라 국가의 지방자치단체에 대한 통제·감독 부문이 지나쳐 자치단체의 자율성을 보장하기엔 일정한 한계가 있다. 무엇보다 지방자치의 성공의 열쇠는 어떻게 하면 자치단체의 자유스러운 행정을 보장할 수 있는가에 달려 있다. 따라서 자율행정을 근간으로 하여 분권과 참여의 논리가 적용되는 법규를 제정해야 할 것이다. 그런 배경에서 중앙집권적인 논리로서 규정하고 있는 법령으로서의 논의를 법률로서의 논의로 이끌어가야 할 것이다.

그런 맥락에서 우리나라 지방분권의 기본이념 및 방향을 국가체제와의 관계 속에 큰 틀 안에서 제시해 주고, 그에 따른 하위 목표 및 원칙 들이 제시되어야 할 것이다. 예컨대, 우리나라 지방분권의 기본 논리를 단일국가체제의 틀 속에서 제시해주어야 한다. 즉, 우리나라의 지방분권은 연방국가체제가 아닌 단일국가체제 속에서의 지방분권을 추진한다는 원칙을 제시해 주어야 한다. 그럼으로써 단일국가가 채택하는 분권의 논리를 명확히 할 수 있기 때문이다. 예컨대, "우리나라는 '대한민국 공화국의 불가분성(indivisibilité de la République Korea)'과 주권불가분성(indivisibilité de la souveraineté)에 기초하여 국가의 단일성원칙을 존중하는 지방분권화여야 한다"는 사실을 밝혀주어야 한다. 따라서 국가의 단일성(통일성) 내에서 지방자치단체의 다양성을 확보해나가는 지방분권국가임을 천명할 수 있는 것이다.

참고문헌

김동희(2001), 행정법 II, 박영사.

김병찬·정정길(1995), 50년대 지방자치, 서울대학교 출판부.
김철수(2002), 헌법학개론, 박영사.
구병삭(1995), 주석 지방자치법, 박영사.
박응격(2001), 지방행정론, 신조사.
이기우(1991), 지방자치행정법, 법문사.
정세욱(2004), 지방자치학, 법문사.
정세욱(2002), "지방자치제도개혁과 자치역량제고", 지방자치제도 개선을 위한 포럼, 대전·충남지방자치학회/대전·충남행정학회.
천병태(2003), 지방자치법, 삼영사.
최승원(2001), "지방자치법의 문제점과 개정방안", 한국지방자치법학회.
최진혁(1999), "지방의회의 비교연구 : 한국과 프랑스 모델을 중심으로", 한국지방자치학회보 11(2).
최진혁(2002), "우리나라 지방분권의 발전적 고찰", 사회과학연구 제13권.
최진혁(2003), "참여정부 지방분권로드맵의 발전적 고찰", 자치발전 제102호. 한국자치발전연구원.
최창호(1997), 지방자치학, 삼영사.
하혜수·최영출(2000), "지방정부의 자치권확대방안 연구", 경기개발연구원.
홍정선(2002), 지방자치법학, 법영사.
홍준현(2001), "한국지방분권의 평가 : 행정적 측면을 중심으로", 한국지방정부학회 하계학술대회발표논문집.
지방자치법(일부개정 2004.1.29 법률 제07128호)
Auby Jean-Bernard et Auby Jean-François(1991), *Droit des collectivités locales*, PUF.
Baguenard, Jacques(1996), *La décentralisation*, PUF.
Baguenard, Jacques et Becet, Jean-Marie(1995), *La démocratie locale*, PUF.
Code général des collectivités territoriales(1996), Berger Levrault.
Dosière, René, Fortier, Jean-Claude et Mastias, Jean(1994), *le Conseil Général*, Les Editions de l'atelier.
Freedeman, Charles E(1961), *The Conseil d'Etat in Modern France*, Ams Press, New York.
Luchaire François et Luchaire Yves(1989), *Le droit de la décentralisation*, PUF.
Rivero, Jean(1990), *Droit administratif*, Dalloz.
Sadran, Pierre(1992), *Le système administratif français*. Paris : Monchrestien.
Verpeaux, Michel(1996), Les lois de décentralisation depuis 1982. CNFPT, *Les collectivités locales en France*, Paris : La documentation française.
Http://www.premier-ministre.gouv.fr(검색일 : 2005. 2. 12).
Http://www.interieur.gouv.fr(검색일 : 2005. 2. 12).

05 지방자치법전부개정(2020.12.9)의 주요 내용과 발전적 비평[1]

제1절 서론 : 문제제기

우리나라의 근대적 의미의 지방자치제도는 대한민국 정부수립과 더불어 제헌헌법에 보장되어 제정된 지방자치법(1949.7.4)에 의해 비롯되었다. 그러나 우리의 지방자치는 집권자의 정권연장의 수단으로 이용되거나 국가행정의 능률성 도모를 위해 유보당하는 역사적 시련을 겪으면서 진전되어 왔다. 즉, 헌법에 지방자치가 보장되었음에도 불구하고 정치권력의 창출에 유리하게 활용할 뿐이었고, 나아가 중앙집권적 행정국가의 틀 속에서 헌법에 보장한 지방자치제를 헌법부칙를 두어 지방의회의 구성을 조국통일시까지 유예하거나 지방자치단체의 재정자립도를 감안하여 순차적으로 하되, 그 시기를 법률로써 정할 것을 규정하였던 것이다. 이렇듯 정치권으로부터 정권유지나 권력의 도구로 전락되었던 우리의 지방자치는 1987년 6.29 민주화 항쟁 이후 마침내 대통령직선제로의 헌법개정을 보게 되었고, 지방자치를 유보하게 했던 헌법부칙조항도 삭제하게 되면서 제3공화국 이후 시행하지 못했던 지방민주주의의 보루인 지방자치제가 부활하게 되었던 것이다. 즉, 1991년 지방의회를 재구성하고 당시 임명제였던 자치단체장을 1995년 주민직선으로 획기적인 지방자치의 시대를 열게 하였다. 그러나 30년만에 부활된 지방자치도 주민이 필요로 하는 지방자치를 추구하지 못했고, 중앙정부와 정치

1 도시행정학회 발표논문

권력의 필요성에 의하여 그들의 정쟁게임 하에서 지방자치를 시행하다보니 주민을 위한 진정한 지방자치(주민자치)와는 거리가 먼 제도로 진전 · 왜곡되어 왔던 것이다. 여전히 중앙의 정치논리와 국가행정의 우위성에 입각한 효율적 행정논리에 따른 '중앙집권방식으로의 지방자치제'가 되고 있는 것이다(최진혁, 2022).

이러한 그동안의 지방자치제의 한계를 인식하여 문재인정부는 정권브랜드로서 평가받고자 했던 참여정부의 지방분권과제들을 보다 발전적으로 계승해가고자 하는 의지를 펼치면서 6대 추진전략, 33개 과제를 제시하게 된다. 그러면서 자치분권의 핵심적 가치를 주민주권(주민참여권 보장, 확대)과 다양성(선택적 자유확장을 위한 제도개선) 및 공동체(협력적 제도개선)에 두고, 이를 반영할 전면적이고 대대적인 지방자치법 전부개정(2020.12.9 국회통과 ; 2022년 1월 13일 시행)을 보게 된 것이다. 즉, 주민자치의 새로운 지표설정으로 획기적인 주민주권의 시대를 열어가고자 하였다. 따라서 지방자치법 제1조 목적규정에는 "주민의 지방자치행정 참여에 관한 사항"을 명시하고 있는 것이고, 제17조에 ... 지방자치단체의 정책의 결정 및 집행과정에 참여할 권리를 갖게 함으로써 주민이 권력의 원천임을 밝히고 있는 것이다. 이와 함께 주민이 지방의회에 직접 조례를 발의할 수 있는 '주민조례발안제'를 도입하며, 지방자치법에 근거를 둔 주민소환 · 주민투표의 청구요건 등도 완화하여 실질적인 주민참여가 이루어질 수 있도록 하였다. 더 나아가 그동안 획일적으로 운영해왔던 자치단체의 기관구성형태(기관분립형)도 다양성을 존중하여 인구규모 · 재정여건 등에 따라 해당 지역에 맞게 주민투표로 선택할 수 있도록 하였던 것이다(최진혁, 2022).

이런 배경에서 본 연구는 자치분권2.0시대를 준비하는 지방자치법전부개정(2020.12.9)이 담고 있는 주요 내용이 무엇인지 살펴보면서 자치분권의 논리에 합당한 조치로서 더욱 더 발전해 나아가야 할 규정에 대한 논의를 전개해 나아가고자 한다.

제2절 지방자치법의 이론적 논의

본 연구는 지방자치법전부개정(2020.12.9)의 해설로서 헌법이 보장하는 지방자치의 정신에 부응하는 단체자치와 주민자치의 논리에 입각한 지방자치법이어야 한다는 이론적 전제 하에 지방분권과 주민참여의 논리에 합당한 지방자치법의 여부를 판단하고자 한다(그림 5-1 참조). 이런 배경에서 그간 지방자치법의 문제점과 개정방안을 제시하는 근거로써 우리나라 지방자치법의 규정이 지방분권과 주민참여의 논리에 부합하고 있는가를 분권과 참여의 기준에 따라 개정 내지 보완 내용을 제시했던 내용을 참조하여 지방자치법전부개정의 발전적 논의를 전개하고자 한다(표 5-1 참조)(최진혁, 2005 : 216-218).

<그림 5-1> 이론적 논의의 틀

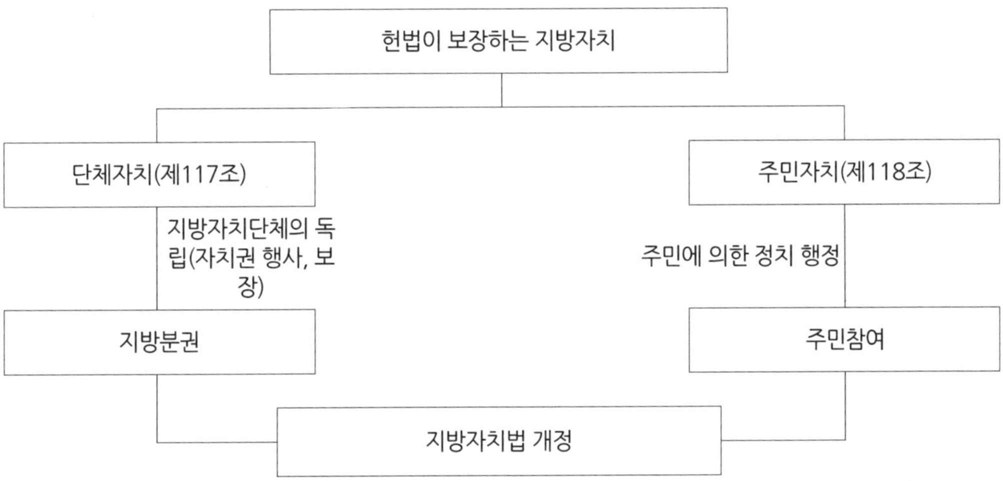

(지방자치 본래의 취지에 부합하는, 자치분권화에 부응하는 지방자치법)

헌법 117조 ①지방자치단체는 주민의 복리에 관한 사무를 처리하고 재산을 관리하며, 법령의 범위안에서 자치에 관한 규정을 제정할 수 있다. ②지방자치단체의 종류는 법률로 정한다.

헌법 제118조 ①지방자치단체에 의회를 둔다. ②지방의회의 조직 · 권한 · 의원선거와 지방자치단체의 장의 선임방법 기타 지방자치단체의 조직과 운영에 관한 사항은 법률로 정한다.

<표 5-1> 지방자치법 개정기준 : 분권과 참여

지방자치법 구성요소	분권	참여	개정 내지 보완
1. 총강 1) 지방자치단체의 조직과 운영	지방자치단체의 자율성 확대 강화	주민의 권리확충강화	지방자치단체조직과 운영에 대한 기본원칙 제시
2) 지방자치단체 종류 및 관할 구역	능률성	주민자치, 주민의 생활권 존중	주민의 의견수렴절차 명시
3) 지방자치단체의 기능과 사무	국가의 지방자치단체에의 권한 이양	주민자치	기초자치단체에게 실질적인 권한 확대
2. 주민	홍보, 지원	주민참여	주민참여의 제도화/ 주민투표
3. 조례와 규칙	자치입법권 확대	주민참여	자치입법권 강화
4. 선거	능률성	민주성	의원정수, 정당공천배제여부, 피선거권자의 거주기간, 선거비용, 정치자금의 투명성여부
5. 지방의회	능률성	주민참여, 주민통제	지방의원의 전문성 강화, 유급제문제, 지방의회와 주민의 밀접성 유지
6. 집행기관	자치조직권의 강화	자치단체장에 대한 견제, 주민통제	자치조직권의 강화
7. 재무	자치재정권 강화	주민참여	자주적 과세권 인정
8. 지방자치단체 상호간의 관계	능률성, 효율성	지방의회 역할 강조 (주민참여)	광역행정수행방식 제시
9. 국가의 지도·감독	능률성, 효율성	민주성	적법성의 통제
10. 대도시행정의 특례	능률성, 효율성	민주성	대도시행정특례에 대한 균형적 접근
제10장 국제교류 · 협력(신설)	능률성	민주성	국가사무에 배치되지 아니하는 범위(국가의 외교 · 통상정책) 내에서 국제교류협력사무 추진
제11장 서울특별시 및 대도시 등과 세종특별자치시 및 제주특별자치도의 행정특례	능률성	민주성	대도시의 종합행정 수행, 행정체제의 특수성(제주, 세종) 인정
제12장 특별지방자치단체	능률성	민주성	광역적 행정수요, 최적규모

제3절 지방자치법 전부개정의 주요 내용

1. 지방자치법전부개정의 핵심 개정방향

1) 주민주권 확립을 통한 실질적인 지방(지역)민주주의 구현
2) 자치단체의 자율성을 확대함과 동시에 이에 상응하는 투명성과 책임성 확보
3) 중앙과 지방의 관계를 협력적 동반자관계로 전환

2. 주요 핵심 내용

1) 획기적인 주민주권 구현

국가권력의 정당성은 국민에게 있음을 명백히 하는 국민주권설에 근거하여 지방정부의 자치권도 주민주권에 기초하여 지방자치단체의 의사를 결정하는 원동력으로 해석하였다. 따라서 실질적인 지방민주주의의 확립을 위해서 '주민참여에 기반한 지방자치'를 법목적규정에 명시하고 주민생활에 영향을 미치는 정책결정 · 집행과정에 참여할 수 있는 권리를 강화한 것이다. 이런 연유에서 주민자치원리를 강화하는 주민의 참여권 확대, 주민조례발안제도 도입, 주민소환 청구요건의 차등적 완화, 주민투표 · 주민소환 개표요건 폐지, 확정요건 도입, 주민투표로 기관구성 변경 가능 등의 규정을 개정 보완하고 있는 것이다.

(1) 주민참여에 기반한 지방자치

제1조(목적) 이 법은 지방자치단체의 종류와 조직 및 운영, 주민의 지방자치행정 참여에 관한 사항과 국가와 지방자치단체 사이의 기본적인 관계를 정함으로써 지방자치행정을 민주적이고 능률적으로 수행하고, 지방을 균형있게 발전시키며, 대한민국을 민주적으로 발전시키려는 것을 목적으로 한다.

① 주민의 권리조항 강화

현행 자치단체의 재산과 공공시설권 이용권, 균등한 행정의 혜택을 받을 권리, 참정

권(지방선거) 등으로 주민권리가 제한적 · 소극적으로 규정되어 있는 것에서 보다 강화된 권리를 제시하고 있다. 즉, 주민이 법령에 따라 주민생활에 영향을 미치는 자치단체의 정책결정 · 집행과정에 참여할 일반적 권리를 신설하였다(지방자치법 제17조).

제17조(주민의 권리) ① 주민은 법령으로 정하는 바에 따라 주민생활에 영향을 미치는 지방자치단체의 정책의 결정 및 집행 과정에 참여할 권리를 가진다.

(2) 주민조례 제정, 개정 · 폐지 청구 : 주민조례발안제

기존의 주민이 자치단체장을 경유하여 조례를 제정, 개폐를 청구할 수 있었던 사항을 이제는 주민이 직접 지방자치단체의 조례를 제정, 개폐를 청구할 수 있도록 하였다(지방자치법 제19조).

지방자치법 제19조(조례의 제정과 개정 · 폐지 청구) ① 주민은 지방자치단체의 조례를 제정하거나 개정하거나 폐지할 것을 청구할 수 있다. ② 조례의 제정 · 개정 또는 폐지 청구의 청구권자 · 청구대상 · 청구요건 및 절차 등에 관한 사항은 따로 법률로 정한다.

(3) 규칙의 제정과 개정 · 폐지 의견 제출(신설)

주민이 그들의 권리 · 의무와 직접 관련되는 규칙의 제정, 개정 또는 폐지와 관련된 의견을 해당 지방자치단체의 장에게 제출할 수 있도록 규정하여 주민통제를 통한 지방민주주의를 강화하고자 하였다. 지방자치단체의 장은 제출된 의견에 대하여 그 의견이 제출된 날부터 30일 이내에 검토 결과를 주민에게 통보하도록 하였다(지방자치법 제20조).

지방자치법 제20조(규칙의 제정과 개정 · 폐지 의견 제출) ① 주민은 제29조에 따른 규칙(권리 · 의무와 직접 관련되는 사항으로 한정한다)의 제정, 개정 또는 폐지와 관련된 의견을 해당 지방자치단체의 장에게 제출할 수 있다.② 법령이나 조례를 위반하거나 법령이나 조례에서 위임한 범위를 벗어나는 사항은 제1항에 따른 의견 제출 대상에서 제외한다.③ 지방자치단체의 장은 제1항에 따라 제출된 의견에 대하여 의견이 제출된 날부터 30일 이내에 검토 결과를 그 의견을 제출한 주민에게 통보하여야 한다.④ 제1항에 따른 의견 제출, 제3항에 따른 의견의 검토와 결과 통보의 방법 및 절차는 해당 지방자치단체의 조례로 정한다.

(4) 주민감사청구 서명인수 상한 완화 및 청구권자 연령 하향조정(19세에서 18세로)

주민의 감사청구 제도가 주민의 권익침해에 대한 실질적인 구제 수단으로 운영되도록 하기 위하여 주민감사청구 서명인 수를 시·도에서는 500명에서 300명으로, 50만 이상 대도시는 300명에서 200명으로, 시·군·구는 200명에서 150명으로 그 상한을 완화하였다. 그리고 주민감사청구권자의 연령을 19세에서 18세로 하향 조정하여 폭넓은 주민참여를 보장하고자 하였다. 그리고 주민 감사청구의 실효성을 높일 수 있도록 주민 감사청구를 사무처리가 있었던 날이나 끝난 날부터 2년 이내에 제기하도록 하던 것을 앞으로는 3년 이내에 제기할 수 있도록 제기기간을 연장하였다(지방자치법 제21조).

제21조(주민의 감사 청구) ① 지방자치단체의 18세 이상의 주민으로서 다음 각 호의 어느 하나에 해당하는 사람(「공직선거법」 제18조에 따른 선거권이 없는 사람은 제외한다. 이하 이 조에서 "18세 이상의 주민"이라 한다)은 시·도는 300명, 제201조에 따른 인구 50만 이상 대도시는 200명, 그 밖의 시·군 및 자치구는 150명 이내에서 그 지방자치단체의 조례로 정하는 수 이상의 18세 이상의 주민이 연대 서명하여 그 지방자치단체와 그 장의 권한에 속하는 사무의 처리가 법령에 위반되거나 공익을 현저히 해친다고 인정되면 시·도의 경우에는 주무부장관에게, 시·군 및 자치구의 경우에는 시·도지사에게 감사를 청구할 수 있다.

(5) 주민에 대한 정보공개(신설)

이번 「지방자치법」 전부 개정을 통해 신설된 '주민에 대한 정보공개'에 관한 이 법 제26조는 주민참여를 촉발하고, 이를 통해 지방행정의 투명성, 민주성을 뒷받침할 수 있는 제도적 장치에 해당한다. 물론 1996년 12월 31일 「공공기관의 정보공개에 관한 법률」이 제정되어 지방자치단체도 당연히 주민들에게 지방자치에 관한 정보를 공개할 의무를 지니고 있음이 명백하지만 이 조문을 「지방자치법」에 신설함으로써 지방자치단체의 사무처리와 관련한 투명성을 높이고, 주민참여를 확대하기 위한 근거를 마련한 셈이다(소진광, 2021). 즉, 지방자치단체는 지방의회의 의정활동 등의 정보를 주민에게 공개하도록 하고, 행정안전부장관은 이 법 또는 다른 법령에 따라 공개된 지방자치 정보를 체계적으로 수집하고 주민에게 제공하기 위한 정보공개시스템을 구축·운영할 수 있도록 하였다(지방자치법 제26조).

지방자치법 제26조(주민에 대한 정보공개) ① 지방자치단체는 사무 처리의 투명성을 높이기 위하여 「공공기관의 정보공개에 관한 법률」에서 정하는 바에 따라 지방의회의 의정활동, 집행기관의 조직, 재무 등 지방자치에 관한 정보(이하 "지방자치정보"라 한다)를 주민에게 공개하여야 한다. ② 행정안전부장관은 주민의 지방자치정보에 대한 접근성을 높이기 위하여 이 법 또는 다른 법령에 따라 공개된 지방자치정보를 체계적으로 수집하고 주민에게 제공하기 위한 정보공개시스템을 구축 · 운영할 수 있다.

(6) 주민투표에 의한 기관구성형태 선택(신설)

현재 획일화된 자치단체의 기관구성형태(기관분립형)를 각각의 자치단체의 인구규모, 재정여건 등에 따라 다양한 기관구성형태를 주민투표로 선택할 수 있도록 하였다. 즉, 지방자치법전부개정에 따라 지방자치단체의 의회 및 집행기관의 구성을 따로 법률로 정하는 바에 따라 다르게(다양하게) 구성할 수 있도록 하며, 이 경우에는 「주민투표법」에 따른 주민투표를 실시하여 주민의 의견을 듣도록 하였다(지방자치법 제4조).

지방자치법 제4조(지방자치단체의 기관구성 형태의 특례) ① 지방자치단체의 의회(이하 "지방의회"라 한다)와 집행기관에 관한 이 법의 규정에도 불구하고 따로 법률로 정하는 바에 따라 지방자치단체의 장의 선임방법을 포함한 지방자치단체의 기관구성 형태를 달리 할 수 있다. ② 제1항에 따라 지방의회와 집행기관의 구성을 달리하려는 경우에는 「주민투표법」에 따른 주민투표를 거쳐야 한다.

2) 실질적인 자치권 확대

지방자치단체가 주민을 위해 양질의 행 · 재정서비스를 창출하고 배분하고 관리하기 위해서 지방의 자율성을 제고한다.

(1) 사무배분 기준 : 보충성, 불경합성, 자기책임성 원칙(신설)

2020년 전부 개정된 「지방자치법」 제11조는 신설된 조문으로 지방자치단체의 사무배분의 기본원칙을 규정하고 있다. 이 법 제11조 제①항은 "국가는 지방자치단체가 사무를 종합적 · 자율적으로 수행할 수 있도록 국가와 지방자치단체 간 또는 지방자치단체 상호 간의 사무를 주민의 편익증진, 집행의 효과 등을 고려하여 서로 중복되지 아니하도록 배분하여야 한다."로 규정한다. 이어 제②항은 국가가 "사무를 배분하는 경우 지방의 주민생활과 밀접한 관련이 있는 사무는 원칙적으로 시 · 군 및 자치구의 사무로, 시 · 군 및 자치구가 처리하기 어려운 사무는 시 · 도의 사무로, 시 · 도가 처리하기 어려운 사무는 국가의 사무로 각각 배분하여야 한다."로 규정하여 우리나라 지방자치법 역사상 처음으로 '보충성 원칙'을 명시하고 있다(지방자치법 제11조).

제11조(사무배분의 기본원칙) ① 국가는 지방자치단체가 사무를 종합적 · 자율적으로 수행할 수 있도록 국가와 지방자치단체 간 또는 지방자치단체 상호 간의 사무를 주민의 편익증진, 집행의 효과 등을 고려하여 서로 중복되지 아니하도록 배분하여야 한다. ② 국가는 제1항에 따라 사무를 배분하는 경우 지역주민생활과 밀접한 관련이 있는 사무는 원칙적으로 시 · 군 및 자치구의 사무로, 시 · 군 및 자치구가 처리하기 어려운 사무는 시 · 도의 사무로, 시 · 도가 처리하기 어려운 사무는 국가의 사무로 각각 배분하여야 한다. ③ 국가가 지방자치단체에 사무를 배분하거나 지방자치단체가 사무를 다른 지방자치단체에 재배분할 때에는 사무를 배분받거나 재배분받는 지방자치단체가 그 사무를 자기의 책임하에 종합적으로 처리할 수 있도록 관련 사무를 포괄적으로 배분하여야 한다.

(2) 지방의회 인사권 독립 : 사무직원에 대한 인사권이 지방의회 의장에게로 귀속

시 · 도지사의 권한이었던 시 · 도의회 사무직원에 대한 인사권을 시 · 도의회 의장에게 부여하여 지방의회 인사운영의 독립성을 보장하고자 하였다. 명칭 자체도 지금까지의 임명과는 달리 임명과 해임을 함께 포함하는 임면으로 변경되었다. 즉, 지방의회 사무기구 인력운영의 자율성을 제고하기 위하여 지방의회 사무직원에 대한 임면 · 교육 · 훈련 · 복무 · 징계 등을 지방의회의 의장이 처리하도록 하였다(지방자치법 제103조).

지방자치법 제103조(사무직원의 정원과 임면 등) ① 지방의회에 두는 사무직원의 수는 인건비 등 대통령령이 정하는 기준에 따라 조례로 정한다. ② 지방의회의 의장은 지방의회 사무직원을 지휘 · 감독하고 법령과 조례 · 의회규칙으로 정하는 바에 따라 그 임면 · 교육 · 훈련 · 복무 · 징계 등에 관한 사항을 처리한다.

이런 조치는 기관분립형 조직에 맞는 인사규정으로 볼 수 있다.

(3) 지방의회의원 정책지원 전문인력 보장(신설)

지방의회의 전문성을 제고하고, 지방의회의원의 의정활동을 지원하기 위하여 지방의원에 대한 정책지원 전문인력을 둘 수 있도록 명문화 하였다(지방자치법 제41조). 지방의회에 정책지원 전문인력을 두는 경우 그 규모는 2022년 12월 31일까지는 지방의회의원 정수의 4분의 1 범위에서, 2023년 12월 31일까지는 지방의회의원 정수의 2분의 1 범위에서 연차적으로 도입하는 것으로 하였다(<부칙>제6조(정책지원 전문인력 도입규모에 관한 특례)).

지방자치법 제41조(지방의회의원의 정책지원 전문인력) ① 지방의회의원의 의정활동을 지원하기 위하여 지방의회의원 정수의 2분의 1 범위 내에서 해당 지방자치단체의 조례로 정하는 바에 따라 지방의회에 정책지원 전문인력을 둘 수 있다. ② 정책지원 전문인력은 지방공무원으로 보하며, 직급 · 직무 및 임용절차 등 운영에 필요한 사항은 대통령령으로 정한다.

(4) 조례와 규칙의 공포(신설)

이전에 시행령에 규정되어 있던 조례와 규칙의 공포방법 등을 지방자치법에 격상시켜 규정함으로써 그 의미(자치단체장과 지방의회의 책무성)를 높게 평가하고 있다(지방자치법 제33조 ; 소진광외, 2021 : 98-99).

제33조(조례와 규칙의 공포 방법 등) ① 조례와 규칙의 공포는 해당 지방자치단체의 공보에 게재하는 방법으로 한다. 다만, 제32조제6항 후단에 따라 지방의회의 의장이 조례를 공포하는 경우에는 공보나 일간신문에 게재하거나 게시판에 게시한다. ② 제1항에 따른 공보는 종이로 발행되는 공보(이하 이 조에서 "종이공보"라 한다) 또는 전자적인 형태로 발행되는 공보(이하 이 조에서 "전자공보"라 한다)로 운영한다. ③ 공보의 내용 해석 및 적용 시기 등에 대하여 종이공보와 전자공보는 동일한 효력을 가진다. ④ 조례와 규칙의 공포에 관하여 그 밖에 필요한 사항은 대통령령으로 정한다.

3) 자치단체의 투명성 · 책임성 제고

(1) 국가의 자치단체에의 지도감독 강화 : 국가와 지방자치단체간의 관계(일부 신설)

기존의 지방자치법은 지방자치단체의 사무에 관한 그 장의 명령이나 처분이 법령에 위반되거나 현저히 부당하여 공익을 해친다고 인정되면 시 · 도에 대하여는 주무부장관이, 시 · 군 및 자치구에 대하여는 시 · 도지사가 기간을 정하여 서면으로 시정할 것을 명하고, 그 기간에 이행하지 아니하면 이를 취소하거나 정지할 수 있게 하였다(지방자치법 제188조).[2] 결국 지방자치단체의 장이 명령이나 처분이 법령에 위반되고 현저히 공익침해로 이어질 경우 그 개선을 위하여 필요한 조치를 취하게 한 규정으로 볼 수 있다. 이 경우 자치사무에 관한 명령이나 처분에 대하여는 법령을 위반하는 것에 한한다고 하여 자치사무에 대하여는 합목적적 감독을 배제하고 합법적 감독으로 제한하였다. 이에 따라 지방자치단체의 장은 상기에 따른 자치사무에 관한 명령이나 처분의 취소 또는 정지에 대하여 이의가 있으면 그 취소처분 또는 정지처분을 통보받은 날부터 15일 이내에 대법원에 소(訴)를 제기할 수 있도록 하여 구제방안을 마련해 주었다. 그러나 지방자치법전부개정(2020.12.9)은 지방자치단체의 책임성 확보차원에서 더욱 더 강한 국가의 지방자치단체의 통제를 규정하고 있다. 종전까지는 시 · 도가 시 · 군 · 구의 위법행위에 대해 시정명령과 그에 따른 취소 · 정지권을 발동하지 않을 경우 국가(중앙정부)가 관여할 수 없었다는 점에서 국가의 기초단위까지 통제의 고리를 연결하여 지방자치

2 지방자치법 제188조(위법 · 부당한 명령 · 처분의 시정) ① 지방자치단체의 사무에 관한 지방자치단체의 장(제103조제2항에 따른 사무의 경우에는 시 · 도의회의 의장을 말한다. 이하 이 조에서 같다)의 명령이나 처분이 법령에 위반되거나 현저히 부당하여 공익을 해친다고 인정되면 시 · 도에 대해서는 주무부장관이, 시 · 군 및 자치구에 대해서는 시 · 도지사가 기간을 정하여 서면으로 시정할 것을 명하고, 그 기간에 이행하지 아니하면 이를 취소하거나 정지할 수 있다. ② 주무부장관은 지방자치단체의 사무에 관한 시장 · 군수 및 자치구의 구청장의 명령이나 처분이 법령에 위반되거나 현저히 부당하여 공익을 해침에도 불구하고 시 · 도지사가 제1항에 따른 시정명령을 하지 아니하면 시 · 도지사에게 기간을 정하여 시정명령을 하도록 명할 수 있다. ③ 주무부장관은 시 · 도지사가 제2항에 따른 기간에 시정명령을 하지 아니하면 제2항에 따른 기간이 지난 날부터 7일 이내에 직접 시장 · 군수 및 자치구의 구청장에게 기간을 정하여 서면으로 시정할 것을 명하고, 그 기간에 이행하지 아니하면 주무부장관이 시장 · 군수 및 자치구의 구청장의 명령이나 처분을 취소하거나 정지할 수 있다. ④ 주무부장관은 시 · 도지사가 시장 · 군수 및 자치구의 구청장에게 제1항에 따라 시정명령을 하였으나 이를 이행하지 아니한 데 따른 취소 · 정지를 하지 아니하는 경우에는 시 · 도지사에게 기간을 정하여 시장 · 군수 및 자치구의 구청장의 명령이나 처분을 취소하거나 정지할 것을 명하고, 그 기간에 이행하지 아니하면 주무부장관이 이를 직접 취소하거나 정지할 수 있다. ⑤ 제1항부터 제4항까지의 규정에 따른 자치사무에 관한 명령이나 처분에 대한 주무부장관 또는 시 · 도지사의 시정명령, 취소 또는 정지는 법령을 위반한 것에 한정한다. ⑥ 지방자치단체의 장은 제1항, 제3항 또는 제4항에 따른 자치사무에 관한 명령이나 처분의 취소 또는 정지에 대하여 이의가 있으면 그 취소처분 또는 정지처분을 통보받은 날부터 15일 이내에 대법원에 소를 제기할 수 있다.

단체의 자치사무 수행의 책임성을 더욱 강화하고자 한 것으로 볼 수 있다.

(2) 지방의회 윤리심사자문위원회 신설과 윤리특별위원회 설치 의무화(일부 보완 · 신설)

지방의회의원의 겸직 및 영리행위 등에 관한 의장의 자문과 지방의회의원 징계에 관한 윤리특별위원회의 자문 등에 응하기 위하여 윤리특별위원회에 윤리심사자문위원회를 두도록 하고, 윤리심사자문위원회의 위원은 민간전문가 중에서 지방의회의 의장이 위촉하도록 하였다(제65조, 제66조).

第65조(윤리특별위원회) ① 지방의회의원의 윤리강령과 윤리실천규범 준수 여부 및 징계에 관한 사항을 심사하기 위하여 윤리특별위원회를 둔다. ② 제1항에 따른 윤리특별위원회(이하 "윤리특별위원회"라 한다)는 지방의회의원의 윤리강령과 윤리실천규범 준수 여부 및 지방의회의원의 징계에 관한 사항을 심사하기 전에 제66조에 따른 윤리심사자문위원회의 의견을 들어야 하며 그 의견을 존중하여야 한다.

第66조(윤리심사자문위원회) ① 지방의회의원의 겸직 및 영리행위 등에 관한 지방의회의 의장의 자문과 지방의회의원의 윤리강령과 윤리실천규범 준수 여부 및 징계에 관한 윤리특별위원회의 자문에 응하기 위하여 윤리특별위원회에 윤리심사자문위원회를 둔다. ② 윤리심사자문위원회의 위원은 민간전문가 중에서 지방의회의 의장이 위촉한다. ③ 제1항 및 제2항에서 규정한 사항 외에 윤리심사자문위원회의 구성 및 운영에 필요한 사항은 회의규칙으로 정한다.

(3) 지방의회의원의 겸직금지 조항 정비(제43조 ④, ⑤, ⑥, ⑦항)(일부 보완)

그동안 지방의회의원의 겸직금지 대상이 불명확하여 각종 분쟁이 발생함에 따라, 이번 전부개정지방자치법은 해당 지방자치단체가 출자 · 출연한 기관 · 단체 또는 해당 지방자치단체로부터 사무를 위탁받아 수행하는 기관 · 단체 등으로 지방의원이 겸직할 수 없는 기관 · 단체의 범위와 의미를 명확하게 정하고자 하였다. 그리고 지방의회의 의장이 지방의회의원의 겸직신고 내용을 연 1회 이상 공개하도록 하고, 지방의회의 의장은 지방의회의원의 겸직행위가 지방의회의원의 의무를 위반한다고 인정될 때에는 그 겸한 직의 사임을 권고하도록 하였다(지방자치법 제43조).

지방자치법 제43조(겸직 등 금지) ① 지방의회의원은 다음 각 호의 어느 하나에 해당하는 직(職)을 겸할 수 없다.

1. 국회의원, 다른 지방의회의원
2. 헌법재판소 재판관, 각급 선거관리위원회 위원
3. 「국가공무원법」 제2조에 따른 국가공무원과 「지방공무원법」 제2조에 따른 지방공무원(「정당법」 제22조에 따라 정당의 당원이 될 수 있는 교원은 제외한다)
4. 「공공기관의 운영에 관한 법률」 제4조에 따른 공공기관(한국방송공사, 한국교육방송공사 및 한국은행을 포함한다)의 임직원
5. 「지방공기업법」 제2조에 따른 지방공사와 지방공단의 임직원
6. 농업협동조합, 수산업협동조합, 산림조합, 엽연초생산협동조합, 신용협동조합, 새마을금고(이들 조합 · 금고의 중앙회와 연합회를 포함한다)의 임직원과 이들 조합 · 금고의 중앙회장이나 연합회장
7. 「정당법」 제22조에 따라 정당의 당원이 될 수 없는 교원
8. 다른 법령에 따라 공무원의 신분을 가지는 직
9. 그 밖에 다른 법률에서 겸임할 수 없도록 정하는 직

② 「정당법」 제22조에 따라 정당의 당원이 될 수 있는 교원이 지방의회의원으로 당선되면 임기 중 그 교원의 직은 휴직된다.

③ 지방의회의원이 당선 전부터 제1항 각 호의 직을 제외한 다른 직을 가진 경우에는 임기 개시 후 1개월 이내에, 임기 중 그 다른 직에 취임한 경우에는 취임 후 15일 이내에 지방의회의 의장에게 서면으로 신고하여야 하며, 그 방법과 절차는 해당 지방자치단체의 조례로 정한다.

④ 지방의회의 의장은 제3항에 따라 지방의회의원의 겸직신고를 받으면 그 내용을 연 1회 이상 해당 지방의회의 인터넷 홈페이지에 게시하거나 지방자치단체의 조례로 정하는 방법에 따라 공개하여야 한다.

⑤ 지방의회의원이 다음 각 호의 기관 · 단체 및 그 기관 · 단체가 설립 · 운영하는 시설의 대표, 임원, 상근직원 또는 그 소속 위원회(자문위원회는 제외한다)의 위원이 된 경우

에는 그 겸한 직을 사임하여야 한다.

1. 해당 지방자치단체가 출자 · 출연(재출자 · 재출연을 포함한다)한 기관 · 단체

2. 해당 지방자치단체의 사무를 위탁받아 수행하고 있는 기관 · 단체

3. 해당 지방자치단체로부터 운영비, 사업비 등을 지원받고 있는 기관 · 단체

4. 법령에 따라 해당 지방자치단체의 장의 인가를 받아 설립된 조합(조합설립을 위한 추진위원회 등 준비단체를 포함한다)의 임직원

⑥ 지방의회의 의장은 지방의회의원이 다음 각 호의 어느 하나에 해당하는 경우에는 그 겸한 직을 사임할 것을 권고하여야 한다. 이 경우 지방의회의 의장은 제66조에 따른 윤리심사자문위원회의 의견을 들어야 하며 그 의견을 존중하여야 한다.

1. 제5항에 해당하는 데도 불구하고 겸한 직을 사임하지 아니할 때

2. 다른 직을 겸하는 것이 제44조제2항에 위반된다고 인정될 때

⑦ 지방의회의 의장은 지방의회의원의 행위 또는 양수인이나 관리인의 지위가 제5항 또는 제6항에 따라 제한되는지와 관련하여 제66조에 따른 윤리심사자문위원회의 의견을 들을 수 있다.

(4) 지방의회 의원의 의무강화(일부 신설)

선출직 공직자(특수경력직 정무직 공무원)로서 지방의원은 역할과 권리와 함께 의무가 부과되어야 하는데, 지방자치법 제43조제5항에서 규정하고 있는 기관 · 단체 및 그 기관 · 단체가 설립 · 운영하는 시설과 영리를 목적으로 하는 거래를 할 수 없게 함과 동시에 소관 상임위원회의 직무와 관련된 영리행위를 할 수 없도록 그 의무를 강화하였다(지방자치법 제44조 ④, ⑤항 신설).

지방자치법 제44조(의원의 의무) ① 지방의회의원은 공공의 이익을 우선하여 양심에 따라 그 직무를 성실히 수행하여야 한다. ② 지방의회의원은 청렴의 의무를 지며, 지방의회의원으로서의 품위를 유지하여야 한다. ③ 지방의회의원은 지위를 남용하여 재산상의 권리 · 이익 또는 직위를 취득하거나 다른 사람을 위하여 그 취득을 알선해서는 아니 된다. ④ 지방의회의원은 해당 지방자치단체, 제43조제5항 각 호의 어느 하나에 해당하는 기관 · 단체 및 그 기관 · 단체가 설립 · 운영하는 시설과 영리를 목적으로 하는

거래를 하여서는 아니 된다. ⑤ 지방의회의원은 소관 상임위원회의 직무와 관련된 영리행위를 할 수 없으며, 그 범위는 해당 지방자치단체의 조례로 정한다.

(5) 임시회 소집 보완(일부 신설)

이번 전부개정된 지방자치법은 임시회 소집관련해서 과거 생각하지 못한 자치단체의 폐지 · 신설 · 분할 · 통합 등에 따른 대비책으로 새로운 조항을 신설하였다. 즉, 자치단체의 폐지 · 신설 · 분할 · 통합 등에 따라 새로운 지방자치단체가 차질 없이 출범할 수 있도록 새로운 지방자치단체가 설치된 경우 최초의 지방의회 임시회는 지방의회 사무처장 · 사무국장 · 사무과장이 해당 지방자치단체가 설치되는 날에 소집하도록 하였다(지방자치법 제54조제2항).

지방자치법 제54조(임시회) ① 지방의회의원 총선거 후 최초로 집회되는 임시회는 지방의회 사무처장 · 사무국장 · 사무과장이 지방의회의원 임기 개시일부터 25일 이내에 소집한다.

② 지방자치단체를 폐지하거나 설치하거나 나누거나 합쳐 새로운 지방자치단체가 설치된 경우에 최초의 임시회는 지방의회 사무처장 · 사무국장 · 사무과장이 해당 지방자치단체가 설치되는 날에 소집한다.

③ 지방의회의 의장은 지방자치단체의 장이나 조례로 정하는 수 이상의 지방의회의원이 요구하면 15일 이내에 임시회를 소집하여야 한다. 다만, 지방의회의 의장과 부의장이 부득이한 사유로 임시회를 소집할 수 없을 때에는 지방의회의원 중 최다선의원이, 최다선의원이 2명 이상인 경우에는 그 중 연장자의 순으로 소집할 수 있다.

④ 임시회 소집은 집회일 3일 전에 공고하여야 한다. 다만, 긴급할 때에는 그러하지 아니하다.

(6) 지방의회 본회의의 표결방법 중 무기명투표의 대상 규정(신설)

지방의회의 본회의 표결은 지금까지 조례 또는 회의규칙으로 정하는 것으로 하였으나 이번 전부개정안에는 이 조항을 신설하여 무기명투표로 표결하는 대상을 나열하고 있다(지방자치법 제 74조). 이는 그동안의 의회 운영과정에서 표결과 관련하여 논란이 있었던 부분을 보다 효율적으로 정리하고자 한 의도에서 예시하고 있는 것으로 이해할 수 있다.

지방자치법 제74조(표결방법) 본회의에서 표결할 때에는 조례 또는 회의규칙으로 정하는 표결방식에 의한 기록표결로 가부(可否)를 결정한다. 다만, 다음 각 호의 어느 하나에 해당하는 경우에는 무기명투표로 표결한다.

1. 제57조에 따른 의장 · 부의장 선거
2. 제60조에 따른 임시의장 선출
3. 제62조에 따른 의장 · 부의장 불신임 의결
4. 제92조에 따른 자격상실의결
5. 제100조에 따른 징계 의결
6. 제32조, 제120조 또는 제121조, 제192조에 따른 재의요구에 관한 의결
7. 그 밖에 지방의회에서 하는 각종 선거 및 인사에 관한 사항

4) 자치단체 사무수행 능률성 강화

(1) 단체장 인수위원회 구성 명시(신설)

지난 민선7기까지는 지방자치단체의 장의 직 인수위원회에 대한 설치 근거가 없어 지방자치단체 간 인수위원회의 구성과 운영이 통일되지 못한 문제로 혼란과 비효율적 운영이 불가피하였다. 따라서 이번 전부개정지방자치법은 당선인을 보좌하여 지방자치단체의 장의 직 인수와 관련된 업무를 담당하기 위하여 당선이 결정된 때부터 해당 지방자치단체에 인수위원회를 설치할 수 있도록 하고, 인수위원회의 설치 기간, 구성 및 업무 등을 규정하여 단체장의 효율적인 리더십전이[3]가 이루어지게 하였다(지방자치법 제105조). 자치단체장의 직 인수는 해당 지방자치단체의 조직 · 기능, 예산 현황을 신속하게 파악하고 새롭게 당선된 장의 정책기조를 설정하기 위한 준비기간으로 이 기간에

3 자치단체장의 리더십전이로 논의되는 지방자치단체 장의 직 인수 . 인계제도는 새롭게 신설된 단체장의 직 인수위원회로서 이는 선거로 확정된 이후 단체장당선인이 취임하기 전까지 존재하는 임시조직이다. 인수위원회는 지방정부의 조직. 기능. 예산 현황을 파악하고 새로운 지방정부의 정책기조를 설정하며, 자치단체장의 취임행사를 준비하는 역할을 한다.

무엇을 어떻게 준비하느냐에 따라 자치단체장 역할수행에 전임기 동안에 영향을 미치게 된다. 따라서 인수위원회는 지방자치단체 수장 교체에 따른 혼란이나 행정 공백을 최소화하여 지방정치행정의 신속한 정상화에 기여할 것으로 기대된다.

지방자치법 제105조(지방자치단체의 장의 직 인수위원회) ①「공직선거법」 제191조에 따른 지방자치단체의 장의 당선인(같은 법 제14조제3항 단서에 따라 당선이 결정된 사람을 포함하며, 이하 이 조에서 "당선인"이라 한다)은 이 법에서 정하는 바에 따라 지방자치단체의 장의 직 인수를 위하여 필요한 권한을 갖는다. ② 당선인을 보좌하여 지방자치단체의 장의 직 인수와 관련된 업무를 담당하기 위하여 당선이 결정된 때부터 해당 지방자치단체에 지방자치단체의 장의 직 인수위원회(이하 이 조에서 "인수위원회"라 한다)를 설치할 수 있다. ③ 인수위원회는 당선인으로 결정된 때부터 지방자치단체의 장의 임기 시작일 이후 20일의 범위에서 존속한다. ④ 인수위원회는 다음 각 호의 업무를 수행한다.

1. 해당 지방자치단체의 조직 · 기능 및 예산현황의 파악
2. 해당 지방자치단체의 정책기조를 설정하기 위한 준비
3. 그 밖에 지방자치단체의 장의 직 인수에 필요한 사항

⑤ 인수위원회는 위원장 1명 및 부위원장 1명을 포함하여 다음 각 호의 구분에 따른 위원으로 구성한다.

1. 시 · 도: 20명 이내
2. 시 · 군 및 자치구: 15명 이내

⑥ 위원장 · 부위원장 및 위원은 명예직으로 하고, 당선인이 임명하거나 위촉한다.

⑦「지방공무원법」 제31조 각 호의 어느 하나에 해당하는 사람은 인수위원회의 위원장 · 부위원장 및 위원이 될 수 없다.

⑧ 인수위원회의 위원장 · 부위원장 및 위원과 그 직에 있었던 사람은 그 직무와 관련하여 알게 된 비밀을 다른 사람에게 누설하거나 지방자치단체의 장의 직 인수 업무 외의 다른 목적으로 이용할 수 없으며, 직권을 남용해서는 아니 된다.

⑨ 인수위원회의 위원장 · 부위원장 및 위원과 그 직에 있었던 사람 중 공무원이 아닌 사람은 인수위원회의 업무와 관련하여「형법」이나 그 밖의 법률에 따른 벌칙을 적용할 때에는 공무원으로 본다.

⑩ 제1항부터 제9항까지에서 규정한 사항 외에 인수위원회의 구성 · 운영 및 인력 · 예산 지원 등에 필요한 사항은 해당 지방자치단체의 조례로 정한다.

(2) 자문기관 운영 효율성 강화(일부 신설)

지방자치단체는 자문기관 운영의 효율성 향상을 위하여 중복되는 자문기관을 설치할 수 없도록 하고, 지방자치단체의 장은 자문기관 정비계획 및 조치결과 등을 종합하여 작성한 자문기관 운영현황을 매년 지방의회에 보고하도록 의무화 하였다(지방자치법 제130조).

지방자치법 제130조(자문기관의 설치 등) ① 지방자치단체는 소관 사무의 범위에서 법령이나 그 지방자치단체의 조례로 정하는 바에 따라 자문기관(소관 사무에 대한 자문에 응하거나 협의, 심의 등을 목적으로 하는 심의회, 위원회 등을 말한다. 이하 같다)을 설치 · 운영할 수 있다.

② 자문기관은 법령이나 조례에 규정된 기능과 권한을 넘어서 주민의 권리를 제한하거나 의무를 부과하는 내용으로 자문 또는 심의 등을 하여서는 아니 된다.

③ 자문기관의 설치 요건 · 절차, 구성 및 운영 등에 관한 사항은 대통령령으로 정한다. 다만, 다른 법령에서 지방자치단체에 둘 수 있는 자문기관의 설치 요건 · 절차, 구성 및 운영 등을 따로 정한 경우에는 그 법령에서 정하는 바에 따른다.

④ 지방자치단체는 자문기관 운영의 효율성 향상을 위하여 해당 지방자치단체에 설치된 다른 자문기관과 성격 · 기능이 중복되는 자문기관을 설치 · 운영해서는 아니 되며, 지방자치단체의 조례로 정하는 바에 따라 성격과 기능이 유사한 다른 자문기관의 기능을 포함하여 운영할 수 있다.

⑤ 지방자치단체의 장은 자문기관 운영의 효율성 향상을 위한 자문기관 정비계획 및 조치 결과 등을 종합하여 작성한 자문기관 운영현황을 매년 해당 지방의회에 보고하여야 한다.

(3) 특별지방자치단체 설치 · 운영 등에 관한 법적 근거 마련(신설)

광역행정수요에 효과적으로 대응할 수 있도록 특별지방자치단체의 설치 근거는 있었지만 구체적인 규정이 없어 이를 설치 · 운영할 수 없었던 것이다. 즉, 1949년 7월 4

일 법률 제32호로 국회를 통과한 우리나라의 「지방자치법」은 '특별지방자치단체'에 관한 조항이 없었고, 1988년 전부 개정된 「지방자치법」 제2조는 지방자치단체 종류를 규정하면서 제③항과 제④항에 특별지방자치단체 설치와 이의 운영에 관해 규정하고 있다. 이후 이러한 조항은 "특별지방자치단체 설치 · 운영에 관하여 필요한 사항은 대통령령으로 정한다."로 개정되었고, 이번 전부 개정에서는 별도의 제12장을 신설하여 특별지방자치단체를 비중 있게 다루고자 하였다(제12장 / 제199조). 즉, 특별지방자치단체는 법인으로 하고, 특별지방자치단체 설치 시 상호 협의에 따른 규약을 정하여 행정안전부장관의 승인을 받도록 하며, 특별지방자치단체의 지방의회와 집행기관의 조직 · 운영 등은 규약으로 정하도록 하는 등 특별지방자치단체 설치 · 운영과 관련한 세부 내용을 규정하고 있는 것이다(지방자치법 제199조-제211조).

제12장 특별지방자치단체

제1절 설치: 제199조에서 제201조까지 3개 조 신설

제2절 규약과 기관 구성: 제202조부터 제205조까지 4개 조 신설

제3절 운영: 제206조부터 제211조까지 6개 조 신설

지방자치법 제199조(설치) ① 2개 이상의 지방자치단체가 공동으로 특정한 목적을 위하여 광역적으로 사무를 처리할 필요가 있을 때에는 특별지방자치단체를 설치할 수 있다. 이 경우 특별지방자치단체를 구성하는 지방자치단체(이하 "구성 지방자치단체"라 한다)는 상호 협의에 따른 규약을 정하여 구성 지방자치단체의 지방의회 의결을 거쳐 행정안전부장관의 승인을 받아야 한다. ② 행정안전부장관은 제1항 후단에 따라 규약에 대하여 승인하는 경우 관계 중앙행정기관의 장 또는 시 · 도지사에게 그 사실을 알려야 한다. ③ 특별지방자치단체는 법인으로 한다. ④ 특별지방자치단체를 설치하기 위하여 국가 또는 시 · 도 사무의 위임이 필요할 때에는 구성 지방자치단체의 장이 관계 중앙행정기관의 장 또는 시 · 도지사에게 그 사무의 위임을 요청할 수 있다.⑤ 행정안전부장관이 국가 또는 시 · 도 사무의 위임이 포함된 규약에 대하여 승인할 때에는 사전에 관계 중앙행정기관의 장 또는 시 · 도지사와 협의하여야 한다. ⑥ 구성 지방자치단체의 장이 제1항 후단에 따라 행정안전부장관의 승인을 받았을 때에는 규약의 내용을 지체 없이 고시하여야 한다. 이 경우 구성 지방자치단체의 장이 시장 · 군수 및 자치구의 구

청장일 때에는 그 승인사항을 시 · 도지사에게 알려야 한다.

지방자치법 제200조(설치 권고 등) 행정안전부장관은 공익상 필요하다고 인정할 때에는 관계 지방자치단체에 대하여 특별지방자치단체의 설치, 해산 또는 규약 변경을 권고할 수 있다. 이 경우 행정안전부장관의 권고가 국가 또는 시 · 도 사무의 위임을 포함하고 있을 때에는 사전에 관계 중앙행정기관의 장 또는 시 · 도지사와 협의하여야 한다.

(4) 인구 100만 이상 대도시 특례시 부여(일부 신설)

본조는 대도시 등에 대한 특례 인정을 확대하는 조치를 제시한 규정으로 볼 수 있다. 인구 100만 이상 대도시에 대해 '특례시'로 명칭하였고, 실질적인 행정수요, 국가균형발전 및 지방소멸위기 등을 고려하여 지정할 수 있는 시 · 군 · 구도 제시하고 있기 때문이다. 즉, 기존 지방자치법(1988)은 서울특별시 · 광역시 및 특별자치시를 제외한 인구 50만 이상 대도시의 행정, 재정운영 및 국가의 지도 · 감독에 대하여는 그 특성을 고려하여 관계 법률로 정하는 바에 따라 특례를 둘 수 있도록 하였으며, 지방자치법전부개정(2020.12.9)은 인구 100만 이상 대도시(특례시), 실질적인 행정수요, 국가균형발전 및 지방소멸위기 등을 고려하여 대통령령으로 정하는 기준과 절차에 따라 행정안전부장관이 지정하는 시 · 군 · 구로 그 범위를 확대하고 있다(지방자치법 제198조 ; 최진혁, 2021).

지방자치법 제198조(대도시 등에 대한 특례 인정) ① 서울특별시 · 광역시 및 특별자치시를 제외한 인구 50만 이상 대도시의 행정, 재정 운영 및 국가의 지도 · 감독에 대해서는 그 특성을 고려하여 관계 법률로 정하는 바에 따라 특례를 둘 수 있다. ② 제1항에도 불구하고 서울특별시 · 광역시 및 특별자치시를 제외한 다음 각 호의 어느 하나에 해당하는 대도시 및 시 · 군 · 구의 행정, 재정 운영 및 국가의 지도 · 감독에 대해서는 그 특성을 고려하여 관계 법률로 정하는 바에 따라 추가로 특례를 둘 수 있다.

1. 인구 100만 이상 대도시(이하 "특례시"라 한다)

2. 실질적인 행정수요, 국가균형발전 및 지방소멸위기 등을 고려하여 대통령령으로 정하는 기준과 절차에 따라 행정안전부장관이 지정하는 시 · 군 · 구

③ 제1항에 따른 인구 50만 이상 대도시와 제2항제1호에 따른 특례시의 인구 인정기준은 대통령령으로 정한다.

5) 중앙-지방 협력관계 정립

국가와 지방자치단체와의 관계를 수직적 관계에서 (수평적이고) 협력적 동반자관계로 재편하고 자치단체 상호간 협력을 활성화한다.

(1) 국가의 (지방자치단체의) 지도감독에서 국가와 지방자치단체간의 관계로

본조는 국가와 지방자치단체간의 관계를 수직적 관계에서 협력적 동반자관계로 재편하고자 하는 자치분권 2.0의 시대적 상황을 고려하여 기존의 지방자치법 제9장 명칭을 '국가의 지도 · 감독에서 '국가와 지방자치단체의 관계'로 변경하고 새롭게 국가와 지방자치단체의 협력의무를 신설하게 되었다. 즉, "국가와 지방자치단체는 주민에 대한 균형적인 공공서비스 제공과 지역간 균형발전을 위하여 협력하여야 한다"는 것이다(지방자치법 제183조).

제9장 국가와 지방자치단체 간의 관계

지방자치법 제183조(국가와 지방자치단체의 협력 의무) 국가와 지방자치단체는 주민에 대한 균형적인 공공서비스 제공과 지역 간 균형발전을 위하여 협력하여야 한다(신설).

국가의 지도 · 감독이라는 제9장이 국가와 지방자치단체간의 관계로 변경되었다. 이는 기존의 국가와 지방자치단체가 수직적인 관계 하에 존재하였다고 본다면 이제는 그 관계가 수평적인 협력관계로 전환되어야 함을 명시하고 있는 것으로 해석된다. 제정지방자치법(1949.7)은 국가와 지방자치단체간 관계규정을 하지 않은 채 제1조에서 "지방의 행정을 국가의 감독하에... 행하게 함으로써 대한민국의 민주적 발전을 기함을 목적으로 한다"고 하여 중앙집권적으로 국가의 지방행정수행방식을 규정하였고, 이후 지방자치법전부개정(1988)에서 국가의 지도 · 감독이라는 장(제9장)을 마련하여 더욱 국가중심의 지방행정수행방식을 확실히 하였으며, 그러한 논지를 현재까지 계속 유지시켜오면서 이번 지방자치법전부개정(2021)은 국가와 지방자치단체간의 관계를 협력적 관계로 신설 규정하고 있는 것이다. 즉, 국가와 지방자치단체간의 관계를 자치분권 환경에 맞게 지도 · 감독관계에서 협력관계로 바꿔놓고 있는 것이다. 중앙집권적 환경에서 효율적으로 작동되어온 국가와 지방자치단체와의 관계가 새로운 자치분권2.0의 시대에 부응하기 위해 탈중앙집권화의 새로운 패러다임으로 옮겨지고 있는 것이다. 이는 헌법에서 지방자치를 보장하고 있다는 원칙에서 더 이상 국가가 지방자치단체에 후견인으로서 지도 · 감독(통제)하는 관계가 아니라 이제는 상호 · 대등 · 병립관계로 나아가야 한다는 논리를 제공하고 있는 것으로 해석할 수 있다.

여기서 논의를 확장시켜갈 수 있다면 지방자치법의 근본 목적규정으로부터 시작되어야 할 것으로 보인다. 즉, 국가와 지방자치단체간의 관계규정은 지방자치법의 매우 중요한 규정으로 간주되는바, 지방자치법 전부개정(1988)이래 2021년 전부개정에서도 제1조(목적)에서 "... 국가와 지방자치단체와의 기본적 관계를 정함으로써 지방자치행정을 민주적이고 능률적으로 수행하고 지방을 균형있게 발전시키며 대한민국을 민주적으로 발전시키려는 것을 목적으로 한다"고 선언하고 있으니 말이다(최진혁, 2021).

(2) 지방자치단체에 대한 적법성 통제 강화(지방자치법 제188조 및 제192조).

지금까지는 시 · 군 및 자치구의 법령 위반에 대한 국가의 실효성 있는 통제 수단이 없어 법령 위반사항이 해소되지 못하고 주민의 권리 · 의무에 영향을 미치는 문제가 있었다. 그리고 주무부장관은 자치사무에 관한 시장 · 군수 및 자치구의 구청장의 명령이나 처분이 법령에 위반됨에도 불구하고 시 · 도지사가 시정명령을 하지 아니하면 시 · 도지사에게 시정명령을 하도록 명할 수 있고, 시 · 도지사가 시정명령을 하지 아니하면 주무부장관이 직접 시정명령과 명령 · 처분에 대한 취소 · 정지를 할 수 있도록 하였다(지방자치법 제188조). 또한 주무부장관은 시 · 군 및 자치구의회의 의결이 법령에 위반됨에도 불구하고 시 · 도지사가 재의를 요구하게 하지 아니하면 시장 · 군수 및 자치구의 구청장에게 재의를 요구하게 할 수 있도록 하여(지방자치법 제192조) 강력한 통제체제를 구축하였다(법제처, 2022).

지방자치법 제188조(위법 · 부당한 명령이나 처분의 시정) ① 지방자치단체의 사무에 관한 지방자치단체의 장(제103조제2항에 따른 사무의 경우에는 지방의회의 의장을 말한다. 이하 이 조에서 같다)의 명령이나 처분이 법령에 위반되거나 현저히 부당하여 공익을 해친다고 인정되면 시 · 도에 대해서는 주무부장관이, 시 · 군 및 자치구에 대해서는 시 · 도지사가 기간을 정하여 서면으로 시정할 것을 명하고, 그 기간에 이행하지 아니하면 이를 취소하거나 정지할 수 있다.

② 주무부장관은 지방자치단체의 사무에 관한 시장 · 군수 및 자치구의 구청장의 명령이나 처분이 법령에 위반되거나 현저히 부당하여 공익을 해침에도 불구하고 시 · 도지사가 제1항에 따른 시정명령을 하지 아니하면 시 · 도지사에게 기간을 정하여 시정명령을 하도록 명할 수 있다.

③ 주무부장관은 시 · 도지사가 제2항에 따른 기간에 시정명령을 하지 아니하면 제2항에 따른 기간이 지난 날부터 7일 이내에 직접 시장 · 군수 및 자치구의 구청장에게 기간을 정하여 서면으로 시정할 것을 명하고, 그 기간에 이행하지 아니하면 주무부장관이 시장 · 군수 및 자치구의 구청장의 명령이나 처분을 취소하거나 정지할 수 있다.

④ 주무부장관은 시 · 도지사가 시장 · 군수 및 자치구의 구청장에게 제1항에 따라 시정명령을 하였으나 이를 이행하지 아니한 데 따른 취소 · 정지를 하지 아니하는 경우에는 시 · 도지사에게 기간을 정하여 시장 · 군수 및 자치구의 구청장의 명령이나 처분을 취소하거나 정지할 것을 명하고, 그 기간에 이행하지 아니하면 주무부장관이 이를 직접 취소하거나 정지할 수 있다.

⑤ 제1항부터 제4항까지의 규정에 따른 자치사무에 관한 명령이나 처분에 대한 주무부장관 또는 시 · 도지사의 시정명령, 취소 또는 정지는 법령을 위반한 것에 한정한다.

⑥ 지방자치단체의 장은 제1항, 제3항 또는 제4항에 따른 자치사무에 관한 명령이나 처분의 취소 또는 정지에 대하여 이의가 있으면 그 취소처분 또는 정지처분을 통보받은 날부터 15일 이내에 대법원에 소를 제기할 수 있다.

지방자치법 제192조(지방의회 의결의 재의와 제소) ① 지방의회의 의결이 법령에 위반되거나 공익을 현저히 해친다고 판단되면 시 · 도에 대해서는 주무부장관이, 시 · 군 및 자치구에 대해서는 시 · 도지사가 해당 지방자치단체의 장에게 재의를 요구하게 할 수 있고, 재의 요구 지시를 받은 지방자치단체의 장은 의결사항을 이송받은 날부터 20일 이내에 지방의회에 이유를 붙여 재의를 요구하여야 한다.

② 시 · 군 및 자치구의회의 의결이 법령에 위반된다고 판단됨에도 불구하고 시 · 도지사가 제1항에 따라 재의를 요구하게 하지 아니한 경우 주무부장관이 직접 시장 · 군수 및 자치구의 구청장에게 재의를 요구하게 할 수 있고, 재의 요구 지시를 받은 시장 · 군수 및 자치구의 구청장은 의결사항을 이송받은 날부터 20일 이내에 지방의회에

이유를 붙여 재의를 요구하여야 한다.

③ 제1항 또는 제2항의 요구에 대하여 재의한 결과 재적의원 과반수의 출석과 출석의원 3분의 2 이상의 찬성으로 전과 같은 의결을 하면 그 의결사항은 확정된다.

④ 지방자치단체의 장은 제3항에 따라 재의결된 사항이 법령에 위반된다고 판단되면 재의결된 날부터 20일 이내에 대법원에 소를 제기할 수 있다. 이 경우 필요하다고 인정되면 그 의결의 집행을 정지하게 하는 집행정지결정을 신청할 수 있다.

⑤ 주무부장관이나 시 · 도지사는 재의결된 사항이 법령에 위반된다고 판단됨에도 불구하고 해당 지방자치단체의 장이 소를 제기하지 아니하면 시 · 도에 대해서는 주무부장관이, 시 · 군 및 자치구에 대해서는 시 · 도지사(제2항에 따라 주무부장관이 직접 재의 요구 지시를 한 경우에는 주무부장관을 말한다. 이하 이 조에서 같다)가 그 지방자치단체의 장에게 제소를 지시하거나 직접 제소 및 집행정지결정을 신청할 수 있다.

⑥ 제5항에 따른 제소의 지시는 제4항의 기간이 지난 날부터 7일 이내에 하고, 해당 지방자치단체의 장은 제소 지시를 받은 날부터 7일 이내에 제소하여야 한다.

⑦ 주무부장관이나 시 · 도지사는 제6항의 기간이 지난 날부터 7일 이내에 제5항에 따른 직접 제소 및 집행정지결정을 신청할 수 있다.

⑧ 제1항 또는 제2항에 따라 지방의회의 의결이 법령에 위반된다고 판단되어 주무부장관이나 시 · 도지사로부터 재의 요구 지시를 받은 해당 지방자치단체의 장이 재의를 요구하지 아니하는 경우(법령에 위반되는 지방의회의 의결사항이 조례안인 경우로서 재의 요구 지시를 받기 전에 그 조례안을 공포한 경우를 포함한다)에는 주무부장관이나 시 · 도지사는 제1항 또는 제2항에 따른 기간이 지난 날부터 7일 이내에 대법원에 직접 제소 및 집행정지 결정을 신청할 수 있다.

⑨ 제1항 또는 제2항에 따른 지방의회의 의결이나 제3항에 따라 재의결된 사항이 둘 이상의 부처와 관련되거나 주무부장관이 불분명하면 행정안전부장관이 재의 요구 또는 제소를 지시하거나 직접 제소 및 집행정지 결정을 신청할 수 있다.

(3) 중앙지방협력회의의 설치(신설)

지방자치법전부개정(2020.12)은 국가와 지방자치단체간의 협력의 중요성을 인지하여 지방자치발전과 지역간 균형발전을 위한 정책심의를 위해 중앙지방협력회의의 설치를 신설하였다. 이에 따라 중앙지방협력회의의 구성과 운영에 관한 사항은 따로 법률에 위임하여 정하도록 하였다(지방자치법 제186조). 결국 중앙과 지방의 협력관계가 의무적 사항에서 중앙지방협력회의의 설치가 제도화되는 수순을 밟고 있는 것으로 볼 수 있다.

지방자치법 제186조(중앙지방협력회의의 설치) ① 국가와 지방자치단체 간의 협력을 도모하고 지방자치 발전과 지역 간 균형발전에 관련되는 중요 정책을 심의하기 위하여 중앙지방협력회의를 둔다.② 제1항에 따른 중앙지방협력회의의 구성과 운영에 관한 사항은 따로 법률로 정한다.

6) 국제교류 · 협력 신설

본조는 국제화시대에 지방자치단체의 역할을 국가사무(국가의 외교 · 통상정책)에 배치되지 아니하는 범위 내에서 국제교류협력사무를 추진할 수 있게 한 규정으로 볼 수 있다. 일정범위 내에서 자치단체가 국제교류협력의 주체로서의 자격을 부여받은 것이다. 즉, 지방자치법전부개정(2020.12)은 지방자치단체는 국가의 외교 · 통상 정책과 배치되지 아니하는 범위에서 국제교류 · 협력, 통상 · 투자유치를 위하여 외국의 지방자치단체, 민간기관, 국제기구와 협력을 추진할 수 있다고 하여 세방화(세계화+지방화)시대에 맞는 자치단체의 역할을 확대해 나아가고자 하였다(지방자치법 제193조, 제194조, 제195조 ; 최진혁, 2021).

제193조(지방자치단체의 역할) 지방자치단체는 국가의 외교 · 통상 정책과 배치되지 아니하는 범위에서 국제교류 · 협력, 통상 · 투자유치를 위하여 외국의 지방자치단체, 민간기관, 국제기구(국제연합과 그 산하기구·전문기구를 포함한 정부간 기구, 지방자치단체간 기구를 포함한 준정부간 기구, 국제 비정부기구 등을 포함한다. 이하 같다)와 협력을 추진할 수 있다.

제194조(지방자치단체의 국제기구 지원) 지방자치단체는 국제기구 설립 · 유치 또는 활동 지원을 위해 국제기구에 공무원을 파견하거나 운영비용 등 필요한 비용을 보조할 수 있다.

제195조(해외사무소 설치·운영) ① 지방자치단체는 국제교류 · 협력 등의 업무를 원활히

수행하기 위해 필요한 곳에 단독 또는 지방자치단체 간 협력을 통해 공동으로 해외사무소를 설치할 수 있다. ② 지방자치단체는 해외사무소가 효율적으로 운영될 수 있도록 노력해야 한다.

제4절 결론

상기 논의와 같이 이번「지방자치법」전부 개정은 제안에서부터 주민참여기회를 증대하는 방향으로 진행되었다. 통상 주민의 권리 및 의무에 관한「지방자치법」의 규정은 선언적 의미가 강하다. 전부 개정된「지방자치법」제17조는 주권재민을 밝힌 것으로 제①항은 "주민은 법령으로 정하는 바에 따라 주민생활에 영향을 미치는 지방자치단체 정책의 결정 및 집행 과정에 참여할 권리를 가진다."고 규정하여 보다 확대된 주민참여제도를 마련하였다.

한편 자치단체가 지역주민을 위해 보다 값싸고 양질의 행 · 재정서비스를 창출하고 배분하기 위해 지방의 자율성과 자기사무를 획기적으로 확대하였다. 즉, 사무배분기준으로 보충성, 불경합성, 자기책임성의 원칙을 규정하고 국가와 자치단체의 준수의무를 부과하였다. 그리고 시 · 도지사권한이었던 시 · 도의회 사무직원에 대한 임용권을 시 · 도의회의장에게 부여하여 지방의회 사무처 인사운영의 독립성을 보장하게 하였고, 시 · 도, 시 · 군 · 구 지방의원들의 의정활동을 지원할 '정책지원전문인력'제도의 도입근거를 마련하였으며, 자치단체의 자율성강화에 상응하는 투명성 · 책임성 확보차원에서 자치단체의 정보공개 의무 및 방법 등 정보공개에 관한 일반규정을 신설한 것과, 지방의회에 윤리특위설치를 의무화하여 책임성 확보를 꾀하고자 하였다.

그리고 중앙과 지방의 관계를 기존의 수직적 관계에서 협력적 동반자관계로 전환하고자 하였고, 자치단체의 사무수행에서 능률성 강화를 위한 조치로서 단체장 인수위원회 구성에 대한 적정기준을 마련하여 인수위의 효율적 운영을 도모하고 인수위원의 책임과 의무를 명확히 하였다. 또한 교통 · 환경 등 광역적 행정수요에 효과적으로 대응할 수 있도록 다수 자치단체의 연합으로 구성하는 특별지방자치단체 설치 · 운영 등에 대한 법적 근거를 두었으며, 인구 100만 이상 대도시에 별도의 행정적 명칭(특례시)을 부여하고 추가적인 사무특례를 확대해 가도록 하였다.

그럼에도 불구하고 이번 지방자치법전부개정안은 주민자치제를 추구하기 위한 노력의 산물로서 기여하였지만 여전히 많은 규정들이 단체자치의 법체계 안에 놓여있는 상황에서 일정한 한계로 지적될 수밖에 없다. 이는 자치법의 규정에서 "... 대통령령으로 한다"고 규정하는 내용이 다수이고, 또한 자치단체 사이에서 발생하는 갈등 및 조정역할에서 상위정부가 관여할 수 있도록 하고 있으며, 더욱 심각한 것은 자치단체의 투명성 및 책임성 강화차원에서 내 놓은 기초자치단체에 대한 국가의 강력한 통제가 자치행정을 제한할 수 있다는 우려에서 비롯되고 있다. 즉, 종전까지는 시 · 도가 시 · 군 · 구의 위법행위에 대해 시정명령과 그에 따른 취소 · 정지권을 발동하지 않을 경우 국가(중앙정부)가 관여할 수 없었다는 점에서 국가의 기초단위까지 통제의 고리를 연결하여 지방자치단체의 자치사무 수행의 책임성을 더욱 강화하고자 한 것이 다른 한편으로 지방자치단체의 자율성을 제한하는 것으로 볼 수 있기 때문이다.

어쨌든 이번 전부개정안은 그간 국가중심의 자치에서 주민중심의 자치로 제도설계를 다시 해야 한다는 지난 39년 지방자치의 소중한 경험과 값진 교훈에서 출발하고 있다. 그런 배경에서 진정한 지방민주주의 실현을 위해 헌법이 보장하는 지방자치의 본질을 이해하여 주민주권의 주민자치를 기반으로 지역주민의 참여와 국가와 지방자치단체간의 동반자적인 협력을 통해 지방자치단체의 역량을 강화하는 방향에서 그 해답을 찾고 있는 것이다. 이제 이런 맥락에서 자치분권의 재설계를 도모하여 중앙정부가 243개 지방자치단체를 모두 장악하여 국가발전을 이끌어내는 과거 중앙집권적인 발전행정론이 아니라 각각의 자치단체가 각자의 여건과 능력에 맞는 자치역량을 키워내 주민주권자인 주민에게 실익이 돌아가게 하는 지방분권적 자치행정으로 국가발전을 이루어내는 행보로 전진해 나아가기를 기대해 본다.

그런 배경에서 진정한 지방민주주의 실현을 위해 헌법이 보장하는 지방자치의 본질(헌법 제118조 ①지방자치단체에 의회를 둔다)을 이해하여 주민주권의 주민자치를 기반으로 지역주민의 참여와 국가와 지방자치단체간의 동반자적인 협력을 통해 지방자치단체의 역량을 강화하는 방향에서 그 해답을 찾고 있는 것이다. 여기에서 우리는 본질적인 주민중심의 자치분권의 논리가 무엇인지 고민하지 않을 수 없다. 그것은 바로 그동안 지역사회에서 국가의 의사가 직접적, 수직적으로 침투하는 비대화된 행정영역을 줄이고, 그동안 상대적으로 소외되었던 주민참여와 주민통제의 역할을 강화할 수 있는 자치의 영역을 키워나가는데 있다고 할 것이다. 지방자치의 존립근거가 되는 기관이자 주민의 대표기관인 지방의회의 존재이유(la raison d'être de l'assemblée locale)를 재확인하여 주민의 일상생활에 함께하는 기관으로 재탄생시켜야하는 절대적인 이유는 바로 여기에 있다. 자유민주주의 국가에서 지방자치제를 논의하면서 지방의회를 무시하거나 부정하는 일은 마치"다리 없이 걷고자하는, 날개 없이 날고자하는"헛된 바람으로 자치분권의 거대한 원동력을 차단하는 것과 같은 이치로 이해될 수 있음을 상기해 본다. 이와 함께 자유민주주의에 내재된 건전한 시민정신에 입각한 성숙한 시민의식이 뒷받침된 지역사회를 만들어가는 일이 무엇보다 중요할 것이다. 자기이익에만 급급한 소아적인 주민이 아니라 우리 지역 공동체를 위해 봉사하고 희생할 줄 아는 성숙한 시민의식을 가진 주민을 길러내야 하는 것이다. 국가나 지방정부가 주민을 위해 무엇을 해줄 것인가를 묻지 말고 주민이 국가나 지방정부에 무엇을 해 줄 수 있을 것인가를 물을 수 있어야 하는 것이다. 대한민국의 지방자치의 제2의 도약을 견인해내는 자치분권2.0의 당위성이 바로 여기에 있다(최진혁, 2021).

<참고문헌>

구병삭. 1991. 주석 지방자치법. 박영사.

이주희. 2005. 지방자치법 : 이론과 운영사례, 기문당.

자치분권지방정부협의회 자치분권대학. 2021. 개정지방자치법해설.
(소진광, 손희준, 송광태, 채원호, 최진혁)

최진혁. 2005. 지방분권화에 부응하는 지방자치법의 발전적 개정방향. 지방정부연구 9(1).

최진혁. 2021. 지방자치의 제2도약으로서의 자치분권 2.0의 준비, 기고문, 대통령소속자치분권위원회.

최진혁. 2022. 지방자치의 제2도약(자치분권 2.0)을 위한 지방자치법전부개정(2020.12.9)의 발전적 고찰, 기고문, 대통령소속자치분권위원회.

한국지방자치학회. 2008. 지방의회의 이해. 박영사.

지방자치법전부개정(2020.12.9).
법제처. 2022. 지방자치법 개정이유.

03

지방행정체제와 기관구성

01 지방행정체제개편의 내용과 전망

제1절 서론 : 문제제기

최근 우리사회는 2005년도 제17대 국회에서 논의되었다가 중단된 지방행정체제개편이 화두가 되고 있다.[1] 현 지방행정체제는 1896년 13도제를 채택한 이후 100년 넘게 중앙집권적으로 유지되고 있어 지방자치의 활성화에 장애요인이 되고 있으며, 오늘날과 같이 교통 · 통신이 발달된 정보화시대에 부합하기 어렵고, 경제활동구역과 행정구역 불일치로 인한 주민의 불편을 강요하고 있고, 다계층제로 인한 기능의 중복과 예산, 인력의 낭비에 따른 행정의 비효율성이 제기되고, 정치사회의 해묵은 지역감정문제를 노출하고 있어 개편의 필요성을 정당화하고 있다. 따라서 행정계층을 1단계 감축하기 위하여 도를 폐지하고, 시 · 도와 시 · 군 · 구를 통합하여 전국을 60-70개 전후의 '통합광역시'로 재편하자는 주장이다. 그러나 역사성에 근거한 구역을 인위적으로 통 · 폐합할 경우의 부작용을 간과하거나 주민의 정서에 반할 수 있는 획일적 지방행정체제개편은

1 지방행정체제개편 특별위원회 보고서에 의하면 현행의 지방행정체제는 1896년 13도제를 채택한 이후 100년 넘게 근본 틀을 유지하고 있으며, 고도의 중앙집권적인 지방행정체제로 오늘날의 지방자치환경에 방해가 되고 있다고 보는 것이다. 또한 도로 · 교통 · 통신의 발달과 인터넷의 보급 등으로 행정구역과 주민의 생활 · 경제권이 일치하지 못하며, 다계층의 행정구조는 기능의 중복은 물론 과다한 인력과 예산, 시간을 소요하여 고비용 · 저효율을 조장하고 주민불편을 심화시키고 있다고 보고 있다(지방행정체제개편 특별위원회, 2006 ; 이기우, 2008 : 2-3). 따라서 개편의 대안으로 행정계층을 1단계 감축을 하기 위해 도를 폐지하고, 수개의 시군구를 통합하여 적정한 규모로 광역화하고, 읍면동을 준자치단체화하며, 현재의 도의 영역을 넘는 대권역별로 지방광역행정기구(가칭 국가지방광역행정청)를 설치하자는 것이었다.

성공적인 체제개편을 기대하기 어렵다는 반론이 만만치 않게 제기되고 있다.[2]

지방행정체제개편은 한편으로는 지방행정환경변화에 맞추어 사회경제의 발전에 따라 편협한 행정구역을 초월하여 발생하는 새로운 행정수요에 적극적으로 대처해나가야 하고, 한편으로는 전통적 자치행정구역이 가지는 역사적 토양성 내지 주민의 정서를 존중하여 장점을 충분히 살려내야 한다. 그래야만이 지방자치의 본질에 순응하여 주민의 요구를 수렴할 수 있는 풀뿌리주민자치가 가능하고, 새로운 광역행정수요에 적합한 행정을 동시에 도모할 수 있다. 이 과정에서 지방자치단체간의 인구, 면적, 재정력을 고려하여 지방자치단체의 역량을 강화할 수 있는 균형 잡힌 구역개편이 모색되어야 함은 물론이다.

이러한 배경에서 본 연구는 정치권에서 논의하고 있는 지방행정체제개편의 내용을 고찰해보면서 우리사회가 직면하고 있는 세계화, 지방화, 정보화 시대에 부응하는 지방행정체제개편은 어떻게 설정되는 것이 타당한 것인가를 진단하고자 한다. 지방자치단체의 역량을 강화하고 국가경쟁력을 제고할 수 있는 대안을 모색하고자 한다.

제2절 지방행정체제개편과 관련한 이론적 논의

1. 지방행정체제의 의의

지방행정체제는 국가, 지방자치단체, 주민과의 관계에서 주민복지증진을 위해 행해지는 일체의 행정이 이루어지는 곳으로 각 요소간의 상호작용과정에서 발생하는 행·재정서비스의 특성을 정의하고 이를 생산, 공급하는 체제로 볼 수 있다. 이는 국가의 지방행정수행방식으로서 (주민에게) 행·재정서비스를 효율적으로 제공할 수 있는 최적규모인 자치행정구역과 자치단체 계층구조의 논의를 필요로 하게 된다. 풀뿌리민주주의에 근거한 민주행정의 요구는 자치단체의 구역이 기초적이고 소규모일 것을 요구한다.

2 정세욱교수의 "행정구역개편작업이 놓치고 있는 것"(조선일보, 시론, 2008.10.06), 필자의 서울신문 칼럼 "내향적 지방행정체제개편으로"(2008.11.25) 등을 통해 읽을 수 있다.

반면에 규모의 경제와 효율성에 근거한 개발행정의 요구는 그것이 광역적이고 대규모일 것을 요구하게 된다. 따라서 기초자치단체의 구역과 광역자치단체의 구역을 설치하여 2층제로 하거나, 또는 그 이상의 계층을 두게 된다.[3] 또한 지방행정체제는 정치적으로 행정적으로 국가권력과 지방권력을 어떻게 담아낼 것인가도 논의하고 있다. 여기서는 우선 단일국가체제와 연방국가, 준연방국가체제를 생각할 수 있다.[4] 더불어 국가/지방권력구조로서 기관분립, 기관통합, 혼합절충형 구조를 생각할 수 있다. 또한 지방행정체제는 구역문제와 관련하여 자치단체의 기능과 밀접히 연관되어 있다. 새로운 행정환경변화에 따라 도시자치단체의 새로운 기능의 요구는 도시규모의 구역을 창출하게 되는 이유이다. 따라서 기능의 재배분은 구역의 변경을 요구할 수밖에 없어 지방행정체제개편은 구역과 기능의 재조정의 문제라고도 할 수 있다.

2. 지방행정체제 개편의 필요성과 위험성

1) 지방행정체제개편의 필요성

일반적으로 지방행정체제개편의 필요성을 주장하는 논리는 다음과 같다.

첫째, 현재의 지방행정체제는 100년 전 농경시대에 만들어진 것으로 지금과 같이 첨단의 지식정보화시대(교통, 통신, 인터넷 등의 획기적 발전)에 적절하지 않다는 지적이다. 그리

3 지방자치단체의 구역은 지방자치단체의 기능 및 계층구조와 긴밀한 관계가 있다(정세욱, 2005 : 746-747). 구역문제는 기능의 재분배문제와 밀접하게 관련되어 있으며 양자를 분리하여 논할 수 없다(영국의 지방정부의 경계위원회(Local Government Boundary Commission))는 사실이다. 그러므로 지방자치단체가 수행하는 기능이 달라짐에 따라 자치단체의 구역도 변화가능성을 가지고 있다. 기능의 재배분은 구역의 변경 없이는 실현될 수 없으며, 반대로 구역의 변경은 이러한 기능의 재배분을 전제로 하거나 병행할 때에 비로소 의미가 있는 것으로 이는 결국 구역과 기능의 재조정(readjustment of area and services)의 문제로 볼 수 있다. 지방자치단체의 구역과 계층구조의 관계는 주민과의 근접성을 통한 풀뿌리주민자치행정 기능(민주성)과 광역적인 조정 및 개발행정기능(효율성)의 요구에 부응하기 위한 것에서 찾을 수 있다. 즉, 민주행정의 요구는 자치단체의 구역이 주민에게 가까운 기초적 · 소규모적일 것을 요구한다. 그러나 조정 · 개발행정을 위해서는 자치단체의 구역이 제2차적 · 대규모적일 것을 요구한다. 따라서 기초자치단체의 구역과 광역자치단체의 구역을 설치하여 2층제로 하거나, 또는 그 이상의 계층을 두게 된다. 그러므로 자치단체의 구역의 문제는 지방행정계층구조의 문제와 분리해서 생각할 수 없다.

4 단일국가제는 중앙정부가 최고의 권력을 가지며 지역정부나 지방정부들의 권력은 중앙정부에 의해 부여된다. 연방제에서는 법의 규정을 통해 중앙정부와 지역정부 사이의 권력을 배분하는데 비해 단일국가제에서는 지방정부들은 중앙정부로부터 부여받은 권한만을 행사한다. 단일국가제는 중앙정부가 지방정부들의 다양성을 허용하면서도 통합되고 일관된 행정과 정책을 집행해 나가는 장점을 가진다. 단일국가제는 중앙정부만이 정책을 만들고 통제할 수 있는 권한을 가지며 다른 정부기구는 이를 전혀 갖지 못하는 체제이다(Ziller, 1995 :83).

고 향후 100-200년을 맞을 새로운 국가-지방운영의 틀로서 새로운 지방행정체제를 준비해야 할 시점이라는 것이다.

둘째, 지방행정계층구조가 다층제(3계층제)로서 비능률성, 비효율성이 증대되고 있다는 것이다. 즉, 다계층제로 인하여 권한과 책임이 불분명하고, 그에 따라 예산, 시간, 인력이 낭비되고 있다고 보는 것이다.

셋째, 교통, 통신, 인터넷 등의 획기적 발전에 따라 주민의 생활권은 확대되었고, 경제권의 불일치현상의 문제가 대두되었다. 지방서비스의 편익과 부담을 일치시키는 재정적 등가성을 확보할 수 있는 경제권역으로서의 지방행정체제 개편이 이루어져야 한다는 것이다.

넷째, 기초자치단체의 협소한 행정구역과 과소한 인구로는 광역화 행정수요에 걸림돌이 될 수밖에 없다는 것이다.

다섯째, 자치단체간의 인구, 면적, 재정력 불균형을 조정하여 지방자치단체의 역량을 제고해야 한다는 것이다.

여섯째, 그동안 고질적인 정치적 지역주의를 타파하기 위해서 필요하다는 것이다.

일곱째, 1991년, 1995년 지방자치 부활 이후 나타난 역기능을 타파하기 위해서도 필요하다는 것이다.

2) 위험성

그러나 일반적으로 다음과 같은 점에 우려를 표하고 있다.

첫째, 지금과 같은 기초자치단체의 규모를 더욱 확대하는 꼴이 되기 때문에 주민근접성의 풀뿌리민주주의 원칙에 위배될 우려가 있고, 이는 중앙집권으로의 회귀로 비판받을 수밖에 없다는 것이다.

둘째, 역사성에 근거한 구역을 인위적으로 통폐합할 경우의 부작용으로 주민의 정서에 반할 수 있는 획일적 지방행정체제개편에 우려를 나타내고 있다. 특히 경제/사회/문화적 특성, 지리적 여건을 고려하지 않은 인구, 면적 대비로 일방적인 획일적인 구역개편을 단행했을 경우의 부작용에 대한 우려를 심각하게 받아드리고 있다.

셋째, 역사적으로 오랫동안 지역발전의 중추적 기능을 수행해 온 도의 폐지는 지역의 역량을 결집할 매개체를 상실하게 되어 국가발전에 역행하게 된다.

넷째, 행정구역개편논의가 지방선거(민선5기)를 앞둔 시점에서 논의된다는 사실이 정치적 이해관계 속에서 선거구개편문제와 맞물려 왜곡될 여지가 있다.

다섯째, 시군통합에 따른 일부 광역시 창설은 지방교부세의 감소를 가져오게 되어 기존 자치단체의 낮은 재정자립도를 더욱 낮추게 됨으로써 열악한 지방재정운영이 불가피하다.

여섯째, 각 행정구역의 공무원, 주민들의 이해관계로 인한 반대여론이 행정구역개편을 왜곡시킬 가능성이 있다.

3. 구역설정기준, 구역개편기준

1) 구역설정기준

지방자치단체의 적정규모(proper or optimum size)는 어떻게 설정될 수 있을까? 이를 정하는 기준은 학자에 따라 다양하게 다음과 같이 제시되고 있다(표 1-1 참조).

<표 1-1> 구역설정기준

학자	기준
V.D. Lipman	-유사한 크기의 면적과 인구(양적 척도)의 구역을 확보해야 함 -지리적, 경제적, 전통적 요소와 결부해야 함(지리적인 고려, 산업분포, 경제생활의 전국적인 권역, 전통적 구성 및 인구의 역사적 집단) -중요한 도시의 영향을 받을 수 있는 지대로 평준화할 것, 즉 경제적, 사회적 생활의 중심지를 거점으로 구역을 평균화해야 함
A.C. Millspaugh	-공동사회적 요소(community) : 자치단체의 구역을 인위적으로 획정한다 할지라도 자연발생적인 주민의 공동생활권과 일치시켜야 함 -적정서비스단위(service unit) : 능률적인 자치행정의 요구에 적합한 행정단위, 즉 적정한 인구규모와 행정업무를 가져야 하고, 주민이 요구하는 행정수요에 대응하여 최소의 경비로 최대의 행정효과를 가져올 수 있는 정도에 구역을 설정해야 함 -자주적 재원조달단위(self-financing unit) -행정편의에 의한 구역(area of convenience)
J. W. Fesler	-자연 · 지리적 조건 -행정능률적 조건 -경제적 조건 -주민통제적 조건

영국 지방자치 위원회(Local Government Commission)	-공통의 이해를 가진 공동사회, -장래발전성, -산업 · 경제적 특성, -재정수요적 측면의 재원, -물리적 특성, 특히 교통 · 통신수단, 행정관청 · 직장 · 중심지구에 대한 접근성 -인구의 규모 · 분포 및 특성, -지방행정기관의 행정실적, -구역의 규모와 형태, -주민의 소망
UN보고서	-기초자치단체의 관할구역은 공동체의식이 존재하고, 주민의 직접적 행정참여가 가능한 한도 내에서 가장 넓은 구역으로 획정할 것 -광역자치단체의 관할구역은 자체의 행정사무를 가장 능률적으로 처리할 수 있는 최대구역으로 하되, 지방의원들이 자주 회합할 수 있는 정도의 규모로 할 것
和田英夫	-지리적 조건 -면적, 인구, 재정능력 -사회 · 경제적 권역 -교통 · 통신수단의 발달단계 -행정의 능률성과 민주통제
정세욱교수	-공동사회, -주민참여, 민중통제, -재정수요와 재원조달능력, -주민의 편의와 행정의 편의

2) 구역개편의 필요성

일반적으로 구역개편이 필요한 이유는 다음과 같다(정세욱, 2005 : 757-758).

- 산업화, 도시화에 따르는 사회경제적 여건의 변화에 적응하기 위하여 필요하다.
- 공동사회와 공동생활권의 확대라는 상반된 요구를 적절히 조화시킬 수 있는 규모로 기초자치단체의 구역을 조정하기 위하여 필요하다.
- 과거의 구역설정기준과 현대의 그것이 다르기 때문에 현대의 구역설정기준에 부합되게 하기 위하여 필요하다.
- 지방자치단체의 구역간에 격차가 심할 경우에 이를 완화하기 위하여 필요하다. 자치단체간의 행 · 재정능력의 격차를 완화시키기 위하여 구역은 적정규모로 개편되어야 한다.
- 지방자치단체의 계층구조가 다층제로 되어 있으면 주민참여 내지 주민통제가 제약되고 행정의 지체와 비능률을 초래하는 등 문제점이 제기되므로 계층의 수를 줄이기 위해 구역개편이 필요하다.

3) 외국의 지방행정체제

(1) 영국

영국은 잉글랜드(England), 웨일즈(Wales), 스코틀랜드(Scotland), 북아일랜드(Nothern Ireland)의 4개 지역으로 구성되어 있고 각각 다른 자치제도를 채택하고 있다. 잉글랜드와 웨일즈는 과거에는 도시지역과 비도시지역으로 나누어 도시지역에는 county borough의 단층제를 채택하였고, 비도시지역은 도(county)와 시 · 군(non-county borough, urban district, rural district)의 2계층제를 사용하였다. 이후 이러한 구별을 없애고 대도시지역과 비도시(농촌)지역을 막론하고 county와 district로 2층제로 하였다. 이에 따라 대런던의회(Greater London Council : GLC)는 런던보로우(London Boroughs)와 런던시(city of London)의 2층제를 두었다. 그러나 1986년 3월 대런던의회를 폐지하여 대도시지역은 단층제가 되었다가 1998년 시민직선의 시장과 의회의 대런던시(Greater London Authority)를 출범시켜 다시 2층제가 되었다. 요컨대, 런던지역은 자치2계층제, 잉글랜드는 단층제와 자치2층제 혼합, 웨일즈, 스코틀랜드, 북아일랜드는 단층제를 채택하고 있다.

(2) 프랑스

프랑스는 단일국가체제로서 26개의 지역(Région), 100개의 도(Département), 36,678개의 시읍면(Commune) 3단계의 자치계층구조를 갖는다. 도 아래에는 도의 하부행정구역으로서 군(arrondissement)이 존재한다. 그리고 도의회 의원 선거구역으로서 깡똥(canton)이 있다. 파리시는 도와 시읍면의 이중적 지위를 동시에 가지고 있으며, 파리시 안에 있는 20개 구(arrondissement)는 자치구가 아니고 준자치구역으로 존재하여 단층제를 채택하고 있음을 알 수 있다.

최근 프랑스 정부는 니콜라 사르코지(Nicolas Sarcozy) 대통령의 지원 하에 에드워드 발라뒤르(Edouard Balladur)가 위원회(le comité Balladur)의 이름으로 지방자치단체 개혁안을 준비하고 있다. 그동안 과도한 지방자치단체(권한)의 수와 중첩이 비효율적 행정과 부가적 지출의 근원을 차단하고 지역경제력을 더욱 강화하여 국제경쟁력을 제고할 수 있는 새로운 지방행정조직개편을 모색하고 있다. 이런 배경에서 프랑스 정부는 보다 확장된 경제권한을 부여받은 현재 26개에서 보다 광역화된 15개 정도의 권역으로의 지방조직, 11개의 역동적인 대도시(métropole)와 코뮨의 재통합을 그 해법으로 내놓고 있다(최진혁, 2008).

(3) 독일

독일의 지방행정계층구조는 주정부(Landesregierung : 16개) 아래 주정부관구(Regierungsbezirk : 26개)가 있고[5], 대도시지역은 시(Kreisfrie Stadt)의 1계층제이고, 비도시지역은 군(Kreis)과 읍면(Gemeinde)의 2계층제이다. 독일은 연방국가이므로 지방자치에 관련된 사항은 연방정부가 아니라 주정부사항으로 하고 있다. 독일연방국체제는 실제로는 5단계의 행정체제를 갖고 있다. 연방정부(Bundesregierung : 1개)-주정부(Landesregierung : 16개)-주정부관구(Regierungsbezirk : 26개)-광역군(Kreise : 439개)-기초자치단체(Gemeinde : 13,176개)가 그것이다.

(4) 기타 유럽연합국가

프랑스를 제외한 12개 유럽연합국가의 경우에서도 모든 국가가 1-2계층제를 운영하고 있음을 알 수 있다(표 1-2 참조).

<표 1-2> 유럽연합국가 비교

국가명	인구 (백만명)	면적(km2)	광역자치단체	기초자치단체	계층제
독일	82,4	35,7026	16Lander, 439 Kreise	13,176 Gemeinde	단층제 2계층제
벨기에	10,5	30,528	3 régions 11 provinces	589 communes	
덴마아크	5,4	43,098	15 comtés	271communes	
에스파니아	43,8	505,997	19 régions 52 provinces	8,108 communes	
프랑스	62,9	632,834	26 régions 100 départements	36,678 communes	3층제

5 관구행정은 Niedersachsen주 4개, Nordrhein-Westfalen주 5개, Hessen주 3개, Baden-Württemberg주 4개, Bayern주 7개, Sachsen주 3개가 존재한다(한형서, 2005 : 273).

그리스	11,1	13,1957	13 provinces 51 arrondissements	6,130 communes	
아일랜드	4,2	69,797	8 régions 34 comtés	3440 communes	
이탈리아	58,8	301336	21 regions 103 provinces	8,100communes	
룩셈부르그	0,5	2586	13 cantons	118communes	단층제
네덜란드	16,3	41528	12 provinces 40 arrondissements	489communes	
포르투칼	10,6	91947	7 regions 30 arrondissements	4,257communes	
영국	60,4	243820	37 comtés 133arrondissements	10,679districts communes	단층제 2층제
스웨덴	9,0	441370	8provinces 21arrondissements	290communes	
오스트리아	8,3	83871	9연방정부 35arrondissements	2,381communes	
핀란드	5,3	338145	5provinces 20districts	446communes	

자료 : Ministère de l'intérieur, DGCL(2008). p.113-114.

4. 선행연구의 검토

지방행정체제 개편에 대한 논의는 1960년대 후반 지방자치단체의 적정규모, 지방자치와 구역에 대한 논의를 기초로 1970, 80년대에 지방행정, 도시행정학자들을 중심으로 발전되어 왔다.[6] 그러다가 1990년, 2000년대 정치권과 정부산하 위원회에서 관련 학자들과 함께 논의를 진전시키고 있다. 최근 정치권의 논의에서 학계의 선행연구에 이르기까지 제시된 개편대안들을 종합화해보면 대체적으로 몇 가지 요인으로 요약할 수 있다(표 1-3 참조). 즉, 지방행정계층구조는 자치1계층제로 개편을 주로 하고 있으면서도 자치2계층제에 대한 선호가 학계에서 보다 높게 평가하고 있으며, 지방행정구역은 대체로 규모의 경제와 주민생활권의 편의성을 중심으로 통합적 접근을 선호하고 있으며, 법적 지위 및 특례에서는 대규모도시의 기초자치단체로서 자치구의 준자치단체화

6 최창호(1967, 1977), 김안제(1979), 특히 김안제교수는 1988년 '지방행정계층구조 및 행정구역의 개편방향'이라는 논문발표에서 전국을 24도 46시 196군으로 구역개편을 제안하였다.

및 시군통합의 대도시의 특례범위를 인정하는 경향을 볼 수 있으며, 기능배분으로서 도-시군간의 기능의 명확한 분리를 선호하는 것으로 나타나고 있다(김병국, 2006 ; 하혜수, 2008 : 6-9).

한편 정치권의 견해를 정리해 보면 제17대 국회에서는 지방행정체제개편의 기본방향을 저비용고효율구조의 다층제구조의 해소, 광역화, 지방자치역량의 강화, 주민의 편익과 참여의 활성화, 지역균형발전을 통한 국가경쟁력강화를 강조하였다. 그런 배경에서 행정계층을 1단계 감축하기 위하여 도를 폐지하고, 시군구를 통합하여 적정한 규모로 광역화를 도모하고, 읍면동을 준자치단체화하며, 현재의 도단위의 영역을 넘는 대권역별로 지방광역행정기구(가칭 국가지방광역행정청)를 설치하고자 한 것이었다. 같은 맥락에서 허태열의원은 행정구역은 현 시 · 도와 시 · 군 · 구를 한데 묶어서 전국을 60-70개 전후의 통합광역시로 재편하고, 자치계층은 현행 2층제를 유지하되 읍 · 면 · 동 자치를 부활하여 광역(통합광역시)-기초(읍 · 면 · 동)로 조정하고, 국가지방광역행정청을 대권역별로 설치하자고 제안하였다.

<표 1-3> 지방행정체제개편논의의 경향

구분	개편안
학계	1) 김안제(1988) : 24도 46시 196군으로 구역개편제안 2) 이달곤(2000) : 전국 25-26개 광역시체제 3) 박승주 외 3인(2001) : 자치구의 준자치구화와 도 폐지 ; 전국을 59개의 광역시로 재편 4) 한반도선진화재단 : 광역 4-5개, 기초 100여개 ; 자치2계층 유지 5) 신도철(2007) : 도와 광역시 통합하여 4-5개의 광역지방정부 구성(인구 1000만명 이상규모), 시군확대통합(100여개의 기초자치단체) 6) 이기우(2008) : 도의 광역화(광역지방정부) 제시 7) 최영출(2005, 2008) : 지출의 평균비용과 인구규모간의 관계를 통한 적정인구규모산출 : 시군의 경우 최적 인구규모는 인구 60만정도 8) 하혜수(2008) : 기존 대안(6개)의 정리와 지방자치행정체제개편의 추진체계 제시

정치권	1) 이재오의원(96.12) : 시 · 도 폐지 ; 전국을 100만 규모의 48개 광역시 체제로 개편 2) 임시국회(2000) : 전국을 광역시체제로 개편 3) 임시국회(2004) : 전국을 광역시체제로 개편 4) 임시국회(2005) : '지방행정체제 개편촉구 결의안' 제출(여야의원 32명) ; 전국을 광역시 체제로 개편 5) 열린우리당(2005) : 전국을 70여개의 광역시체제로 개편 6) 17대 국회 지방행정체제개편특별위원회(06.2) : 행정계층 1단계 감축 ; 시 · 군 · 구 광역화, 읍 · 면 · 동 준자치단체화 ; 국가지방광역행정청인 지방광역행정청과 준의회성격인 지방광역행정심의회 구성(도 폐지) 7) 한나라당(05) : 도 폐지, 전국을 70여개의 시군으로 통합, 국가지방행정청을 수도권, 중부권, 서남권, 동남권 등 권역별 설치 8) 민주당(08) : 도폐지, 시 · 군 · 구를 65개 전후로 개편 ; 자치1계층(단층제) : 특별시와 광역시는 현행체제를 유지하면서 자치구를 준자치구로 전환하고, 도를 폐지하며, 기존의 시 · 군을 약 60-70여개의 광역시로 재편(제주특별도는 제주특별시로 전환) ; 특별시, 제주특별시, 광역시 등은 1자치계층(단층제)을 유지하고, 읍 · 면 · 동은 준자치단체화되며, 대권역별로 4-6개 정도의 (가칭)국가지방광역행정청과 지방광역행정심의회 설치 9) 자유선진당(08) : 강소국연방제 / 시 · 도를 초월한 5-7개의 초광역지방정부, 시 · 군 · 구 통합으로 광역시 창설
정부위원회	정책기획위원회 및 새천년준비위원회(1999) : 광역시의 도 편입, 서울시의 자치구 통폐합

5. 이론적 분석틀

지방행정체제는 국가, 지방자치단체, 주민과의 관계에서 주민복지증진을 위해 행해지는 일체의 행정이 이루어지는 곳으로 각 요소간의 상호작용과정에서 발생하는 행·재정서비스의 특성을 정의하고 이를 생산, 공급하는 체제로 볼 수 있다. 이는 국가의 지방행정수행방식으로서 (주민에게) 행·재정서비스를 효율적으로 제공할 수 있는 최적규모인 자치행정구역과 자치단체 계층구조의 논의를 필요로 하게 된다. 또한 지방행정체제는 정치적으로 행정적으로 국가권력과 지방권력을 어떻게 담아낼 것인가도 논의하고 있다. 따라서 매우 신중한 접근이 필요하다.

그런데 행·재정서비스의 특성의 정의, 생산, 공급에 영향을 미치는 변수로는 지방행정계층구조, 지방행정구역, 지방자치단체의 규모(인구, 면적), 기능배분(행·재정적 수요), 역사문화적 환경, 행정역량, 지역경제 특성(도시적 산업, 농촌적 산업) 등을 들 수 있다. 따라서 지방행정체제개편은 국가의 민주적, 효율적인 지방행정수행방식으로서의 계층구조, 지방자치단체의 규모, 기능배분(행·재정적 수요), 역사문화적 환경, 행정역량, 지역경제 특성 등을 고려하고, 주민들의 다양한 요구를 반영하여 접근되어야 한다. 요컨대, 지방행정체제개편은 국가의 지방행정수행방식의 효율성을 담보할 수 있는 차원과 지역정서를 고려한 주민의 지방행정에의 참여확대(민주성)차원에서 논의되어야 한다(그림 1-1 참조).

<그림 1-1> 분석의 틀(지방행정체제개편)

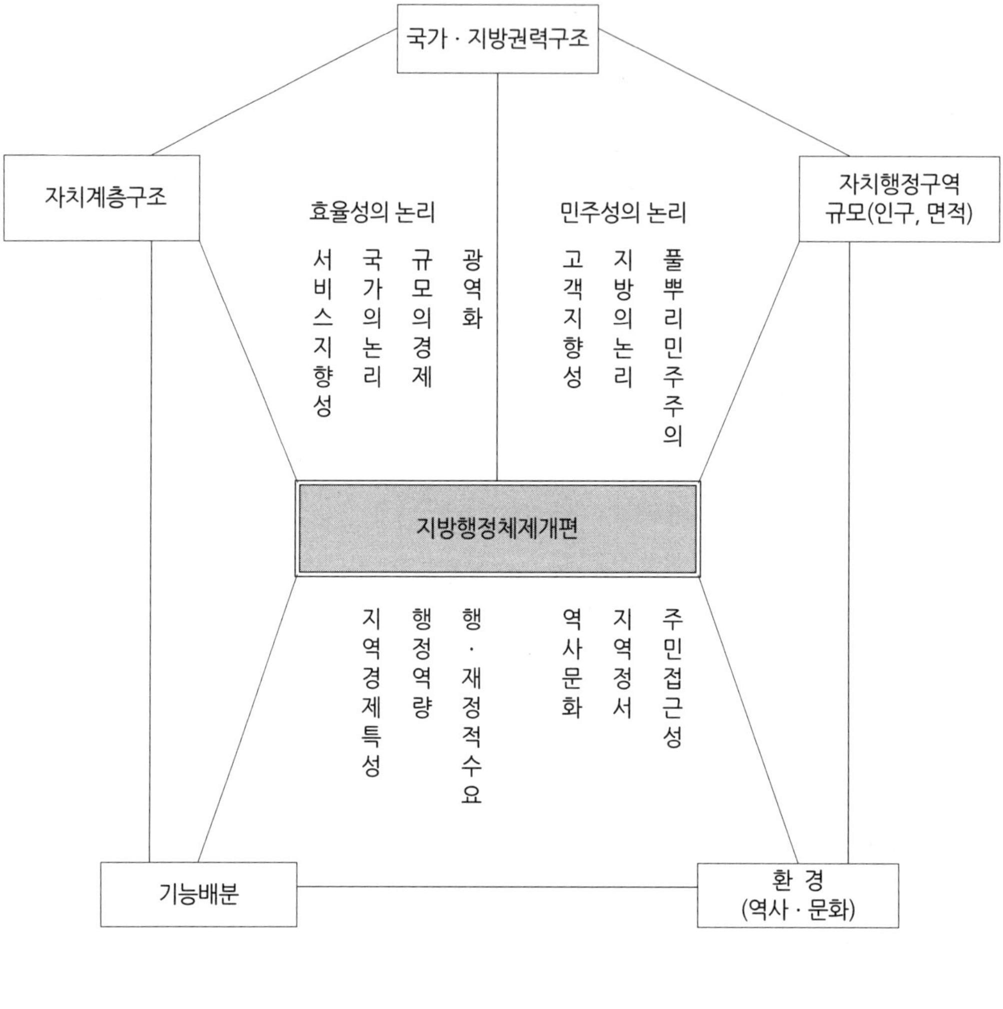

제3절 우리나라 지방행정체제 현황 및 문제점

1. 지방행정체제 개편 역사적 배경

1) 고려시대

성종14년(995년) 도 밑에 주(州), 부(府), 군(郡), 현(縣)을 설치하였다. 이것이 조선시대 부, 대도호부, 군, 현으로 계승 · 발전하게 된다. 당시 12牧(州)은 廣州, 楊州, 忠州, 淸州, 公州, 全州, 羅州, 昇州, 晉州, 尙州, 黃州, 海州에 두었다. 고려 제8대 현종(1009-1031) 때는 5道(西海, 京畿, 揚廣, 全羅, 慶尙) 兩界(동계, 북계), 3京(개성(개경), 경주(동경) / 서울(중경), 평양(서경)), 5都護府, 8牧으로 지방행정체제를 구축하였다(표 1-4 참조).

<표 1-4> 고려시대 지방행정체제

	1(최상위계층)	2(상위계층)	3(중간계층)	4(하위계층)
고려(995년)	10道	12州		
고려(1009년)	京畿 5道 2界	1京 2京/3都護府/8牧 1京/1都護府	1府/1郡 8府/89郡 6府/39郡	12縣 288縣/1鎭 35縣/28鎭

자료 : 김안제(1988).

2) 조선시대

京畿, 忠淸, 全羅, 慶尙, 江原, 黃海, 永安(후에 咸鏡), 平安의 8道로 나누었고(태종13년(1413) 그 아래에 府, 牧, 郡, 縣을 두었다. 유향소(留鄕所)는 鄕廳으로 바뀌어졌으며, 갑오경장(1895년) 때에 8道제 폐지하고 府制를 채택하였다가 1896년 다시 13道제로 환원시켰다(표 1-5 참조).

<표 1-5> 조선시대 지방행정체제

	최상위계층	상위계층	중위계층	하위계층
1413-1894년	漢城府/開城府 8道(초기) (중기) (말기)	4府4大都護府 6부6대도호부 5부6대도호부	20牧44都護府 20목77도호부 20목75도호부	82郡 · 175縣 71군 · 152현 77군 · 148현
1895-1896년	23府			336郡
1896-1910년	漢城府 13道	府	1牧	331郡

자료 : 김안제(1988).

3) 일제시대

초기(1910년)에는 13도와 12부 · 317군, 4,322면으로 나누었고, 중기(1931년)에는 13도, 14부 · 218군 · 2島로 구획하여, 군은 다시 41읍 · 2,403면으로 나누었다. 말기(1945년)에는 13도 아래 21부 · 218군 · 2도로 나누고, 군은 107읍 · 2,243면으로 구획하였다(표 1-6 참조).

<표 1-6> 일제시대 지방행정체제

	상위계층	중위계층	하위계층
초기(1910)	13道	12府 · 317郡	4322面
중기(1931)	13道	14府 · 218郡 · 2島	41邑 · 2403面
말기(1945)	13道	21府 · 218郡 · 2島	107邑 · 2243面

자료 : 김안제(1988).

4) 근대국가성립 이후

① 1949년 7월 지방자치법(법률 제32호) : 우리나라 자치단체의 계층구조는 2층제를 원칙으로 하고 다만 서울특별시에만 대도시인 동시에 수도라는 특성을 고려하여 단층제로 하였다(표 1-7 참조).

-서울특별시 단층제

-기타 도시지역 도-시의 2층제

-농촌지역 도-읍 · 면 2층제 (국가의 보통지방행정청으로서의 지위; 도의 하급행정기관으로서의 지

위를 갖는 군이 도와 읍 · 면 사이에 존재)

② 5.16 군사혁명정부 1961년 9월「지방자치에 관한 임시조치법」을 공포하여 읍면자치제를 폐지하고 읍면을 군의 하부행정조직으로 전환하는 대신 군을 기초자치단체로 함으로써 계층구조는 도-시 · 군의 2층제가 되었다.

③ 1988년 4월 전문개정된 지방자치법 : 특별시와 광역시의 구를 지방자치단체화 함으로써 지방자치계층구조는 대도시지역과 농촌지역을 막론하고 특별시 · 광역시 · 도와 자치구 · 시 · 군의 2층제로 하였다(제2조 1항, 2항)(그림 1-2, 표 1-7, 1-8 참조). 그러나 읍 · 면 · 동은 시 · 군 · 자치구의 행정구역으로서, 그 행정기구는 시 · 군 · 자치구의 하급행정기관으로 계속 존치되고 있으므로, 읍 · 면의 법인격이 상실되고 그 대신 군에 법인격이 부여되었을 따름이지 중앙정부-특별시 · 광역시 · 도-시 · 군 · 자치구-읍 · 면 · 동의 행정계층구조에는 아무 것도 달라진 바가 없었다.

④ 2006년 제주특별자치도를 설치하여 단층제(제주특별자치도-행정시)로 하였다.

<표 1-7> 근대국가성립 이후 지방행정체제

	상위계층	중위계층	하위계층
1948년	서울市 9道	8區 14府 · 133郡 · 1島	73邑 · 1,456面
1949년	1特別市 9道	19市 · 134郡	75邑 · 1,448面
1968년	1特別市 1直轄市 9道	30市 · 140郡	91邑 · 1,382面
1978년	1特別市 1直轄市 9道	34市 · 138郡	120邑 · 1,344面
1988년	1特別市 4直轄市 9道	22自治區 28自治區 56市 · 138郡	189邑 · 1,265面
1998년	1特別市 6廣域市 9道	72市 · 91郡	195邑 · 1,230面
2008년	1特別市 6廣域市 8道 1特別自治道	25自治區 44自治區 75市 · 86郡 2行政市	212邑 · 1,206面

<그림 1-2> 지방행정체제(계층구조)

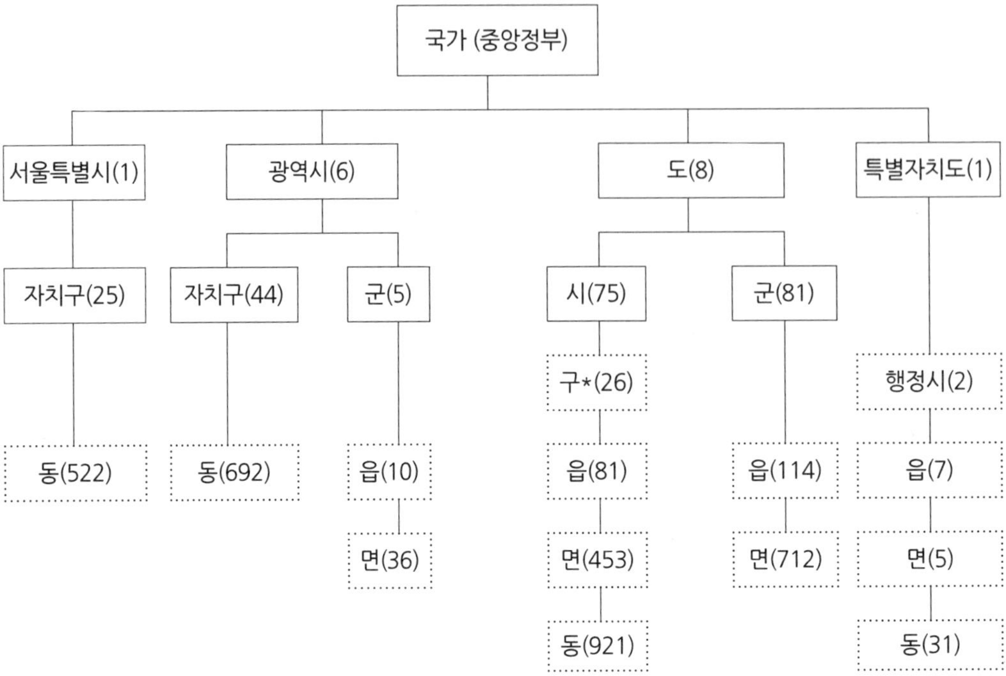

통(57,548개)
리(36,072개)
반(481,836개)

* 인구 50만 이상인 시의 구

<표 1-8> 지방행정 기본현황

구분	시	군	자치구	행정시	일반구	읍	면	동	통	리	반
계	75	86	69	2	26	212	1,206	2,166	57,548	36,072	481,836
특별시	-	-	26	-	-	-	-	522	13,603	-	103,104
광역시	-	5	44	-	-	10	36	692	17,530	943	105,049
도	77	81	-	-	26	195	1,165	921	25,934	34,957	268,473
특별자치도	-	-	-	2	-	7	5	31	481	172	5,210

자료 : 행정자치부, 행정자치통계연보(2007)

2. 인구규모별 행정구역 현황

1) 75개 시

75개 시 중 인구 10-30만명 정도가 가장 많은 비중(56%)을 차지하고 있으며, 50만명이상(16%), 30-50만명 이상(14.6%), 10만명 미만(13.3%) 순으로 나타나고 있다. 50만명 이상 거주시는 수원(1,068,906), 성남(964,831), 고양(912,206), 부천(860,020), 용인(766,569), 안산(698,819), 청주(626,679), 안양(624,280), 전주(624,849), 천안(523,323), 포항(505,008), 창원(503,881)이 해당한다.

<표 1-9> 75개시 인구규모

50만명 이상	30-50만명	10-30만명	10만명 미만
12 / 16%	11 / 14.6%	42 / 56%	10 / 13.3%

2) 86개 군

86개 군의 인구규모는 5-10만명군이 가장 비중이 높으며(44.2%), 3-5만명(34.9%), 3만명 미만(14%), 10-20만명(7%) 순으로 나타나고 있다.

<표 1-10> 86개 군 인구규모

10-20만명	5-10만명	3-5만명	3만명 미만
6 / 7%	38 / 44.2%	30 / 34.9%	12 / 14%

3) 69개 자치구

69개 자치구는 인구 30-50만명그룹과 30만명그룹이 같은 비중(43.5%)으로 나타났고, 50-70만명그룹은 9개정도(13%)로 조사되었다.

<표 1-11> 69개 자치구 인구규모

50-70만명	30-50만명	30만명 미만
9 / 13%	30 / 43.5%	30 / 43.5%

4) 212개 읍

212개 읍은 1-2만명이 다수였으며(33%), 1만명 미만(29.2%), 2-3만명(19.3%), 3만명 이상(18.4%) 순으로 나타나고 있다.

<표 1-12> 212개 읍 인구규모

3만명 이상	2-3만명	1-2만명	1만명 미만
39 / 18.4%	41 / 19.3%	70 / 33%	62 / 29.2%

5) 1,206개 면

1,206개 면은 5천명 미만이 절대 다수(74.7%)를 차지하고 있고, 5천-1만명(19.2%), 1-2만명(5.4%), 2만명 이상(0.7%) 순으로 나타나고 있다.

<표 1-13> 1206개 면 인구규모

2만명 이상	1-2만명	5천-1만명	5천명 미만
8 / 0.7%	65 / 5.4%	232 / 19.2%	901 / 74.7%

6) 2,166개 동

2,166개 동은 1-2만명이 주류를 이루고 있고(35.5%), 2-3만명이 그 다음으로 비중이 높으며(25.8%), 5천-1만명(19.3%), 3만명 이상(13.3%), 5천명 미만(6.1%) 순으로 조사되고 있다.

<표 1-14> 2,166개 동 인구규모

3만명 이상	2-3만명	1-2만명	5천-1만명	5천명 미만
289 / 13.3%	559 / 25.8%	768 / 35.5%	417 / 19.3%	133 / 6.1%

3. 면적규모별

우리나라 지방자치단체 면적규모는 전체 99,990Km^{2}에 7개 대도시(총면적 5,354Km^2)의 경우 평균면적은 765km²로 부산광역시 정도로 볼 수 있으며 서울, 대전, 광주는 이보다 적고 대구, 인천, 울산은 이보다 크게 나타나고 있다(최대 : 울산, 최소 : 광주). 최소규모와 최대규모도시간의 차이는 약 2배에 달하고 있다.

<표 1-15> 대규모 도시 면적 규모

서울	부산	대구	인천	광주	대전	울산
605	765	884	1,002	501	540	1,057

(단위 : ㎢)

9개도의 경우 총면적 94635Km2에 평균 10515Km2로 나타나 경기, 충북, 충남, 전북, 제주는 평균면적에 못 미치는 것으로 나타났다. 최대규모(경북 : 19,026)와 최저규모(제주 : 1,848)와의 차이는 10.3배였다.

<표 1-16> 9개도 면적규모

경기	강원	충북	충남	전북	전남	경북	경남	제주
10,183	16,874	7,432	8,600	8,055	12,095	19,026	10,522	1,848

16개 광역시 전체로 볼 때 평균면적은 6249Km2로 1개특별시, 6개 광역시는 모두 평균보다 적은 면적을 소유하고 있으며, 제주를 제외한 8개 도는 평균을 상회하는 면적을 소유하는 것으로 볼 수 있다.

4. 행정구역 변천

약 반세기동안의 행정구역의 수의 변천을 살펴보면 광역자치단체로서 특별시는 수도로서의 서울특별시의 지위를 변함없이 부여해오고 있고, 도의 수도 2006년 제주특별자치도로 전환되기까지 9개로 유지되어 왔으며, 광역시가 기존 도에서 분리되어 대도시로서의 기능을 보장해주는 도농분리형태의 구역개편에 따라 1953년 1개에서 현재 6

개로 증가세를 보이고 있다. 기초자치단체로서 시 · 군 · 구의 상황을 보면 시는 증가세가 현저하고(1953년 19개에서 현재 75개) 군은 1995년부터 하락세(1953년 135개에서 현재 86개)를 보이고 있다(표 1-17 참조). 이는 1995년에 41개 시와 39개 군이 통합하여 40개 도농복합형 통합시가 만들어진 것에 연유하고 있다(표 1-17 참조). 구는 대도시의 상황과 맞물려 증가세(1953년 9개에서 현재 95개)를 보이고 있다.

<표 1-17> 행정구역 변천

연도	특별시	광역시	도	특별자치도	시*	군	구*	읍	면	동
1953	1	-	9	-	19	135	9	75	1,448	-
1963	1	1	9	-	30	139	20	91	1,382	-
1973	1	1	9	-	33	138	28	122	1,349	-
1983	1	3	9	-	46	139	42	187	1,266	-
1993	1	5	9	-	68	136	74	178	1,257	2,233
2003	1	6	9	-	74	89	90	208	1,214	2,105
2007	1	6	8	1	77	86	95	212	1,206	2,166

*구는 일반구 포함, 시는 행정시 포함

자료 : 행정자치부, 행정자치통계연보(2007). 지방행정

5. 문제점

1) 도 · 농분리방식의 행정구역개편과 공동생활권의 분할

한 생활권 안에 있는 읍 또는 신도시의 인구가 5만 이상이 되고 도시의 형태를 갖추면 시로 승격시켜 도 · 농을 분리시키는 구역개편을 행해옴으로써 같은 주민정서와 뿌리를 갖고 있는 공동생활권을 분할시키게 되어 결국 주민생활권과 행정구역이 일치하지 않아 발생하는 주민불편을 야기하였다. 게다가 지역주민간의 공동체의식을 훼손하고 소모적인 지역갈등을 유발하게 하였다.[7]

---

7 예를 들면 경기도 구리시 · 미금시 · 남양주군, 송탄시 · 평택시 · 평택군, 강원도 속초시 · 양양군 등을 들 수 있다. 미금시와 남양주군의 남양주시로 통합하는 과정에서 주민들간의 감정이 악화되어 구리시는 끝내 통합되지 못했다(정세욱, 2005 : 766).

2) 지방재정력 취약원인 제공

지방자치단체의 재정력은 빈약한 것이 일반적인데, 도에서 시를 분리하여 광역시로, 군에서 읍을 분리하여 시로 각각 승격시키는 바람에 지방자치단체와 공무원 수의 자연히 증가되었고 지방재정을 더욱 열악하게 하였다. 즉, 지방재정력이 빈약하여 지방자치단체의 경영합리화 내지 구조조정이 필요함에도 불구하고 정부는 광역시 승격, 시승격을 계속하여 한 구역, 한집살림을 두집살림, 세집살림으로 갈라놓아 주민들의 생활에 불편을 주고 지방행정경비를 증대시키는 꼴이 되었다.

3) 고비용, 저효율의 자치행정구역과 계층구조

75개 시의 평균면적은 513Km², 평균인구는 283천명인데, 시간의 인구편차를 보면 수원시 1068천명, 계룡시는 36천명으로 약 30배 차이가 나고 있다(표 1-18 참조). 소규모 군지역 인구는 감소하고 있는데 인력과 예산은 오히려 증가하는 모습이다. 또한 시군의 규모에 관계없이 일정수준 이상의 조직 및 시설을 운영하고 있다. 즉, 인구 3만의 군지역은 인구 30만의 시 · 군지역에 비하여 인구 1만명당, 공무원 수는 4.1배, 예산규모는 3.3배, 공공시설은 2.1배에 달하는 실정이다.

<표 1-18> 면적, 인구의 평균규모

구분	평균면적(㎢)	평균인구(천명)	최고/최저인구(천명)
광역시	792	2,116	부산광역시 : 3,611 · 울산광역시 : 1,092
도	10,515	2,901	경기도 : 10,906 · 제주도 : 558
시	513	283	수원시 : 1,068 · 계룡시 : 36
군	664	56	울주군 : 177 · 울릉군 : 10
자치구	49	324	서울노원구 : 618 · 부산중구 : 50
읍	68	19	거제시 신현읍 : 85 · 영월군 상동읍 : 1,3
면	62	4	김해시 장유면 : 90 · 파주시 진동면 : 0,1

자료 : 행정자치부, 행정자치통계연보(2007)

4) 광역-기초자치단체간의 단위사무의 중복배분

2008년도 국가-지방자치단체 업무배분현황을 보면 국가-시 · 도-시 · 군간 공동수행

57건, 시 · 도-시 · 군 · 구간 공동수행 79건, 시 · 도-시 · 군 · 구 자치사무 공동수행 104건 등으로 조사되어 그 중복의 정도를 가늠할 수 있다. 그리고 민선자치 10년평가차원에서 행정자치부가 조사한 중앙-지방정부간의 기능배분에 대한 인식을 보더라도 권한과 재정, 업무의 배분이 중앙정부에 여전히 치중되어 있어 지방정부에는 부정적 인식이 존재하고 있음을 알 수 있다(행정자치부, 2005 : 80).

제4절 지방행정체제개편 대안검토

지방행정체제개편은 국가지방권력구조, 자치계층구조, 자치행정구역 · 지방자치단체의 규모(인구, 면적), 기능배분(행 · 재정적 수요), 환경(역사 · 문화) 등을 고려하고, 주민들의 다양한 요구를 반영하여 경제적 효율성의 논리와 풀뿌리민주주의의 논리가 조화롭게 접근되는 선에서 모색되어야 한다(표 1-19 참조). 그런 배경에서 지방행정체제 개편의 기본방향과 그에 따른 가능한 대안모색은 다음과 같다.

<표 1-19> 지방행정체제개편의 대안모색 변수

변수				논리
국가지방권력구조	단방제 기관분립, 기관통합, 절충형	연방제 기관분립, 기관통합, 절충형	준연방제 기관분립, 기관통합, 절충형	민주성 · 효율성
자치계층구조	1층제(단층제)	2층제	혼합(자치1계층+자치2계층)	효율성 · 민주성
자치행정구역 · 자치단체규모(인구, 면적)	광역시(60-70만)	광역(1000만) 기초(5만)	광역(1000만) 기초(도시 : 50만 ; 농촌 : 25만)	효율성 · 민주성
기능배분(행 · 재정적 수요)	국가- 광역/ 광역, 기초/ 기초	국가- 광역/ 광역, 기초/ 기초	국가- 광역/ 광역, 기초/ 기초	효율성 · 민주성
환경(역사 · 문화)	강/약	강/약	강/약	민주성

1. 지방행정체제개편의 기본방향

1) 단일국가체제에서의 지방분권논리에 맞는 지방행정체제

우리의 여건상 지방행정체제개편은 우선 단일국가체제 내에서 국가의 통일성과 지방자치단체의 다양성을 함께 추구하려는 지방분권논리에 맞는 방향에서 추진되어야 할 것이다. 즉, 국가와 지방자치단체가 연계성을 가지고 주민참여의 효과를 극대화하는 방향에서 지방행정체제개편이 진행되어야 한다.

2) 지역주민의 요구에 부응한 값싸고 양질의 행정서비스를 효율적으로 제공할 수 있는 지방행정체제

공익을 빌미로 정부가 시장경제에 개입함으로써 시장의 실패를 방지하고 시장원리를 활성화할 수 있었던 초기 정부와는 달리 공익의 개념을 확대하여 복지국가를 내걸었던 거대한 정부는 오히려 시장원리를 교란하고, 비굴한 국민을 양산하고 있는 것으로 비판받고 있다. 공공재가 과잉공급되어 민간부문을 위축시키고, 주민들의 수요를 경직된 정부조직으로 충당하다 보니 다양한 행・재정 수요를 충족시키지 못하였기 때문이다. 이제 지방행정체제개편은 주민들의 공공 서비스 수요가 주민들의 책임 즉, 조세 및 사용료, 수수료와 같은 부담으로 귀결되는 최적의 규모이어야 한다. 따라서 향후 지방행정체제개편은 지역주민의 요구에 민첩하게 대응할 수 있고, 성과관리의 효과가 증대될 수 있는 방향에서 논의되어야 한다.

3) 기존의 문제점을 해결, 극복, 완화하려는 차원에서의 지방행정체제

향후 지방행정체제개편은 그간 우리가 실시해 왔던 도농분리형 구역개편의 문제점을 검토하고 이를 해결, 완화, 극복하기 위한 방향에서 접근되어야 한다. 이 경우 도농분리형의 단점이 반드시 도농통합형의 장점이 아니며, 우리가 경험한 도농분리형의 폐단이 반드시 도농통합형 구역개편으로 해결될 수 있는 것은 아니라는 점을 고려하여야 한다.

4) 우리나라 역사성, 문화성을 고려한 지방행정체제

그동안 오랫동안 주민과 함께 한 지방행정구역은 지역적 유대감, 지역적 정서 등을 공유한 주민자치의 근간을 제공할 수 있는 자원이기 때문에 이를 인위적으로 조정하는 것은 오히려 해가 될 수 있다. 역사성에 근거한 지방행정체제에 급격한 변화를 주는 구역개편은 오히려 실패할 확률이 클 수 있음을 간과해서는 아니 되는 이유이다.

5) 주민이 선택할 수 있는 지방행정체제

지방행정체제개편은 지방의 일을 주민 스스로 처리할 수 있는 방식을 결정하도록 해주어야 한다. 따라서 전체적인 제도의 틀은 우리나라의 국가운영체제에 부합하는 지방행정체제개편의 폭을 먼저 설정하고 이 범위 안에서 가능한 여러 형태의 체제개편 조합을 각각의 장, 단점과 함께 제시함으로써 주민들이 직접 선택할 수 있도록 설계되어야 한다. 국가가 미리 법률로 여러 개의 지방행정체제개편안을 설정해 놓고, 자치단체의 규모(인구 및 면적), 행 · 재정적 수요, 정치문화, 행정역량, 지역경제 특성(도시적 산업과 농촌적 산업) 등을 감안하여 각 자치단체별로 주민투표에 의하여 주민들이 선택할 수 있어야 한다.

2. 가능한 대안

지방행정체제개편은 상기의 5개 대안검토 변수를 고려할 때 다양한 조합이 가능할 것이지만 이의 가능한 대안은 규모의 경제를 근간으로 하는 효율성의 논리와 주민의 접근성을 기초로 풀뿌리민주주의를 강조하는 논리가 반영된 다음과 같은 안을 제시할 수 있을 것이다.

1) 자치계층 1계층(단층제)안

(1) 도 폐지와 시군통합 광역시(60-70개)

현행 농촌지역의 광역자치단체인 도를 폐지하고 기초자치단체인 시 · 군을 통합하여

60-70개 정도의 광역시로 재편하고자 하는 것이다. 이 안은 지방자치단체로 하여금 규모의 경제를 통한 행정효율성을 확보할 수 있고, 지방정부의 책임성을 명확하게 할 수 있어 지방정부의 경쟁력 강화에 도움을 줄 수 있을 것으로 기대할 수 있다. 그러나 광역도가 폐지됨으로써 그만큼 정치적 위상이 약화될 것이고, 중앙정부의 관여 내지 통제가 광역시에 직접 투입되어 중앙집권으로 회귀할 수 있는, 그리하여 분권국가체제구축에 정면으로 배치될 수 있는 위험성이 있다. 시도의 강력한 반발로 정부가 정치적 부담을 가질 수밖에 없어 정치적 실현성이 낮고 행정효율성과 책임성 등에 중점을 둔 나머지 국가경쟁력 제고 차원에서는 소홀하다는 지적을 면키 어렵다.[8] 따라서 자치단체의 면적, 인구, 재정규모와 역사성을 고려하여 지역경쟁력을 확보할 수 있는 단위공간을 기초자치단체간(시 · 군)의 자발적협력과 지원으로 해결해야 할 것이다. 자발적으로 자원하여 통합하는 자치단체에는 그에 상응하는 지원제도가 뒤따라야 할 것이다.

(2) 특별시 · 광역시 자치구 폐지안

특별시와 광역시에 존치하였던 자치구제를 폐지하자는 것이다. 이는 자치구제를 폐지하여 행정구제로 할 수 있고 또 다른 안으로는 준자치구제로 할 수 있는데, 어쨌든 특별시 · 광역시와 자치구의 통합을 모색하자는 것이다. 이는 대도시 전체로서 종합행정을 원할히 수행할 수 있고(대도시 행정수요에 효과적인 대응이 가능하고), 행정의 책임성을 강화할 수 있으며, 광역화를 통한 분권국가체제를 구축할 수 있으며, 단층제에 따른 행정의 효율성을 기대할 수 있다. 특히 서울과 같은 대규모 도시의 경우 25개 자치구는 준자치구제로 하여 주민의 풀뿌리민주주의를 보완할 수 있도록 해 주어야 한다. 주민이 직접 선출하는 구의회를 두어 서울특별시의회와의 연계성을 강화할 수 있다.

(3) 특례시안

인구 50만명 이상의 대도시에 대하여 대도시의 경쟁력 강화를 위해 규모에 상응하는

8 정치권에서 주장하고 있는 "도폐지, 시 · 군통합"은 본질과 실체로 볼때 오히려 "도분할, 시 · 군폐지"라고 보아야 한다. 도를 폐지하는 것이 아니라 도를 여러 개로 쪼개어 16개 시 · 도를 60-70개의 광역시로 분할하겠다는 것으로 본다. 이는 시 · 군을 광역화하는데 초점을 두는 것이 아니라 도의 규모를 축소하겠다는 것으로 해석할 수 있다(이기우, 2008 :5).

행 · 재정 특례 및 국가의 지도 · 감독 특례를 부여할 수 있다. 물론 단층제로 운영한다. 이는 특례분야에 대하여 도로부터 간섭없는 행정추진이 가능하여 대도시 행정수요에 대한 대응력을 제고하고, 보통 규모의 시와는 달리 자치역량에 상응하는 자치권 부여 등으로 효율적인 행정을 수행할 것으로 기대된다. 그러나 도의 권한, 지위가 약화되어 도의 강한 반발이 예상되고 특례시로서의 기능수행에 대한 중앙정부의 통제가 그만큼 강화될 것이라는 우려와 광역시-도의 통합을 이루어 광역행정을 추구하려는 안에 배치될 수 있는 비판이 제기된다.

2) 자치2계층제안

(1) 도와 시 · 군의 기능분리안(기능배분의 명확화)

현재의 자치2계층제를 유지하면서 기능분리에 초점을 두어 도와 시군의 사무를 명확히 구분하고자 하는 것이다. 도는 광역적 · 조정적 사무로 한정하고 나머지 주민생활관련 모든 사무는 시군에서 처리하도록 하며 도의 시군에 대한 지도감독 기능을 폐지하고자 하는 것이다. 이는 구조개편 없이도 기능조정을 통해 기능중복을 방지하고 지방행정의 책임성을 명확히 할 수 있고, 도의 반대가 예상되지만 다른 대안에 비해 비교적 수월할 수 있다. 그러나 기능(사무)구분의 명확성을 확보하기 어렵고, 시군에 대한 도의 감독관행이 지속될 수 있으며, 지방행정체제를 개편하지 않는다는 점에서 행정체제개편의 명분을 확보하기에 어려움이 있다.

(2) 도의 국가기관화와 자치단체의 이중적 지위 부여안

도 자치단체를 자치단체인 동시에 국가의 기능을 담당하는 국가기관(행정기관)으로도 활용할 수 있는 안이다. 이 경우 도 아래 시군을 두어 자치를 운영할 수 있으므로 자치2계층이 된다. 이 경우 도의 기능을 시군에 대폭 이양하되 특별지방행정기관의 기능을 일부 도에 통합시켜 도를 국가기관화할 수 있는 것이다. 이럴 경우 한편으로는 국가업무만을 담당하는 국가기관으로서 도의 지위를 규정해주고, 또 한편으로는 도자치단체로서 주민자치기능을 수행하는 지위도 함께 규정해 주어야 한다. 이 안은 자치영역으로서 중간(광역)자치단체와 기초자치단체간의 지원협력기능이 가능한 협력자치모델을 창출할 수 있고, 국가중심의 논리와 지방자치단체의 지방논리가 적절히 조화를 이룰 수 있게 할 수 있는 장점이 있다. 그러나 중앙집권의 논리가 자칫 지방자치를 훼손할 수 있는 우려가 있다.

(3) 초광역지방정부안

이는 기존의 시도를 초월하는 초광역지방정부를 창설하고자 하는 것이다. 이는 경제권과 생활권에 따라 6개 내지 7개로 구분하고 있다.

① 경제권 중심 : 6개 / 서울, 중부(인천, 경기), 서부(대전, 충남북, 전북), 남부(광주, 전남, 부산, 울산, 경남), 동부(대구, 경북, 강원), 제주권 ---시군구기초자치단체를 200여개의 시로 자율통합

② 생활권중심 : 7개 / 서울, 경기, 충청, 호남, 경상, 강원, 제주권 ---시군구기초자치단체를 120-140개로 점진적으로 개편하고자 함

이는 자원의 집중을 통한 지역경제의 시너지효과, 중앙정부의 권한이양, 주정부에 버금가는 지위와 권한을 부여하여 지방분권체제를 강화할 수 있고, 강력한 지방정부의 창설을 통한 국가경쟁력(인구 500만-1000만명의 강소국가)을 제고할 수 있다. 그러나 주정부에 버금가는 지위와 권한을 초광역지방정부에게 부여하게 되므로 단방제 국가체제의 기본틀을 초월하는 문제가 생기고, 헌법개정과 이를 통한 국가체제의 개편을 요구하게 됨으로 정치논쟁과 국론분열을 초래할 수 있으며, 지역감정을 고착화시켜 신지역주의를 정당화하여주고 그럼으로써 국가통합성에 크게 훼손할 수 있는 우려가 있다.

3) 자치1계층+자치2계층 혼합안

(1) 광역시와 도의 통합안

그동안 도농분리구역개편에서 오는 문제점을 시정하고자 도농통합구역개편을 모색할 수 있는데, 같은 뿌리의 지리적 특성과 역사성, 광역행정수요에 대한 효과적 대응에 가치를 두어 광역시와 도를 통합하고자 하는 것이다. 이 경우 광역시는 단층제가 되고 도

는 자치2계층제로 한다. 통합한 광역시는 도의 관할 안에 두되 행·재정적 특례를 부여하여 관리하게 한다. 이 안은 원래 같은 뿌리의 지역정서를 가지고 있는 자치단체가 통합함으로써 분산투자되고 있는 행·재정적 비용을 줄여 행정의 효율성을 제고할 수 있고 시도를 초월한 광역행정수요에 순응할 수 있으며, 위상이 강화된 지방자치단체의 등장으로 말미암아 지방정부경쟁력이 제고될 수 있다. 그러나 광역시의 상대적인 위상약화를 초래하게 되고, 대도시 행정수요에 효과적으로 대응하지 못하는 단점이 예상된다.

(2) 대도시는 자치1계층, 농촌지역의 도는 자치2계층

대규모 도시인 서울특별시, 부산, 대구, 인천, 광주, 대전, 울산광역시는 자치구를 준자치구로 전환하여 자치1계층제로 하고, 농촌지역인 도는 그 아래 시군을 두어 자치2계층으로 한다. 이 경우 지역경쟁력과 주민편의성을 고려한 시군통합을 자발적으로 유도하도록 해야 한다. 시군통합은 시군분리 이전의 역사적 동질성을 회복하여 동일한 생활권을 제공하여 주민의 편의를 제고시킬 수 있고, 행정서비스제공에 있어 적정규모가 확보되어 각종 행정비용이 절감되어 규모의 지역경제가 실현되어 자치단체의 경쟁력이 제고될 수 있다. 여기에 도와 시·군통합자치단체의 기능배분이 명확히 이루어진다면 실질적인 자치1계층제의 효과도 기대해 볼 수 있다.

4) 자치 3계층제안 : 초광역자치단체화안

현행 도자치단체는 그대로 유지하면서 현재 2-3개 도자치단체를 통합하여 도자치단체의 상급자치단체로서 법적지위를 초광역자치단체로 할 수 있다. 예를 들면 초광역자치단체1(서울특별시, 경기도, 강원도), 초광역자치단체2(대전시, 충청남도, 충청북도), 초광역자치단체3(광주시, 전라남도, 전라북도, 제주도), 초광역자치단체4(대구시, 경상북도, 부산시, 울산시, 경상남도)가 그것이다. 이 경우 초광역자치단체의 관청은 2-3개도 중에서 선택받는 도청의 중심지에 두어 해당 도지사가 청장으로 겸임할 수 있게 한다. 이 안은 광역행정의 요구에 부응하여 국가경쟁력을 제고할 수 있지만 계층 수가 많아지는 관계로 기능중복과 행정비능률이라는 비판을 받기 쉽다.

그리고 국가균형발전 차원에서 11개 정도의 대도시를 특화된 지역경제경쟁력 극으로 활용할 수 있을 것이다. 예를 들면 서울, 부산, 대구, 인천, 광주, 대전, 울산, 전주, 청주, 춘천, 제주가 그것이다.

제5절 결론 : 지방행정체제의 개편방향

이상의 논의에서 우리나라 지방행정체제개편방향은 다음의 논리에서 찾아야 할 것으로 본다.

첫째, 단일국가체제에서의 지방분권논리에 맞는 지방행정체제이어야 한다. 우리의 여건상 지방행정체제개편은 우선 단일국가체제 내에서 국가의 통일성과 지방자치단체의 다양성을 함께 추구하려는 지방분권논리에 맞는 방향에서 추진되어야 할 것이다. 즉, 국가와 지방자치단체가 연계성을 가지고 주민참여의 효과를 극대화하는 방향에서 지방행정체제개편이 수립되어야 한다.

둘째, 지역주민의 요구에 부응한 값싸고 양질의 행정서비스를 효율적으로 제공할 수 있는 지방행정체제이어야 한다. 공익을 빌미로 정부가 시장경제에 개입함으로써 시장의 실패를 방지하고 시장원리를 활성화할 수 있었던 초기 정부와는 달리 공익의 개념을 확대하여 복지국가를 내걸었던 거대한 정부는 오히려 시장원리를 교란하고, 비굴한 국민을 양산하고 있는 것으로 비판받고 있다. 공공재가 과잉공급되어 민간부문을 위축시키고, 주민들의 수요를 경직된 정부조직으로 충당하다 보니 다양한 행 · 재정 수요를 충족시키지 못하였기 때문이다. 이제 지방행정체제개편은 주민들의 공공 서비스 수요가 주민들의 책임 즉, 조세 및 사용료, 수수료와 같은 부담으로 귀결될 수 있는 적정한 규모로 재편되어야 한다. 따라서 향후 지방행정체제개편은 지역주민의 요구에 민첩하게 대응할 수 있고, 성과관리의 효과가 증대될 수 있는 방향에서 논의되어야 한다.

셋째, 기존의 문제점을 해결, 극복, 완화하려는 차원에서 지방행정체제를 모색해야 한다. 향후 지방행정체제개편은 그간 우리가 실시해 오던 도농분리의 구역개편의 문제점을 검토하고 이를 해결, 완화, 극복하기 위한 방향에서 접근되어야 한다.

넷째, 우리나라 정치행정환경을 고려한 지방행정체제이어야 한다. 그동안 도광역자치단체를 오랫동안 사용해 온 우리나라 정치행정환경을 고려해볼 때 우리 지방정치환경에 급격한 변화를 주는 지방행정체제개편은 오히려 실패할 확률이 클 수 있다는 우려가 있다. 따라서 단기적으로는 광역자치단체를 도농분리의 지방행정체제를 다양하고, 유연하게 활용하면서 장기적으로는 도농통합형의 여건을 조성하고 이를 우리 정치행정환경에 접목시키는 방안을 검토하여야 할 것이다. 즉 도 · 농분리주의에 입각한 지방행정체제에서 다양한 주민들과 접촉면이 넓은 도 · 농통합중심적인 지방행정체제형태로의 진전이 필요하다.

다섯째, 지방행정체제 개편의 단계적, 전략적 접근이 필요하다. 동일한 형태의 외국사례(영국, 프랑스, 독일)는 해당 지역의 여건에 맞게 수백 년 조정되어온 결과이다. 따라서 드러난 현상만의 도입이나 모방보다는 운영체계를 검토하고 그러한 구역개편의 근거가 되는 지역의 정치행정환경을 고려하여야 한다. 이러한 맥락에서 향후 지방행정체제 개편은 각 지방자치단체 정치행정수준 여건에 맞추어 유사한 집락을 구분하여 배분할 수 있어야 한다. 경우에 따라서는 단계적, 실험적 국면을 거친 후에 지방행정구역의 유사한 단위를 운영하고 이를 평가하여 확산하는 전략을 필요로 할 것이다.

여섯째, 주민이 선택할 수 있는 지방행정체제 개편이 되어야 한다. 지방행정체제개편은 지방의 일을 주민 스스로 처리할 수 있게 하는 방식으로 풀어야 한다. 따라서 전체적인 지방행정체제개편의 틀은 우리나라의 국가운영체제에 부합하는 지방행정체제(개편)의 폭을 먼저 설정하고 이 범위 안에서 가능한 여러 형태의 지방행정구역설정 조합을 각각의 장, 단점과 함께 제시함으로써 주민들이 직접 선택할 수 있도록 설계되어야 한다. 국가가 미리 법률로 여러 개의 지방행정구역형태를 설정해 놓고, 자치단체의 규모(인구 및 면적), 행 · 재정적 수요, 정치문화, 행정역량, 지역경제 특성(도시적 산업과 농촌적 산업) 등을 감안하여 각 자치단체별로 주민투표에 의하여 주민들이 선택할 수 있어야 한다.

일곱째, 광역화의 수요에 대응한 지방행정체제 개편이어야 한다. 생활권과 경제권이 확대되고, 도시와 농촌간의 행정서비스가 균질화되어가고 있고, 대도시화의 진전이 급격하게 이루어지고 있는 환경변화에 대처하여 광역행정권역으로의 지방행정체제를 준비해야 한다.

여덟째, 규모의 경제, 능률성 · 효율성의 논리에 순응한 지방행정체제 개편이어야 한다. 그런 배경에서 소규모 군지역 인구는 감소하고 있는데 인력과 예산은 오히려 증가하고 있고, 또한 시 · 군의 규모에 관계없이 일정수준 이상의 조직 및 시설을 운영하고 있는 지방행정체제규모는 효율성의 논리에 맞게 재고되어야 한다.

아홉째, 풀뿌리 민주주의 내지 민주성의 논리에 순응한 지방행정체제 개편이어야 한다. 지방행정체제개편은 주민의 근접성을 최대한 보장하는 풀뿌리 민주주의를 담보하는 것이어야 하기 때문이다.

참고문헌

김병국.(2006). 바람직한 지방행정체제 개편모형과 추진전략, 한국지방행정연구원

김안제.(1988). 지방행정계층구조 및 행정구역의 개편방향

권경득.(2009). 지방행정체제의 개편방안. 이명박정부의 지방분권, 어떻게 가야하나? (사)신지역창조포럼.

권경석.(2008). 지방행정체제의 대안적 개편방안 토론자료.

이규환.(2008). "지방행정체제 개편의 쟁점과 과제", 지방자치발전연구회/미래도시포럼 공동 세미나.

이기우.(2008). 정치권의 지방행정체제개편론에 대한 대안적 제안

이달곤.(1995). 행정계층 및 구역의 개편방향에 관한 연구. 「행정논총」. 33(1).

정세욱.(2005). 「지방자치학」, 법문사.

최영출.(2005). "지방자치단체의 적정규모 검토를 위한 실증적 연구", 「지방행정연구」제19권, 지방행정연구원.

최진혁.(2005). 「자립적 지역발전모델」. 대영문화사.

최진혁.(2008). "프랑스 지방자치단체의 개혁 : 지방행정체제개편의 내용을 중심으로, 「자치발전」 제156호, 한국자치발전연구원.

최창호.(1980). 「지방행정구역론」. 법문사.

하혜수.(2008). "지방행정체제 개편의 추진전략 및 체제", 지방행정체제 개편과 자치단체 자율통합방안 모색, 한국지방자치학회/경제정의실천시민연합 공동세미나.

한우근.(1984). 「한국통사」, 을유문화사.

한형서.(2005). "독일의 지방권력구조 : 통일이후 지방정책의 변화", 「한국의 권력구조 논쟁」, 인간사랑.

허태열.(2005). "지방분권화를 대비한 지방자치 및 행정제도 개혁을 위한 정책 제안"「지방분권화를 대비한 지방자치 및 행정제도 개혁을 위한 대토론회」.

지방행정체제개편특별위원회.(2006). 제17대 국회 지방행정체제개편특별위원회 보고서.

행정자치부 외.(2005). 「민선지방자치 10년 평가 I」.

행정자치부.(2007). 「행정자치통계연보」.

정세욱.(2008). “행정구역개편작업이 놓치고 있는 것,” 조선일보 시론, 2008.10.06,
최진혁.(2008). “내향적 지방행정체제개편으로”, 서울신문 칼럼 지방화시대, 2008.11.25.
DGCL.(2008). *Les collectivités locales en chiffres 2008*. Paris : La documentation française
Fesler, James W.(1949). *Area and Administration*, University of Alabama Press.
Leemans, A.F.(1970). *Changing Patterns of Local Government*, Hague : The International Union of Local Authorities.
Leclerc Romuald, Paris Yves et Wachter Serge.(1996). *Les régions au futur*, Marseille : l'aube.
Lipman, V.D.(1949). *Local Government Area*, Oxford : Basil Blackwell.
Millspaugh, A.C.(1936). *Local Democracy and Crime Control*, Washington D.C. :Brooking Inc.
Ministère de l'Intérieur et de l'aménagement du territoire.(2008). *Les collectivités locales en chiffres 2008*. Paris : La documentation française.
Moreau, Jacques.(1995). *Administration régionale, départementale et municipale*, Paris : Dalloz.
Muret, J-P. Peyre, S. et Schmidt, D.(1992). *Le conseil régional*, Paris : Syros.
Ziller, Jacques.(1995). *Administrations comparées* / Les systèmes politico-administratifs de l'Europe des Douze, Paris : Montchrestien.

02 우리나라 지방정부 기관구성의 다양화 방안 : 시론(試論)적 접근

제1절 서론 : 문제제기

우리나라 현재의 지방정부구조는 광역 자치단체이든 기초 자치단체이든, 도시형 자치단체이든 농촌형 자치단체이든, 대규모 자치단체이든 소규모 자치단체이든, 각 자치단체가 처해있는 사회적 여건이나 행정기능의 차이를 불문하고, 모든 자치단체에 직선제를 기반으로'강시장-약의회형'의 기관분립(대립)형 정부조직형태를 획일적으로 채택하고 있다. 그러나 이는 지역별 경제, 사회적 차이를 제대로 반영하지 못하는 단점을 지닌다. 즉 지방의 특수한 여건, 행정수요, 자치역량 등을 고려하지 않고 중앙집권체제에서의 행정편의주의 발상을 그대로 적용해 오고 있는 실정이다. 따라서 지역자원을 동원하여 지역발전을 도모해야 하는'지방자치의 본질'을 실현하고 지방정부의 경쟁력을 제고하려 한다면 무엇보다도 각 자치단체의 정치 · 경제 · 사회 · 문화적 배경을 고려한 자치구조의 개편이 절실하다고 생각된다.

또한 현행의 분립(대립)형 기관구성은 운영적인 측면에서 기관간 균형과 견제를 통한 책임성 확보에 큰 한계를 보여주었다. 기관운영에 있어서 미흡한 의정활동에 대한 비판을 비롯하여 기관간 권한의 불균형으로 인한 단체장의 독주현상은 분립형 기관구성의 취지를 저해하는 요인으로 지적되고 있다. 특히 지방선거에서 나타나고 있는 지역패권주의 투표행태는 지역별 정당독점구도의 확산과 고착화를 보여주고 있어 정당정치를 통한 기관간 균형과 견제기능에 큰 한계를 노정시켰다. 독점정당의 지역분할 구도는 지방선거가 지역쟁점에 대한 평가의 의미를 갖는 것이 아니라 중앙정치의 중간평가적 성격을 갖는 것으로 변질됨으로써 지방자치의 고유한 의미를 퇴색시키는 심각한 문제를 보여주는 것이라 하겠다.

이러한 맥락에서 우리는 그동안 지방자치부활 지방자치 25년의 경험에서 지방자치단체 기관구성이 제기한 여러 문제점을 고찰해 볼 필요가 있다. 즉, 20여년의 민선지방자치의 공과를 지방자치단체의 기관구성형태에 기초하여 평가해 보고, 현행 분립(대립)형 기관구성의 한계와 문제점을 도출한 후, 새로운 지방정치행정 환경에 부합하고 지방분권화에 부응한 우리나라의 바람직한 지방정부구조 형태는 무엇에 중점을 두어 어떻게 설정되어야 하는지에 대한 논의를 전개하고자 한다. 이를 통하여 기관구성의 다양한 형태를 대안으로 검토하는 것은 우리나라 민선자치의 방향을 올바로 정립해줄 수 있는 핵심적 기반으로 작용하여 지방정부의 경쟁력을 제고할 수 있을 것으로 기대된다. 그런 배경에서 향후 실험적으로 전개해 볼 필요성이 있는 기관구성안들을 시론적으로 접근해 보고자 한다.

제2절 기관구성의 이론적 논의

1. 의의

지방자치단체의 기관구성은 대표적으로 의결기능과 집행기능을 단일기관에 귀속시키는 기관통합형, 의결기능과 집행기능을 각각 다른 기관에 분담하여 병립시키는 기관분리형, 두 가지 형태를 혼합한 절충형, 주민이 직접 참여하는 주민총회형의 형태로 구분된다. 지방자치단체는 국가가 부여해준 자치권을 가지고 주민에게 행정서비스를 효율적으로 제공하기 위해 지방자치단체 조직으로서의 기관을 필요로 하게 된다. 즉, 단체의사를 결정하는 의결기관과 결정된 단체의사를 집행하는 집행기관이 그것이다. 그런데 이들 기관들에게 어떻게 업무를 분장하여 처리할 것인가가 주요 의제가 되고 있다. 이는 어떻게 지방자치단체 기관을 구성하는 것이 민주적이고 효율적인 것인지에 대한 논의를 의미한다.

일반적으로 지방자치단체의 기관구성형태는 각 국가의 역사적 전통과 지방의 특수성(행정여건)에 따라 다양하게 채택 운영되고 있다. 기관구성의 형태가 중요하게 제기되는 이유는 지방자치단체의 기관구성을 어떠한 형태로 취하는가에 따라서 의결기관과 집행기관의 권한이 달라지고, 나아가 기관간 관계와 기관운영의 특징이 결정된다는데 있다. 예를 들어, 통합형 기관구성과 비교하여 분리형 혹은 대립형 기관구성은 기관간 권한이 명확히 분리됨으로써 기관간 협력이 보장되기보다는 상호 견제와 균형의 원칙을 추구하는 것을 특징으로 한다. 또한 보다 세부적인 기관구성의 유형을 나누는 기준으로서 단체장의 선임방법이나 기관간 권한의 정도에 따라서도 기관운영의 특징적 차이를 발견할 수 있다.

물론 기관구성 형태의 구조적인 요인 외에도 기관간 관계나 기관운영의 특징을 결정짓는 다른 환경적 요인도 고려되어야 할 것이다. 즉, 지역사회의 역사적 배경이나 구성원의 사회경제학적 분포, 정치행정문화, 자치의식, 중앙-지방간 관계 등은 기관구성의 형태뿐만 아니라 기관운영의 내용에도 중요한 영향을 주기 때문이다. 따라서 동일한 기관구성 형태를 취하는 경우라 해도 이러한 환경적 요인에 따라 한편에서는 민주적이고 효율적인 기관운영을 수행할 수도 있고, 다른 한편에서는 독단적이고 비효율적인 기관운영으로 전락할 수도 있다.

따라서 기관구성 논의에서는 기관구성 형태에 따른 특징적 성격들을 검토함과 동시에 이에 대한 제반여건들을 면밀히 검토할 필요성이 있다. 예를 들어 통합형 기관구성에서 요구되는 의회중심주의의 합의제적 정치문화, 그리고 분리형 기관구성에서 요구되는 기관간 상호 견제와 균형의 문제는 그 전제요건들을 검토함으로써 기관운영의 장단점을 분석할 필요성이 제기된다. 따라서 지방자치단체의 기관구성은 전반적인 국가와 지방간 관계뿐만 아니라 지역사회의 여건, 규모, 자치역량, 지배적인 산업구조와도 맞물려 있어 이와 함께 논의되어야 할 복합적인 사안이다.

여기에서는 기관구성의 다양화에 대한 논의의 일환으로 가능한 한 유형을 지방정부의 정치·행정적 분업관계에 따라 고찰해보고자 한다. 즉, 첫째 정치적 분업관계를 기준으로 주민으로부터 선출되는 대표기관의 형태를 집행기관과 의결기관을 나누어 분리하는 이원대표제 모델(분립모델), 두 기관을 하나로 통합해내는 일원대표제 모델(통합모델) 및 주민들이 직접참여하여 정치행정기능을 수행하게 하는 직접참정 모델로 크게 분류할 수 있을 것이다. 다음으로 지방정부의 행정기능의 분업관계에 초점을 두어 파악할 경우 지방정부에서 정치의 활동영역과 중첩되는 집정기능(executive)으로부터 순전한 집행관리기능(administration)을 분리할 수 있는 것인지에 따라 융합모델과 분리모델로 구분할 수 있을 것이다. 융합모델은 집정기능으로부터 집행관리기능이 분리되지 않고 집정기관이 전반적으로 집행기관을 통제하거나 관리하는 형태인데 반해 분리모델은 집정기능으로부터 집행관리기능이 분리되어, 집정기능을 보유하는 기관이 집행관리기능이 있는 기관에게 집행기관의 통제 및 관리를 위임하여 행정업무를 수행하게 하는 형태이다. 이와 같은 분류기준을 조합해 볼 경우 다음의 여섯가지 유형의 기관구성 유형을 추출해 볼 수 있을 것이다(〈표 2-1〉 참조).

<표 2-1> 지방정부내 분업관계에 따른 주요한 기관 구성 유형

		정치 기관의 분업 관계		
		이원대표제 모델 (분립모델)	일원대표제 모델 (통합모델)	직접참정 모델
행정기능의 분업관계	융합모델	1 수장제 (강시장제, 약시장제)	3 카운실형, 이사회형, 참사회형, 의원내각제형	5 주민총회(타운미팅)형
	분리모델	2 수석행정관형(수장소속) 시지배인형(의회소속)	4 시지배인형	6 타운지배인형

출처: 日本都市センター .(2004: 30)

우선 집정기능과 집행관리기능이 융합된 형태를 전제로 지방정부내의 정치기관의 분업관계를 기준으로 다음과 같이(1, 3, 5 형) 고찰해볼 수 있을 것이다.

1형은 수장과 의회가 모두 직선되어 분리하는 이원대표제 모형의 전형으로 일반적으로 수장(首長)형으로 불린다. 단, 같은 수장형이라도 집정기능이 수장에게 집중되어 있는지(강시장제), 아니면 선출직을 장으로 하는 행정기관이 다수 분립하여 운영하는지(집행기관다원주의), 수장이 집행권한을 행사하더라도 그 권한이 의회에 귀속됨에 따라(약시장제) 전혀 다른 제도설계가 된다. 또한 대런던시(GLA)와 같이 시장이 집정권을 갖지만, 의회의원이 집행기관을 통제하는 위원회에 소속하면서 집정기능의 일부를 담당하는 절충적 형태도 있을 수 있다. 즉, 수장제 모형내에서도 다양한 형태의 변형이 있을 수 있다. 3형은 직접선거에 의해 뽑히는 주민의 대표가 의회의원뿐인 경우가 전형적인 일원대표제 모델이지만, 이 형태에도 다양한 제도적 변형이 있을 수 있다. 즉, 집정기능이 의원간에 분담 · 공유되는지(카운실형), 의원간 호선 등에 의해 집정기능을 담당하는 기관을 분리추출하고 있는지(참사회형), 혹은 선거에서 다수파를 점한 정당파가 집정기능을 담당하는지(의원내각형)에 따라 변형된 여러 기관구성형태를 상정해 볼 수 있다. 5형은 의회를 두지 않고 주민이 직접 참정하여 운영하는 타운미팅 등의 주민총회 모형을 생각할 수 있다.

한편 집정기능과 집행관리기능이 분리되어 분업관계가 제도화된 모델을 전제로 하면, 각각 2, 4, 6과 같은 형태로 나눌 수 있을 것이다. 4형은 이른바 전형적인 시지배인(city manager)제도로 볼 수 있을 것이다. 그리고 이원대표제 모델에서 집행관리기능을 도입한 것이 2형으로 볼 수 있는데, 여기에는 강시장제를 채택하는 지자체에서 강시장 아래에 설치되는 것이 수석행정관(chief administrative officer)형이며, 약시장제를 채택하는 지자체에서 집정권을 갖는 의회 밑에 설치되는 것이 의회소속 시지배인형이다. 또한 직접참정 모형에서 지배인을 두는 것이 6형(타운지배인형)이다(채원호, 2007).[1]

2. 연구의 분석틀

본 연구는 지방자치단체의 다양한 여건에 부합하는 기관구성을 실효성있게 접근하기 위해 그동안 사용하였던 기관분립형 기관구성의 운영실적을 평가하면서 다음의 내용을 토대로 그 해답을 찾고자 하였다. 즉, 연구내용은 제도적인 측면에서 기관구성 형태와 방법을 논의하는 한편, 운영적인 측면에서 기관간 관계와 권한의 배분을 포함하

1 外山公美. (1991). シティ マネージャー職 念の 遷過程.「季刊行政管理 究」, 54號, 46쪽,

는 것으로 보았다. 기관구성의 다양화를 위한 본 연구의 접근틀은 우선 국가 · 지방권력구조의 역학관계와 지역특성의 유형화를 시도함으로써 국가지방의 권력체계를 단일국가 혹은 연방국가체계 속에서 집행부 중심의 권력구조인가 아니면 의회중심의 권력구조인가를 고려하면서 다양한 지역실정에 적합한 기관구성의 자율적 선택을 추구해 보고자 하였다. 따라서 지방자치단체의 기관구성에 영향을 줄 수 있는 요인들을 도출한다면 국가 · 지방권력구조(집행부 중심, 의회중심), 지방자치단체의 규모(인구, 면적 ; 대도시, 중소도시), 계층유형(광역 · 기초), 전통적인 지역사회 유형(농어촌 · 도시형), 지역사회의 사회 · 경제적 특성(지배적 산업, 재정규모), 역사문화적 환경 등을 고려하여 주민들의 다양한 요구를 반영하여 접근되어야 할 것으로 보았다(그림 2-1 참조). 요컨대, 지방자치단체 기관구성은 지방자치단체의 지방자치행정을 수행함에 있어 효율성을 담보할 수 있는 차원과 지역정서를 고려한 주민의 지방자치행정에의 참여확대(민주성)차원에서 논의되어야 한다(그림 2-1, 2-2 참조).

<그림 2-1> 연구의 접근(분석)틀

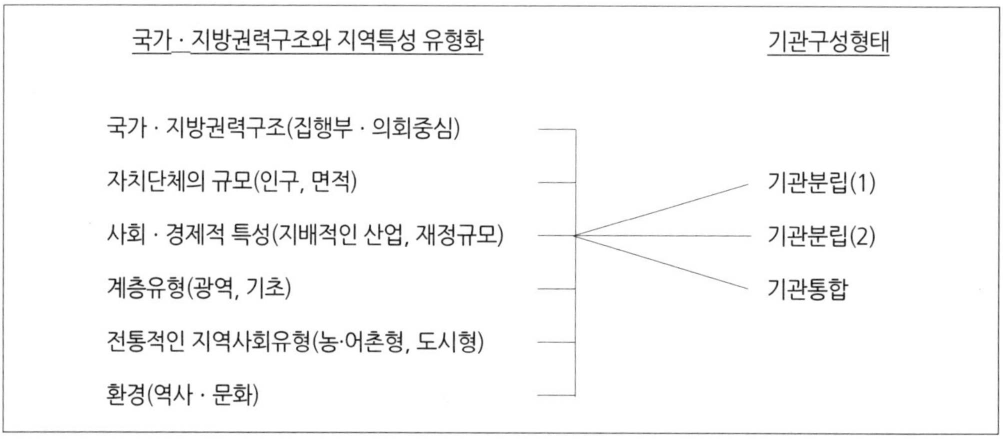

<그림 2-2> 연구의 분석(접근) 틀(지방자치단체 기관구성)

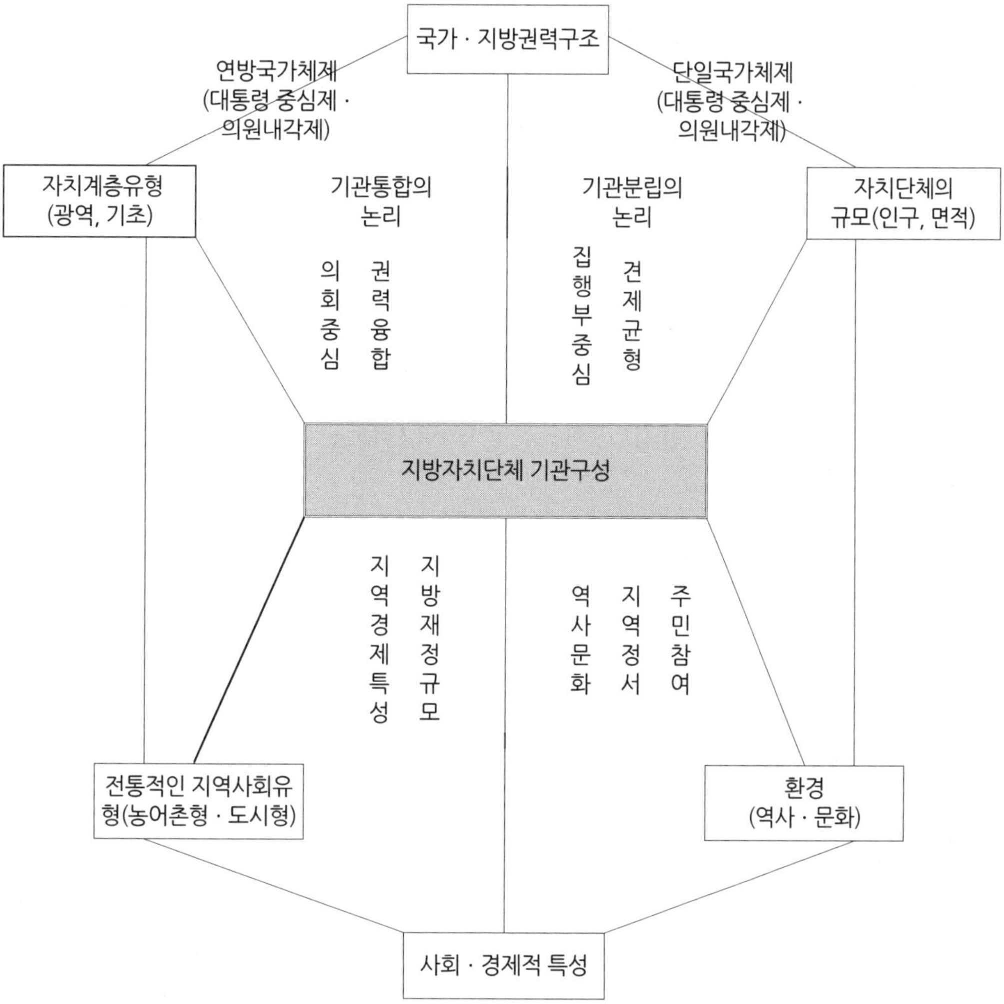

제3절 우리나라 지방자치단체의 기관구성의 현황

1. 역대 지방자치단체의 기관구성방법

1) 기관구성 방법의 변천사

우리나라의 지방자치는 1948년 제헌헌법 제8장의 지방자치 규정으로 명문화되었다.

1949년 7월 4일 지방자치법(법률 제32호) 제정으로 기초단체장(시·읍·면장)은 의회에서 간선하는 반면, 광역단체장(서울특별시장, 도지사)은 대통령이 임명하도록 규정하였으며, 지방의원은 광역 · 기초 의회 모두 중선거구제에 의해 선출토록 규정하였다.

그러나 지방자치단체의 기관구성은 제1차 법개정(1949.12.15)으로 그 실시가 연기되다가 1952년 임시수도 부산에서 지방선거 실시가 공포되고 한강 이남의 지역에서 기초의원선거(1952.4.25)와 광역의원선거(1952.5.10)에서 처음으로 실시되었다. 그런데 전쟁 중인 와중에서 첫 지방선거가 실시된 것은 당시 이승만의 대통령직선 개헌을 관철하기 위한 反국회운동의 전략으로 평가된다. 이승만 대통령은 국회내 재선이 불가능해짐에 따라 관변단체를 동원하는 한편, 원외자유당이 지방의회를 장악하게 하여 권력기반을 쌓고자 하였다.

제2차 법개정(1956. 2.13)은 기초단체장(시·읍·면장)의 주민직선을 비롯하여 임기 단축(3년), 의회불신임의결권 폐지, 광역의회의 소선거구제 도입을 주요 골자로 이루고, 부칙으로 늦어도 8월15일까지 선거를 실시하며, 임기만료 되지 않은 자를 포함한 총선거의 일괄실시를 포함하였다. 그러나 부칙이 쟁점이 된 제3차 법개정(1956. 7.8)은 법정임기를 보장하는 것으로써 자유당의원들만의 표결로 통과되었으며, 그 결과 당시 기초단체장의 60%가 기득권을 인정받았다.

그런데, 제3차 법개정의 정치적 배경에는 1956년 5월 15일 정 · 부통령선거에서 자유당 부통령후보(이기붕)의 낙선 및 도시지역의 야당우세로 자유당의 집권연장이 위협받는 상황 하에서, 지방행정조직을 장악하고 여당출신 단체장을 이용한 이승만정권의 장기집권의도가 깔려있었다. 이로써 두 번째 지방선거 역시 중앙정치의 정략적인 목적으로 기초의원 및 기초단체장 선거(1956. 8. 8)와 광역의원 선거(1956. 8. 13)가 실시되었다.

제4차 법개정(1958. 12.26)도 자유당의원만으로 심의되었는데, 주요한 변화는 기초단체장의 임명제와 동 · 리장의 임명제 그리고 지방의원의 임기연장(4년) 등을 내용으로 삼고 있어, 이 역시 1960년 봄 정 · 부통령선거를 앞두고 지방행정조직의 동원을 목적으로 삼는 것이었다. 즉, 자유당은 장기집권의 책략으로 시읍면장을 여당인물로 임명함으로써 다가오는 대통령 선거(1960.3.15)에 대비하여 관권선거로 정권을 연장하려 하였다.

제2공화국 출범 후 제5차 법개정(1960. 11.1)은 광역단체장(서울특별시장, 도시사)과 기초단체장 모두를 주민 직선으로 선출하고, 동 · 이장도 2년 임기의 직선제를 도입하였다. 또한 광역의원은 2인 · 3인 중선거구제로, 그리고 기초의원은 연기명제로 전환하였다. 전면적인 지방자치의 실시를 뜻하는 세 번째 지방선거는 광역의원선거(1960. 12.12)를 시작으로 광역단체장 · 기초의원 (12.19), 기초단체장(12. 26)을 선출하였다.

<표 2-2> 기관구성변천사

구분	지방의회	자치단체장	기관구성	지방선거실시
1949.7 (지방자치 법제정)	의회구성(주민직선)	기초단체장 : 의회간선 광역단체장 : 임명제	기관통합 기관분립	제1차 지방선거(1952) (지방의회)
1956.2	의회구성(주민직선)	기초단체장 : 주민직선 광역단체장 : 임명제	기관분립 기관분립	제2차 지방선거(1956) (지방의회, 기초단체장)
1958.12	의회구성(주민직선)	기초·광역단체장 : 임명제	기관분립	
1960.11	의회구성(주민직선)	기초·광역단체장 : 주민직선	기관분립	제3차 지방선거(1960) (지방의회, 단체장)
1961.5 (의회해산)	--------------	--------------------		-----------------
1988- 1989	원칙 : 의회구성 경과조치 : 미구성	원칙 : 주민직선 경과조치 : 임명제	--------	
1990.12	의회구성(주민직선)	원칙 : 주민직선 경과조치 : 임명제	기관분립	제4차 지방선거(1991) (지방의회)
1994.3 (공직선거 법 제정)	의회구성(주민직선)	주민직선	기관분립	제1기 동시지방선거 (1995.6.27)
				제2기 동시지방선거 (1998.6.4)
				제3기 동시지방선거 (2002.6.13) 제4기 동시지방선거 (2006.5.31) 제5기 동시지방선거 (2010.6.2) 제6기 동시지방선거 (2014.6.4)

자료 : 정부혁신지방분권위원회(2005)

그러나 군사 쿠데타(1961. 5.16)의 발발로 지방자치는 중단되고 그 후 30년간 중앙의 통제 하에 들어갔다. 5.16 군사혁명위원회는 국가재건비상조치법(1961.6.6)에 의하여 도지사, 서울특별시장, 인구 15만 이상의 시장은 국가재건최고회의의 승인을 얻어 내각이 임명하고, 기타의 자치단체장은 도지사가 임명하도록 하였다. 그 후 지방자치에 관한 임시조치법(1961.9.1)은 읍 · 면자치제를 폐지하고 군자치제를 채택하였으며, 시장과 군수는 도지사의 추천으로 내무부장관의 제청에 의하여 국무총리를 경유하여 대통령이 임명했고, 부산직할시장과 도지사는 내무부장관의 제청으로 국무총리를 경유하여 대통령이 임명했으며, 서울특별시장은 국무총리의 제청으로 대통령이 임명하였다.

지방자치가 재개된 계기는 1987년 직선제 개헌과 노태우 후보의 지방자치 실시공약에 따른 것이었으나, 실시 시기가 미뤄지는 제7차 법개정(1988. 4.6), 제8차 법개정(1989. 12.30), 제9차 법개정(1990. 12.31)을 거쳐 비로소 1991년 지방의원 선거(기초의원 3.26, 광역의원 6.20)만이 실시되었다가 1994년 3월 15일 공직선거 및 부정선거방지법이 제정된 이후 1995년부터 단체장을 포함하는 전면적인 동시 지방선거의 실시가 이루어져 왔다(표 2-2 참조).

요약하면, 우리나라는 의결기관과 집행기관을 대립시켜 놓는 기관분리형 정부조직이 기본 골격을 이루어 왔으며, 집행부 우위의 기관운영이 중심이 되어왔다. 즉, 역사적으로 단 한 차례 의회간선에 의한 기초자치단체의 통합형 기관구성이 초기에 시도된 적이 있으나 그 이후 모든 기초 자치단체와 광역 자치단체는 중앙임명 또는 주민직선에 의해 집행기관이 구성되는 분리형 기관구성이 채택되었다.

2) 역대 지방자치단체장의 선임방식과 기관운영의 역학관계

제1, 2 공화국의 지방자치는 당선자의 자질 미흡과 청탁과 이권개입 등 미성숙한 기관운영을 보여주었다. 특히 제1공화국의 두 차례 지방선거는 중앙정부 및 정치권의 과도한 개입으로 자유당 일당독재와 장기집권, 권력남용으로 지방자치가 물들었으며, 제2공화국의 지방자치 역시 주민들의 자치의식 결여와 낮은 참여율(1960년 광역단체장 투표율 40%미만)로 큰 기대를 얻지 못하고 풀뿌리 민주주의가 꽃피우기도 전에 짧은 역사를 마감해야 했다.

이 기간 동안 지방자치단체장은 지방의회에 의한 간선제, 주민직선제, 임명제 등 다양한 선임방식이 적용 또는 도입되는 실험의 장이었다. 먼저, 간선단체장의 경험으로써 1952년 구성된 기초의회에서 시읍면장을 선임하였던 경우, 기초단체장 입후보자는 돈으로 지방의회의원을 매수하여 당선되는 사례가 적지 않았다. 또한 시읍면장을 당선시킨 의원들과 다른 시읍면장 입후보자를 지지한 의원들이 여파의원과 야파의원으로 갈라져 반목과 대립이 격화됨으로써 지방자치가 어려움에 직면하거나 마비되는 예가 많았다(정세욱, 2005 : 578).

시읍면장은 주민에 대한 봉사, 주민을 위한 행정에 주력하기보다는 자신의 지위와 직접 관련되는 지방의회의원에게 보다 많은 관심과 주의를 기울임으로써 주민의 복지증진이 소홀해 지는 현상을 보였다. 시읍면장이 지방의회의원의 청탁을 들어주지 않을 때에는 의원들이 그에 대한 앙심을 품고 시읍면장 불신임결의를 발의하는 예가 적지 않았다. 따라서 행정사무가 불공정하게 집행되는 폐단이 많았던 것으로 평가된다.

또한 시읍면장 경질건수가 적지 않아 간선제가 실시된 이래 불신임의결에 직면하여 사직한 시읍면장 수는 1,168명이었다. 그 중에서 불신임의결에 의한 해직이 66건, 의회해산이 18건에 달하여 기관운영의 불안정이 높았다.

1956년 기초단체장의 주민직선제 도입 실시이후 1958년 주민직선제를 폐지한 이유에는 당시 집권여당인 자유당의 정략적인 목적이 작용한 것이 사실이지만, 민선 단체장의 분리형 기관구성 하에서 제기된 다음과 같은 운영상의 폐단에도 주목할 필요가 있다(정세욱, 2005 : 575-576).

첫째, 자치단체장을 직선제로 선출한 결과 선거제에서 오는 제약이 많아 자치단체장이 그 직무에 전념할 수 없었다.

둘째, 직선제는 유능한 인재나 행정 · 관리전문가를 자치단체장으로 선출하는데 도움이 되지 못했다.

셋째, 자치단체장이 유력한 지방토호세력의 압력을 받아 그들의 특수이익을 옹호하였고 선거민 만나는 일과 접대에 많은 시간을 빼앗겨야 했다.

넷째, 상급기관의 지시 · 감독을 경시하였고 개인적 용무로 자리를 비우는 등 근무가 성실하지 못했다.

다섯째, 영향력 있는 선거권자들의 무리한 인사청탁과 압력으로 자치단체 공무원의 인사가 정실에 치우쳤다.

여섯째, 차기재선을 노린 인기획득에 치우친 나머지 행정의 공정성을 잃는 사례가 많았다.

일곱째, 선거운동에 과다한 비용을 지출하였고, 그 부채를 갚기 위해 공무를 빙자하여 사리사욕을 추구하는 행위가 적지 않았다.

여덟째, 자치단체장 입후보를 둘러싼 주민간의 대립 · 마찰로 인하여 이웃간의 선린관계를 해치고 감정이 악화되는 예가 적지 않았다.

끝으로 제1공화국의 광역단체장 선임을 포함하여 중앙정부에 의한 임명(관선)단체장의 경험을 평가해 볼 때, 관선단체장은 행정전념을 통한 행정전문화의 기여, 중앙정부와 지방자치단체 사이의 협조의 원활화 등의 장점을 가진다. 그러나 중앙정부에 의한 임명 단체장은 관료주의적 행정운영, 민의반영의 약화, 지방자치단체의 중앙에의 예속화 등의 단점을 가진다는 점에서 불완전한 지방자치의 운용이란 비판을 받는다(최창호, 2009 : 326).

2. 지방정치 · 행정체제의 특징

우리나라는 기초, 광역 지방자치단체를 막론하고 모든 자치단체에서 일률적인 지방정치행정체계의 기관분리형 모형을 취하고 있다. 즉, 권력분립(La séparation du pouvoir)의 원칙에 입각하여 지방자치단체의 의결기능과 집행기능을 각각 다른 기관에 분담시켜 기관간에 견제와 균형(contre-pouvoir : checks & balances)의 논리를 추구하고자 하는 것이다. 그런데 집행기관의 구성방법을 기준으로 볼 때, 1995년 이후로는 자치단체장 주민직선인 기관분리형이기 때문에 권한의 경직된 분립모형(La séparation "rigide" du pouvoir)으로 해석할 수 있다. 여기에서 비롯되는 지방정치 · 행정의 특질은 다음과 같이 정리할 수 있다.

첫째, 모든 자치단체가 일률적인 지방정치행정체계로서 분리형 기관형태를 취한다. 둘째, 지방의회와 집행기관과의 관계에 있어서 단체장의 강한 권한으로 집행부 우위의 강시장-의회 형태를 취한다. 셋째, 중앙정치의 장과 격리된 지방정치의 장이 형성되어 지방선거과정에서는 정당공천을 제외하고는 실질적인 측면에서 지방의 정치와 중앙의 정치가 연계성이 없다. 넷째, 중앙통제의 정도에 있어서 중앙정부의 지방자치단체에 대한 통제가 강력한 특징을 지닌다. 이는 국가와 지방자치단체간 관계 및 우리나라의 지방분권 정도와 밀접한 관계를 가지는 지표라 할 수 있다. 다섯째, 분권행정의 틀은 갖추었으나 지방자치단체의 내부역량 미흡, 국가의 통제 강화, 분산행정 등으로 불완전한 분권행정이 지속되고 있다.

또한 우리나라는 국가와 지방자치단체간의 이중적 기능체제 - 국가의 의사를 대변하는 국가의 지방행정기관으로서의 지위와 지방자치단체의 대표로서의 지위 - 가 상대적으로 약화됨을 지적할 수 있다. 왜냐하면, 과거의 도지사제도와 달리 지방에서 국가의 의사를 대변할 기구가 없어졌다는 것에 이유를 들 수 있다. 따라서 지방자치단체에 있어 '국가는 어디에 있는 것인가'의 의문이 제기될 수 있다. 그럼에도 불구하고 분산행정(행정적 분권)을 업고 가는 분권행정(자치적 분권)의 특징은 여전히 국가중심의 계서적 관계를 존중하는 행정이 주가 되어 수평적 정치 · 행정게임을 강조하는 분권행정(자치적 분권)이 취약한 상황이다.

요컨대, 우리나라 지방정부의 정치 · 행정구조는 〈그림 2-3〉에서 보는 바와 같이 광역, 기초자치단체를 불문하고 다음과 같은 특징적 요소를 갖는 동일한 형태의 집행기관과 의결기관을 만들어내고 있다. 첫째, 권력분립원칙에 기초한 집행기관과 의결기관의 분립, 둘째 중앙정부에 종속하는 지방행정을 운영하지만 또 한편으로는 중앙정부와 연계가 약한 지방행정운영, 셋째 집행부 위주의 정치 · 행정운영, 넷째, 이들 위에 국가의 외부서비스 기능이 개입되는 것으로 특별지방행정기관에 의한 분산행정(행정적 분권)이 치러지는데, 지방정부단위에서 이들 특별지방행정기관의 업무를 통합적으로 조정해 낼 수 있는 기관이 없어 지방정부에서 업무의 상호연계가 취약한 점 등이다. 따라서 국가와 지방자치단체간의 기능적 이중체제와 이에 따른 통제게임이 그 주요한 장치로 자리 잡게 되었다.

<그림 2-3> 우리나라 지방정부의 정치·행정구조

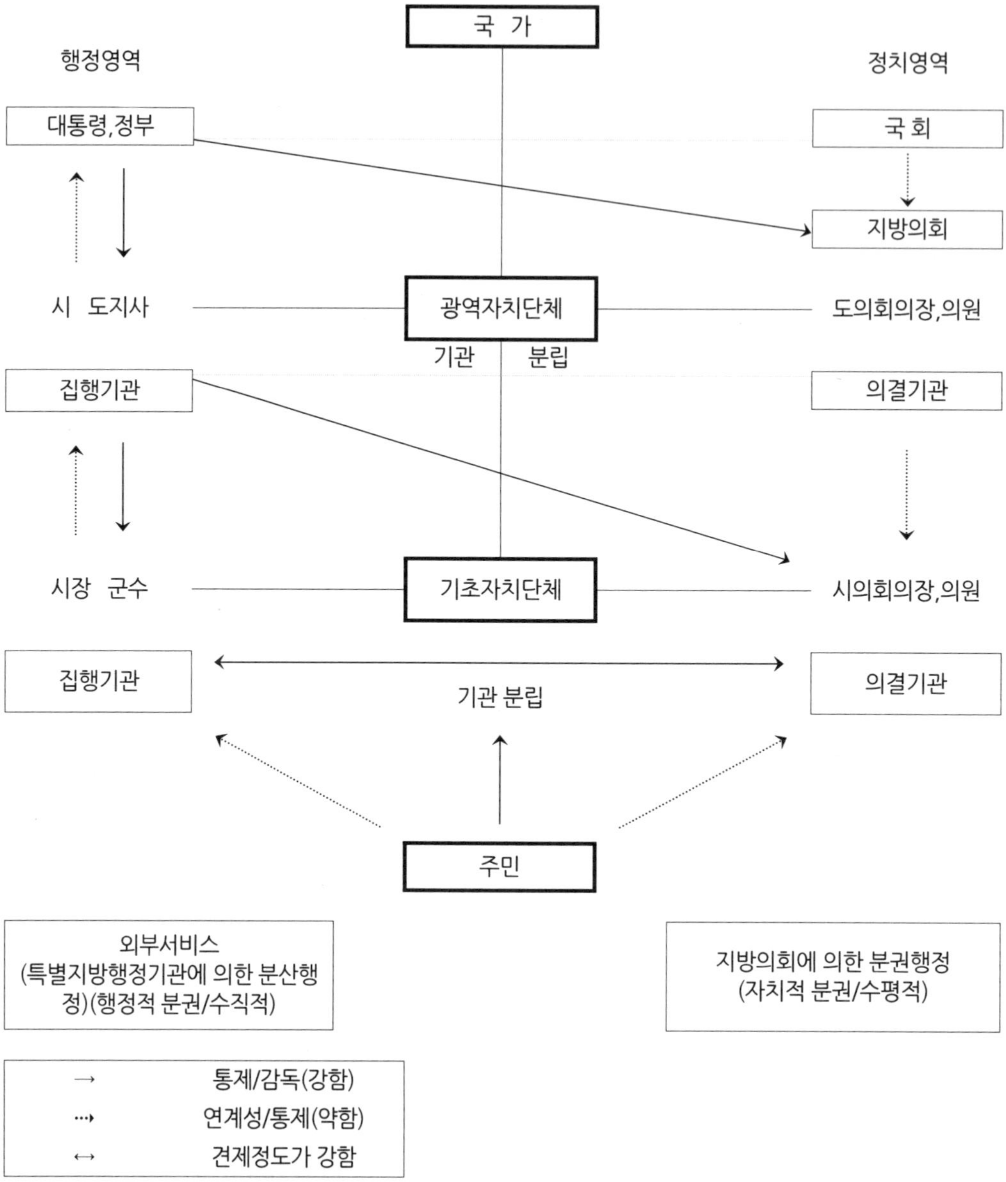

3. 현행 기관분립형 지방정부 운영의 성과

1) 긍정적 측면

전면적인 지방자치가 재개된 1995년 이후 지난 17년 동안 우리나라 지방자치단체의 기관구성은 기관분립형 단 하나의 유형만을 유지하고 있다. 다음은 지방의회와 집행기관의 장이 각각 주민에 의해 선출되어 독립적인 기관운영을 수행하고 있는 현행의 제도적 성과를 살펴보도록 한다.

자치단체장과 의회의원에 대한 각각의 주민직선으로 구성한 양기관간의 분립형 기관구성은 무엇보다 주민통제의 실효성을 제고할 수 있었고, 그에 따라서 주민중심의 지방행정구현이 가능해졌다는 긍정적 평가를 받았다. 각종 시민단체를 비롯하여 적극적인 주민의 등장으로 지방정책결정과정에 주민참여의 요구가 증대되었으며, 그런 배경에서 지방자치단체는 지방행정을 보다 투명하게 하기 위한 노력을 경주하게 되었다. 그 결과 지방자치단체의 행정정보공개조례제정, 주민감사청구제도, 인터넷홈페이지개설 등이 일반화되었다.

분립형 기관구성의 제도적 효과로써 자치단체장은 주민대표로서의 정치적 리더십을 발휘하여, 주민의 의사를 자치행정에 반영하기가 용이하였으며, 지방정치의 민주화를 가능하게 하였다는 점에서 민주주의의 교육장으로 자율과 책임을 갖춘 시민사회를 형성해 나가는데 기여하였다. 또한 행정서비스가 주민(고객)의 요구에 부응하여 제공되는 까닭에 서비스 질이 향상되기에 이르렀으며, 고객만족 행정 추구를 위한 행정서비스헌장의 제정이 보편화되었다.

또한 분리형 기관구성에서 임기 동안 신분이 안정된 자치단체장은 강력한 시정(도정) 사업추진이 가능한데, 이는 다른 한편에서는 단체장 독주의 큰 문제점으로 제기되기도 하였다. 지역경제발전을 추진하는 자치단체장은 지역특화산업을 강조하여 경제활성화에 매진할 수 있었고, 같은 맥락에서 지역의 문화재를 적극 발굴, 육성하여 지역의 관광산업과 연계하여 경제활성화를 도모하게 되었다.

2) 부정적 측면

그러나 집행기관과 의결기관과의 분립형 기관구성을 취하는 현행 지방자치단체의 기관운영은 법 · 제도적인 면에서 지방의회와 집행기관간 권한의 불균형으로 위상과 관련한 소모적인 갈등이 제기되었다는 점, 그리고 지방정치의 현실적인 측면에서 독점정당의 권력강화 현상으로 인하여 분리형 기관구성의 취지라 할 수 있는 양 기관간 견제와 균형을 유지하기에 어려웠던 문제를 제기할 수 있다. 이는 무엇보다 지방자치의 기본적 기관인 지방의회의 역할이 크게 부각되지 못하였다는 사실에 기인한 것이다.

일반적으로 분리형 기관구성의 기본 취지는 지방의회와 단체장이 대등한 권력관계를 유지하게 함으로써 상호 균형과 견제를 통해 쌍방적인 협력관계를 지향하는데 있다. 그런데 만약 분립형 기관구성에서 양 기관이 권한의 불균형으로 일방적인 협력관계를 유도한다면 일면, 양 기관의 갈등과 대립이 줄어들 것으로 예상할 수도 있으나 이는 다른 한편으로 두 가지 문제를 제기할 수 있는 것이다.

첫째, '균형과 견제'라는 분리형 기관구성의 취지를 살리기 힘들 뿐 아니라 주민의 복리증진을 위한 양 기관의 건전한 정책대립과 다양한 이해조정 및 타협의 과정을 생략케 한다는 점에서 문제를 지닌다. 다만 이러한 대립과 긴장의 관계는 분리형 기관구성에서 수용되어야 할 발전적인 측면의 갈등도 포함되어 있음을 상기할 필요가 있다.

둘째, 권한의 불공정한 배분은 상호견제를 통한 균형적 관계 유지를 저해함으로써 오히려 양 기관의 갈등을 유발하게 될 수 있다. 즉 분립형 기관구성에서 양기관의 불균형한 권력관계는 양자간의 권한다툼으로 관계가 경색되고 나아가 기관운영에 지장을 초래할 우려가 높을 뿐 아니라 이는 결코 생산적이지도 발전적일 수도 없는 소모적인 갈등이란 점에서 경계되어야 할 것이다.

그런 점에서 무엇보다 지난 17년간 분립형 기관구성의 운용상 한계는 법 · 제도적인 측면에서 살펴 볼 수 있다. 즉, 지방의회와 단체장이 지닌 권한과 역량의 불균형으로 단체장에 대한 지방의회의 견제기능은 잘 발휘될 수 없었다. 이는 지방자치단체를 이끄는 단체장의 강력한 리더십을 확보하게 하는 효과를 지니게 하지만, 분립형 기관구성에서의 불균형한 단체장 우위의 권한배분은 지방의회와 비생산적인 갈등을 양산하는 부작용을 낳게 함으로써 지방자치단체의 효과적이고 원활한 기관운영에 장애가 된다. 특히 1995년 6 · 27 지방선거의 실시로 출범한 민선단체장체제에서 단체장의 역할이 실제적으로 강화된 후, 지방의회의 위상과 관련된 문제와 함께 기관간 진정한 정책대립보다는 단체장과 지방의회간 힘겨루기 양상의 갈등사례가 빈번히 제기되는 것을 보여주었다.

한편, 권한의 문제를 떠나 현실적으로 더욱 강화되어 나타나는 지방정치 권력구조의 정당독점화 현상은 지방자치단체 기관운영에 있어서 양 기관간의 상호 견제기능이 제대로 이루어지지 않는 문제요인으로 제기되었다. 즉, 분립형 기관구성은 지방의회와 단체장의 양 기관간 견제와 균형의 기본원리가 적용되어 권력의 전횡과 부패를 방지하는데 도움이 되어야 한다. 그러나 실제상황에서는 우리나라의 지역적 연고를 중시하는 특수한 정치성향으로 인해 기관분립형의 장점이 살아나지 못하였다.

이는 우리나라 선거의 특징적인 현상이라 할 수 있는 지역주의 투표행태와 관련된 것으로, 단체장과 지방의회가 하나의 정당에 의해 독점되기 때문에 정당을 통한 견제가 이루어질 수 없는 한계를 보여주었다. 특히 1998년 6 · 4 지방선거이후 거의 모든 광역자치단체의 경우가 1당 독점적인 정당지배 양상을 보였다는 것은, 단체장이나 대다수의 지방의회의원이 모두 같은 정당 출신이기에 서로에 대한 견제와 균형의 논리가 접근하기 어렵다는 것을 의미한다.

끝으로 행정운영의 전문성 측면에서 볼 때, 민선 단체장은 반드시 행정능력을 겸비한 인사가 자치단체장으로 되는 것이 아니므로 훌륭한 행정을 기대하기 어려웠다는 점도 한계로 지적된다. 또한 자치단체장은 선거에서 그 지위가 주어지는 까닭에 선거를 통해 안게 된 정치적 부채에 연연하게 되어 특혜의 제공이나 인사상의 배려 등으로 부패의 연결고리가 형성되기도 하였다.

— 제4절 지방자치단체 기관구성 다양화 방안

1. 지방정부 기관구성 다양화의 사전 검토

지방자치단체의 기관구성은 우선 국가 · 지방권력구조의 역학관계와 지역특성을 고려하면서 다양한 지역실정에 적합한 기관구성의 자율적 선택을 추구하여야 한다. 따라서 지방자치단체의 기관구성에 영향을 줄 수 있는 요인들을 국가 · 지방권력구조(집행부중심, 의회중심), 지방자치단체의 규모(인구, 면적 ; 대도시, 중소도시), 계층유형(광역 · 기초), 전통적인 지역사회 유형(농어촌 · 도시형), 지역사회의 사회 · 경제적 특성(지배적 산업, 재정규모),

역사문화적 환경 등으로 보아 이들을 고려하여 주민들의 자율적 선택으로 접근되어야 할 것이다.

2012.1.1현재 우리나라 244개 지방자치단체는 인구규모나 지방자치에 대한 주민관심, 재정적 여건 등에서 매우 다양한 특징을 지니고 있다. 지방자치단체의 평균인구는 외국에 비해 비교적 많은 편에 속하지만, 개별 지방자치단체의 인구규모는 매우 큰 편차를 지니고 있는 것이 사실이다. 예컨대 기초자치단체의 경우, 시의 평균 인구 수는 30만 8천명으로 74개 시 중 약 68%정도인 50개 시가 30만명 이하로 나타나고 있다. 구체적으로 살펴보면 인구 10-30만명 정도가 가장 많은 비중(52.7%)을 차지하고 있으며, 50만명 이상(20.3%)[2], 30-50만명(12.2%), 10만명 미만(14.8%) 순으로 나타나고 있다(표2 참조). 한편 85개 군의 평균 인구수는 55,000명인데, 인구규모군으로 볼 때 5-10만명군이 가장 비중이 높으며(40%), 3-5만명(37.6%), 3만명 미만(15.3%), 10-20만명(7.1%) 순으로 나타나고 있다. 그리고 69개 자치구는 평균 인구수는 32만8천명으로 인구 30-50만명 그룹과 30만명 그룹이 같은 비중(43.5%)으로 나타났고, 50-70만명 그룹은 9개정도(13%)로 조사되고 있다(<표 2-3> 참조).

<표 2-3> 기초자치단체(시 · 군 · 자치구) 인구규모

● 74개 시

50만명 이상	30-50만명	10-30만명	10만명 미만
15 / 20.3%	9 / 12.2%	39 / 52.7%	11 / 14.8%

● 85개 군

10-20만명	5-10만명	3-5만명	3만명 미만
6 / 7.1%	34 / 40%	32 / 37.6%	13 / 15.3%

2 50만명 이상 거주시는 창원(1,091,881), 수원(1,088,489), 성남(979,323), 고양(961,239), 용인(896,044) 부천(872,452), 안산(715,586), 청주(661,946), 전주(645,894), 안양(615,642), 남양주(578,485), 천안(571,377), 포항(517,088), 화성(516,765), 김해(507,062)가 해당한다(행정안전부, 2012 행정안전 통계연보).

● **69개 자치구**

50-70만명	30-50만명	30만명 미만
8 / 11.6%	31 / 44.9%	30 / 43.5%

또한 6개 광역시의 평균면적은 798Km², 평균인구는 2,162천명인데, 광역시간의 최고최저인구 편차는 부산광역시와 울산광역시로 약 3배 차이가 나고 있다. 그리고 9개 도의 평균면적은 10,537Km², 평균인구는 3,057천명인데, 도간의 인구편차는 경기도(11,937천명)와 제주도(576천명)간에 약 20배 차이가 나고 있다. 또한 74개 시의 평균면적은 518Km², 평균인구는 308천명인데, 시간의 인구편차를 보면 창원시 1,092천명, 계룡시는 43천명으로 약 25배 차이가 나고 있다. 85개 군의 경우는 평균면적 666Km², 평균인구 55천명인데, 최고인구와 최저인구를 갖는 군간의 인구편차는 약 19배가 나고 있다. 69개 자치구의 경우 평균면적 49Km², 평균인구 328천명인데 최고인구를 갖는 서울송파구(682천명)와 최저인구를 갖는 부산중구(49천명)와의 인구편차는 약14배가량 나고 있다(표 2-4 참조).

<표 2-4> 자치단체별 면적, 인구의 평균규모와 최소, 최대 인구규모

구분	평균면적(km2)	평균인구(천명)	최고/최저인구(천명)
광역시	798	2,162	부산광역시 : 3,551 · 울산광역시 : 1,135
도	10,537	3,057	경기도 : 11,937 · 제주도 : 576
시	518	308	창원시 : 1,092 · 계룡시 : 43
군	666	55	울주군 : 205 · 울릉군 : 11
자치구	49	328	서울송파구 : 682 · 부산중구 : 49

자료 : 행정자치부, 행정자치통계연보(2012)

또한 재정적 여건을 살펴볼 때에도 지방자치단체의 재정자립도(2012년)는 전체평균은 52.3%이지만, 특별 · 광역시의 대도시의 경우에만 69.1%로 전체평균을 상회하고 있고, 나머지 도(34.8%), 시(37.1%), 군(16.4%), 자치구(36%) 모두 평균이하의 열악한 재정상황을 나타내고 있다. 특히 농촌형 자치단체로 분류할 수 있는 군의 경우가 가장 열악한 것으로 나타났다. 거기에 광역자치단체로는 도의 경우가 낮게 나타나고 있음을 알 수 있다(표4 참조). 광역자치단체의 도 중에는 경기도가 가장 양호하였고, 전남이 가장 열악하였으며, 그 이외에는 대체로 20%대의 낮은 재정력을 보여주고 있다. 그리고 도 안에 있는 기초자치단체인 시의 경우에도 경기도 내에 있는 시를 제외하고는 매우 열악한 상황을 보이고 있다. 같은 맥락에서 군의 경우에도 더욱 열악한 모습을 보이는데 경기도 내의 군의 경우가 그나마 28.9%로 다른 군에 비해 높게 나타나고 있을 뿐이다. 그리고 대도시 안에 있는 자치구의 경우도 열악하기는 마찬가지인데 그나마 서울특별시 내에 있는 자치구가 46%정도로 비교적 다른 자치구에 비해 높게 나타나고 있으며, 인천, 울산이 36%대, 부산, 대구, 대전이 25%대, 광주가 19.7%로 가장 낮게 조사되고 있다(표 2-5 참조).

<표 2-5> 자치단체별 재정자립도 수준 (단위 : %)

구분	평균	특별/광역시	도	시	군	자치구
평균	52.3	69.1	34.8	37.1	16.4	36
서울	90.2	88.7				46
부산	57.4	52.9			35	26.3
대구	52.8	47.6			35.9	25.5
인천	71	70.4			15.2	36.8
광주	46.6	41.1				19.7
대전	58.3	52.7				24.4
울산	71.2	63.6			46.3	36.4
경기	72.6		61.7	51.9	28.9	
강원	26.9		22.5	23.9	14.2	
충북	34.2		27.6	28.2	21.4	
충남	35.5		28.6	31.9	16.5	
전북	26		21.1	21.1	14.1	
전남	21.4		14.6	26.9	12.2	
경북	28.3		22.5	26.7	13.1	
경남	43.3		36.6	35	14.2	
제주	28.5		28.2			

자료 : 행정안전부, 2012 행정안전통계연보, p.279.

요컨대 인구규모나 재정적 여건에 있어서 우리나라 지방자치단체는 매우 다양한 특성을 지닌다는 사실에 주목할 필요가 있다. 예를 들어 인구규모가 비교적 작고, 지방자치에 대한 주민의 관심이 높은 군 지역의 경우, 보다 적극적인 주민참여의 지방자치를 실현시킬 수 있는 기관구성 형태의 대안모색이 필요하다고 본다. 또한 재정자립도에 따라 어떤 지방자치단체는 보다 전문적이고 혁신적인 지방재정의 운영을 위하여 지역실정에 맞는 기관구성형태를 선택할 수 있게 하는 것도 다양성과 자율성을 강조하는 분권화 정신에 부합된다고 본다.

그러나 지방자치단체는 자체 완결된 공간단위가 아니다. 자치단체로서 구역 내부의 특성이 강조되어야 하기도 하지만 국가의 하부조직으로서 수직적으로 중앙정부 조직과, 그리고 수평적으로 다른 지방자치단체의 기관구성과 조화를 이루어야 하기 때문이다. 따라서 지방자치단체의 기관구성이 너무 다양하여 중앙정부와 지방정부간, 지방정부간 협조와 조화가 이루어지기 어렵다면 곤란하다.

이러한 맥락에서 기초자치단체 기관구성은 광역자치단체별로 통일성을 확보하여 정하거나, 기초자치단체별로 일정 선택범위를 설정하고 주민들이 직접 선택하게 하는 방안이 있을 수 있다. 이와 같이 지역별 특성을 최대한 활용하고 단일 국가체계로서 통일성을 확보할 수 있도록 다양성과 통일성을 함께 추구할 수 있는 기관구성의 제도적 근거를 마련할 필요가 있다. 이러한 맥락에서 본 연구는 자치단체의 규모(인구 및 면적), 행·재정적 수요, 정치문화, 행정역량, 지역경제 특성(도시적 산업과 농촌적 산업) 등에 따라 선택할 수 있는 기관구성형태를 일정한 단위로 묶어 시론적으로 제시해 보고자 한다. 특히, 우리나라 정치행정환경에 급격한 변화를 야기하는 제도는 시간을 두고 단계적으로 발전시켜나가는 지혜가 필요하다. 즉 점진적, 단계적으로 때에 따라서는 실험적 국면을 거쳐 지방자치단체의 기관구성을 논의해야 한다.

이러한 배경에서 본 연구는 지난 20년간의 주민직선 집행기관 분립형 지방정부조직이 노정한 문제점을 보완하는 지방자치단체 기관구성을 검토하려는 것이다. 건국 이후 우리나라 지방자치단체 기관구성의 경험을 교훈으로 삼고, 향후 예견되는 지방자치단체의 행·재정 수요와 정치·행정환경 등을 고려하여 지방정부의 기관구성은 일정한 맥락 안에서 다양하게 접근하고자 하는 것이다. 이럴 경우 다음과 같은 질문에 답하는 과정이 필요할 것이다. 즉,

첫째, 생산성 제고와 성과관리 측면에서 어떠한 지방정부의 기관구성이 지역주민이 원하는 값싸고 양질의 정치 · 행정서비스를 효율적으로 책임성 있게 제공할 수 있겠는가? (행정의 전문성 강화 : 수석행정관제(CAO) 내지 시지배인(City manager)형 가미)

둘째, 분권과 자율성 제고 측면에서 어떠한 지방정부형태가 주민들의 자발적인 참여를 촉진하고 지방정치 발전을 도모하여 지방분권을 통해 지역발전에 기여할 수 있겠는가? (행정의 민주성 강화 : 기관통합형 모색 가능, 특히 통합형 내에서 기관분리형을 유도해낼 수 있는 방법도 고려해 볼 수 있음, 즉 프랑스 코뮨기초자치단체에서 활용하고 있는 연한 분립형 모델이 그것임)

셋째, 집행부의 성과와 책임성을 강화한다는 측면에서 어떠한 지방정부형태가 지방자치단체장의 지도력을 고양하고 책임성을 제고할 수 있겠는가? (행정의 책임성 강화 : 기관분립형, 수석행정관형 가미)

넷째, 의사결정의 효율성과 책임인식을 제고한다는 측면에서 어떠한 지방정부형태가 지방의회의원들의 전문성을 고양하고 지역 인재들로 하여금 지역문제에 관심을 갖도록 유도할 수 있겠는가? (행정의 민주화, 지방의회 전문성 강화 : 기관통합형, 시지배인형 가미)

마지막으로 어떠한 지방정부형태가 지역 협치체계(governance system)를 구축하여 주민들을 단순히 공공서비스의 소비자(consumer), 혹은 의뢰인(client)으로부터 공동생산자(co-producer)로 전환할 수 있을 것인가? 이는 지방자치의 궁극적인 목적을 실현하는 과정과 밀접하게 관련되어 있는 사안이다.

결론적으로 지방자치단체의 기관구성을 다양화하는 작업은 지방자치제의 궁극적인 목적을 실현하려는 노력의 일환이고, 새로운 지방정치 · 행정환경 변화에 적극적으로 대처하기 위한 끊임없는 적응과정의 일부인 셈으로 볼 수 있을 것이다.

2. 지방정부 기관구성 다양화의 기본방향

1) 단일국가체제에서의 지방분권논리에 맞는 기관구성

우리의 여건상 지방정부의 기관구성은 우선 단일국가체제 내에서 국가의 통일성과 지방자치단체의 다양성을 함께 추구하려는 지방분권논리에 맞는 방향에서 추진되어야 할 것이다. 즉, 국가와 지방자치단체가 연계성을 가지고 주민참여의 효과를 극대화하는 방향에서 지방자치단체 기관구성이 수립되어야 한다. 그런 의미에서 단일국가 권력구조의 대통령중심제를 기본으로 하면서 의회기능을 강화할 수 있는 제도적 기관구성을 모색해 볼 수 있을 것이다.

2) 지역주민의 요구에 부응한 값싸고 양질의 행정서비스를 효율적으로 제공할 수 있는 기관구성

공익을 빌미로 정부가 시장경제에 개입함으로써 시장의 실패를 방지하고 시장원리를 활성화할 수 있었던 초기 정부와는 달리 공익의 개념을 확대하여 복지국가를 내걸었던 거대한 정부는 오히려 시장원리를 교란하고, 비굴한 국민을 양산하고 있는 것으로 비판받고 있다. 공공재가 과잉공급되어 민간부문을 위축시키고, 주민들의 수요를 경직된 정부조직으로 충당하다 보니 다양한 행·재정 수요를 충족시키지 못하였기 때문이다. 이제 지방정부의 기관구성은 주민들의 공공서비스 수요가 주민들의 책임 즉, 조세 및 사용료, 수수료와 같은 부담으로 귀결되어야 한다. 따라서 향후 지방정부의 기관구성은 지역주민의 요구에 민첩하게 대응할 수 있고, 성과관리의 효과가 증대될 수 있는 방향에서 논의되어야 한다. 그런 배경에서 기관분립형 하에 행정의 성과를 책임지게 할 수 있는 수석행정관제 및 시지배인제도를 고려해볼 수 있다.

3) 기존의 문제점을 해결, 극복, 완화하려는 차원에서 지방정부의 기관구성 다양화

향후 지방정부의 기관구성 다양화는 그간 우리가 실시해 오던 기관분립형(주민직선자치단체장-의회의원)의 문제점을 검토하고 이를 해결, 완화, 극복하기 위한 방향에서 접근되어야 한다. 이 경우 기관분립형의 단점이 반드시 기관통합형의 장점이 아니며, 우리가 경험한 기관분립형의 폐단이 반드시 기관통합형 지방정부 형태로 해결될 수 있는 것은 아니라는 점을 고려하여야 한다. 기관구성은 기관분립형과 기관통합형을 양 극점으로 하여 다양한 조합이 가능하고 또 운영여하에 따라 다양한 결과와 문제를 유발할 수 있다. 결국 우리가 직면한 문제점은 제도의 속성에서만 비롯되는 것이 아니고 운영기술과 관련하여 발생한 것일 수 있다. 이와 같은 제도의 운영결과는 통상 지방정부의 자치역량, 주민들의 인식 등 지역의 지방정치행정 제반 환경과 밀접하게 관련되어 있음을 간과해서는 아니될 것이다.

4) 우리나라 정치행정환경을 고려한 기관구성의 다양화

그동안 기관분립형 기관구성형태를 오랫동안 사용해 온 우리나라 정치 · 행정환경을 고려해볼 때 우리 지방정치 · 행정환경에 급격한 변화를 주는 기관구성은 오히려 실패할 확률이 클 수 있다는 우려가 있다. 따라서 단기적으로는 기관분립형의 기관구성을 다양하고, 유연하게 활용하면서 장기적으로는 그동안 사용하지 않았던 기관통합형의 여건을 조성하고 이를 우리 정치 · 행정환경에 접목시키는 방안을 검토하여야 할 것이다. 즉, 집행부우월주의에 입각한 지방정부구성형태에서 주민들과 접촉면이 넓은 의회중심적인 정부구성형태로의 진전이 필요하다. 요컨대, 기관분립형(1)(의회-지배인형 / 수석행정관형), 기관분립형(2)(주민직선)의 형태를 각 자치단체의 특성에 맞게 유연하게 활용하면서 의회중심주의인 기관통합형의 여건을 조성해 나가도록 하여야 할 것이다(표 2-6 참조).

<표 2-6> 우리나라의 가능한 지방정부구성형태

요 인	기관통합형 (권한의 연한분립)	기관분립형(1) (의회지배인형/ 수석행정관제)	기관분립형(2) (권한의 경직분립)
중앙정부의 정치적 환경	의회우월주의	의회우월주의 집행부우월주의	집행부우월주의
지방정부의 정치적 환경	지방의회우월주의	지방의회우월주의 집행부우월주의	집행부우월주의
자치단체장 선출방식	의회간선	의회임명/의회인준	주민직선
지방의회의원 선출방식	주민직선	주민직선	주민직선
광역과 기초간의 관계 (연계성정도)	수평적 강함	수평적 양호	수직적 약함
국가와 지방자치단체와의 관계 (연계성정도)	강함	양호	약함
지방자치단체와 주민과의 관계 (주민대표성정도)	강함	양호	양호
의결기관과 집행기관과의 관계 (밀접성, 연계성정도)	강함	양호	약함
의회중심	←――――――――――――――――	――――――――――――――――→	집행부 중심

5) 기관구성 다양화의 전략적 접근

동일한 형태의 외국사례는 해당 지역의 여건에 맞게 수백 년 조정되어온 결과이다. 따라서 드러난 현상만의 도입이나 모방보다는 운영체계를 검토하고 그러한 제도의 근거가 되는 지역의 정치 · 행정환경을 고려하여야 한다. 이러한 맥락에서 향후 지방정부의 기관구성은 각 지방자치단체 정치행정수준 여건에 맞추어 유사한 집락을 구분하여 배분할 수 있어야 한다. 경우에 따라서는 단계적, 실험적 국면을 거친 후에 기관구성의 유사한 단위를 운영하고 이를 평가하여 확산하는 전략을 필요로 할 것이다.

6) 주민이 선택할 수 있는 기관구성

지방정부의 기관구성은 지방의 일을 주민 스스로 처리할 수 있는 방식을 결정하는 것이다. 따라서 전체적인 제도의 틀은 우리나라의 국가운영체제에 부합하는 지방정부 기관구성 다양화 폭을 먼저 설정하고 이 범위 안에서 가능한 여러 형태의 기관구성 조합을 각각의 장, 단점과 함께 제시함으로써 주민들이 직접 선택할 수 있도록 설계되어야 한다. 국가가 미리 법률로 여러 개의 자치단체 기관구성형태를 설정해 놓고, 자치단체의 규모(인구 및 면적), 행 · 재정적 수요, 정치문화, 행정역량, 지역경제 특성(도시적 산업과 농촌적 산업) 등을 감안하여 각 자치단체별로 주민투표에 의하여 주민들이 선택할 수 있어야 한다.

3. 전략적 정책방안

1) 단기적 방안

지방정부의 기관구성을 다양화하는 방법은 기관분립형 정부구성형태를 기본으로 하되 자치단체장의 선임방식의 변화와 성과관리의 제고를 통해 유연화된 정부조직을 다음과 같이 추구할 수 있을 것이다. 즉, 우리나라 기관구성의 역사적 배경을 고려하여 기관분립형의 장점을 극대화할 수 있는 방향에서 주민직선형 분립형태와 주민직선형의 분립형을 보완할 수 있는 지방의회가 자치단체장을 임명하여 시정을 책임질 수 있는 의회-지배인형 내지 행정을 총괄할 책임자를 의회인준으로 임명하게 하는 수석행정관제로 발전시켜 나갈 수 있겠다.

가. 기관분립형(1) : 지방의회에 의한 자치단체장 임명형; 의회-지배인형(Council-Manager type); 수석행정관제(Chief Administrative Officer)

나. 기관분립형(2) : 자치단체장 주민직선형 : 권한의 경직분립형

2) 장기적 방안

향후 우리나라 지방정부의 기관구성을 다양화할 경우 그동안 우리나라 정치/행정환경 속에 길들여진 기관분립형 정부구조를 기본으로 하면서 지방의회가 중심이 되는 기관통합형 정부구조를 부분적으로 도입할 필요성이 제기될 수 있다. 기관통합형 기관구성 형태는 특히 소규모 자치단체와 농어촌형자치단체에서 의회민주주의를 습득할 수 있는 기회로 제공할 수 있을 것이다. 또한 기관통합형은 주민직선으로 구성된 지방의회가 지방자치단체의 최고기관으로서 의결기능뿐만 아니라 집행기능까지도 수행하게 하려는 정부형태라서 '풀뿌리 민주주의'를 인식하고, 터득하는데 적합하다. 즉, 이 제도는 집행기관의 주요 고위행정관료를 선임하고 통제함으로써 행정서비스의 정책결정에서 집행까지 주민에 대하여 궁극적인 책임을 지는데 유리한 정부구성형태이다. 또한 기관통합형 정부조직에서 지방행정을 보다 책임있고 전문화를 지향한다는 차원에서 지방의회의 지휘/감독을 받고 집행부서를 총괄하는 시지배인(city-manager)을 의회에서 선임하여 활용하는 방안도 고려될 수 있다. 그러면서 집행기관과 의결기관을 서로 분립시켜 내는 구도로 권한의 연한 분립모델[3]도 활용할 수 있을 것이다.

3 프랑스 지방자치단체의 기관구성형태는 의원내각제도의 형상에 따라 의결기능과 집행기능을 사실상 한 기관에서 담당하게 하는 기관통합형 지방정부조직을 띠고 있다. 따라서 집행기관의 장은 지방의회가 선출하는 간접선거방식에 의하고 있다. 이 경우 두 권한사이에 연결고리는 보통 자치단체장의 정치담당부(le Cabinet)에 의해 보장되어 긴밀한 관계를 형성하게 된다. 따라서 이 모델은 두 권한을 완전히 분립시키는 것이 아니라 두 기능의 조화된 권한을 이루어 통합적(융합적)으로 업무를 수행하고자 하는 것이다. 그러나 또 한편의 시각에서 보면 권력분립의 원칙에 따라 의결기관과 집행기관을 분립시켜 운영하고 있기 때문에 전체적으로는 통합형 모델을 가지고 있지만 그 안에서 분립적 요소가 나타나는 형태를 띤다는 것이다. 따라서 분립적인 시각에 초점을 두어 설명하자면 "권한의 부드러운 분립(La séparation 'souple' du pouvoir)형태"로도 설명할 수 있는 것이다(Lachaume, 1994 : 181-182 ; 최진혁, 2010 : 20).

제5절 결론 : 향후 지방자치단체별 가능한 기관구성 유형

상기에서 논의한 기관구성의 유형별 특징을 고려하여 향후 우리나라에서 도입 가능한 지방자치단체 기관구성형태를 자치단체 규모, 성격에 따라 다음과 같이 시론적으로 제시해 볼 수 있을 것이다(<표 2-7> 참조).

1) 기초자치단체의 경우

우리나라와 같이 같은 기초자치단체라 하더라도 규모나 재정력에 있어서 큰 차이를 보이고 있는 경우 각각의 여건에 따라 다른 유형의 기관구성형태를 고려하여야 할 것이나 대체로 기관통합(권한의 연한 기관분립)이나 기관분립(1) 모델(시지배인형) 등을 적용해 볼 수 있을 것이다.

2) 광역자치단체의 경우

우리나라의 광역자치단체는 크게 도시와 농촌혼합형(도가 여기에 해당됨)과 대도시형(서울특별시, 광역시)으로 구분되는데, 이 경우에는 기관분립(1)(권한의 경직분립형), 기관분립(2)(수석행정관) 모델 등을 여건에 맞게 시도해 볼만 할 것이다.

3) 농어촌형 자치단체의 경우

우리나라의 농어촌형 지방자치단체는 군을 의미하는데 이 경우 기관통합(권한의 연한 기관분립), 기관분립(1)(시지배인형) 유형이 도입될 수 있을 것이다.

4) 도시형 자치단체의 경우

우리나라의 도시형 자치단체에는 일반적으로 시와 자치구가 포함되는데 이 경우 기관분립(1)(시지배인형, 수석행정관형), 기관분립(2)(권한의 경직분립) 등의 유형이 적용될 수 있을 것이다.

<표 2-7> 도입 가능한 지방자치단체 기관구성형태

구분	기관통합 (권한의 연한분립)	기관분립(1) (시지배인형 ; 수석행정관형)	기관분립(2) (권한의 경직분립)
기초자치단체	유리(가능)	가능	
광역자치단체		가능	유리
농 · 어촌형자치단체	유리(가능)	가능	
도시형자치단체		가능	유리

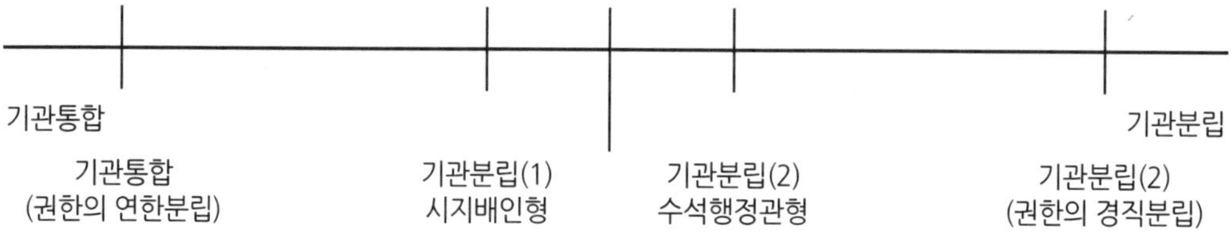

참고문헌

김순은.(2010). 지방자치 선진국의 지방정부 기관구성 다양화형태 : 미국 사례, 월간자치행정 제271호. (사)지방행정연구소.

김웅기. (2001). 미국의 지방자치. 대영문화사.

임성일 · 최영출. (2001). 영국의 지방정부와 공공개혁. 법경사.

정세욱. (2004). 지방자치학. 법문사.

채원호.(2005). “일본 지방정부의 기관구성형태 연구”, 한국지방자치학회 학술대회발표논집.

채원호.(2006). 지방정부 기관구성의 다양화 : 쟁점과 선택지. 자치행정 10월호.

최진혁.(1999). 지방의회의 비교연구. 한국지방자치학회보.

최진혁 외.(2005). 자립적 지역발전모델. 대영문화사.

최진혁 외.(2008). 지방의회의 이해. 박영사.

최진혁.(2010). 지방자치 선진국의 지방정부 기관구성 다양화형태 : 프랑스 사례, 월간자치행정 제271호. (사)지방행정연구소.

최창호.(2009). 지방자치학. 삼영사.

황아란.(1997). 외국지방자치제도와 기관구성. 한국지방행정연구원.

Meny, Yves. (1995). "Modèle présidentiel et exécutifs locaux", Wahl Nicholas et Quermonne, Jean-Louis. *La France Présidentielle / L'influence du suffrage universel sur la vie politique*. Paris : Presses de sciences po.

外山公美. (1991). シティ マネージャー職 念の 遷過程.「季刊行政管理研究」, 54號,

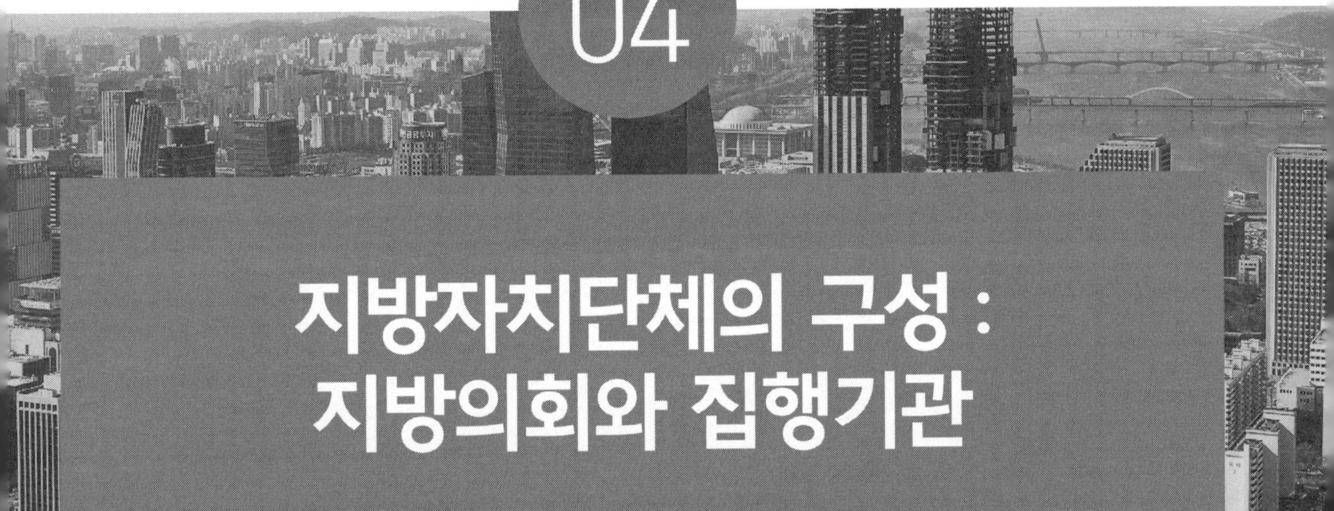

04

지방자치단체의 구성 : 지방의회와 집행기관

01 지방의회의 비교연구 : 한국과 프랑스 모델

제1절 서론 : 문제제기

Q : 누구의 필요에 의해 지방의회가 구성되어졌는가?

1991년 지방의회의 구성과 1995년 집행기관 장의 주민직선으로 대한민국의 국가경영은 지방분권화 정책을 수용하는 새로운 지방화시대를 표방하기에 이르렀다. 그러나 지방분권 정책의 근간인 지방의회의 역할을 볼 때, 50년대의 소중한 지방의회의 경험이 있었음에도 불구하고 우리의 지방의회 체제는 아직도 초보 단계에 있음을 부인하기 어렵다. 물론 당시 지방의회의 구성이 오늘날과 같이 진정한 지방권(le Droit local)이 부여된 자치단체로서 그들의 자율과 책임 하에 주민에게 보다 나은 양질의 서비스를 창출해 내기에는 일정한 한계가 있었다. 즉, 지방의회의 구성이 주민의 필요에 의해서 이루어진 것이라기보다 국가의 필요에 의해서 그것도 집권자의 정권 연장수단으로써 악용되어온 것이었다. 요컨대 우리의 지방의회의 존재는 풀뿌리 민주주의를 담보하는 엥글로 색슨계의 지방자치제도, 즉 주민자치(autonomie des citoyens)와는 거리가 있었다. 지방자치 없이도 지방의회가 존재할 수 있고 반대로 지방의회 없이도 지방자치의 존재가 가능하다는 철저한 국가위주의 지방행정수행방식의 발상이었다. 이러한 논리는 지방의회와 지방자치의 개념을 주민과 자치단체간의 관계를 중시하는 정치적인 측면보다는 국가와 지방자치단체간의 관계를 중시하는 법률적, 행정적인 측면에 그 비중을 두는 대륙계통의 단체자치(autonomie de la collectivité)로 설명될 수 있다. 이러한 배경 하에 한국과 프랑스의 지방권은 행정권한의 중앙집권에 폭넓게 종속되고 있는 것이다.[1] 국가의 단일성원칙 하에서 중앙집권적 지방행정 수행방식을 지방분권적인 그것으로 행정의 새로운 패러다임을 구축하려는 프랑스의 노력이 우리의 상황에 매우 유용한 시사점을 부여하는 이유는 바로 여기에 있다.

따라서 본 연구는 지방분권 정책의 근간이 되는 지방의회의 모습을 비교하고자 한다. 우선 그 노력의 일환으로 지방자치단체의 기관구성형태를 통해 본 지방의회 조직원리, 지방의회의 모습에 절대적으로 영향을 미치는 의회의원의 당선을 결정하는 투표방식을 살펴본다. 다음으로 지방의회의 조직에 대해서 비교대상이 될만한 요소들을 추출하여 상호 비교 연구해 본다. 즉, 지방의회의 구성요인으로 지방의원 수, 임기와 개선제도, 겸임제도, 보수제도에 대해서 관찰해 본다. 이에 대한 올바른 이해는 앞으로 우리 지방의회의 굳건한 착근과 합리적인 지방분권 정책을 열어나가는데 좋은 선로를 제공할 수 있을 것이다.

1. 지방의회의 조직원리

한국과 프랑스의 지방의회는 그 수를 두고 볼 때 하나의 합의체 기관으로 이루어지는 단원제(monocaméralisme)를 그 구성원리로 한다. 물론 국가수준의 경우 프랑스는 국회를 두 개의 독립된 합의체 기관의 양원제(bicaméralisme)형식을 채택하고 있다.[2] 그러나 지방수준에서는 단원제를 채택하는 것이 보통이다. 일반적으로 이들 두 형태의 선택은 기술적, 정치적 이유에서 비롯된다고 할 수 있다(Philippe, 1989 : 49). 즉, 기술적 측면에서 단원제는 두 개의 원(chambre) 사이에서 비롯되어질 수 있는 의사결정의 지연을 피하

1 Jacques Lagroye와 Vincent Wright는 다음과 같이 설명하고 있다. "프랑스의 지방권한은 양도된 영역에 속하여 전통적으로 파리에 연결되는 영역에 집중되어 있으나 시읍면(commune)에 후회롭게 이양하는 것"인 반면 영국의 경우는 "지방권은 중앙의 잠식에 대항에서 정통성 개입의 전통적 영역을 확보하는 지방권한에 의해 예비된 거주영역에 해당한다" (Lagroye et Wright, 1982 : 8-16), (Mabileau, Moyser, Parry et Quantin, 1987 : 13).

2 제5공화국 헌법에 의하면 국회구성은 파리 Palais-Bourbon에 위치한 하원(Assemblée Nationale)과 Palais du Luxembourg에 위치한 상원(Sénat)의 양원제를 채택하고 있다. 하원은 도(département)에서 인구비례에 의한 직접 보통선거로 선출된 577명의 의원(député)으로 구성되며, 상원은 하원의원과 도의회의원, 시읍면의회에 의하여 선출된 대표로 구성되는 선거인단에 의해 도 영역에서 선출되는 322명의 의원으로 구성되어 있다(Ziller, 1993 : 99).

며 법안의 빠른 처리를 행할 수 있다는 장점을 갖는다. 그 반면에 양원제는 의안 심의를 매우 심도있게 신중히 다룰 수 있다는 장점을 갖는다. 정치적 측면에서 단원제는 어떤 전제주의의 두려움을 제기할 수 있고, 양원제는 단원에 견제역할을 행하여 이들간의 균형을 보장할 수 있다는데 그 의의를 둔다. 이러한 배경 하에 단원제와 양원제와의 선택문제는 흔히 그 나라의 역사적 환경에 의한다. 대체적으로 유럽에서 국가차원의 의회구성은 전통적으로 의안처리의 투명성과 소수집단의 의견을 고려한다는 점에서 양원제를 채택하고 있는 것이다(Ziller, 1993 : 95).

지방자치단체도 국가와 마찬가지로 그들의 기능을 수행하기 위하여 기관을 구성하게 되는데, 보통 의결기능과 집행기능을 어떻게 분장할 것인가에 따른 기준으로 볼 때 한국과 프랑스의 지방자치단체 기관구성형태는 다음과 같이 분류할 수 있다.

한국은 기초, 광역자치단체를 막론하고 일률적인 지방정치행정체계의 기관대립형 모델(Le type de séparation d'un organe délibérant et d'un organe exécutif)을 취하고 있다. 즉, 권력분립(La séparation du pouvoir)의 원칙에 입각하여 지방자치단체의 의결기능과 집행기능을 각각 다른 기관에 분담시켜 기관간에 견제와 균형(contre-pouvoir : checks & balances)의 논리를 추구하고자 한다. 그런데 집행기관의 구성방법을 기준으로 볼 때 우리의 경우 1995년 이후로는 자치 단체장을 주민직선으로 선출하였기에 집행기관 직선형인 기관대립모델이라고 해석할 수 있을 것이다. 이 모델은 두 권한 사이에 원칙적으로 조직화된 연결고리가 없다는 점에서 권한의 경직된 분립(La séparation "rigide" du pouvoir)형으로 설명할 수 있을 것이다.

반면에 프랑스는 광역자치단체와 기초자치단체가 다른 모습의 기관형태, 즉 기관통합형(Le type d'unification d'un organe délibérant et d'un organe exécutif)의 광역자치단체, 기관대립형의 기초자치단체를 구성하였다. 그러나 1982년 지방분권화 정책 이후 광역자치단체인 도(Département), 지역(Région)의 기관구성형태가 기초자치단체인 시읍면(Commune)의 그것에 많이 접근하고 있음을 인식하게 된다(Bécet, 1992 : 167-168). 즉, 그동안 국가대표(représentant de l'Etat)인 도지사(le préfet)가 수행하였던 집행기능을 도의회의장(le président du conseil général)에게 이전함으로써 그들의 고유사무는 이제 도의회의 장이 그 자치단체의 집행기관의 장(le chef de l'organe exécutif)으로서 의회와 분립하여 수행하게 되었다는 점이다(그림 1-1 참조).

요컨대 프랑스의 지방정치행정체계는 일률적으로 모든 지방자치단체에 통합된 조직(l'organisation intégrée) 내에 의결기관(지방의회), 집행기관(집행위원회와 의장)을 배열하고 있다. 즉, 외형상 의원내각제도의 형상에 따라 의결기능과 집행기능을 사실상 한 기관에서 담당하는 기관통합형태를 채택하며 내용상 두 기능을 대립시키고 있다. 따라서 집행기관의 장은 지방의회에 의하여 선출되는 간접선거방식을 취하게 된다. 이 경우 두 권한사이의 연결고리는 보통 자치단체장의 정치담당부(le Cabinet)에 의해 보장되어 긴밀한 관계를 형성하게 된다.[3] 이 모델은 두 권한을 완전히 분립시키는 것이 아니라 두 기능의 조화된 권한을 이루어 함께 업무를 수행하고자 하는 것이다. 그러나 또 한편으로는 권력분립의 원칙에 따라 두 권한이 분립되고 있기 때문에 권한의 부드러운 분립(La séparation "souple" du pouvoir)형으로 설명할 수 있다. 이는 시읍면의회(le conseil municipal)가 소수당에 처한 시읍면장(le maire)을 자동적으로 면직시킬 수 없고 시읍면장도 시읍면의회를 해산할 수 없다는 법적 사실에 연유하고 있다(Lachaume, 1994 : 181-182).

또한 의원내각제(le parlementarisme)와 대통령제도(le présidentielisme)의 혼합모델로 설명할 수 있다. 왜냐하면 두 제도의 모습이 공존하고 있기 때문이다. 의원내각제측면은 두 권한이 존재함과 구분된 두 권한사이에 합의제도의 결합된 세 기관이 존재한다는 점이다(그림 1-1 참조). 대통령제 측면은 강한 집행기관의 주위로 유기적으로 결합되어지는 점이다. 그러나 지방자치단체 형태에 따라 다르게 나타난다. 즉, 시읍면장은 도의회, 지역의회 의장이 행사하는 권한보다는 더 중요한 권한을 행사한다는 점이다. 이러한 우월적 위치는 시읍면장을 선거명부의 선두로 지휘하게 하는 보통선거에 의해 정당성을 부여받는다. 즉, 시읍면장이 시읍면의회에서 선출된다고 하나 이미 선거전에 시읍면장으로 선출될 정당명부 1번으로서 그 당 명부의 의원후보를 장악하고 있기 때문

3 국가수준에서 의원내각제의 경우 입법기능과 집행기능간의 연결고리는 내각의 정치담당국(le Cabinet des Ministres)에 의해 보장받는다. 그는 국가원수(Chef de l'Etat)에 의해 임명되고 내각을 조정하기 때문에 집행권한을 획득하기도 한다. 그러나 그는 입법권에 마찬가지로 종속한다. 왜냐하면 의회에 정치적으로 책임자이기 때문이다. 따라서 다수당이 더 이상 지지를 하지 못하게 될 경우 그는 물러설 수밖에 없다. 의회에 대한 정부각료의 이러한 정치적 책임은 의회제도의 위험성을 설명하는 것이다(Philippe, 1989 : 55).

에 자연적으로 대통령중심제의 강력한 집행기관의 장으로서의 역할을 수행하게 되는 효과를 발휘하게 된다. 이러한 시읍면장의 대중적 지명은 개인적이고 불안정한 정치구조를 만드는 도, 지역의회 의장을 프랑스 지방정치의 장에서 사라지게 한다는 것이다 (Mény, 1995 : 198-199).

<그림 1-1> 프랑스 지방의회 모델

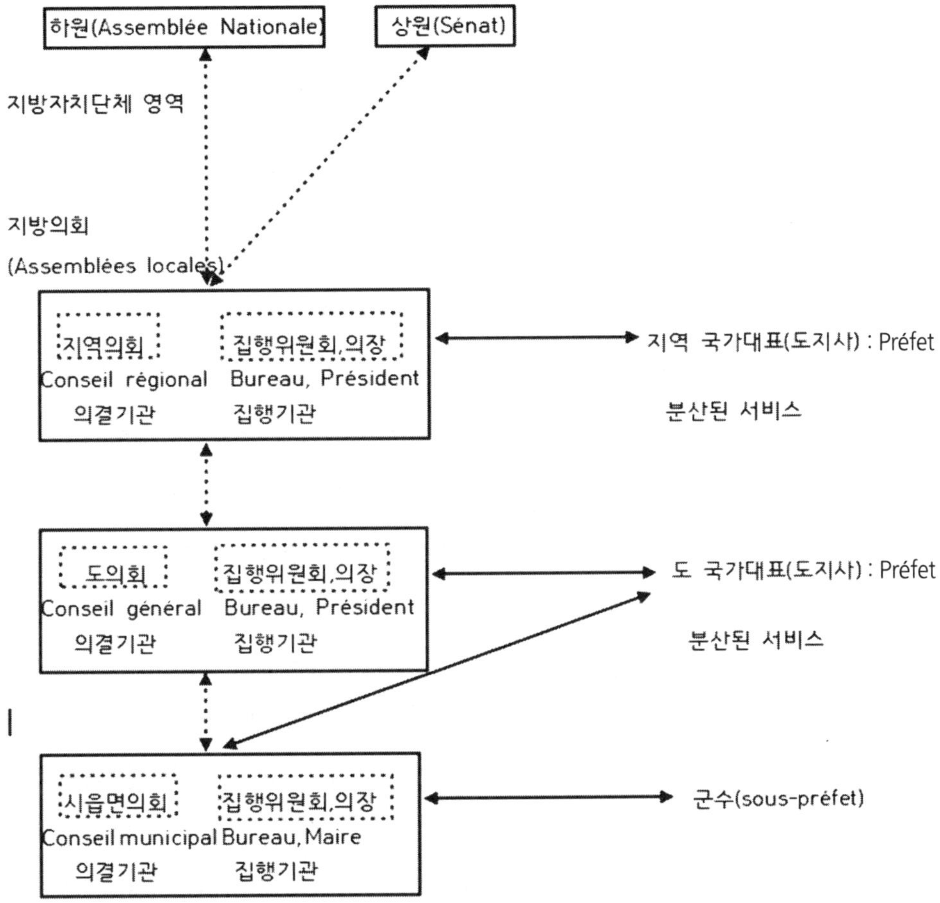

특별지방자치단체 : 특별구(District), 도시공동체(Communauté urbaine), 시읍면공동체(Communauté de communes)도 지방의회 구성과 같은 방식으로 존재한다.

2. 지방의회의원 당선결정방식(투표방식)

지방선거에 있어 의원의 선출을 결정하는 투표방식은 어떠한가? 한국의 경우 지방자치단체의 종류에 관계없이 동일한 선거제, 즉 상대 다수 투표의 일회 투표(un scrutin à la majorité relative à un tour)의 일원론적 다수대표제 방식을 취하고 있는 반면 프랑스의 그것은 2회의 다수 투표제(un scrutin majoritaire à deux tours)안에서 비례대표제 가미하며 자치단체에 따라 다른 형태의 선거제도를 갖는다.[4]

1) 한국(韓國) : 얻은 득표수의 비율에 관계없이 일등을 차지한 한 후보자가 당선된다(다수대표제). 따라서 후보자가 3명 이상인 경우 선거인들의 투표는 분산되고 당선자의 과반수득표를 어렵게 한다(물론 한 후보자가 단연 선거인으로부터 압도적인 지지를 받는 경우를 제외하고는 ; 후보자가 난립할 경우 투표의 분산정도는 더욱 심각하게 나타날 것임). 또한 득표수가 적어도 다른 후보에 대해 일등을 하였다는 이유로 선출되기 때문에 탈락한 후보자가 획득한 득표수는 자연히 사표가 될 수밖에 없어 심각한 대표성의 위기를 초래하게 된다. 마찬가지로 적은 득표율로 많은 의석을 확보하는 득표수와 의석수사이의 괴리현상을 야기하게 된다. 한편 우리나라의 지역특수성에 의한 지역할거주의 투표행태에 의하여 일당지배 지방의회의 난립현상을 보이게 되었다(1995년 6월 27일 선거 결과). 한편 지방의회의원 선거법은 "만약 두 후보가 동일한 수를 얻었다면 연장자순에 따라 나이가 많은 후보자가 당선된다"(지방의회의원 선거법 129조 1항)고 규정하고 있다.

2) 프랑스 : 프랑스는 제2회의 다수투표제 안에서 비례대표제를 가미하여 자치단체의 종류에 따라 주민 수에 따라 투표방식을 다르게 구분한다. 각 자치단체별 의원의 당선결정방식은 다음과 같다.

(1) 레지옹(Région : 地域)의 경우, 선거체계를 근본적으로 수정시킨 1985년 7월 10일 법(la loi n 85-692 du 10 juillet 1985) 선포이래 6년 임기의 데빠르트망(Département : 도) 단위의 명부투표에 의한 비례대표제를 채택하고 있다. 그 배분방식은 혼합투표[5], 선호투

4 구체적인 연구논문은 필자의 프랑스 지방선거제도에 관한 연구 참조(1999년 한국지방자치학회 하계학술세미나 발표논문집).

5 선거인은 투표시에 특정정당의 명부에 구속되지 않고 여러 정당의 명부에서 의원 정수까지의 후보자들을 선발 배합하여 자신의 투표용지에 연기하여 투표하는 것이 허용된다. 어느 정당의 명부에 없는 새로운 후보자를 추가하거나 무

표 없이 비례대표로 배분하고 남은 의석은 최고평균법 규칙에 따라 배분하는(au scrutin de liste départementale à la représentation proportionnelle avec répartition des restes à la plus forte moyenne sans panachage ni vote préférentiel) 방식을 취한다. 지역의원 정수와 각 지역의 도 사이에 배분하여야 할 의석은 공식적 인구조사 이후 법에 의해 규정되고, 의석은 각 명부의 제출순서에 따라 후보자에게 배분된다. 선거인의 유효투표수 5%를 득표하지 못한 명부는 의석배분을 받을 수 없게 하고 있다.

1986년 3월16일 선거당시 적용된 이 선거체제는 1972년 7월5일 법 제 5 조에서 연유한 과거 선거제도와는 매우 다른 것이었다. 현재 지역의회는 세 가지 영역의 의원을 통합하고 있다. 즉, 지역의 모든 도의원(전체 지역의원의 50%), 도의회 의원이 선택한 지방자치단체의 대표(전체 지역의원의 30%), 통합시의 대표(시청소재지의 시, 30 000명 이상의 시, 도시공동체, 즉 전체 지역의원의 20%)가 그것이다. 이는 의원들의 의회에서 선출된 의회로의 변형을 가져온 것이었다(Moreau, 1995 : 182).

(2) 도(道)(Département)의 경우, 깡똥(Canton)단위로 한 명의 의원을 선출하는 2 차에 걸친 단기 다수대표제(un scrutin uninominal majoritaire à deux tours)를 채택한다. 단기투표제(scrutin uninominal)란 선거구마다 배분할 자리가 하나이기 때문이다. 따라서 선거인은 각 선거구역에서 한 사람을 선출하게 된다(소선거구제). 다수투표(scrutin majoritaire)란 후보자가 당선되기 위해서 다수득표를 획득하여야만 된다는 것이다. 이는 비례대표제를 배척하는 이유가 된다. 그러나 이 투표는 제2회의 결선투표방식을 채택하고 있다. 즉 1차 투표시 당선되기 위해 절대 다수(la majorité absolue des suffrage)가 요구된다. 또한 후보자는 적어도 등록한 선거인의 1/4을 획득하여야 한다. 이는 높은 선거불참에 따른 소수의 주민들의 선택한 인사가 당선됨을 방지하기 위한 고육책(苦肉策)으로 볼 수 있다(Auby et Pontier, 1988 : 71).

그런데 도의 각 canton은 선거법의 규정에 따라 한 명의 의원을 선출하기 때문에 Art. L.193 du Code électoral 선거법 제193조 : "제1차 투표시 다음의 사항을 충족시키지 못하면 아무도 도의회 구성원으로 선출될 수 없다. 1) 득표수의 절대다수, 2) 등록한 선거

소속 후보의 선택은 허용되지 않는다 (Martin, 1994 : 54 ; 김광수, 1997 : 256).

권자의 1/4에 해당하는 선거 수. 제 2차 투표에는 선거는 득표수에 관계없이 상대다수에 의해 결정된다. 만약 여러 후보가 같은 득표를 얻었다면 연장자가 선출된다".

주민 수에 따른 도시 canton과 농촌 canton 사이에 주민대표의 불공평이 제기되고 있다. 그러므로 canton 구역정리는 주민 수를 고려하여 선거의 형평성을 제공하는 것으로 수정되어야 한다는 것이다. 국사원 정령(décret en Conseil d'Etat)에 의해 결정된 이 수정안은 해당되는 도의회 의원 임기에 영향을 주었다. 왜냐하면 그들은 1990년 12월11일 법에까지 3년마다 반씩 개선되었기 때문이다. 이러한 조건하에 canton의 통합과 새로운 canton의 형성을 야기하는 것으로 많은 소송이 제기되었다. 이런 문제점으로 도의회의원은 이제부터 전원 개선되고 있다.

그런데 도의 각 canton은 선거법의 규정에 따라 한 명의 의원을 선출하기 때문에(전술 : 선거법 제193조) 주민 수에 따른 도시 canton과 농촌 canton 사이에 주민대표의 불공평이 제기되고 있다. 그러므로 canton 구역정리는 주민 수를 고려하여 선거의 형평성을 제공하는 것으로 수정되어야 한다는 것이다. 국사원 정령(décret en Conseil d'Etat)에 의해 결정된 이 수정안은 해당되는 도의회 의원 임기에 영향을 주었다. 왜냐하면 그들은 1990년 12월11일 법에까지 3년마다 반씩 개선되었기 때문이다. 이러한 조건하에 canton의 통합과 새로운 canton의 형성을 야기하는 것으로 많은 소송이 제기되었다. 이런 문제점으로 도의회의원은 이제부터 전원 개선되고 있다.

(3) 시읍면(市邑面)(commune)의 경우, 자치단체의 크기에 따라 구분하고 있다. 즉, 큰 시읍면은 소수대표를 허용하는 비례대표제의 한 부분에 의해 수정된 명부식 다수투표제를 채택하고 있다. 시읍면의회선거는 단일 선거구를 형성하는 시읍면 단위에서 행해지는데 주민 수(자치단체의 크기)에 따라 그 선거방식이 달라진다. 즉, 3,500 명 이상의 자치단체에서는 2회의 다수대표제와 비례대표제를 혼합한 형태(un mode de scrutin mixte proportionnel / majoritaires à deux tours)를 취하며, 2,500에서 3,500 사이의 자치단체에서는 2회의 다수대표제(un mode de scrutin majoritaires à deux tours)로만 하고있다. 그런데 후자의 경우 후보자들은 제공해야 할 의석 수만큼의 후보자를 담고있는 완전한 명부(listes complètes)를 제출해야 한다. 한편 2,500미만의 시읍면은 1884년의 법규에 의해 계속 유효하게 적용되고 있는 2회의 다수대표제로 완전한 선거명부를 작성하여야 하는 위와는

달리 후보자가 완전한 선거명부를 작성할 수도 있고 그렇지 않을 수도 있다. 또한 피선거권자들도 다른 경쟁자 명부에 속해있는 후보자라 할지라도 선택할 수 있다.

첫번째 투표에서 완전한 명부가 제출되어야 하고, 하나의 명부가 절대과반수의 지지를 얻었다면 의석의 반은 그에게 돌아가고, 나머지 반은 적어도 5%의 지지를 받은 명부 사이에 비례대표제로 돌아간다(une liste obtient la majorité absolue au 1er tour de scrutin). 그런데 어떠한 명부도 첫번째 선거에 절대 과반수를 얻지 못했다면, 1차 투표시 적어도 10%의 지지를 받은 명부들 사이에 2차 투표가 행해진다 (aucune liste n'a la majorité absolue au 1er tour de scrutin). 후자의 경우 후보자들 사이의 통합으로 명부가 변경될 수 있다.

전반적으로 프랑스의 의원 선출방식은 1차 투표에서부터 선출되려면 한 후보자가 유효투표의 절대다수를 얻어야 한다. 어떠한 후보자도 과반수를 확보하지 못하였다면 2차 투표에서 가장 많이 득표수를 얻은 자(상대다수투표)가 당선되게 된다.

결론적으로, 한국의 투표방식은 단 한차례의 선거로 한 표라도 가장 많이 득표한 상대다수의 (단번에 많은 선거인 수를 최대로 활용, 선호하는) 효과성의 이념에 기초를 둔 반면 프랑스의 그것은 두 차례의 선거로 다수대표제(효과성)와 비례대표제(정의성 : 소수의 보호 및 대표)의 조화를 추구하고 있다고 할 수 있을 것이다.[6]

(1) 레지옹(지역) : 도단위 명부투표에 의한 비례대표제 그 배분방식은 혼합투표, 선호투표없이 비례대표로 배분하고 남은 의석은 최고평균법 규칙에 따라 배분하는(au scrutin de liste départementale à la représentation proportionnelle avec répartition des restes à la plus forte moyenne sans panachage ni vote préférentiel) 방식을 취한다.

(2) 데파르트망(도) : 깡똥단위로 한 명의 의원을 선출하는 2차에 걸친 단기 다수대표

6 Jean-Pierre Cot와 Pierre Gaborit는 다수투표방식을 선출되는 후보자의 수와 투표의 횟수에 따라 단기투표(le scrutin uninominal), 다기투표(le scrutin plurinominal), 명기투표(le scrutin de liste)로 분류하고 의석에 의해서 나뉘어진 구역 수에 따른 비례대표제(통합적 비례대표제 : la représentation proportionnelle intégrale, 대략적 비례대표제 : la représentation proportionnelle approchée)로 분류하고 있다. 구역단위에 남아있는 의석 배분 : 최고잔여 체계(le système du plus fort reste)와 최고평균법 체계(le système de la plus forte moyenne)을 활용한다. 후자는 많은 투표수를 얻은 명부에 유리하며, 반대로 전자는 조그만 정당의 대표를 보장한다. 여러 당의 입후보자 이름을 투표용지에 혼합하여 기입하는 파나샤쥬(le panachage), 선호 투표(le vote préférentiel), 정당에 의한 사전 정리(l'ordre préétabli par les partis)가 있다(Cot et Gaborit, 1986 : 5-8 et 13-22).
"같은 구역 안에 배분해야 할 여러 의석 존재할 때 후보자가 의무적으로 명부로 제출해야하는 것 인지의 여부가 명부식 투표이다. 명부는 만약 각 명부의 후보자들의 수가 제공해야 할 의석 수와 의무적으로 같아야 하면 단절된다. 선거권자는 그들이 선거하는 명부에 수정할 수 없다. 체계의 확고함은 명부가 panache(혼합)될 때 완화되어질 수 있다. 즉, 선거권자는 후보자의 이름을 지울 수 있으며, 다른 명부의 후보이름으로 대체할 수 있다"(Dreyfus et D'Arcy, 1989 : 42).

제를 채택한다.

(3) 코뮌(시읍면) : 주민 3500명 이상 : 2회의 다수대표제와 비례대표제를 혼합한 형태; 2회의 다수명부투표방식(차단된 명부, 혼합명부 불가)

주민 3500명 미만 : 2회의 다수투표제; 2회의 다수명부투표방식(주민 2500미만의 꼬뮌은 개별적 후보 가능)

<표 1-1> 투표방식 요약

프랑스	한국
1) 시읍면의원 a. 주민 3500명 미만 : 혼합 명부와 함께 2회 다수 명부 투표방식 (주민 2500미만의 시읍면은 개별적 후보 가능) b. 주민 3500명 이상 : 2회 다수 명부 투표방식(차단된 명부, 혼합 명부 불가) 2) 도의원 : 제2회의 단기 다수투표 3) 지역의원 : 비례대표제에 의한 도 명부투표	모든 지방의회 의원 : 1회의 상대다수 투표(다수대표제). 비례대표제는 광역자치단체 수준에서 적용된다(지방의회의원의 10% : 행정구역에서 획득한 득표수에 따라 정당에 의해서 배분된다).

4. 지방의회의 구성

여기서는 주로 국내학계의 논점에 따라 지방의원의 신분에 관련하여 의원 정수, 임기와 개선제도, 겸임제도, 보수제도를 비교하고자 한다.

1) 의원정수

지방의회의원 정수는 어떻게 결정되며 어떤 기준에 의하는가? 이상적인 지방의회의원 정수를 결정하는 것은 그리 쉬운 일은 아니나 일반적으로 주민대표성과 능률성의 개념으로 해석할 수 있을 것이다. 첫째, 주민대표성을 중시하여 인구규모를 기준(인구비례)으로 각 지방자치단체의 지방적 이해를 표현하고자 하는데 있다. 둘째, 지방의회의 효과적 기능에의 요구에 부합하려는 데 있다. 지방의원 다수주의는 각 지방자치단체에서 지방이해의 단일성과 공평성을 동시에 반영하려는 목적을 갖는다. 따라서 매우 확장된 주민참여와 신중성있는 정치를 행사할 수 있어 결국 자치행정의 민주화를 실현시킬 수 있다는 것이다. 그러나 과다한 의원 수는 그에 따른 수당 및 경제적 비용을 상승시키고 상대적으로 지방의원의 자질을 낮게하는 위험이 있는 등 지방의회 기능에 비능률성을 초래할 우려가 제기된다.

프랑스의 지방의회의원정수는 기초의회는 시읍면법규(Code des communes)에, 광역의회는 선거법(Code électoral)에 다음과 같이 규정하고 있다. 시읍면 의회의원 수는 시읍면법규 제 121-2조에 규정되어 있다. 주민 100명 미만의 9 의원에서 300,000명 이상의 69 의원수의 변이를 갖는다(<표 1-2> 참조). 파리시의회 의원 수는 163명, 마르세이유 시의회의원 수는 101 명, 리용 시의회의원 수는 73명이다. 실제적으로 총 36,760개의 시읍면에 505,916 시읍면 의원이 존재한다. 거기에 시읍면장은 36,545명이다(Ministère de l'Intérieur, les collectivités locales en chiffres 1996).

<표 1-2> 시읍면의원 정수

시읍면 인구규모	시읍면의회의원 수
100명 미만	9
100 - 499	11
500 - 1,499	15
1,500 - 2,499	19
2,500 - 3,499	23
3,500 - 4,999	27
5,000 - 9,999	29
10,000 - 19,999	33
20,000 - 29,999	35
30,000 - 39,999	39
40,000 - 49,999	43
50,000 - 59,999	45
60,000 - 79,999	49
80,000 - 99,999	53
100,000 - 149,999	55
150,000 - 199,999	59
200,000 - 249,999	61
250,000 - 299,999	65
300,000명 이상	69

광역자치단체에서는 도의회의원수는 선거법 제191조 "도의 각 깡똥은 도의회의 1명의 의원을 뽑는다"에 의거하여 깡똥의 수에 의한다. 실제적으로 1996년 현재 100개의 도에 3,808개의 깡똥이 존재하므로 3,808명이 도의회의원수가 된다. 지역의회 의원 수

(배분하여야 할 의석 수)는 26개 지역의 도 사이(선거법 제 337조)에 배분된다. 즉, 1996년도 현재 1,722명에 해당한다.

한국지방의회의원 정수 결정방식은 법규에 다음과 같이 예시하고 있다.

a. 광역의회(시,도)의원의 정수

시, 도의 지방의회의원정수는 그 관할구역 안의 자치구, 시, 군(하나의 자치구, 시,군이 2이상의 국회의원 지역선거구로 된 경우에는 국회의원지역선거구를 말하며, 행정구역의 변경으로 국회의원지역선거구와 행정구역이 합치되지 아니하게 된 때에는 행정구역을 말한다)마다 3인으로 하되, 인구 30만을 넘는 자치구, 시, 군에 있어서는 30만을 넘는 매 20만까지 마다 1인을 더하고 인구가 7만 미만이 되는 자치구, 시, 군은 2인으로 한다. 제1항의 기준에 의하여 산정된 의원정수가 23인 미만이 되는 직할시는 그 정수를 23인으로 하고, 17인 미만이 되는 도는 그 정수를 17인으로 한다(공직선거 및 선거부정방지법 제22조).

b. 기초의회(시,군 및 자치구)의원의 정수

자치구, 시, 군의 지방의회의원정수는 그 관할구역 안의 읍, 면, 동마다 1인으로 하되, 인구 2만을 넘는 읍, 면, 동에 있어서는 2만을 넘는 매 2만까지 마다 1인을 더한다. 이 경우 그 기준에 의하여 산정된 의원정수가 7인 미만이 되는 때에는 그 정수를 7인으로 하고, 45인을 넘는 때에는 그 정수를 45인으로 한다. 다만 인구가 70만을 넘는 때에는 그 정수를 50인으로 한다(동법 제23조).

즉, 우리나라 지방의회의원 정수의 기준은 행정구역으로 하며, 인구 규모에 따라 초과인구수에 의한 가산정수를 더하며, 의원정수의 상한제와 하한제를 두어 의원정수를 조정하고 있다. 이에 따라 광역의회 의원정수는 690(비례대표74명 포함)명, 기초의회는 3,490명이 되었다(1998년 6월 4일 지방선거).

결론적으로 프랑스는 평균 1명의 의원에 약 109명 주민이 해당하는 반면 한국의 그것은 1명의 의원에 약 8,317 명 주민이 해당한다. 이는 주민 대표성과 능률성의 개념으로 파악한다면 프랑스의 의원 수 결정은 능률성의 개념보다는 주민 대표성에 더 가치를 부여하였고, 한국의 경우는 주민 대표성의 개념보다는 능률성에 더 촛점을 맞추었다고 보겠다. 지방자치의 이상이 주민에게 가급적 참여의 기회를 많이 제공한다(주민 참여의 고양)는 데 있다면 의원의 정수는 되도록이면 많은 것이 바람직하다고 할 수 있다. 의원수가 많을수록 지방 정책을 공정하고 신중하게 심의 결정할 수 있고 주민의 이익을 대표하는데 유리하며, 주민에게 참여의 기회를 넓혀 줌으로써 지방 정치에 민의의 반영을 도모할 수 있어 자치행정의 민주화를 도모할 수 있을 것이다. 그러나 의원수가 과다하면 정당간, 개인간 이해의 대립이 격화되어 의회 운영의 비능률을 초래하기 쉽고, 의회 내에서의 각 의원의 비중이 상대적으로 낮아짐에 따라 책임 의식이 저하되며 의회의 경비가 많이 드는 폐단이 있을 수 있다.

한편 민주주의를 담보하는 대표원칙은 한국의 지방선거제도보다 프랑스 지방선거제도에서 보다 더 합리적인 표현을 발견할 수 있다. 왜냐하면 프랑스 지방의원 수는 주민 수에 의해 결정되는 반면 한국의 그것은 행정구역에 의해 결정되기 때문이다. 한국은 구역의 주민 소여를 고려하지 못하여 불평등을 야기하는 요인이 되고 있다. 예를 들어 인구 3,000명이나 19,000명의 지역에 똑같이 의원 1명이 배정된다. 이는 비합법적 선거권과 주민 대표성에 심각한 위험을 드러내는 사례라 할 수 있다.

2) 임기 및 개선제도

의원의 임기를 몇 년으로 할 것인가, 의원을 일시에 개선할 것인가 아니면 의원정수의 1/2씩 부분 개선할 것인가가 문제가 된다. 일반적으로 임기를 짧게 할 경우에는 주민의 선거기회가 자연히 많아지게 되기 때문에 주민통제의 효과를 지방자치행정에 반영할 수 있다는 긍정론이 있으나 잦은 선거는 지방의회의 안정성과 지속성에 문제를 야기할 수 있다는 부정론이 대두된다. 그러나 임기를 길게 할 경우에는 그 반대의 효과를 기할 수 있다. 한편 의회의원 전원을 일시에 개선하면 일정한 임기동안의 치적에 대한 주민의 심판을 받기 쉽고, 민의의 소재와 향배를 파악하기 용이하며, 임기가 끝날 때 단 한번씩 선거를 하게 되므로 선거비용을 절약할 수 있다. 그러나 전원 개선제는 정책의 지속성을 기할 수 없으며 전국이 선거과열의 부작용을 초래할 수 있다(정세욱, 1992 : 486-487). 부분개선제의 경우는 그 반대의 효과를 기대할 수 있다.

한국 지방의회 구성원은 주민의 직접 보통선거에 의한 임기 4년의 전원 개선제(renouvellement intégral)로 하고 있다. 지방자치법 제2차 개정 시에 지방행정의 비능률과 부정에 대한 조치를 취하면서 민주적 요구를 강화한다는 구실로 그 임기를 3년으로 한적이 있다. 그러나 지방의원은 깊이 있게 그들의 기능을 파악하는데 충분한 시간을 갖지 못했다. 이러한 맥락에서 지방의원의 임기는 과거의 상태로 환원, 즉 임기 4년으로 하는 제4차 지방자치법의 개정을 보게 되었으며 오늘날 이에 따르고 있다. 그런데 지방의회의원은 임기만료 이전에 그 신분의 상실을 가져올 수 있다. 즉 본인의 의사에 따른 사직과 선거의 무효 또는 당선의 무효가 확정되었을 때, 의원의 법률상의 자격이 상실되었을 때, 의원이 제명되었을 때가 해당된다(김동훈, 1995 : 405-407).

프랑스의 지방의원은 주민의 직접 보통선거에 의한 임기 6년의 전원개선제로 선출되고 있다(1990년 12월11일 법까지 도의회의원은 3년마다 그 의회의원의 반을 개선하였다). 그러나 여러 가지 원인이 지방의회의 임기를 단축할 수 있다. 예를 들면 한 지방의회는 그의 기능이 심각한 불화에 의한 행정마비 현상으로 국무회의(conseil des ministres)에 의해 취해진 이유있는 정령에 의해 해산될 수 있다. 의회해산의 경우 선거는 2개월 이내에 조직되어야 하며, 그 기간 사이에 시읍면은 도지사에 의해 지명된 특별 대리인에 의해 행정 처분된다. 지방의원의 개별적 임기는 다음의 경우 시기에 이르게 상실될 수 있다. 사망, 자발적 해임, 선출될 수 없는(inéligibilité) 혹은 부합될 수 없는(incompatibilité) 요인의 출현으로 인한 강제적 해임, 의회의원이 법령에 의해 예시된 기능행사를 거부한 경우가 그것이다. 이러한 이유로 시읍면 의회의 구성원의 1/3이 해당한다면 보궐선거가 조직된다(선거법 제258조).

3) 겸임제도

프랑스 정치체계의 매우 항상성을 가진 현상 중의 하나로서 겸임제도(cumul des mandats)는 권한분립원칙에 배치되면서도 역설적으로 권한균형의 필수적 기구로 인식된다. 이 제도의 부정적 견해는 겸임의 강제성으로 인한 의회부재를 야기하고, 모든 지역적 문제에 의회(국회)차원의 로비력 강화로 인한 국회가 지역의회 차원으로 전락할 우려가 있다는 점이다. 반면 긍정적 견해는 중앙집권에의 방파제로서 역할을 수행할 수 있다는 것이다(Mény, 1993 : 126-127). Jeanne Becquart-Leclercq는 다음의 3가지 형태의 겸임에서 문제가 제기되고 있음을 갈파하였다(Becquart-Leclercq, 1983 : 209-232).

1) 수평적 겸임(le cumul horizontal) : 상이한 여러 영역(집행, 행정, 사법기능)에서 선거직 겸

임으로 나타난다. 이는 권력분립(la séparation des pouvoirs)과 민주주주의 내에서 견제 균형게임에 심각한 문제를 야기한다.

2) 수직적 겸임(le cumul vertical) : 정부의 여러 계층에 선거직 겸임으로 나타난다. 이는 정치계급의 집중문제를 야기한다. 투입요소에 해당하는 정치체계로의 접근의 불평등성, 산출요소에 해당하는 공공정책분야에 유리한 특권을 행사하고 지방 의원들의 이해간 갈등을 초래하게 된다.

3) 시간 안에서의 겸임(le cumul dans le temps) : 상속적 권한을 모으는 의원 권한의 영속화현상을 만들어 낸다. 이는 권한제한부재 혹은 비한계적인 방식으로 새로 쇄신하는 기능의 부재현상을 야기한다. 이는 엘리트의 순환문제, 권한의 직업화, 정당성의 개인화(정당성의 근거가 비합리적이고 매우 카리스마적이다)문제를 초래한다.

실제적으로 거의 90%의 국회의원(상, 하의원)이 적어도 하나의 지방직을 겸임하고 있는 것으로 나타났다. 1988년은 540명의 하원의원 중 513명, 즉 96%에 해당하였다. 1985년 12월 법에 의하여 겸직이 제한 받았는데 그 주요규정은 선거법 제 141조에 나타나 있다. 이 조항은 원칙상 겸직 가능함을 다음 직위 가운데 2개로 제한하였다. 유럽의회의 대표자(le représentant à l'assemblée des communautés européennes), 하원(le député), 상원(le sénateur), 지역의원(le conseiller régional), 프랑스 폴리네지, 혹은 왈리스와 푸튜나 섬의 지역의회 구성원(le membre de l'assemblée territoriale de Polynésie française ou des îles Wallis-et-Futuna), 도의원(le conseiller général), 마요트와 쌩 피에르와 미끌롱의 도의원(le conseiller général de Mayotte ou de Saint-Pierre-et-Miquelon), 파리시의원(le conseiller de Paris), 주민 20,000명 이상의 시읍면장, 파리시 이외의 주민 100,000명 이상의 시장보좌역(l'adjoint au maire)이 그것이다.

현재의 L. Jospin 정부는 정치전환의 논리로 겸직제도의 새로운 규제제도를 표명하고 있다. 그런데 그 계획안 중에 대규모 도시의 시장과 도의회 의장과 지역의회 의장의 동시 겸임 철회가 큰 난제로 되어있다. 왜냐하면 정치이해관계 속에 이에 해당하는 중진의원들과 반대당의 정치적 공격이 간단치 않다는데 있다. 과거 총리를 역임했던 우파의 E. Balladur는 겸임제도의 프랑스 정서논리를 펴면서 기능의 중첩은 이득과 보수의 중첩을 야기하는 것이기 때문에 이를 제거하는 방향으로 그 겸직제도의 정책방향을 돌려야 한다고 주장하고 있다(Le Monde, 1997 : 9.16).

한국의 겸직 범위는 프랑스의 그것에 비해 매우 제한되어 있음을 지방자치법 제33조를 통하여 알 수 있다. 이 법은 겸직 등 금지조항으로 지방의회의원은 다음에 해당하는 직을 겸할 수 없음을 명시하고 있다. 1) 국회의원, 다른 지방의회의 의원. 2) 헌법재판소 재판관, 각급 선거관리 위원회 위원, 교육위원회의 교육위원. 3) 국가공무원법 제2조에 규정된 국가공무원과 지방공무원법 제2조에 규정된 지방 공무원(정당법 제6조의 규정에 의하여 정당의 당원이 될 수 있는 공무원을 제외한다). 4) 정부투자기관 관리기본법 제2조에 규정된 정부투자기관(한국방송공사와 한국은행을 포함한다)의 임, 직원. 5) 지방공기업법 제2조에 규정된 지방공사와 지방공단의 임, 직원. 6) 농업협동조합, 수산협동조합, 축산업협동조합, 농지개량조합, 임업협동조합, 엽연초생산협동조합, 인삼협동조합(이들 조합의 중앙회와 연합회를 포함한다)의 상근 임, 직원과 이들 조합의 중앙회장이나 연합회장. 7) 정당법 제6조의 규정에 의하여 정당의 당원이 될 수 없는 교원. 또한 지방의회의원은 당해 지방자치단체 및 공공단체와 영리를 목적으로 하는 거래를 할 수 없으며 이와 관련된 시설 또는 재산의 양수인 또는 관리인이 될 수 없다.

결국 프랑스의 겸직제도는 국정을 토론해야 할 국회를 지역적 문제에 매달리게 하는 비판이 제기되나 지방의 이해가 국가의 이해가 되는 또는 역으로 국가의 이해가 지방의 이해도 되는 상호 밀접한 통합정치를 가능하게 한다는 장점이 있다. 또한 가까운 주민에게 올바로 검증받은 지역적 인사가 중앙무대 진출이 용이하다는 긍정론이 있다. 그러나 한국의 지방의원은 중앙과의 단절 속에 격리되어 업무를 수행하게 된다.

<표 1-3> 지방의회의원직 체계의 비교

	프랑스	대한민국
임기	6년	4년
개선방법	전원 개선(시읍면, 지역 의원) 혹은 부분개선(도의원)	전원개선
겸직	가능(긍정적)	금지(부정적)

4) 보수제도

지방의원의 보수체계에 대하여는 양국 모두 무보수 명예직을 그 원칙으로 한다. 즉 지방의원은 그들의 지방행정 업무에 자원봉사자로서의 역할을 담당한다. 그러나 실제적으로 그들은 수당을 지급 받는다. 한국의 경우 지방의회의원은 명예직으로 하되 다음 각 호의 비용을 지급한다고 규정(지방자치법 제32조)하고 있다. ① 의정자료의 수집, 연구와 이를 위한 보조활동에 소요되는 비용을 보전하기 위하여 매월 지급하는 의정활동비. 다만 의정자료의 수집 연구를 위한 보조활동의 비용은 시 도의회 의원에 한한다. ② 본회의 또는 위원회의 의결이나 의장의 명에 의하여 공무로 여행할 때 지급하는 여비. ③ 회기 중에 지급하는 회의수당. 각 호에 규정된 비용의 지급기준은 대통령령이 정하는 범위 안에서 당해 자치단체의 조례로 정한다.

이에 따라 기초의회, 광역의회의원은 각각 월 평균 140만원, 240만원 정도의 경비를 지급받는 것으로 추정된다(1997년도 기초, 광역의원 각각 매월 35, 60만원의 의정활동비와 연간 80, 120일 범위 내의 회기동안 매일 5, 6만원의 회의수당과 여비, 의정운영공통경비, 기관운영업무추진비를 월 평균 경비로 환산할 경우).

프랑스의 수당제도는 무보수 명예직 원칙의 보수제도에 입각하여 나온 것으로써 효과적인 의정활동을 수행하기 위해서 임기동안 각각의 의원의 기능수행에 상응하는 보상제도라고 할 수 있다. 이 수당지급 방법은 법이 정해놓은 인구규모에 따른 각각의 자치단체에 최고 수당액(le montant des indemnités maximales)을 담은 수당표(les barèmes des indemnités) 내에서 각 지방의회의 자유스러운 결정에 의한다. 즉, 임무의 효과적 행사를 위해서 법의 일정한 제한 내에 수당금액을 조정하는 것은 철저히 지방의회의 권한사항으로 되어 있다. 만일 지방의회가 수당금액을 '기능의 양적 중요성' 내지 '시읍면의 이해'을 고려하여 지방의원의 수당금액을 인하하였다 하더라도 이 지방의회의 결정에 반대할 수 없다.

최근의 수당제도 사례를 시읍면장과 그 보좌역, 시읍면의회 의원, 특별법규의 적용을 받는 파리(Paris), 리용(Lyon), 마르세이유(Marseille)의 시장, 그 보좌역, 의원의 수당금액, 도, 지역의회 구성원의 수당금액을 살펴보기로 한다.

1) 시읍면의회(conseils municipaux) 구성원의 수당

수당원칙과 허용된 수당인상 : 시읍면장과 시읍면장 보좌역, 시읍면의원의 최고수당은 공직지표계의 최종지표(l'indice brut terminal de l'échelle indiciaire de la fonction publique)에 해당되는 지급액의 준거에 의하여 결정된다. 즉, 시읍면의원은 시읍면 법규에 시읍면 의원의 직무나 시읍면장, 그들의 보좌역의 기능에 따라 또한 시읍면 인구규모에 따라 변화하는 수당체계를 예시하고 있다. 즉, 그 금액은 국사원 정령(décret en Conseil d'Etat)에 의해 결정된 한계치의 범위 내에서 공직처리지수의 근거기준에 의하여(최종지수의 40-70%사이) 또한 시읍면 인구규모(시읍면 법규 제123-4조 ; 제123-6조 ; 제123-8조)에 따라 결정된다. 당연히 최고 수당액은 시읍면의회의 협의에 의해 정해진다. 한 지방의원이 여러 임무를 겸했다면 겸임에 대한 법은 그가 취할 수 있는 최고 수당금액의 국회세비금액의 1.5배로 제한하고 있다(1993년2월 월 45,606 프랑). 그런데 시읍면장과 그의 보좌역의 수당은 시읍면에 있어서 의무경비로 계상되고 이 수당은 소득세에 종속한다는 사실이다(Dosière, Fortier et Mastias, 1994 : 70-71).

(1)시읍면장(maire)과 그 보좌역(adjoint au maire)

과거 13개의 인구규모 계층을 9개로 줄여 이에 해당하는 각각의 공직지수(l'indice de fonction publique) 1015에 대한 최대비율을 정하여 시읍면장의 수당금액을 정하고, 그 수당금액의 정해진 비율(40-50% : 인구 100,000 이상의 큰 도시에는 50% 비율의 적용을 받고 그 이하의 중소도시는 40% 비율의 적용을 받는다)만큼의 수당금액을 그들 보좌역이 지급 받게 된다. 예를 들면, 인구규모 500명 이하의 시읍면장 및 그 보좌역의 수당금액은 다음과 같이 산정할 수 있다. 우선 프랑스 공직(fonction publique)이 정하는 1015지수는 1993년 1월1일 현재 월 보수 20,935프랑이므로 이 금액에 정해진 최대비율 12%에 해당되는 금액이 시읍면장에게 지급된다(20,935 × 0.12 = 2,512 프랑). 다음으로 시읍면장 보좌역의 수당금액은 시읍면장의 수당금액에 해당된 비율 40%를 적용하여 1,004.8프랑을 산출하게 된다(2,512프랑 × 0.4 = 1,004.8프랑). 이 경우 특별법규의 적용을 받는 파리, 리용, 마르세이유의 시장과 그 보좌역은 각각 24,075프랑, 12,037.5프랑을 지급 받게 된다(<표 1-4>참조).[7]

7 파리, 리용, 마르세이유시 의원의 수당금액은 후술하는 (3) 참조.

<표 1-4> 시읍면의회에 의하여 결정된 수당(1995.11.1 이전)

주민수(인구규모)	최대비율(%)*	시읍면장 수당(프랑)	시읍면장에 대한 시읍면장 보좌역의 수당 비율(%)(프랑)
500명 미만	12	2,512	40 (1,004.8)
500 - 999	17	3,559	40 (1,423.6)
1,000 - 3,499	31	6,490	40 (2,596)
3,500 - 9,999	43	9,002	40 (3,600.8)
10,000 - 19,999	55	11,514	40 (4,605.6)
20,000 - 49,999	65	13,608	40 (5,443.2)
50,000 - 99,999	75	15,701	40 (6,280.4)
100,000 - 200,000	90	18,841	50 (9,420.5)
200,000명 이상	95	19,881	50 (9,940.5)
파리, 리용, 마르세이유	115	24,075	50 (12,037.5)

출처 : 내무부, 1993.2

* 공직 1015지수의 보수의 비율(공직1015지수에 해당하는 월 보수 = 20,935 프랑)

그런데 1995년 11월1일부터 그 수당금액이 다음과 같이 인상되었고(공직1015지수가 818지수로 변경) 따라서 인구규모 500명 이하의 시읍면장, 그 보좌역의 수당은 각각 2,638 프랑, 1,055.2프랑이 된다. 인구 200,000명 이상의 시읍면장, 그 보좌역의 수당은 각각 20,881프랑, 10,440.5프랑을 지급 받는다(<표 1-5> 참조).

<표 1-5> 시읍면의회에 의하여 결정된 수당(1995.11.1 이후)

주민수(인구 규모)	최대비율(%)*	시읍면장 수당(프랑)	시읍면장에 대한 시읍면장 보좌역의 수당비율(%) (프랑)
500명 이하	12	2,638	40 (1,055.2)
500 - 999	17	3,737	40 (1,494.8)
1,000 - 3,499	31	6,814	40 (2,725.6)
3,500 - 9,999	43	9,451	40 (3,780.4)
10,000 - 19,999	55	12,089	40 (4,835.6)
20,000 - 49,999	65	14,287	40 (5,714.8)
50,000 - 99,999	75	16,485	40 (6,594)
100,000 - 200,000	90	19,782	50 (9,891)
200,000명 이상	95	20,881	50 (10,440.5)

출처 : Philippe Lacaïlle, 1996 : 71-73.

*공직 818 지수의 보수 비율(공직 818지수에 해당하는 월 보수 = 21,979.66 Frs) 1995년 11월 1일부터 적용. 공직 지수 1015는 인상된 지수 818에 해당.

(2) 시읍면의회의원(파리, 리용, 마르세이유를 제외한)

기본원칙 : 1992년 2월3일 법 이전에 시읍면 법규는 어떤 조건하에서 규모가 큰 시읍면의회의원의 수당을 예견하였다. 그러므로 파리를 제외한 주민 400,000명 이상인 시읍면에서는 수당이 시읍면장과 그 보좌역과는 다른 시읍면의원에게 부여될 수 있었다. 그 최고 수당금액은 파리시의회의원에게 적용되는 수당의 2/3에 해당하는 월 5,600 프랑이었다(1992년 1월1일 현재). 또한 주민 120,000명 이상의 시읍면의회는 특별한 임무와 기능을 수행하기 위해서 수당을 결정한다.

그런데 1992년 2월3일 법은 그 이전에 행한 인구규모 400,000명 기준을 100,000명으로 낮추어 시읍면의원에게 수당의 혜택을 받을 수 있게 하였다. 적어도 시읍면 의원의 기능을 효과적으로 행사하기 위해서 공직의 최종 인상된 지수 818의 6%에 해당하는 최고치 수당금액이 배분되었다(1995년 11월 1일부터 이 수당금액은 기껏해야 월 1,319프랑에 지나지 않는다). 지방의회는 임무를 수행함에 있어 야기된 실제 부담(전체의원에 해당되는 업무나 각각의 의원에 해당되는 업무)을 고려하기 위해서 항상 최고 금액을 조정하는 결정을 할 수 있다. 그러나 프랑스의 경우 수당지급에 대한 어떠한 절대적 권리가 존재하지 않는다는 사실을 상기해야 한다. 왜냐하면 수당은 선거에 의해서 연유되는 것이 아니고 임기의 효과적 행사에서 비롯되기 때문이다. 또한 주민 100,000 명 이하의 시읍면 의원은 그들이 시장 기능을 대리 받았을 경우나 특별한 임무를 수행할 경우 수당을 지급 받을 수 있다. 이 경우 역시 시읍면 법규(제 123-4조, 제123-5-1조) 내에서 지방의회의 자유로운 결정에 의한다.

(3) 파리, 리용, 마르세이유 (Paris, Lyon, Marseille)

1992년 2월 3일 법은 특별법규 적용을 받는 파리, 리용, 마르세이유시의회 구성원에게 배급되어야 할 수당금액을 재가치화하면서 수당체계를 개정하였다. 또한 이들 시의 구청장과 그 보좌역의 수당체계도 개정하였다.

1992년 2월3 일 법 제 21조에 체계화에 따른 시읍면법규 제 123-8조(지방자치단체 일반법(Code général des collectivités territoriales) 제 2511-34조)에 의해 이제부터는 지방의원의 수당이 결정된다.

- 파리, 리용, 마르세이유 시장의 수당은 공직지수 818의 115%에 해당한다. 즉 1995년 11월 1일 이후 월 25,277프랑에 해당한다.

- 시장 보좌역은 시장 수당금액의 40%에 해당한다. 즉 1995년 11월1일 이후 월 10,111프랑에 해당한다. 그런데 이 비율은 적어도 주민수 100,000명 이상의 시읍면장 보좌역의 수당에 관한 시읍면 법규 적용으로 50%로 할 수 있다. 이 비율은 최고 수당금액을 12,638.50프랑으로 산정한다(1995년 11월 1일 이후).

- 파리시의회의원과 리용, 마르세이유 시의회 의원의 수당금액은 이들 각각의 시장 수당금액의 30%에 해당한다. 즉 1995년 11월 1일 이후 7,583프랑에 해당한다.

파리시의회 의원, 시장, 보좌역에게는 이러한 조치에 따라 적용된 수당은 시읍면법 제 123-4조(지방자치단체 일반법 제 2123-20조) 적용 하에 도의회의 구성원의 자격으로 수당을 겸하여 받을 수 있다.

파리, 리용, 마르세이유시의 구청장, 그리고 그들 보좌역의 수당제도 :

- 구청장의 수당은 이들 세 도시의 시장보가 받는 수당금액과 같다. 즉 시장의 최고 수당의 50%에 해당하는 최고치 수당금액을 지급받는다. 즉 1995년 11월 1일 이후 월 12,638.50프랑에 해당한다.

- 파리시의회의원 리용 및 마르세이유 시의회의원이 아닌 구청장 보좌역의 수당은 파리시의회 리용 및 마르세이유 시의회 의원에게 적용된 수당금액에 일치한다. 그런데 이 수당금액은 시읍면장에게 지급된 금액의 30%를 초과할 수 없게 하고 있다. 즉 1995년 11월 1일 이후 월 7,583프랑에 해당한다.

2) 도, 지역의회 구성원의 수당

수당제도가 처음 시작부터 규정과 법에 의해 규정되었던 시읍면의원과는 달리 도, 지역의회구성원의 수당제도는 오랫동안 항상 절대적인 자유에 의해 구분되었다. 따라서 지방의회의원 수당은 지역간 수당금액 격차가 크게 나타나는 불합리한 상황을 연출하게 되었다. 1992년 법은 이러한 부정적인 요소를 극복하기 위해 도, 지역의원의 수당지급방법을 시읍면의원의 수당체계를 기초로 하여 규정하고 있다.

(1) 도의회(conseils généraux)

① 도의회의원의 수당

도의회의원 수당제도는 지방자치단체 일반법 제3123-15조, 제3123-16조에 체계화된 1992년 2월 3일 법 제 24조에 결과한다.

- 지방자치단체 일반법 제 3123-15조 : 도의회 구성원들은 그들 기능의 효과적 수행을 위해 공직이 정하는 지수에 해당하는 급여의 기준에 의하여 수당을 지급 받는다.

- 지방자치단체 일반법 제 3123-16조 : 도의회에 의해 결정된 최대 수당은 다음의 기준표에 의거 결정된다(<표 1-6> 참조).

1995년 11월 1일 이후 공직이 정하는 지수(818인상된 지수)에 해당하는 금액이 월 21,979.66프랑이다. 따라서 도의회의원의 수당금액은 도 인구규모에 따라 다음과 같이 책정된다(<표 1-6> 참조).

<표 1-6> 도의회의원 수당금액

도 인구	최대 비율(%)	금액(프랑) 1995.11.1 이전	1995. 11.1이후
250 000명 이하	40	8 567	8 792
250,000 - 500,000	50	10 709	10 990
500,000 - 1,000,000	60	12 851	13 188
1,000,000 - 1,250,000	65	13 922	14 287
1,250,000명 이상	70	14 993	15 386

출처 : 지방자치단체 일반법 제 3123-16조 ; (Courcelle-Labrousse et Vincent, 1995 : 31), (Lacaïlle, 1996 : 91).

② 도의회의장, 파리시의회 의장의 수당체계 : 1015지수의 130%, 즉 월 27,844 프랑에 해당한다. 1995년 11월 1일 이후 그 수당금액은 인상된 지수 818의 130%, 즉 월 28,574 프랑에 해당한다.

③ 도의회 파리시의회 집행부의 대리역을 갖는 부의장의 수당은 도의회의원 최고 수당의 140%에 해당한다. 1995년 11월1일 이후 그 수당금액은 다음 〈표 1-7〉과 같다.

<표 1-7> 대리역을 갖는 도의회와 파리시의회 부의장의 수당

도 인구	최고 비율(%)*	금액(프랑) 1995.11.1 이전	1995.11.1이후
250,000명 이하	80	17,135	12,309
250,000 - 500,000	90	19,277	15,386
500,000 - 1,000,000	100	21,419	18,463
1,000,000 - 1,250,000	105	22,490	20,002
1,250,000명 이상	110	23,960	21,540

*지수 1015의 비율에 따른 수당계산법

출처 : (Courcelle-Labrousse et Vincent, 1995 : 30), (Lacaïlle, 1996 : 91).

④ 도의회와 파리시의회 상임위원회 구성원의 수당

도의회와 파리시의회 상임위원회 구성원의 수당은 도의회의원 최고 수당의 110%에 해당한다. 1995년 11월1일 이후 그 최고 수당금액은 다음 〈표 1-8〉과 같다.

<표 1-8> 도의회와 파리시의회의 상임위원회 구성원의 수당

인구	최고 비율(%)	금액(프랑) 1995.11.1이전	1995.11.1 이후
250,000명 이하	50	10,709	9,671
250,000-500,000	60	12,851	12,089
500,000-1,000,000	70	14,993	14,507
1,000,000-1,250,000	75	16,064	15,716
1,250,000명 이상	80	17,135	16,925

출처 : (Courcelle-Labrousse et Vincent, 1995 : 31), (Lacaïlle, 1996 : 92).

2) 지역의회(conseils régionaux)

(1) 지역의회의원의 수당

지역의회의원 수당제도는 지방자치단체 일반법 제 4135-15조, 제 4135-16조에 편집 체계화된 1992년 2월3일 법 제 26조에 결과한다.

- 지방자치단체 일반법 제 4135-15조 : 지역의회 구성원들은 그들 기능의 효과적 수행을 위해 공직이 정하는 지수에 해당하는 급여의 기준에 의해 수당을 지급 받는다.
- 지방자치단체 일반법 제 4135-16조 : 지역의회에 의해 결정된 최대 수당은 다음의

기준표에 의거 결정된다(<표 1-9> 참조).

1995년 11월 1일 이후 인상된 공직 818지수에 해당하는 금액은 월 21,979.66프랑이다. 따라서 지역인구 규모에 따른 지역의회의원의 수당금액은 다음과 같이 산정된다(<표 1-9> 참조).

<표 1-9> 지역의회의원 수당

지역인구	최고비율(%)	금액(프랑) 1995.11.1 이전	1995.11.1.이후
1 000 000명 이하	40	8,567	8,792
1 000 000-2 000 000	50	10,709	10,990
2 000 000-3 000 000	60	12,851	13,188
3 000 000명 이상	70	14,993	15,386

출처 : 지방자치단체 일반법 제 4135-16조; (Courcelle-Labrousse et Vincent, 1995 : 32), (Lacaïlle, 1996 : 93).

(2) 지역의회 의장 수당

지역의회 의장의 수당은 인상된 지수 818의 130%에 해당한다. 즉 1995년 11월 1일 이후 그 수당금액은 월 28,574프랑에 이른다.

(3) 지역의회 집행부의 대리역을 갖는 부의장 수당

지역의회 집행부의 대리역을 갖는 부의장의 수당은 지역의회 의원 최고수당의 140%에 해당한다. 즉 1995년 11월1일 이후 각각의 최대 수당은 다음과 같다(<표 1-10> 참조).

<표 1-10> 지역의회 집행부의 대리역을 갖는 부의장의 수당

지역 인구	순 월 수당 (프랑)
1,000,000명 이하	12,309
1,000,000-2,000,000	15,386
2,000,000-3,000,000	18,463
3,000,000명 이상	21,540

출처 : (Lacaïlle, 1996 : 93).

(4) 지역의회 상임위원회 구성원의 수당

지역의회 상임위원회 구성원의 수당은 지역의회 의원 최고 수당의 110%에 해당한다. 즉 1995년 11월 1일 이후의 이들의 최고 수당은 다음과 같다(<표 1-11> 참조).

<표 1-11> 지역의회 상임위원회 구성원의 수당

지역인구	최고비율(%)	금액(프랑)	
		1995.11.1 이전	1995.11.1이후
1,000,000명 이하	50	10,709	9,671
1,000,000-2,000,000	60	12,851	12,089
2,000,000-3,000,000	70	14,993	14,507
3,000,000명 이상	80	17,135	16,925

출처 : (Courcelle-Labrousse et Vincent, 1995 : 32), (Lacaïlle, 1996 : 94).

요컨대 프랑스 지방의회의원의 보수체계는 19세기 지방의회의 역사적 환경에 부합되는 무보수 명예직의 원칙으로 성립되었다. 왜냐하면 생활기반이 튼튼한 지역유지에 해당하는 당시의 의원들로서는 주민들에게 봉사하여야 하는 것이 당연한 논리로 자리매김하고 있었고 또한 당시의 지방의회의 기능은 오늘날의 그것처럼 복잡하지 않았기에 자연스럽게 그 원칙이 뿌리 내릴 수 있었다. 그러나 시간이 지나면서 각 시대상황에 맞는 합리적인 보수체계를 정립해야 하는 필요성에 의해 지방의원의 수당제도는 그에 대응한 법개정을 보게 되었다. 그러나 그 기본원칙은 크게 다를 바 없이 진전되었다. 이는 수당제도가 선거에서 연유되는 것이 아니라 임기의 효과적 행사에서 비롯되는 것으로 인식하고 있기 때문이다. 지방의원의 무보수가 원칙이지만 지방의원의 의정활동을 효과적으로 수행하기 위해서 수당제도를 인정해야 했던 것이 그들의 사정이었다. 다만 어떻게 하면 투명하고 합리적인 수당제도를 확립할 수 있는가에 대한 그들의 고민을 법의 개정을 통해 읽을 수 있었다. 그 고민을 반영하는 수단으로 프랑스의 수당제도는 그들 공직지수에 정한 금액을 기초로 하여 그에 대한 인구규모에 따른 각 자치단체의 비율에 해당하는 수당금액을 산정하는 방식이다. 물론 그 비율을 결정함은 지방의회의 자유로운 의결사항으로 하고 있다.

5. 결론

프랑스의 지방행정은 국가지향의 오랜 역사적 산물로 이해된다. 즉 프랑스 국가는 중세 봉건귀족에 대한 절대군주제의 승리를 통하여 국가의 단일성과 주권의 불가분성의 원칙에 의해 성립되었다. 따라서 프랑스의 중앙집권체제는 그 기반을 마련할 수 있었으며 특히 제정시대에 합리적 행정의 추구 하에 구제도의 제도적 복잡성을 타도하기 위해서 추구되었다. 이러한 배경 하에 지방행정은 국가권력의 상징이라 할 수 있는 도지사제도를 통해 항구적으로 지속되었던 것이다. 여기에서 쟈꼬방주의, 나폴레옹주의 영향하에 프랑스 특유의 도청체제를 통한 지방분산이론 (la théorie de la déconcentration)으로 프랑스 지방행정은 엥글로-색슨모델에 대비되어 설명된다. 그러나 프랑스는 수세기에 걸친 그들의 집권정책에 대한 비판을 거쳐 1982년 이후 그동안 도지사에 의해 수행되었던 지방자치단체의 행정을 지방의회(의장)에 돌려주는 분권화정책을 단행하였다. 결국 그들의 목적이 지방의회의 권한확대와 위상강화를 통해 이룰 수 있다고 본 것이다.

지방분권화 시대에 부응하는 지방의회의 바람직한 모습을 그려보는 이유는 이러한 맥락에서이다. 주민의 대표성을 담보하는 지방의회가 어떻게 구성되어야 할 것인지 또한 그 구성원인 지방의원들의 신분에 대한 문제는 어디에 중점을 두어야 하는지는 우리의 지방분권 정책의 성공여부를 가늠하는 척도가 될 수 있을 것이다. 그런 의미에서 그동안 중앙집권방식 하에서 운용되어 온 많은 제도는 바뀌어져야 할 것이다. 지방의회의 위상에 결정적 역할을 하는 지방자치단체의 기관구성문제, 지방의원 당선 결정방식으로서의 투표방식, 지방의원 정수와 관련한 겸임제도와 보수문제는 새롭게 지방분권게임을 주도해야 할 것이다.

참고문헌

김광수(1997), 선거와 선거제도, 서울 : 박영사.

김동훈(1995), 지방의회론, 서울 : 박영사.
정세욱(1992), 지방행정학, 서울 : 법문사.
최진혁(1999), "프랑스 지방선거제도에 관한 연구", 1999년도 한국지방자치학회 하계학술세미나 발표논문, 21세기 지방자치의 과제와 발전방향.
Bécet, Jean-Marie(1992), *Les institutions administratives*, Paris : Economica.
Becquart-Leclercq, Jeanne(1983), Cumul des mandats et culture politique, Mabileau, Albert(sous la direction de), *Les pouvoirs locaux à l'épreuve de la décentralisation*, Lyon : pedone.
Bénoit, Jean(1993), *Le statut des élus locaux*, Paris : Dalloz.
Code général des collectivités territoriales(1996), Paris : Berger-Levrault.
Code des communes(1994), Paris : Berger-Levrault.
Cot, Jean-Pierre et Gaborit, Pierre(1986), Les modes de scrutin, Jouve, Edmond(documents réunis et commentés par), *Modes de scrutin et systèmes électoraux*, Paris : La documentation française.
Courcelle-Labrousse, Vincent et Vincent, Isabelle(1995), *Gagnez les élections / municipales, législatives, cantonales*, Paris : Editions générales FIRST.
Dosière, René, Fortier, Jean-Claude et Mastias, Jean(1994), *le conseil général*, Paris : Les Editions de l'Atelier.
Dreyfus, Françoise et D'Arcy François(1989), *Les institutions politiques et administratives de la France*, Paris : Economica.
George, Philippe(1989), *Droit public*, Paris : Sirey.
Lacaïlle, Philippe(1996), *Le statut de l'élu local*, Paris : Berger-Levrault.
Lachaume, Jean-François(1994), *L'administration communale*, Paris : L.G.D.J.
Mény, Yves(1995), Modèle présidentiel et exécutifs locaux, Quermonne, Jean-Louis et Wahl Nicholas(sous la direction de), *La France Présidentielle / L'influence du suffrage universel sur la vie politique*, Paris : Presses de sciences po.
Mény, Yves(1993), *Le système politique français*, Paris : Montchrestien.
Mény, Yves(1993), Le cumul des mandats ou l'impossible séparation des pouvoirs ?, *Pouvoirs*, n 64, Paris : P.U.F.
Moreau, Jacques(1994), *administration régionale, départementale et municipale*, Paris : Dalloz.
Muret, Jean-Pierre(1995), *Les municipales*, Paris : Syros.
Muret, Jean-Pierre et Peyre, Serge(1992), *le conseil régional*, Paris : Syros.
Rémond, Bruno et Blanc, Jacques(1992), *Les collectivités locales,* Paris : Presses de la fondation nationale des sciences politiques & Dalloz.
Ziller, Jacques(1993), Administrations comparées, Paris : Montchrestien.

***

Étude comparée sur l'assemblée locale : le modèle coréen et français / Choi, Jin-Hyuk

02 지방의회 의정활동 전문성 강화방안

제1절 서론 : 문제제기

1991년 지방의회의 구성과 1995년 집행기관의 장의 주민직선으로 대한민국의 국가경영은 지방분권화 정책을 수용하는 새로운 지방화 시대를 표방하기에 이르렀다. 그러나 지방분권 정책의 근간인 지방의회의 역할을 두고 볼 때, 1950년대의 소중한 지방의회 운영경험과 1991년 지방의회 부활 이후 19년간의 민선자치의 노력이 있었음에도 불구하고 우리나라의 지방의회제도는 아직도 해결해야 할 많은 과제 속에 주민으로부터 만족할만한 수준에 이르지 못하고 있다. 물론 1950년대 지방의회의 구성이 오늘날과 같이 진정한 지방권이 부여된 자치단체로서 그들의 자율과 책임 아래 주민에게 보다 나은 양질의 서비스를 창출해 내기에는 일정한 한계가 있었다. 즉, 지방의회의 구성이 주민의 필요에 의해서 이루어진 것이라기보다는 국가의 필요에 의해서 그것도 집권자의 정권연장수단으로써 악용되어온 것이었다. 또한 1991년의 지방의회도 주민의 필요에 의해 구성되었기보다는 국가의 필요, 정확히 이야기하면 집권정치세력의 이해관계에 의해 구성되었다는 사실에서 한계가 있었다. 요컨대, 우리나라의 지방의회의 존재는 풀뿌리 민주주의를 담보하는 엥글로색슨계의 지방자치제도, 주민자치(autonomie des citoyens)와는 거리가 있었다. 지방자치 없이도 지방의회가 존재할 수 있고, 반대로 지방의회 없이도 지방자치의 존재가 가능하다는 철저한 국가위주의 지방행정수행방식의 발상이었다(최진혁, 1999 : 56).

이런 배경에서 탄생한 우리의 지방의회는 강시장-의회형의 기관분립형 지방정부조직에 갇혀 더욱 그 위상이 낮게 평가받고 있는 실정이다. 기관분립형 지방정부의 근본 취지인 견제와 균형의 원리도 두 기관간의 불균형화된 관계로 인해서 소기의 성과를 이루지 못하고 있다. 더구나 지방의원에 대한 지원체제도 미약할 뿐만 아니라 지방의회 사무처(사무국) 직원에 대한 인사권한을 집행기관이 행사하고 있기 때문에 그 불균형은 매우 심한 것으로 평가받고 있다.[1] 이는 집행부 중심의 사고에 편향되어 민주주의가 의회권력으로부터 출발한다는 중요한 핵심가치를 간과하고 있는 것이다.

이러한 맥락에서 볼 때 우리나라 지방민주주의(지방정부의 주민자치의 완성을 지향하기 위한)의 핵심적 과제는 집행부 중심의 권력구조를 개선하는 일일 것이다. 우리나라 집행부 주도의 정책결정 구조가 이제 더 이상 주민자치를 수행해나가는데 한계에 도달할 것으로 보여 이제 지방의회(입법부, 의결기관)의 정책기능이 활성화되어야하는 방향에서 그 해답을 찾아야 할 것으로 본다.

이러한 배경에서 본 연구는 지방의회 의정활동 전문성을 어떻게 하면 강화할 수 있을 것인가에 대한 답을 찾고자 한다. 입법정책지원기능과 관련한 의정활동 전문성과 관련하여 그동안 전개된 일반적인 논의를 고찰해 보고, 대전광역시의 현 상황은 어떻게 전개되고 있는지 고찰해보고, 그에 따른 적절한 대안은 어떻게 설정해 볼 수 있는 것인지에 대한 담론을 제시해 보고자 한다.

---

1 지방의회 사무처 직원 중 별정직, 기능직, 계약직 공무원에 대한 임용을 지방의회 사무처장에게 위임하여 그 자율성을 제고하였다고 하지만, 여전히 지방의회의 사무처 직원(일반공무원)에 대해 지방의회 의장은 추천권만을 행사할 뿐 전적으로 자치단체 장이 임명권을 행사하고 있기 때문이다(지자법 제91조 2항).

제2절 지방의회의 의정활동전문성(입법정책지원기능)과 관련한 이론적 논의

1. 지방의회와 지방의회 의정활동 전문성의 의의

1) 지방의회와 의정활동 전문성의 개념

지방의회(Local council, Local assembly ; Assemblée locale)는 그 구성원이 헌법에 의해 보장된 민주적 선거방식에 따른 직접보통 선거원칙으로 선출되어야 하는 합의제 기관이며 지방정부의 중요한 의사결정을 담당하는 의결기관이다. 이는 지방민주주의의 상징적인 기관으로 공법인격을 가진 지방자치단체수준에서 주민들이 선출한 지방의회의원들에 의해 자유롭게 운영 · 관리된다. 우리나라 헌법 제118조 제1항에는 "지방자치단체에 의회를 둔다"와 제2항에는 "지방의회의 조직 · 권한 · 의원선거와 지방자치단체의 장의 선임방법 기타 지방자치단체의 조직과 운영에 관한 사항은 법률로 정한다"라고 규정하면서 지방의회를 헌법상의 기관으로 그 지위를 보장하고 있음을 알 수 있다. 따라서 지방의회는 헌법이 보장하는 자유민주주의의 체제와 지방자치제도의 핵심적 기관으로 간주된다.

지방의회는 주민 가까이에서 주민들의 일상생활에 관련되는 사항을 다루는 점에서 주민의 일상생활과 복지, 지역경제에 관련된 주민의 의사를 지역사회의 의사결정체제에 충실히 반영하여 값싸고 양질의 의정서비스를 민주적인 장(대의제 민주정치)에서 주민에게 제공하려는데 그 존재가치를 찾을 수 있다. 그런데 이러한 존재가치가 빛을 발하고 지방의회가 성공적으로 뿌리내리기 위해서는 지방의회의 전문성 확보가 시급한 상황이다. 그동안 우리나라 지방의회가 부정적인 평가를 받아 온 이유 중의 하나는 지방의원의 전문성부족과 정책보좌인력의 부족에 따른 의정지원체계의 미흡에서 비롯된 것으로 조사되고 있다(지방자치학회, 2007 ; 서울특별시의회, 2009). 요컨대, 지방의원 개개인의 전문성부족과 제도적으로 지방의원에 대한 의정활동 보좌기능의 미비는 지방의회의 성공적 수행을 가로막는 장애요인으로 간주되고 있다. 따라서 지방의회 의정활동의 전문성 확보가 무엇보다 중요하게 대두되고 있는 이유이다.

그렇다면 의정활동의 전문성을 어떻게 정의할 수 있을 것인지에 대한 고민이 필요할 것 같다. 전문성은 어떤 분야에 상당한 지식과 경험을 가지고 한가지의 분야(학문, 사업)에만 전심하는 속성을 지닌 것으로서 볼 수 있다. 그런데 이 전문성을 시간적 개념에 의거하여 지방의원이 되기 이전까지의 출신배경으로 본 인적 전문성과 지방의원이 된 이후 의정활동을 통해 체득한 기능적 전문성으로 분류하고 있다. 더 나아가 인적 전문성과 기능적 전문성은 지방의원 의원으로서 직무수행을 얼마나 전문성을 가지고 수행할 수 있느냐 하는 직무전문성과 함께 지방의원이 의원으로서의 역할을 어느 정도 적극적으로 수행하는가와 관련되는 역할전문성으로 분류하고 있다(최봉기, 2005 : 345-348). 같은 맥락에서 인적전문화와 업무상의 전문화로 구분하고 있다.

본 연구에서는 의정활동의 전문성을 지방의회가 주민에게 의정서비스를 제공하는데 있어 지방의회의 존재이유(la raison d'être de l'assemblée locale)[2]에 합당한 지식이나 경험(포괄적 이해력)이 풍부함을 일컫는 의미로 정의하고자 한다. 즉, 주민을 대표하여 주민생활 의정활동을 하면서 이에 관계된 입법지식이나 의사운영경험이 풍부하여 지방의회의 대집행부 견제감시기능과 의결기능 및 입법기능을 원할히 수행해 낼 수 있는 의원을 의미한다. 이 경우 의정활동 전문성 확보는 의원 개개인의 전문성차원(개인적 차원)과 의원들의 의정활동과 정책활동을 보좌하는 의정지원제도 차원(제도적 차원)으로 해석해 볼 수 있을 것이다. 그런데 지방의회의원들의 의정활동은 크게 세 가지 범주로 정리해 볼 수 있는바, 의회업무에 관련한 행정사무처리 활동과 지역구와 주민에 관련한 진정 내지 민원을 처리하는 활동, 그리고 주민들의 이해와 지역구의 여건을 반영한 입법과 정책결정 등에 관련한 활동이 그것이다.

2) 지방의회의 존재이유

지방의회의 존재이유는 다음과 같은 지위 내지 역할(기능)에서 찾을 수 있을 것이다(최창호, 1997 : 443-444 ; 서울특별시의회, 2009). 본 연구에서는 특히 입법정책지원기능에 초점을 두고 있기 때문에 의결(정책결정) 및 입법기관으로서의 기능에 중점적으로 논의를 전

2 지방의회는 통상적으로 주민의 대표기관, 입법기관, 의결기관, 집행부의 견제 · 감시기관으로서의 존재이유를 갖는다.

개하고자 한다.

(1) 대표기관 : 지방의회는 주민이 선출한 의원에 의하여 구성되어 자치단체의 의사를 심의 · 결정하는 것이므로 주민의 대표기관으로서의 지위를 가진다.

(2) 의결기관 : 지방의회는 법적으로 부여된 지방자치단체의 사무를 독자적으로 결정할 수 있는 권리와 법령의 범위 안에서 자치단체의 의사를 스스로 결정하는 최고의사결정기관으로서의 지위와 권한을 갖는다. 지방의회 의결권의 범위는 지방자치법 제39조 제1항에서 예시적으로 열거하고 있으나 지방자치법을 포함한 개별법령 또는 조례에서 정하는 사항에 대하여 의결권을 행사할 수 있다(지자법 제39조 2항)(서울특별시의회, 2010 : 71). 지방의회는 지방자치단체의 정책과 입법, 주민의 부담, 기타 지방자치단체의 운영사항에 대하여 지방자치단체의 의사를 최종적으로 확정하는 권한을 가진다. 그런 의미에서 그러한 의사의 결정에 관하여 의견을 제시하는데 그치는 이른바 자문기관과는 다르다. 이런 측면에서 의결기관으로서의 의회는 지방자치단체의 의사를 확정하는 기관이기 때문에 이를 의사기관(議事機關)이라고도 할 수 있다.

(3) 입법기관 : 지방의회는 지방자치단체 내의 입법권과 집행권의 분립체제 아래서 입법권 행사를 그 기본적인 기능으로 하고 있으므로 입법기관으로서의 지위를 가진다. 지방자치단체의 자치법규의 근간인 조례의 제정권이 지방의회의 전속적 권한에 속하기 때문이다. 지방의회는 법령의 범위안에서 그 소관사무에 대한 조례를 발의하고 의결할 수 있는 법적권한이 있다. 다만 주민의 권리제한 또는 의무부과에 관한 사항이나 벌칙을 정할 때에는 법률의 위임이 있어야 한다(헌법 제117조, 지방자치법 제22조).

(4) 대집행부 견제 · 감시기관 : 의회의 결정사항이 집행기관에 의하여 그대로 실현되고 있는가를 감독 · 확인하는 집행감시기관의 지위를 갖는다. 의회에 이 기능이 부여되어 있지 않으면 의회의 대표기능과 의결기능이 제대로 보장될 수 없으므로 필수적인 기능으로 간주할 수 있다.

2. 지방의회의 의정활동지원기구 : 사무기구

지방의회는 의회의 각종 사무를 처리하고 의원의 의정활동을 효율적으로 보좌하기 위하여 일정한 조직과 인력을 필요로 하게 된다. 그런데 사무기구를 어디에 위치시킬 것인가는 지방정부기관구성형태에 따라 달라질 수 있다. 즉, 기관통합형을 채택할 경우 집행기관과 의결기관이 하나로 통합되어 있는 조직이기 때문에 지방의회 사무기구를 집행기관, 의결기관 각각에 따로 분리할 필요성이 적어진다. 그러나 기관분립형의 경우에는 지방의회 사무기구를 집행기관과 분리하여 의회에 둘 수도 있고, 집행기관의 행정부서에서 의회 사무기구의 기능을 동시에 수행하게 할 수도 있다(한국지방자치학회, 2008 : 171-172). 우리나라의 경우는 전자에 해당한다. 즉, 시 · 도의회와 시 · 군 · 자치구의회는 사무를 처리하기 위하여 조례로 정하는 바에 따라 사무처와 사무국(또는 사무과)을 둘 수 있으며, 사무처에는 사무처장, 사무국에는 사무국장(또는 사무과장)과 직원을 둘 수 있도록 하고 있다(지방자치법 제90조 1항, 2항, 3항).[3]

의회사무처는 일반적으로 법안을 검토하고 예산을 준비 · 작성하며 각 위원회 의원들이 요구하는 자료를 준비하여 의회의 제반 진행업무를 지원하고 있다. 의회사무기구는 의회 자체의 관리유지와 의사진행, 입법지원체계의 운영, 전문위원 운영 등 의회의 특정업무 보좌업무를 수행하며, 예산심의, 각종 정책의 평가, 의안처리를 위한 정보수집 및 분석업무 등의 지원기능을 수행한다. 요컨대, 의회사무처의 지원보좌기능은 입법조사, 자료분석, 법제, 의사보좌 부문으로 분류할 수 있다(서울특별시의회, 2010 : 73).

3. 지방의회의 의정활동 보좌인력

지방의회의 의정활동 보좌인력은 조직차원의 보좌인력과 개인차원의 보좌인력으로 구분하여 논의해 볼 수 있다. 조직차원의 보좌인력은 위원회, 정책연구실 등으로 의원이 접수한 의안을 조사 · 연구하고 필요한 정보를 수집하기 위하여 매스미디어, 정기간행물, 관계논문, 법률 등의 검토를 통해 의원에게 의견을 제시하고 필요한 사항에 대한 자문을 한다. 개인차원의 보좌인력은 예를 들면 입법자료조사원이 해당하는데 그의 역

3 지방의회는 지방자치단체의 한 기관으로, 사무처장·사무국장·사무과장 및 직원은 지방공무원으로 보함(지방자치법 제90조 3항). 지방의회에 두는 사무직원의 정수는 조례로 정한다(동법 제91조 1항), 사무직원은 지방의회의 의장의 추천에 따라 그 지방자치단체장이 임명하도록 되어 있다.

할은 정책보좌, 정무(지역)보좌, 사무보좌로 구분할 수 있다. 정책보좌제도는 의원의 정책활동에 대한 지원과 조사를 수행하는 것으로 자료나 기사의 수집, 스크랩정리를 하거나 예산관련 혹은 시정질의와 관련된 자료를 수집 · 정리하는 업무, 문헌조사, 보고서 작성, 정책논의를 위한 회의준비업무를 행하는 보좌역할이고, 지역보좌는 지역의 민원을 접수하거나 청취하여 의원에게 전달하거나 민원현장을 직접 확인 점검하는 업무를 의미한다. 사무보좌는 의원의 일정관리, 방문객안내, 의원홍보 및 홈페이지관리, 문서작성, 복사, 우편물관리 등을 들 수 있다(서울특별시의회, 2010 : 74).

4. 외국사례

본 연구에서는 지방자치의 실험실이라 칭하는 미국과 단체자치형(대륙계) 대표국가인 프랑스의 사례를 검토하고자 한다.

1) 미국 뉴욕시의회 의정활동지원제도

지방의회 의원들의 전문성은 의회의 실질적인 권력행사의 가장 중요한 요소로 간주되어 지방의회 의원들의 의회활동에 있어서 전문성의 보완을 위한 다양한 조치들이 이루어지고 있다. 즉, 미국의 지방의회는 각 지방의 상황에 따라 의원들의 전문성을 보좌하기 위해 개인보좌인력이나 공동보좌, 그리고 의회사무처의 전문가 등의 다양한 보좌인력을 지원하고 있다.

미국은 주의회, 시의회, 카운티의회 등 다양한 형태와 규모의 지방의회가 존재하며, 각 지방의회의 상황에 따른 보좌직을 갖추어 운영하고 있다. 같은 주의회라도 상대적으로 인구규모가 크고 행정조직이 복잡한 뉴욕주, 펜실베니아주, 캘리포니아주가 각각 3,899명, 2,702명, 2,610명의 보좌인력을 보유하고 있는 반면, 시민의회 형태의 버몬트주, 사우스다코타주, 뉴멕시코주는 각각 58명, 94명, 94명의 보좌인력(1996년 기준)을 갖추고 있다. 이에 반해, 규모가 작은 카운티나 소도시에서는 의원도 대부분 명예직으로 파트타임으로 활동하고, 개인보조인력을 두는 경우도 별로 없으며, 필요에 따라 행정공무원이나 자문관의 도움을 받는 경우가 많다(서울특별시의회, 2008: 62).

뉴욕시의회의 직원은 의원과 의원 개인보좌인력, 위원회 담당직원, 그리고 의회서비스 담당직원으로 구분하여 운영하고 있다. 뉴욕시 의원들의 입법활동을 지원하기 위해서 조직적 차원으로 각종 위원회와 입법사무부(Legislative Document)를 활용하고 있으며, 개인적 차원으로 의원의 운영자금내에서 활용 가능한 개인보좌제도를 운영하고 있다.

(1) 조직적 지원 제도

뉴욕시의회는 자치헌장에 의거, 시의회의 조직구조를 확립할 수 있으며 예산제안, 부처평가, 예산분석, 세금변경, 예산조정, 자금차용, 시장관리보고서를 검토하기 위한 전문 공무원(Legislative professional staff)을 고용할 수 있다. 이들은 의회의 위원회와 의원들이 제안된 법률서, 시 기관(agency)의 성과 · 관리에 대한 검토를 돕는다(뉴욕시 Charter 47조). 또한 뉴욕시의 예산과 결산, 지방세 제도의 개선과 예산 변경, 지방채 발행 및 시장의 경영보고서 등에 대하여 전문적인 검토와 분석을 담당하고 있다. 이들 전문직 공무원은 지방의회 각 위원회와 의원들을 보좌하여 지방정부 조례 제정과 집행기관의 경영실적 평가 등에 관한 지원활동을 수행한다. 이들에 의한 인사권은 의회의 동의하에 의장이 임명한다.

뉴욕시의회에는 현재 의원(51명)과 그들의 개인 보좌인력을 제외하고, 약 278명의 의회사무처 직원(162명)과 위원회 담당 직원(116명)이 의회에 소속되어 근무하고 있다. 이 중에서도 특히 의회사무처는 조직차원의 입법활동 지원 제도로서, 의회사무처 내에 입법지원활동을 전담하는 입법사무부(Legislative Documents) 6명이 배정되어 위원회와 의원의 입법활동을 지원하고 있다.

(2) 개인적 지원 제도

가. 의원 개인 보좌제도

의원 개인 보좌제도는 개인단위의 입법활동 지원 제도이다. 뉴욕시의원들은 의회 사무처직원 외에도 의원 개인 보좌인력(councilmanic aides)을 두고 있으나, 이들의 활용에

대한 공식적인 법적 근거는 없다.[4]

<표 2-1> 뉴욕시의회 2010년 의원 및 개인보좌인력 인건비

U/A 001 PS (COUNCIL MEMBERS) BUDGET CODE	OBJ. CODE	DESCRIPTION	FY 2010 POSITIONS	FY 2010 COUNCIL BUDGET	
0101	001	Council Members	51	$5,755,500	
	021	Councilmanic Aides		$11,740,776	
	041	Stipend		$467,500	
					Total: 0101 $17,963,776
		U/A TOTAL	51	$17,963,776	

자료 : New York Council, The operating budget of the city of New York: Fiscal year 2010, 2009, p. 6.

뉴욕시의회는 회계연도 시작 시 각 의원의 운영자금이 지급되는데, 여기에 의원보좌인력 고용비용이 포함되어 있다. 뉴욕시의회의 2010년 회계연도에는 총 $11,740,776이 책정되어있는데, 이는 의원 1인당 약 $230,211로 상당한 금액의 보좌인력 비용을 책정하고 있다. 개별 의원은 운영자금을 자율적으로 운용할 수 있고, 보좌인력을 직접 채용하고 관리할 수 있다. 의원들은 대개 3명~5명의 보좌인력을 채용하는데, 이들의 보수와 인원수를 의원이 자율적으로 결정한다.

이렇듯 뉴욕시의회 의원들은 의정활동 지원 목적으로 보좌인력과 집무실을 지원받고 있다. 즉, 개인 혹은 공동 집무실을 보장받고 개인 혹은 공동보좌인력을 고용할 수 있는 권한을 가지고 있는 것이다. 또한 회기 이외의 기간에도 지역구 사무실의 임대비용 등 운영비용을 지원받고 있기 때문에 보다 안정적으로 지역구에서 의정활동을 할 수 있도록 보장받고 있다. 그런데 뉴욕시의회의 의원개인보좌의 형태는 의원에게 자율성이 주어져 있어서 매우 다양하기 때문에 한 가지로 규정하기 어려운 상황이다.[5]

---

4 보좌인력의 지원은 의회의 위상과 밀접하게 관련되어 있다. 즉, 의회 의원을 시민대표로서 규정하는 주보다는 전업직 의원으로 규정하는 주가 더 많은 보좌인력을 지원하고 있다. 뉴욕주의 경우 3,899명, 펜실베니아주 2,702명, 캘리포니아주 2,610명 등으로 매우 많은 인력을 지원하고 있다. 반면 시민의회의 경우에는 버몬트 주 58명을 비롯하여 사우스다코다주와 뉴멕시코주가 각각 94명 등, 그외 3개 주는 100명 이하의 매우 적은 보좌인력을 지원하고 있는 경우도 있다(진세혁·임병연, 2005: 45).

5 뉴욕시의회의 Daniel R. Garodnick 의원은 뉴욕 맨하탄의 East Side 지역의원으로서 계획/매각 및 양여, 문화, 토지이용, 공공안전, 윤리, 교통 위원회에서 활동하고 있다. 개인보좌인력은 해당 의원의 당선 직후, 또는 그 이후에 의원에게 고용된 전문성을 갖춘 보좌인력으로서 인턴이나 자원봉사자와는 구분된다. 각자의 경력과 전공분야에 따라 역

나. 뉴욕주의회의 인턴십 프로그램

뉴욕주의회의 인턴십은 유능한 대학생들이 뉴욕주의회에서 일할 수 있는 기회를 제공하는 종합 학술프로그램의 실무적 · 학문적 경험을 함께 제공하고 있다. 인턴은 일상적인 과제뿐만 아니라 오리엔테이션, 업무 · 학습 계약과 상시평가, 정책이슈포럼, 집단토론, 리서치 보고서, 주의회 인턴위원회의 연간모의회의 등을 수행한다. 인턴십은 세션 인턴십(Session Internship)[6]과 대학원생 인턴십(Graduate Internship)[7] 프로그램으로 구분되어 있고, 정치학 전공을 제외한 모든 전공자에게 개방되어 있다. 인턴십에 지원하고자 하는 자는 정규대학 재학생이거나 대학원생, 또는 대학원 학위를 최근에 취득한 자이어야 한다고 규정하고 있다(신원득 외, 2008: 130).

<그림 2-1> 뉴욕시의회 구조

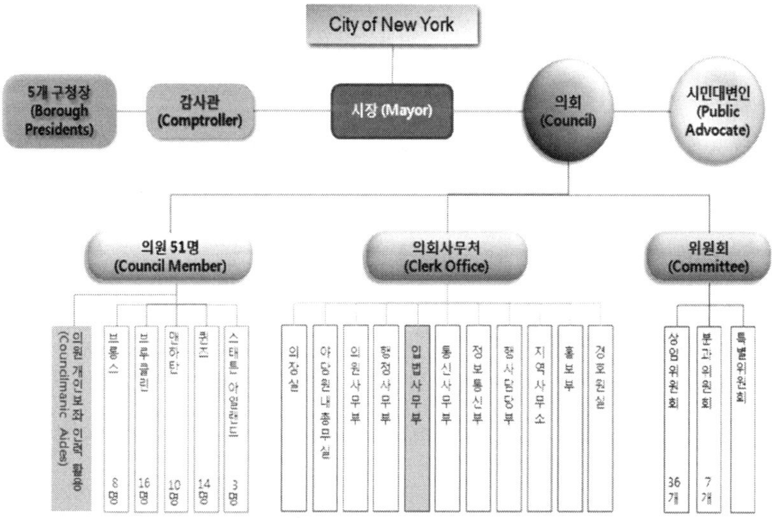

할이 구분되고, 이들은 대부분 정치와 관련된 경력이 있으며 다양한 분야의 전문가들로 구성되어 있다. 이들 중 총괄적인 보좌를 담당하는 보좌인력, 연락 및 일정을 담당하는 보좌인력 등 보좌인력의 역할이 세분화되어 있다(서울특별시의회, 2008: 72).

6 세션 인턴십(Session Internship)은 150명의 대학생에게 실질적이고 실무적인 교육을 통해 주정부의 입법과정에 참여할 기회를 제공한다. 대부분의 대학들은 주의회 세션 인턴십에 참여하는 대학생에게 한 학기 학점을 부여하고 있다. 주의회 인턴위원회는 인턴십 프로그램(2009.1.5~2009.5.1)에 참여하는 인턴에게 4,140$의 급여를 지급하였다. 이들은 의회사무처에서 제시하는 리서치 및 행정 책임성에 관한 과제를 수행해야 한다(신원득 외, 2008: 130).

7 대학원생 인턴십(Graduate Internship)은 자질 있는 대학원생에게 연구와 정책개발 실무를 경험할 수 있는 기회를 제공하는 프로그램으로, 주의회 리더, 상임위원회, 연구 참모에게 리서치 자료와 정책분석 자료를 제공하는 역할을 한다. 2009년도 인턴십은 2009.1.5~6.25까지 진행되며, 6개월간 인턴십 기간 중 11,500$의 보수를 지급받는다. 인턴십 참가자의 약 1/3은 주의회에서 계속해서 일하거나 정부의 공무원으로 채용되고 있다. 대학원생은 교수가 진행하는 정책이슈 포럼과 프로그램에 참여해야 하며, 입법과정과 주정부에 대한 이해도를 높이고 입법과정에 자신들의 아이디어와 기술을 적용할 기회를 갖게 된다(신원득 외, 2008: 130-31).

2) 프랑스 파리시의회 사무처(Le Secrétariat Général du Conseil de Paris)

(1) 조직

파리시의회 사무처는 1명의 사무처장과 2명의 사무처장 보좌관으로 구성되어 있다. 일반서비스를 맡은 보좌관과 회기업무를 맡은 보좌관이 그것이다.

파리시의회 사무처는 회기조직이나 의원의 임기를 완수하기 위해 의원에게 필요한 모든 수단을 관리하는 시의회 기능의 책임을 진다. 의회사무처는 약 2천만(20M) 유로의 경상예산을 부여받는데, 이의 90%가 의무적 지출에 사용하고 있다. 즉, 모든 공직영역의 500명 이상의 직원들과 관련된 관리비용이 그것이다.

의회사무처는 각각의 주요업무와 연결된 두 중심축으로 조직되어 있다. 즉, 첫째 중심축은 회기서비스이고 또 다른 중심축은 일반서비스이다. 회기서비스는 파리시의회의 효율적인 회기를 준비하고, 조직하고 보장하는 임무를 수행한다. 일반서비스는 파리시의원들의 활동에 필요한 인적자원과 물적자원을 지원 · 관리하는 임무를 수행한다.

(2) 기능

파리시의원들에게 다음과 같은 지원서비스를 제공한다.

-파리시의회 사무처는 구체적 절차에 따라 파리시의회 회기의 성과 있는 기능수행을 준비하고, 조직하고, 보장하는 역할을 수행한다. 규정된 제한 기간을 존중하여 의결안을 이송하며, 파리구청(arrondissement)의 의견을 취합하는 역할을 수행한다. 또한 회기의사록을 편집하고, 적법성 통제서비스와 연결되어 업무를 수행한다.

-의원들의 임무를 수행함에 있어 필요한 수단을 보장해 준다. 즉, 수당의 계산 및 지급, 6개 정치적 단체로 배분된 163명 의원(그중 33명은 보좌관)의 처분에 따른 인사 및 물적관리, 프랑스 본토와 파리시의회 구성원에 의해서 외국에서 시행한 임무의 행정적 관리, 517명 파리시선출직의 단체(정당)활동의 처리가 그것이다.

-파리시 메달(훈장) 요구와 배분을 관리한다. 매년 약 850개의 기명된 메달(훈장, 상패)이 배분된다.

(3) 최근 성과

① 효율적인 회기운영사례

파리시의회는 집중적인 회기운영을 시행하였는바, 10개 회기에 195시간을 할애하여 5759개의 의결과 의견을 제시하였다(2009년 파리시의회).

-회기자료의 간소화(비물질화)계획안이 시행국면에 접어들었다. 2005년부터 새로운 법적조치 내에서 시의회사무처는 의회운영의 활성화(순서화된 의결안의 처분, 의결안 활용가능성 향상, 법안의 수정과 의견제시; 질문의 전달(소통체계)의 향상)를 위하여 회기자료를 단순화하는 정책을 적용하는 국면에 접어들었다.

2006년에는 "회기단순화기구(ODS : outil de dématérialisation de la séance)"라는 제목으로 시도된 계획안은 할 수 있는 연구, 세분화된 전문성(특수성)은 어떤 것인지를 결정하기 위한 목적으로 그 대상이 되었다.

2006년 말에는 전문화된 급여수령자의 협조로 발전된 "부담입찰규정서(cahier des charges)"안은 준비가 완료되었다. 이는 다수의 목적이 담겨 있었다. 즉, 의원들의 업무를 용이하게 하도록 하기 위해서이고, 파리시 전체적인 차원에서 시행된 환경운동에 참여하면서 의결안개요로서 의원들 업무의 방향을 향상(바르게 인도)시키려는 것뿐만 아니라 많은 양의 복사물을 절약하고자 한 것이었다.

② 파리시의회 회기의 중계방송에 필요한 기구 설치

2006년에는 파리시의회회기동안의 의회운영현황을 인터넷에 중계방송하는 것을 시행하였다. 그리고 의회 이미지와 문서를 시민들에게 제공하도록 하였다.

③ 인적자원관리(사무처직원)

인적자원 관리에서는 2006년에 기구의 생성을 보게 되는데, 특히 정보분야에 관련하여 시행되었다. 즉, 파리시의회 사무처의 모든 직원들은 2004년부터 시작된 분야별에 따른 직업군으로 체계화하였다. 이는 2007년부터 활용되는 것으로 하였다.

5. 선행연구 검토

지방의회 및 의원의 전문성 강화와 관련한 선행연구들은 지방의회가 재구성된 이후

2대 지방의회 구성 때부터 간간히 지적되어 오다가 지방의회 출범 10주년을 계기로 자성의 목소리와 함께 연구의 관심을 드러내게 되었고 15주년 즈음에 논의를 확대해 온 것을 볼 수 있다. 대부분의 연구가 지방의회 및 의원의 전문성 부족을 지적한 것이었다. 김순은(2001)은 지방의원 개개인의 전문성 부족을 직무와 관련된 전문성 부족, 역할전문성 부족으로 나누어 설명하면서 결국 의원들의 연구자세 부족이 지방의회 전문성 부족의 원인이 되고 있음을 주장하였다. 비슷한 맥락에서의 연구들이 있었다(송광태, 1999 ; 최병대 · 송광태, 1995 ; 김병국, 1996 ; 한국지방행정연구원, 1996).

지방의원의 전문성 부족을 의정활동 수행과정에서 지적하기도 하였는데 지방의회의 조례제정, 행정사무감사 및 조사, 예산심의와 결산승인, 대 집행부질문 등에서 의원 개인적 차원에서의 전문성 부족을 지적한 연구가 다수였다(최봉기, 2002 ; 김순은, 2001, 송광태, 2001, 김진복, 2003).

상임위원회 전문성 논의와 관련하여 보면 대체적으로 지방의원의 인적 전문성을 교육정도, 교육의 내용, 사회적 경험이나 경력을 평가도구로 하여 위원들의 '전공부합'과 '직업부합'의 비율을 측정하여 이 비율이 크게 낮은 것으로 조사하고 있다(최병대, 송광태, 1995). 또한 유급직으로의 전환에 따른 효과분석으로 의원들의 인적 전문성이 각 소속 상임위원회별로 그 직무전문성에 부합되고 있는가를 분석하여 위원배정적합비율을 제시하기도 하였다(김영하, 2009).

대체적으로 입법전문성을 평가하기 위하여 상임위원회 설치수, 총안건처리수, 특위처리건수, 의원의 학력, 입법전문성제고노력(스터디그룹, 의정세미나, 연구회) 등을 지표로 활용하였다(조경호, 김명수, 1995). 이들 연구 연구에 의하면 지방의회 개의일수 대비 총 처리안건 수와 특위의 안건처리건수에서는 다소의 생산적 측면을 나타내었지만, 낮은 상임위원회의 설치운영실적, 소속의원의 낮은 비율의 대졸이상 학력, 빈약한 연구활동 등을 들어 입법전문성이 매우 취약한 초보단계로 평가하였다. 이렇듯 선행연구들의 대부분은 통계자료와 설문조사 방법을 통해 상임위원회 전문성에 부정적인 평가를 내리고 있다.

6. 이론적 분석틀

지방의회의 새로운 입법지원체계(LANSES : Local Assembly New Support Enactment System)를 구축해야 함은 일차적으로는 의회조직차원과 의원개인차원의 논의가 우선되어야 하고, 부차적으로는 우리나라와 같이 기관분리형의 기관구성에서는 집행기관과 연계성을 띤 지방정부차원을 고려해야 하고, 지역의 문제가 국가(중앙)의 문제가 되기도 하고 국가의 문제가 지역의 문제가 되기도 하기 때문에 이에 관계된 입법활동이 국회와 지방의회와의 협력관계차원에서 논의할 때 가능하다고 할 것이다.

즉. 대전광역시의 새로운 입법지원체계는

-본질적으로 지방의회 사무처조직은 그 지역여건에 맞는 전문성 있는 조직체계를 준비해야 하고, 그러기 위해 지방의회 사무처조직의 독립성, 자율성을 확보해야 하며(인사문제 효율성, 투명성, 공정성 제고)(조직차원),

-지방의회 의원의 입법지식과 의사운영능력을 높일 수 있는 전문성을 제고하는데 있다(개인차원).

-부차적으로 지방의회와 집행기관 각각의 입법정책의 연계성 확보를 통하여 지방의회뿐만 아니라 나아가 지방정부의 경쟁력을 강화하는데 있으며(지방정부차원),

-국회와 지방의회와의 협력 · 동반자적 관계(중앙-지방관계 차원)에서 모색해 볼 수 있다.

<그림 2-2> 분석틀 : 지방의회의 새로운 입법지원체계

제3절 대전시 의정지원조직의 현황

1. 지방의회 사무처의 조직

지방의회의원들의 의정활동을 보좌하는 의회사무기구로서 대전시(광역)의회는 지방자치법(제90조)[8]에 따라 사무처를 두어 운영하고 있다. 일반적으로 의회 사무처는 의회의 관리 및 기능유지기능, 의사진행과 의원의 의정활동을 보좌하는 기능, 전문적인 정책보좌기능 등을 수행하고 있다.

일반적으로 광역지방의회의 사무처조직은 〈그림 2-3〉와 같다.

8 지방자치법 제90조 : ①시 · 도의회에는 사무를 처리하기 위하여 조례로 정하는 바에 따라 사무처를 둘 수 있으며, 사무처에는 사무처장과 직원을 둔다.②시 · 군 및 자치구의회에는 사무를 처리하기 위하여 조례로 정하는 바에 따라 사무국이나 사무과를 둘 수 있으며, 사무국 · 사무과에는 사무국장 또는 사무과장과 직원을 둘 수 있다.③제1항과 제2항에 따른 사무처장 · 사무국장 · 사무과장 및 직원은 지방공무원으로 보한다.

<그림 2-3> 광역지방의회 사무처 조직

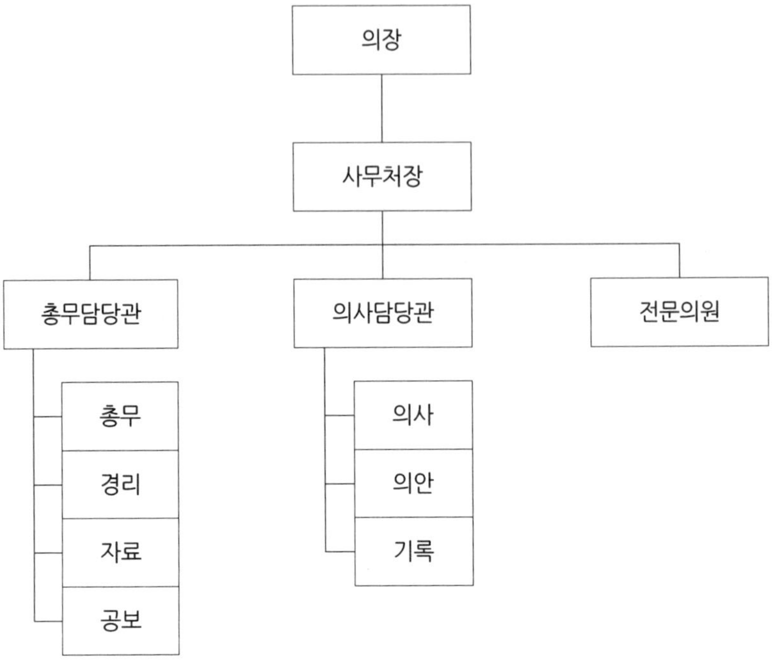

1) 조직구성

광역의회의 사무처는 의장의 지휘를 받아 지방의회의 효율적인 의정을 도모하고자 운영과 입법활동에 관한 사무를 처리한다. 그 구성을 보면, 일반적으로 시 · 도에 따라 명칭과 구성에 차이가 있으며, 직급의 경우도 사무처장은 1-3급(서울 1급, 부산 2급, 대전 2급), 전문위원 4급, 담당관(과장) 4급 및 담당 5급 등으로 하고 있다(한국지방자치학회, 2007). 광역의회는 시 · 도의회 사무처의 하부조직으로 총무담당관 · 의사담당관 · 전문위원을 설치할 수 있다. 총무담당관 밑에는 총무담당 · 경리담당 · 자료담당 · 공보담당을 두며, 의사담당관 밑에는 의사담당 · 의안담당 · 기록담당을 두고(시·도의회 사무처직제규칙), 전문위원은 상임위별로 1명씩 두는 것이 보통이다(그림 2-3 참조). 대전광역시의 경우는 2담당관, 1실(정책연구실), 5전문위원을 두고 있다(그림 2-4 참조).

<그림 2-4> 대전시 사무처조직

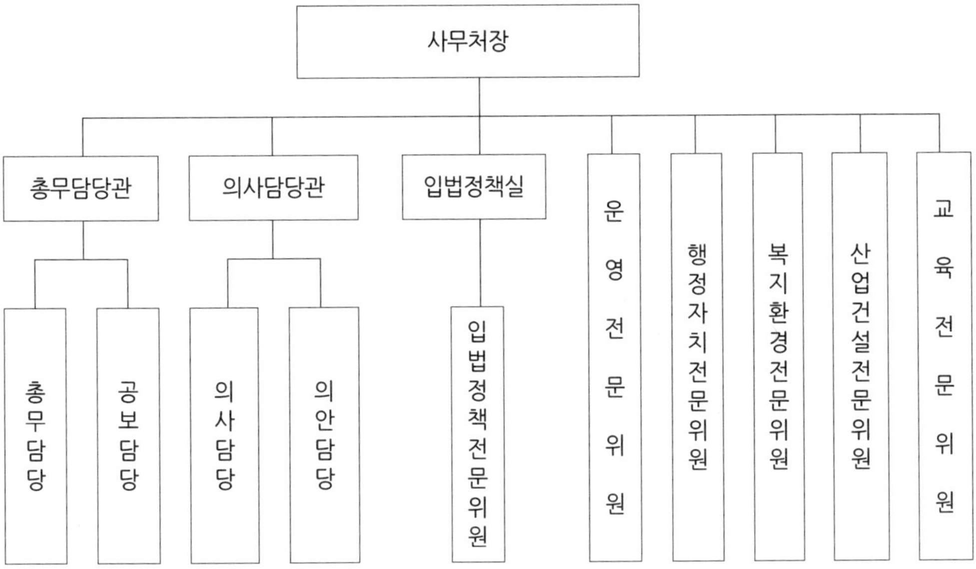

<표 2-2> 대전시의회인원구성 (2010.10.31 현재)

구분	합계	시의회													교육청					
		소계	2급~3급	4급		5급			6급		7급			기능직	소계	4급	5급	6급	7급	기능직
				행정	행정·별정	행정	행정·별정	시설	행정	행정·환경	행정	전산	별정			행정	행정	행정	행정	
정원	74	67	1	3	4	3	3	1	15	1	9	2	2	23	7	1	1	2		3
현원	74	67	1	4	3	4	2	1	15	1	9	2	2	23	7	1	1	2		3

※ 정원외 인력 : 11명 / 기능7급 1, 무기계약근로자 6명, 시간제계약직 4명

정원 : 74명

의원 수 : 19명 따라서 74÷19=3.89

2) 인원구성

대전시의회 인원구성을 보면 시의회 67명, 교육청 7명으로 총 74명으로 구성되어 있

다(표1참조). 결국 의원 1인당 3.8명(약 4명)의 사무직원이 보좌하고 있는 것으로 나타났다. 이는 150만 대전시민을 대상으로 의원이 전문적 입법활동을 수행해 나가는데 제약요인으로 나타나고 있다.

(1) 사무직원 정원 수

사무직원의 정수는 시도의 경우 일반직원이 616명, 기능직 457명, 별정직 45명, 계약직 9명 순으로 나타나고 있어 일반직원이 절반 이상(54.6%)을 나타내고 있고, 시 · 군 · 자치구의 경우도 일반직원, 기능직, 별정직 순으로 나타나고 있고, 일반직 비율(51.4%)도 광역사무처직원과 비슷하게 나타나고 있다. 전문위원의 경우 시 · 도에 있어서는 일반직이 63명(67.7%), 별정직이 30명(32.3%), 시 · 군 · 자치구에 있어서는 일반직이 414명(86.8%), 별정직이 63명(13.2%)으로 나타나 기초의회 사무처의 일반직 비율이 오히려 높게 나타났으며 별정직 비율은 낮게 나타났다(표 2-3 참조).

-의회당 사무처 직원 수 : 광역자치단체의 경우 평균 76.3명 ; 기초자치단체 15.7명

-의원 1인당 사무처 직원 수 : 광역자치단체의 경우 1.79명 ; 기초자치단체 1.05명

이는 집행부 공무원의 정수와 비교해 볼 때 매우 열악한 상황임을 알 수 있다(표 2-4 참조). 즉, 광역자치단체의 경우 평균 약 17,655명으로 의회의 그것과 비교해보면 231배 정도 차이가 난다. 이는 지방의회의 인사권독립을 주장하는 논거에 반기를 들 수 있는 내용으로 적은 인원 수로 의회를 운영할 경우(예 : 의회직 신설) '승진 등 인사상 불이익'에 대한 우려, '우수인재 기피', 집행기관과의 인사상 협조 단절 등이 그것이다.[9]

9 인사권 독립에 대한 부정적 견해의 논리 : 인사영역의 축소가 수반하는 승진적체 및 사기저하, 인사교류의 제한 및 능력발전 저하 등의 문제

<표 2-3> 사무직원 정원 수(2006.1.1 현재)

구분	시/도	시/군/자치구	합계
사무직원	1,127(92%)	3,193(87%)	4,320(88%)
-일반	616	1,641	2,257
-별정	45	138	183
-계약	9	0	9
-기능	457	1,414	1,871
전문위원	93(8%)	477(13%)	570(12%)
-일반	63	414	477
-별정	30	63	93
합계	1,220	3,670	4,890

<표 2-4> 시도별 정원 수

구분	소계	지방	국가
서울	48,006	48,001	5
부산	16,388	16,384	4
대구	11,047	11,044	3
인천	12,728	12,725	3
광주	6,527	6,523	4
대전	6,828	6,825	3
울산	5,236	5,233	3
경기	43,558	43,549	9
강원	16,256	16,250	6
충북	12,177	12,171	6
충남	16,465	16,458	7
전북	15,938	15,932	6
전남	20,076	20,070	6
경북	24,166	24,159	7
경남	21,943	21,937	6
제주	5,137	5,136	1
합계	282,476	282,397	79

자료 : 행정안전부, 지방자치단체 공무원인사통계(2007.12.31 현재)

(2) 정책연구실과 전문위원실의 기능 및 인력현황

사무기구 중에서 입법지원업무에 질적으로 크게 영향을 주는 기구는 입법정책실과 전문위원실이라 할 수 있다. 상임위원회의 전문위원실은 의원들이 집행부를 감시하는

데 따른 소관분야별로 의안준비에 지원하는 전문성을 요구받는다. 즉, 전문위원실은 조례안, 예산안, 청원 등 소관안건에 대한 검토와 보고 ; 각종 의안을 비롯한 소관사항에 관한 자료의 수집 · 조사 · 연구 및 소속위원에 대한 제공 ; 위원회 의사진행 보좌 ; 위원회 주관 공청회, 세미나, 간담회 등 운영 ; 특별위원회 또는 협의회의 활동 및 의사진행 지원; 조례안 등의 기초 및 법제 지원; 기타 소속위원회 소관에 대한 사항 등의 기능을 수행하고 있다(규칙 제6조).

정책연구실도 정책연구와 정책대안 개발 및 분석 등 의정활동을 지원해야 한다. 즉, 정책연구실은 지방자치와 지방의회 발전을 위한 정책을 연구 · 개발하고, 분야별 시정현안에 대한 연구조사 및 대안을 제시하며, 의원입법지원 등의 입법정책과제를 연구 · 개발하는 기능을 수행한다. 또한 시정질문을 지원하고, 동의안 · 건의안 · 결의안 등 각종 의안에 대한 자문을 수행하고 행정사무감사 등에 지원하는 의정과제의 분석과 지원기능을 수행한다. 그리고 정책토론회 · 시민공청회 · 정책세미나 · 정책간담회 등을 지원하고 시민참여활성화의 공감대를 형성하는 여론수렴기능을 행한다. 마지막으로 의원연구모임의 운영과 지원, 의정자문위원회의 운영과 지원을 담당하여 전문성강화네트워크의 지원기능을 수행한다(규칙 제5조의2). 대전광역시의회의 입법정책실은 일반직, 계약직, 기능직 각각 3명과 정원외 인력(시간제) 4명으로 총 13명이 운영하고 있다(표 2-5 참조). 2011년 교통, 재정분야에서 비전임 시간제 계약직 2명을 추가 채용할 예정이지만 날로 증대되는 입법지원기능을 수행해내기란 턱없이 부족한 실정이다.

2007년 4급부서인 입법정책실 설치 이후 입법, 정책과제 처리실적건수를 보면 해마나 증가하고 있는 것으로 나타나 긍정적이다(표 2-6 참조). 즉, 2006년 입법과제 처리건수는 2010년에 8배의 신장세를 기록하였고, 정책과제 처리건수는 1.8배 정도 신장세를 보였다.

<표 2-5> 대전시의회 입법정책실 인력 현황

실과명	계	일 반 직(별정포함)					계 약 직					기능직	비고
		소계	4급	5급	6급	7급	소계	가급	나급	다급	라급	7~9급	(정원외 인력)
입법 정책실	9	3	1 (개방)	1 (별정)	1		3		3			3	※ 시간제 4명 - 다급 3 - 라급 1

자료 : 대전광역시 의회사무처 내부자료(2011.5.1 현재)

*2011년 비전임 시간제 계약직 2명 추가 채용예정(교통, 재정분야)

<표 2-6> 입법 · 정책과제 처리현황(입법정책실 설치 이후)

연도	입법과제	정책과제	토론회 · 공청회	계	비고
2006	3	29	-	32	
2007	16	61	8	85	07.1.1 입법정책실 설치(4급부서)
2008	20	93	20	133	별정5급 1명 증원(07.10)
2009	29	79	40	148	
2010	24	53	25	102	

자료 : 대전광역시의회(2010.10.31 현재)

또한 대전시의회는 5개의 상임위원회로 구성되어 있으며, 전문위원실 24명의 지원 인력이 배치되어 의원들의 의정활동에 도움을 제공하고 있다(표 2-7 참조). 9명 의원으로 구성된 운영위원회는 5명의 지원인력이, 7명 의원으로 구성된 교육위원회는 6명의 지원인력이, 6명 의원으로 구성된 산업건설위원회는 5명의 지원인력이, 6명 의원으로 구성된 행정자치위원회와 복지환경위원회는 각각 4명의 지원인력을 두고 있다. 지원 인력 대부분은 6-7급 인원(11명 : 45.8%)과 기능직 인원(6명 : 25%)으로 나타나고 있어 전문적인 정책지원인력으로 질적으로나 양적으로 절대적인 부족을 알 수 있다. 인구 150만의 한 해 2조 7천5백억 예산규모의 대전시에 6-7급 지원인력으로는 예산 안건심의는 물론 지역사회 발전을 위한 정책개발 등에 대한 전문적인 정책지원은 사실상 불가능한 실정이다.[10]

10 같은 맥락에서 장영두(2006)의 연구조사결과가 있다. 결국 의회행정업무를 보좌하는 정도의 업무인 집행기관과 의원과의 자료 전달, 안건 검토, 기 집행된 정책에 대한 문제점 지적 정도이며 소극적인 보좌수준에 머물고 있다.

<표 2-7> 대전시의회 전문위원실 인원구성

상임위원회	수	계	4급	5급	6-7급	기능	비고
계	-	24	5	2	11	6	
운영위원회	9	5	1		3	1	
행정자치위원회	6	4	1		2	1	
복지환경위원회	6	4	1		2	1	
산업건설위원회	6	5	1	1	2	1	
교육위원회	7	6	1	1	2	2	교육청파견

자료 : 대전광역시 의회사무처 내부자료(2011.5.1 현재)

(3) 전문위원 직급과 정수

지방자치법 개정에 따라 위원회에서 위원장과 위원의 자치입법활동을 지원하는 전문위원의 직위와 역할이 법규에 규정되었다(지자법 제59조).[11] 제3항에서 전문위원의 직급과 정수 등에 관하여는 대통령령으로 하고, '지방자치단체의 행정기구와 정원기준 등에 관한 규정'에 따라 의회사무처 공무원의 직급기준을 다음과 같이 명시하였다(표 2-8 참조).

<표 2-8> 위원회에 의회사무기구의 공무원의 직급기준(시 · 도)

지방의원 정수	전문위원 총 정수	4급	5급 이하
20명 이하	5명 이내	4명	1명
30명 이하	6명 이내	5명	1명
40명 이하	8명 이내	6명	2명
50명 이하	10명 이내	6명	4명
60명 이하	12명 이내	7명	5명
80명 이하	15명 이내	7명	8명
100명 이하	17명 이내	8명	9명
110명 이하	20명 이내	10명	10명
111명 이상	21명 이내	11명	10명

11 지방자치법 제59조 : ①위원회에는 위원장과 위원의 자치입법활동을 지원하기 위하여 의원이 아닌 전문지식을 가진 위원(전문위원)을 둔다.②전문위원은 위원회에서 의안과 청원 등의 심사, 행정사무 감사 및 조사, 그 밖의 소관 사항과 관련하여 검토보고 및 관련 자료의 수집, 조사, 연구를 한다.③위원회에 두는 전문위원의 직급과 정수 등에 관하여 필요한 사항은 대통령령으로 한다.

즉, 전문위원의 직급과 정수를 대통령령에 의해 획일적으로 정하고 있다. 이는 표준 정원 내에서 지방의회가 자율적으로 전문위원 정수를 관리하던 이전의 방식(표 2-9 참조)보다 지방의회의 운영상의 자율권을 훼손하는 조치로 받아들여질 수 있다. 그리고 전문위원 수를 획일적으로 정함으로써 상임위원회의 수를 늘리고자 하여도 지원할 수 있는 전문위원이 제한되어, 결국 상임위원회를 자율적으로 조례로 정하도록 한 지방자치법 제56조 위원회의 설치조항(①지방의회는 조례로 정하는 바에 따라 위원회를 둘 수 있다)에도 배치되는 상황이다. 요컨대, 지방자치법상 전문위원의 직급 및 정수는 지방의회가 자율적으로 운영할 수 있도록 지방자치단체의 조례로 규정해야 할 것이다.

<표 2-9> 의회 사무기구의 공무원의 직급기준(개정 전)

구분	의회사무처장	의회사무국장	의회사무과장	전문위원	과장 또는 담당관
서울	1급일반 지방공무원			4급일반직 지방공무원	4급일반직 지방공무원
부산	2급일반직 지방공무원			4급일반직 지방공무원	4급일반직 지방공무원
기타	2급 또는 3급 일반직지방공무원			4급일반직 지방공무원	4급일반직 지방공무원

2. 집행기관과 관계

1) 지방의회의 인사권 자치단체장(집행기관)에 예속

지방의회의 사무직원은 지방의회의 의장의 추천에 따라 그 지방자치단체의 장이 임명하고 있다(지방자치법 제91조 2항). 다만, 지방자치단체장이 사무직원 중 별정직, 기능직, 계약직 공무원에 대한 임용권은 지방의회 사무처장, 사무국장, 사무과장에게 위임하여야 하는 것으로 되어 있다. 그럼에도 불구하고 인사권 독립의 주요소인 일반직에 대한 인사권은 여전히 단체장이 행사하고 있어 의회사무처직원들이 집행기관에 대한 견제 · 감시기능을 제대로 수행할 수 없음은 이전과 같은 상황이다(표 2-10, 2-11 참조). 따라서 실제적으로 지방의회의 인사권은 집행기관의 장에게 예속되어 있어 지방의회 사무처직원이 지방의회의원들을 도와 의정활동을 생산적으로 추진해 나가기에는 근본적인 한계가 있음을 보여준다. 지방의회에 파견된 이들 공무원은 언젠가는 다시 집행부로 돌아가야만 하는 상황이어서 집행기관이 요구하는 암묵적인 기대를 무시하기 어려운 입장에 있고, 그런 측면에서 지방의원입장에서는 이들을 '집행기관의 스파이'로 상대할 수 있기 때문이다. 이러한 맥락에서 의회가 요구하는 활동을 제대로 수행하기 어려우며, 그럼으로써 결과적으로 주민에게 양질의 의정서비스를 제공하기 어렵게 된다. 요컨대, 지방의회 사무기구 직원들은 지방의원들의 의정활동을 지원하는데 전념하기보다는 오히려 집행기관의 입장을 대변하는 경우가 적지 않고, 그럼으로써 지방의회는 사무직원들의 적극적인 의정지원을 기대할 수 없게 된다.

<표 2-10> 단체장과 사무기구의 장이 임명하는 사무직원 수 비교표(2006. 7.1 현재)

구분	계	단체장 임명	의회사무기구의 장 임명	비고
일반직사무직원	2,734	2,734	-	사무기구의 장, 담당관, 담당, 일반직전문위원 등
별정직사무직원	276	-	276	전문위원 일부, 속기사(서울시의회, 서울시 각 자치구 의회)
기능직사무직원	1,871	-	1,871	속기사, 전기, 영사, 난방, 교환, 운전, 위생, 방호, 사무보조
계약직사무직원	9	-	9	편집실편집요원
계	4,890	2,734(55.9%)	2,156(44.1%)	

자료 : 전국시도의회의장협의회, 2007, p.33(기초의회, 광역의회 포함)

<표 2-11> 전문위원의 경우 (2006.7.1 현재, 기초의회, 광역의회 포함)

계	단체장 임명(일반직)	의회사무기구의 장 임용(별정직)	비고
570	477(83,7%)	93(16,3%)	법개정일 현재 별정직 전문위원도 전원 단체장이 임용한 자원임

2) 인사권의 이원화 : 자치단체장의 임명권과 지방의회의장의 지휘 · 감독권

자치단체장의 임명권과 지방의회의장의 지휘 · 감독권으로 이원화되어 있는 지방의회 인사권 문제는 지방의원의 불신, 집행부공무원과의 심리적 갈등, 감독권의 약화, 근무성적 평정의 불이익 등의 구조적 문제를 야기시키고 있다. 뿐만 아니라 단체장의 인사권 행사로 운영적인 측면에서 빈번한 인사이동, 지방의회의장의 추천권 실효성 의문, 전문성 제고 의문, 교육훈련의 미비에 따른 능력발전 저하 등의 문제를 제기할 수 있다(한국지방행정연구원, 2003).

3. 의원개인차원

우리나라 지방의회는 의원 개인차원의 보좌제도를 운영할 수 있는 법적 · 제도적 장치가 준비되어 있지 않다. 국회의원은 2명의 인턴을 포함하여 8명의 보좌인력을 지원받고 있지만 대전시의회의 경우 150만 인구와 2조7천5백억 예산을 다루는 업무의 중요성에 비추어 볼 때 전문인력이 부족한 형편이다. 서울시의 경우 시범적으로 운영하고 있는 의정서포터즈(입법자료조사원)제도도 신분(지위)이 불안정하여 활동에 제한을 받고 있는 실정이다(서울시, 2009 : 64). 더구나 일부 의원의 경우 정책보좌강화라는 본래의 의정서포터즈 도입취지와는 달리 개인비서 및 단순업무에 활용하고 있다는 비판이 있다. 이는 전문성을 고려한 선발보다는 의원의 추천으로 의원 개개인의 사적인 활동에 도움을 받고 있기 때문이다.

제4절 발전방안

지방의회의 효율적 운영을 하기 위해서는 사무기구의 지원시스템이 잘 갖추어져야 하지만, 여전히 대전시 지방의회 사무기구의 인사권의 제약에 따른 지원활동의 한계, 전문적인 정책지원 및 지원인력의 부족 등의 문제점이 있다. 또한 국회와 지방의회간의 협력채널이 가동되고 있지 않아 국회와 지방의회가 같은 지역의 입법정책문제를 협력 · 운영하지 못하여 주민에게 효율적인 의정서비스를 제공하지 못하고 있다. 따라서 국회와 지방의회와의 입법정책지원기능의 연계체제구축과 함께 사무기구의 인사독립성 확보방안, 정책연구실(입법정책실) 기능의 강화를 비롯한 의회입법지원체계를 마련할 필요가 있을 것이다.

1. 국가운영의 큰 틀(지방분권)에 맞는 정치 · 행정체계 안에서 국회와 지방의회와의 관계정립 : 입법정책지원기능 연계

지방의회의 입법정책지원체제 문제는 지방분권의 기본이념 및 방향에서 그 해답을 찾아야 한다. 즉, 기존의 집행기관과 지방의회간의 권력불균형 차원을 해소하려는 차원에서 탈피하여 보다 큰 틀의 국가운영체제에서, 예를 들면 지방분권적 운영에 맞는 정치 · 행정체계에서 국회와 지방의회간의 관계도 고려한 지방의회의 입법지원체계 및 인사권문제가 정립되어야 한다. 그동안 줄기차게 논의되어 왔던 국가와 지방자치단체간의 연계성 강화문제도 집행기관에만 치우쳐왔던 논리에서 보다 정치적 차원에서 그 관계성을 모색하여야 하는 이유이다. 그런 측면에서 단순한 지방정부구성형태에 따른 집행기관과의 관계에 논의를 맞추어 지방의회의 입법지원체계 및 인사권독립에만 논의하는 것에서 벗어나 보다 국가(국회, 행정부)와의 연계성을 가진 지방의회의 입법지원체계와 인사권문제를 폭넓게 다루어야 한다. 그런 배경에서 국회와의 입법지원체계 공조, 인사권 교류, 집행기관과의 인사권교류문제와 관련하여 국회법, 지방자치법, 지방공무원법을 개정할 내용이 무엇인지 고민해야 한다. 요컨대, 지방의회의 입법지원체계 및 인사권 문제와 관련된 전문성 강화논의는 지방분권의 기본이념 및 방향에서 국가체제와의 관계 속에 큰 틀 안에서 제시해 주고, 그에 따른 새로운 입법지원체계구축으로서 하위 목표와 원칙, 내용들이 제시되어야 할 것이다.

2. 사무기구 조직차원

지방의회사무기구 인사의 독립성을 확보해주어야 한다. 집행부위주의 권력관계에서 벗어나 기관분립형 취지에 맞는 지방의회 사무기구 직원에 대한 인사권의 독립이 필요하다. 이를 통해 지방의원 의정활동 지원을 강화할 수 있을 것이다. 인사권의 독립을 통해 지방의회는 다양한 인재를 채용해야 할 것이다. 의회의장이 독자적으로 집행부

공무원 중에 유능한 인사를 임명하거나 외부에서 일정한 자격을 갖춘 필요한 전문가를 계약직으로 채용할 수 있도록 해야 한다. 또한 의회의 고유한 전문능력을 갖춘 우수인력을 확보하기 위해 선발을 다양하게 할 필요가 있다. 그러기 위해 다음과 같은 효율적인 의회근무 공무원 인사관리체계를 구축해야 할 것이다.

1) 지방의회 인사의 독립성, 자율성 확보

지방의회 사무처직원의 인사는 우선 기관분립정부구성형태에 맞는 즉, 견제와 균형의 논리에 부합되는 차원에서 집행기관에 대응하는 독립성과 자율성을 확보하여야 한다. 지방의회의 자기 조직의 인사들에 대한 인사권한도 없는 상황에서 어떻게 집행기관에 대한 견제 및 감시기능이 가능하겠는가에 대한 물음에 답하여야 한다. 현 지방자치법 제91조 2항에 따라 지방의회 사무기구의 대다수 일반직 공무원을 단체장이 임명하고 있고 별정직, 계약직, 기능직 공무원에 대해서는 자치단체장이 임명하는 의회사무처장이 임용권을 행사하도록 되어 있다. 이는 단체장이 자기가 임명한 부하직원에게 임용권을 위임한 것에 지나지 않아 지방의회에 지원하는 인력들이 지방의회에 충성심이 상대적으로 떨어질 수 있다. 따라서 사무처직원의 임면권을 지방의회의 장에게 위임하는 방식으로 지방자치법과 지방공무원법의 개정을 요한다. 즉, 지방자치법 제91조 2항에 "사무직원은 지방의회의 의장이 임명한다." 이에 따라 지방공무원법 제6조(임용권자)에서 다음과 같이 개정을 필요로 한다. "지방의회의 의장은 소속 직원을 지휘/감독하고 법령과 조례가 정하는 바에 따라 그 임면 · 교육훈련 · 복무 · 징계 등에 관한 사항을 처리한다"가 그것이다.

결국, 지방의회 의장이 의회 사무처 직원에 대해 임면권을 행사하는데 의회직렬의 신설을 통해 충원할 수 있도록 한다. 의회직렬의 공무원을 충원함으로써 지방의회의 독립적이고 자율적인 인사권을 행사할 수 있고 지방의회의 의정활동을 투철한 직업의식과 사명감으로 수행해나가는 원동력이 될 수 있다. 더 나아가 사무처 고위공무원의 정치적 임용직을 허용하는 방안도 고려해 볼 수 있다. 프랑스의 시읍면장이나 도, 지역의 회의장은 정치적 필요에 의해 지방공무원을 임명하고 있다(Auby, 2002). 새로운 지방의회 구성에 따라 정치적 견해를 같이하는 인사를 일정부분 활용할 필요가 있음은 여기에 있다.

2) 지방의회 인사의 전문성 제고

우수한 인력을 충원하여 다양한 분야에서 주민의 삶의 질을 제고시킬 수 있는 의정서비스의 창출을 가능하게 하는 전문적 관리를 강화해야 한다. 이를 위해서는 우수한 인재의 충원방식을 고려해야 하고, 전문보직관리를 시행하고, 그들에 대한 적실성과 효율성을 제고할 수 있는 교육훈련을 강화해야 한다. 의정활동 지원에 필요한 전문교육이 가능한 교육과정을 제시하고 상위직급으로 승진한 경우 일정기간 교육훈련풀에 배치하여 자유롭게 필요한 지식과 기술을 습득할 수 있게 하고 그 이후에 보직을 부여하는 방안도 고려해 볼 수 있다. 그리고 의회 업무를 유사성 등을 기준으로 몇 개의 전문분야로 구분하여 승진 등의 관리를 도모할 수 있다. 의회직렬을 신설하는 경우 의회직전문공무원제를 채택 운영하도록 한다. 그리고 교육기관, 교육과정, 교육훈련풀(pool)제 도입, 전문보직관리제 시행 등을 통해 교육훈련을 강화한다.

3) 지방의회 인사의 공정성, 투명성, 효율성 제고

지방의회 공무원들이 조직의 목표를 달성하기 위해 자발적으로 최선의 노력을 경주하도록 유도하기 위해서는 승진과 연계된 인사제도의 공정성, 투명성을 확보하고 자기계발이 가능하여 조직의 목표와 개인의 목표가 일치되는 효율적인 인사행정체제를 갖추어야 한다. 그러기 위해서는 구성원 다수가 공감하는 근무성적평정제 개선을 통한 평정제도를 확립해야 한다. 그리고 합리적 승진제도 준비와 인센티브제도를 활용해야 한다.

4) 집행기관과의 연계성 확보(수평적 연계)

지방의회의 인사권문제는 집행기관과의 연계성 있는 전반적인 지방인사행정체제에서 모색되어야 한다. 지방의회, 집행기관이 각각의 인사행정체제 안에서 괴리되어 운영되는 것은 바람직하지 않다. 따라서 일정부분 집행기관과의 연계성을 두어 협조를 받아야 할 것이다. 그런 측면에서 집행부와 인사교류 등을 통한 탄력적인 인사운영을 도모하고 일정 부분 사무처 고위공무원의 정치적 임용을 허용하는 방안을 모색해야 한다.

5) 국회와의 연계성 확보(수직적 연계)

지방의회 인사권 문제는 국회와의 연계성 있는 전반적인 공직운영시스템 속에서 모색되어져야 한다. 지방의회와 국회가 서로 협조하여 국가와 지방의 문제를 별개의 문제로 파악하는 것이 아니라 서로 협력하는 통합의 인사체제로 전환할 필요가 제기된다. 그런 배경에서 국회와의 인사교류를 통한 탄력적인 인사운영을 도모할 수 있다.

3. 조직 및 의원개인보좌차원

지방의회 위원회의 의사진행 활동 및 의사진행을 보다 효율적으로 보좌할 수 있도록 전문위원제도의 적절한 개선조치가 다음과 같은 점에서 필요할 것이다.

1) 전문위원 자격기준 강화 및 비상임전문위원 활용

집행부공무원이 순환보직으로 충원됨으로써 갖는 전문성의 취약을 방지하기 위하여 의회직렬이 신설되어야 하나, 이 제도의 도입이전에 우선적으로 모든 전문위원은 전문성을 기준으로 별정직으로 보하도록 한다.

또한 전문위원을 충원할 경우 해당분야에 경력이나 박사학위소지와 같은 자격요건을 엄격히 적용하도록 한다.

지방의회의 정책영역은 매우 광범하므로 외부전문가의 지원을 받을 필요가 있는데, 이를 위해 비상임전문위원(학계 또는 연구기관의 전문인력)을 위촉하여 활용하도록 한다.

2) 전문위원 임용법령의 통일 및 자치단체의 자율성 확보

현재 지방자치법에는 전문위원의 지위와 역할에 관한 별도의 규정을 두고 있지 않다. 전문위원들은 대다수가 집행공무원들이 순환보직 차원에서 충원되어 전문성이 미흡한 실정이다. 특히 지방의회 전문위원의 임용자격은 자치단체마다 다른 기준을 적용하고 있으며 그 법형식도 조례 또는 규칙에서 개괄적으로 정하고 있다. 따라서 지방공무원 임용령으로 엄격히 규정하는 것이 필요함은 물론 지방의회가 주도적으로 전문위원의 요건을 선정하고 지방자치단체의 조례로 규정하도록 할 것이다.

3) 임명권 이원화와 전문위원 개방직화

일반행정업무와 전문보좌업무로 구분하여 전자는 현행대로 단체장이 인사권을 행사하되, 후자는 지방의회의장이 인사권을 갖도록 하는 방안을 강구할 수 있다. 이 방안은 사무기구의 핵심적이고 전문적인 의정활동의 지원을 하는 직원에 대해 임명권자와 직무감독권자가 모두 의회의장이 되도록 하는 방안이다. 이를 위해서는 최소한 지방의회의장이 사무처(국·과)장과 전문위원에 대한 독립적인 인사권을 지니되, 임용자격기준에 의한 계약직으로 임용하는 한편 나머지 행정적인 사무를 수행하는 일반직공무원의 임명권은 현행대로 단체장이 갖도록 한다. 또한 해당 상임위원회가 요구하는 전문성을 가진 자로 보하기 위해서는 개방직화하고 전문계약직제를 도입하는 것이 필요할 것이다. 전문계약직 임용을 제도화한다면 학계나 시민사회단체에서 직능별 전문인력을 유치할 수 있을 뿐만 아니라 퇴직공무원 중에서 숙련된 인력을 선발하는 등 얼마든지 유능한 인력을 확보할 수 있을 것이기 때문이다.

4) 의원보좌관제 도입 : 새로운 제도로서의 도입

현행 지방의원들의 정책결정능력을 제고하기 위한 전문적 보좌인력이 부족하며, 현재와 같은 전문인력의 활용만으로는 업무의 과중과 전문성이 미흡하다. 따라서 의원보좌관제도의 도입을 검토해 볼 필요가 있으며 이와 관련하여 다음과 같은 안을 적극 고려해 볼 필요성이 있다.

첫째, 의장소속하에 '전문보좌기관'의 설치를 고려할 수 있다. 국회에서 국회의장 소속하에 '예산정책처', '입법조사처'를 설치하여 운영하는 것과 같이 의회별로 입법 및 정책을 전문적으로 지원하는 부서를 의장 직속으로 설치하도록 한다. 각 상임위가 필요로 하는 분야의 전문가로 충원하되, 상임위원회별 의정활동에 필요한 입법 및 정책연구를 분담하도록 한다. 충원된 전문가는 지방의회의 전체 수준에서 의원의 의정활동을 위한 입법, 정책연구 등 전문적 연구를 포괄적으로 지원한다. 특히 전문보좌기관을 의장 직속으로 두는 것은 집행기관과 밀접한 관계를 가질 수 있는 의회사무기구의 장의 영향력을 차단하기 위한 것으이다.[12]

둘째, 보좌인턴제 도입을 고려할 수 있다. 실제 유급보좌관제를 실시하는 것이 지방의회의 정책보좌기능을 활성화하는데 가장 큰 효과적일 것이나, 당장 시행하기 어려울 경우 단기적으로 국회에서 실시하는 것과 같은 보좌인턴제를 시행하는 방법이 바람직할 것이다.

셋째, 공동보좌관제의 도입을 고려할 수 있다. 개인보좌관제가 어려울 경우 보좌관 1인이 여러 의원을 보좌하는 행태의 공동보좌관제를 신설하는 방안을 모색할 수 있다. 이 제도는 1명의 보좌관이 2-3명의 의원을 보좌하도록 할당하는데, 의원 공동으로 보좌관을 효과적으로 활용하기 위해 가급적 동일한 상임위원회의원 소속의원들에 배속하는 것이 효과적일 것이다.

넷째, 의원개인별 보좌관제의 도입을 고려할 수 있다. 광역의회의 경우 보좌관을 별정직으로 충원할 수 있도록 하고, 정치적 영향력을 불식시키기 위해 일정 수준의 자격을 갖춘 인재를 임용할 수 있도록 제도화할 필요가 있다. 현재 국회의원의 보좌관 같이 광역지방의원 개인별로 유급의 (가칭)정책보좌관을 도입하며 별정직 5급으로 보한다. 유급보좌관제가 시행되게 되면 의정활동의 전문성을 실질적으로 향상시키는 데에 대단히 효과적일 수 있다. 본 제도를 신설할 경우 지방자치법 제32조에 새로운 항을 신설하여 정책보좌관직을 규정하도록 한다.

참고문헌

김순은.(2001). "지방의회 의정활동의 평가와 과제", 한국행정학회, 2001년도 하계학술대회 발표논문집.

김영하.(2009). "지방의회 상임위원회의 전문성이 의정활동에 미친 영향분석 : 민선4기 대구와 경북지

12 우리나라 국회의 '예산정책처', '입법조사처'도 사무총장 소속이 아닌 국회의장 직속으로 설치되어 있으며, 이는 정당 출신인 사무총장의 영향이 미치지 못하도록 한 것임.

역 지방의회를 중심으로", 21세기 정치학회보 19(2).
김진윤, 이정훈.(2010). 지방의회 의정기능의 현황과 과제. 정치정보연구 13(2).
김찬동외.(2009). 의정발전지원을 위한 연구 vol4. 지방의회발전을 위한 비교연구, 서울특별시의회.
김판석·권경득·박경원·오성호.(2000). 전방위형 공무원 인사교류, 나남출판.
남궁근·박천오·황성돈·강제상·김상묵.(2000). 고위공무원 개방형 임용제도, 나남출판.
송광태.(1999). "지방의회의 의정활동분석과 의정활성화방안-경상남도의회의 안건처리를 중심으로," 국가정책연구, 13(1).
유민봉·임도빈.(2003). 인사행정론, 박영사.
임도빈.(2004). 한국지방조직론, 박영사.
정세욱.(2005). 지방자치학, 법문사.
조경호 · 김명수.(1995). "한국 기초지방의회의 주민대표성과 입법전문성평가", 한국행정학보 29(1).
최봉기.(2005). 한국 지방의회의원의 전문성제고방안, 한국지방자치학회보, 17(1).
최병대 · 신원득 · 강상원 · 박태헌 · 최송이.(2009). 경기도의회 정책보좌기능 제고방안. 경기개발연구원.
최진혁.(2004). "프랑스 지방정부의 조직과 인사고권에 대한 자율권", 지방행정 제53권 612호, 대한지방행정공제회.
최진혁.(1999). "지방의회의 비교연구 : 한국과 프랑스 모델을 중심으로", 한국지방자치학회보.
최창호.(1995). 지방자치학, 삼영사.
하태권 외.(2004). 새인사행정론, 대영출판사.
한국지방행정연구원.(2003). 지방의회 사무기구의 인사권 확대방안.
한국지방자치학회.(2008). 지방의회의 이해. 박영사.
허훈.(2010). 지방의원 전문성 향상을 위한 연수실태와 발전방안. 한국지방자치학회보 22(2).
서울시정개발연구원.(2000). 서울시공무원 인사행정 수요조사.
서울특별시의회.(2009). 정책전문성강화를 위한 해외 지방의회의 의정활동지원연구. vol.02. 서울시정개발연구원.
Auby, Jean-Bernard et Auby, Jean-François. (1990). *Droit des collectivités locales*, Paris : PUF.
Auby, Jean-Marie, Auby, Jean-Bernard, Jean-Pierre Didier, Taillefait Antony.
(2002). *Droit de la fonction publique*. Paris : Dalloz.
Lacaïlle, Philippe. (1996). *Le statut de l'élu local*. Paris : Berger-Levrault.
Lachaume, Jean-François. (1994). *L'administration communale*. Paris : L.G.D.J.
Lorach, Jean-Marc. (2003). Le nouveau régime de l'élu local. Héricy : Editions du puits fleuri.
Muller-Quoy, Isabelle. (2001). *Le droit des assemblées locales*. Paris : L.G.D.J.
Muret, Jean-Pierre. (1995). *Les municipales*. Paris : Syros.
Muret, Jean-Pierre et Peyre, Serge. (1992). *le conseil régional*. Paris : Syros.
Rémond, Bruno et Blanc, Jacques. (1992). *Les collectivités locales*. Paris : Presses de la fondation nationale des sciences politiques & Dalloz.
Ziller, Jacques. (1993). *Administrations comparées*. Paris : Monchrestien.
Http://www.paris.fr(2009.6.11)/ 2011.4.30).

03 자치단체장

제1절 개념정의(지방자치법, 공직선거법에서의 규정... 주로 지위에 대한 규정)

1. 지방자치법, 공직선거법에서의 규정

우리나라의 지방자치단체장은 광역단체장으로 서울특별시장, 광역시장, 세종특별자치시장, 제주특별자치도지사, 도지사와 기초단체장으로 시장, 군수, 자치구청장이 있다(지방자치법 제106조).[1]

1) 일반집행기관의 장

자치단체장은 지방자치단체의 (일반)집행기관의 장으로서, 교육 · 학예사무를 제외하고 일반적으로 당해 자치단체를 대표하는 원칙적 지위에 있으면서 국가사무를 수임처리하는 한도 내에서는 국가기관의 지위도 갖게 된다(김도창, 1981 : 137). 즉, 자치단체장은 (교육 · 학예사무를 제외한) 당해 자치단체의 사무(자치사무, 단체위임사무)를 일반적으로 관장, 집행하고 당해 자치단체를 통할 · 대표한다(지방자치법 제114조)[2]. 또한 자치단체장은

1 제106조(지방자치단체의 장) 특별시에 특별시장, 광역시에 광역시장, 특별자치시에 특별자치시장, 도와 특별자치도에 도지사를 두고, 시에 시장, 군에 군수, 자치구에 구청장을 둔다.<개정 2011. 5. 30.> 지방자치법전부개정(2020.12.9 국회통과, 2021년 1월 공포, 2022년 1월 시행) 제106조.

2 지방자치법 제114조(지방자치단체의 통할대표권) 지방자치단체의 장은 지방자치단체를 대표하고, 그 사무를 총괄

일정한 국가사무를 수임하여 처리하고(지방자치법 제115조) 위임된 사무를 관리하고 집행하는데(지방자치법 제116조)[3] 이번 지방자치법전부개정의 규정을 해석해보면 "시 · 도와 시 · 군 및 자치구에서 시행하는 국가사무는 시 · 도지사와 시장 · 군수 및 자치구의 구청장에게 위임하여 수행하는 것을 원칙으로 한다. 다만, 법령에 다른 규정이 있는 경우에는 그러하지 아니하다"고 하여 국가사무를 자치단체장에게 위임하여 수행하는 것을 원칙적으로 하고 다만 법령에 다른 규정이 있는 경우에는 그러하지 아니한다는 보다 적극적인 입장에서 국가사무의 자치단체장 수임처리를 강조하고 있다. 이 경우에는 국가의 지방행정기관의 지위에서 역할을 수행하게 되는 것이며, 따라서 자치단체장은 그 사무처리에 따라 자치단체의 최고집행기관 또는 국가의 지방행정청으로서의 지위를 동시에 갖게 된다. 결국 지방자치단체를 대표하고 그럼으로써 자치단체의 최고집행기관으로서의 지위와 국가의 사무를 위임처리할 때의 국가기관의 지위를 향유하는 이중적 지위를 구가하게 되는 것이다.

그리고 지방자치단체장은 주민의 기관선임이 이루어져야 한다는 지방자치의 논거로써 주민이 보통 · 평등 · 직접 · 비밀선거에 따라 선출하는 것으로 하고 있다(지방자치법 제107조).[4] 자치단체장의 임기는 4년으로 하며 3기 내에서만 계속 재임할 수 있도록 하여 한 곳에서 최장 12년을 봉사할 수 있게 하였다(지방자치법 제108조).[5] 또한 자치단체장은 경력직 이외의 공무원으로서 한시적이고, 정치적 성격을 가지는 공무원으로서 직무수행에 공정성이 요구되며 당해 자치단체의 업무수행에 전념해야 할 의무가 있기에 다른 공직을 겸하는 것을 금지하고 있으며, 영리를 목적으로 하는 거래나 그 지방자치단체와 관계있는 영리사업을 할 수 없게 하고 있다(지방자치법 제109조).[6]

한다.

3 제115조(국가사무의 위임) 시 · 도와 시 · 군 및 자치구에서 시행하는 국가사무는 법령에 다른 규정이 없으면 시 · 도지사와 시장 · 군수 및 자치구의 구청장에게 위임하여 행한다. ; 지방자치법전부개정 제115조(국가사무의 위임) 시 · 도와 시 · 군 및 자치구에서 시행하는 국가사무는 시 · 도지사와 시장 · 군수 및 자치구의 구청장에게 위임하여 수행하는 것을 원칙으로 한다. 다만, 법령에 다른 규정이 있는 경우에는 그러하지 아니하다. 제116조(사무의 관리 및 집행권) 지방자치단체의 장은 그 지방자치단체의 사무와 법령에 따라 그 지방자치단체의 장에게 위임된 사무를 관리하고 집행한다.

4 지방자치법전부개정 제107조(지방자치단체의 장의 선거) 지방자치단체의 장은 주민이 보통 · 평등 · 직접 · 비밀선거로 선출한다.

5 제108조(지방자치단체의 장의 임기) 지방자치단체의 장의 임기는 4년으로 하며, 3기 내에서만 계속 재임(在任)할 수 있다.

6 제109조(겸임 등의 제한) ① 지방자치단체의 장은 다음 각 호의 어느 하나에 해당하는 직을 겸임할 수 없다. 1. 대통

요컨대, 자치단체장은 지방자치단체를 대표하는 집행기관의 책임자로서 지방자치를 실질적으로 지휘하는 지역의 수장(首長)(집행기관장 : 특수경력직 공무원/ 정무직공무원)[7]으로서 4년 임기, 만 25(18)세 이상 국민으로 60일 이상(공무로 외국에 파견되어 선거일전 60일후에 귀국한 자는 선거인명부 작성기준일부터 계속하여 선거일까지)[8] 그 지역에 주민등록이 되어 있는 사람 중에서 직선되며 3번(12년)까지만 연임될 수 있도록 하고 있으며, 특수경력직 공무원으로서 겸직금지와 영리를 목적으로 하는 거래와 겸업을 할 수 없도록 제한받고 있는 인사이다.

2) 교육 · 학예집행기관의 장 : 교육감

(1) 지위

교육감 제도의 법적 근거는「헌법」(제117조)에 근거한「지방자치법」에서 교육 · 체육 · 문화 · 예술의 진흥에 관한 사무를 지방자치단체의 사무범위로서 규정(제9조②5)하고, 교육 · 과학 및 체육에 관한 사무를 분장하기 위하여 별도의 기관을 두도록 하는데 있다(제121조).「지방교육자치에 관한 법률」(간략하게 지방교육자치법)의 독임제 집행기구인 교육감 및 직속기관은 별도기관의 조직 및 운영에 관한 사항을 법률로 예정한「지방자치법」제121조(제135조) 2항에 근거한 것이다.

이에 따라 우리나라는 시 · 도의 교육 · 학예에 관한 사무의 집행기관으로 시 · 도에 교육감을 두고, 교육감은 교육 · 학예에 관한 소관 사무로 인한 소송이나 재산의 등기

령, 국회의원, 헌법재판소 재판관, 각급 선거관리위원회 위원, 지방의회의원 2.「국가공무원법」제2조에 따른 국가공무원과「지방공무원법」제2조에 따른 지방공무원 3. 다른 법령에 따라 공무원의 신분을 가지는 직 4.「공공기관의 운영에 관한 법률」제4조에 따른 공공기관(한국방송공사, 한국교육방송공사 및 한국은행을 포함한다)의 임직원 5. 농업협동조합, 수산업협동조합, 산림조합, 엽연초생산협동조합, 신용협동조합 및 새마을금고(이들 조합 · 금고의 중앙회와 연합회를 포함한다)의 임직원 6. 교원 7.「지방공기업법」제2조에 따른 지방공사와 지방공단의 임직원 8. 그 밖에 다른 법률에서 겸임할 수 없도록 정하는 직 ② 지방자치단체의 장은 재임 중 그 지방자치단체와 영리를 목적으로 하는 거래를 하거나 그 지방자치단체와 관계있는 영리사업에 종사할 수 없다.

7 특수경력직공무원 : 경력직 이외의 공무원으로서 한시적이고, 정치적 성격을 가지는 공무원(정무직, 별정직, 계약직, 고용직)-정무직 : 선거에 의하여 취임하거나 임명시에 지방자치단체의 의회의 동의를 요하는 공무원과 기타 다른 법령 또는 조례가 정무직으로 지정하는 공무원을 말한다.cf) 경력직 공무원 : 직업공무원으로서 신분보장을 받으며, 실적과 자격에 의해 임용되는 공무원(일반직, 특정직, 기능직)

8 공무로 외국에 파견된 기간과 국내에 주소를 두고 일정기간 외국에 체류한 기간은 국내거주기간으로 본다(공직선거법 제16조).

등에 대하여 당해 시 · 도를 대표한다(지방교육자치법 제18조). 이와 더불어 국가행정사무 중 시 · 도에 위임하여 시행하는 사무로서 교육 · 학예에 관한 사무는 법령에 다른 규정이 있는 경우를 제외하고 교육감에게 위임하여 수행하도록 하고 있다(지방교육자치법 제19조).

(2) 임기 및 자격

교육감은 시 · 도의 교육 · 학예에 관한 사무의 집행기관으로 4년 임기로 계속 재임은 3기에 한하는 것으로 하고 있다(지방교육자치법 제21조).

교육감후보자가 되려는 사람은 정치적 중립을 지켜야 하기에 당해 시 · 도지사의 피선거권이 있는 사람으로서 후보자등록신청개시일부터 과거 1년 동안 정당의 당원이 아닌 자이어야 하고(지방교육자치법 제24조①항 〈개정 2010. 2. 26.〉), 또한 후보자등록신청개시일을 기준으로 다음의 어느 하나에 해당하는 경력이 3년 이상 있거나 다음의 어느 하나에 해당하는 경력을 합한 경력이 3년 이상 있는 자이어야 한다(지방교육자치법 제24조 ②항) 고 규정하고 있다. 〈신설 2014. 2. 13.〉 즉, 교육경력과 교육행정경력이 그것이다.

①교육경력: 「유아교육법」 제2조제2호에 따른 유치원, 「초 · 중등교육법」 제2조 및 「고등교육법」 제2조에 따른 학교(이와 동등한 학력이 인정되는 교육기관 또는 평생교육시설로서 다른 법률에 따라 설치된 교육기관 또는 평생교육시설을 포함한다)에서 교원으로 근무한 경력

②교육행정경력: 국가 또는 지방자치단체의 교육기관에서 국가공무원 또는 지방공무원으로 교육 · 학예에 관한 사무에 종사한 경력과 「교육공무원법」 제2조제1항제2호 또는 제3호에 따른 교육공무원으로 근무한 경력

제2절 자치단체장 인사권한의 발전적 재정립방안 : 인사청문회제도를 중심으로

1. 서론 : 문제제기

지난 6.4지방선거(2018)를 통해 이제 우리나라 민선자치 경험도 성년으로 접어든 민선7기를 보내고 있다. 우리나라 지방자치는 그 지방권력구조가 강시장-의회형의 기관분립형에 따라 이루어지고 있어 자치단체장의 역할이 매우 중요한 것으로 간주되고 있다. 민선자치의 핵심은 어떻게 하면 지방정부가 주민들에게 값싸고 양질의 행정서비스를 제공할 수 있는 것인가에 대한 고민에서 비롯되는데, 이 행정서비스의 창출주체는 공무원이고 이들의 합리적인 인사관리 하에 운영되어야만이 가능한 것이다. 따라서 공직자의 인사문제를 올바르게 합리적으로 관리해야 하는 자치단체장의 역할은 매우 중요한 것이고, 그런 배경에서 그가 행사하는 인사권은 자치단체의 성공적 운영에 매우 중요한 도구로 간주된다. 그러나 여전히 지역사회에서는 자치단체장이 공직자를 임용하고 관리하는데 있어 그들의 능력, 자질, 도덕성에 관계없이 임명권자인 자치단체장의 뜻에 맞는 사람(특히 자치단체장 당선에 도움을 준 인사)을 임명하는 측근, 정실, 보은, 코드인사, 또는 회전문인사를 두고 우려하는 시각이 지배적이다. 더구나 자치단체장의 인사권한으로 되어 있는 지방공기업사장과 같은 직위는 자치단체장의 전리품과 같은 상황에서 임명권자인 단체장과 직 · 간접적으로 연결된 정실인사가 대부분이어서 부실경영과 부적절한 직원채용 등으로 비판의 대상이 되고 있다. 이는 우리나라 공무원 집단이 정당에 대한 충성도, 공헌도 내지 당파성을 비롯하여 학벌, 지연, 혈연, 개인적 충성심 등에 기준을 두어 운영하는(엽관제 spoils system) 것이 아니라 개인의 능력, 자격, 성적의 실증을 기준으로 하는 실적제(merit system)를 근간으로 하여 관리되어야 한다고 일반시민들이 믿고 있기 때문이다. 그럼에도 불구하고 자치단체장이 정당이 관여된 선거에 의해 선출되었다고 하는 문제가 자기의 신념과 가치, 철학 등에 맞는 인사를 임명할 수밖에 없는 상황이다. 즉, 정당이 추천하는 인사나 자기사람을 인사하려는 (공직이 요구하는 실력과 적성보다는 정당에 충성하여 자치단체장과 호흡을 맞출 수 있는 인사를 선호하는) 유혹을 떨쳐

내기가 어려운 실정이다. 따라서 일정 직위는 자치단체장이 정당에의 충성도, 자기 자신에 대한 충성도 등에 따라 인사할 수 있는 엽관제(정실주의)적 요인을 보다 발전적으로 검토해야 할 필요성이 제기된다. 이와 함께 주민의 요구에 빠르게 대응할 수 있는 관료의 대응성정도가 무엇보다 중요한데 우리의 공무원인사제도는 공직의 신분보장을 주요 요소로 하여 평생에 걸친 직업이 될 수 있도록 조직 · 운영되는 직업공무원제를 채택함으로써 상기의 요구에 취약해질 수밖에 없는 우려가 있다. 즉, 오늘날 새로운 정치행정환경에 부응하는 엽관제의 새로운 해석과 접근이 요청되는 이유이다.

그러나 실적주의 요청에 따라 자치단체장의 인사를 일정한 범위 내에서 실력과 자격을 갖춘 인사를 선발하고 관리할 수 있도록 검증할 수 있는 제도적 장치를 강구하는 것이 무엇보다 필요하다. 전문성이 결여된 지방공기업 사장이 보은인사성 임명으로 나타난 부실경영은 자치단체의 재정악화로 이어지고, 이는 결국 지역주민의 부담으로 돌아오게 된다는 사실에서 자치단체장의 인사권한의 검증을 통해 적정한 인사를 임용할 수 있도록 하는 제도적 장치를 강구할 필요성이 있다. 이는 새로운 지방정치 · 행정환경 변화에 적극적으로 대응한다는 차원에서 지방공무원제의 새로운 패러다임을 정립하는 계기를 마련해야 할 것으로 보인다. 그러한 배경에서 자치단체장 인사의 투명성, 공정성, 전문성, 효율성을 확보하여 줌으로써 지방조직과 지방공무원, 주민이 공감하는 인사관리를 만들어내고, 지방공무원의 만족도를 높여 지방자치단체 행 · 재정의 생산성을 제고할 수 있도록 해주어야 한다. 이러한 과정이 공직사회에 대한 주민의 신뢰를 제고하게 됨으로써 성공한 민선자치단체장을 만들어내는 선순환구조를 창출하게 될 것으로 본다.

2. 자치단체장 인사권과 관련한 이론적 논의

자치단체장(선출직)이 행사할 수 있는 인사권의 내용은 무엇이고, 이 인사행정관에 시대적으로 영향을 미쳤던 주요논리로서 논의되어야 할 내용은 무엇인지에 대한 검토가 필요하다. 그런 의미에서 지방정부조직형태와 관료제 구성의 기본원리인 인사행정관의 역사적 변천논리를 검토해 보고자 한다. 여기에서 오늘날 변화하는 지방정치행정환경에 맞는 (지방)공무원관리에 적용해야 하는 관료제 구성의 (인사행정관의) 논리를 추출해야 하기 때문이다.

1) 지방정부조직형태

집행기관(자치단체장)과 의결기관(지방의회)을 대립시켜놓은 기관분립형 조직을 채택하고 있는 우리나라는 권력의 융합형태로서 지방정부를 관리하려는 기관통합형 자치단체와는 달리 권력의 분리형태 중에서도 자치단체장이 원칙적으로 실질적 권한을 행사하는 강시장 지방정부조직을 채택하고 있다(그림 3-1 참조). 따라서 자치단체장이 소속직원을 지휘 · 감독하고 법령과 조례 · 규칙으로 정하는 바에 따라 임면권(任免)을 행사하도록 하고 있다(지방자치법 제105조). 그런데 임명한 공직자의 인사가 피지명자의 도덕적 · 윤리적 훼손(毁損)과 전문성 부족으로 주민의 정서에 반감을 주어 사회적 물의를 일으키고 있다. 그렇다면 기관분립형 지방정부조직이 추구하려는 기관과의 견제와 균형원리에 입각하여 자치단체장의 무분별한 인사권의 남용(濫用)을 방지할 수 있는 제도적 장치를 구축할 수 있는 근거를 제공하고 있다고 볼 수 있다. 요컨대, 기관분립형 지방정부조직을 채택하는 자치단체는 기관통합형 지방정부조직 보다는 집행기관의 인사권한의 횡포(橫暴) 및 남용에 대한 견제 내지 방지기능을 수행하는데 적극적이어서 유리할 수 있다.

<그림 3-1> 기관분립형 지방정부조직형태

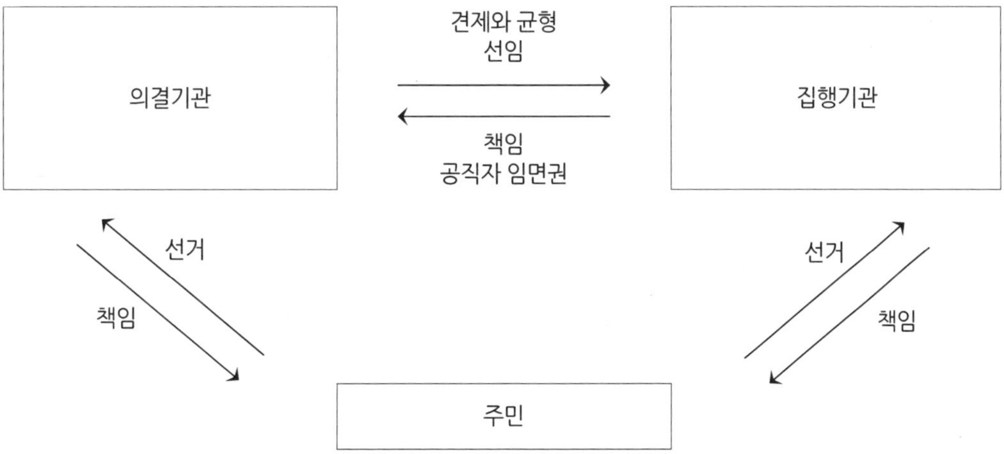

2) 관료제 구성의 기본논리와 변천 : 새로운 지방정치 · 행정환경변화에 맞는 관료제 구성

공직구성을 어떻게 하는 것이 주민에 보다 민주적이고 효율적인 행 · 재정서비스의 창출과 배분이 가능할 것인가? 어떤 관료제가 행정효율성을 증대시키고 주민의 만족도를 제고할 수 있을 것인가? (어떤 관료제가) 주민의 증대되는 요구와 바람에 대해 신속히 대응할 수 있는 것인가? 등은 오늘날 우리 자치행정변화에 맞게 주민자치의 틀을 정립해야 하는 시대적 배경에서 답해야 하는 중요한 문제인식이라 할 수 있다. 또한 공직자의 전문성을 중시하여 관리할 것인가 아니면 일반행정가(generalist)로서 다양한 직책을 평생에 걸쳐 접근하게 할 것인가도 매우 중요한 인식이라 할 것이다.

(1) 엽관주의와 정실주의

미국 지방정부의 선출직 공무원인 시장, 시의원과 함께 지방공무원 직군에서 고위공무원단에 속하는 수석행정관(Chief administration), 국장(department heads of government), 의회사무국장(City clerk) 등은 별정직 공무원으로 분류되어 정치적 임용이 가능하다. 즉, 시장과 정치적 견해를 같이하는 인사들이 임용되어 시정을 논의해 집행해 나아가게 된다. 이는 집권정당과 관료기구와의 동질성, 연계성을 확보하고 관직의 정기적인 교체가 가능하게 함으로써 주민에게 공직임용의 기회균등을 실현할 수 있다고 보는 엽관주의(獵官主義)적 인사관의 전통으로 볼 수 있다. 이는 또한 또 다른 면에서 볼 때 관직을 기득권층인 특정인에게 장기적으로 점유하게 하는 일은 관료주의화를 촉진하여 행정의 민주화를 저해할 가능성이 큰 것으로 이해하였다(민주주의의 위협).[9] 이런 배경에

9 이에 따라 미국에서는 獵官主義를 민주주의의 실천적 원리로 인식하고, 공직자의 임기를 대통령의 임기와 일치시키는 4년 임기법(Four Year' Law)을 실시하게 된다(하태권외, 2008). 그 주요한 시기는 다음과 같이 구분하여 볼 수 있다. (1) George Washington 대통령은 당시 북부 상공업자를 중심으로 한 연방주의자와 남부지주세력인 분리주의자의 갈등으로 행정부의 기능을 제대로 수행할 수 없게 되자 집권후반기에 자신과 동일한 정치적 신념을 가진 연방주의자들로 하여금 그의 행정부를 구성하게 이르게 되는, 즉 당파적 색채를 띠는 인사를 단행하게 된다. (2) Thomas Jefferson : 분리주의자 / 연방주의자에게 독점되었던 연방정부에 자신의 세력을 확대하기 위하여 국민과의 약속을 실현한다는 명분하에 대통령임명직의 25%를 경질하게 된다. 이때부터 정당에 대한 기여도를 공직임명의 기준으로 하는 엽관주의가 발달하기 시작하였다. 대통령이 임명하는 공직자의 임기와 대통령의 임기를 일치시키는 4년 임기법(Four Years' Law)을 제정(1820년)하는 시기이다. (3) Andrew Jackson : 동부 신흥상류계층에 대해 서부개척민 중심의 하류계층이 반발하는 배경에서 극대화된다. 엽관주의 = 민주주의의 실천적인 정치 원리 / 잭슨대통령 이후부터 남북전쟁이 끝나는 1865년 사이에 절정을 이루게 된다. 당시 "전리품은 승자에게 속한다(to the victor, belong the spoils)"는 격언으로 회자되었다.

서 선출직에게 공무를 담당하게 하는 방식이 자연스레 확산될 수 있었으며, 더구나 적은 관료들로 효율적인 성과를 낼 수 있는 제도를 강구하였다(미국 지방정부의 작은 관료제, Tocqueville, 211-212)

반면 영국에서는 국왕이나 의회를 장악한 귀족 정치인들이 그들의 영향력을 행사할 수 있는 환경에서 관직을 개인적 은혜로 부여할 수 있게 하는 정실주의(情實主義, patronage system) 전통을 가진 것으로 볼 수 있다. 그러나 미국과는 달리 관직부여가 정당이 아니라 개인중심으로 이루어졌고 관직은 종신적 직업성격으로 정권의 교체에 따른 관료의 교체는 기대하기 어려웠다. 오히려 영국정치의 특성상 빈번한 정권교체에 따른 행정의 혼란을 방지하기 위해서도 종신관료제의 필요성이 제기되었던 것이다(박동서외, 2000 : 155-156).

이와 같이 엽관주의(spoils system) 또는 정실주의(patronage system)는 공직임용을 능력, 자격, 업적보다 정당에 대한 충성도, 공헌도 내지 당파성을 비롯하여 학벌, 지연, 혈연, 개인적 충성심 등에 기준을 두는 인사행정관을 의미하는 것으로 선거를 통하여 집권한 정당에 관료제를 예속시킴으로써 주민의 요구에 대한 관료적 대응성을 향상시킨다는 큰 장점을 갖는다. 이는 주민이 요구하는 공공정책의 실현을 용이하게 해 줄 수 있다는 잇점이 있다. 결과적으로 특권적인 정부관료제를 일반대중에 공개함으로써 민주지방정치의 발달과 지방행정의 민주화에 공헌하게 된다는 사실이다(하태권외, 2008). 그러나 엽관주의는 소수의 간부에 의한 정당의 과두적 지배를 촉진하여 공직의 사유화, 상품화 경향을 야기함으로써 매관매직이나 뇌물수수 등의 정치적, 행정적 부패를 초래할 수밖에 없고, 정권이 바뀔 때마다 대규모적인 인력교체가 일시에 이루어지게 되어 행정의 계속성, 일관성, 안정성 등을 기대하기 어렵게 한다. 게다가 오늘날 관료제는 행정업무의 처리에 전문성과 능률성이 요구되는데 엽관주의는 능력 이외의 요인을 임용기준으로 함으로써 행정의 비능률성을 야기시킬 수밖에 없다. 특히 정당에 의존하여 정권창출에 성공한 자치단체장이 정당의 특수이익에 휘둘리는 인사권행사로 공정한 행정업무를 처리해 나아가기에는 한계가 있다. 또한 정권창출에 공헌한 사람을 임용하기 위하여 불필요한 관직을 증설하게 되며, 따라서 재정상의 낭비를 초래하기 쉽다. 따라서 이러한 폐해를 극복하기 위한 노력이 뒤따르게 되었는데 실적주의 관료제 구성이 그것이다.

(2) 실적주의(merit system)

상기 배경에서 공무원의 임용을 개인의 능력, 자격, 성적의 실증을 기준으로 하여 관리하겠다는 인사제도가 대두되었고,[10] 이는 실적제의 기본원칙인 공개경쟁 채용시험을 치르게 함으로써 "공직취임의 기회균등"이라는 민주적 가치를 실현시킬 수 있었다. 또한 실적을 기준으로 공무원을 임용하므로 행정능률성의 향상에 기여할 수 있었고, 공무원의 정치적 중립으로 행정의 공정성을 보장하였으며, 정치적인 해고로부터 공무원의 신분을 보호하여 주기 때문에 행정의 안정성과 계속성을 유지하고, 나아가 전문적인 직업공무원제의 수립에도 도움을 주게 되었다. 그러나 실적주의는 실적에 의한 임명과 강력한 신분보장을 받고 있는 공직제도이기에 정치지도자들이 이들을 통제하는 것이 어렵고 오히려 그들에게 조정과 회유 등 포획(捕獲)당하는 상황이 연출될 수 있다는 것이다. 또한 주민의 바람이나 요구에 바로 대응할 수 있는 관료제도를 만들어내기에 한계가 있는 것이다. 그리고 공개경쟁시험이라고는 하나 일반적으로 학력이나 전공 또는 경력 등의 자격요건과 시험내용은 그 사회를 지배하는 계층의 가치관이나 이해관계를 반영하기 때문에 소수민족이나 여성 등 소외집단의 구성원들이 관직에 진입하는 것이 실제로 어려울 수 있다는 지적이다(하태권외, 2008).

(3) 직업공무원제(career civil service system)

상기의 이해과정에서 의회정치, 정당정치에 따르는 정권교체나 정쟁에 의한 영향을 받지 않고 행정의 안전성, 계속성, 중립성을 확보하여 국가나 지방자치단체의 통일성을 유지할 수 있는 인사제도의 필요성에 대응할 수 있는 제도적 장치로서 평생직장으

10 실적주의는 행정국가 대두의 시대적 배경 하에 엽관주의, 정실주의의 폐해를 극복하기 위하여 채택되었다. 즉, 실적주의는 엽관주의에 대한 비판에서 출발하였기 때문에 다음과 같은 시대적 상황과 과제를 해결해야만 하는 상황에서 발전되었다. 즉, 부패의 온상인 정당의 인사권 행사를 차단하는데 주력할 수밖에 없었고, 영국같은 경우 의회를 장악하였던 지주 및 귀족계급과 관료제와의 연결고리를 차단할 필요성이 컸으며, 그런 배경에서 1853년 Northcote-Trevelyan Reports 보고서에서 공개경쟁시험에 의해 공무원을 채용할 것을 제안하게 된다. 한편 미국의 경우 대통령선거에서 승리할 자신을 잃은 공화당이 자신의 정당 출신 공무원들을 보호하기 위한 목적에서 1883년 펜들턴 법(Pendleton Act)을 제정함으로써 실적주의의 도입을 추진하였다(정략적 측면).

로 공직담임을 평생의 보람있는 일로 여기게 하려는 직업공무원제도를 제시하고 있다. 이는 공무원의 신분을 보장함으로써 정권교체에도 불구하고 공직의 안정성을 도모하고 행정의 일관성과 계속성을 확보할 수 있게 하려는 것이고, 공직을 보람있고 명예스러운 직업이라고 생각하도록 공무원의 자기성장이나 승진을 주요한 요건으로 한다. 공무원의 장기근무에 따라 공직에 대한 직업적 연대의식을 가지게 되어 관료제 구성원으로서의 일체감과 단결심을 갖게 된다. 특히 공무원이 오랜기간에 걸쳐 공직에 근무하면서 여러 분야에서 다양한 경험을 쌓게함으로 직위분류제에서 요구하는 전문가적 행정가보다는 폭넓은 시각과 안목을 가진 일반행정가의 양성에 유리하다는 것이다. 그리고 공무원을 조직의 최하위 직급으로 채용하여 장기간에 걸쳐 근무하면서 단계적으로 상위직급까지 승진하도록 운영되기 때문에 조직의 중간계층으로의 신규채용은 원칙적으로 허용하지 않고 상위직의 대부분을 내부승진에 의하여 채우는 폐쇄형 임용체계를 갖게 된다.

요컨대, 직업공무원제는 공직에의 장기근무를 격려하기 때문에 공직근무를 평생의 직업으로 인식하는 경향이 강하며, 공직에 대한 자부심과 일체감이 강화될 수 있다. 반면 공무원에 대한 신분보장은 외부환경의 급격한 변화에 신속하게 대응하지 못하고(주민의 요구에 무관심) 무사안일에 빠지거나 변화에 저항적인 관료적 병리현상을 초래할 수 있다. 또한 폐쇄적 임용으로 인하여 공무원집단이 보수적으로 되거나 관료주의화될 수 있고, 특히 일반행정가의 양성은 전문행정가의 양성을 저해함으로써 행정의 전문화 요구에 역행하는 근본적 맹점이 있다(하태권외, 2008).

(4) 대표관료제(representative bureaucracy)

오늘날 사회문제의 복잡성과 행정재량성이 증대됨에 따라 주민은 물론 그들에 의해 선출된 자치단체장까지도 직업공무원들에 대한 통제를 강화하기 보다는 오히려 그들에게 의존하게 된다는데 문제의 심각성이 있다. 여기에 주민에 의하여 직접 선출되지 않았으나 신분보장을 받고 있는 임명직 관료집단을 어떻게 민주적인 방법으로 행동하도록 만들 수 있을 것인가가 우리의 당면 과제일 것이다(Mosher, 1982 : 5).

이는 특히 민선자치단체장 24년의 경험을 통해 주민에 대한 직업공무원들의 관료적 대응성을 효과적으로 확보할 수 있는 제도적인 장치가 부족하였다는데 비롯되고 있다. 즉, 주민에 대한 관료적 대응성(官僚的 對應性) 확보문제가 그 근거논리가 되고 있는 것이다. 여기에서 그 사회를 구성하는 모든 주요 집단으로부터 인구비례에 따라 관료를 충원하고 그들을 정부관료제 내의 모든 직무분야와 계급에 비례적으로 배치함으로써 정부관료제가 그 사회의 모든 계층과 집단에 공평하게 대응하도록 하는 인사제도를 강구하는 대표관료제의 논의가 전개될 수 있을 것이다.

대표관료제론자들은 상기의 딜레마를 관료들의 주관적 책임론(제도적으로 누구에게 무엇에 대하여 책임을 지느냐가 아니라 누구에게 무엇에 대하여 스스로 책임을 느끼며 또 책임있게 행동하느냐의 의미)으로 해결하고자 한다. 즉, 주관적 책임은 주로 개인의 성장배경, 사회화 과정 및 조직내부나 외부에 존재하는 사회집단 등에 의해 형성되는 것으로 보고 있다. 관료들은 나름대로의 가치관과 신념을 가지고 정책결정 및 집행과정에 깊숙이 개입하고 있다. 관료의 가치관이나 태도가 정책의 성공여부에 지대한 영향을 미친다는 사실이다. 그런데 관료들이 지니고 있는 가치나 태도는 그들이 속해있는 사회집단에 의해 상당부분 형성된다. 따라서 관료제가 모든 집단에게 공평하게 대응하도록 하기 위해서는 공무원들이 그 사회를 구성하는 모든 주요 집단으로부터 인구비례에 상응하도록 골고루 충원되어야 한다고 주장한다(하태권외, 2008 : 61).

이러한 대표관료제는 주민의 다양한 요구에 대한 자치단체의 대응성을 향상시킬 수 있고, 기회균등의 원칙을 보장함으로써 관료제의 주민대표성과 사회적 형평성의 제고라는 민주적 이념을 실현할 수 있다는데 큰 가치를 두고 있다. 또한 정부관료제에 다양한 집단을 참여시킴으로써 정부관료제의 민주화에 기여할 수 있는데, 특히 소외집단의 요구에 대한 정부정책의 대응성을 높임으로써 정부정책에 대한 주민의 신뢰감을 높이고, 정책의 집행을 용이하게 하며 정부활동의 능률성을 향상시킬 수 있다는 것이다. 요컨대, 전통적으로 차별을 받거나 소외되던 집단의 사회, 경제적 지위를 향상시킴으로써 소외집단의 구성원들에 의한 반사회적 행위를 감소시켜 사회통합적 사회를 견인해 나갈 수 있다는 것이다.

그러나 대표관료제는 예를들면 고용상의 차별을 받아오던 소수집단의 구성원에게 고용기회의 실질적 평등을 보장하기 위한 정책을 제시하려는 것이기 때문에 이는 실제로는 할당제를 강요하는 결과를 초래하게 된다는 사실이다. 결국 할당제는 공직에의 임용기준을 개인의 능력이 아니라 그가 속한 집단에 둠으로써 결과적으로 오늘날 공직 임용의 기본원칙인 실적주의를 훼손시키고 나아가 행정능률을 저하시키게 된다. 더 나아가 할당제는 오히려 역차별의 문제를 야기시키는 불합리한 제도일 뿐만 아니라 소극적 대표(또는 임용전의 사회화)가 적극적 대표(또는 임용후의 행태)를 보장하지 못할 뿐만 아니라 적극적 대표는 민주주의에 위협요소로 작용할 수도 있는 것이다.[11]

3) 논의의 틀

이상의 논의를 통해 자치단체장의 인사권의 발전적 검토 내용은 다음과 같은 역학관계 속에서 논의되어야 할 것이다(그림 3-2 참조).

<그림 3-2> 이론적 논의의 틀

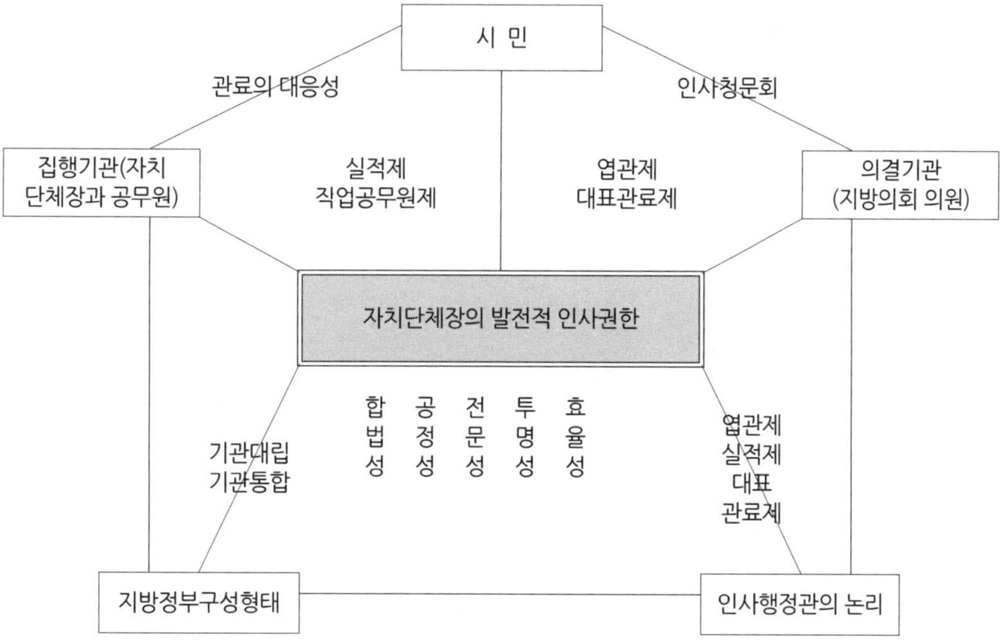

11 대표관료제의 전제논리는 "관료들은 누구나 자신의 사회적 배경(출신집단)의 가치나 이익을 정책과정에 반영시키려고 노력한다"는 것에서 출발한다. 그러나 이 가정에 의문을 제기한다. 즉, 관료의 소극적 측면과 적극적 측면(Mosher, 1982 : 15-16), 상징적 측면과 행동적 측면(Pitkin, 1967 : 61)을 고려해야 한다는 것이다. 관료는 다른 사람을 위하여 실제로 행동하는 것이 아니라 단지 그들을 상징적으로 대표할 뿐이라는 사실 때문이다. 따라서 "소극적 대표(공직에 임용되기 이전의 출신집단에 의하여 이루어진 사회화)는 자동적으로 적극적 대표(공직에 임용된 후의 행태)를 보장한다"라는 명제는 성립되기 어렵다는 것이다(하태권외, 2008).

자치단체장의 인사권은 오늘날 변화된 지방정치행정환경에 순응할 수 있는 제도로 전환되어야 하는데, 대체로 다음과 같은 요구가 중요하게 대두되고 있다. 즉, 진정한 주민주권의 주민자치를 확립해야 하는 상황에서 주민의 증대된 바램과 요구에 적극적으로 대응할 수 있는 관료제로의 전환이 요구되고 있다. 또한 이제는 주민의 요구에 대한 정책입안시 정치권력과 이해집단의 정무적 판단에 따른 결정이 아니라 정확한 정보와 지식을 근거로 전문성 높은 공직자들이 정책결정할 수 있는 관료제로의 정착을 요구받고 있다.

이러한 시대적 배경 하에 자치단체장의 인사권은 직업공무원제의 무사안일하고 '철밥통' 이미지의 공직자를 어떻게 하면 진정한 주민의 공복자(公僕者)(public servant)로서의 기능을 능력있게 수행하게 할 수 있을 것인가에 대한 차원에서 행사되도록 해주어야 한다. 그러기 위해서 주민자치에 맞는 지역인재의 충원제도, 공무원의 전문성 제고를 위한 인사관리제, 공정한 승진제도 정착이 우선 뒤따라야 할 것이다.

<그림 3-3> 자치단체장의 인사권행사

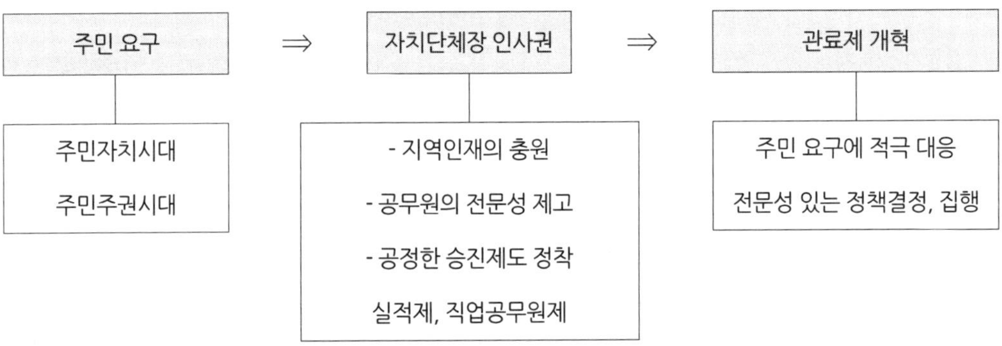

3. 자치단체장 인사권의 규정내용

1) 자치단체장의 인사권의 범위와 한계

(1) 인사권의 범위

자치단체장의 인사권의 범위는 지방자치법, 지방공무원법 등에서 규정하고 있다. 즉,

직원에 대한 임면과 임용권한에 대해 규정하고 있다. 지방자치단체의 장은 소속 직원을 지휘 · 감독하고 법령과 조례 · 규칙으로 정하는 바에 따라 그 임면 · 교육훈련 · 복무 · 징계 등에 관한 사항을 처리한다(지방자치법 제105조). 자치단체장은 자치단체의 행정사무를 총괄하고 종합적으로 관리, 책임을 지는 최고의 행정기관으로서 소속 직원의 업무처리에 대해 직무감독권을 행사하여 행정업무의 효율적 집행을 도모하고, 주민친화적인 종합행정의 완성을 이루고자 하는 것이다. 그리고 단체장은 소속직원의 인사권을 행사할 수 있게 하여 강력한 지휘권한을 행사할 수 있게 하였다. 이는 주민에 의해 선출된 자치단체장이 주민이 승인해준 공약을 실천하는 맥락에서 공직개혁을 유도하면서 공직자의 충성을 이끌어낼 수 있는 수단으로 간주되고 있다.

같은 맥락에서 지방공무원법에서도 공직임용권자의 인사권한을 규정하고 있고, 해당 자치단체의 조례로 그 임용권한을 위임할 수 있는 기관을 지정해주고 있으며, 소속 공무원의 인사기록을 작성 · 보관하도록 하고 있다(지방공무원법 제6조).[12]

(2) 인사권의 한계

그러나 자치단체장은 직업공무원제의 근간에 따른 공직자의 신분보장 규정에 의해 인사권을 행사해야 하는 한계가 있다. 즉, 공무원은 1급 공무원을 예외로 형의 선고 · 징계 또는 이 법에서 정하는 사유가 아니면 본인의 의사에 반하여 휴직 · 강임 또는 면직을 당하지 아니하도록 규정하고 있다(지방공무원법 제60조). 결국 이 직업공무원제의 신분보장 규정이 인사권을 가진 자치단체장의 관료제 개혁을 어렵게 하는 요인이 되고 있는 것이다. 오히려 공직자들이 그들의 관료문화에 자치단체장을 길들이는 현상이 발생할 우려가 있는 것이다. 이럴 경우 주민자치가 요구하는 행정의 대주민대응성은 기대하기 어렵게 되어 관료지배의 관료자치가 되어버리는 위험이 있는 것이다.

12 ① 지방자치단체의 장(특별시 · 광역시 · 도 또는 특별자치도의 교육감을 포함한다. 이하 같다)은 이 법에서 정하는 바에 따라 그 소속 공무원의 임명 · 휴직 · 면직과 징계를 하는 권한(이하 "임용권"이라 한다)을 가진다. ② 제1항에 따라 임용권을 가지는 자는 그 권한의 일부를 그 지방자치단체의 조례로 정하는 바에 따라 보조기관, 그 소속 기관의 장, 지방의회의 사무처장 · 사무국장 · 사무과장 또는 교육위원회의 의사국장에게 위임할 수 있다. ③ 임용권자(임용권의 위임을 받은 자를 포함한다. 이하 같다)는 대통령령으로 정하는 바에 따라 소속 공무원의 인사기록을 작성 · 보관하여야 한다.

2) 인사위원회의 구성과 권한

오늘날 자치행정은 공익을 실현하기 위해서 법령(법률, 행정명령)에 의하여 수행된다. 자치단체장의 인사권한 및 공직관리는 각종의 인사관계법과 행정명령의 법적 토대 위에서 수행된다. 따라서 지방공직을 다루는 인사행정관련법규는 인사행정의 제도와 기능을 규율해주고 합리적 · 효율적 수행의 토대를 제공해 주게 된다. 이는 인사행정이 법치주의 원리 위에서 구현되어야 하기 때문이다. 이러한 배경에서 지방자치단체의 인사업무를 관장하는 지방자치단체의 인사기관을 두고 있다. 즉, 비독립 합의형의 지방인사위원회를 두고 있다.

(1) 인사위원회

(1) 구성 : 지방자치단체에는 임용권자별로 7인 이상 9인 이하의 위원으로 구성되는 인사위원회를 두고 있다(지방공무원법 제7조 1항 및 2항)[13]. 인사위원은 국가공무원을 포함한 지방자치단체의 공무원 및 인사행정에 관한 학식과 경험이 풍부한 외부 인사 중에서 당해 자치단체장이 임명 또는 위촉하되 외부에서 〈4인(위원이 7인 미만인 경우는 3인)위촉 : 구법〉 위촉하는 위원이 1/2이상이 되도록 하고 있다. 그러나 정당원이나 지방의원은 위촉될 수 없다. 인사위원의 임기는 3년으로 하되, 1차에 한하여(한 번만) 연임할 수 있다.

(2) 기능(제8조) : -공무원 충원계획의 사전 심의 및 각종 임용시험의 실시, -보직관리

13 지방공무원법 제7조(인사위원회의 설치) ① 지방자치단체에 임용권자(임용권을 위임받은 자는 제외하되, 그중 시의 구청장과 지방자치단체의 장이 필요하다고 인정하는 소속 기관의 장을 포함한다)별로 인사위원회를 두되, 특별시 · 광역시 · 도 또는 특별자치도(이하 “시 · 도”라 한다)에는 필요하면 제1인사위원회와 제2인사위원회를 둘 수 있다.② 인사위원회는 위원 7명 이상 9명 이하로 구성하되, 제3항 각 호에 따라 위촉되는 위원이 2분의 1 이상이어야 하고, 그 밖에 위원회의 구성에 관하여 필요한 사항은 대통령령으로 정한다.③ 위원은 해당 지방자치단체의 공무원(국가공무원을 포함한다) 및 다음 각 호에 해당하는 사람으로서 인사행정에 관한 학식과 경험이 풍부한 사람 중에서 지방자치단체의 장이 임명하거나 위촉하되, 위원의 자격요건에 관하여 필요한 사항은 대통령령으로 정한다. 다만, 시험위원은 시험실시기관의 장이 따로 위촉할 수 있다.1. 법관 · 검사 또는 변호사 자격이 있는 사람2. 대학에서 조교수 이상으로 재직하거나 초등학교 · 중학교 · 고등학교 교장 또는 교감으로 재직하는 사람3. 공무원(국가공무원을 포함한다)으로서 20년 이상 근속하고 퇴직한 사람4.「비영리민간단체 지원법」에 따른 비영리민간단체에서 10년 이상 활동하고 있는 지역단위 조직의 장5. 상장법인의 임원 또는「공공기관의 운영에 관한 법률」제5조에 따라 지정된 공기업의 지역단위 조직의 장으로 근무하고 있는 사람④ 다음 각 호의 어느 하나에 해당하는 사람은 위원으로 위촉될 수 없다.1. 제31조 각 호의 어느 하나에 해당하는 사람2.「정당법」에 따른 정당의 당원3. 지방의회의원⑤ 제3항에 따라 위촉되는 위원의 임기는 3년으로 하되, 한 번만 연임할 수 있다.⑥ 지방자치단체는 조례로 정하는 바에 따라 위원에게 실비보상을 할 수 있다.⑦ 위원은 그 직무에 관하여 알게 된 비밀을 누설하여서는 아니 된다.⑧ 위원 중 공무원이 아닌 위원은 그 직무상 행위와 관련하여「형법」이나 그 밖의 법률에 따른 벌칙을 적용할 때 공무원으로 본다.[전문개정 2008.12.31]

기준 및 승진 · 전보 임용기준의 사전의결, -승진임용의 사전심의, -임용권자의 요구에 의한 공무원의 징계 의결, -지방자치단체장이 지방의회에 제출하는 공무원의 인사와 관련된 조례안 및 규칙안의 사전심의(동법 제8조 1항), 임용권자의 인사운영에 대한 개선 권고, 그 밖에 법령 또는 조례에 따라 인사위원회 관장에 속하는 사항이다.[14]

인사위원회에 위원장 · 부위원장 각 1명을 두며, 위원장은 시 · 도의 국가공무원으로 임명하는 부시장 · 부지사 · 부교육감, 시 · 군 · 구(자치구를 말한다. 이하 같다)의 부시장 · 부군수 · 부구청장이 되고, 부위원장은 해당 인사위원회에서 호선하는 것으로 하였다(지방공무원법 제9조). 또한 인사위원회의 과중한 업무부담을 줄여 인사위원회 운영의 활성화를 위하여 인사위원회를 복수로 둘 수 있게 하되, 제1인사위원회는 부단체장이 당연직 위원장이 되고(동법 제9조 1항), 제2인사위원회의 위원장은 인사담당국장(인구 8백만 이상의 광역자치단체의 경우 특정지역의 사무를 담당하는 부단체장)이 된다(동법 제9조 2항). 인사위원회의 위원장, 부위원장, 위원은 자격요건이 상실되거나 제7조제4항 각 호의 어느 하나에 해당할 때에는 그 직을 당연히 퇴직하나 장기의 심신쇠약으로 직무를 수행할 수 없게 된 경우 외에는 본인의 의사에 반하여 그 직에서 면직되지 아니한다(동법 제9조의 2).[15] 인사위원회의 회의는 위원장이 필요하다고 인정할 때에 소집하고 위원장은 그 의장이

---

14 제8조(인사위원회의 기능 등)① 인사위원회는 다음 각 호의 사무를 관장한다.<개정 2010.3.22>1. 공무원 충원계획의 사전심의 및 각종 임용시험의 실시2. 임용권자의 요구에 따른 보직관리 기준 및 승진 · 전보임용 기준의 사전의결3. 승진임용의 사전심의4. 임용권자의 요구에 따른 공무원의 징계 의결 또는 제69조의2에 따른 징계부가금(이하 "징계부가금"이라 한다) 부과 의결(이하 "징계의결등"이라 한다)5. 지방자치단체의 장이 지방의회에 제출하는 공무원의 임용 · 교육훈련 · 보수 등 인사와 관련된 조례안 및 규칙안의 사전심의6. 임용권자의 인사운영에 대한 개선 권고7. 그 밖에 법령 또는 조례에 따라 인사위원회 관장에 속하는 사항② 인사위원회는 제1항의 기능 수행에 필요하다고 인정하면 임용권자에게 관계 서류의 제출을 요구할 수 있고, 제1항제4호의 사무처리를 위하여 사실 조사를 하거나 증인의 증언을 요구할 수 있다.③ 제1항제2호에 따른 사전의결 대상 및 제7조제1항에 따라 복수의 인사위원회가 설치된 경우 각 인사위원회의 사무분장에 필요한 사항은 대통령령으로 정한다.④ 인사위원회의 징계의결등에 관한 절차는 따로 대통령령으로 정한다.<개정 2010.3.22>[전문개정 2008.12.31]

15 제9조(인사위원회의 기관) ① 인사위원회에 위원장 · 부위원장 각 1명을 두며, 위원장은 시 · 도의 국가공무원으로 임명하는 부시장 · 부지사 · 부교육감, 시 · 군 · 구(자치구를 말한다. 이하 같다)의 부시장 · 부군수 · 부구청장이 되고, 부위원장은 해당 인사위원회에서 호선한다. 다만, 임용권을 위임받은 기관에 두는 인사위원회의 위원장과 부위원장은 해당 인사위원회에서 호선한다.② 제7조제1항에 따라 시 · 도에 복수의 인사위원회를 두는 경우 제1인사위원회의 위원장은 제1항 본문에 따르고, 제2인사위원회의 위원장은 부시장 · 부지사(「지방자치법」 제110조제6항 후단에 따라 특정지역의 사무를 담당하는 부시장 · 부지사를 말한다) 또는 인사를 담당하는 국장이 된다.③ 위원장은 인사위원회를 대표하며, 인사위원회의 사무를 총괄한다.④ 부위원장은 위원장을 보좌하며, 위원장이 부득이한 사유로 직무를 수행할 수 없을 때에는 그 직무를 대행한다.[전문개정 2008.12.31] 제9조의2(위원의 신분보장) ① 인사위원회의 위원장, 부위원장 및 위원(공무원인 위원장, 부위원장 및 위원은 제외한다. 이하 이 조에서 같다)은 제7조제3항 각 호에 따른 자격요건이 상실되거나 제7조제4항 각 호의 어느 하나에 해당할 때에는 그 직을 당연히 퇴직한다.② 인사위원회의 위원장, 부위원장 및 위원은 장기의 심신쇠약으로 직무를 수행할 수 없게 된 경우 외에는 본인의 의사에 반하여 그 직에서 면직되지 아니한다.[전문개정 2008.12.31]

되며, 인사위원회의 의결은 재적위원 2/3 이상의 출석과 출석위원 과반수의 찬성으로 하고 있다(동법 제10조).[16]

(3) 예상되는 문제점

상기와 같은 규정은 다음과 같은 문제점을 안고 있다고 보아야 할 것이다(하태권 외, 2008). 즉, 인사위원회 위원은 자치단체장에 의하여 임명 또는 위촉되고 부단체장이나 인사담당국장이 당연직 위원장을 맡음으로써 독립성이 결여되어 있다는 사실이다. 따라서 자치단체의 인사위원회는 인사의 공명성을 확보하기 어렵다. 특히 자치단체장이 선거에 의하여 선임된다는 점을 감안하면 인사행정의 엽관화 내지 정실화의 가능성은 더욱 커진다고 볼 수 있다. 또한 보직관리 및 승진 · 전보 임용기준과 승진임용에 대한 인사위원회의 사전심의 기능을 인정하고는 있으나 심의결과가 기속력(羈束力)이 없기 때문에 자치단체장이 심의결과를 무시할 경우에 대비한 효과적인 제재수단이 없다는 사실이다. 그리고, 지방자치단체에 근무하는 국가공무원이 인사위원으로 임명될 경우, 지방인사행정이 중앙정부에 예속되어 자율성을 상실할 위험이 있으며, 지방공무원제도의 독자적인 발전이 어렵게 될 것이다(하태권 외, 2008).

4. 자치단체장 인사권한의 발전적 대안 : 인사청문회의 도입

1) 이원적 접근 : 공무원 종류에 따른 인사청문회

자치단체장의 인사권의 행사는 본인의 철학과 소신을 실현할 수 있고, 선거기간 내에 주장하고 검증받았던 공약을 실현한다는 것과 관료의 통제와 리더십 발휘라는 측면에서 그 중요성이 있다. 그러나 결국 자치단체장은 관료기구와 시민과의 동질성을 어떻게 확보할 수 있겠는가에 대한 고민에서 (시민의 눈높이에 맞춘 인사권 행사)가 되어야 할 것으로 보인다. 그런 측면에서 시민과 공무원이 공감하는 임용권행사가 되기 위한 제도적 장치로서 제도권 내의 지방의회의 인사권 견제권한을 모색해 볼 필요가 있다. 그런 측면에서

16 제10조(인사위원회의 회의) ① 인사위원회의 회의는 위원장이 필요하다고 인정할 때에 소집하고 위원장은 그 의장이 된다.② 인사위원회의 회의는 재적위원 3분의 2 이상의 출석과 출석위원 과반수의 찬성으로 의결한다.③ 인사위원회의 위원은 그 친족의 징계의결 등에 관여하지 못한다.<개정 2010.3.22>④ 그 밖에 인사위원회의 운영에 필요한 사항은 대통령령으로 정한다.[전문개정 2008.12.31]

전문성과 공정성을 토대로 한 공직임용이라는 측면에서 인사청문회의 도입을 모색해 볼 필요가 있다. 그러나 인사청문회의 대상공직자는 우선 첫 단계에서는 경력직 이외의 공무원으로서 한시적이고, 정무직 성격으로 지방의회의 승인을 필요로 하는 공무원으로 한정해야 할 것이고,[17] 이후 인사청문회제도가 어느 정도 정착된 다음 단계에서는 부단체장, 국 · 실장급 고위공직자에게도 확대해 나가는 방안도 고려해 볼 필요가 있다.

(1) 엽관제에 근거한 공무원

정당관여로 주민이 선출한 자치단체장에 의해 지명된 정무직공무원은 신분이 보장되고 실적에 의해 보장받는 직업공무원과는 달리 해당 자치단체의 정치 · 행정 · 경제적 맥락 하에 고도의 정치적 판단력과 정책능력 등을 행사해야 하는 만큼 주민에 의해 다수의 인사가 공개적으로 검증하는 것이 가장 안전한 방법이라고 판단하는 것이다. 또한 해당 자치단체에서 정치적 연대력의 확보를 위해 정치적 임용이 필요하다고 해도 그것이 무능력자나 부정부패자의 등용을 가능케하는 통로가 되어서는 곤란하다고 보는 것이다. 그리고 자치단체장이 도움을 준 이해세력들에게 인사압력에 보다 자유스럽게 할 필요성도 제기되고 있는 것이다.

의회가 집행부를 견제하기 위한 행정사무 감사 및 조사권, 예산심의 및 의결권, 회의

17 공무원 종류 : (1) 경력직 공무원 : 직업공무원으로서 신분보장을 받으며, 실적과 자격에 의해 임용되는 공무원이다. -일반직(一般職) : 기술, 연구 또는 행정일반에 대한 업무를 담당하며 직군, 직렬별로 구분되는 공무원이다. 시청이나 군청에서 일선행정을 담당하는 공무원이 이에 해당한다. -특정직(特定職) : 특수분야의 업무를 담당하는 공무원으로 특정직 국가공무원은 검사, 판사, 교육공무원, 군인 등을 의미하지만 지방에서의 그것은 지방 소방공무원과 기타 특수분야의 업무를 담당하는 공무원을 의미한다. 공립의 대학 및 전문대학에 근무하는 교육공무원(공립대학 교육공무원) -기능직(技能職) : 기능적인 업무를 담당하는 공무원으로 운전, 전기, 전산 등의 특수한 기술을 필요로 한다.(2012년 12월 12일 국가 · 지방공무원법 개정으로 폐지, 일반직 공무원에 통합)(2) 특수경력직 공무원 : 경력직 이외의 공무원으로서 한시적이고, 정치적 성격을 가지는 공무원이다. -정무직(政務職) : 선거에 의하여 취임하거나 임명시에 지방자치단체의 의회의 동의를 요하는 공무원과 기타 다른 법령 또는 조례가 정무직으로 지정하는 공무원을 의미한다. -별정직(別定職) : 특정한 업무를 담당하기 위하여 별도의 자격기준에 따라 임용되는 공무원으로서 법령 또는 조례에서 별정직으로 지정하는 공무원을 의미한다. 일반직공무원의 계급구분과 유사하게 계급분류는 하고 있으나(1-9급 상당) 지방공무원법상 승진, 전보, 전직, 강임, 겸임 등 실적주의에 의한 인사관리나 휴직, 직위해제, 소청 등 신분보장 등의 제도는 적용되지 않는다(공무원교육원, 2007 : 7). -계약직(契約職) : 지방자치단체와 채용계약에 의하여 일정한 기간 연구 또는 기술업무에 종사하는 과학자, 기술자 및 특수 분야의 전문가를 의미하는데, 지역연구기관의 연구원, 연구위원 등이 이에 해당한다. 지방계약직공무원규정에 의하여 채용되는 공무원으로 직종은 전임계약직, 비전임계약직으로 구분된다. 지방자치단체장이 지방계약직공무원 채용자격기준에 따라 5년(개방형직위에 임용되는 계약직공무원의 경우 5년)의 범위 내에서 당해 업무수행에 필요한 기간과 적정보수에 대하여 계약하고, 그 계약에 의하여 채용하는 계약직공무원이다. 보수는 전임계약직공무원은 지방공무원보수규정에서 정하는 연봉액으로, 비전임계약직공무원은 전임계약직공무원의 연봉한계액의 50% 범위 내에서 계약된다(*2012. 12.11 삭제). -고용직(雇傭職) : 단순한 노무에 종사하는 공무원 / 지방고용직공무원의임용등에관한조례에 의하여 임용되는 공무원으로서 직종은 지도원(1종)과 사환(경노무)이 있다(2011.5.23 삭제).

출석과 답변요구권, 조례제정권 및 의결권, 자치단체장이 확정된 조례를 공포하지 않을 경우 의장의 조례공포권 등을 두고 있지만 인사통제만큼 결정적이고 효과적인 수단은 없다라는 사고가 인사청문회의 활성화를 이끌 수 있을 것이다.

(2) 직업공무원제와 실적제에 근거한 공무원

실적과 자격에 의해 신분보장을 받는 공직자가 고위공직자(부단체장, 실 · 국장)에 임용되기 위해서 주민의 관료 대응성을 제고시키고 주민과 함께 행재정서비스를 공동생산해 가야하는 굿거버넌스의 요청에도 부합되는 인사청문회제도를 발전적으로 검토해야 한다. 이를 전제로 우수한 지역인재가 충원될 수 있는 제도적 장치를 갖추어야 하고[18], 그에 따른 인적자원의 전문적 관리가 필요하다. 자치단체 업무를 업무의 난이도 곤란도 등을 고려하여 유사성정도를 판단하여 몇 개의 전문분야로 구분하여 충원된 공직자가 자기의 전공, 적성 등을 고려하여 전문성 높은 능력있는 공직자로서의 활동이 가능한 전문보직경로제를 활용해야 할 것이다. 여기에서 각 공직자별로 전공, 적성, 능력 등 자기역량을 정확하게 파악할 수 있도록 사전진단제도에 따라 있는 진단에 따라 '주전문분야', '부전문분야'를 지정할 수 있게 해주고 그 전문분야 내에서 전보, 승진 등 인사관리가 이루어질 수 있도록 해 주어야 한다. 특히 잦은 전보로 업무단절 및 전문성 약화가 우려되는 일부 직위에 대해서는 특별히 각 부서별 전문핵심직위를 선정하여 적정인사를 공모하여 관리할 수 있어야 한다. 또한 공직업무에 대한 전문성 강화를 위해서 특히 예산회계관련업무는 전문자격증제를 도입하여 이 분야에 대한 능력있는 자로서의 검증이 이루어진 뒤 참여할 수 있도록 해주는 방안도 검토해야 할 것이다.[19]

2) 정부형태(기관구성형태)에 따른 인사청문회

인사청문회의 도입과 활용여부는 정부구성형태에 따라 다르게 나타날 수 있다. 대체로 의원내각제(기관통합형)를 채택하고 있는 유럽국가의 경우 인사청문회가 발달되어 있

---

18 지방자치와 균형발전의 시대적 환경변화에 거점국립대학, 지방대학을 활용해 지역인재추천제를 통해 능력있는 인재를 키워내고 육성해 나아가야 한다.

19 예를 들면 공공재정관리사 자격증제도를 두어 정부회계, 재정학 전공지식을 제대로 배우고 익혀서 해당 공직자들이 전문성을 제고할 수 있을 것이다.

지 않은 반면 미국의 경우는 매우 활성화되어 있다. 또한 그들의 정치 · 문화적 배경에 따라 고위공직자의 임명기준으로서의 도덕성의 문제를 중요하게 부각시키려하는 국가(자치단체)가 있으며, 그렇지 않은 국가(자치단체)가 있다. 대체로 전자는 미국이 해당되며, 후자는 프랑스가 해당된다.

(1) 의원내각제 국가(기관통합형 지방정부)의 인사청문회 부재 내지 비활성화 이유

우선 입법부(지방의회)와 행정부(자치단체장)가 법적으로는 분리되어 있지만 정치적 실제에 있어서는 두 기관이 밀접한 협조관계에 있기 때문에 입법부(지방의회)에 의한 행정부(자치단체장) 견제의 필요성이 상대적으로 적다는 점이다. 또한 입법부의 다수당이 행정부를 구성하므로 잘못이 있는 경우 다 같이 책임을 지게 되며, 심한 경우는 임기와 관계없이 언제나 내각불신임과 의회해산에 의한 총선을 함으로써 책임을 물을 수 있으며 정권교체 가능성이 있다는 점이다. 그리고 행정부의 고위직으로 임용되는 인사는 주로 다선 의원으로 장기간에 걸친 의원직 생활과 특정 상임위 소속 경력으로 인하여 그들의 자질 · 인품 · 능력 · 전문성 등이 검증되었다고 볼 수 있다는 것이다.[20] 결국, 프랑스 정부구조의 특성으로 의회 앞의 신임문제 내지 책임문제로서 혹은 대통령(단체장) 앞에서의 책임과 신임문제로서 인사검증을 하고 있다고 볼 수 있다. 즉, 국적문제, 병역문제, 재산문제가 만일 도덕적으로 문제가 될 수 있다고 한다면 이미 프랑스는 합법적으로 해결하였을 것이고, 수상이나 정무직 고위공직자라는 인물은 정치적인 활동을 수년간 경험하게 된 인사이기 때문에 그들의 정치행정게임 속에서 이미 자질과 도덕성을 검증받았다고 보는 것이다(Thuillier, 1979 ; 최진혁, 2002).

(2) 대통령제 국가(기관분립형 지방정부)의 인사청문회 활성화 이유

우선, 국가 및 지방권력의 엄격한 삼권분립에 기초하여 행정권의 횡포 · 남용을 예방하고자 하기 때문에 정부인사의 검증이 적극적이다. 또한 의원내각제(기관통합형)와는

20 참고로 프랑스는 상 · 하원(Sénat/Assemblée Nationale) 모두 정부를 견제하고 통제하기 위한 청문회위원회(commission d'enquête)을 두고 있다. 다만 프랑스 행정에 있어 도덕성 · 청렴성(honnêteté)에 대한 질문은 위험한 것으로 비쳐지고 있다. 왜냐하면 청렴성을 제기하는 이면에 존재하는 '의도된 악의있는 생각'에 의문을 품고 있기 때문이다. 거기에 함정이 존재한다고 보기 때문이다.

달리 행정책임자인 자치단체장은 임기제로 되어 있어 실수가 있어도 임기 중에는 물러나지 않으므로 고위공무원의 인선을 신중히 해야 한다는 점에서 인사검증이 활발해진다. 그리고 행정수반(자치단체장)에게 전적으로 인사권을 주지 않고 입법부(지방의회)도 나누어 가져야 한다는 사고가 지배적이다. 이와 더불어 의원내각제(기관통합형)와는 달리 장기간에 걸친 의원직 생활을 통해서 정치적 감각과 전문성을 갖춘 인물을 상대적으로 임용하기 어렵기 때문에 자질에 대한 검증이 절대적으로 필요하다고 믿고 있기 때문이다(최진혁, 2002).

3) 사례 : 지방공기업사장 등 정무직 공무원의 인사청문회 도입

(1) 필요성

현재 지방공기업 사장은 조례로 규정한 지방공기업 임원추천위원회의 추천을 받아 지방자치단체장이 임명하고 있으나 단체장과 직 · 간접적으로 연결된 임원추천위원이 많아 공정한 인사를 기대하기 어려운 점이 있다. 따라서 지방자치단체장이 지방공기업 사장을 임명(자치단체장의 전속권한사항임)할 때 지방의회의 인사청문회를 통해 인사검증을 함으로써 인사의 투명성 · 전문성 · 도덕성을 높일 필요가 있다. 이는 자치단체장의 인사권 남용을 막고, 후보자 능력을 사전에 검증하여 우수한 인재를 기용케 함으로써 지방공기업 경영합리화를 꾀할 수 있게 하자는 데 그 의의가 있다. 단체장의 인사권과 자율권을 보장하는 것을 전제로 하면서도 단체장의 확대된 권한과 인사권에 걸맞는 견제가 필요하다는 측면에서 도입할 필요성이 제기된다(지방분권촉진위, 2011).

(2) 문제점

전국 137개 공기업사장과 이사장들이 대부분 전문성이 떨어지는 인사들이어서 부실경영으로 인한 만성적자가 초래되고 있다. 이로 인해 부채와 자산대비 부채비율이 매년 늘고 있는 실정이다(표 3-1 참조).

<표 3-1>연도별 부채규모 및 자산대비 부채비율

연도	부채규모	자산대비 부채비율
2005년	12조5,882억원	83.0%
2006년	22조6,948억원	104.1%
2007년	27조7,027억원	110.1%
2008년	32조4,377억원	115.5%
2009년	42조6,283억원	136.6%
2010년	46조3,591억원	134.8%

자료 : 지방분권촉진위원회, 2011.

지방공기업의 심각한 부실경영은 경영능력을 고려하지 않은 낙하산 인사가 주 원인으로 지적되고 있다. 이들은 소신을 가지고 기업을 경영한다기 보다는 임명권자인 단체장의 입맛에 맞는 경영을 해 정치논리에 따라 주먹구구식으로 사업을 벌여 부실을 초래하고 있다는 것이다(지방분권촉진위원회, 2011). 결국 자치단체의 재정악화를 초래함으로써 주민의 부담으로 작용하게 된다는 것이다.

실제로 감사원이 2009년 41개 지방공기업을 대상으로 감사를 벌인 결과 김포 도시개발공사 A사장은 2007년 3월 자신과 알고 지냈거나 인사를 청탁한 5명을 서류전형과 면접없이 채용한 것으로 드러났다(지방분권촉진위원회, 2011). 또한 경력직직원 10명을 채용하는 과정에서 분야별 최고득점자 3명을 탈락시키고 2순위자 3명을 합격시킨 것이 적발되기도 하였다(지방분권촉진위원회, 2011).

(3) 개선방안

지방공기업법 제58조 제3항은 "지방자치단체장이 사장과 감사(조례 또는 정관으로 정하는 바에 따라 당연히 감사로 선임되는 사람은 제외한다)를 임명할 때는 대통령령으로 정하는 임원추천위원회에서 추천된 자 중에서 임명하여야 한다"고 규정하고 있다. 따라서 이를 기관분립형의 지방정부조직의 취지에 맞게 자치단체장이 임명하되 사장은 지방의회의 인사청문회를 거쳐야 하는 것으로 개정할 수 있을 것이다(표 3-2 참조).

<표 3-2> 지방공기업법(인사청문회건) 개정안

현행	개정안
제58조(임원의 임면 등)①② (생략) ③지방자치단체의 장이 제2항에 따라 사장과 감사(조례 또는 정관으로 정하는 바에 따라 당연히 감사로 선임되는 사람은 제외한다)를 임명할 때에는 대통령령으로 정하는 임원추천위원회(이하 "임원추천위원회"라 한다)에서 추천된 자 중에서 임명하여야 한다. 다만 제4항에 따라 사장을 연임시키려는 경우에는 임원추천위원회의 심의를 거쳐야 한다. ④-⑦ (생략)	제58조(임원의 임면 등) ①② (현행과 같음) ③ ---------임명하되 사장은 지방의회의 인사청문을 거쳐야--- ④-⑦(현행과 같음)

자료 : 지방분권촉진위원회, 2011.

다만 여소야대가 많은 지방의회의 상황에서 지방공기업사장청문회가 후보자의 전문성과 도덕성을 검증하기보다는 단체장 길들이기, 또는 거래수단으로 변질될 우려가 있어 이를 차단하기 위한 장치가 필요할 것이다. 그런 배경에서 청문위원 구성은 청문회가 정치성을 띠는 것을 방지하기 위하여 각 당의 의석수 비례에 의한 것보다는 여야 동수가 되도록 균형을 이룰 필요가 있다.

이를 위해 현행 국무위원 인사청문회제도를 준용할 필요가 있다. 현 국무위원 인사청문회는 청문회 인사검증과정에서 전문성과 도덕성 등에 큰 하자가 발견되더라도 임명권자인 대통령이나 본인의 판단에 맡길 뿐 낙마시키지는 못하고 있다.

더 나아가 정무직 고위인사에 대해서는 '제주특별자치도설치및국제자유도시조성을위한특별법'이 정무부지사와 감사위원장 후보에 대해 인사청문회를 규정하고 있는 것처럼 그 대상범위를 확대할 수 있을 것이다(지방분권촉진위원회, 2011).

(4) 기대효과

청문회를 통해 전문성과 도덕성 등이 검증된 인사가 사장이 됐을 경우 지방공기업의 경영합리화를 도모할 수 있음과 동시에 문제가 되고 있는 부실 지방공기업 성과급지급 등 모럴해저드(도덕적 해이)를 최소화시킬 수 있을 것이다. 또한 친・인척이나 선거공신

기용 등 단체장의 전횡을 견제할 수 있고, 전문성과 도덕성을 갖춘 자가 임명돼 지방공기업의 전문경영과 투명경영이 가능해질 것이다.

(5) 인사청문회 기준설정

인사청문회가 소기의 목적을 실현해내기 위해서는 다음과 같은 인사청문회 기준설정을 모색해 보아야 할 것이다(표 3-3 참조).

<표 3-3> 인사청문회 기준설정

구분	기준	비중	평가 지표	평가 근거
국가관(공직관)				
능력	1)직무수행적합성 -해당 문제의 분석과 해결능력 2)리더십 -의사소통능력 3)업무추진능력 -자질과 성과달성능력 -업무순위 조직화 능력 -단체업무수행능력 4)기획력 5)경력, 경륜, 소신 -끈기력			
도덕성	1) 인성 ①윤리성-국적관계; -본인 및 직계가족의 이중국적 여부 -이중국적 활용여부 -고위공직자의 의무(Noblesse oblige)실천 여부 ②병역관계 -본인 및 직계가족의 병역기피 여부 -병역기피사유의 적실성 여부 ③청렴성-재산관계 -재산형성과정에서의 불법/탈법 여부 -공직자로서 공권력을 자의적으로 사용해 치부한 사실여부 -납세의 성실성 여부 ④전과			
합법성	법규준수			
기타	공직후보자의 과거의 행적과 발언 평소의 신념과 시정운영과의 괴리여부 정치적 신념과 약속을 바꾸어버린 경험여부 공권력의 자의적 행사여부 공직자로서의 품위 손상여부			

5. 결론

주민자치라는 지방정치행정환경변화에 행·재정서비스의 주체가 되는 공직자를 어떻게 주민의 요구에 적극적으로 대응하는 관료제로 변화시켜나갈 수 있을 것인가에 대한 성찰이 필요하다. 여기에 자치단체의 집행부 최고행정기관으로서 자치단체장이 가진 인사권을 주민의 뜻에 맞게 합당하게 행사하도록 해주어야 하는 이유가 있다. 우리나라는 지방공무원법에서 규정하고 있는 실적주의 요청에 따라 자치단체장의 인사를 일정한 범위 내에서 실력과 자격을 갖춘 인사를 선발하고 관리할 수 있도록 검증할 수 있는 제도적 장치를 강구해야 한다. 신분이 보장된 일반공직자들의 안일한 행태와 전문성이 결여된 지방공기업 사장이 보은인사성 임명으로 나타난 부실경영은 자치단체의 비효율적 운영과 재정악화로 이어지고, 이는 결국 지역주민의 폐해로 돌아오게 된다는 사실에서 자치단체장의 인사권한의 검증을 통해 적정한 인사를 임용할 수 있도록 하는 제도적 장치를 강구할 필요성이 있다.

그런 배경에서 인사청문회제도는 우리나라와 같이 자치단체장의 권한이 막강한 지방정치·행정체제하에서는 그 인사권의 견제를 통하여 시·도정운영을 효율적으로 수행해 줄 수 있는 해당 직위에 적합한 인물을 선정해 준다는 의미에서 합리적인 제도로 간주되고 있다. 그러나 청문회가 인사청문회의 본질을 망각하고 당리당략에 따라 정치협상 내지 정치선전의 장으로 활용하거나 의원들의 성의 없는 준비되지 않은 심사가 이루어진다면 청문회는 소기의 목적을 달성할 수 없을 것이다. 또한 인사청문회가 직무를 수행할 능력보다는 개인의 인신공격적 발언이나 사생활의 침해로 공직수행의 어려움을 줄 수 있고 특히 도덕적 윤리적 검증에만 매달릴 경우 능력 있는 인사의 공직취임이 차단될 수 있다는 문제가 제기된다. 따라서 주민으로부터 인정받는 '성공한 인사청문회'가 되기 위해서는 다음과 같은 점을 심도있게 고려해야 할 것이다. 즉, 우선 형식적이고 일차적인 도덕적·윤리적 차원이 아니라 실질적이고 다차원적인 도덕적·윤리적 차원이 되어야 한다. 따라서 도덕적·윤리적 차원의 논의는 반드시 직무수행능력과 함께 검증되어야 한다. 또한 도덕적·윤리적 검증기준은 주민정서에 순응한 그리하여 주민통합을 이루어낼 수 있는 범위 내에서 이루어져야 한다. 그리고 청문회 운영상의 기술적인 문제로 위원들의 충분한 사전조사가 될 수 있도록 예비조사제도를 도입하여야 한다.

공직자들의 도덕성의 해이와 전문성 부족을 비난한다고 치유되는 것은 아니다. 그러한 행위에 대해 확실하게 사회적 불이익을 받게 된다는 사회적 공감대를 형성하는 일이 무엇보다도 중요하다. 따라서 공직자들은 스스로 엄격한 자기관리와 역량을 제고하는데 노력을 경주해야 한다. 인사청문회제도를 통해 주민에 대한 공직자들의 관료적 대응성을 강화하는 계기를 만들어 자치단체장의 인사권한이 더욱 완전하게 정립될 수 있도록 하여야 할 것이다.

참고문헌

국회사무처. 1998. 미국의회의 국정조사와 청문회.
김석태. 2019. 지방자치 철학자들 그리고 한국의 지방자치. 한국학술정보.
김철수. 2002. 헌법학개론. 박영사.
김현우. 2001. 한국국회론. 을유문화사.
남궁근. 2003. "참여정부 공직전문성제고방안", 한국인사행정학회보, 3(2).
남궁근외. 2007. 정부인사혁신론. 대영문화사.
문병철. 인사청문회제도의 도입에 관한 고찰, 의정자료 제27집.
박동서외. 2000. 비교행정론. 박영사.
성낙인. 1995. 프랑스 헌법학. 법문사.
이주희. 2008. 지방자치법 이론과 운영. 기문당.
최진혁. 2002. 국무총리 선임문제에 따른 인사청문회 : 고위공직자 도덕성/윤리성 검증기준을 중심으로, 경제정의실천연대.
최진혁. 2011. "유럽연합의 관료제와 인적자원관리," 유럽연합의 행정과 정책연구, 신조사.
하태권외. 2008. 새인사행정론. 대영문화사.
한국지방자치학회. 2019. 신지방의회론. 박영사.
서울시정개발연구원. 2000. 서울시공무원 인사행정 수요조사결과.
정부혁신지방분권위원회. 2005. 참여정부의 인사개혁.
지방분권촉진위원회. 2010. 지방의회 활성화방안.
지방자치법.
지방공무원법.
지방공기업법.

Claisse, Alain. et Meininger, Marie-Christine. 1994. *Fonction publiques en Europe*. Paris : Montchrestien.

Mosher, F.C. 1982. *Democracy and the Public Service*, 2nd ed., NewYork : Oxford University Press.

Peiser, Gustave. 2010. *Droit de la fonction publique*. Paris : Dalloz.

Thuillier, Guy. 1979. *Regards sur la haute administration en France,* Paris : Economica.

04 지방공무원

제1절 개념정의

국가공무원이란 (국가사무를 처리하는데 국가(대통령 및 각부 장관)가 임명하고, 국가에 대하여 근무의무를 지며 국가로부터 보수를 받는 공무원인데 비하여, 지방공무원이란 (지방사무, 주민생활관련 사무를 처리하는데) 지방자치단체(장)가 임명하고 지방자치단체에 대하여 근무의무를 지며 지방자치단체로부터 보수를 받는 공무원이다.

1. 최광의 개념(지방공무원교육원, 2007 : 3-8)

공무를 수행하는 모든 자로서 사법상의 계약, 특허 · 사무위탁 등에 의하여 공무에 종사하는 사인(私人)도 포함한다. 예 : 국 · 공립학교 시간강사, 특허기업자, 공공조합이나 공기업체의 직원, 조세징수 의무자, 통 · 리 · 반장, 교통어머니 · 교통할아버지.

국가배상법(국가나 지방자치단체의 손해배상(損害賠償)의 책임과 배상절차를 규정함) 제2조(배상책임)

① 국가나 지방자치단체는 공무원 또는 공무를 위탁받은 사인(私人)(이하 "공무원"이라 한다)이 직무를 집행하면서 고의 또는 과실로 법령을 위반하여 타인에게 손해를 입히거나, 「자동차손해배상 보장법」에 따라 손해배상의 책임이 있을 때에는 이 법에 따라 그

손해를 배상하여야 한다. 다만, 군인 · 군무원 · 경찰공무원 또는 향토예비군대원이 전투 · 훈련 등 직무 집행과 관련하여 전사(戰死) · 순직(殉職)하거나 공상(公傷)을 입은 경우에 본인이나 그 유족이 다른 법령에 따라 재해보상금 · 유족연금 · 상이연금 등의 보상을 지급받을 수 있을 때에는 이 법 및 「민법」에 따른 손해배상을 청구할 수 없다. [개정 2009.10.21]

②제1항 본문의 경우에 공무원에게 고의 또는 중대한 과실이 있으면 국가나 지방자치단체는 그 공무원에게 구상(求償)할 수 있다.[전문개정 2008.3.14]

*통장을 국가배상법상의 공무원이라고 볼 수 있는지의 여부(지방공무원교육원, 2007 : 3) 논의 :

국가배상법 제2조 소정의 공무원이라 함은 국가공무원법이나 지방공무원법에 의하여 공무원으로서의 신분을 가진 자로 국한하지 않고 널리 공무를 위탁받아 실질적으로 공무에 종사하고 있는 일체의 자를 가리키는 것이라고 봄이 상당한 바 통장이 전입신고서에 확인인을 찍는 행위는 공무를 위탁받아 실질적으로 공무를 수행하는 것이라고 보아야 할 것이므로 위 통장을 국가배상법 제2조 소정의 공무원으로 본 판단은 정당하다(대법원 판례 91.7.9).

2. 광의(廣義)의 공무원

국가 또는 공공단체와 특별한 공법상의 근무관계를 유지하면서 공무를 담당하는 기관의 구성원으로서 국가공무원법 제2조 및 지방공무원법 제2조(공무원의 구분)에서 규정하는 공무원을 포괄하는 개념이다.

3. 협의(俠義)의 공무원

근무관계가 법률에 의하여 규율되고 특별권력적 구속을 가장 많이 받는 공무원, 즉 실적과 자격에 의하여 임용되고 그 신분이 보장되는 직업공무원으로서 국가공무원법

제2조 및 지방공무원법 제2조의 공무원 중 경력직(일반직, 특정직, 기능직) 공무원이 해당된다.

제2절 지방자치와 지방공무원

1. 지방공무원제의 중요성

자치분권의 확대에 따라 지역민에게 양질의 행·재정서비스를 제공하고 관리해 가기 위해서는 무엇보다 그 지역의 여건에 맞게 자치행정을 실현해내는 주체로서 필요한 인적자원을 적재적소에 배치하고 관리하는 문제가 매우 중요한 주제로 간주된다. 왜냐하면 지방자치제도가 아무리 잘 되어 있다고 하더라도 그 지방자치를 실제로 운영해 나가는 지방공무원제가 잘못되어 있다면 그 자치제도는 허상이 되기 때문이다. 자치분권의 과실이 주민에게 제대로 전달되기 위해서는 주민에 대한 봉사를 기본가치로 여기고 지방정부의 자율과 책임을 중시하는 자치행정체계가 작동되어야 할 것이고 그 안에서 서비스 제공의 주체가 되는 지방공무원들의 충원 및 관리제도가 뒷받침되어야 할 것이다. 지방사무는 자치단체장 혼자서 수행해 가는 것이 아니라 공무원 관료제 조직을 통해서 이루어지는 것이므로 그 조직의 편제를 어떻게 할 것인가의 논의는 매우 중요하다. 자치행정의 내용이 더욱 복잡해지고 수행해야 할 일이 늘어남에 따라 지방정부의 공무원은 계속 증가하는 모습을 보이고 있고[1] 그들의 전문적인 역할여부에 따라 지방서비스 품질이 영향을 받게 된다.

2. 지방공무원제 법체계

(1) 다원체계 유형 : 각 지방자치단체마다 지방공무원제도가 독립된 법체계로 이루어

1 지방공무원 정원 (277,843(09), 281,093(10), 283,397(11), 287,879(12), 291,324(13), 295587(14), 302,313(15), 307,566(16), 317,096(17), 330,884(18) 행정안전부 <각 자치단체별 정원조례 및 시행규칙>

져 있는 유형으로서 미국의 지방공무원제가 그 대표적 예인데, 주(state)단위로 이루어지고 있다.

(2) 일원체계 유형 : 지방공무원제도가 국가의 법률인 지방공무원법에 의하여 규정되어 전국의 모든 자치단체에 일률적으로 적용되는 유형으로서 일본의 지방공무원제가 대표적인 예이며, 우리나라도 이 경우에 해당한다. 우리나라는 공무원제가 국가공무원법[2]과 지방공무원법[3]으로 형식상 2원체계로 되어 있으나, 그 실질에 있어서는 지방공무원제가 거의 국가공무원제와 유사하며, 그 자율성이 미흡하다.

3. 지방공무원제의 기본이념

지방공무원법 제1조 : "이 법은 지방자치단체의 공무원에게 적용할 인사행정의 근본기준을 확립하여 지방자치행정의 민주적이며 능률적인 운영을 도모함을 목적으로 한다." 이러한 기본목표에 따른 지방공무원제의 이념은 다음과 같이 나누어 설명할 수 있다.

1) 전체주민에의 봉사

대한민국은 자유민주주의 공화국으로서 헌법 총칙규정에서 공무원이 국민 전체에 대한 봉사자로서 국민에 대해 책임을 지고, 그들의 신분과 정치적 중립성은 법률이 정하는 바에 의해 보장됨을 명시하고 있다(헌법 제7조① ②)[4] 이에 근거하여 지방공무원법은 "공무원은 주민전체의 봉사자로서 친절하고 공정하게 직무를 수행하여야 한다(지방공무원법 제51조)"고 규정하고 있고, 같은 맥락에서 지방공무원의 주민에 대한 봉사자로서 지켜야 할 복무의무를 제6장에서 상세히 규정하고 있는 것이다. 즉, 복무선서, 성실의 의

2 국가공무원법 [시행 2023. 6. 5.] [법률 제19228호, 2023. 3. 4., 타법개정] / 제1장 총칙, 제2장 중앙인사관장기관, 제3장, 직위분류제 제4장 임용과 시험, 제5장 보수, 제6장 능률, 제7장 복무, 제8장 신분 보장 , 제9장 권익의 보장, 제10장 징계, 제11장 벌칙, 제12장 보칙

3 지방공무원법 [시행 2022. 12. 27.] [법률 제19108호, 2022. 12. 27., 일부개정] 제1장 총칙, 제2장 인사기관, 제3장 직위분류제, 제4장 임용과 시험, 제5장 보수, 제6장 복무, 제7장 신분보장, 제8장 권익의 보장, 제9장 징계, 제10장 능률, 제11장 보칙, 제12장 벌칙

4 헌법 제7조 ①공무원은 국민전체에 대한 봉사자이며, 국민에 대하여 책임을 진다. ②공무원의 신분과 정치적 중립성은 법률이 정하는 바에 의하여 보장된다.

무, 복종의 의무, 직장이탈 금지, 친절·공정의 의무, 종교중립의 의무, 비밀엄수의 의무, 청렴의 의무, 외국정부의 영예 등을 받을 경우, 품위유지의 의무, 영리업무 및 겸직 금지, 정치운동의 금지, 집단행위의 금지 등이 그것이다.

2) 실적주의에의 충실 : 실질적 평등에 기초한 공무원 인사관리

지방공무원 임용의 기준으로 "공무원의 임용은 시험성적, 근무성적, 경력평정, 그 밖의 능력의 실증(實證)에 따라 한다(지방공무원법 제25조)[5]"고 규정하여 공무원의 능력과 업적을 기준으로 임용이 행해지는 실적주의(實績主義)를 선언하고 있다. 이와 관련하여 제4장에서 공무원의 임용과 시험관련 내용을 다루고 있는데, 예외적인 부분을 제외하고 원칙적으로 공무원의 임용을 시험을 통해 행해지는 실적주의에 근간을 두고 있음을 명확히 하고 있다. "다만, 지방자치단체의 장과 지방의회의 의장은 대통령령으로 정하는 바에 따라 장애인, 이공계 전공자, 저소득층 등에 대한 임용 · 승진 · 전보 등 인사관리상의 우대와 실질적 양성평등을 실현하기 위한 적극적인 정책을 실시할 수 있다"고 하여 실질적 평등에 기초한 공무원 인사관리를 천명하고 있다.

3) 직업공무원제의 확립

지방정부에 근무하는 공무원은 공직에 봉사하는 것을 보람으로 알고 생애를 바치는 헌신성이 필요하므로 실적주의로부터 더 나아가 영리업무나 겸직을 금지하는 내용이 보강되어야 한다. 그런 배경에서 "공무원은 공무 외에 영리를 목적으로 하는 업무에 종사하지 못하며, 소속 기관의 장의 허가 없이 다른 직무를 겸할 수 없다(지방공무원법 제56조 ①)"고 규정하고 있다. 또한 합리적인 승진을 보장함과 동시에 적정한 보수, 연금제도, 신분보장, 고충처리, 능력개발 등을 규정하고 있다.

---

5 지방공무원법 제25조(임용의 기준) 공무원의 임용은 시험성적, 근무성적, 경력평정, 그 밖의 능력의 실증(實證)에 따라 한다. 다만, 지방자치단체의 장과 지방의회의 의장은 대통령령으로 정하는 바에 따라 장애인, 이공계 전공자, 저소득층 등에 대한 임용 · 승진 · 전보 등 인사관리상의 우대와 실질적 양성평등을 실현하기 위한 적극적인 정책을 실시할 수 있다. 〈개정 2021. 10. 8.〉 국가공무원법 제26조(임용의 원칙)도 같은 맥락에서 동일한 내용으로 규정하고 있다.

4) 정치적 중립의 보장

공무원의 신분과 정치적 중립성은 법률에 의해 보장됨을 확인하였고(헌법 제7조②), 이를 기초로 "공무원은 정당이나 그 밖의 정치단체의 결성에 관여하거나 가입할 수 없으며, 공무원은 선거에서 특정정당 또는 특정인을 지지하거나 반대하기 위하여 다음 각 호의 어느 하나에 해당하는 행위를 하여서는 아니 된다(지방공무원법 제57조)"고 하였다. 즉, ① 투표를 하거나 하지 아니하도록 권유하는 것, ②서명운동을 기획 · 주재하거나 권유하는 것, ③문서 또는 도화(圖畵)를 공공시설 등에 게시하거나 게시하게 하는 것, ④기부금품을 모집하거나 모집하게 하는 행위 또는 공공자금을 이용하거나 이용하게 하는 것 ⑤타인에게 정당이나 그 밖의 정치단체에 가입하게 하거나 가입하지 아니하도록 권유하는 것이 그것이다. 또한 "공무원은 다른 공무원에게 상기 규정에 위배되는 행위를 하도록 요구하거나 정치적 행위에 대한 보상 또는 보복으로 이익 또는 불이익을 약속하여서는 아니 된다(지방공무원법 제57조 ③)"고 보다 구체화된 정치적 중립의 내용을 밝히고 있다. 더 나아가 "공무원은 노동운동이나 그 밖에 공무 외의 일을 위한 집단행위를 하여서는 아니 된다. 다만, 사실상 노무에 종사하는 공무원은 예외로 한다"고 하여 집단행위의 금지 규정도 두고 있다(지방공무원법 제58조①).

5) 종교중립의 확립

공무원은 종교에 따른 차별 없이 직무를 수행하여야 하고, 소속 상관이 이에(상기 규정) 위배되는 직무상 명령을 한 경우에는 이에 따르지 아니할 수 있다고 하여 종교중립의 원칙을 밝히고 있다(지방공무원법 제51조의 2)([본조신설 2009. 2. 6.]).

제3절 지방공무원제의 연구대상 및 범위

<그림4-1> 지방공무원제의 이론적 논의의 틀 : 연구대상 및 범위

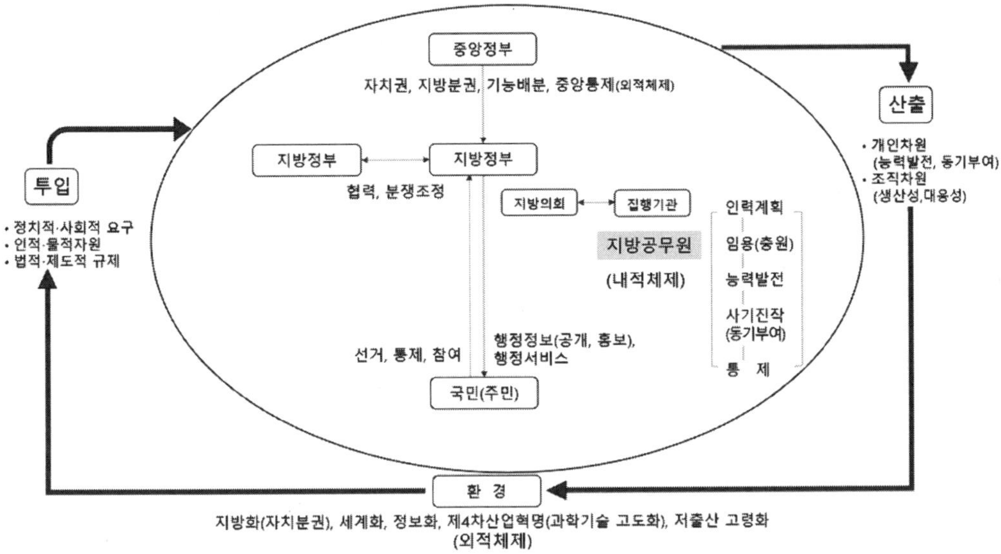

- 새로운 지방자치행정환경(자치분권2.0) 변화에 따른 지방공무원제의 새로운 패러다임 정립
- 획일적 인사관리를 탈피하고 지방조직과 지방공무원이 공감하는 인사관리전략 필요

↓

지방공무원의 만족도를 높여 지방자치단체 행·재정의 생산성 제고

지방자치시대의 지방공무원제는 자치분권이라는 여러 부분 · 요소들이 서로 밀접한 관련성을 가지고 하나의 독립적인 경계를 형성하는 체제로서 유지된다. 이들 부분들간에 상호작용이 이루어지면서 하나의 지방인사행정체제를 유지 · 발전시켜 나가게 된다. 뿐만 아니라 체제는 환경으로부터 체제유지에 필요한 자원을 받아들이고 또한 환경에 유익한 산물을 내보내면서 정당성을 유지해 나간다. 이와 같은 환경과의 개방적 관계에서 투입 · 산출모델로서 설명될 수 있다(유민봉 · 임도빈, 2003 : 13-14). 그런 체제론적 시각에서 지방공무원제를 고찰하게 될 때 다음과 같은 지방공무원제의 내적체제로서 그 과정적 접근으로 이해해 볼 수 있다. 다음으로 외적체제로서 외부의 환경적 요인을 고려해 볼 수 있다.

1. 지방공무원제(지방인사행정)의 과정적 접근

1) 지방공무원제의 내적 체제 : 지방인사행정의 기능(하태권 외, 2007 : 31-36)

(1) 인력(인적자원)계획과 직무설계 : 지방정부의 목표달성에 필요한 인력의 수요와 공급을 예측하고, 그것을 토대로 최적의 인력공급방안을 모색하는 미래지향적이며 의도적인 활동이다. 따라서 인력계획은 현재 지방정부에서 수행하고 있는 업무의 증가나 감소에 대한 예측은 물론, 장래에 필요로 하는 직무의 종류와 내용 및 규모 등 인적 자원의 질적인 측면에 대한 예측도 포함하여야 한다. 이는 임용, 교육훈련, 보수 등 일련의 지방공무원제의 기본지침이 된다. 직무기반 인적자원관리를 근간으로 하는 지방공무원제의 내적체제에서는 직무분석과 직무평가를 통하여 지방정부의 모든 직위에 대한 직무설계가 수반되어야 한다. 이를 전제로 지방정부 내 인적자원을 합리적으로 재배치하고 활용할 수 있게 된다.

(2) 임용(외부임용과 내부임용) : 임용이란 지방정부에서 사람을 선발하여 쓰는 활동으로 지방정부에서 필요로 하는 자격을 갖춘 우수한 인재의 유인과 적격자의 선발 및 적재적소에의 배치 등을 포함한다. 임용은 외부임용(신규채용 : 우수한 인재의 적극적 모집, 적격자의 선발 및 적재적소에의 배치)과 내부임용(승진 및 강임과 같은 수직적 이동, 전직, 전보, 파견 등의 수평적 이동, 휴직, 복직 등)으로 구분한다.

(3) 능력발전(교육훈련과 성과평가) : 직업공무원제에서는 특별한 사유가 없는 한 일단 공직에 임용되면 장기간에 걸쳐 근무하게 된다. 따라서 직업공무원들에게 새로운 지식과 기술을 습득시켜 주기 위한 교육훈련은 매우 중요하다. 교육훈련이 체계적이고 효율적으로 이루어지기 위하여는 직무타당성이 높으며 객관적인 근무성적 평정이 전제가 되어야 한다. 요컨대 공무원의 능력발전은 합리적이고 객관적인 성과평가와 이를 토대로 한 교육훈련수요의 도출, 맞춤형 교육훈련 등을 통하여 달성될 수 있다.

(4) 동기부여(보상체계 및 사기관리제도) : 인간(지방공무원)은 매우 복잡한 존재이다. 그들은 소극적 · 피동적인 면과 적극적 · 능동적인 면을 동시에 지니고 있으며, 동일한 수준의 능력을 지니고 있다 하더라도 근무여건이나 개인의 심리상태에 따라 생산성에 많은 차이를 나타낸다(Schein, 1970 : 55-75 ; 강성철외, 2011 : 33). 따라서 지방정부는 지방공무원들

이 최대의 생산성을 유지할 수 있도록 그들의 근무의욕을 고취시킬 수 있는 다양한 제도적 장치를 운영하고 있다.

(5) 통제(지방공무원의 행동규범과 징계) : 지방공무원제도가 지방정부의 목표 달성에 공헌하기 위해서는 지방공무원들의 태도와 활동이 지방정부의 목표와 일치되도록 그들을 유도하고 통합하는 기능이 필요하다. 이를 위하여 지방정부는 지방공무원들에게 엄격한 의무와 행동규범을 요구하고, 이것을 위반하는 지방공무원들에게는 그에 상응하는 징계조치를 취한다.

상기의 지방공무원제의 주요 기능들은 서로 유기적으로 연관되어 있다. 그러나 이 기능들이 언제나 순차적으로 수행되는 것은 아니다. 예를 들면 지방공무원에 대한 보수나 신분보장 등의 근무여건은 인력계획이나 임용에 영향을 미치며, 성과평가의 결과는 인력계획을 비롯하여 임용, 교육훈련, 보수, 행동규범 등 지방공무원제(지방인사행정)의 모든 기능에 영향을 미치기도 한다. 이와 같이 지방공무원제의 주요 기능들은 서로 유기적으로 연관된 동태적 과정 속에서 수행된다.

2) 지방공무원제의 외적 체제 : 지방공무원제와 환경과의 관계

지방공무원제는 자치분권의 환경에 영향을 받게 된다. 즉, 지방정부가 국가(중앙정부)와의 관계에서 자치권, 기능배분, 중앙통제(지도·감독)의 정도, 그리고 지역주민의 지방정부에의 참여 및 통제의 정도 등 환경으로부터 영향을 받는다.

자치분권의 환경으로부터의 다양한 요구는 지방자치행정의 전문성과 능률성 향상, 사회적 형평성의 추구, 지방공무원의 권익보장 등 정치적, 사회적 요구 등의 형태로 지방공무원체제에 투입되며, 지방정부의 재정규모나 지방정부 공직인력의 규모와 질적 수준 및 지방공무원제와 관련된 각종 법규의 규제 등도 지방정부의 인사정책의 수립과 집행에 영향을 미친다.

요컨대, 지방공무원제의 이해를 돕기 위해 체제론적 접근으로 지방공무원제를 설명해볼 수 있는데, 지방공무원 운영과정을 전술한 내적체제와 환경의 영향을 외적체제로 보면서, 투입요소가 내적체제 내의 전환과정을 거쳐 산출로 전환되는 것으로 고찰할 수 있다. 산출은 지방공무원 개개인에 대한 능력발전과 동기부여의 복합적 산물로서의 개인의 성과와 조직의 생산성과 행정수요에 대한 대응성의 복합적 산물로서 조직의 성과로 구분될 수 있다. 지방공무원 체제의 산출은 평가작업을 거쳐 그 결과가 환경으로의 환류(feed-back)작용을 통해 또 다른 새로운 투입요소에 연결되어 지방공무원 운영과정에 개입되게 된다.

여기에서 새로운 자치분권2.0 환경변화에 따른 지방공무원제의 새로운 패러다임의 정립이 요청된다. 그럼으로써 획일적 인사관리를 탈피하고 지방조직과 지방공무원이 공감하는 인사관리전략이 수립될 수 있을 것이다. 결국 지방공무원의 공직만족도를 높여 지방자치단체 행 · 재정의 생산성을 제고할 수 있을 것이고, 그 실과가 주민에게 양질(고품질)의 행 · 재정서비스로 돌아가게 될 것이다(그림 4-1 참조).[6]

6 상기의 논의의 틀에 근거해 우리나라 지방공무원제의 이론과 현상을 자세히 분석 설명하는 기회를 추후 단행본에서 고찰하고자 한다.

〈참조〉 고위공직자 인사청문회(국무총리의 선임문제에 따른 인사청문회 고위공직자 도덕성·윤리성 검증기준을 중심으로)[7]

1. 문제제기

우리나라는 대통령 중심제를 정부구성형태로 하는 민주주의 국가이다. 따라서 내각제국가와는 달리 대통령이 원칙적으로 실질적 권한을 행사하게 된다. 그 권한 중에는 국무총리와 국무위원 임명권, 행정 각부의 장 임명권 등 고위공직자의 임명권한이 있다. 그런데 이러한 고위공직자의 인사가 피지명자의 도덕적 · 윤리적 훼손(상실)으로 국민의 정서에 반감을 주어 사회적 물의를 일으키고 있다. 그동안 우리나라는 국회의 동의를 요하거나 국회가 선출하는 공직자에 대해 통과의례로서 그 의안을 본회의에 상정하여 의결하는 것으로 진행하였다. 이렇듯 고위공직자로서의 도덕성과 능력을 검증할 수 있는 장치가 제대로 마련되어 있지 않았다. 그러나 국가의 대사를 운영할 인재를 발탁하는데 있어 확실한 기준과 절차가 필요한 것이고 이를 검증하는 제도적 장치를 통해 국민적 합의를 이룰 수 있어야 하며, 동시에 대통령의 부적절한 인사권행사에 대한 견제장치를 두어야 한다는 비판의 목소리가 제기되었다. 따라서 인사청문회제도를 헌정사상 처음으로 제15대 국회기간 중에 개정국회법에 따라 도입하게 되었다. 그러나 여전히 인사청문회가 여야의 정쟁 속에 제도적 미비점과 부실로 인해 제대로 그 기능을 발휘하지 못하고 있는 실정이다.

특히 최근 장상총리서리 지명문제와 더불어 고위공직자의 도덕적 · 윤리적 가치관에 대한 검증을 요구하고 있다. 국정운영을 수행할 수 있는 능력도 중요하지만 우리사회가 요구하는 가치관으로서 일반 국민의 정서에 부합된 고위공직자의 훌륭한 인품을 요구하고 있는 것이다. 국민의 정서에 부응하여 사회적 응집성을 실현할 수 있는 고위공

7 지방자치제도가 활성화되어감에 따라 자치단체장의 인사권한으로 정치적으로 임용될 수 있는 공직자들의 증대되어 갈 수 있음을 고려해 볼때, 고위공직자 인사청문회(국무총리선임문제)의 사례를 통해 지방공직자들도 도덕성·윤리성 검증기준으로 인사문제를 제도화하여 정립해야 할 것으로 보여 참고적으로 다루었다(참조 : 자치단체장의 인사권한의 발전적 고찰).

직자의 인사정착을 위해 준비된 공직자의 검증기준이 설정되어야 할 이유는 바로 여기에 있다.

이러한 배경 하에 본 연구에서는 총리서리 임명문제로 우리 사회에서 제기되고 있는 공직자의 도덕성 · 윤리성 문제를 다음의 주요 이슈(국적, 병역, 재산)를 중심으로 고찰해 보고, 이들 문제에 대해 선진 외국의 사례는 어떻게 접근하고 있는지 살펴보면서 고위공직자 인사청문회의 도덕성 · 윤리성 검증기준을 설정해보고자 한다.

2. 도덕성 · 윤리성 논의

여기서는 도덕성 내지 윤리성의 개념을 고위공직자가 지켜야 하는 도리로서 일반국민들이 국민정서상 일상생활에서 지켜 줄 것이 기대되는 덕목으로 파악하고자 한다.

1) 국적문제

본인 및 직계가족의 이중국적문제가 고위공직자의 지명에 사회적 물의를 일으키고 있다. 이에 대해 우리나라 국적법 제12조는 이중국적자의 국적선택의무조항을 마련하고 있다(참고).

혜택은 다 받고 의무는 피해 가는 이중국적자;

이중국적을 갖고 있다가 한국국적을 포기하는 국적이탈자가 매년 상승하고 있음을 알 수 있다(조사). 특히 병역의무와 관련하여 국적이탈자가 많이 발생하는 것으로 조사되고 있다.

최근에는 부유층 집안을 중심으로 출산직전 미국에 건너가 미국국적을 취득하게 하는 적극적인 이중국적자의 탄생이 급증하고 있다. 한국 신생아의 1%에 해당하는 5000여명이 매년 원정출산으로 이중국적자가 되고 있다(로스엔젤레스 타임즈).

1) 이중국적에 대한 국민의 부정적 반응 : 수신제가(修身齊家)도 못하는 사람이 어떻게 치국평천하(治國平天下)를 기대할 수 있겠는가

2) 이중국적에 대한 국민의 변론적 반응

업무능력이 아닌 가족문제로 자질을 검증하는 것은 잘못이며,

이중국적자는 국제화시대에 적합한 귀한 재목이 될 수 있는데 특히 병역문제와 맞물려 이를 잘 활용하지 못함에 따른 아쉬움이 있다.

해외동포 외국에 살면서 차별적 대우와 경제활동의 제약 등으로 부득이 그곳의 국적을 갖게 되는 경우가 많다. 그렇다고 한국인으로서 뿌리의식 등 정체성이 없어지는 것은 아니다. 한국에서 태어났다고 반드시 한국에 살아야 한다거나 외국으로 가서 그 나라 국적을 얻으면 우리나라 사람이 아니라는 인식은 편협한 민족주의가 아닐 수 없다.

따라서 이 문제에 대해서는 국가발전을 위해서도 긍정적 인식전환이 필요함을 주장한다.

참조 : 국적법 제12조 이중국적자의 국적선택의무

1) 출생 기타 이 법의 규정에 의하여 만 20세가 되기 전에 대한민국 국적과 외국국적을 함께 가지게 된 자(이중국적자)는 만 22세가 되기 전까지, 만 20세가 된 후에 이중국적자가 된 자는 그 때부터 2년 내에 제13조 및 제14조의 규정에 의하여 하나의 국적을 선택하여야 한다. 다만, 병역의무의 이행과 관련하여 대통령령이 정하는 사유에 해당하는 자는 그 사유가 소멸된 때부터 2년 내에 하나의 국적을 선택하여야 한다.

2) 제1항의 규정에 의하여 국적을 선택하지 아니한 자는 그 기간이 경과한 때에 대한민국의 국적을 상실한다.

요컨대 고위공직자의 도덕적 · 윤리적 가치관의 상실은 우리나라 엘리트층, 상류층의 극도의 이기심으로 인한 고위층의 의무(Noblesse oblige)를 저버린 데서 비롯되고 있다고 본다.

예를 들면 우리나라의 교육을 못믿고 자녀를 외국에 조기유학시키는 사례가 그것이다.

교육여건을 개선해야 할 지도층이 아무런 양심의 거리낌이 없이 자녀들을 조기유학 보내는 것은 이 나라의 교육은 어떻게 되던 내 자녀만은 하는 이기심의 발로이다.

2) 병역문제

일부 사회지도층 인사(본인 및 직계가족)의 병역의무 소홀

-병역기피 의혹

-병역특례 악용

3) 재산문제

일부 사회 지도층 인사의 탈법적 · 불법적 재산증식

-공권력 사용화

-공직과 기업 유착(공직비리)

3. 선진 외국의 예

1) 정부형태에 따른 인사청문회

인사청문회의 도입과 활용여부는 정부구성형태에 따라 다르게 나타난다. 대체로 의원내각제를 채택하고 있는 유럽국가의 경우 인사청문회가 발달되어 있지 않은 반면 미국의 경우는 매우 활발하게 진행되고 있다. 또한 그들의 정치 · 문화적 배경에 따라 고위공직자 임명기준으로서의 도덕성의 문제를 중요하게 부각시키려하는 국가가 있으며, 그렇지 않은 국가가 있다. 대체로 전자는 미국이 해당되며, 후자는 프랑스가 해당된다.

(1) 의원내각제 국가의 인사청문회 부재 내지 비활성화 이유

-입법부와 행정부가 법적으로는 분리되어 있지만 정치적 실제에 있어서는 두 기관이 밀접한 협조관계에 있기 때문에 입법부에 의한 행정부견제의 필요성이 상대적으로 적다는 점,

-입법부의 다수당이 행정부를 구성하므로 잘못이 있는 경우 다같이 책임을 지게되며, 심한 경우는 임기와 관계없이 언제나 내각불신임과 의회해산에 의한 총선을 함으로써 책임을 물을 수 있으며 정권의 교체가능성이 있다는 점과

-행정부의 고위직으로 임용되는 인사는 주로 다선 의원으로 장기간에 걸친 의원직 생활과 특정 상임위 소속 경력으로 인하여 그들의 자질 · 인품 · 능력 · 전문성 등이 검증되었다고 볼 수 있다는 점이다.

(2) 대통령제 국가의 인사청문회 활성화 이유

-국가권력의 엄격한 삼권분립에 기초하여 행정권의 횡포 · 남용을 예방하고자 하는

것이고,

-의원내각제와는 달리 행정수반인 대통령은 임기제로 되어 있어 실수가 있어도 임기중에는 물러나지 않으므로 고위공무원의 인선을 신중히 해야 한다는 점이다.

-행정수반에게 전적으로 인사권을 주지 않고 입법부도 나누어 가져야 한다는 점과,

-의원내각제와는 달리 장기간에 걸친 의원직생활을 통해서 정치적 감각과 전문성을 갖춘 인물을 상대적으로 임용하기 어렵기 때문에 자질에 대한 검증의 의도가 있다는 점이다.

2) 미국의 인사청문회

(1) 생성배경

미국은 대통령중심제 국가로서 견제와 균형의 논리에 입각하여 국가운영을 수행하였는 바, 어떤 권력도 집중되는 경우 왜곡되거나 부패하기 마련이며, 다수의 검증만이 의사결정의 오류를 막을 수 있다고 보고 있다. 특히 대통령에 의해 지명되는 정무직 공무원은 신분이 보장되고 실적에 의해 평가받는 직업관료와는 달리 고도의 정치적 판단력과 정책능력 등을 평가해야 하는 만큼 여러 사람에 의해 공개적으로 검증하는 것이 가장 안전한 방법이라는 논리이다. 또한 정치적 연대력의 확보를 위해 정치적 임용이 필요하다고 해도 그것이 무능력자나 부패분자의 등용을 가능케 하는 통로가 되어서는 곤란하다는 인식에서 인준청문회가 구성되었다.

(2) 효과

의회가 행정부를 견제하기 위해 예산의 통제, 조직개편권 제한, 행정운영 과정과 결과의 감사, 정책방향의 제시, 조약의 비준 등 다양한 장치를 두고 있지만 인적통제만큼 결정적이고 효과적인 수단도 없다는 생각이 인준청문회를 활성화하게 되었다. 그 결과 우선 임용되는 고위공직자의 권위와 그에 대한 대중적 신뢰를 고양하는 효과를 얻게 되었다.

(3) 심의내용

피지명자의 경력, 자격, 적임여부 및 지명된 직위를 수행할 성실성 등을 조사한다. 이러한 조사를 실시함에 있어 피지명자의 개인적 신뢰성보다는 정치적 견해에 초점을 맞추게 된다. 그러나 최근에는 피지명자의 개인적 윤리문제 및 청렴도 등이 중요한 이슈로 제기되고 있다. 따라서 대통령이 지명하는 고위직 인사의 사생활문제와 재산형성과정, 과거전력과 성향 등 본인은 물론 주변 가족에 관련된 문제들까지 세밀하게 조사하게 된다.

(4) 상원의 인준청문회 절차

대통령은 임명(nomination)하고 상원은 인준(confirmation)한다(미국 헌법 제2조 2항).

최근에는 예비조사기간 길고 강화된 것으로 조사되고 있다. 이 기간동안 피지명자는 상원의 해당 상임위원회가 요구한 정책관련 질의내용들에 대한 자신의 견해를 소견서 형식으로 자세히 만들어 제출해야 한다.

재산신고서 제출 : 상임위원회는 피지명자의 적격성 여부를 사전에 조사하는데, 의회차원의 조사반을 구성해 인준대상자의 과거를 '뒷조사'한다.

백악관은 미연방수사국(FBI)까지 동원한 철저한 사전검증절차를 밟는다. 정부고위인사로 지명된 인물이 의회청문회 과정에서 탈락할 경우 정치적 부담이 크기 때문이다.

(5) 미국 청문회의 일반적 특징

-진실규명을 위한 노력

-완벽한 준비와 치밀한 사전조사

사례 : 클린턴 정부시(1993) 법무부장관 피지명자 Z. Baird가 불법체류자를 가정부로 불법고용했던 사실이 드러나 여론의 비판을 받게 되었고, 상원 법사위 인준청문회에서 이 문제가 중요하게 부각되어 지명을 철회하였다.

3) 프랑스의 청문회

(1) 청문회 위원회

프랑스는 상 · 하원(Sénat /Assemblée Nationale) 모두 정부를 견제하고 통제하기 위한 청문회 위원회(commission d'enquête)를 두고 있다. 다만 프랑스 행정에 있어 도덕성(청렴성 · honnêteté)에 대한 질문은 위험한 것으로 비쳐지고 있다. 왜냐하면 청렴성을 제기하는 이면에 존재하는 '의도된 악의 있는 생각'에 의문을 품고 있기 때문이다. 거기에는 함정이 존재하고 있다고 판단한다.

청문회 위원회는 형사소추된 사건을 제외하고, 특정사안에 대한 정보의 수집을 위하여 설치된다. 이 위원회의 존속기간은 6개월 이내로 임무를 다한 보고서를 제출하는 것으로 마감된다(일시적 성격). 위원회 청취의 필요성을 인정할 경우에 모든 사람에 대해서 소환을 행할 수 있도록 되어 있다.

(2) 프랑스 정부구조를 통해 본 고위 공직자 인사검증시스템

프랑스는 제3 · 4공화국의 의회제 하에서 나타난 정부의 불안정을 해결하기 위하여 정부의 안정을 확보하려는 합리화된 의회제(parlementarisme rationalisé)의 원리에 따라 제5공화국 헌법은 반대통령제(mi-présidentialisme)를 채택하게 된다. 즉 집행부 권력의 이원적 구조로 국가원수인 대통령과 행정수반인 수상이라는 두 개의 행정부 축이 각기 고유의 강력한 권한을 행사할 수 있는 제도이다. 국민직선으로 국민적 정당성을 확보하여 헌법상 막강한 권한을 행사하는 대통령과 국민대표기관으로서 국민직선에 의해 구성된 국민의회라는 두 개의 축 사이에서 프랑스 정치 · 행정게임이 결정된다. 이러한 배경에서 대통령은 의회의 다수파 지지를 받는 수상을 지명하고 수상의 제청에 의해 각료를 임명한다.

이런 정부구조 하에서 프랑스는 의회 앞의 정부의 신임문제 내지 책임문제로서 혹은 정부의 대통령 앞에서의 책임과 신임문제로서 인사검증을 하고 있다고 판단된다. 즉, 국적문제, 병역문제, 재산문제가 만일 도덕적으로 문제가 될 수 있다고 한다면 이미 프랑스는 합법적으로 해결하였을 것이고, 수상이나 정무직 고위 공직자라는 인물은 정치적인 활동을 수년간 경험하게 된 인사이기 때문에 그들의 정치행정게임 속에서 이미 자질과 도덕성을 검증 받았다고 볼 것이다.

4. 정책제언 : 고위공직자 인사청문회의 기준 설정

1) 국적문제

-본인 및 직계가족의 이중국적 여부

-이중국적 활용여부

-고위공직자의 의무(Noblesse oblige)

2) 병역문제

-본인 및 직계가족의 병역기피 여부

-병역기피사유의 적실성 여부

3) 재산문제

-재산형성과정에서의 불법 · 탈법 여부

-공직자로서 공권력을 자의적으로 사용해 치부한 사실 여부

-납세의 성실성 검증 : 임명 후보자의 재산상태를 공개함과 동시에 적어도 5년 정도 소급한 소득세 납세실적도 함께 공개하여 국민의 검증을 받도록 해야 할 것이다.

4) 기타

법규준수

공직후보자의 과거의 행적과 발언

평소의 신념과 국정운영과의 괴리여부

정치적 신념과 약속을 바꾸어버린 경험 여부

공권력의 자의적 행사여부

공직자로서의 품위 손상여부

<표 4-1> 인사청문회 심사항목

구분	기준	비중	평가지표	평가근거
국가관				
능력	직무수행 적합성 (전문성) 리더십 업무추진능력 기획력			
도덕성	인성 윤리성 - 국적관계 병역관계 청렴성 - 재산관계		국적관계 본인 및 직계가족의 이중국적 여부 이중국적 활용여부 고위공직자의 의무감 여부 병역관계 본인 및 직계가족의 병역기피 여부 병역기피사유의 적실성 여부 재산관계 재산형성과정에서 불법·탈법 여부 공권력 자의적 행사 여부 납세의 성실성 정도	

5. 결론

인사청문회 제도는 우리나라와 같이 대통령의 권한이 막강한 정치체제 하에서는 그 인사권의 견제를 통하여 (국정운영을 효율적으로 수행해줄 수 있는) 해당 직위에 적합한 인물을 선정해준다는 의미에서 합리적인 제도로 간주되고 있다. 그러나 청문회가 인사청문회의 본질을 망각하고 당리당략에 따라 정치협상 내지 정치선전의 장으로 활용하거나 의원들의 성의 없는 준비되지 않은 심사가 이루어진다면 청문회는 소기의 목적을 달성할 수 없다는 소중한 경험을 하였다. 또한 인사청문회가 직무를 수행할 능력보다는 개인의 인신 공격적 발언이나 사생활의 침해로 공직수행의 어려움을 줄 수 있고 특히 도덕적 윤리적 검증에만 매달릴 경우 능력 있는 인사의 공직취임이 차단될 수 있다는 문제가 제기된다. 따라서 국민으로부터 인정받는 '성공한 인사청문회'가 되기 위해서는 다음과 같은 점을 심도 있게 고려하여야 할 것이다.

-형식적이고 일차적인 도덕적 · 윤리적 차원이 아니라 실질적이고 다차원적인 도덕

적 · 윤리적 차원이 되어야 한다. 따라서 도덕적 · 윤리적 차원의 논의는 반드시 직무수행능력과 함께 검증되어져야 한다.

-도덕적 · 윤리적 검증기준은 국민정서에 순응한 그리하여 국민통합을 이뤄낼 수 있는 범위 내에서 이루어져야 한다.

-청문회 운영상의 기술적인 문제로 위원들의 충분한 사전조사가 될 수 있도록 예비조사제도를 도입하여야 한다.

도덕성의 해이는 비난한다고 치유되는 것은 아니다. 그러한 행위에 대해 확실하게 사회적 불이익을 받게된다는 사회적 공감대를 형성하는 일이 무엇보다도 중요하다. 따라서 공직자들은 스스로 엄격한 자기관리를 해 나갈 수 있어야 한다. 인사청문회제도가 정직한 사회를 만들어내는데 큰 기여를 할 수 있는 기제가 되길 바란다.

참고문헌

국회사무처, 미국의회의 국정조사와 청문회, 1998.
김철수, 헌법학개론, 박영사, 2002.
김현우, 한국국회론, 을유문화사, 2001.
문병철, 인사청문회제도의 도입에 관한 고찰, 의정자료 제27집.
성낙인, 프랑스헌법학, 법문사, 1995.
최명근, 인사청문과 납세성실도, 재정포럼, 1998.9.
최연호·박종희, 인사청문회법의 입법방향에 관한 고찰.
Thuillier, Guy, Regards sur la haute administration en France, Economica, 1979.

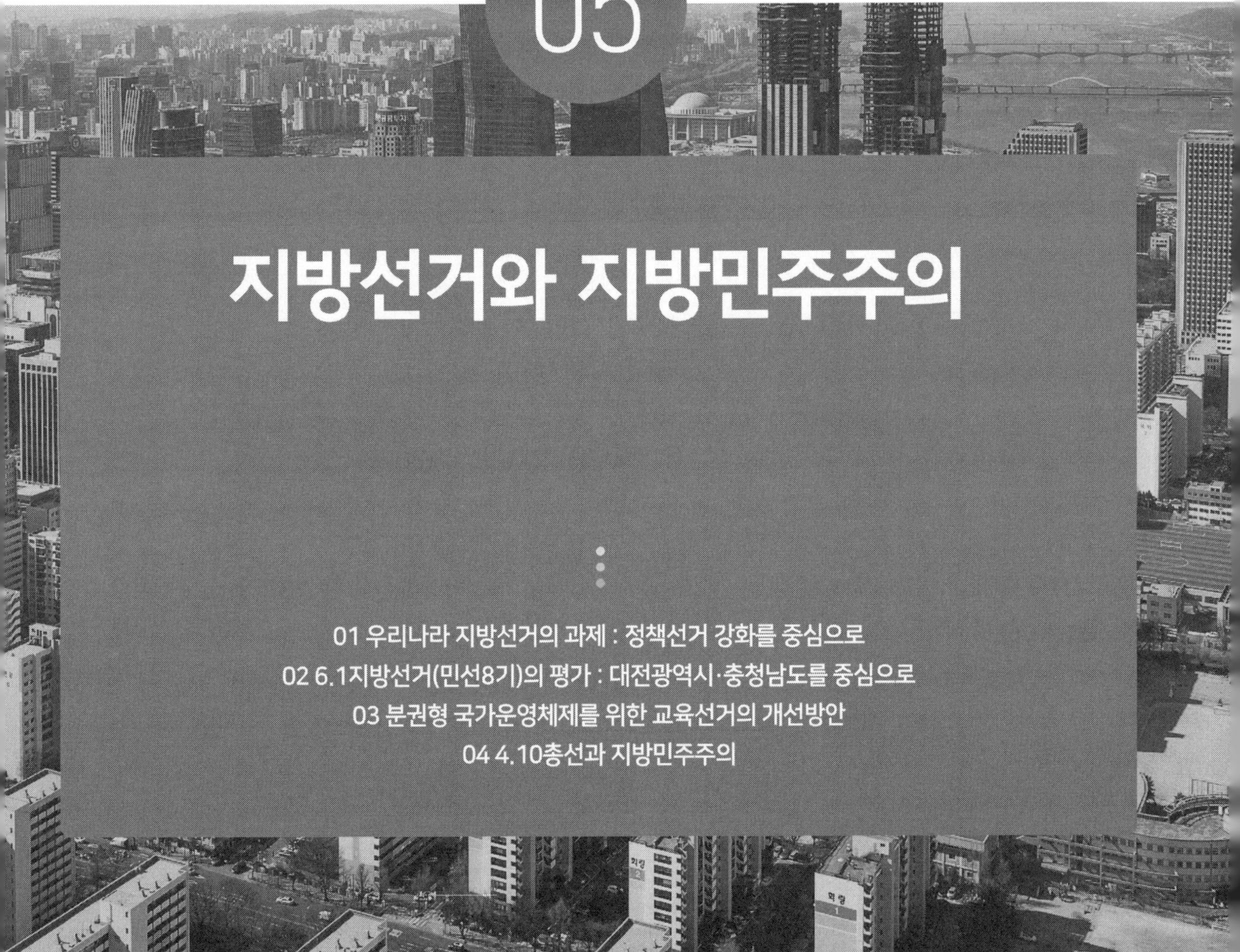

05

지방선거와 지방민주주의

01 우리나라 지방선거의 과제 : 정책선거 강화를 중심으로
02 6.1지방선거(민선8기)의 평가 : 대전광역시·충청남도를 중심으로
03 분권형 국가운영체제를 위한 교육선거의 개선방안
04 4.10총선과 지방민주주의

01 우리나라 지방선거의 과제 : 정책선거 강화를 중심으로[1]

제1절 서론

2018년 6.13지방선거(민선7기)를 앞두고 지방정치의 장으로 나올 지역일꾼(자치단체장, 지방의회의원) 후보들을 선정하는 공천과정에 불협화음이 끊이질 않고[2] 그 과정에서 야당 정당대표의 정치적 수사와 슬로건을 두고 당내 갈등이 표면화되고 있다.[3] 이번 선거 역시 국가적 사안으로 부각된 4.27 남북정상회담(문재인-김정은)으로 전쟁없는 평화협정체결이라는 판문점선언으로 '지방 없는' 선거를 시행할 가능성이 커지고 있다.[4] 더구나 지

---

1 이 연구는 충남대학교 학술연구비에 의해 지원되었음. 아울러 본 연구는 필자가 사회통합위원회의 "사회통합과 지방자치 활성화를 위한 지방선거제도 개선방안 도출(2010)" 연구책임자로서 연구한 내용과 한국행정학회에서 발표한 논문("지방선거에 있어 정책선거의 방향"(2012))을 보완 발전시킨 논문임을 밝혀 둠.

2 6 · 13 지방선거를 앞두고 각 정당의 후보 공천과 경선 작업이 마무리 단계에 접어든 가운데, 여야 정당 모두 파열음이 끊이지 않고 있다. 더불어민주당은 전략공천에 반발하는 일부 예비후보들이 매일같이 국회를 찾아 집단 항의를 하고 있다. 한 예비후보는 자해 소동을 벌이기도 했다... 또한 자유한국당에서는 공천반발에 따른 탈당(안상수 현 창원시장)과 구성원간의 갈등으로 어수선한 분위기이다. (http://news.chosun.com/site/data/html_dir/2018/05/02/2018050201561.html)

3 홍준표 자유한국당 대표가 남북정상회담을 '위장평화쇼'라고 한 데 대해 남경필 경기도지사 후보는 "국민의 일반적 생각에서 동떨어지면 지지받기 어렵다. 깊이 생각하고 말씀했으면 한다"고 했다. 또 남 지사는 자유한국당의 지방선거 슬로건인 '나라를 통째로 넘기시겠습니까'에 대해서도 "보편적 인식과 거리가 멀다. 갈라치기 이런 쪽으로 보일 수 있다"며 "국민 편 가르기에 우리가 앞장서서는 안 된다"고 했다. 김태호 경남지사 후보도 홍 대표가 남북정상회담을 비판한 것에 대해 "(홍 대표가) 너무 나갔다. 국민적 우려를 낳을 수 있는 부분에 대해 후보자와 당 지도부 간 조율과정을 거치는 것도 굉장히 중요하다"고 지적했다. 김 후보는 당지도부의 지원 없이 선거운동을 할 계획인 것으로 알려졌다. 재선 도전에 나서는 유정복 인천시장도 페이스북에 "홍준표 대표를 비롯한 당 지도부는 아직도 정신을 못 차리고 있다", "남북정상회담과 관련해 무책임한 발언으로 국민 기대에 찬물을 끼얹는 몰상식한 발언이 당을 더 어렵게 만들어 가고 있다" 등의 의견을 밝혔다.(http://news.chosun.com/site/data/html_dir/2018/05/02/2018050201561.html)

4 6.13지방선거 전날(12일) 미 · 북 정상회담이 싱가포르로 정해지면서 지방선거 이슈가 실종될 우려가 커졌다. 이를 두고 여당인 더불어민주당은 북한과의 대화국면이 선거에 긍정적 영향을 미칠 것으로 보고 '하늘도 우리를 돕는 모양'이라며 여유로운 반면 야당인 자유한국당은 정책 이슈가 실종되고 속수무책으로 밀려 이대로면 해보나마나한 선

역일꾼들이 그 지역사회에 어떻게 봉사할 것인가에 대한 정책공약에 대해서는 무관심으로 크게 주목을 받지 못하는 상황으로 전개될 개연성이 농후하다.[5]

지난 2010년 6 · 2지방선거(민선5기) 때는 2006년 5.31지방선거(민선4기)에서 모처럼 시작된 매니페스토(manifesto)에 의한 정책선거가 가능해졌고 어느 정도 진일보시킬 수 있는 사회적 공감대를 형성하기도 하였다. 그러나 여전히'대선의 전초전'내지 '현 정부에 대한 중간평가' 또는 '중앙정당의 대리전'으로 치러지다 보니 지방선거가 지니는 주민의 일상생활과 밀접한 관련이 있는 지역현안과제를 정책적으로 판단해 볼 수 있는 그런 선거와는 거리가 멀었던 것이다. 즉, 지방선거의 쟁점을 지역문제가 아니라 중앙정치의 쟁점을 부각시키고 후보자의 도덕성 흠결에 집중시킴으로써, 후보자를 주로 소속정당 내지 혈연, 지연, 학연으로 선택하도록 하였다. 그 결과, 주민은 지역의 특정정당 독점구조로 고착화되는 지역주의에 매몰되게 하였으며, 지방자치는 여전히 중앙정치에 예속되어 반자치적으로 운영되고 있고, 정책실종에 따른 무책임정치를 자행할 수 밖에 없었던 것이다. 따라서, 지방자치가 지역의 문제를 정책화하지 못한 채, 주민의 진정한 올바른 선택을 받지 못함으로써 주민자치를 실현해 내는데 한계를 드러낼 수밖에 없었던 것이다(최진혁, 2012). 그러면서도 우리는 지역의 문제를 그 지역에 맞게 처리하게 하는 자치분권을 강화한 주민자치시대를 열어가겠다는 공언을 하고 있는 것이다.

요컨대, 지난 선거들이 제기한 문제점은 지방선거에 정책화되어있지 않은 중앙정당이 지나치게 개입해서 드러난 부작용이 매우 심각하다는데 있다. 정당민주화도 실현되지 못하고 정책정당으로서의 주민의 요구를 반영하지 못하는 미숙한 정당체제로 지난 선거를 치렀던 것이다(최진혁, 2012). 더구나 지방선거가 회를 거듭할수록 정치인들 그들만의 리그로 전락한 '권력의 섬'을 만들어 놓으면서 유능한 일반시민들이 지역에 봉사할 수 있는 통로를 개방하지 못하여 훌륭한 지역인재를 충원해 내는데 그 역할을 다하지 못하는 비판을 받고 있는 것이다. 결국 정치권의 이해관계 속에 정당공천을 둘러싼 비리와 잡음은 당선 후 자치단체장과 지방의원의 지방공직 부패로 연결되고, 지역감정

거에 우려를 표명하고 있다(조선일보, 2018. 5.12).

5 대선주자였던 안철수 서울특별시장 후보가 민생현장을 방문하고 정책공약을 발표해도 북한이슈에 묻혀 주목을 받지 못하는 분위기임을 보도하고 있다(조선일보, 2018. 5.12).

의 조장과 지역주의의 고착화를 야기하였고, 유권자인 주민들은 더욱 정치에 대한 불신의 벽을 높게 쌓게 하였던 것이다

또한 교육의 독립성을 강조하여 정당이 배제된 상태에서 치른 교육감 선거의 경우도 정책과 공약 중심의 경쟁은 기대할 수 없었고, 색깔론과 상호비방전으로 얼룩지면서 유권자의 불신과 회의만 증폭시켰다. 또한 자치단체장 선거에 비해 유권자 관심이 상대적으로 떨어졌으며, 그러다보니 교육감 (및 교육의원) 선거는 후보를 제대로 알지 못하고 투표하는'묻지마 투표'혹은 후보 이름 게재 순서를 자치단체장의 정당순서로 착각해 찍는'일자 투표'내지'로토 투표'가 되었다는 평가다. 따라서 선거결과는 투표율에 상관없이 교육민의는 왜곡될 수밖에 없었고 정책선거와는 상관없는 교육감직선을 통한 교육자치는 주민의 불신과 비대표성을 안고 출발하는 근본적인 문제에 직면하게 되었다(사회통합위원회, 2010).

이러한 배경에서 본 연구는 지역 정치구조가 특정 정당에 독점되면서 나타나는 지역주의 선거행태와 기득권 정치인들의 '자기사람 심기'(정치세력 확장)라는 정치이해 관계 속에 지방선거가 철저히 중앙당 대리전으로 치러질 수밖에 없는 구조적 문제점을 직시하여 왜 지방선거가 정책선거로 전환되지 못하는 것인가에 의문을 두어 이의 전략적 활성화 방안에 그 목적을 두었다.

제2절 정책선거와 관련한 이론적 논의

1. 정책선거와 매니페스토(Manifesto)의 의의

민주주의는 선거에서부터 시작되고 선거를 어떻게 치르냐에 따라 민주주의 체제의 정당성과 효율성이 다르게 나타난다. 일반적으로 그동안 우리나라 선거제도는 공명정대한 선거를 확립하기 위하여 불법 · 타락선거를 방지하기 위한 제도적 장치마련에 노력하여 왔다. 이제 이와 더불어 지역의 유능한 인재가 지역에 봉사할 수 있게 해주는 적극적인 충원장치가 마련되어야 할 것이며, 유권자가 후보자를 바르게 선택할 수 있도

록 정당을 중심으로 정책선거와 책임정치를 강화해나가는 실질적 대의민주주의의 구축이 필요한 시점이라고 할 수 있다. 정책선거는 정당이나 후보자가 쌓아온 경력과 능력, 그리고 앞으로의 국정운영에 대한 비전 등 자신의 정견과 정책을 중심으로 상대 후보자와 경쟁하는 형태의 선거를 의미한다(이동윤, 2010 : 105). 여기에서 각 정당들이 후보자를 잘 선택하고 유권자들에게 정당이 선택한 후보자들을 잘 판단할 수 있도록 정책을 통한 선거경쟁을 이끌어내고, 선거이후 정책이행에 대한 유권자의 심판을 이끌어내는 책임정치를 유도해내야 하는 것이다. 여기에 매니페스토의 중요성이 있는 것이다. 매니페스토는 '증거(물)'을 의미하는 라틴어 마니페스투스(manifestus)를 어원으로 하는 것으로 "정당이 선거 이후 정권을 담당할 경우 반드시 입법화하겠다고 약속한 정책개요를 공식적으로 문서화하여 선거기간 중 공표하는 국민에 대한 서약"으로서 오늘날 "정당이나 후보자가 선거에 임하여 집권 이후 어떤 정책을 수행할 것인가를 유권자들에게 공식적 · 직접적으로 표명하는 문서"로 이해된다(Robertson, 1976 : 72 ; 조진만, 2008 : 114 ; 이동윤, 2010 : 105). 결국 매니페스토는 정당과 후보자의 정책공약을 포괄적으로 지칭하지만 일반적인 공약과 다른 점은 선거공약의 목표치를 보다 구체적으로 명시하고, 이러한 목표를 실현하기 위한 재정적 근거와 로드맵을 체계적으로 제시해야 한다는 것이다(이동윤, 2010).

민주주의 국가에서의 선거는 최소한 대표선출의 기능을 포함해서 민주적 정당성의 부여, 주민간 · 세대간 · 단체간 갈등의 해소를 통한 화합과 통합, 정치적 교육, 그리고 지역인재 충원으로서의 대표육성의 기능을 수행해야 한다. 그런데 선거를 통한 대표자 선출은 단순히 선출로 그치는 것이 아니라 헌법과 법령이 부여하고 있는 권한을 국민으로부터 위임받음으로써 결국 그들이 행사하는 권한이 정당화 되는 것이다(사회통합위원회, 2010).

또한 선거는 주민 자신이 주체가 되어 결정 · 선택하는 심판행위이다. 때문에 유권자는 주인의식을 가지고 지역사회에 쟁점이 되는 사항에 참여하여 토론하고 판단하는 기회를 가지게 된다. 주민은 선거에 자유롭고 평등하게 참여하여 그간 누적된 불만과 갈등을 정치적 의사로 표출함으로써 종국적으로 주민의 화합과 국민통합에 기여하게 된다. 특히 지방선거과정에 참여한 유권자들은 지방자치의 실험장으로서의 정치교육의

장에 참여하는 효과로 인해서 민주적 정치의식을 고양시키는 계기가 된다(선거의 정치교육기능).

그리고 지역사회의 인재를 양성하고 활용하는 대표자의 육성기능이다. 주민자치시대에는 주민의 대표가 되어 주어질 직책과 역할을 차질없이 완수해야 하는 후보들을 엄격하고 철저한 선거과정을 통해 선택해 낼 수 있어야 한다. 그런 과정을 통해 지도자로서 필요한 자질과 능력을 향상시키고 국민과 주민의 대표로서 역량을 발휘해야 한다. 그 대표적인 과정이 공약과 정책을 놓고 후보간 경쟁하는 토론회가 될 수 있다. 미래에 우리사회가 필요로 하는 지도자는 지역의 문제를 분명한 정치철학과 이념으로 정책화하여 토론을 통해 치밀하게 국가와 지역의 이익을 실현해 나갈 수 있어야 한다(선거의 지역인재 육성기능).

이 이외에 선거가 제대로 수행되기 위해서는 그 선거가 반드시 공명정대하게 실시되어야 할 뿐만 아니라 유권자가 정당별로 정책적 내용을 숙지하여 선택할 수 있도록 하여 정당중심의 책임정치를 강화하는 실질적 민주주의를 구축하는 것이다(선거의 책임정치 강화기능).

2. 정당참여의 의의와 변천경위

정당이란 국민의 정치적 주장을 결집하고, 국가의 주요정책을 개발 · 표방하여 국민의 지지와 참여를 확보 · 증진함으로써 국가의 정치적 의사결정에 기여하고, 나아가서 정치적 권력의 획득 · 유지를 도모하는 결사체를 말한다(육동일, 2006 : 9-10). 정당이 이러한 기능과 목적을 수행 · 달성하는 데 있어서 중요한 수단이 되는 것은 선거이다. 민주국가에서 선거를 통해서 국민의 지지와 참여를 확인할 수 있고, 또한 그것을 통해서 국가의 정치적 의사결정에 기여할 수 있는 것이다. 따라서 선거에 있어서 후보자를 추천하여 그에 대한 선거인의 지지를 호소하고 투표 · 개표 과정을 참관하며 선거쟁송을 전개하는 것 등이 정당의 중요한 활동이 되는 것이다(김광수, 2002 : 215-216).

오늘날에는 대의민주주의가 정당민주주의로 변질되어 가고 있다고도 한다. 그것은 오늘날의 민주정치에 있어서 그만큼 정당이 수행하는 기능과 그것이 차지하는 비중이 확대되고 강화되었다는 뜻이 된다. 따라서 정당의 민주화는 민주주의 선거와 직결되며 선거민주화는 지방자치의 성패를 좌우한다. 그런데 우리 지방자치를 운영해나가면서 지역의 문제를 정책화하여 주민에게 선택을 도와줄 수 있도록 하는 기능은 전혀 부각되지 못하였고, 정당이 지방선거에 관여해서 오는 여러 부작용을 해결하기 위한 문제에만 몰두하였음을 그간의 선거제도 변천에서 확인할 수 있는 것이다(표1 참조). 그 구체적인 내용은 다음과 같다(사회통합위원회, 2010).

한국 지방선거에서의 정당참여 경위를 보면, 과거 50-60년대에는 지방자치법상 지방선거와 관련하여 정당의 관여에 관한 아무런 제한규정을 두지 않음으로써 후보자의 정당공천 · 표방 등이 묵시적으로 허용되었다. 1988년의 제정 지방의회의원선거법에서도 정당의 선거참여에 관하여 아무런 규정을 두지 않음으로써 사실상의 정당참여를 허용하고 있었는데, 1990년의 개정 지방의회의원선거법과 제정 지방자치단체장선거법에서는 광역자치단체의 의원선거 및 단체장 선거에서는 후보자의 정당공천제를 채택함으로써 정당의 선거참여를 적극적으로 허용하였다. 이어 1991년에 실시된 제4회 지방의회의원 선거에서 광역의회의 경우 정당공천자의 당선율이 전 의원의 86.7%에 이르렀다(최창호, 2008 : 401-402).

1994년에 제정된 공직선거 및 선거부정방지법(약칭 통합선거법)에서는 광역 및 기초자치단체의 의원 및 단체장의 4대선거의 동시실시 규정과 함께 광역 및 기초자치단체의 의원선거 및 단체장선거 모두에 후보자의 정당공천제를 채택하였다. 그런데 이 법이 시행되어 보기도 전에 당시 여당이었던 민자당에서는 6 · 27 지방선거를 앞두고 지방행정의 탈정치화를 내세워 기초지방선거에서의 정당공천배제를 강력히 주장하게 되면서 결국 기초지방자치단체의 장은 정당공천을 허용하되 기초지방의회의원의 그것은 배제하도록 하는 변칙적인 선거법이 개정되었고, 이 개정법에 따라 1995년(민선1기)과 1998년 지방선거(민선2기)가 시행되었다.

그런데, 1995년에 광역의회 의원선거에서는 지역구 의원정수의 100분의 10에 해당하는 수의 비례대표의원을 정당이 추천한 명부에 의하여 배당받도록 하는 이른바 비례대표제가 채택되었고, 2002년에는 그 비례대표 선거를 위한 정당투표제가 새로이 채택되어 광역자치단체의 선거에서는 정당의 적극적인 참여는 물론이고 더 나아가서 정당에 의한 지방자치의 운영이 가능해지게 된 것이다. 그러나 이미 중앙정당의 투쟁장으로 변해버린 지방선거에서 자치단체장선거를 제외하면 지방의원선거는 기초와 광역을 막론하고 국민적 관심을 갖지 못했다.

2006년 지방선거를 1년도 채 남기지 않은 2005년 6월 30일 임시국회에서 공직선거법의 일부가 개정되었는데, 지금까지 정당공천이 금지되었던 기초지방의회의원 선거까지도 정당공천을 허용하는 것으로 하였다. 또한 기초지방의회선거에서 하나의 선거구에 2~4명의 지방의원을 선출하는 중선거구제를 도입하였을 뿐만 아니라 비례대표제가 채택되고 그중에서 50%는 여성을 추천하도록 하는 할당제가 도입되었다.

2010년 지방선거는 광역단체장, 광역의원, 정당비례대표, 기초단체장, 기초의원, 정당비례대표 외에 교육자치(교육감, 교육위원선거)가 동시에 시행되어 1인8표 선거를 시행하였다. 2014년 지방선거는 사전투표제가 도입되었고, 교육위원선거를 제외한 모든 선거가 2010년과 같이 진행되었으나 교육위원선거가 일몰법(2014년 교육의원제 폐지)에 의해 시행되지 못하여 1인 7표가 되었다.

<표 1-1> 우리나라 지방선거제도 변화과정

선거 회수	선거 일	법적근거	선거구분		비고
			지방의원	자치단체장	
1952 (제1차)	4.25 5.10	지방자치법 (국회의원선거법 준용) 〃	시·읍·면 의원 도의원	(기초: 간선제) (광역: 임명제)	선거가능 지역만 실시 (서울·경기·강원 제외)
1956 (제2차)	8.8 8.13	〃 〃	시·읍·면 이원 시·도의원	시·읍·면장 (광역: 임명제)	6.25 동란 종료 후 (자유당 정부)
1960 (제3차)	12.12 12.19 12.26 12.29	〃 〃 〃 〃	시·도의원 시·읍·면 의원 - -	- - 시·읍·면장 시·도지사	4.19 이후 (민주당 정부)
1991 (제4차)	3.26 6.20	지방의회의원선거법 〃	기초의원 광역의원	(기초; 임명제) (광역: 임명제)	30년만의 지방의회 구성 (노태우 정부)
1995 (제5차)	6.27	공직선거 및 선거 부정방지법	기초·광역의원	기초·광역단체장	제1회 동시선거 (김영삼 정부) 1인4표
1998 (제6차)	6.4	〃	기초·광역의원	기초·광역단체장	제2회 동시선거 (김대중 정부) 1인4표
2002 (제7차)	6.13	〃	〃 광역의원비례대표 정당명부투표	〃	제3회 동시선거 (김대중 정부) 1인5표
2006 (제8차)	5.31	공직선거법 매니페스트 (manifesto)운동	〃	〃 기초의원비례대표 정당명부투표	제4회 동시선거 (노무현 정부) 1인6표 5.31 스마트매니페스토 정책선거추진본부 출범
2010 (제9차)	6.2	〃	〃	〃 +교육감, 교육의원	제5회 동시선거 (이명박 정부) 1인8표
2014 (제10차)	6.4		〃	〃 +교육감	제6회 동시선거 (박근혜 정부) 1인7표
2018 (제11차)	6.13		〃	〃 +교육감	제7회 동시선거 (문재인 정부) 1인7표

자료 : 사회통합위원회(2010)의 내용을 수정하여 정리함.

3. 선행연구의 검토

그동안 지방선거에 대한 국내 학자들의 연구는 정치학 전공 정치·행정학자들에 의해 비교적 적지 않게 소개되어 왔으나 정책선거에 대한 연구는 상대적으로 빈약한 것으로 보인다. 일반적으로 지방선거제도의 변화(동시선거제, 정당공천제, 여성할당제, 중선거구제)에 따른 성과나 정치적 효과를 분석하여 지방선거의 특징적 요인을 밝히려는 연구가 주를 이루었다(황아란, 2015). 즉, 선거경쟁과 도시유형별, 지역별 투표율, 정당별 득표율, 중앙정부의 중간평가적 성격, 일당독점의 지배적인 정당구도, 정치지형의 변화, 현직교체율과 재공천, 지역주의 영향 등을 분석하여 그 특징적 내용을 제시하였다(사회통합위원회, 2010 ; 황아란, 2015). 그 과정에서 특정한 연도의 한정된 선거를 대상으로 주요 특징과 변화를 설명하는 연구가 진행되었다. 그러나 한정된 시기와 공간을 대상으로 하는 연구의 한계성을 각급 선거의 통시적 비교접근으로 각 선거의 주요변인이 선거 때마다 다르게 나타나고 영향력 차이를 확인하면서 지방선거의 변화와 지속성을 관찰할 수 있었다(황아란, 2016 : 290).[6] 물론 그 이전 연구의 주류는 지역주의에 벗어나지 못하는 지방선거에 따른 선거제도 개편방안(강원택, 2010 ; 황아란, 2010a ; 최봉기 · 이동수, 2003 ; 안순철, 2001)과 후보자 공천관련 문제와 정당관여의 찬반문제(가상준, 2009 ; 강경태, 2009 ; 박재욱, 2007 ; 육동일, 2006 ; 이승종, 2005 ; 주용학, 2007 ; 신기현, 2010 ; 황아란, 2010b) 등에 관한 것이었다. 또한 교육감, 교육의원선거제도를 교육자치의 적정단위와 행정역할에 초점을 두어 개선해야 할 내용을 제시하고 있으며(최진혁 · 김찬동, 2011), 교육감 선출방식의 대안별 우선순위에 따른 교육선거제도 개선방안을 제시하고 있다(최영출, 2010 ; 충북대학교 지방교육연구센터, 2009). 그리고 교육선거의 일반적 현황 및 문제점을 투표율, 정치적 색채논쟁, 교육의원 도입과 동시에 폐지(일몰법)에 따른 향후 일반의원들의 교육전문성 가능여부를 지적하기도 하였다(사회통합위원회, 2010).

그리고 어떻게 보면 지방선거에 있어 정당은 정치적 충원의 가장 중요한 기관으로 자

6 통시적 분석을 통하여 지방선거의 특징을 밝혀낸 연구로서 지역주의 정당지지와 정권심판론 이슈, 현직효과 등이 미치는 영향을 파악하였다. 여기에 각급 지방선거에서 이들 주요변수의 상대적 영향력이 다르다는 것을 확인하여 그 특징적 내용을 제시하였다.

치분권시대에 맞는 정치적 충원제도를 마련해야 한다는 측면에서 자치단체장, 의회의원의 충원형태를 연구할 가치가 매우 크다고 볼 수 있다. 그런 배경에서 외국사례이지만 프랑스 자치단체장 충원형태 및 유형화로 본 지방선거에서 사회직업적 배경과 유명도, 지방에의 착근성정도, 정당의 역할(정당과의 연계특성)과 정치적 선출에의 비공식적 요소, 중앙체계와의 관계와의 영향력 등을 고려하여 분석하고 있다(최진혁, 2011).

4. 이론적 논의의 틀(분석틀)

그동안 선거에서 나타난 주민들의 불신 내지 회의를 극복하기 위해서는 정당들이 정책적 차이를 중심으로 건전하게 정책선거로의 경쟁이 이루어져 그들 후보자들이 주민에게 선택받을 수 있게 하여야 하고, 선거이후 정당과 그 정당이 선택한 후보자의 정책이행정도를 주민들의 준엄한 평가를 통해 심판하는 제도적 장치를 강화하여 책임정치를 뿌리내려야 한다. 그러기 위해선 최소한 어느 조건이 충족되어야 하는데, 정책선거를 담보한 선거법과 제도의 정착, 정치권(정당)의 정책선거 착근에의 의지와 태도, 후보자의 양심적인 자세와 사명감, 유권자의 현명한 판단과 선택, 그리고 시민단체의 지원과 협력 등을 고려해 볼 수 있다.

상기의 이론적 논의를 토대로 지방선거가 지역의 문제를 이슈화하여 정책선거의 체계를 정립해야 한다는 명제 하에 그 충족조건으로 간주되는 요인을 체계화하여 다음과 같은 차원에서 논의를 전개하고자 한다. 즉, 지역인재가 애향심을 가지고 지방정치의 장으로 나아갈 수 있는 적극적 충원제도를 준비해야 하고(정당 및 선거법개정 차원), 지방선거에서 주민들의 불신을 극복하고 지방민주주의의 착근을 위해서 정당들이 정책적 차이를 중심으로 올바른 경쟁이 이루어져 주민들의 바른 선택과 준엄한 평가가 작동하는 책임정치를 실현해 낼 수 있는 기제로서의 정당의 역할을 재조명해야 하고(정당 차원), 후보자의 정책선거에 대한 적극적인 자세와 사명감이 필요할 것이며(후보자 차원), 유권자의 정책선거에 대한 바른 이해와 함께 현명한 판단과 선택을 할 수 있어야 할 것이고(유권자 차원), 이러한 여건이 조성될 수 있도록 지원과 협력을 해 줄 수 있는 시민단체의 역할이 논의되어질 때 가능하다고 할 것이다(시민단체 차원). 그런 배경에서 이번 민선7기

지방선거는 정책선거의 체계정립 차원에서 다음과 같은 논의를 근간으로 설정되어야 할 것으로 본다(그림 1-1 참조).

① 지역인재가 지방정치의 장으로 쉽게 나아갈 수 있는 적극적 충원제도를 준비해야 한다.

② 정당은 그 지역문제를 정확히 파악할 수 있는 전문성 있는 조직체계를 준비해야 하고, 정책선거를 담보해 낼 수 있는 선거법을 준비하고, 정책선거제도를 정착시키기 위한 노력을 경주해야 한다(정당 차원).

③ 후보자는 지역문제를 제대로 분석 · 평가하여 이를 정책화하고 선거운동에서 이를 밝힐 수 있는 선거운영능력을 높일 수 있는 전문성을 제고해야 한다(후보자 차원).

④ 유권자는 정책선거에 대한 올바른 이해를 기초로 지역문제를 합당하게 정책화하여 준비한 정당과 후보자를 선택할 수 있는 역량있는 주민으로서의 지위를 부여해야 한다(유권자 차원).

⑤ 정책선거가 실현될 수 있는 시민사회의 여건을 조성해 줄 수 있는 시민단체의 지원과 협력을 모색해야 한다(시민단체 차원).

<그림 1-1> 이론적 분석틀 : 정책선거의 체계정립

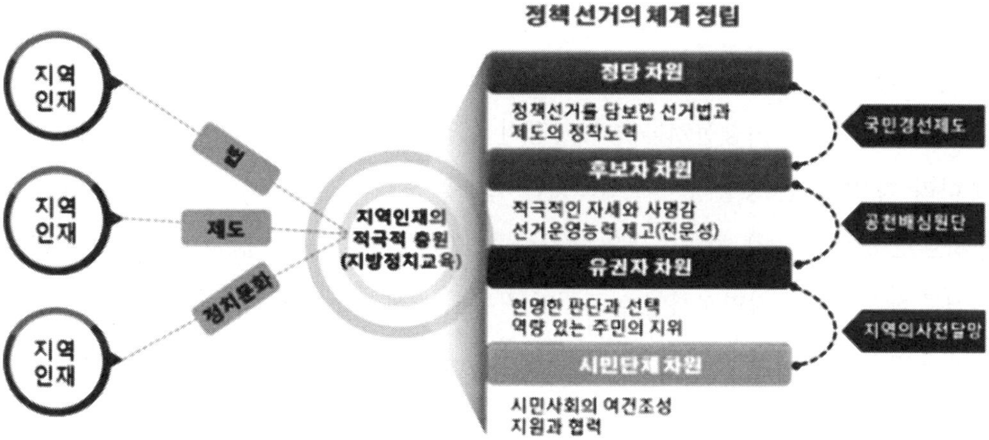

제3절 지방선거에 있어 정당참여에 의한 정책선거의 현황

우리나라 정당이 정당공천의 논리적 근거가 되는 민의를 과연 충분히 수렴하여 정책화하여 주민의 선택에 도움을 주었는가에 대해서는 국민 다수가 회의를 가진다. 오히려 이러한 정당의 역할을 제대로 수행하지 않아 발생하는 역기능적인 측면이 크다고 보고 있다. 따라서 대의민주주의제도 하에 우리 국민(또는 주민)들이 대통령, 국회의원, 지방자치단체장, 지방의원들에게 일정한 권한을 위임하고 책임있는 역할을 기대하지만 정당을 중심으로 한 이들 대표자들에 대한 국민(또는 주민)들의 지지와 신뢰는 점점 줄어들고 있는 것으로 나타나고 있다(사회통합위원회, 2010). 특히 지방선거에서 정당에 대한 국민적 불신과 신뢰 저하는 매우 심각한 수준이다.[7] 지방선거의 정당공천제는 공천을 매개로 한 지역구 국회의원의 영향으로 중앙정치의 예속을 가져오고, 유권자의 일괄투표 경향으로 인하여 일당 독점의 지방자치단체 기관구성을 낳게 하는 주된 요인으로 지목되어 왔다(사회통합위원회, 2010).

이러한 배경에서 본 연구는 역대 지방선거 및 2010년(5회), 2014년(6회) 지방선거를 대상으로 정당공천에 따른 폐해로서 정책선거가 잘 이루어지지 않는 이유를 논의하고자 한다.

1. 정당차원 : 정책선거의 실종

1) 중앙정당의 대리선거

그간의 우리나라 지방선거는 중앙정당의 정당별 지지에 따른 연계투표가 이루어짐에 따라 지방자치는 중앙정치에 예속되는 결과를 드러내었다. 지역사회의 문제를 정책논점으로 하여 유능한 지역일꾼을 뽑아야할 지방선거가 중앙정당의 대리전으로 조직선거를 행함으로써 지역정책이 실종되거나 무시된 선거를 치러야 하였다.

이에 따라 지방선거는 지역후보자의 정책과 공약에 따라 지역일꾼을 선택하는 것이 아니라 중앙정당을 보고 후보자를 선택하는 결과를 역력히 보여주었던 것이다. 이러한

7 2005년도 8월 공직선거법 개정을 통하여 기초지방의회의원까지 정당공천제를 확대한 이후에 더욱 심해졌다는 평가가 지배적이다.

결과를 만들어 낸 데에는 무엇보다도 중앙정치권, 중앙정당의 책임이 크다 할 것이다. 정치권은 지방선거를 두고 대선의 전초전이나 현 정권에 대한 중간평가의 의미를 부여하고 총력적으로 나서다보니 지역민의 여론을 통한 정책형성을 이루어내지 못하고 철저히 중앙정치의 정권심판의 논리에 갇혀 지역정책문제와 상관없는 선거를 하게 된 것이다. 정부와 집권여당의 실정을 심판하는 국민의 목소리는 존중되어야하겠지만 지역사회 일꾼을 뽑는 지방선거를 중앙정치의 정파적 이해로 변질시킨 정당의 지도부는 지방자치제도를 역행시켰다는 비난을 피할 수 없는 이유이다. 이렇듯, 정당공천을 매개로 중앙정당, 광역지방자치단체장 후보자, 기초지방자치단체장 후보자, 지방의원 후보자간의 강력한 카르텔이 형성되어 지방자치의 중앙정치에의 예속과, 중앙정당을 보고 투표하는 소위 연계투표가 이루어질 수밖에 없는 구조를 강화시켜온 것이다.[8]

2) 일당독점의 지배적인 정당구도

중앙정치가 지방정부 기관구성에 미치는 영향은 자치단체장과 의회와의 견제와 균형의 원리가 제대로 작동할 수 없는 일당 독점의 지배적인 정당구도를 형성하고 있다는 사실이다. 지역별 정당구도를 통해 그 상황을 살펴보면, 2010년 지방선거의 경우 16개 시 · 도 가운데 10개 시 · 도에서는 단체장 소속정당과 같은 정당이 지방의회 지역구 의석의 과반수이상을 차지하였고, 기초단체의 단체장과 기초의회의 의석까지도 다수를 점하는 일당 지배적인 양상을 보여주었으며, 2014년의 경우 그 정도가 더욱 심화되는 양상을 보이고 있음을 알 수 있다(<표 1-2> 참조). 즉, 17개 시 · 도에서 단체장 소속정당과 의회 다수의석의 과반수 이상을 점하고 있는(여대야소) 지역이 13개로 나타났고, 기초자치단체에서도 14개 지역으로 조사되었다. 이는 지역의 문제를 정책화하여 정책내용을 주민에게 충분히 알려 선택받게 할 수 있는 상황이 전혀 아니었음을 반증하는 결과이기도 하다. 한편 2010년 지방선거는 강원, 충남, 경남, 제주에서 광역단체장의 소속정당만이 달랐다는 점에서 엄격히 말해 서울과 경기만이 여소야대의 지방정국으로 정

8 공천을 받기 위해 유권자보다 공천권을 가진 지역구 국회의원에게 지속적으로 모든 것을 투자해야 하는 기존의 시스템은 공천과정과 당선 후 임기 중에 태생적으로 각종 부조리와 비리가 발생할 수밖에 없게 하였다(사회통합위원회, 2010).

당 간 견제와 균형의 경쟁구도를 보였다고 할 수 있다(사회통합위원회, 2010). 2014년에는 경기, 충북, 충남, 강원이 여소야대의 지역정치구도를 보였다(<표 1-2> 참조).

<표 1-2> 지역별 정당구도 (2006년, 2010년, 2014년)

	2014년				2010년				2006년			
	광역단체		기초단체		광역단체		기초단체		광역단체		기초단체	
	단체장 소속정당	의회 다수의석	단체장 다수정당	의회 다수의석	단체장 소속정당	의회 다수의석	단체장 다수정당	의회 다수의석	단체장 소속정당	의회 다수의석	단체장 다수정당	의회 다수의석
서울	민주연합	민 (75.0)	민 (80.0)	민 (52.2)	한나라당	민 (77.1)	민 (84.0)	한 (50.0)	한나라당	한 (100.0)	한 (100.0)	한 (63.7)
인천	새누리당	새 (67.7)	새 (60.0)	새 (52.5)	민주당	민 (70.0)	민 (60.0)	한 (47.4)	한나라당	한 (100.0)	한 (90.0)	한 (62.9)
경기	새누리당	민 (62.1)	민 (54.8)	새 (48.9)	한나라당	민 (63.4)	민 (61.3)	한 (48.8)	한나라당	한 (100.0)	한 (87.1)	한 (67.3)
부산	새누리당	새 (100.0)	새 (93.8)	새 (58.2)	한나라당	한 (88.1)	한 (81.3)	한 (58.9)	한나라당	한 (100.0)	한 (93.8)	한 (86.7)
대구	새누리당	새 (100.0)	새 (100.0)	새 (75.5)	한나라당	한 (96.2)	한 (75.0)	한 (68.6)	한나라당	한 (100.0)	한 (100.0)	한 (97.1)
울산	새누리당	새 (100.0)	새 (100.0)	새 (69.8)	한나라당	한 (57.9)	한 (60.0)	한 (58.1)	한나라당	한 (81.3)	한 (80.0)	한 (58.1)
경북	새누리당	새 (88.9)	새 (87.0)	새 (74.9)	한나라당	한 (84.6)	한 (69.6)	한 (65.6)	한나라당	한 (94.0)	한 (82.6)	한 (74.1)
경남	새누리당	새 (94.0)	새 (77.8)	새 (67.1)	무소속	한 (71.4)	한 (61.1)	한 (60.2)	한나라당	한 (91.7)	한 (70.0)	한 (74.8)
광주	민주연합	민 (100.0)	민 (100.0)	민 (79.7)	민주당	민 (94.7)	민 (80.0)	민 (74.6)	민주당	민 (100.0)	민 (100.0)	민 (57.6)
전북	민주연합	민 (94.1)	민 (50.0)	민 (68.8)	민주당	민 (97.1)	민 (92.9)	민 (68.8)	열린우리당	열 (58.8)	민 (35.7)	열 (49.1)
전남	민주연합	민 (92.3)	민 (63.6)	민 (73.5)	민주당	민 (88.2)	민 (68.2)	민 (69.2)	민주당	민 (93.5)	민 (45.5)	민 (64.0)
대전	민주연합	민 (73.7)	민 (80.0)	민 (51.9)	자유선진당	자 (79.0)	자 (60.0)	자 (41.8)	한나라당	한 (100.0)	한 (100.0)	한 (54.6)
세종	민주연합	민 (61.5)	n.a		n.a		n.a		n.a		n.a	
충북	민주연합	새 (67.9)	새 (54.6)	새 (57.9)	민주당	민 (71.4)	민 (41.7)	민 (39.5)	한나라당	한 (89.3)	한 (41.7)	한 (53.5)
충남	민주연합	새 (77.8)	새 (60.0)	새 (58.3)	민주당	자 (52.8)	자 (43.8)	자 (39.5)	한나라당	한 (55.9)	국 (43.8)	한 (43.4)
강원	민주연합	새 (52.6)	새 (83.3)	새 (58.9)	민주당	한 (52.6)	한 (55.6)	한 (61.6)	한나라당	한 (94.4)	한 (100.0)	한 (63.1)
제주	세누리당	새(44.8)	n.a.		무소속	민(55.2)	n.a.		무소속	한(65.5)	n.a.	

* 비례대표 제외
* 2014년 새: 새누리당, 민주연합/민: 새정치민주연합
* 2010년 한: 한나라당, 민: 민주당, 자: 자유선진당
* 2006년 한: 한나라당, 민: 민주당, 자: 자유선진당, 열: 열린우리당, 국: 국민중심당

황아란(2010) 보완 정리

3) 헛공약이 남발되어도 당선되는 구조

우리나라의 정당공천에 의한 선거는 결과적으로 후보자들의 '헛공약' 남발을 부추기게 하는 것으로 나타났다. 특히 공천이 곧 당선이라는 등식이 성립되는 지역에서는 선관위 및 학계가 매니페스토 운동을 벌여도 유권자들에게는 전혀 매니페스토의 평가결과가 후보자를 검증하는 비교기준으로써 작동하지 않았던 것이다. 2010년 지방선거에서는 심지어 인쇄소 공약이라고 할 정도로 같은 인쇄소에서 정당들이 짜깁기 공약을 만들어냈다는 비판들이 다수 보도된 바 있다(사회통합위원회, 2010). 지방선거에 있어 지역의 문제를 제대로 인식하여 정당정책으로 만들어 내고, 이를 주민이 심판해줄 수 있는 책임정치를 가동시킬 수 있을 때 주민들은 후보자들의 인물과 정책을 비교하며 과연 우리 지역에 맞는 공약을 합리적으로 제시하는 후보가 누구인가를 판단하게 될 것이며, 자연스럽게 투표율도 상승하게 될 것으로 본다(최진혁, 2012).

2. 후보자 차원 : 비리에 노출된 정당공천; 지역인재 적극적 충원에 역행

1) 공천비리

지방선거에서 지방자치단체장 및 지방의회의원 후보들이 정당공천을 받기 위하여 저지르는 비리문제가 매우 심각하여 지방자치를 위협하는 수준에 이르렀다는 점이다.[9] 후보자는 선거에 임하여 지역의 문제를 해결할 수 있는 정책에 신경쓰기 보다는 정당공천의 당선확정이라는 등식에 입각하여 어떻게든 정당공천을 따내려고 애를 쓰게 된다. 그 과정에서 '꼬리를 자르기 쉽게,' '현금으로', '1:1 비밀주의,' '가시가 있는 생선인지 가려서' 라는 희화화된 표현이 자행되는 공천비리가 횡행하게 되는 것이다(사회통합위원회, 2010). 진성당원이 미약한 상황에서 지방선거의 공천은 사실상 정당의 지구당위원장과 중앙당 최고위원회의 지배력을 그대로 수용하여 '자기사람' 심기와 '돈공천'을

9 행정안전부에 따르면, 2006년 5.31 지방선거를 통해 당선된 민선4기 기초단체장 230명 중 임기를 5개월 이상 남겨놓은 2010년 1월 12일 기준으로 선거법 위반이나 비리 등 혐의로 기소된 사람은 전체의 41.3%인 95명이었다. 기소된 기초자치단체장 중 직위를 상실한 사람은 39명이고, 당시 시점에 재판이 진행 중인 사람은 7명이었다. 이 때문에 조사 시점 현재 전국 13개 기초자치단체에서 부단체장이 자치단체장 역할을 하는 권한대행 체제가 유지되고 있다. 기소된 기초자치단체장 95명 중 나머지 49명은 자치단체장 직위를 잃지 않을 정도의 가벼운 판결을 받았거나, 무죄를 선고받아 현재 직무를 수행하고 있다(조선일보, 2010년 2월 3일).

자행하게 하였던 것이다.

결국 이 과정에서 선출된 후보자는 자치단체장이나 의회의원으로서 정치적 진입에 성공하면서 비합리적이고 낭비적인 예산집행을 행할 가능성을 만들어 놓았고, 그로 인한 지방행정의 난맥상은 주민의 피해로 귀착되었다.[10] 여기에 기초의회의원, 기초자치단체장, 광역의회의원, 광역자치단체장, 국회의원과의 선거담합이 강화되었고(선거의 카르텔화), 인물과 정책선거가 중심이 되는 선거가 아닌 중앙정당 중심의 선거가 계속 반복되고 있는 것이다.

2) 지역주의의 고리 역할을 하는 정당공천

지방선거에 있어 대부분의 경우 특히 광역자치단체의 경우, 1당 지배지역이 강하게 나타나고 있어(부산, 대구, 경북, 울산, 광주, 인천, 대전, 충북, 전북, 전남) 지역주의에 매몰되어 제대로 된 정책선거를 하기에 역부족인 상황이었다. 결국 우리나라 정당이 후보자를 선택함에 있어 정책내용보다 지역주의의 영향력을 드러내는 방향으로 활용하려 한 점이 강할 수밖에 없는 선거였다. 그 지역주의의 영향은 다음과 같다(표 1-3, 1-4 참조).

기초단체장(<표 1-3>)과 비례대표를 제외한 선출직 기초의원(<표 1-4>)에 대한 선거결과를 보더라도 지역주의 영향은 강하게 나타나고 있음을 알 수 있다(이종수, 2010). 2010년, 2014년 동시지방선거에서 시장, 군수, 구청장의 경우 호남(광주와 전남 전북) 지역에서는 한나라당은 한명의 장도 선출되지 못하였고, 영남 지역에서는 유일하게 경남을 제외한 대구, 경북, 부산, 울산에서 민주당이 1명도 선출되지 않았다. 기초의회 의원의 경우에도 2010년에는 광주 전남 전북 지역에서는 한나라당은 1명도 당선되지 못하였고(2014년에는 광주에서 1명 당선), 울산 지역에서는 2010년에 민주당이 1명도 당선되지 못하였다(2014년 새정치민주연합 2명 당선).

10 그 가운데 일부는 지금까지 우리가 보아 온 것처럼 선거사범, 공천과정에서의 비리 등으로 고발되거나 임기 중의 인사 청탁, 인허가 과정에서 업자와의 결탁 등으로 문제가 되어 구속되기도 하여 지방행정의 마비상태를 초래하기도 하였다(사회통합위원회, 2010).

<표 1-3> 시장·군수·구청장 선거결과 분석(2010년, 2014년)

시·도별	2010년							2014년			
	당선인수	한나라	민주	자유선진	민주노동	기타	무소속	당선인수	새누리당	새정치민주연합	무소속
합계	228	82	92	13	3	2	36	226	117	80	29
서울	25	4	21				0	25	5	20	0
부산	16	13	0				3	16	15	0	1
대구	8	6	0				2	8	8	0	0
인천	10	1	6		2		1	10	6	3	1
광주	5	0	4				1	5	0	5	0
대전	5	1	1	3			0	5	1	4	0
울산	5	3	0		1		1	5	5	0	0
경기	31	10	19				2	31	13	17	1
강원	18	10	4				4	18	15	1	2
충북	12	3	5	3			1	11	6	3	2
충남	16	4	3	7		1	1	15	9	5	1
전북	14	0	13				1	14	0	7	7
전남	22	0	15				7	22	0	14	8
경북	23	16	0			1	6	23	20	0	3
경남	18	11	1				6	18	14	1	3

자료 : 중앙선거관리위원회 선거통계 사이트(http://info.nec.go.kr/)

<표 1-4> 시·군·구의회 의원 선거결과 분석(2010년, 2014년)

시·도별	2010년							2014년						
	당선인수	한나라	민주	자유선진	민주노동	기타	무소속	당선인수	새누리당	새정치민주연합	통합진보당	정의당	노동당	무소속
합계	2,512	1,087	871	95	90	64	305	2,519	1,206	989	31	10	6	277
서울	366	183	173		3	6	1	366	171	191	0	0	1	3
부산	158	93	28		9	8	20	158	92	58	1	0	0	7
대구	102	70	4		2	11	15	102	77	9	0	2	1	13
인천	97	46	43		4	2	2	101	53	44	0	2	1	1
광주	59	0	44		10	2	3	59	1	47	9	0	0	2
대전	55	11	21	23	0		0	54	26	28	0	0	0	0
울산	43	25	0		13	3	2	43	30	2	9	0	1	1
경기	363	177	165		8	6	7	376	184	182	1	2	0	7
강원	146	90	36		0		20	146	86	44	0	0	0	16
충북	114	44	45	12	2		11	114	66	38	1	0	0	9
충남	152	50	34	60	0	2	6	144	84	49	0	0	0	11
전북	173	0	119		3	5	46	173	0	119	0	2	0	52
전남	211	0	146		14	2	49	211	0	155	4	1	0	51
경북	247	162	1		2	10	72	247	185	2	0	1	0	59
경남	226	136	12		20	7	51	225	151	21	6	0	2	45

자료 : 중앙선거관리위원회 선거통계 사이트(http://info.nec.go.kr/)

이와 같은 현상은 지방선거가 자기 지역의 문제를 논의해야 하는 선거가 되지 못하고, 주민의 생활과 연계해 자치문제가 정책화되어 치러지는 정책선거가 이루어지지 않고 있다는 반증이기도 하다. 지방선거가 일방적인 중앙정치와 정당에 지배받는 현상이 지속되는 한, 지역의 이슈화된 논의를 주민의 생활공간에서 처리하지 못하고 결국 지역주의에 의해 왜곡되는 현상이 지속될 수밖에 없을 것으로 보인다.

3. 유권자 차원 : 공천배심원단의 한계

유권자는 정책선거에 대한 바른 이해를 기초로 지역문제를 바르게 정책화하여 준비한 정당과 후보자를 선택할 수 있는 역량있는 주민으로서의 지위를 행사해야 한다. 그러기 위해서 유권자는 역동적인 주민으로 탈바꿈해야 한다. 그런 측면에서 유권자는 적극적으로 바른 후보자를 선택할 수 있도록 선거참여를 해야 하고, 그런 환경을 마련해주어야 한다. 여기에서는 유권자가 국민참여경선제도로서 논의되고 있는 공천배심원단의 내용을 살펴보고 그 한계를 지적해 보고자 한다(사회통합위원회, 2010 ; 신기현, 2010 : 79-84).

1) 국민경선제도의 한계

한국의 주요 정당들이 채택해온 국민참여경선제도는 후보의 대표성 확대나 당내 민주화의 목적 이외에도 정치적 이합집산과 정당 위기를 극복하며 선거운동 효과를 극대화하기 위한 선거전략 차원에서 도입한 것과도 무관하지 않았다. 그동안의 국민경선제도는 다음과 같은 문제점을 노정하였다(사회통합위원회, 2010).

첫째, 한국의 정당들이 도입하여 운영해온 국민경선제도는 참여의 증폭 효과에 대한 강조로 말미암아 대리접수와 종이당원 유령 선거인단 문제로부터 자유롭지 못했고, 특히 후보들이 경쟁적으로 선거인단의 모집에 집중함으로써 지지조직에 의한 동원선거나 대리투표 가능성이 높았다. 둘째, 완전 개방형 예비선거의 경우 의무감이 떨어져 경선 참여율도 떨어질 수밖에 없었다. 셋째, 여론조사 결과를 일정한 비율로 환산하여 최종득표집계에 포함시키는 경우 민심반영이라는 명분 축적으로 외형상으로는 민주적인 것처럼 보이게 하였지만 정당의 후보 결정에 자기 정당 지지자가 아닌 일반인의 여론까지 반영하는 경우 정당의 정체성을 살리지 못하는 한계를 드러냈다.

특히 정당조직이 체계화되지 못한 상황에서 사실상 사조직화되어 있는 당원협의회 등에만 공천문제를 위임하는 경우 신진 인물의 발굴과 역량 있는 인물의 등장이 어려워질 수 있다. 또한 지역구 경선이 공천을 결정하는 최종적인 수단이 되는 경우 많은 정치자금 소요와 함께 과열선거로 말미암아 선거가 타락해질 수 있다. 따라서 정책선거와는 거리가 있을 수밖에 없는 것이다.

일부 선거구에서는 유권자에게 알려지지 않은 후보자조차도 당원협의회 등과의 유대관계만으로도 충분히 경선에서 승리할 수 있는 여건이기에 유권자들로부터 공감을 사지 못할 수도 있다. 또한 경선에 따른 후유증을 극복하는 데 너무 많은 어려움이 있다는 점이다. 경선 결과 패배한 후보자가 타 정당 후보를 지지하지는 않는다 하더라도 경선에서 승리한 후보에게 도움이 되지 않는 쪽으로 작용하는 경우 경선 효과는 반감될 수밖에 없는 현실이다.

(1) 한나라당의 국민공천배심원단

한나라당은 국민공천배심원단에 재심요청권만 부여한 이유에 대해 '국민공천배심원단'에 후보를 직접 결정하는 권한을 부여하게 되면, 소수의 배심원을 상대로 심사대상자들로부터 집중적 접촉을 시도할 수 있고, 당내 공천의 최종결정을 외부인사에게 맡길 수 없다는 점에서 재심에 대한 가부 판정을 묻는 권한만을 부여한다는 것이었다. 배심원단의 부결판정만으로도 국민적 공감대와 동떨어진 후보가 다른 요인에 의해 공천되는 사례를 방지하자는 의도가 중요한 도입 취지라고 할 수 있다(사회통합위원회, 2010).

이러한 쇄신안이 제안된 이후로 2010년에 들어와 한나라당의 6 · 2 지방선거 공천방식은 기초단체장 · 지방의원 후보경선 의무화와 국민공천배심원제 도입 등으로 요약될 수 있다. 현행 당헌 · 당규에 따르면 공직 후보자는 국민참여선거인단대회를 통해 선출되는 것이 기본이지만[11] 중앙당 공천심사위의 여론조사와 면접, 후보간 토론회로도 가능하게 하면서 30명 안팎의 국민공천배심원단을 신설해 공천심사위원회가 선정한 특정후보를 검증하는 방안도 추진하고 있다.[12] 배심원단 3분의 2가 부적격판단을 내리면 해당 후보에 대한 재의결을 요청할 수 있도록 한다는 것이었다.[13] 이와 함께 한나라당은 전체 광역단체장과 주요 기초단체장에 대한 지역주민의 평가를 '교체지수'로 정리해

---

11 〈자유한국당 홈페이지 내 당헌 제 6장 공직후보자의 추천 자료〉 제109조 ① '자치구·시·군의 장' 후보자는 시·도당 공천관리위원회의 심사와 국민참여선거인단대회 등 상향식 추천방식을 통해 선정하고, 시·도당 운영위원회의 의결을 거쳐 최고위원회의의 의결로 확정되며 당 대표가 추천한다. 다만, 시·도당 공천관리위원회가 자치구·시·군의 장 후보자를 선정하기 곤란한 특별한 사유가 있는 경우, 시·도당 공천관리위원회의 요청에 의하여 중앙당 공천관리위원회의 심사와 최고위원회의의 의결로 확정된다. http://www.libertykoreaparty.kr/web/intro/web/readConstitutionView.do

12 〈자유한국당 홈페이지 내 당헌 제 6장 공직후보자의 추천 자료〉 제109조 ⑥ 시·도당 공천관리위원회는 서류심사를 통해 후보자에 대한 적격여부를 심사하고, 면접 또는 여론조사를 통하여 단수 또는 압축된 후보자를 추천한다. ⑦시·도당 공천관리위원회는 압축된 복수의 후보자를 대상으로 국민참여선거인단대회를 통하여 후보자를 추천한다. 다만, 국민참여선거인단대회는 시·도당 공천관리위원회의 결정에 따라 여론조사 경선으로 갈음할 수 있다.

13 〈자유한국당 홈페이지 내 당헌 제 6장 공직후보자의 추천 자료〉 제 108 조 (시 · 도지사후보자의 추천)④ 중앙당 국민공천배심원단은 중앙당 공천관리위원회에서 우선추천지역으로 선정한 시·도지사후보자에 대해 적격여부를 심사하여 부적격하다고 판단할 경우, 재적 3분의 2 이상의 의결로 최고위원회의에 재의요구를 권고할 수 있다. http://www.libertykoreaparty.kr/web/intro/web/readConstitutionView.do

공천과정의 지표로 활용한다는 계획 하에 가능하면 여론조사 결과를 공개해 투명하고 불편부당한 공천의 합리적 기준으로 활용할 것임을 밝힌 바 있다.[14] 한편 비례대표 시 · 도의회 및 자치구 · 시 · 군의회의원후보자는 해당 시 · 도당 공천관리위원회(시·도당 비례대표 공천위원회 포함)의 심사와 시 · 도당 운영위원회의 의결을 거쳐 최고위원회의의 의결로 확정되며 당 대표가 추천하도록 하고 있다. 다만, 비례대표 시 · 도의회의원 후보에 여성이 50%이상 포함되도록 하며, 순위의 매 홀수에는 여성을 추천하도록 하였다(제6장 공직후보자의 추천 제109조).

(2) 민주당의 시민공천배심원제도

제1야당인 민주당의 경우에도 통합과 혁신위원회(이하 통합혁신위)를 통해 지방선거에 시민공천배심원제 도입으로 정당 기득권을 허물고 시민사회 진출을 보장하는 틀을 마련하겠다는 계획을 세워 실행하였다(사회통합위원회, 2010).

민주당이 지향하는 시민공천배심원제도는 일단 (민주당 후보의) 당선 가능성이 있는 지방자치단체장 이상의 선거에서 공천심사위원회가 1차로 압축한 후보들 중 지역의 시민과 학자, 전문가들로 구성된 배심원단이 최종후보를 결정하는 방식이었다. 관심이 집중되는 배심원단 선정 문제에 대해 통합혁신위는 지역 시민 50%, 중앙당 인력풀 50%로 배정하는 것으로 정했는데, 다만 지역시민이 배심원으로 선정될 때에는 무작위로 정하되 대략 200명을 넘지 않는 수준에서 지역 기득권 인사들의 개입을 막는 것으로 한다는 계획이었다. 현행 더불어민주당 당헌 규정(제 11장 공직선거)에 따르면 공직선거 후보자 추천심사를 위하여 중앙당과 시 · 도당에 공직선거후보자추천관리위원회를 최고위원회의 의결로 설치하고, 공천관리위원회는 위원장을 포함하여 20명 내외의 위원으로 구성하며, 필요시 외부 인사를 위원으로 위촉할 수 있도록 하였다(제98조;공직선거후보자추천관리위원회).[15]

민주당이 도입한 '시민공천배심원제'는 한나라당이 지향하는 '국민공천배심원제'안

---

14 내일신문 2010년 2월 17일자

15 이 경우 위원회의 정원이 짝수일 경우 여성위원이 위원회 정원의 100분의 50 이상이 되도록 구성하고, 위원회의 정원이 홀수일 경우 위원장을 제외하고 100분의 50 이상으로 구성하도록 한다. <개정 2015.2.8., 2015.9.16.> http://theminjoo.kr/constitution.do#n

과 다음에서 차이를 보이고 있다. 한나라당의 '국민공천배심원제'는 후보자의 적격성 심사만을 하고 최종선출권한이 없고, 배심원의 자율적 판단을 담보할 수 없으며, 또한 당 공천 결과에 대한 면죄부를 부여하는 문제점을 안고 있다는 것이 민주당의 주장이었다. 민주당이 자당의 시민공천배심원제도와 한나라당의 국민공천배심원제도를 비교하여 작성한 자료에 의하면 다음과 같다(표 1-5 참조)(사회통합위원회, 2010).

<표 1-5> 민주당과 한나라당의 공천배심원제도 비교

구분	한나라당	민주당
도입 취지	- 중앙당 공천결정에 대한 여과장치	- 공정성 · 투명성 · 객관성 담보 - 선거연대와 신진인사 영입 '문호개방' - 상향식(동원경선), 하향식(밀실공천) 공천의 폐해 극복
적용 대상	- 전략공천 · 비례대표 후보로 제한	- 당내 대표적 경선방식으로 채택
권한	- 후보 적격성 심사로 제한 ※심사결과에 대한 불복 가능	- 최종 후보 선출을 위한 사실상 경선 ※공직선거법상 경선결과 불복 불가
구성 방식	- 당대표 추천 중앙당 국민공천배심원단 - 시도당 추천 지역 공천배심원단	- 시민사회, 각계각층 전문배심원(50%) - 각 지역 유권자 중 현지배심원(50%)
규모	- 30명 규모의 당내외 인사	- 전문 + 현지 배심원 200명 ※전문배심원 모두 2,010명
확정 절차	- 배심원 2/3이상 부적격 판정 때에만 최고위 재심 요구 가능	- 최고위 의결 및 당무위 인준으로 확정

자료 : 민주당 공천배심원제토론회자료집(2010년 1월 13일) 재구성 / 신기현(2010) 재구성

〈더불어민주당 홈페이지 내 당헌 제 11장 공직선거〉

http://theminjoo.kr/constitution.do#n

〈자유한국당 홈페이지 내 당헌 제 6장 공직후보자의 추천자료〉

http://www.libertykoreaparty.kr/web/intro/web/readConstitutionView.do

4. 시민단체 차원 : 정당의 역할에 대한 평가

정책선거가 되기 위해서는 정책선거가 실현될 수 있는 시민사회의 여건을 조성해 줄 수 있는 시민단체가 존재하고, 이들이 지역사회에서 정책선거의 중요성을 홍보하고 이와 관련된 지역사회 기관들에 지원과 협력을 아끼지 말아야 할 것이다. 그런 배경에서 시민단체는 정당에 대한 평가를 주민에게 알릴 수 있어야 한다. 그 과정에서 언론의 역

할이 중요하다 할 것이다. 여기어는 그동안 지방선거에서 시민단체는 정당의 역할을 어떻게 평가하고 있는지에 대한 논의를 전개해 보고자 한다.

이미 2006년 지방선거에 대해 당시 지방선거시민연대에서는 정당의 후보자 공천과정에서 정당의 역할에 대해 부정적인 평가를 시행한 바 있다.[16] 그 구체적인 내용은 다음과 같은데(신기현, 2010 : 83-84), 이는 지역인재의 적극적 충원으로서의 역할을 제대로 수행하지 못하고 있음을 반증하는 것이기도 하다.

1) 주요 정당의 기초단체장 공천 과정 평가

주요 정당의 기초단체장 공천 과정을 평가한 내용을 보면 첫째, 경선을 통한 후보선출 비율이 30% 안팎의 미미한 수준이고 많은 지역에서 무경선 단수 공천 혹은 전략공천을 구사하였고, 둘째, 일부 지역에서는 100% 국민여론조사 방식으로 후보를 결정하기도 하였으며, 셋째, 모호한 공천심사기준과 기초단체장 심사기준의 비공개가 빈번하게 자행되었음을 밝히고 있다(사회통합위원회, 2010).

2) 공천과정에 대한 이의 제기

따라서 후보자들은 공천과정에 대한 이의제기를 하게 되었는데, 대체로 다음과 같이 정리될 수 있다. 첫째, 전략공천, 단수공천으로 이름만 살짝 바꿔놓고, 여전히 불투명한 심사과정과 절차를 답습하고 있었고, 중앙당은 '분권'이라는 명분으로 시 · 도당에 권한을 넘겼지만 공정한 공천과정을 강제할 방안이나 구체적인 감시 감독 시스템을 마련하지 않아 공천비리 등의 문제를 양산하였다. 둘째, '분권형 공천'이 지역구 국회의원이나 유력 정치인 등 공천과정을 좌지우지할 수 있는 지역맹주들의 입김을 배제할 구체적 방안 없이 실시되어 곳곳에서 금품수수 의혹, 특혜시비 등의 문제가 그대로 노출되었다. 셋째, 공천과정이 특정인사에 의해 크게 영향을 받았다. 따라서 지역의 자율성을 강화한다는 분권형 공천의 의미를 충분히 살리되 공천과정이 특정인사에 의해 좌지우지 되는 것을 막기 위한 중앙당 차원의 공정경쟁 보장방안이나 감시감독시스템 강화

16 2006지방선거시민연대, [5.31 지방선거 공천평가 보고서] (2006. 5. 14)

등의 대책이 필요하다. 넷째, 공천의 절차와 과정이 공정하지 못했다. 따라서 공천의 절차와 과정에서 공정성, 투명성, 신뢰성이 대폭 강화되어야 한다는 주장을 하였다(사회통합위원회, 2010).

또한 경제정의실천시민연합도 2010년 6.2지방선거에 대해 다음과 같이 평가하고 있다.[17] 즉, 지역구 국회의원의 사천으로 변질된 정당공천이 자행되었고[18], 대부분 지역에서 민주적 경선이 실종되었으며[19], 시민배심원제 등 시민참여가 무력화되었다. 게다가 무원칙한 경선원칙과 공천기준이 후퇴되었고[20], 금권선거 등 부패타락 공천시비가 끊이질 않았고[21], 공정한 공천과정의 실패에 따른 무더기 공천불복사태[22]를 초래하게 되었다는 것이다.

이와 같이 시민단체에서 정당의 역할에 대한 비판은 대체적으로 후보자의 공천과정이 무원칙과 민주적 경선이 실종된 상태에서 부정과 비리가 만연할 수밖에 없는 상황을 지적하고 있는 것이다. 여기에서 정책선거가 될 수 없었음은 물론이고, 보다 이를 부각시켜 비판하지 못했던 것이 자치분권이 결핍된 지방선거로 이어지고 있는 것이 아닌가 여겨진다(최진혁, 2012).

17 경제정의실천시민연합, [한나라당, 민주당 6.2지방선거 공천 최종 평가](2010.5.7)

18 ① 기초자치단체장과 지방의원 공천은 지역 국회의원들의 사천으로 변질되었다. 지방선거 공천이 국회의원들의 영향력을 강화시켜 해당 '지역 국회의원에게 줄을 세우고 충성을 강요하는 장'으로 전락하였다. ② 경선방식이나 공천일정 결정 등에서 지역 국회의원들이 개입하게 함으로써 불공정 경선을 야기하였다.

19 ① 민주적 경선 절차에 따른 상향식 공천이 실종되었다. 충실한 후보 검증을 위한 경선과정이 생략되고, 공천방식과 확정자 자질에 대한 문제 제기가 끊이지 않는 것은 당 지도부의 리더십과 개혁의지가 부족하기 때문이다. ② 한나라당과 민주당은 경쟁자가 있거나 복수 후보가 있을 경우에는 경선을 원칙으로 하도록 하고 있지만 경선 자체를 최소화하거나 회피하였다. 이로 인해 '밀실 · 정실 공천'이라는 비판이 제기되고 결과에 불복하는 사태가 벌어졌다. ③ 특히 각 정당은 여론조사를 전략공천이나 경선의 주요 수단으로 이용하였는데 여론조사 경선은 정당 스스로의 자율적 판단과 결정이 아닌 외부의 단순여론에 의존한다는 점에서 문제가 아닐 수 없었다. ④ 중앙당이 지역당의 실정과 조건을 고려하지 않은 마구잡이 전략공천과 지역 공심위의 결정을 뒤집음으로써 중앙당과 지역당의 분쟁이 발생하였다. ⑤ 개혁공천의 일환으로 도입된 한나라당의 '국민공천배심원제'와 민주당의 '시민공천배심원제' 모두 역할미비로 제기능을 다하지 못하고 생색내기 수준에 머물렀다. 또한 외부 민간 공심위원 활동도 별로 주목받지 못하였다.

20 ① 중앙당과 지역 국회의원의 개입으로 경선방식 원칙과 공천기준이 수시 변동되어 공정한 경선 관리가 실패하였다. ② 부정부패로 형이 확정된 경우 공천을 불허한다는 당헌 · 당규를 금고형이 확정된 경우로 완화시킨다거나 2008년 총선 공천 당시 비리 전력자를 일괄 배제하면서 공천개혁을 주창했으면서도 2010년 지방선거에서는 부정부패로 금고형이 확정된 후보라도 공천심사위원의 과반수가 찬성할 경우 구제할 수 있도록 하는 경우가 발생하기도 하였다.

21 ① 여론조사 경선방식을 악용하여 여론조작을 위한 '작전' 사례가 다수 발생하고 여론조사경선에 대한 문제 제기가 다수 발생하였다. ② 당원 위장전입 등에 대한 이의가 제기되었다. ③ 끊임없는 돈 공천 의혹이 제기되었다.

22 ① 정당들의 공천과정의 하자로 인해 공천탈락자들이 결과에 불복하여 법원에 소송을 내거나 탈당하여 무소속으로 출마 하는 등의 대량 불복사태를 초래하였다. ② 공천결과에 승복하지 못하는 것도 문제지만 근본적으로 각 정당이 기본 원칙에 따라 공천을 하지 않거나 경쟁자들이 승복하기 어려운 불투명하고 무원칙한 공천기준 적용이 반발을 초래하였다.

제4절 정책선거의 정립방안

지방선거는 지역의 일꾼, 즉, 자치단체장(교육감), 지방의회의원(교육의원)을 뽑는 일이다. 대의민주주의 하에서는 주민(유권자)들에게 이들의 선택을 도와주기 위해 정치권력을 장악하려 하는 정당을 필요로 하게 되는 것이고, 정당은 지역의 문제와 비전을 정책의 형태로 구체화시켜 주민(유권자)들의 지지를 얻어내야 하는 것이다. 특히 지방자치 하에서의 자치단체장과 지방의회의원은 지역주민들의 일상생활과 밀접한 생활관련 지역현안을 지방정책으로 전환시켜 주민의 삶의 질을 제고시켜나가는데 온 힘을 경주해야 하는 것이다. 이런 배경에서 주민자치를 강조하는 오늘날, 지방선거가 정책선거가 되기 위해서는 다음과 같은 점에 유의할 필요가 있을 것이다(최진혁, 2012).

1. 정당차원 : 지역인재의 적극적인 정치적 충원제도 확립

무엇보다도 자치분권에 맞는 정치적 충원제도를 개발해야 한다. 지역사회의 공적가치와 공동체 정신을 존중하는 지역인재가 지방정치의 장에 쉽게 나올 수 있는 제도적 장치를 마련해야 한다. 보다 검증된 자치단체장, 지방의회의원을 선출하는 것이 '성공한 지방자치'를 확립하는데 매우 중요한 기제가 되기 때문이다. 예를들면 지역사회의 교육기관을 통한 지역인재 추천, 사회직업적 배경, 지역의 유명인사, 대표적 인사, 지역애향심을 기초로 그 지역에의 착근성 정도를 가름하여 추천할 수 있는 제도적 장치를 정당과 연계하여 확립해야 한다.

이와 함께 정당의 민주화를 실현해야 한다. 지방선거에서 정당은 지역정치구조를 특정정당에 독점화시켜 토착비리와 지역주의를 재생산하고, 건전한 지방자치를 저해하는 주요 원인이 되고 있는 것으로 비판받고 있다. 따라서 지방선거에 정당을 배제시켜야 한다는 논리가 있음에도 불구하고 지방선거에 정당이 참여해야 한다면 바람직한 역할수행을 위하여 전제조건으로 정당민주화를 실현해 내는 일이 무엇보다 중요하다 할 것이다. 따라서 후보의 선출이 지방차원에서 자율적으로 결정될 수 있도록 하고 중앙당의 개입을 최소화하는 후보선출시스템을 작동하여야 한다. 이 과정에서 지역의 문제와 미래비전을 담은 정책을 개발하여 후보자들간의 토론회를 거쳐 가장 잘 이해하고 있고 선명한 정책대결이 가능한 후보자를 선출해 내도록 해야 한다. 지방정치의 충원 기회와 선택 · 운영의 효율성을 제고시키기 위한 방안으로서 정책문제를 크게 강화시켜야 하는 이유이다. 이 과정에서 주민들에게 인정받는 지역인재가 쉽게 정치의 장으로 나올 수 있는 상기의 적극적 충원제도를 모색해야 한다. 이런 면에서 정당이 공천취지에 맞는 후보자의 기준을 명확히 제시하여 비리를 차단하고 책임정치를 실현하는 순기능 역할 증대 방안을 제시하면서 지방자치의 취지에 맞는 당헌 · 당규를 전제로 지방당의 자율적인 후보 선출이 되도록 해야 할 것이다.[23] 이 과정에서 지역의 문제를 해결하고 미래의 비전을 담아낼 수 있는 정책토론회를 통한 정책공약을 만들어내는 시스템을 구축해야 할 것이다. 그리고 정당의 실정(정책 실패)에 대한 책임을 물을 수 있는 근거가 되도록 평가체계 역시 구축해야 할 것이다.

2. 후보자 · 유권자 차원 : 매니페스토의 실천 강화; 후보자의 정책공약이행 평가

지역주민들이 필요로 하는 매니페스토 선거운동을 실천해 나가야 한다. 매니페스토 운동은 정당과 유권자간의 문서적 계약을 토대로 책임정치를 강화해 나가겠다는 취지로 시작된 것이다. 따라서 정당의 정책적 입장과 우선순위를 유권자에게 알려주고 유권자의 정책적 선택을 도와줄 수 있도록 정책내용을 개발해 나가도록 해야 할 것이며, 당선된 이후 정당이나 후보자가 매니페스토의 정책내용을 과연 얼마나 충실하게 이행하였는가에 대한 평가체계를 구축해야 할 것이다. 그럼으로써 주민에게 책임을 다하는 책임정치의 본을 보여야 할 것이다. 한편 언론은 정당이 매니페스토의 내용과 형성과정을 선거과정에서 자세히 보도하고, 그 문제점을 지적하는가 하면 후보자들이 내걸고 있는 정책문제 등도 같은 배경에서 진단하여 보도함으로써 매니페스토 운동의 촉매제 역할을 수행할 수 있을 것이다.

23 유권자들의 보다 신중한 선택과 정당 사이의 공정한 경쟁을 유도할 필요에서 공천제도 보완 / 공천과정을 합리적이고 투명하게 하는 제도적 보완이 필요하다(사회통합위원회, 2010).- 민주적 경선절차(경선 프라이머리, 여론조사, 선거관리위원회 대행 등)를 당헌 · 당규에 명시할 것 - 공천배심원제, 후보선정위원회의 시행대상 선정 기준·요건에 대한 명확한 규정화 필요- 지역구 국회의원의 과도한 개입을 제한하는 제도적 장치 마련

3. 시민단체차원 : 시민단체간의 협력과 지원

지역시민단체는 주민조직과 지원 네트워크 구축과 활동을 전개하면서 지역의 미래에 대한 비전과 정책, 사업들을 주민들이 적극적으로 개진하게 하고, 이의 수용과 정책화과정을 도와주어야 한다. 일반적으로 주민을 위한 자치행정이 되기 위해서는 자기자치단체에서 행하는 사무에 대해 정보를 알아야 하며, 그리고 그들에 관계되는 정책결정에 의견을 개진할 수 있어야 하는 것인데, 이를 위해 시민단체가 주민의 의견을 결집시켜 정책결정에 도움을 줄 수 있도록 해 주어야 한다. 이는 지방민주주의의 가장 중요한 원칙으로 행정행위의 투명성 원칙과 지방정치에의 주민참여의 원칙을 의미하는 것이다. 따라서 지역시민단체는 주민과 지방자치단체간의 관계를 중시하는 지방정부중심체제를 강화하는 방향에서 정당의 정책형성에 도움을 주도록 해야 한다. 그러기 위해서는 지역시민단체가 자발적 주민참여를 도모하기 위한 정책을 제공해야 한다. 지역시민단체 내부 참여관련 조직의 확충, 시민교육관련기구 및 제도의 확충 · 정비, 참여에 대한 구성원의 수용성 강화문제에 대한 고찰이 있어야 하는 이유는 여기에 있다(최진혁, 2005 : 136). 이를 기반으로 주민의 의사가 시민단체(NGO)를 경유하여 정당에 제시되어 정당(지역구위원장)이 이들의 의사(요구)를 취합하여 각 해당 정당의 정책으로 선거에 임하게 하여 유권자로부터 통제받는 체제를 구축해야 한다(최진혁 외, 2005 : 136)(최진혁, 2004)(<표 1-6> 참조).

<표 1-6> 지역의사전달망(정책형성 · 결정단계)

시민 ↓	개별 의견
시민단체 ↓	의견취합 · 토의준비(문제에 대한 합의) 정책의제화(형성)
후보자 ↓	지역현안과제 도움요청(정보교환) 정책화 논의
정당 ↓	정책결정 · 집행
↓	정책결정 · 집행에 대한 통제 및 평가

자료 : 최진혁 외, 2005, p.136.

4. 선거제도 보완; 선거법개정

그동안 지방선거는 규제중심적 선거제도로 말미암아 선거과정에 대한 참여가 소극적이고, 입후보자에 대한 정보를 적극적으로 획득하는 것이 어려운 형편이었다. 짧은 시간에 수많은 후보자(1인 8표; 30여명의 후보자)의 정보를 얻고 평가하여 선택해야 하는 상황에서는 지역의 정책문제를 판단할 수도 없고, 그에 따른 낮은 투표율, 투표 내용의 부실, 유권자의 심리적 부담 등의 문제로 선거에 적극적이게 할 수 없었다. 따라서 규제중심의 선거법개정을 통해 정책공약이 활성화되는 선거운동이 가능하도록 해주어야 할 것이다. 예를 들면 유권자가 후보와 정당이 준비한 정책내용을 면밀하게 충분히 검증할 수 있는 시간적 배려를 통해 선택할 수 있도록 해주어야 한다.

이와 함께 인터넷을 통한 후보자의 공약정보를 검색하고, 후보자의 정책내용이 유권자의 선호에 합치되어 후보를 선택하는데 도움이 되는 프로그램 개발로 정책선거를 유도해 내어야 할 것이다. 또한 지방선거를 지역의 문제를 논의하게 하여 지역의 정책문제를 판단할 수 있는 풀뿌리 자치가 뿌리를 내릴 수 있게 하는 선거로 유도해야 한다. 그런 면에서 정권심판은 대선과 총선을 통해 이루어지도록 하고, 지방선거는 지역문제로 정책화하여 지방화 시키는 것이 바람직할 것이다.

제5절 결론

우리나라 정부수립 이후 지방선거를 11번째 시행하게 되는 6.13 지방선거(민선7기)를 앞두고, 그동안 학습경험을 통해 보다 지방민주주의의 완성을 높이는 지방선거가 되기 위한 논의를 정책선거에 두고 고찰하였다. 어느 때보다 자치분권을 강조하고 있고 어느 정도 지방자치의 학습을 통해 익힌 자율과 책임의식을 가지고 이제 보다 준비된 지방정치인들을 길러내고 봉사할 수 있게 하는 선거제도와 문화를 만들어가는 것이 중요할 것이다. 그동안 지방선거에서 나타난 주민들의 불신 내지 회의를 극복하고 주민들에게 실익이 돌아가는 참정제도가 되기 위해서는 선거가 최소한 대표선출의 기능을 포함해서 지방자치의 실험장으로서의 정치교육의 장으로 활용될 수 있게 하며, 주민간 · 세대간 · 단체간 갈등의 해소를 통한 화합과 통합의 장이 될 수 있게 하며, 지역인재 충원으로서의 대표육성의 기능을 수행해야 한다.

그러기 위해서는 정치적 결사체로서 정당들이 정책적 차이를 중심으로 건전하게 정책선거로의 경쟁이 이루어져 그들 후보자들이 주민에게 선택받을 수 있게 하여야 하고, 선거이후 정당과 그 정당이 선택한 후보자의 정책이행정도를 주민들의 준엄한 평가를 통해 심판하는 제도적 장치를 강화하여 책임정치를 뿌리내려야 한다. 이를 위해 적어도 어느 조건이 충족되어야 하는 요인이 있다고 보았다. 첫째, 지역인재가 지방정치의 장으로 쉽게 나아갈 수 있는 적극적 충원제도를 준비해야 하고, 둘째, 정당은 그 지역문제를 정확히 파악할 수 있는 전문성 있는 조직체계를 준비해야 하며, 아울러 정책선거를 담보해 낼 수 있는 선거법을 준비하고, 정책선거제도를 정착시키기 위한 노력을 경주해야 한다. 셋째, 후보자는 지역문제를 제대로 분석 · 평가하여 이를 정책화하고 선거운동에서 이를 밝힐 수 있는 선거운영능력을 높일 수 있는 전문성을 제고해야 하고, 넷째, 유권자는 정책선거에 대한 올바른 이해를 기초로 지역문제를 합당하게 정책화하여 준비한 정당과 후보자를 선택할 수 있는 역량있는 주민으로서의 지위를 부여해야 하며, 정책선거가 실현될 수 있는 시민사회의 여건을 조성해 줄 수 있는 시민단체의 지원과 협력을 모색해야 하는 것으로 보았다.

이를 통해 지역인재의 적극적인 정치적 충원제도 확립의 시급성과 지역의 문제를 해결하고 미래의 비전을 담아낼 수 있는 정책토론회를 통한 정책공약을 만들어내는 시스템을 구축해야 함을 확인하였다. 특히 지방선거에 정당을 배제시켜야 한다는 논리가 있음에도 불구하고 지방선거에 정당이 참여해야 한다면 바람직한 역할수행을 위하여 전제조건으로 정당민주화를 실현해 내는 일이 무엇보다 중요하다고 보았다. 또한 정당의 정책적 입장과 우선순위를 유권자에게 알려주고 유권자의 정책적 선택을 도와줄 수 있도록 정책내용을 개발해 나가도록 해야 할 것이며, 당선된 이후 정당이나 후보자가 매니페스토의 정책내용을 과연 얼마나 충실하게 이행하였는가에 대한 평가체계를 구축해 가는 것이 필요하다. 그리고 시민단체가 주민의 의견을 결집시켜 정치권의 정책결정에 도움을 줄 수 있도록 해 주어야 할 것이며, 기타 자치분권시대에 맞는 선거법개정과 인터넷을 통한 후보자의 정책내용이 유권자가 판단하는데 도움이 되는 프로그램 개발로 정책선거를 유도해 주어야 하며, 중앙정치와 구별된 지방선거가 되기 위한 선거제도를 준비해 나가도록 해야 할 것이다.

참고문헌

가상준. (2009). 지방선거에서 정당공천제: 새로운 변화를 위한 올바른 선택. 「Oughtopia」 24(1): 207-32.

강경태. (2009). 정당공천제 개선방안: 기초의회의원선거를 중심으로. 「한국정당학회보」, 8(10): 19-39.

강원택. (2004). "정치개혁의 과제와 전망: 정당, 선거, 정치자금." KISDI 보고서, 04-40.

강원택. (2010). "폐쇄적 지역정당구조와 정치개혁 : 지방정치를 중심으로," 「한국정치연구」 19(1).

김광수. (1997). 선거와 선거제도. 박영사.

박재욱. (2007). "2006년 이후 지방자치제도 변화의 정치적 효과 : 기존 논의의 평가와 쟁점," 「21세기정치학회보」 17(3).

송광태 · 임승빈. (2010). 2010년 6.2지방선거 분석과 정당공천제도에 대한 논의. 사회통합위원회/한국지방자치학회. 지방선거제도 이대로 좋은가? 지방선거제도 개선 제1차 기획토론회.

신기현. (2010). "지방선거와 정당의 역할," 사회통합위원회/한국지방자치학회. 지방선거제
도 이대로 좋은가? 지방선거제도 개선 제3차 기획토론회.

안순철. (2001). "한국 지방선거제도 개혁의 방향과 과제," 「정치정보연구」 4(2).

육동일. (2006). 지방선거 정당공천제의 한계와 과제: 지방의회의 활성화를 중심으로. 「한국지방자치학회보」, 18(1).

이동윤. (2010). 정책선거와 매니페스토 운동 : 2010년 제5회 전국동시지방선거 평가. 「동서연구」 22(2) : 101-137.

이상묵. (2007). 지방선거제도 변화의 정치적 효과 분석: 경기도를 중심으로. 「한국지방자치학회보」 19(1): 53-70.

이승종. (2005). 지방자치론. 「박영사」.

이종수. (2010). "6.2지방선거 결과에 대한 평가와 향후의 과제분석", 사회통합위원회/한국지방자치학회. 지방선거제도 이대로 좋은가? 지방선거제도 개선 제1차 기획토론회.

정영태. (1999). 지방자치가 정당정치에 미치는 영향. 조중빈 편. 「한국의 선거 III」. 서울: 푸른길. 73-75.

조재욱. (2009). 지방선거와 정당정치: 정당공천제를 중심으로. 「한국지방정치학회보」 3(2): 43-62.

조진만. (2008). 한국매니페스토 정책선거의 과제와 제도적 개선방안. 「한국정당학회보」. 7(2) : 111-134.

주용학. (2007). 민선4기 지방선거 결과 분석 및 정책적 함의.「한국지방자치학회보」19(1): 29-51.
최봉기 · 이동수. (2003). "제7차 지방의원선거분석과 지방선거제도의 개혁방안,"「한국지방자 치학회보」15(2).
최진혁. (2012). "지방선거에 있어 정책선거의 방향," 2012 행정학 하계공동학술대회 발표논문집. 한국행정학회.
최진혁. (2011). 프랑스 지방자치단체장의 충원형태 및 유형화 : 도시자치단체장을 중심으로.「한국지방자치학회보」24(2) : 149-177.
최진혁 · 김찬동.(2011). 분권형 국가운영체제를 위한 교육선거의 개선방안 : 교육자치의 적정단위와 행정역할을 중심으로.「한국지방자치학회보」23(3) : 69-100.
최진혁 외. (2005).「자립적 지역발전모델」. 대영문화사.
최진혁. (2004). "로컬거버넌스시대의 지방자치발전을 위한 지역 NGO의 역할과 과제,"「한국거버넌스학회보」. 11(2) : 177-205.
최창호. (2008).「지방자치학」. 삼영사.
황아란. (2016). 역대 지방선거의 통시자료 분석을 통한 2014년 동시지방선거의 변화와 지속성.「지방정부연구」20(1) : 287-305
황아란. (2015). "한국 지방선거의 변화와 지속성," 이현우 · 남봉우 엮음, 지방선거와 지방정부, 오름 : 47-77.
황아란. (2010a). 지방선거와 정당공천: 비교론적 시각에서.「지방행정연구」24(1): 37-65.
황아란. (2010b). "지방선거의 정당공천제와 중앙정치의 영향 : 제도적 요인과 개선방안", 제1차 토론회 6.2지방선거평가와 정당공천제의 실태와 개선방안. 사회통합위원회, 한국지방자치학회.
대통령자문 사회통합위원회. (2010). 사회통합과 지방자치 활성화를 위한 지방선거제도 개선방안 도출.
대통령자문 사회통합위원회.(2010). 지역주의 해소를 위한 선거제도 등의 개선방안 연구.
경제정의실천시민연합. (2010). [한나라당, 민주당 6.2지방선거 공천 최종 평가].
2006지방선거시민연대. (2006). [5.31 지방선거 공천평가 보고서].
민주당 공천배심원제토론회자료집(2010년 1월 13일).
내일신문. 2010년 2월 17일자.
조선일보. 2010년 2월 3일자, 2018년 5월 2일, 5월 12일자.
충북대학교 지방교육연구센터.(2009). 교육의원 선거제도 규정을 위한 '지방교육자치에 관한법률' 개정방안.
중앙선거관리위원회 선거통계 사이트(http://info.nec.go.kr/)
<더불어민주당 홈페이지 내 당헌 제 11장 공직선거>
http://theminjoo.kr/constitution.do#n
<자유한국당 홈페이지 내 당헌 제 6장 공직후보자의 추천자료>
http://www.libertykoreaparty.kr/web/intro/web/readConstitutionView.do
Robertson, David.(1976). *A Theory of Party Competition*, London : Wiley.
Courcelle-Labrousse Vincent, Vincent Isabelle. (1995). Gagnez les élection. Paris : First vie pratique.

02 6.1지방선거(민선8기)의 평가 : 대전광역시 · 충청남도를 중심으로

제1절 서론 : 문제제기

보수우파정부로의 정권교체가 이뤄지고 난지 채 3개월이 되지 않은 짧은 기간에 치러진 6.1지방선거는 여권에 힘 실어주기(정권의 안정화)와 권력의 견제라는 구호로 진행되었지만 시기적으로 현정권에 대한 중간평가를 할 수 있는 여건이 되지 못했고, 계속해서 지난 정권의 국정운영의 심판적 성격으로 나타났다. 지방선거가 여전히'중앙정당의 대리전'으로 중앙정치의 연장선상에서 치러지다 보니 지방선거가 지니는 주민의 일상생활과 밀접한 관련이 있는 지역현안과제를 정책적으로 판단해 볼 수 있는 선거와는 거리가 멀었던 것이다. 즉, 지방자치의 핵심이 되는 지방선거가 지역의 문제를 논의하지도 못하고 중앙정치의 정쟁의 산물로 활용되어 치러지다보니 지역없는 지방선거, 주민주권이 약화된 지방선거가 되어버렸다. 거기다가 거대 양당구조 하에 선거가 치러지다보니 유력한 정당후보로 공천받는 것이 곧 당선이라는 등식 하에 후보자들은 주권재민의 민주주의의 징표인 주민을 두려워하기보다는 중앙정당공천위를 무서워하고 눈치보기에 급급한 선거로 전락되기에 이르렀다. 그러다보니 주민은 선택의 여지없이 어느 특정한 정당에 선택받도록 강요받는 처지에 놓이면서 지역의 특정정당 독점구조로 고착화되는 지역주의에 매몰되게 하였다. 이제 30여년동안 쌓아온 지방자치를 통해 진정한 주민이 주인이 되는 주민주권시대를 열어가겠다는 자치분권2.0시대에 여전히 중앙정치에 예속되어 반자치적으로 운영되고 있고, 정책실종에 따른 무책임정치를 자행할 수밖에 없었던 이유이다. 따라서 지방자치가 지역의 문제를 정책화하지 못한 채, 주민재민으로서 주민의 진정한 올바른 선택을 받지 못함으로써 주민자치를 실현해 내는데 한계를 드러낼 수밖에 없었다(최진혁, 2012). 그러면서도 우리는 지역의 문제를 그 지역에 맞게 처리하게 하는 자치분권을 강화한 주민자치시대를 열어가겠다는 공언(空言)을 하고 있는 것이다.

요컨대, 지난 선거들이 제기한 문제점은 지방선거에 정책화되어있지 않은 중앙정당이 지나치게 개입해서 드러난 부작용이 매우 심각하다는데 있다. 정당민주화도 실현되지 못하고 정책정당으로서의 주민의 요구를 반영하지 못하는 미숙한 정당체제로 지난 선거를 치렀던 것이다(최진혁, 2012). 더구나 지방선거가 회를 거듭할수록 정치인들 그들만의 리그로 전락한 '권력의 섬'을 만들어 놓으면서 유능한 일반시민들이 지역에 봉사할 수 있는 통로를 개방하지 못하여 훌륭한 지역인재를 충원해 내는데 그 역할을 다하지 못하는 비판을 받고 있는 것이다. 결국 정치권의 이해관계 속에 정당공천을 둘러싼 비리와 잡음은 당선 후 자치단체장과 지방의원의 지방공직 부패로 연결되고, 지역감정의 조장과 지역주의의 고착화를 야기하였고, 유권자인 주민들은 더욱 정치에 대한 불신의 벽을 높게 쌓게 하였던 것이다(최진혁, 2018 : 6). 이러한 배경에서 본 연구는 지역 정치구조가 특정 정당에 독점되면서 나타나는 지역주의 선거행태와 기득권 정치인들의 '자기사람 심기'(정치세력 확장)라는 정치이해 관계 속에 지방선거가 철저히 중앙당 대리전으로 치러질 수밖에 없는 구조적 문제점을 직시하여 1991년 부활된 지방자치제도의 30여년의 소중한 경험과 값진 교훈을 밑거름으로 이제 제2의 도약(자치분권2.0)차원에서 지역중심의 정책선거로 나아가기 위한 발판을 제공하기 위한 논의를 전개하고자 하는 일환으로 충청권(대전 · 충남) 6.1지방선거의 특징적 내용들을 도출하고자 한다.

제2절 지방선거의 역사적 변천과 이론적 논의

1. 지방선거 규정의 변천

우리나라 헌법 제118조는 지방선거를 법률에 유보하는 규정을 두었고[1] 지방자치법에서도 지방선거에 관한 구체적인 규정은 다른 법률에 위임하여 처리하고자 하였다. 그동안 별개의 선거법체계로 있었던 대통령선거법, 국회의원선거법, 지방의회의원선거법, 지방자치단체의 장 선거법을 단일법인 공직선거법으로 통합하여 운영하고자 하였던 것이다. 따라서 오늘날 지방자치법이 위임한 공직선거법(2005년 시행)의 규정에 의거하여 지방선거를 치르고 있다.[2] 당시 선거권연령을 19세로 하향 조정하였고(지금은 18세로 더 낮춤), 출입국관리법령에 따라 영주의 체류자격 취득일 후 3년이 경과한 19세 이상의 외국인에게 체류지역의 지방자치단체 선거의 선거권을 부여하였다(제15조). 그리고 그동안 금지되었던 기초지방의회의원의 정당공천제를 허용하였고, 기초의회에 중선거구제를 도입하였으며, 비례대표선거에서 여성후보자를 50% 추천하도록 하였다(제47조). 정보화시대 여론전이 중요하게 부상됨에 따라 인터넷 언론사 게시판 등의 댓글문제(법 제82조의6)를 행안부장관이 실명을 확인하여 후보자에 대한 지지 · 반대 글을 게시할 수 있도록 하였고, 그렇지 않을 경우 삭제하도록 하였고, 누구든지 선거일전 6일부터 선거일의 투표마감시각까지 정당에 대한 지지도나 당선인을 예상하게 하는 여론조사의 경위와 결과를 공표하거나 인용하여 보도할 수 없도록 하였다(법 제108조).

한편 지방자치제의 중요한 기관인 지방의회선거에 관해 시 · 도의회의 의원정수를 결정할 기준은 일반적으로 자치단체 인구수, 의회규모, 자치단체간 균형을 고려하여 정하는 것으로 하였다.[3] 자치단체는 그 종류가 다양하고 이들 간에 격차가 존재하기 때

---

1 헌법 제118조 ① 지방자치단체에 의회를 둔다. ② 지방의회의 조직 · 권한 · 의원선거와 지방자치단체의 장의 선임방법 기타 지방자치단체의 조직과 운영에 관한 사항은 법률로 정한다.

2 "지방선거에 관하여 이 법에서 정한 것 외에 필요한 사항은 따로 법률로 정한다(지방자치법 제36조)"

3 공직선거법 제22조(시 · 도의회의 의원정수) ① 시 · 도별 지역구시 · 도의원의 총 정수는 그 관할구역 안의 자치구 · 시 · 군(하나의 자치구 · 시 · 군이 2 이상의 국회의원지역구로 된 경우에는 국회의원지역구를 말하며, 행정구역의 변경으로 국회의원지역구와 행정구역이 합치되지 아니하게 된 때에는 행정구역을 말한다)수의 2배수로 하되, 인구 · 행정구역 · 지세 · 교통, 그 밖의 조건을 고려하여 100분의 14의 범위에서 조정할 수 있다. 다만, 자치구 · 시 · 군의 지역구시 · 도의원정수는 최소 1명으로 한다. 〈개정 2014. 2. 13., 2016. 3. 3.〉

문에 자치단체간 균형을 도모하기 위하여 의원정수의 상한제 또는 하한제를 적용하여 의원의 수를 조정하고자 하였던 것이다. 또한 자치구 · 시 · 군의회의 의원정수 책정기준은 인구수 비례, 자치단체의 종류에 따른 규모, 자치단체간 균형, 명예직 · 유급직의 고려 등을 통해 이루어졌다.[4]그리고 한편 시 · 도의회의원지역선거구는 인구 · 행정구역 · 지세 · 교통 그 밖의 조건을 고려하여 자치구 · 시 · 군을 구역으로 하거나 분할하여 획정하는 것으로 하였는데, 하나의 시 · 도의원지역구에서 선출할 지역구시 · 도의원정수는 1명으로 하였다. 자치구 · 시 · 군의원지역구는 인구 · 행정구역 · 지세 · 교통 그 밖의 조건을 고려하여 획정하되, 하나의 자치구 · 시 · 군의원지역구에서 선출할 지역구자치구 · 시 · 군의원정수는 2인 이상 4인 이하로 하며, 그 자치구 · 시 · 군의원지역구의 명칭 · 구역 및 의원정수는 시 · 도조례로 정하는 것으로 하였다.[5]그리고 지방선거에서 정당의 관여(정당공천제)에 대한 찬반논쟁이 있음에도 불구하고 정당은 선거에 있어 선거구별로 선거할 정수 범위 안에서 그 소속당원을 후보자로 추천할 수 있음을 밝히고 있다.[6] 이를 기초로 2010년에는 교육감, 교육의원선거가 동시에 진행되어 1인8표선거를 치렀고, 2014년 6회 지방선거에는 사전투표제가 도입되었고 일몰법(교육의원

4 공직선거법 제23조(자치구 · 시 · 군의회의 의원정수) ①시 · 도별 자치구 · 시 · 군의회 의원의 총정수는 별표 3과 같이 하며, 자치구 · 시 · 군의회의 의원정수는 당해 시 · 도의 총정수 범위 내에서 제24조의3의 규정에 따른 당해 시 · 도의 자치구 · 시 · 군의원선거구획정위원회가 자치구 · 시 · 군의 인구와 지역대표성을 고려하여 중앙선거관리위원회규칙이 정하는 기준에 따라 정한다. <개정 2015. 6. 19.> ②자치구 · 시 · 군의회의 최소정수는 7인으로 한다. ③비례대표자치구 · 시 · 군의원정수는 자치구 · 시 · 군의원 정수의 100분의 10으로 한다. 이 경우 단수는 1로 본다.[전문개정 2005. 8. 4.]

5 공직선거법 제26조(지방의회의원선거구의 획정) ①시 · 도의회의원지역선거구(이하 "시 · 도의원지역구"라 한다)는 인구 · 행정구역 · 지세 · 교통 그 밖의 조건을 고려하여 자치구 · 시 · 군(하나의 자치구 · 시 · 군이 2 이상의 국회의원지역구로 된 경우에는 국회의원지역구를 말하며, 행정구역의 변경으로 국회의원지역구와 행정구역이 합치되지 아니하게 된 때에는 행정구역을 말한다)을 구역으로 하거나 분할하여 이를 획정하되, 하나의 시 · 도의원지역구에서 선출할 지역구시 · 도의원정수는 1명으로 하며, 그 시 · 도의원지역구의 명칭과 관할구역은 별표 2와 같이 한다. <개정 1995. 4. 1., 2010. 1. 25.> ②자치구 · 시 · 군의원지역구는 인구 · 행정구역 · 지세 · 교통 그 밖의 조건을 고려하여 획정하되, 하나의 자치구 · 시 · 군의원지역구에서 선출할 지역구자치구 · 시 · 군의원정수는 2인 이상 4인 이하로 하며, 그 자치구 · 시 · 군의원지역구의 명칭 · 구역 및 의원정수는 시 · 도조례로 정한다. <개정 2005. 8. 4.>

6 공직선거법 제47조(정당의 후보자추천) ①정당은 선거에 있어 선거구별로 선거할 정수 범위안에서 그 소속당원을 후보자(이하 "정당추천후보자"라 한다)로 추천할 수 있다. 다만, 비례대표자치구 · 시 · 군의원의 경우에는 그 정수 범위를 초과하여 추천할 수 있다. <개정 1995. 4. 1., 2000. 2. 16., 2005. 8. 4., 2020. 1. 14.> ② 정당이 제1항에 따라 후보자를 추천하는 때에는 민주적인 절차에 따라야 한다. <개정 2020. 12. 29.> ③정당이 비례대표국회의원선거 및 비례대표지방의회의원선거에 후보자를 추천하는 때에는 그 후보자 중 100분의 50 이상을 여성으로 추천하되, 그 후보자명부의 순위의 매 홀수에는 여성을 추천하여야 한다. <개정 2005. 8. 4.> ④정당이 임기만료에 따른 지역구국회의원선거 및 지역구지방의회의원선거에 후보자를 추천하는 때에는 각각 전국지역구총수의 100분의 30 이상을 여성으로 추천하도록 노력하여야 한다. <신설 2005. 8. 4.> ⑤ 정당이 임기만료에 따른 지역구지방의회의원선거에 후보자를 추천하는 때에는 지역구시 · 도의원선거 또는 지역구자치구 · 시 · 군의원선거 중 어느 하나의 선거에 국회의원지역구(군지역을 제외하며, 자치구의 일부지역이 다른 자치구 또는 군지역과 합하여 하나의 국회의원지역구로 된 경우에는 그 자치구의 일부지역도 제외한다)마다 1명 이상을 여성으로 추천하여야 한다. <신설 2010. 1. 25., 2010. 3. 12.>

제 폐지)에 의해 교육위원선거만 제외한 1인7표 선거가 시행되었다. 이후 같은 맥락에서 2018년(7회), 2022년(8회) 지방선거를 치른 것이다(표 2-1 참조).

<표 2-1> 우리나라 지방선거제도 변화과정

선거 회수	선거일	법적근거	선거구분		비고
			지방의원	자치단체장	
1952 (제1차)	4.25 5.10	지방자치법 (국회의원선거법 준용) 〃	시·읍·면 의원 도의원	(기초: 간선제) (광역: 임명제)	선거가능 지역만 실시 (서울·경기·강원 제외)
1956 (제2차)	8.8 8.13	〃 〃	시·읍·면 이원 시·도의원	시·읍·면장 (광역: 임명제)	6.25 동란 종료 후 (자유당 정부)
1960 (제3차)	12.12 12.19 12.26 12.29	〃 〃 〃 〃	시·도의원 시·읍·면 의원 - -	- - 시·읍·면장 시·도지사	4.19 이후 (민주당 정부)
1991 (제4차)	3.26 6.20	지방의회의원선거법 〃	기초의원 광역의원	(기초; 임명제) (광역: 임명제)	30년만의 지방의회 구성 (노태우 정부)
1995 (제5차)	6.27	공직선거 및 선거 부정 방지법	기초·광역의원	기초·광역단체장	제1회 동시선거 (김영삼 정부) 1인4표
1998 (제6차)	6.4	〃	기초·광역의원	기초·광역단체장	제2회 동시선거 (김대중 정부) 1인4표
2002 (제7차)	6.13	〃	〃 광역의원비례대 표 정당명부투표	〃	제3회 동시선거 (김대중 정부) 1인5표
2006 (제8차)	5.31	공직선거법 매니페스트 (manifesto)운동	〃	〃 기초의원비례대표 정당명부투표	제4회 동시선거 (노무현 정부) 1인6표 5.31 스마트매니페스토 정책선거추진본부 출범
2010 (제9차)	6.2	〃	〃	〃 +교육감, 교육의원	제5회 동시선거 (이명박 정부) 1인8표
2014 (제10차)	6.4		〃	〃 +교육감	제6회 동시선거 (박근혜 정부) 1인7표
2018 (제11차)	6.13		〃	〃 +교육감	제7회 동시선거 (문재인 정부) 1인7표
2022 (제12차)	6.1			"(중대선구제 시범 실시) +교육감	제8회 동시선거 (윤석열 정부) 1인7표

자료 : 사회통합위원회(2010)의 내용을 수정하여 정리함.

2. 이론적 논의의 틀

본 연구는 선관위 발표 자료를 근거로 객관적인 평가를 수행하기 위한 분석(평가)의 틀을 정립하고, 그에 따라 이번 6.1 지방선거의 특징적 내용을 도출하고자 한다. 즉, 이번 선거의 특징적 설명력을 높이기 위해 최근 3회(6,7,8회)의 지방선거 자료를 토대로 기본적으로 투표율, 정당별 득표율, 무효표당선인수, 무효투표수, 현직교체율, 재공천 비율 등을비교설명하면서 충청권 정치지형의 변화내용과 특징적 내용을 도출하고자 한다.

1. 분석(평가)의 틀

1) 충청권 정치지형의 변화; 6, 7, 8회 지방선거

(1) 투표율, 정당별 득표율; 대전(5개) 충남 (15개 시군); 성별 · 연령별

(2) 무효표 당선인수, 무효투표 수

(3) 현직교체율, 재공천비율, 자치단체의 정당분포

(4) 공천심사; 지역인재를 충원할 수 있는 제도로서 정당공천심사가 이루어지고 있는가?

2) 재야전문가의 해석자료

(1) 사전투표율-당일투표율 차이값

(2) 히스토그램(정규분포)

제3절 6.1 지방선거결과 평가 : 중앙선관위 발표자료[7]

1. 6.1 지방선거 결과의 특징

1) 투표율 : 도저촌고(都低村高) 둔화

제8회 전국 동시 지방선거(민선8기 : 2022.6.1)의 전국 투표율은 50.9%(선거인수 44,303,449명, 투표자수 22,564,394명)로 대전(49.7% : 선거인수1,233,557명, 투표자수 612,639명), 충남(49.8% : 선거인수 1,803,096명, 투표자수 898,369명)은 이에 약간 못 미치고, 세종(51.2%)은 약간 상회하는 것으로 나타났다(표 2-2 참조).[8] 이를 도 · 농지역으로 구분하여 관찰해 보면 도시지역과 농촌지역이 크게 차이가 나타나지 않았고, 젊은 세대가 거주하는 비율이 높은 도시지역인 세종시의 경우 약간 높은 투표율을 보여 과거의 도저촌고(都低村高) 현상이 둔화되었거나 약해진 것으로 해석할 수 있다. 한편 5월 27~28일 양일간 진행된 사전투표의 투표율을 살펴보면, 대전(19.8% : 1,233,557명/244,819명), 충남(20.2% : 18,030,967명/367,715명), 세종(22.4%)으로 전국 사전투표율(20.6%)에 가까운 것을 확인할 수 있으며, 참고적으로 세종특별자치시는 전체투표율과 함께 사전투표율도 전국 평균보다 높은 수치를 보였다(표 2-3 참조).

<표 2-2> 대전 · 충남 · 세종의 투표율

구분	선거인수			투표자수			투표율	
	선거일투표	사전투표	합계	선거일투표	사전투표	합계	사전	전체
전국	35,085,197	9,218,252	44,303,449	13,360,389	9,204,005	22,564,394	20.6	50.9
대전	988,378	245,179	1,233,557	367,820	244,819	612,639	19.7	49.7
충남	1,434,723	368,373	1,803,096	530,654	367,715	898,369	20.2	49.8
세종	226,424	65,835	292,259	84,005	65,746	149,751	22.4	51.2

※ 선거인수의 사전투표: 우편+관내사전투표(신고인수)로 사전투표자+거소투표신고자

※ 투표자수의 사전투표: 우편+관내사전투표(접수수)로 (관외사전+거소투표접수수)+관내사전투표자수

7 본 연구는 중앙선거관리위원회가 발표한 통계자료에 근거해 정리하였음.

8 대구(43.2%)나 광주(37.7%)에 비하면 대전(49.7%), 충남(49.8%)은 전국 평균에 근접하는 투표율을 보였다.

<표 2-3> 지역별 투표율

지역	투표율	지역	투표율	지역	투표율
전국	50.9	광주	37.7	전북	48.6
서울	53.2	울산	52.3	전남	58.4
부산	49.1	경기	50.6	경북	52.7
인천	48.9	강원	57.8	경남	53.4
대구	43.2	충북	50.6	제주	53.1
대전	49.7	충남	49.8	세종	51.2

자료 : 중앙선거관리위원회

이 투표율을 역대 지방선거와 비교해보고, 또 대통령선거와 국회의원선거의 그것과 비교해 볼 때 이번 6.1 동시지방선거는 그 이전의 지방선거투표율에 비해 많이 낮았고, 대통령, 국회의원 선거에 비해서는 더욱 낮게 나온 것이다. 즉, 지방선거(전국:50.9%, 대전:49.7%, 충남:49.8%)가 대통령선거(3.9대선 전국:77.1%, 대전:76.7%, 충남:73.7%), 국회의원선거(21대 국회 전국: 66.2%, 대전:65.5%, 충남:62.4%)보다 투표참여율(관심도)이 떨어진다는 사실을 확인할 수 있다(표 2-5 참조). 특히 이번 지방선거의 투표율(전국 50.9%)이 상당히 낮은 것으로 조사되었는데, 역대 지방선거 중 두 번째 기록이었다. 즉, 가장 낮은 투표율을 보인 선거는 2002년 3회 지방선거(48.9%)로 김대중 대통령의 임기 말 레임덕현상과 새천년민주당의 지지율 하락 및 2002년 한일월드컵 포르투갈전 전날이라는 악재로 인해 나타난 것으로 해석하고 있다(표 2-4 참조). 그 다음으로 이번 선거였는데, 이는 대통령선거 후 3개월이 채 지나지 않은 상황에서 상대적으로 긴장감이 떨어진 지방선거를 치르다보니 선거의 피로감 등 선거공학상 유권자의 관심이 낮아진 것에서 연유한 것으로 볼 수 있다. 그리고 아직 지방선거의 중요성이 대통령, 국회의원선거에 비해 상대적으로 부각되지 못하고 있는 현실로 이해할 수 있다.

<표 2-4> 역대 지방선거 투표율

구분	선거일	투표율
제1회	1995.06.27.	68.4
제2회	1998.06.04.	52.7
제3회	2002.06.13.	48.9
제4회	2006.05.31.	51.6
제5회	2010.06.02.	54.5
제6회	2014.06.04.	56.8
제7회	2018.06.13.	60.2
제8회	2022.06.01.	50.9

자료 : 중앙선거관리위원회

<표 2-5> 역대선거 투표율 변동 추이(단위 : %)

구분	선거일	전국	대전	충남
제6회 동시지방선거	2014.06.04.	56.8	54.0	55.7
제20대 국회의원선거	2016.04.13.	58.0	58.6	55.5
제19대 대통령선거	2017.05.09.	77.2	77.5	72.4
제7회 동시지방선거	2018.06.13.	60.2	58.0	58.1
제21대 국회의원선거	2020.04.15.	66.2	65.5	62.4
제20대 대통령선거	2022.03.09.	77.1	76.7	73.7
제8회 동시지방선거	2022.06.01.	50.9	49.7	49.8

자료 : 중앙선거관리위원회

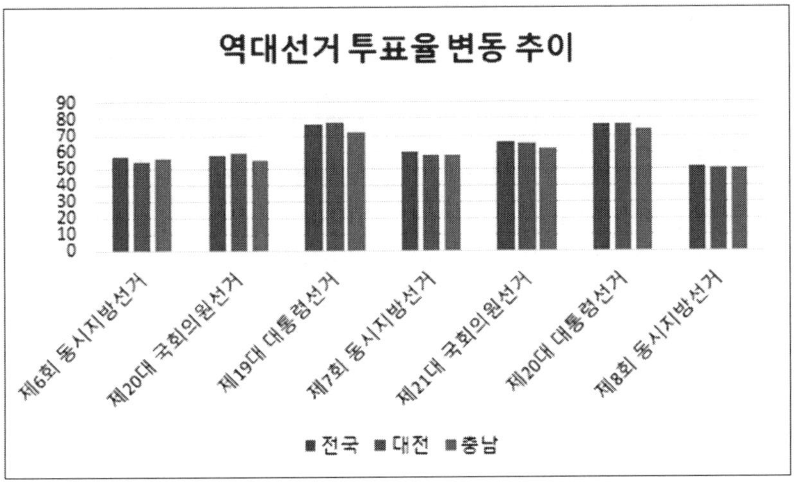

자료 : 중앙선거관리위원회

2) 정당별 득표율; 당선자의 정당분포

이번 6.1지방선거의 당선자의 정당분포를 살펴보면, 전국적으로 지방자치단체장은 거의 7대3의 비율로 '국민의 힘'(보수정당)이 압승한 것으로 나타났다. 광역자치단체장은 경기, 광주, 전남, 전북, 제주를 제외한 12곳(70.59%)에서 당선되었으며, 기초자치단체장의 경우 226곳 중 145곳(64.16%)에서 보수정당인 '국민의 힘'이 승리하였다. 광역의회의원 역시 872곳 중 541곳(62.04%)에서 국민의힘이 당선됨으로써, 향후 윤석열 정부의 국정운영에 힘을 받을 수 있는 여건을 마련하였다고 볼 수 있다.[9] 다만 기초의원의 경우 국민의힘이 50%를 넘지 못하였고(48.04%), 야당인 더불어민주당도 46.33%을 기록해 거의 대동소이한 모습을 보였다(표 2-6 참조). 이는 풀뿌리민주주의의 근원이 되는 기초지방의회는 지역적으로 주민과 소통하는 면적이 넓어 상대적으로 광역의원이나 단체장에 비해 중앙정치의 심판적 성격이 작동하기보다는 늘 가깝게 생활할 수 있는 지역인물론이라는 요소가 작용한 것으로 볼 수 있다. 또 한편으로 기초의회의원의 경우, 총 2,987곳에서 국민의힘이 1,435곳(48.04%), 더불어민주당 1,384곳(46.33%)에서 당선되어 결국 거대정당이 양분되는 결과를 보였다(약 95%). 특히, 거대양당 승자독식 구도 해소를 명분으로 이번 지방선거에 시범 도입한 중대선거구제도는 크게 빛을 발하지 못한 정치적 생색내기에 지나지 않은 것으로 드러났다.[10] 즉, 시범지역 30곳(109석)을 살펴보면, 더불어민주당 55석, 국민의힘 55석으로 거대양당 소속이 96.3%를 차지한 것이다.[11]그러나 무엇보다도 이번 6.1지방선거는 지난 제7회 지방선거 대비 10% 정도 떨어진 투표율을 근거로 볼 때 윤석열 정부와 여당인 국민의힘을 지지하여 투표가 이루어진 면도 있지만, 또 다른 면에서 보면 대선 이후 더불어민주당의 계속되는 실책과 지지층의 투표 포기에 따른 영향이 크게 작용하였다고 볼 수 있다. 그만큼 중앙정당, 중앙정치의 영향력 하에 치러진 선거였다.

---

9 윤석열정부에 힘을 실어주고자 하는 국민의 의지가 반영된 것으로 다수 언론에서 분석하고 있다.

10 전국 11곳의 국회의원 선거구에서 '기초의원 중대선거구제'(3 · 5인 선거구)를 시범 도입하기로 여야가 합의하였다. 이는 다당제를 염두에 두고 정치적 실험을 하고자 한 것인데, 그 결과가 풀뿌리민주주의를 정착시키는데 도움이 될지 그렇지 않을지에 대한 평가가 뒤따라야 할 것이다.

11 시범 도입 지역에선 선거구당 최소 3인의 기초의원을 선출하게 돼 정의당 등 소수 정당의 기초의회 의석이 확대될 것이란 전망이 있었지만 결과는 그렇지 못했다.

<표 2-6> 정당별 의석수 현황

구분	정당별 의석수				
	더불어민주당	국민의힘	진보당	정의당	무소속
광역자치단체장	5 (29.41)	12 (70.59)	-	-	-
기초자치단체장	63 (27.88)	145 (64.16)	1 (0.44)	-	17 (7.52)
광역의회의원	321 (36.81)	541 (62.04)	3 (0.34)	2 (0.23)	5 (0.57)
기초의회의원	1,384 (46.33)	1,435 (48.04)	17 (0.57)	7 (0.23)	144 (4.82)

※ 지방의회의원의 경우, 비례대표를 포함한 의석수임.

이를 기초로 충청지역의 광역자치단체장 정당별 득표율을 살펴보면, 대전(51.20%), 충남(53.87%), 세종(52.84%)에서 모두 과반 이상의 지지로 국민의힘이 선택받았다(표 2-7 참조). 특히, 세종특별자치시의 경우 (충청권 지역정당(자유선진당)을 넘어) 국민의힘 보수정당이 처음으로 승리하여 가장 큰 격변지역으로 평가되고 있다. 현역 프리미엄을 업고도 대전 · 충남 · 세종 모두 더불어민주당이 패배하였다는 사실은 그만큼 이전 집권정당의 오만과 폭정에 민심이 이반하였다는 것이고, 그 반사이익을 본 윤석열 정부에 자연히 집권 초반에 힘을 실어주려는 여론과 함께 국민의힘의 '정권안정론'이 유효하게 작용한 것으로 볼 수 있다. 그리고 최근 3회 지방선거에서 충청권 광역자치단체장 당선인 소속정당을 보면 모두 같은 정당으로 선택되고 있음을 알 수 있는데(표 2-8 참조), 이는 충청권 주민의 동질성에서 비롯되고 있는 것으로 해석할 수 있다. 그런 면에서 현재는 3개 광역자치단체로 나뉘어있지만 원래 충남의 한 뿌리였음을 인식하게 되는 것이고, 그럼으로써 3개 자치단체간에 협력이 원활하게 작동될 수 있을 것으로 기대해 볼 수 있다.

<표 2-7> 대전·충남·세종의 광역자치단체장 정당별 득표율

지역	선거인수	정당별 득표수			무효 투표수	기권수	득표율		무효 투표율
		더불어 민주당	국민의힘	계			더불어 민주당	국민의힘	
대전	1,233,557	295,555	310,035	605,590	7,049	620,918	48.80	51.20	1.15
충남	1,806,096	401,308	468,958	869,966	28,403	904,727	46.13	53.87	3.16
세종	292,259	69,995	78,415	148,410	1,341	142,508	47.16	52.84	0.90

자료 : 중앙선거관리위원회

<표 2-8> 최근 3회 지방선거에서의 광역자치단체장 당선인 소속 정당의 변화

구분	대전	충남	세종
제6회 (2014.06.14.)	새정치민주연합 (권선택)	새정치민주연합 (안희정)	새정치민주연합 (이춘희)
제7회 (2018.06.13.)	더불어민주당 (허태정)	더불어민주당 (양승조)	더불어민주당 (이춘희)
제8회 (2022.06.01.)	국민의힘 (이장우)	국민의힘 (김태흠)	국민의힘 (최민호)

자료 : 중앙선거관리위원회

한편 기초자치단체장의 당선 결과 역시 국민의힘의 압도적인 승리를 확인할 수 있다. 대전의 경우, 5개 구청장 모두 더불어민주당이 석권했던 지난 제7회 지방선거와 달리, 이번 6.1 지방선거에서는 전통적으로 민주당 강세지역인 유성구를 제외하고 모두 국민의힘이 승리하였다(국민의힘4 : 더불어민주당1)(표 2-9 참조). 중구를 제외한 전 지역에서 현역 구청장이 출마하였으나, 유성구를 제외하고 모두 낙선하였다.

충남의 경우, 지난 제7회 지방선거에서 국민의힘 전신인 자유한국당에서 4개 시·군(보령시·서천군·홍성군·예산군)에서만 당선자를 배출한 것에 반해 이번 지방선거에서는 12곳(천안, 아산, 서산, 당진, 예산, 홍성, 서천, 보령, 논산, 공주, 금산, 계룡)에서 승리하였다(표 2-9 참조). 전반적으로 국민의힘이 유리할 수 있었던 선거였으나 공천심사과정에서 가산점 문제 등 내부적인 공천갈등으로 인해 3곳(태안군, 부여군, 청양군)은 더불어민주당이 승리하는 결과를 얻었다.[12]

12 더불어민주당 김돈곤 후보가 9,522표(49.88%) 득표하였고, 국민의힘 유흥수 후보가 5,293표(27.73%), 무소속

<표 2-9> 최근 3회 지방선거에서의 대전 · 충남 기초자치단체장 당선인 정당의 변화

구분	제6회		제7회		제8회	
	새정치 민주연합	새누리당	더불어 민주당	자유한국당	더불어 민주당	국민의힘
대전 (5)	4	1(대덕구)	5	0	1(유성구)	4
충남 (15)	5	9	11	4	3	12
	천안시 아산시 논산시 계룡시 당진시			보령시 서천군 홍성군 예산군	태안군 부여군 청양군	

※ 제6회 지방선거 충남의 경우, 청양군이 무소속 당선임.

자료 : 중앙선거관리위원회

3) 소수정당, 진보정당의 무력화 : 광역의회; 충남, 보수의 회귀

충청지역의 광역의회의원 선거 역시 국민의힘이 우세한 결과를 확인할 수 있다. 제7회 지방선거(민선7기)에서는 보수의 궤멸이라고 할 정도로 대패하였으나, 부동산 정책의 실패를 비롯한 '내로남불'식 국정운영의 문재인 정부와 거대여당화된 더불어민주당의 오만과 무능에 따른 지역민의 의사가 반영되어 이번 민선8기 지방선거에서 국민의힘이 승리한 것으로 분석되고 있다. 최근 3회 지방선거에서 나타난 민심을 해석해보면 6회 때는 대전에서는 진보정당인 새정치민주연합이 우세하였고, 충남에서는 보수정당인 새누리당이 우세하였던 것이 7회때 거의 일방적으로 진보정당인 더불어민주당으로 바뀌게 되었고, 다시 8회때 대전 · 충남 모두 보수정당인 국민의힘이 일방적인 우세한 의석분포를 나타냈다(세종시는 계속 진보당인 더불어민주당이 우세). 이를 통해 대전보다는 충남이 보다 보수적인 색채를 띠고 있다고 볼 수 있고, 이번선거는 특히 충남의 경우 보수로의 회귀현상으로 받아들여질 수 있다. 그리고 제7회 지방선거에서 충남에서는 그나마 소수정당인 정의당이 비례 1석을 차지하였으나, 이번에는 단 1석도 확보하지 못하는 성적을 낸 것을 보면 과거 이념성향의 진보정당의 약진에 제동이 걸린 선거

신정용 후보 4,271표(22.37%)를 득표하였다. 특히 청양군에서는 경쟁력 있는 후보(신정용 후보)가 컷오프되어 무소속 출마가 이루어지면서 보수표가 양분되어 패배한 것으로 보고 있다.

로 볼 수 있겠다.[13]

<표 2-10> 대전·충남·세종의 광역의회의원 정당별 당선인 수>

지역	당선인 수	더불어민주당	국민의힘
대전	19(3)	3(1)	16(2)
충남	43(5)	10(2)	33(3)
세종	18(2)	12(1)	6(1)

※ ( )는 비례대표 당선인 수치임,

<표 2-11> 최근 3회 지방선거에서의 광역의회의원 정당별 당선인 수>

구분	제6회		제7회		제8회	
	새정치 민주연합	새누리당	더불어 민주당	자유한국당	더불어 민주당	국민의힘
대전	14(2)	5(1)	19(2)	0(1)	3(1)	16(2)
충남	8(2)	28(2)	31(2)	7(1)	10(2)	33(3)
세종	8(1)	4(1)	16(1)	0(1)	12(1)	6(1)

※ 제7회 지방선거(2018.06.13.) 충남의 경우 정의당 비례대표 1석이 있음.

※ ( )는 비례대표 당선인 수치임,

4) 기초의원의 여야균형 의석분포와 군소정당의 원내진입 무산

충청지역 기초의회의원의 경우는 지난 제7회 지방선거의 결과와 달리 의석 분포에 여야 균형을 이루었다고 평가할 수 있다. 특히 대전에서는 더불어민주당 31석(28+3), 국민의힘 32석(27+5)으로 팽팽한 의석 구도를 보여주고 있으며, 충남의 경우 국민의 힘이 15석 정도 많으나 어느 한쪽으로 쏠리지 않은 비교적 견제와 균형이 작동할 수 있는 여건을 만들어 주었다(표 2-11, 표2-12 참조). 최근 3회 선거를 통해 볼 때 대전은 여야 대동소이한 모습을 보였으며(보수궤멸이라는 7회선거때에도 상당한 의석수 확보), 충남은 6회때 보수정당이 6대4의 비율로 우세하였던 것이 보수정당의 어려움에 처해 치러진 7회선거에도 상당한 의석수 확보(98:66)를 이뤄내었고, 8회때 거의 균형잡힌 의석수로 양분하여

13 2010년 6.2지방선거에서 보인 이념적 성향의 투표, 민주노동당, 국민참여당, 진보신당을 포함한 3개정당의 지지율이 17.1%를 기록하여 충청지역에 뿌리를 둔 자유선진당이 얻은 투표율 4.5%에 비해 빠른 신장률을 보였다(최진혁, 2010 :7).

준 점에서 보수색깔을 기본으로 여야 조화를 이루려는 민심의 반영으로 해석할 수 있겠다(표 2-13 참조). 요컨대, 기초의회의원선거는 광역 · 기초자치단체장 및 광역의회가 국민의힘의 압도적인 우세를 보인 것과 대조적으로 지역민의 견제와 균형의 선택에 따른 결과로 분석할 수 있다. 이는 기초단위에서는 정당보다는 가까운 곳에서 주민과 정을 나눌 수 있게 한 인물론이 작동되었을 가능성이 있다. 그리고 거대양당으로 고착화된 선거양태와 중대선거구제도의 시범시행에도 불구하고 충청지역에서의 군소정당의 원내 진입은 사실상 완전히 무산된 것으로 볼 수 있다.[14] 결국 중선거구제의 논의를 거대 양당이 후보제한 등 여러 개혁조치를 논의하게 할 대목이다.

<표 2-12> 대전 · 충남의 기초의회의원 정당별 당선인 수>

지역	당선인 수	더불어민주당	국민의힘	무소속
대전	55(8)	28(3)	27(5)	-
충남	151(26)	70(10)	79(16)	2

※ ( )는 비례대표 당선인 수치임,

<표 2-13> 최근 3회 지방선거에서의 기초의회의원 정당별 당선인 수>

구분	제6회		제7회		제8회	
	새정치 민주연합	새누리당	더불어 민주당	자유한국당	더불어 민주당	국민의힘
대전	28(5)	26(4)	33(5)	21(4)	28(3)	27(5)
충남	49(10)	84(15)	83(15)	55(11)	70(10)	79(16)

※ 제6회 지방선거(2014.06.04.) 충남에 무소속 11인이 있음.

※ 제7회 지방선거(2018.06.13.) 충남에 바른미래당1, 무소속 6인이 있음.

5) 최근 3회 지방선거의 득표율 추이 : 중앙정당의 영향력 강화

요컨대, 최근 3회 지방선거에서 나타난 대전과 충남의 득표율 추이를 살펴보면 다음

14 2006년 도입된 기초의원 선거의 단기 비이양식 중선거구제도는 지역주의선거현상을 개선하려는 목적에서 시도되었다. 그러나 기대했던 성과는 나타나지 않았다. 2006년 2010년 중선거구제에 따른 지역주의 현상은 크게 완화되지 못하였다(사회통합위원회, 2010 : 14). 그 원인을 정당들이 과다 공천함으로써 단기 비이양식 선거제도의 장점을 활용하지 못했던 것이고(한인택, 2006), 중선거구제의 크기(규모)가 지역주의를 탈피하기엔 규모가 크지 않았다는 데서 찾고 있다(황아란, 2007 ; 사회통합위원회, 2010 : 14).

과 같다. 거대 양당의 득표율에서 그 차이폭이 가장 크게 나타난 지방선거는 제7회 지방선거에서였다(표 2-14 참조). 이는 헌정사상 유례가 없는 대통령탄핵정국 이래 새로 집권한 진보정당이 영향력 하에 치러졌던 지방선거에서 비롯된 것으로 볼 수 있다. 특히 대전(평균 32.15%)이 충남(21.76%)보다 그 차이가 더 컸고, 대전의 경우 기초단위에서, 즉 구청장(35.22%), 기초의원(36.06%)선거에서 가장 큰 격차를 보였던 반면 충남의 경우 광역단위 단체장인 도지사선거(27.46%)에서 가장 큰 폭의 격차를 보였다(표 2-14, 2-15 참조). 한편 3회에 걸친 지방선거에서 나타난 대전의 특징은 보수성향(새누리당, 자유한국당, 국민의힘)이 6회 동시지방선거 때 기초의원만 승리하고 전패했던 것에서 7회때는 모두 패하고(진보좌파 새정치민주연합, 더불어민주당 승리) 8회때 정권교체에 따른 지방선거에서 전승한 것으로 나타나 대선과 중앙정당의 영향에 따라 움직이는 대전시민의 표심을 읽을 수 있다. 충남의 경우 3회에 걸친 지방선거를 보면 6회때 도지사선거를 제외한 모든 부문에서 보수우파의 표심을 나타내었던 것이 7회때는 모두 진보좌파의 표심으로 돌아섰고, 8회때 다시 보수우파의 표심으로 돌아온 것을 확인할 수 있다. 이를 통해 대전보다 충남이 보다 보수적인 행태를 보이고 있으면서 역시 중앙정당의 영향력 하에 놓여있음을 확인할 수 있게 한다. 그리고 대전, 충남의 경우 이번 6.1선거에서 이전의 6,7회와 비교해 볼 때 소수정당의 참여도가 낮았고, 원내 진출도 하지 못하는 결과를 내었음을 알 수 있다(기타정당 주 참고). 이는 통합진보당이 정의당과 진보당으로 갈라지면서 당세가 약화되었고 이들의 주장하는 노동의 이슈가 젠더이슈에 매몰되어 참패하는 상황을 연출한 것으로 볼 수 있다. 한편으로 바른미래당은 국민의힘으로 통합되어 더욱 거대 정당화되고 소수정당은 힘을 잃게 된 선거였다.

<표 2-14> 최근 3회 지방선거에서의 정당별 득표율 대전[15](단위 : %)

구분	제6회			제7회			제8회		
선거/정당	새정치 민주연합	새누리당/차이	기타	더불어 민주당	자유 한국당/ 차이 32.15	기타	더불어 민주당	국민 의힘/차이	기타
시장	50.07	46.76/ 3.31	3.15	56.41	32.16/ 24.25	11.41	48.80	51.20/ -2.4	-
구청장	52.42	44.16/ 8.26	3.42	62.25	27.03 / 35.22	10.72	48.40	51.60/ -3.2	-
광역의원	51.64	45.84/ 5.8	2.52	64.17	30.72/3 3.45	5.11	45.52	52.79/ -7.27	1.69
광역의원비례	47.72	46.31/ 1.41	5.97	55.21	26.43/ 28.78	18.36	42.20	52.70/ -10.5	5.09
기초의원	42.80	45.85/ -3.05	11.35	61.52	25.46/ 36.06	13.02	48.40	48.45/ -0.05	3.15
기초의원비례	52.71	47.29/ 5.42	-	62.73	27.56/ 35.17	9.71	44.91	55.09/ -10.18	-

※ 제6회, 제7회 전국동시지방선거 총람 자료 활용.

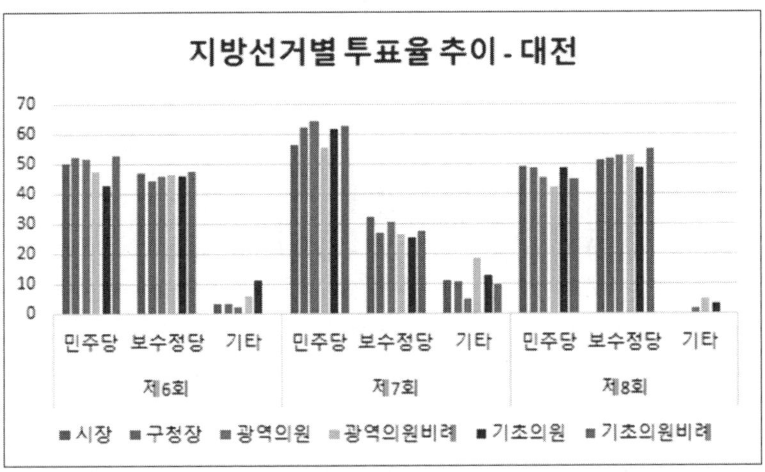

15 대전의 기타정당 현황은 다음과 같다.

구분	제6회	제7회	제8회
시장	통합진보당, 정의당	바른미래당, 정의당	없음
구청장	통합진보당, 새정치당, 무소속	바른미래당	없음
광역의원	통합진보당, 노동당, 무소속	바른미래당, 민중당	진보당, 무소속
광역의원비례	통합진보당, 정의당, 새정치당	바른미래당, 정의당, 민중당, 노동당, 녹색당	정의당, 기본소득당, 녹색당, 진보당
기초의원	통합진보당, 정의당, 새정치당, 무소속	바른미래당, 정의당, 민중당, 대한애국당, 무소속	진보당, 정의당, 무소속
기초의원비례	없음	바른미래당	없음

<표 2-15> 최근 3회 지방선거에서의 정당별 득표율 충남[16](단위 : %)

구분	제6회			제7회			제8회		
선거/정당	새정치 민주연합	새누리당	기타	더불어 민주당	자유 한국당/차이 21.76	기타	더불어 민주당	국민 의힘/차이	기타
도지사	52.21	43.96/ 8.25	3.83	62.56	35.10/ 27.46	2.34	46.13	53.87/ -7.74	-
시장 · 군수	41.19	47.76/ -6.57	11.05	51.91	39.00/ 12.91	9.09	44.55	53.59/ -9.04	1.86
광역의원	39.83	50.83/ -11	9.34	57.92	36.35/ 21.57	5.73	44.64	54.66/ -10.02	0.70
광역의원비례	38.55	53.51/ -14.96	7.94	52.47	31.56/ 20.91	15.97	39.94	55.54/ -15.6	4.52
기초의원	31.83	52.44/ -20.61	15.73	52.88	31.59/ 21.29	15.53	44.75	49.63/ -4.88	5.63
기초의원비례	44.80	55.20/ -10.4	-	60.25	33.83/ 26.42	5.92	42.38	56.42/ -14.04	1.20

※ 제6회, 제7회 전국동시지방선거 총람 자료 활용.

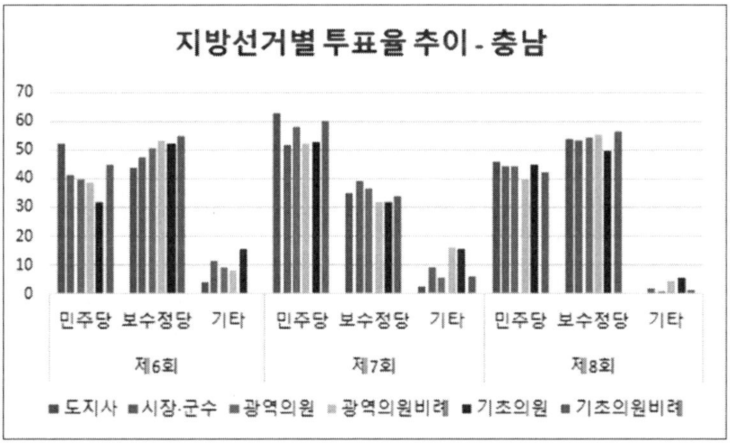

16 충남의 기타정당 현황은 다음과 같다.

구분	제6회	제7회	제8회
시장	무소속	코리아	없음
구청장	통합진보당, 무소속	바른미래당, 정의당, 무소속	정의당, 무소속
광역의원	노동당, 녹색당, 무소속	바른미래당, 무소속	정의당, 무소속
광역의원비례	통합진보당, 정의당, 노동당, 녹색당, 새정치당	바른미래당, 정의당, 민중당, 녹색당	정의당, 기본소득당, 녹색당, 진보당
기초의원	통합진보당, 정의당, 무소속	바른미래당, 민주평화당, 정의당, 민중당, 대한애국당, 녹색당, 무소속	정의당, 진보당, 우리공화당, 무소속
기초의원비례	없음	바른미래당, 민중당	정의당, 충청미래당

6) 무투표 당선인수, 무효투표 수 증가

이번 6.1지방선거는 이전 6,7회 지방선거에 비해 무투표당선인수와 무효투표 수가 증가되었다는 사실이다. 무투표 당선은 후보가 단독일 경우 자동 당선 처리되는 방식으로, 기초의회의원 비례대표의 경우에는 그동안에도 당선사례가 빈번하게 발생하였다. 그러나 이번 지방선거의 경우 정당투표가 처음으로 시작된 제3회 지방선거(2002.06.13.) 이후 가장 많은 무투표 당선을 배출하였다(표 2-16, 2-17 참조). 대전 · 충남 후보자 중 '무투표 당선인'은 총 20명으로 조사되었으며, 불명예스럽게도 이 가운데 절반이 '전과자'인 것으로 나타났다는 사실이다(파이낸셜 뉴스, 2022.5.17). 지역의 인재가 충원되어야 할 지방의회의원들에게 정상적이지 않은 일이 일어나고 있는 것이다. 대전지역 기초의회 지역구 선거구 3곳과 비례대표 선거구 1곳에서 8명, 충남에선 기초의회 지역구 선거구 5곳과 비례대표 선거구 1곳에서 12명이 무투표당선의 기록을 내었다. 이런 배경에는 해당 10개 선거구가 모두 2명을 뽑는 2인 선거구로 양강을 이루는 더불어민주당과 국민의힘에서 각 1명의 후보가 등록하다보니 경쟁없이 당선이 확정될 수밖에 없는 것이었다(파이낸셜 뉴스, 2022.5.17).[17]이는 양당구도가 격화되었던 대선 직후 지방선거가 치러지면서 양당구도의 흐름이 그대로 이어졌고, 소수정당 및 원외정당이 설 자리가 그만큼 위축될 수밖에 없는 상황이었다고 분석할 수 있다. 여기에서 중대선거구제하의 복수공천의 금지나 정당의 공천권을 제한하기 어렵다면 기호제[18] 폐지나 전면 비례대표제를 채택하는 등의 선거제도 개혁이 필요하다는 주장이 나오고 있는 이유이다.

---

17 대전 무투표 당선인(민주당 · 국민의힘 순)은 Δ동구 다선거구-이지현(48 · 여) 전 동구자원봉사센터 사무국장, 박영순(59 · 여) 현 구의원 Δ서구 바선거구-손도선(57 · 여) 현 구의원, 정인화(57 · 여) 월평3동 복지만두레 회장 Δ대덕구 다선거구-전석광(52) 박영순 국회의원 대외협력특보, 조대웅(35) 대덕구당협 청년부장 Δ유성구 비례대표-김미희(45 · 여) 다온아동발달심리센터장, 이희래(60 · 여) 대학강사 등이다.충남 무투표 당선인은 Δ천안시 나선거구-이병하(40) 천안갑지역위 청년위원장, 권오중(55) 현 시의원 Δ천안시 아선거구-김미화(51 · 여) 천안을지역위 여성위원장, 노종관(55) 웅진보안시스템 대표 Δ아산시 가선거구-명노봉(54) 전 아산갑지역위 사무국장, 이기애(61 · 여) 전 시의원 Δ서산시 라선거구-문수기(46) 전 서산시장 정무비서, 안원기(61) 현 시의원 Δ홍성군 다선거구-신동규(53) 광천토굴육젓 대표, 장재석(59) 현 군의원 Δ홍성군 비례대표-이정희(50 · 여) 전 홍성성폭력상담소장, 윤일순(61 · 여) 전 대한적십자사 홍성지구협의회장 등이다.

18 기호제는 국회 의석수에 따라 기호를 배분하는 방식으로 5명 이상의 소속 지역구 국회의원을 가진 정당이나 직전 대선, 비례대표 국회의원 선거 또는 비례대표 지방의원 선거에서 전국 유효투표총수의 100분의 3이상을 득표한 정당은 전국적으로 통일된 기호를 부여받음. 이번 제8회 지방선거에서 통일된 기호를 부여받은 정당은 1번 더불어민주당, 2번 국민의힘, 3번 정의당임.

<표 2-16> 지방선거별 전국 무투표 당선인 수

선거	제4회	제5회	제6회	제7회	제8회
당선인 수	48	125	196	89	508

※ 광역 · 기초의회의원 및 교육의원(비례대표 포함)까지 합한 수치임.

<표 2-17> 대전 · 충남의 무투표 당선인 현황

구분	제6회		제7회		제8회	
	대전	충남	대전	충남	대전	충남
광역의회의원	-	2 (금산군1, 예산군1)	-	-	-	-
기초의회의원	-	-	2 (대덕구2)	-	6 (동구2, 서구2, 대덕구2)	10 (천안시4, 아산시2, 서산시2, 홍성군2)
광역의회의원 비례대표	-	-	-	-	-	-
기초의회의원 비례대표	-	4 (논산시2, 홍성군1, 청양군1)	-	1 (청양군1)	2 (유성구2)	2 (홍성군2)

자료 : 중앙선거관리위원회

한편 투표에서 법령 등에 근거하여 유효한 기표로 인정되지 못하는 표를 의미하는 무효표는 무투표와 함께 선거결과에 실효적인 영향을 미치지 못하다는 점에서 민주주의의 위협요소로 받아들여진다. 물론 무효투표가 유권자 입장에서 투표로서 권리행사를 하였다는 점에서 유의미하다고 할 수 있지만, 그러나 기초의회의원의 무효투표수가 대전 8.86%, 충남 5.36%를 보이는 것과 같이 다른 선거에 비해 높게 나타났다는 것은 지방민주주의의 경고등으로 받아들여져야 한다. 기초의회의원선거의 중선거구제 특징에서 연유하는 것으로 분석된다면 다음 선거에는 이에 따른 선관위의 행정적 대응 및 보완책이 마련되어야 할 사안인 것이다(표 2-18 참조).

<표 2-18> 대전·충남·세종의 무효투표수

구분	광역자치 단체장	기초자치 단체장	광역 의회의원	기초 의회의원	광역 의회의원 비례대표	기초 의회의원 비례대표
대전	7,049 (1.15)	9,738 (1.65)	11,913 (1.97)	43,444 (8.86)	7,532 (1.23)	9,831 (2.25)
충남	28,403 (3.16)	19,494 (2.46)	23,553 (2.74)	44,107 (5.36)	22,678 (2.52)	27,127 (1.73)
세종	1,341 (0.90)	-	1,962 (1.33)	-	1,861 (1.24)	-

자료 : 중앙선거관리위원회

7) 현직교체율과 재공천 비율

6.1지방선거 대전 · 충남의 또 다른 특징은 현직교체비율이 높다는 사실이다. 지방선거에서 주목해야 할 관전 포인트로서 현직교체 비율이 얼마나 차지하고 있는가를 살펴보는 일인데, 일반적으로 지방자치행정의 전문성이라는 측면에서 공직수행의 연속성과 밀접한 관계가 있다는 점에서 그 교체율이 높다는 사실은 공직수행의 안정성과 연속성이 상대적으로 저해된다는 것을 의미한다. 그런 배경에서 대전 · 충남 광역자치단체장은 모두 100% 교체되는 상황을 연출하였고 기초자치단체장은 현직교체율이 각각 60%, 73.3%로 나타나 비교적 높은 것으로 나타났다(표16 참조). 이는 새로운 인물에 의해서 창의적이고 쇄신적인 시정을 도모하려는 의지와 도전에 긍정적인 점으로 작용할 수 있을런지 모르나 대다수 자치단체장이 교체되어 또다시 새로 시작해야 하는 시행착오적 자치행정을 감수해야 하는 아마추어리즘의 공직수행이 불가피할 수 있다는 우려를 불식시키기 어렵다는 것을 시사해주고 있다.

그리고 정당의 영향이 지대한 우리 지방선거에서 현직자들이 소속정당의 재공천을 받을 수 있는가의 여부가 재출마를 결정하는데 매우 중요한 요소로 작용한다. 따라서 현직 단체장의 재공천율을 살펴보는 것이 의미있는데, 광역자치단체장인 경우 대전 · 충남 모두 현직을 공천하는 재공천비율이 100%였고, 기초자치단체장의 경우 대전은 3선연임으로 출마를 할 수 없었던 중구청을 제외하고 모든 지역에서 현직이 재공천되는 높은 비율을 보였다(80%)(표15 참조). 충남은 3선연임으로 불가한 지역(논산시, 홍성군), 현역단체장 3선 불출마지역(당진시, 예산군), 사법처리지역(천안시, 정치자금법위반), 경선탈락지역(계룡시, 서천군) 등을 제외한 8곳에서 현직 단체장을 재공천하였는데, 대전에 비해 낮은 것으로 나타났다(53.3%)(표 2-19 참조). 종합적으로 볼때 광역자치단체장의 현직 재공천비율은 매우 높게 나타났고, 기초자치단체장의 그것은 광역보다 낮으나 그래도 비교적 높게 나타났으며, 이 경우 대전이 충남보다 높게 나타났지만 현직교체율은 상반된 모습을 보였다. 정당의 재공천을 받지 못하는 현직자는 무소속이나 출마를 포기해야 하는 상황에 있는데, 무소속으로 출마하는 경우 워낙 지지도가 좋은 후보자인 경우 당선될 수 있겠지만 그렇지 못한 경우 기존 당해 정당의 표를 이분하는 결과를 가져오게 해 서로 낙선하게 하는 요인이 되고 있다.

〈표 2-19〉 대전·충남의 기초자치단체장 현직교체율 및 재공천율

구분	현직교체율		재공천율	
대전	60%	-3선 연임으로 출마 불가 (중구, 박용갑, 더불어민주당) -재선에 성공 (유성구, 정용래, 더불어민주당)	80%	-3선 연임으로 출마 불가였던 중구를 제외한 모든 지역에서 전략공천 및 단수공천함
충남	73.3%	-단 4곳만 재선에 성공 보령시(김동일, 국민의힘), 태안군(가세로, 더불어민주당), 부여군(박정현, 더불어민주당), 청양군(김돈곤, 더불어민주당) -나머지 11곳에서 국민의힘이 당선됨	53.3%	-3선 연임으로 출마 불가 (논산시, 홍성군) -현역 단체장이 3선 불출마 선언(당진시, 예산군) -사법처리 (천안시, 정치자금법위반) -경선탈락(계룡시, 서천군) -위의 사례를 제외한 8곳에서 재공천함

자료 : 중앙선거관리위원회

2. 총평 : 일당(국민의 힘)우위의 지배적인 정당으로 정치지형의 변화; 보수로의 회귀

민선8기 지방선거는 대전 · 충남의 광역자치단체장은 모두 국민의힘이 차지하였으며, 기초자치단체장의 정당분포비율은 대전 · 충남 공히 여당인 국민의힘이 80%, 야당인 더불어민주당은 20%를 보였다. 결과적으로 최근 3회 지방선거는 대전의 경우 기초의원을 예외(6회 진보정당 약간 우세, 7회 우세, 8회 보수정당 미미한 우세)로 진보정당이 우세국면(특히 7회 압도적 우세)을 보이다가 이번6.1선거로 보수정당으로 역전되는 결과를 나타냈으며, 충남의 경우 진보정당의 자치단체장을 두었음에도 보수정당의 의회를 구성하여

여소야대의 정국에서 7회때 진보정당으로 역전되었다가(여대야소) 8회 때 다시 보수정당인 국민의 힘으로 광역자치단체장, 광역의회구성을 보게 하였다(여대야소). 따라서 광역단위의 충남도정은 그만큼 안정적으로 집권당의 정책을 펼쳐나갈 수 있을 것으로 보인다. 기초자치단체장 역시 기초의회와 함께 여당의 우세를 보여(3곳 제외) 광역단위의 지원을 받아 보수정당의 안정적 시정운영을 기대할 수 있게 되었다. 결과적으로 일당 우위의 지배적인 정당으로 정치지형의 변화를 만들어내었고 결과적으로 원래 보수색깔이 강한 충청권, 특히 충남은 보수로의 회귀를 극명히 보여주었다.

<표 2-20> 최근 3회 지방선거에서의 선거별 당선인 소속 정당의 변화

구분	대전						충남					
	제6회		제7회		제8회		제6회		제7회		제8회	
	새정치민주연합	새누리당	더불어민주당	자유한국당	더불어민주당	국민의힘	새정치민주연합	새누리당	더불어민주당	자유한국당	더불어민주당	국민의힘
광역자치단체장	1	-	1	-	-	1	1	-	1	-	-	1
기초자치단체장	4	1	5	-	1	4	5	9	11	4	3	12
광역의회의원	16	6	21	1	4	18	10	30	33	8	12	36
기초의회의원	33	30	38	25	31	32	59	99	98	66	80	95

※ 광역 · 기초의회의원선거의 경우, 비례대표선거 당선인을 포함하고 있음.

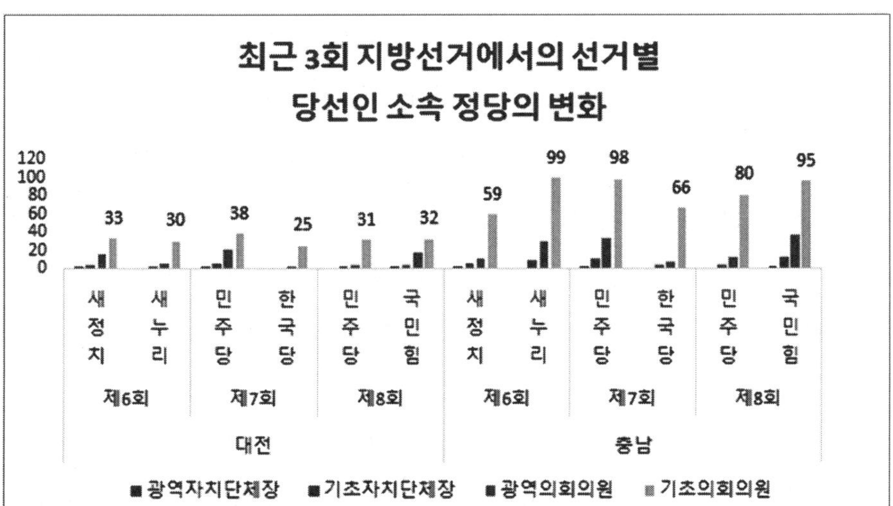

제4절 결론

이번 6.1 민선8기 지방선거의 특징은 대전·충남의 경우 다음과 같이 정리할 수 있을 것이다.

우선 대전(49.7%)·충남(49.8%)의 투표율은 기존의 도저촌고(道低村高) 현상이 매우 약해진 모습을 보였다는 것이다. 그리고 정당별득표율은 대전(51.20%), 충남(53.87%)으로 국민의힘이 승리하였다. 이는 이전 집권정당의 오만과 폭정에 민심이 이반되었고 새 우파정부(윤석열정부)에 집권초반 힘실어주기(정권안정론)가 유효하게 작용한 결과로 해석된다. 기초자치단체장의 경우 대전은 5개중 4개, 충남은 15개 중 12개를 집권여당인 국민의 힘이 차지하여 80%의 거의 완전한 일방적인 집권력을 보였다. 광역의회의원의 경우도 대전은 22개 의석 중 18개(81.8%), 충남은 48개 의석 중 36개(75%)를 차지하여 모두 일방적인 승리를 보였으며 대전이 충남보다 더 완전한 집권력을 보였다. 그런데 기초의회 의원의 경우 지난 민선7기와는 달리 의석분포가 여야균형을 보였는데, 대전은 여 32석, 야 31석으로 매우 팽팽한 의석수로 긴장감을 주었다. 충남은 전체 177석 중 국민의 힘이 95석(53.7%), 더불어민주당이 80석(45.2%)을 보여 여당이 비교적 안정권을 가질 수 있으나 일방적이지 않게 의정활동을 할 수 있는 균형구도를 주었다고 볼 수 있다.

한편 무투표당선인수 증가(대전시의회의원6, 충남도의회의원 10)와, 기초의회의원의 무효투표수(대전 8.86%, 충남 5.36%)가 높게 나타났다. 이는 양당구도가 격화되었던 대선 직후 지방선거가 치러지면서 이원화된 거대 정당구도의 흐름이 그대로 이어졌고, 그만큼 소수정당 및 원외정당이 설 자리가 위축될 수밖에 없는 상황이었다고 분석할 수 있다. 또한 현직교체율은 광역자치단체장은 대전·충남 모두 교체되어 절대적 높게 나타났고(100%), 기초자치단체장은 대전(60%), 충남(73.3%)으로 비교적 높게 나타났다. 정당의 재공천이 당락에 매우 중요한 요인임을 감안할 때 현직의 재공천비율은 지방정부 운영의 안정성을 담보할 수 있다고 볼 수 있는데, 대전은 80%로 압도적으로 높았고, 충남은 53.3%로 비교적 높은 것으로 나타났다. 결국 대전·충남의 자치단체 정당분포는 보수정당(국민의 힘)의 일당 우위의 지배적인 정당으로 다시 선회하여(보수정당으로 회귀) 민선7기와는 정반대의 정치지형의 변화를 보여주었다.

참고문헌

최진혁. (2018). “우리나라 지방선거의 과제 : 정책선거 강화를 중심으로,” 지방행정연구 32(2).

최진혁. (2012). “지방선거에 있어 정책선거의 방향,” 2012 행정학 하계공동학술대회 발표논문집. 한국행정학회.

최진혁. (2011). 프랑스 지방자치단체장의 충원형태 및 유형화 : 도시자치단체장을 중심으로. 「한국지방자치학회보」 24(2) : 149-177.

황아란. (2016). 역대 지방선거의 통시자료 분석을 통한 2014년 동시지방선거의 변화와 지속성. 「지방정부연구」 20(1) : 287-305.

대통령자문 사회통합위원회. (2010). 사회통합과 지방자치 활성화를 위한 지방선거제도 개선방안 도출.

대통령자문 사회통합위원회. (2010). 지역주의 해소를 위한 선거제도 등의 개선방안 연구.

대한민국시도지사협의회, 대한민국시도의회의장협의회, 대한민국시장군수구청장협의회, 대한민국시군자치구의회의장협의회. (2021). 소진광외, 지방자치법해설.

공직선거법.

지방자치법전부개정(2020.12.9).

중앙선거관리위원회 선거통계시스템(http://info.nec.go.kr).

중앙선거관리위원회. (2014). 제6회 전국동시지방선거총람.

중앙선거관리위원회. (2018). 제7회 전국동시지방선거총람.

03 분권형 국가운영체제를 위한 교육선거의 개선 방안[1]

제1절 서론 : 문제제기

대한민국은 2010년 6.2지방선거를 통해 시민에게 교육참정권을 부여해야 한다는 이유와 정치적 중립성을 유지해야 한다는 논리로 정당관여를 배제한 가운데 교육감, 교육의원 모두 주민직선으로 선출하였다.[2] 1991년 지방자치가 부활되어 지방의회를 재구성하고 1995년 자치단체장을 주민직선으로 하는 본격적인 자치시대에 돌입하였음에도 불구하고, 교육분야에서는 여전히 교육의 전문성과 독립성에 중점을 두어 정치적 중립성을 강조하다보니 일반행정과 분리된 상황에서 교육감과 교육위원에 대한 선거는 교육의 수요자, 주민으로부터 직접 선택받는 것에서 비켜 있었다. 즉, 지방(교육)자치가 부활한 1991년 이전에는 임명제, 1991년에는 교육위원회 간선제로, 1997년에는 선거인단에 의한 간선제로의 교육감 시기를 거쳐 2008년부터 교육감을 주민직선으로 선출하게 되었다. 교육의원 선거 역시 문교부장관의 임명제, 지방의회에서의 이중간선제, 학교운영위원회와 교원선거인의 선거인단에 의한 간선제를 거쳐 2010년 주민직선의 교육의원을 보게 되었다. 이제 시민들이 자신의 자녀들에 대하여 교육시킬 내용에 대한 자유와 교육세를 부담하는 것에 대한 교육선택의 권리가 있음을 강조한 선거로 진전되었

---

1 최진혁(충남대학교 교수) · 김찬동(서울시정개발연구원 연구위원)

2 정당관여를 허용한 자치단체장(시장, 도지사, 시장 · 군수 · 구청장), 지방의회의원 역시 주민직선으로 하여 1인 8표제의 통합선거를 전국적으로 시행하였다. 광역자치단체장, 기초자치단체장, 광역의원, 광역비례대표, 기초의원, 기초비례대표, 교육감, 교육의원이 그것이다.

던 것이다. 그런데 현재까지 교육감선거는 광역자치단체 수준(광역시도)에서만 교육감만을 선거한 것이고, 기초자치단체 수준(시군구)의 교육장에 대한 선거는 실시되지 않았다는 사실이다. 이는 광역시도의 교육감이 교육장을 임명하도록 되어 있는 교육행정구도로서 기초지방자치단체(지방정부)에 대한 교육자치는 실시되고 있지 않은 것이다.

이와 같이 교육감선거는 지방자치의 일환으로 그 영역이 확대되면서 실시되었다. 지방자치가 지난 1991년 이후 실시되면서, 여전히 중앙집권적인 교육행정에 대한 문제점을 제기하면서, 교육분야도 지방자치를 해야 한다는 논의를 전개하였다. 그런데, 이러한 교육계의 주장에는 상당히 교육재원의 추가적인 확보를 위해서는 지방자치단체의 지원을 확보하여야 한다는 절대적 필요성이 내재해 있다고 보여 진다. 그래서 지방자치단체의 지방세원을 교육계에 끌어 들이기 위해서는 교육위원회를 지방의회와 조직통합을 하여야 한다는 제도이슈(issue of institution)가 제기되었고, 이 이슈에 대응하기 위하여 국회에서 고안한 제도설계가 바로 교육위원회를 지방의회에 통합하는 것으로 나타났던 것이다.[3] 그런데 교육감 선거는 교육의원선거가 2014년에는 폐지되도록 되어 있다는 점에서 과연 4년 후에 교육감선거만을 지속할 것인가 아니면, 행정학계에서 제기되고 있는 주장처럼 자치단체장선거와 통합하게 할 것인가의 문제가 남아있다. 교육감 선거에 대한 이러한 제도상의 문제제기와는 별도로 사회통합이란 관점에서 보면, 교육감선거는 지방자치의 영역을 분할한 측면이 있다. 즉, 지방자치를 실시함에 있어서 단체장에 대한 선거와 교육감에 대한 선거를 병렬적으로 실시함으로써 지방정부의 차원에서 보면, 선거실시를 2원화함으로써 선거비용이 추가로 들게 되어 효율성을 저해한다는 문제제기를 할 수 있다. 또한 국가백년대계로서 교육정책이 일관성을 가지고 전문성을 유지해야 함에도 교육선거는 계층간, 세대간 갈등을 유발할 수 있는 이념적 논쟁으로 사회분열을 야기하는 면도 제기되었다. 그리고 선거제도가 민심을 반영하는 것이라고 할 때, 개별화된 민심을 개인단위로 반영하게 할 것인가 아니면, 특정 정

3 그동안 교육행정과 지방행정을 연계하자는 논의의 배경에는 대체로 세 가지 부류로 조사되고 있는데, 즉, 양자간의 연계확대를 통해서 첫째, 지방자치단체의 교육투자를 이끌어내려는 집단으로 교육계 인사와 지역주민이 해당하고, 둘째, 교육의 권한을 확보하여 정치적으로 이용하고자 하는 집단으로 지방행정관계자들이 해당하며, 교육재정에서 책임을 벗어나려는 집단으로 중앙정부의 예산부처관계자들이 해당한다는 것이다. 그 중 첫 번째 동기만이 표면화되어 나타나고 두, 세 번째 동기들은 드러나지 않는 것이 일반적이라고 한다(송기창, 2003 : 12-17).

당이나 정치적 계파단위로 선택받게 할 것인가를 생각하면, 분명히 교육선거에서는 특정정당단위보다는 개인단위로 개별화된 민심을 반영하여야하는 것으로 볼 수 있다. 또 하나의 논의는 교육의 정치중립성이란 헌법적 가치가 과연 이처럼 선거에서 정당이 참여하지 않는 것(정당배제)만이 유일한 방법인가라는 점에 대해서는 논의가 다양할 수 있다는 것이다. 즉, 정치적 중립성의 확보는 다양한 방법이 존재한다는 점이다. 이외에도 교육감, 교육의원선거는 '로또'선거, 유권자의 무관심을 부추긴 선거 등으로 비판적 시각이 많았고, 이번 6.2 지방선거를 통하여 교육자치에 대하여 다양한 논의들이 전개되었다. 따라서 본 연구에서는 분권형 국가운영체제를 위해 교육자치의 적정단위는 과연 어떠해야 하는가의 문제와 여기서 행정의 역할은 무엇이어야 하는가에 대한 논의를 통하여, 현재의 교육자치를 위한 개혁의 연장선상에서, 교육선거(교육감, 교육의원)제도의 문제점과 과제를 고찰하고자 한다.

제2절 교육선거제도(교육감, 교육의원)에 관련한 이론적 논의

1. 교육자치와 교육행정의 개념

교육자치와 교육행정은 명확히 구분되는 개념이다. 교육자치는 학부모들의 참여를 통하여 교육이 이루어지고, 일정한 지역 내의 교육행정사무를 지역주민들의 참여와 부담(세금)을 통하여 학교교육이 이루어져야(경영관리) 한다는 개념이다.[4] 반면 교육행정은 교육에 대한 전문성을 가진 관료들이 수행하는 관리적 개념이다. 일반적으로 관리에 있어 관리의 전문가라고 하면 효율적인 관리를 할 수 있다고 본다. 관리자는 봉사자이고, 관리자의 주인은 주민들이 선출하여 뽑은 대표자들인 것이다. 특별히 관료제의 책임자를 선거로 뽑을 때는 의회나 위원회가 관리의 규모가 비대해져서 의원이나 위원회

4 지방교육자치제는 지방분권사상과 주민통제라는 자유주의 이념에 근거하여 일정한 구역을 기초로(주민이 선출한 또는 주민대표〈교사, 학부모〉가 선출한) 교육자치기구를 두어 주민의 부담과 책임 하에 그 지방교육사업을 지방교육의 자주성과 정치적 중립성 및 전문성 및 전문적 관리를 통해 실현해 나가는 과정으로 이해할 수 있다(최진혁, 2005 : 529).

의 위원들이 관리를 효율적으로 하기 어려울 때, 지배인(manager)에서 시장(mayor)으로 하여금 관리책임을 부여하는 의미가 있다.

이러한 맥락에서 자치의 개념으로 보면 단체장은 관리책임을 맡긴다는 의미가 강하다. 이 때 지방자치는 자치의 규모와 관련이 깊은데, 자치의 규모가 작을 때는 대표자로서의 의원들이 직접 관리를 하는 경우가 강하고, 필요하다면 관료제의 책임을 맡도록 하기 위하여 지배인을 두는 것이다. 따라서 지배인은 행정과 의사결정에 필요한 정보를 수집 · 정리하여 현명한 결정을 내릴 수 있도록 대표자로 구성된 의회, 혹은 위원회에 보고하는 직무를 맡게 되는 것이다. 그런데 자치의 규모가 커져서, 자치라기보다는 관리의 성격이 강해져 가면, 정치적인 성격을 띠는 정부의 대표가 선거로 선출되게 되고, 주지사 혹은 단체장이 교육분야의 행정관리를 위하여 임명하는 경우가 보다 효율적인 거버넌스 구조가 될 것으로 보고 있다. 물론 선거를 통하여 교육위원이나 교육감을 선출하는 경우도 있을 수 있으나, 이는 자치제도의 본질에 관련된 것이라고 하기 어렵다. 왜냐하면 자치제도의 본질은 교육행정의 관리자를 선거제도로 뽑는 것에 있지 않고, 주민이 교육의 정책결정과 세원부담에 참여하도록 하고, 이의 대표자들이 선거를 통하여 통제를 받는다고 하는 것에 있기 때문이다. 자치의 본질은 개념만의 문제가 아니라, 자치의 적정단위와 자치의 규모, 자치의 계층과 관련하여 생각해야 할 문제라고 할 수 있는 이유는 바로 여기에 있다.

이와 더불어 교육자치의 개념에서 정치적 중립성이 가장 중요한 관건이다. 정치적 중립성을 확보하기 위하여 일반행정에서 분리하여 교육계의 자치를 할 수 있도록 하는 것이 교육자치라고 하기도 한다. 이는 교육의 전문성을 인정하고, 각 분야별로 그 분야의 전문가들이 자신들의 관리와 행정을 수행하도록 하는 것이 자치의 정신이라고 보는 것이다. 이러한 전제에는 일반행정은 정치적으로 중립성을 지킬 수 없다는 가치인식이 깔려 있다. 그러나 엄밀하게 생각하면, 일반행정은 정치적으로 중립적으로 운영된다. 단지 단체장의 선거과정에서 정당이 추천한 후보가 정당의 이름으로 출마한다는 점에서 정치적 중립성이 없다고 할 수 있을지 모르나, 일반행정을 담당하는 공무원들은 정치적으로 중립적이다. 따라서 단체장이 정치적 중립성을 가지지 않은 사람이라도 교육공무원들의 정치적 중립성은 보장할 수 있는 것이다. 요컨대, 정치적 중립성의 확보라는 문제가 굳이 조직단체장의 선거제도만으로 실현되는 것은 아니라는 것이다. 또한 교육자치는 교육분권과 관련하여 생각하여야 한다. 즉, 교육자치가 먼저인가 교육분권이 먼저인가의 문제이다. 자치란 기본적으로 분권이 되어야 가능한 것이지, 분권(devolution) 없는 자치는 분리(separation)가 될 뿐이라는 사실이다. 한국의 교육자치의 역사에서 보면, 지방자치가 실시되지 않은 상태에서도 교육분야의 교육위원을 문교부장관이 임명하는 것으로 일반행정과의 분리를 유지하였다. 그러나 1991년 지방자치가 실시되면서는 '지방교육자치에 관한 법률'이 제정되어, 교육위원회가 합의제 심의의결기구로 되었고, 교육위원회는 지방의회에서 이중간선방식으로, 교육감은 교육위원회에서 무기명투표로 선출되었다. 이후 1997년의 법개정을 통해 학교운영위원회 선거인과 교원선거인에 의하여 교육위원과 교육감을 선출하도록 하는 교육자치를 실시하였다. 2010년도의 교육감과 교육위원선거는 주민들의 직선에 의하여 선출되어서 대표성이 강화되었다. 결과적으로 교육자치의 논의들은 주로 일반행정에서 분리되면서 대표성을 강화하는 방향으로 이루어진 것으로, 교육분권에 대한 논의들은 주된 논의에서 상당히 빠져 있는 것을 알 수 있다. 다시 말해, 교육자치라고 하면, 교육분야의 의사결정과 집행을 주민들의 직접선거를 통하여 대표성을 확보함과 동시에 교육정책결정에 주민의사의 우월성을 인정해 주겠다는 것으로 이해된다. 그러나 교육분권 없는 교육자치는 중앙정부와의 갈등을 증폭시킬 가능성이 있다. 왜냐하면, 대표성을 갖춘 지방정부의 교육위원이나 교육감은 중앙정부가 가진 권한-예산-사무들에 대하여 강한 요구를 하게 될 것이고, 이에 따라 중앙정부와 지방정부의 갈등은 심화될 가능성이 크다고 볼 수 있기 때문이다.

또 한편 지방교육자치는 지방자치와 교육자치가 통합한 것이라고 볼 수 있다(신현직, 1990). 이는 지역적 자치와 영역적 자치가 복합된 개념이라고 할 수 있다. 일반행정자치는 지방분권(단체자치)과 주민참여(주민자치)를 복합한 개념이다. 다시 말해 지방분권 없는 주민자치는 진정한 지방자치라고 하기 어렵다. 요컨대, 지방자치는 지방분권을 전제로 하여 논하여 지는 개념이다. 또 한편으로 지방교육자치는 교육의 특수성에 따른 '전문자치'라고 볼 수 있다(고전, 2003). 전문자치는 분권의 개념이 강한 개념이다. 분권이 없는 전문자치는 비효율적이다. 다시 말해, 분권이 이루어지지 않고 교육계내의 선거를 통한 주민자치는 형식적이고 허례적일 뿐이다. 한마디로 '지방교육행정자치'가 될 뿐이다. 즉, 이것은 교육행정관련자들의 권한을 정당화시켜주기 위한 자치이지, 지역주민들의 교육적 필요와 수요에 반응성(responsiveness)을 확보하기 위한 지방교육자치가 아닌 것이다. 지방 교육행정 자치에 주민자치의 개념을 도입한다면, 주민들은 교육행정관련자들을 위한 정당성확보를 해주는 들러리로 전락하게 될 위험성이 있는 것이다. 따라서 진정한 지방교육자치는 지방분권이 이루어져야 하고, 학교교육을 담당하는 학교교육의 자치에 기반을 둔 학교구(school district)의 자치가 이루어져야 하는 것이다.

교육자치의 개념에 관하여 행정학자들과 교육학자들의 의견이 대립되어 왔다(고전, 2003 ; 최진혁, 2005 : 530). 교육학자들은 교육의 특수성을 강조하면서, 교육의 자주성, 전문성, 중립성에 대한 보장책으로서 교육자치를 강조하였던 반면 행정학자들은 교육행정도 일반행정의 일환으로서 효율성을 위하여 통합하여 운영하는 것을 교육자치의 방향이라고 본다. 또한 지방자치의 종합적인 관리가 가능하다고 보면서, 선거제도운영에 있어 비용의 절감을 위해서 일반행정자치를 통하여 교육행정관리도 대표성확보가 가능하다고 보고 있다.

2. 지방분권과 교육분권의 개념과 조건

오늘날 대부분의 국가에서는 국가(중앙정부)와 지방자치단체간에 정책결정권한을 두고 중앙정부와 지방정부가 분담하여 처리하고 있다. 중앙집권은 국가공동체 내의 결정권한과 업무가 중앙정부에 비교적 많이 집중되어 있고 지방정부의 그것은 없거나 미약한 상황에서 국가의 하부행정기관으로의 모습을 띤 조직형태를 의미하며, 지방분권은 결정권한과 업무가 지방자치단체에게 이전되어 있는 국가조직형태라고 할 수 있다(최진혁, 2005 : 525).

따라서 교육분권도 같은 맥락에서 교육행정권한을 중앙정부, 지방자치단체, 학교라는 중층구조 속에서 중앙정부에서 지방자치단체(교육청)에 결정권과 업무가 이전되어 있는 조직형태를 의미는 것으로 볼 수 있다. 그런데 이러한 교육분권이 최적으로 가동하기 위해서는 일정한 조건이 필요한데 일반적으로 우리나라와 같은 단체자치 국가의 경우 다음을 들고 있다. 즉, 지방교육사무의 존재, 중앙권력으로부터의 독립적 지방기관(지방자치단체), 주민에 의해 선출된 기관에 의한 자유로운 행정(관리)보장(분권화된 행정구현), 독자적인 재원 및 재정운용의 자주성 확보, 교육행정에 대한 주민참여 · 통제의 확보가 그것이다(최진혁, 2005 : 526-527).

3. 사회통합과 지방분권

사회통합(social cohesion)은 다양한 특성을 가진 구성원들이 공동체에 대한 소속감을 갖고 공동의 비전을 공유하며 긍정적인 관계를 유지하는 국민적 결집력을 지칭하는 개념으로 사용하고 있다(사회통합위원회, 2011). 이는 공생적 사회질서의 전제조건이며 국가와 사회의 지속적 발전을 위한 동력으로 간주되고 있다. 그런데 우리사회는 지방자치, 교육자치의 길을 걸으며 사회구성원간, 지역간, 세대간의 갈등을 더욱 부채질하고 있으며 그로 인한 사회비용을 과다하게 지불하고 있다. 따라서 교육자치가 사회통합을 이루어내는 기제로서 교육가족의 분열과 갈등 위험을 동반자의 위치에서 함께 만들어 가는 교육자치로 거듭나기 위한 교육선거로 만들어 나아가야 함은 오늘날 시대적 과제로 부상하고 있다. 이러한 배경에서 우리가 추구하는 분권형 국가운영체제는 사회통합을 목표가치로 하여 수행되어져야 하는 개념으로 받아들여져야 한다.[5]

4. 교육선거(교육감, 교육의원)제도의 역사적 변천

우리나라의 교육자치제도는 교육감의 선출방식의 변화 속에서 이루어졌다. 즉, 임명제, 간선제, 직선제의 변화를 가져왔다(표-1 참조).

5 지방분권의 개념을 사회통합을 목표가치로 두어야 한다는 논의는 지방분권과 사회통합의 관계가 긴밀하다는 입장에서 제기하는 관계긴밀설적 논의로 볼 수 있다. 그러나 지방분권은 지방자치단체의 자율성을 반영하는 개념이므로 다양한 집단의 다양한 이해관계 속에 사회갈등을 유발할 수 있는, 다시 말해 사회통합을 저해할 수 있는 개념으로도 볼 수 있다(관계부정설). 본 연구에서는 관계긴밀설적 논의와 시각에 기초를 두고 접근하였음을 밝혀둔다(최진혁, 2011 : 44-45).

1) 1952.4-1961.12; 임명교육감 시기

교육감은 특별시, 시에 두었고, 교육위원회의 추천(시의 경우 도지사 경유)과 문교부장관의 제청으로 대통령이 임명하였다(근거 : 1949년 교육법). 특별지방자치단체인 군교육구에 독임제 집행기관으로서 교육감[6]을 두었다. 당시 임명제 교육감은 일부 교육감이 역량 부족으로 교육행정을 원할히 수행하는데 한계를 드러내어 교육자치 폐지론의 빌미를 제공하는 이유가 되기도 하였다.

2) 1961.5-1963.12; 교육감 폐지시기

5.16 군사혁명으로 특별지방자치단체였던 군교육구가 폐지되고 그 기능이 군에 통합되었다. 그리고 시교육위원회도 폐지되어 그 기능이 시에 통합되었다. 따라서 교육감이 담당하던 업무는 교육국장, 교육과장이 담당하게 되었다.[7]

3) 1964.1-1991.2; 교육위원회 추천으로 문교부장관의 제청으로 대통령이 임명하던 시기(임명교육감 시기)

제3공화국 정부가 교육자치의 중요성을 인지하여 그 실행을 담보로 1963년 11월 교육법이 개정됨에 따라 지방자치단체의 교육 · 학예에 관한 사무의 집행기관으로서 시 · 도에는 합의제 집행기관인 교육위원회가, 시 · 군에는 독임제 집행기관인 교육장이 각각 구성되었다. 그리고 서울특별시와 부산시에는 교육위원회의 하급집행기관(교육청)을 둘 수 있도록 하였다(구교육법 제15조). 교육감은 '학식과 덕망이 높고 교육 또는 교육행정경력이 있는 자' 중에서 당해 교육위원회의 추천에 의하여 문교부장관의 제청으로 대통령이 임명하도록 하였다. 시 · 군의 독임제 집행기관으로서 교육장은 '교육공무원법'이 정하는 자격기준에 해당하는 자 중에서 교육감의 제청으로 문교부장관을 경유하여 대통령이 임명하도록 하였다.

---

6 현 교육장에 해당. 교육공무원법 개정법률(법률 956호, 1962.1.6) 제6조 교육감을 교육장으로 변경하여 그 자격기준을 밝히고 있다.

7 '도와 서울특별시의 행정기구에 관한 건'(각령 제233호, 1961.10.6) 제2조, 제3조는 도와 서울특별시에 교육국을 두어 교육, 교육공무원의 인사, 교육비, 특별회계의 관리와 집행, 교육과 문화시설의 관리, 과학, 기술, 체육, 출판, 저작권과 기타 문화학예에 관한 사무를 분장하도록 하였다.

4) 1991.3-1997.12; 교육위원회가 교황식선출방법(무등록, 무추천, 비공개)(간선)에 의한 교육감 선출시기

1988년 4월 전면개정된 '지방자치법'에 따라 교육부는 지방교육자치의 실시를 위한 법적 근거를 마련한다는 취지에서 교육법을 개정하였다. 이에 따라 교육 · 학예에 관한 제한적 의결기관인 교육위원회와 집행기관인 교육장을 두게 되었다. 그러나 기초단위 지역까지 교육자치제를 시행하는 것이 타당한가에 대하여 많은 비판이 있었고, 따라서 광역단위 교육자치만을 인정하는 '지방교육자치에 관한 법률'을 제정 · 공포하게 된다(1991.3.8). 교육감은 당해 교육위원회에서 무기명투표로 선출하되, 재적교육위원 과반수의 찬성을 얻어야 하며, 과반 득표자가 1인이면 최고득표자와 차점자에 대하여, 최고득표자가 2인 이상이면 최고득표자에 대하여 결선투표를 하여 다수득표자를 당선자로 하고 다수 득표자가 2인 이상인 경우에는 연장자를 당선자로 하였다. 그러나 교육감이 추천이나 출마의 과정 없이 당해 교육위원회에서 무기명투표로 선출하되 재적 교육위원 과반수의 찬성을 얻어야 한다는 무등록, 무추천, 비공개의 선출방식과 이에 따른 금권타락선거에 대한 비판이 세게 일었다. 한편 교육위원은 지방의회의원이 선출하였다. 정치적 배경을 가진 지방의회의원들이 교육위원을 선출하는 데 대한 비판이 제기되었고 보다 교육수요자의 요구를 반영할 수 있는 선출제도를 모색해야 할 필요성이 요청되었다.

5) 1998.1-2000.2; 학교운영위원회 선거인과 교원단체 선거인으로 구성되는 선거인단(간접선거)에 의한 교육감 선출시기

교육위원회가 선출하던 교육감을 각급 학교에 설치된 학교운영위원회에서 선출한 선거인과 교육단체에서 추천한 선거인으로 구성된 교육감선거인단에서 무기명투표로 선출하도록 하였는바 전체 교육감선거인 과반수의 찬성을 얻은 자를 당선자로 하였다. 과반투표자 없는 때에는 최고 득표자가 1인이면 최고 득표자와 차점자에 대하여, 최고득표자가 2인 이상이면 최고득표자에 대하여 결선투표를 하여 다수 득표자를 당선자로 하고, 다수 득표자가 2인 이상인 경우에는 연장자를 당선자로 하였다. 그러나 선거인 수가 지나치게 적다보니 금품수수 등이 상대적으로 용이하여 공정선거를 해치게 되었고, 선거운동의 제한으로 후보자를 검증할 기회가 적었다. 교육위원회의 선거관리능력의 한계를 나타냈다. 교원단체 선거인수가 학교운영위원회 선거인수 중 3/100으로 하여 교원들의 참여비중 매우 낮았다. 따라서 교육의 전문성 확보의 어려움, 학교운영위원회 대표들의 주민 대표성보다는 학교단위별 대표성이 부각되었다.

6) 2000.3-2006.12; 학교운영위원회 구성원 전원을 선거인단(간접선거)으로 하는 교육감 선출시기

종전의 학교별 각 1인의 학교운영위원회선거인 및 교원단체선거인을 선거인단으로 하였던 것을 교육위원, 교육감 선거인 증원을 위하여 학교운영위원회 구성원 전원을 선거인단으로 하였다. 학교운영위원회 구성의 일반적 비율은 학부모위원 40-50%, 교원위원 30-40%, 지역위원 10-30%로 하였다. 교원의 참여비율을 상향 조정하였다. 그러나 선거과정에서 학교운영위원 선출의 담합 · 불공정 사례 노출, 출신학교 편가르기에 의한 교단분열, 현직 교육감의 지위를 이용한 선거운동 등 위법행위 노출, 소수의 선거인단에 의한 주민대표성 논란에 대한 비판이 일었고,[8] 따라서 주민직선제로의 전환을 모색해야 한다는 의견이 대두되었다.

7) 2007.1-현재; 주민직선제에 의한 교육감, 교육의원 선출시기

교육감과 교육의원은 주민들이 보통, 평등, 직접, 비밀선거로 직접 선출하게 하였다. 일반행정과 교육행정의 의결기관을 통합하기 위하여 교육위원회를 지방의회의 상임위원회로 전환하였다. 그리고 교육의원들이 교육상임위원회의 과반수 이상을 차지하도록 하였다. 서울시의회 교육상임위원회의 경우 15인의 교육위원 중에서 교육의원이 8인, 시의원이 7인으로 구성하고, 교육의원과 교육감은 정치적 중립을 지키도

8 당시의 선거인단에 의한 간선제의 비판적 내용은 다음과 같다. -선거인단의 대표성 결여(주민대표성 미흡, 정당성 결여) : 학교운영위원회 위원이 교육감 선거인단을 구성하여 선출하게 됨으로 결국 교육감은 주민대표성에 상당한 취약한 것으로 드러남.-학교의 정치화, 교직사회 분열 : 학교운영위원회 위원들이 투표권을 행사하게 됨에 따라 학교가 정치화되고 이에 따라 교직사회는 분열하게 됨.-선거과열과 혼탁 : 금품살포, 이권약속, 결선투표시 후보자간 담합사례가 단골메뉴로 등장하여 선거가 과열, 혼탁양상을 보이게 됨.-선거방식의 비합리성 : 선거운동기간이 짧고 선거운동방식을 제한하고 있어 후보자를 검증할 기회부족, 현직 공무원의 출마가 가능함으로 선거운동 기간 동안 행정업무의 공백을 초래, 선거운동의 공정성에 시비가 제기됨.

록 하였다.[9]

<표 3-1> 교육감 자격요건 및 선출방법 변화

구분	자격요건	선출방법
1949-1961	교육 · 교육행정경력 7년 이상인자	교육위원회의 추천과 도지사 · 문교부장관을 경유하여 대통령이 임명
1961.5-1963.12		교육감 폐지시기
1962-1990	교육 · 교육행정경력(88년에는 교육 · 교육전문직경력 20년 이상)이 있는 자	교육위원회의 추천과 문교부장관의 제청으로 대통령이 임명
1991-1994	학식덕망, 비정당원, 교육경력 또는 교육전문직원경력 20년 이상인자	교육위원회에서 선출
1995-1996	학식덕망, 비정당원, 교육경력 또는 교육공무원으로서의 교육행정경력 15년 이상인자	교육위원회에서 선출
1997-1999	학식덕망, 비정당원, 교육경력 또는 교육공무원으로서의 교육행정경력 5년 이상인자	교원단체 선거인(학교운영위원회 선거인 총수의 3%)과 학교운영위원회 선거인(학교당 1인, 학부모위원 또는 지역위원)으로 구성된 선거인단에서 선출
2000-2006.12.19	학식과 덕망이 높고, 과거 2년간 비정당원이며, 교육경력 또는 교육공무원으로서의 교육행정경력이 5년 이상인자	초 · 중 · 고 학교운영위원회 위원 전원으로 구성된 선거인단에서 선출 과반수 득표해야 당선, 과반수 득표 안되면 1, 2위 후보간 결선투표함
2006.12.20-현재	후보자등록신청개시일을 기준으로 교육경력 또는 교육공무원으로서의 교육행정경력이 5년 이상 있거나 양 경력을 합하여 5년 이상 있는 자(시 · 도지사의 피선거권이 있는 자로서 후보자등록신청개시일부터 과거 2년 동안 정당의 당원이 아닌 자)	주민의 보통 · 평등 · 직접 · 비밀선거에 따라 선출(주민직선제)

출처 : http//www.agendanet.co.kr(교육감 자격요건과 선출방법 변화 연혁)에서 재정리

5. 논의의 틀(기본시각) : 교육자치의 적정단위와 행정역할

1) 교육자치의 적정단위

교육자치의 개념도 전문자치냐 지방자치냐에 따라서 교육의 독립성을 지방차원에서 확보할 수 있는 것이냐가 논점이 되었다. 마찬가지로 교육자치는 행정계층을 어느 수

9 정당추천 안받는 교육감 후보들은 기호가 없어 투표용지 게재순위를 결정하는 추첨에 온갖 신경을 쓸 수밖에 없다. 지역별로 정당이나 후보에 대한 선호도가 분명할 경우 교육감 후보들도 순서에 따라 '어부지리(漁父之利)'할 수 있는 가능성이 커졌다. 따라서 '로또'당첨으로 간주되었다.

준에서 하는가에 따라서도 논란이 될 수 있다. 교육자치를 가장 기초적인 수준에서 할 것인가 아니면, 광역적인 수준에서 할 것인가가 논점이다. 한국의 지방자치에서는 기초정부의 수준도 인구가 서울시와 같은 대도시의 경우에는 40만이상이나 되기에 기초정부의 교육자치도 주민과 대표자와의 거리가 심각하게 멀다고 할 수 있다. 즉, 자치가 제대로 이루어지기 힘든 규모이다. 통상적으로 미국의 경우 자치의 적정단위로서 5천에서 2만명 정도의 규모라고 할 때, 인구 40만의 자치구나 인구 1,000만의 서울시의 경우는 자치라기보다는 이미 정치의 단위화된 것이다. 정치는 당연히 정당이 개입하여 정책에 따라서 시민들의 선택을 유도하기 위한 활동을 하게 되므로 정치적 중립성을 확보하기 어렵다. 그러나 교육은 근린생활서비스에 해당하고, 이에 대한 자치는 규모가 작아야 제대로 작동이 가능할 것이며, 주민들의 교육적 수요에 대하여 반응성 있게 대응할 수 있을 것이다.

요컨대, 교육자치의 적정단위는 일반행정자치의 단위와 비교해서 볼 때 다르게 접근해야 한다. 일반행정자치의 경우에는 정당의 공천에 의하여 의원이나 단체장이 선출되므로, 정치적 중립성을 요구하지 않는다. 인구의 규모가 크면, 정당에 의하여 시민들의 선택을 수렴하여 주고, 정당의 정책선택에 따라서 시민들의 선호를 획득하고자 하는 것이라고 하면, 정치적인 선택을 하여야 하는 것이기 때문이다. 그러나 공간 및 인구규모가 큼에도 불구하고, 정치적 중립성을 요구하는 것은 입후보자에게서나 유권자에게나 매우 힘든 무리한 요구를 하는 것이나 다름없다. 즉, 정치적 중립성은 생활자치나 근린자치에서 요구되는 덕목(virtue)인데, 이것을 광역행정이나 대도시행정에서 요구하는 것은 상당히 무리가 따르는 것이다. 광역행정이나 대도시행정에서는 오히려 정치적 선호를 명확히 하여, 정책방향에 대한 입장을 명확히 밝히는 것이 시민에게나, 후보자에게나 정확한 정보를 제공하게 될 것이다. 또한 교육자치의 적정단위를 생각할 때, 일반행정자치와의 일관성도 고려하지 않을 수 없다. 즉 일반행정자치에서는 광역과 기초에서 선거를 통하여 단체장을 선출하는데, 교육자치에서는 광역만을 선거로 선출하는 것은 '자치의 일관성'을 확보하기 어렵다는 점이다. 4년 후에는 교육위원에 대한 선거가 폐지되기로 되어 있으므로, 교육감에 대한 선거를 어떻게 하여야 '자치의 일관성'을 확보할 수 있는가도 고려하여야 한다. 현재의 경우도 기초지방정부에 대한 교육자치제는 시행되지 않고 있다. 4년 후에 교육감에 대한 선거를 폐지한다면, 교육자치가 사라지게 될 것인데, 교육자치의 개념에 부합하도록 광역정부의 교육자치대신에 기초정부의 교육자치를 부활하는 것이 보다 생활자치로서의 교육자치에 부합하지 않는가라는 발상을 하게 된다. 즉, 이것이 교육자치의 적정단위가 아닌가 하는 점이다.[10]여기에서는 일반행정자치와 교육자치의 일관성 검토에 따른 유형화 작업을 다음과 같이 논의해 볼 수 있을 것이다.

(1) I 유형 : 교육집권

상기의 인식을 바탕으로 우리나라의 일반행정자치와 교육자치에 대한 일관성을 살펴보고자 한다. I 유형은 일반행정은 자치가 실시되었지만, 교육행정에서는 여전히 중앙-광역-기초가 통합되어 운영되는 비자치실시형태이다. 단 교육행정의 전문성을 위하여 일반행정과 교육행정은 분리되어 있다(그림 3-1 참조). 따라서 이 유형의 장점으로는 교육행정에 있어 국가와 지방자치단체간에 긴밀한 협조관계를 도모할 수 있어 교육행정의 통일성 · 일관성 확보가 용이하다는 점이다. 또한 국가(중앙정부) 주도의 강력한 교육행정을 추진할 수 있으며 주민이나 정당의 환심을 살 필요가 없으므로 교육행정의 합리성 확보에 용이할 수 있다는 것이다. 그리고 유능한 전문가를 교육감(교육의 수장)으로 임명할 수 있어 지방교육행정의 질과 능률을 제고할 수 있다고 할 수 있다. 그러나 교육감은 중앙정부의 지휘 · 통제를 받게 되어 있어 교육수요자의 기대와 요구에 대한 충실한 반영보다 중앙정부의 지시에 급급할 우려가 있고, 지방교육행정이 관료주의화될 우려가 크다는 단점을 지닌다. 또한 일반행정과 교육행정이 분리되어 있음으로 인해 교육의 자주성(독립성), 전문성, 정치적 중립성은 제고될 수 있는 장점이 있으나, 교육행정이 일반행정에서 분리되어 있기 때문에 일반행정으로부터 교육에 대한 행 · 재정적 지원을 받지 못하고, 또 한편으로는 교육조직을 별도로 운영함에 따라 발생하는 행 · 재정상의 혼

---

10 이는 미국의 교육자치의 사례를 보면, 주로 지역 학교구(local school district)의 자치가 교육자치의 본질이지, 주교육감(state superintendent of education)이나 주교육위원(state board of education)에 대한 대표성확보가 교육자치의 본질은 아닌 것이다. 또 중간단위 교육행정기구(intermediate units)의 교육위원은 지역교육위원회(local school district) 대표자에 의하여 선출되거나, 교육감도 교육위원회에 의하여 임명되는 경우가 있다(고전, 2003:145). 미국의 경우, 교육자치의 핵심은 지역학교구(school district)에 있다고 할 수 있다. 지역학교구는 주법에 의하여 권한이 부여된 자치단체(corporation)로서 부여된 권한 범위 내에서 고도의 재량권을 가지고 있다(고전, 2003:146).

란과 낭비로 인해 교육행정의 비능률성을 드러낼 수밖에 없는 단점을 지닌다.

<그림 3-1> 유형 I : 교육집권

<table>
<tr><td></td><td>일반행정</td><td>교육행정</td></tr>
<tr><td>중앙</td><td></td><td rowspan="3"></td></tr>
<tr><td>광역</td><td></td></tr>
<tr><td>기초</td><td></td></tr>
</table>

(2) II 유형 : 광역교육선거실시(광역단위 교육자치)

II 유형은 일반행정은 자치가 실시되고 있고, 교육행정은 광역단위에서만 운영되는 교육자치형태로서 2008년 이후의 광역교육에 대한 선거실시를 한 상황이다. 교육행정의 기초는 광역교육의 수장의 임명으로 선출되어 진다. 여기서는 전문자치가 강조되어 일반행정과 교육행정은 분리되어 있다(그림 3-2 참조). 이 유형은 광역단위 교육수장(교육감)을 주민직선에 의하여 선출함으로써 교육수요자와 함께 주민통제가 가능하게 되었다는 사실이고, 주민의 신임에 기초하여 교육행정을 수행하기 때문에 민의를 지방교육행정에 반영하기가 용이하다는 장점을 가진다. 그러나 교육감은 연임하기 위해서 인기에 영합하는 교육행정을 수행할 가능성이 높으며, 반드시 행정능력을 갖춘 유능한 인사가 교육수장으로 선출되는 것은 아니므로 효율적인 교육행정을 기대하기 어려운 측면의 단점이 있다. 그리고 기초단위에서는 여전히 집권방식으로 교육행정이 운영되기 때문에 수요자중심의 교육행정을 수행하는데 한계가 있다.

<그림 3-2> 유형 II : 광역교육선거실시

<table>
<tr><td></td><td>일반행정</td><td>교육행정</td></tr>
<tr><td>중앙</td><td></td><td></td></tr>
<tr><td>광역</td><td></td><td rowspan="2"></td></tr>
<tr><td>기초</td><td></td></tr>
</table>

(3) III 유형 : 분권형 교육자치

III-가 유형은 중앙정부로부터 광역정부와 기초정부가 각각 분권화되어 있으며, 기초정부에서는 교육행정에서도 전문자치와 선거를 실시하고 있지만, Ⅲ-나 형태에서는 광역정부수준에서 일반행정과 통합되어 행정관리의 효율성을 강조한 형태이다. Ⅲ-다 형태는 기초와 광역수준에서 일반행정과 통합하면서, 중앙정부로부터의 교육분권을 강화하는 것이다. 중앙정부수준에서는 일반행정(행정안전부)과 교육행정(교육과학기술부)이 독립되어 운영되지만, 지방행정수준에서는 '지방자치'로서 '통합'하여 운영함으로써 지방분권을 강화하는 형태이다(그림 3-3 참조). 이 유형은 일반행정과 교육행정이 분리되어 자치를 수행하는 형태로 볼때는 교육의 전문성과 중립성을 높이고, 교육의 질적 향상을 도모할 수 있고, 특히 교육위원을 주민직선에 의하여 선출하는 경우 교육의 주민의사를 충분히 반영할 수 있는 장점을 갖는다. 그러나 교육선거가 정치적 중립을 지키지 못하는 상황에서는 교육이 정치가의 논리에 휘둘려 훼손될 우려가 있다. 그리고 일반행정에 통합하는 형태는 일반행정과 교육행정의 연계성이 높아 행정의 효율성 증대할 수 있으며, 주민에 대한 대표성 증대와 주민통제의 용이함의 장점이 있으나, 교육이 정치가의 논리에 휘둘릴 가능성이 있으며, 주민선출에 따른 교육행정의 전문성 훼손우려가 제기되고, 교육행정의 수장이 일반행정의 수장 아래 놓여 교육행정이 일반행정에 종속될 우려가 있다.

<그림 3-3> 유형 Ⅲ : 분권형 교육자치

Ⅲ-가 광역, 기초선거실시

	일반행정	교육행정
중앙		
광역		
기초		

Ⅲ-나 기초선거실시, 광역은 일반행정통합

<table>
<tr><th></th><th>일반행정</th><th>교육행정</th></tr>
<tr><td>중앙</td><td></td><td></td></tr>
<tr><td>광역</td><td colspan="2"></td></tr>
<tr><td>기초</td><td></td><td></td></tr>
</table>

Ⅲ-다 기초, 광역 일반행정통합, 분권강화

	일반행정	교육행정
중앙		
광역		
기초		

요컨대, 교육자치의 적정단위에서는 일반행정과 교육행정의 자치실시에서의 일관성 여부, 전문자치와 일반자치의 중점부분을 판단해야 할 것이다. 본 연구는 일반행정과 교육행정의 자치실시에서의 일관성을 맞추어 본 것이고, 전문자치보다는 지방자치에 강조점이 있는 것이다. 또 지방자치를 위해서는 중앙정부로부터의 지방분권이 선행되어야 함을 강조한 것이다. 지방분권 없이 지방자치만 실시하게 되면, 교육위원회나 교육감의 교육정책이나 교육사업에 대한 역량이 제약되어 형식적인 교육자치로 그칠 가능성이 높기 때문이다. 더구나 교육자치의 강조점에 전문자치가 치중되어, 교육분권을 해야 하는 논의를 소홀히 할 경우, 진정한 교육자치는 더욱 어려워질 수밖에 없다는 사실이다.

2) 지원역할로서의 교육행정

교육자치에서 교육행정의 방식이 어떻게 진행되어야 하는 것도 중요한 논점이 된다. 그런 배경에서 교육행정은 학교자치의 지원역할(support role)에 그쳐야 한다. 교육행정이 학교자치나 지역학교구(school district)를 통제하고 규제하는 역할에서 벗어나야 하는 이유이다. 관료제가 심화되면, 시민중심의 행정보다는 상급자중심의 행정으로 흐를 위험성이 있다. 특히 상급자가 권한과 예산을 가지고 있는 경우에는 시민보다는 상급자중심으로 정책이나 사업, 행정이나 관리가 우선될 위험성이 높다. 요컨대, 관료제의 병폐현상인 것이다.

교육행정은 의무교육을 명분으로 지나치게 중앙집권화되어있고, 관료제화되어 있다. 교육과학기술부의 산하조직의 규모가 여타의 중앙정부부처와 비교가 되지 않을 정도로 방대하고, 예산규모도 국방부와 비길 정도로 가장 많은 비중을 차지하고 있다. 관료제가 비대한 곳에서는 자치가 이루어지기 어렵다. 관료제가 자치의 옷을 입고, 자치를 무력화시키기도 한다. 동주민자치위원회와 같은 조직을 보면, 실제로는 동장이 모든 권한을 가지고 있고, 주민자치위원회는 동장이 위촉한 것에 불과하다. 대표성이 전혀 없는 것이다. 한국의 지방행정체제에서 생활자치가 얼마나 어려운 것인가를 단적으로 나타내주는 사례이다. 시군구 계층에서 선거제도가 도입되어 있지만, 시군구 행정은 근린생활자치의 부재 속에서 지방자치를 하고 있는 것이다. 시군구의 하위 행정단위인 읍면동에서는 실제적인 자치는 존재하지 않는 것이다. 다시 말해 풀뿌리의 자치가 없이 단지 시군구, 광역시도 수준에서의 선거를 통한 지방의회구성이라고 하는 정치적인 자치만 있는 것이지, 근린생활자치의 기반이 부재한 상태에서 교육자치도 역시 학교자치나 학교구자치의 기반이 취약한 상태에서 광역정부수준에서 선거제도에 의한 자치만 존재한다. 이로 인해 선거의 쟁점은 주로 정치적인 이슈가 될 수밖에 없고 근린생활적인 이슈는 주목을 못받게 된다. 쉽게 선거의 이슈(issue)가 정치적인 쟁점인 것으로 초점이 맞추어진다. 선거의 규모가 크고, 유권자와의 거리가 멀수록 선거이슈는 정치화되고, 이념 혹은 이데올로기화되기 쉽다. 결국 선거의 수준과 규모란 것이 선거의 성격을 규율하게 되는 것이다. 즉, 규모가 크면, 이슈는 쉽게 정치화되기 쉽다. 그럼에도 불구하고, 정치적 중립을 지킬 것을 후보자들에게 요구하면, 왜곡현상이 일어나고, 왜곡을 의도적으로 한 경우가 선거에서 유리한 결과를 초래하게 될 가능성이 높다. 이는 교육자치제도의 정의에 어긋나는 것이다. 또한 관료제화가 강하게 되어 권력이 집중되고, 바로 이러한 관료제의 수장으로서 선거제도를 통하여 선출될 경우, 관료제의 계층이 높을수록 쉽게 정치적인 이슈가 선거의 주된 논점이 될 가능성이 높다. 관료제의 저층으로 갈수록 근린생활적인 이슈가 선거의 이슈가 될 것이다. 교육자치는 생활자치의 성격이 강하기에 풀뿌리의 근린생활적인 이슈가 논점이 되도록 해야 한다. 근린생활에서는 정치적인 이슈가 부각되지 않는다. 정당을 초월하여 자녀들의 교육문제를 해결하고, 지역적인 대면성(face to face)과 신뢰성을 가진 인물을 선출할 가능성이 높다. 교육행정 관료제의 상층부는 이러한 풀뿌리 교육자치가 제대로 교육구 혹은 학교교육의 자치를 실시할 수 있도록 돕는 역할을 하는데 그쳐야 한다. 교육행정이 권력기구화되어, 학교자치나 학교구자치를 통제하고, 감독하는 역할에서 벗어나야 한다. 진정한 교육자치는 이러한 교육행정의 역할전환에서부터 일어나야 한다.

3) 교육위원회와 지방의회의 관계와 위상

교육자치에서 교육위원회와 지방의회의 관계가 어떻게 되는가도 중요한 논점이다. 교육위원회와 지방의회가 분리되어 있는 A 유형과 교육위원회가 지방의회의 상임위원회의 하나로 있는 B 유형, 교육위원회가 지방의회 속에 포함되어 소멸된 C 유형으로 나눌 수 있다(그림 3-4 참조).

<그림 3-4> 지방의회와 교육위원회의 관계 유형

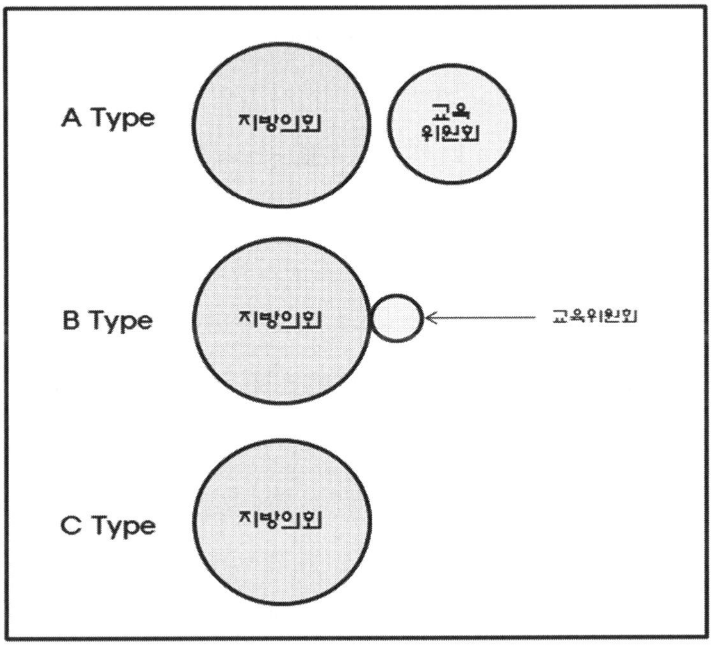

A 유형은 교육위원회의 위상을 독립적으로 보장한 경우이다. 미국의 학교구의 교육위원회(school board)가 이에 해당된다. 학교구 교육위원들은 주헌법과 법률의 규정에 따라서 주로부터 권한을 위임받은 주의 대리인이라고 한다(고전, 전게서). 이에 의하면, "학교구 교육위원회는 교육문제에 대한 지역주민의 의사를 대변하고, 지역학교구의 교육장을 임명하고, 재정을 배분하는 등 지역학교구내의 중요한 정책결정을 담당한다"라고 하고 있다. "교육세를 통하여 교육에 필요한 자금을 조달하고, 지역내 학교인사에 대한 권한을 행사한다. 일부 주에서는 교육과정과 학생관련 정책의 상당부분을 학교구 교육

위원회에 위임하고 있다"라고 한다. "전체 위원의 약 5%만이 시장 등에 의하여 임명되고, 대부분은 주민투표로 선출된다"고 한다. 교육위원회는 학교교육에 대한 일반적인 사항을 규율하고, 학교구내의 고용인에 대한 채용권한, 교원노조와의 단체교섭책임, 교육세징수, 학생인권과 책무, 승급과 졸업요건, 과외활동 등의 현안처리, 주법의 범위 내에서 교육과정개발과 교과서 승인 등 광범위한 직무를 수행한다.

B 유형은 현재의 우리나라의 광역자치단체의 의회와 교육위원회와의 관계이다. 교육위원회는 지방의회의 상임위원회의 하나로 되어 있는 것이다. 이리하여 지방세가 교육재정으로 흘러 갈 수 있는 통로를 확보하였다는 의미가 있다. 교육위원회가 지방의회로부터 분리되어 있어 지방의회의 전심기관정도로 취급되는 위상을 높이는 의미가 있다고 한다. 이러한 형태는 일반자치와의 연계를 어떻게 강화할 것인가의 쟁점해결방안으로 제시된 것이다. 즉, 교육행정을 일반행정에서 완전분리 독립하기 보다는 자치단체간의 연계강화가 중요하다는 인식을 여야의 정치권에서 합의하였던 결과라고 보여진다. 교육에 대한 지방자치단체의 책임과 권한을 강화하는 맥락에서 이러한 형태가 조성되었다고 보여진다.

C 유형은 지방의회가 교육위원회를 포함하여 지방의회의 자문기관 혹은 지방의회가 임명한 합의제 집행기관으로서 교육위원회를 의미한다. 미국의 주정부 교육위원회(state board of education)의 위상이 바로 이러한 형태에 해당한다. 주의회가 임명하는 경우가 이에 해당한다. 즉 교육위원회는 주의회의 보조기관에 불과하다. 또 주정부 교육위원회는 주지사가 임명하기에 독립된 의결기관으로서의 교육위원회는 존재하지 않는 경우도 있다.

6. 외국사례 : 일반행정과 교육행정 간의 관계

여기서는 지방자치의 양대산맥으로 일컬을 수 있는 영미형과 대륙계의 교육자치내용을 대비해보려는 차원에서 미국과 프랑스의 내용을 제시해보고자 한다.

1) 미국

미국 워싱턴시는 시정부로부터 독립성을 가진 교육위원회(State Board of Education or DC Board of Education)를 설치하고 있는데 의회의 비준을 받아 시장이 임명하는 4명의 위원과 주민직선으로 선출하는 5명의 위원으로 구성된다. 주민직선인 5명의 위원들 중 1명은 시 전체(at large) 선거로 선출되는 교육위원회의 위원장이고, 나머지 4명은 각 학교구(School District)에서 1명씩 선출된다. 이 교육위원회는 워싱톤시의 교육과 관련된 모든 정책을 결정하고, 교육체제 전반의 운영을 책임지는 교육감(Superintendent of Public Instruction)을 임명한다. 요컨대, 워싱톤시 교육자치제도는 일반행정과는 독립된 교육행정기관(교육위원회)을 두고 여기에서 교육행정의 책임자를 임명하는 분리형 체제를 채택하고 있다. 즉, 6세 이상 18세 미만에 해당하는 아이들을 위한 초중등교육(primary and secondary education)을 교육위원원회와 교육감체제로서 운영하고 있다. 여기서 중요한 것은 교육위원회가 초중등교육의 운영을 책임질 교육감을 채용하고 해임할 수 있는 권한을 행사하고 있다는 점이다. 교육감은 전문경영인으로서 인사권, 예산권, 정책의 집행권을 총괄하여 수행하는 최고교육행정책임자로서 채용당시 교육위원회와 성과계약을 협상할 수 있고 그 계약내용을 시민들이 요청하는 경우 공개하여야 하는 것으로 되어 있다. 교육위원회는 예산의 작성, 교육시설의 운영, 공립학교에 대한 일반적 통제/감독 등에 관한 권한을 행사하고 있다. 18세 이상의 학생들을 위한 고등교육체제는 시장이 임명하는 8명의 투표권을 가진 6년 단임의 위원으로 하는 고등교육위원회에서 수행된다. 8명의 교육위원은 각 선거구에 거주하는 사람들로 구성되어야 하고, 고등교육기관의 동문회와 재학생 대표를 포함하도록 하고 있다. 그리고 워싱톤시시장, 시의회의장, 초중등교육위원회의 교육감이 투표권을 가지지 않은 명예위원으로 활동하고 있다(홍준현 · 하혜수 · 최진혁, 2007).

2) 프랑스

프랑스의 일반행정은 지역(région), 도(département)단위에서 국가의 대표자인 도지사(préfet)와 집행기관인 지방의회의장과 의결기관인 지역지방의회가 있어 3체제로 운영되고 있다. 수직적으로 볼 때 지역청, 도청, 군청, 시읍면청으로 계층화되고 있다. 교육행정은 교육부장관 아래 교육관리구역으로 교육구를 두어 각 지역에는 지역교육행정청이, 도에는 도교육감찰청이 교육행정을 수행하고 있다. 예를 들면 스트라스부르그의 교육기관구성형태는 대통령 임명자인 집행기관(장)(recteur)과 의결기관(교육위원회; conseil académique)이 통합된 모델을 보이고 있다. 교육위원회에서 집행기관장을 선출한 것은 아니지만 결국 집행기관장인 교육행정청장이 교육위원회의원으로 활동함으로써 통합형효과를 보게 된다. 요컨대, 국가와 지방간에 연계성이 강화된 교육행정기관형태라 볼 수 있다. 이는 지역교육행정청장과, 교육관계자와 지방의회의원이 구성원이 되는 교육위원회를 구성하고, 중앙정부가 임명한 교육집행기관장(recteur, inspecteur d'académie)을 두고 있는 모형이라 할 것이다. 교육계층으로 볼 때 스트라스부르그교육청이 알자스지역을 커버하는 광역단위 교육청으로서 교육행정청장(le recteur)을 두고, 그 하부에 도 단위에서 교육감찰청장(l'inspecteur d'académie)을 조직한 것으로 교육자치 2계층제인 교육체제이다(교육행정청장+교육감찰청장체제)(최진혁, 2008).

7. 이론적 논의의 틀

교육선거제도의 평가는 분권형 국가체제운영이라는 큰 틀에서 우리나라 교육자치의 적정방안에서 논의를 전개할 수 있을 것이다. 여기서는 교육자치의 적정성 내용을 기본으로 우리나라의 교육감, 교육의원선거제도의 적정성논의는 어떠한 방향에서 어떠한 내용으로 설정되어야 하는가를 다음의 세 가지 주요 판단기준에 따라 제시하고자 한다(그림 3-5, 표3-2 참조). 왜냐하면 교육자치의 본질은 교육수요자를 비롯한 주민이 교육의 정책결정과 세원부담에 참여하도록 하고, 교육수장이 선거를 통해 주민통제를 받는다는 사실에 근거하기 때문이다(교육자치의 적정단위와 자치의 규모, 자치의 계층문제). 또한 교육자치는 결국 교육행정의 관료제에 의해 수행되는 것이기에 이들의 역할이 어떠한 모습으로 반영되어야 하는지도 논의되어야 하기 때문이다. 마지막으로 교육자치는 일반행정과의 관계설정을 어떻게 할 것인가가 주요 이슈화되어 있기에 그 관계설정을 주도하는 교육위원회와 지방의회와의 관계와 위상문제(교육자치기관구성형태)를 논의해야 할 것으로 보기 때문이다.

1) 교육자치의 적정단위, 실시단위 : 광역, 기초, 교육구(새로 재편)

2) 교육행정의 역할변화(지원역할 강조)

3) 교육위원회와 지방의회의 관계와 위상 : 의결기관과 집행기관과의 관계(교육자치기관구성형태)

그리고 교육선거와 관련하여 논의되어야 할 내용들도 보완적으로 검토하고자 한다. 이 요인들은 그동안 교육선거를 통해 제기되고 있는 이슈화되어있는 내용이기 때문이다.

1)선거방식 : 임명제, 간선제, 직선제[11]

2)동시선거, 분리선거 :

-교육선거(교육감, 교육의원)와 일반지방선거의 분리실시

-포괄적 선거주기 재조정 : 선거주기를 대통령-지방자치단체장-시/도교육감선거, 국회의원-지방의원-교육의원 등으로 이원화

3) 선거운동방식

4) 선거비용과다문제

5) 정치적 중립; 정당의 개입제한문제

6) 후원회 허용문제

7) 후보자 기호부여방식

11 교육기관구성형태와 관련하여 다음과 같은 논의를 할 수 있다. 교육집행기관을 구성하는 방식에는 교육감, 교육장과 같이 독임제로 하는 방식과 교육위원회(교육감도 구성원이 됨)와 같이 합의제로 하는 방식을 떠 올려 볼 수 있다. 또한 합의제집행기관은 그 선임방식에 따라 주민직선제와 지방의회에 의한 집행기관 간선제 또는 임명제를 구상할 수 있다. 그리고 독임제 집행기관도 선임방식에 따라 다양한 구성논리가 전개되는바, 주민직선제, 지방의회(교육위원회)에 의한 간선제, 지방의회(교육위원회)의장을 집행기관장으로 하는 제도를 구상할 수 있고, 지방의회(교육위원회)에서 임명하는 제도나 중앙정부(교육부, 대통령)에서 임명하는 제도를 생각해볼 수 있다(최진혁, 2008).

<그림 3-5> 이론적 논의(분석)의 틀

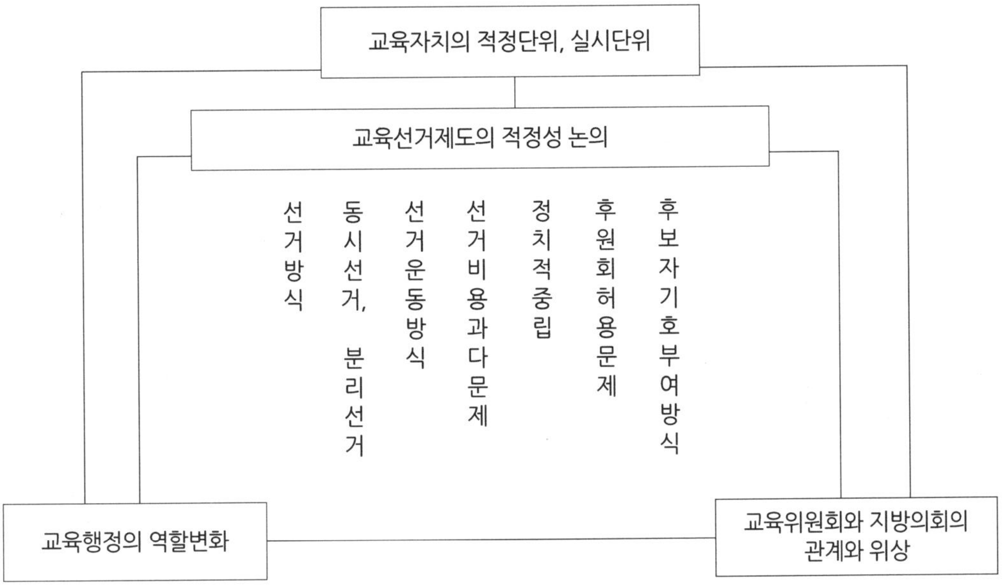

<표3-2> 교육선거제도 적정성 논의기준

적정성 판단기준	내용	검토사항
1) 교육자치의 적정단위, 실시단위	-자치의 단위, 정치의 단위, -자치의 일관성 확보 : 일반행정자치와 교육자치에 대한 일관성 ①I유형 : 교육집권형 ②II유형 : 광역교육선거실시 ③III유형 : 분권형 교육자치 -가 : 광역, 기초선거실시 -나 : 기초선거실시, 광역은 일반행정통합 -다. 기초, 광역일반행정통합, 분권강화	-교육자치실시단위 : 광역, 기초 -지역학교구(school district) -정치적 중립성 확보하기 유리한 단위 -선거구제
2) 교육행정의 역할변화 (지원역할 강조)	-관료제 병폐 -선거의 수준과 규모	-대도시지역과 일반도시 각각의 여건에 부응한 교육자치 실시(다양화, 특성화) -학교나 학교구의 자율성을 강화해주는 역할
3) 교육위원회와 지방의회의 관계와 위상	①A유형 : 교육위원회 위상이 독립적으로 보장된 경우 ②B유형 : 교육위원회는 지방의회의 상임위원회의 하나로 되어 있는 경우 ③C유형 : 지방의회가 교육위원회를 포함하여 지방의회의 자문기관 혹은 지방의회가 임명한 합의제 집행기관으로서의 교육위원회	-교육자치기관의 구성형태 : 일반행정과의 분리 · 통합모델

제3절 2010 교육감, 교육의원선거제도의 문제점

2010년 교육선거제도는 표면적으로는 정치적 중립성을 지켜야 할 선거제도였지만 결국은 정치적 색깔을 상당히 노출한 결과를 산출했다고 평가되어 진다. 유권자가 후보자들을 제대로 알 수 있는 정보를 갖지 못하고 있거나, 공약내용의 신뢰성을 확보할 수 있는 경로를 갖지 못하였다. 유권자들은 선거광고물과 거리에 걸린 플랜카드 등을 통하여 선택을 할 수 밖에 없는 상황이었다. 더구나 도시지역의 경우에는 유권자가 교육위원의 경우에는 약 100만이상의 인구규모에서 1명을 뽑는 것이었기에 2-3개의 자치구에 걸쳐서 1명을 선출하는 것이었고, 교육감의 경우는 1천만 명에 1명을 선출하는 선거였기 때문에 유권자와 후보자의 심리적, 공간적, 물리적 거리가 너무 멀어서 자치의 단위라고 할 수 없었다. 이 정도의 공간적, 인구규모는 정치의 단위로 작용할 수밖에 없었다. 정치의 단위공간에서 자치라는 이름으로 선거를 하다보니 이는 정치화되지 않을 수 없었던 것이다. 자치의 공간은 최소한 인구규모가 이상적인 것은 5천-2만, 좀 더 현실화시키더라도 10만 이내여야 가능할 것이다. 이러한 정치공간에 교육자치를 실시하다 보니 많은 문제점이 발생하였다. 유권자의 입장에서 정리해 보면 다음과 같다.

1. 교육자치의 적정단위와 선거방식

(1) 후보자를 잘 알 수 없었다(적정단위, 선거구)(동시 · 분리선거).

후보자를 개별적으로 알 수 있는 기회를 갖기가 물리적으로 불가능하여 선거광고물 속에 나타난 정보나 플랜카드에 제시된 정책공약을 보고 불완전한 정보를 바탕으로 객관식 선택을 해야만 하였다. 자치란 개인의 인격이나 품성, 성과를 말만이 아니라 삶과 경험을 통하여 알 수 있는 규모에서 가능한 것이다. 이는 선거구문제에 관련되는 것으로 교육위원의 선거구는 시 · 도의원 선거구보다 약 9배 정도 커서 유권자와 후보자와의 거리가 너무 멀어서 나타난 이유이기도 하였다.[12] 또한 일반, 교육선거를 통합하여 1

12 여기에서 교육의원과 일반의원간의 '표의 등가성' 문제가 제기된다. 그리고 교육위원회가 일반 상임위원회와 달리 '지방교육자치에 관한 법률' 제11조 제2항에 따라 일부 사항에 대해서는 심의권과 함께 최종 의결권을 가지게 되므

인 8표제의 동시선거를 하다보니 후보자를 판단하는데 어려움이 있었다.

(2) 선거비용이 과다하였다(선거부정의 소지); 후원회조직허용여부(합법적 선거자금 활용가능여부).

교육감후보는 기탁금 5,000만원과 선거기간 쓸 수 있는 법정 선거비용 수십억원이 사용되었다. 물론 이 기탁금은 후보자의 득표율에 따라 전액 또는 일부를 보전 받을 수 있지만[13] 이는 대체적으로 많은 후보자들 중에 1,2위에 해당될 수 있을 뿐이고, 대다수의 후보자들은 수많은 선거비용의 희생자가 되어 선거부정의 유혹에 빠져들 수밖에 없다. 또한 교육의원은 교육감선거와 달리 후원회조직을 둘 수 없게 하여 합법적으로 선거자금을 모을 수 있는 제도적 장치가 구비되지 않아 그만큼 선거비용부담이 크게 작용되어 능력 있는 인사가 출마할 수 없게 하였다.

2. 정치적 중립의 허구성

(1) 후보자의 공약이 정치화 되었다(정치적 중립의 허구성).

후보자의 공약을 보면, 교육정책의 이념적 선택이 보여진다. 즉, A후보자의 공약은 우파의 교육정책이고 B후보의 공약은 좌파의 정책공약이란 것이 보였다. 따라서 유권자의 입장에서는 자신의 정치적 선호에 따라서 후보자를 선택하게 되고, 결과적으로 유권자는 정치적인 지지 혹은 정치적인 선택을 하지 않을 수 없도록 하였다. 교육선거는 정치적 중립이란 기준이 있었지만, 유권자 개인의 입장에서 보면, 이미 정치적 선택을 하게 되었던 것이다.

(2) 후보자의 선거공보도 정당선호를 암시하고 있었다(정치적 중립의 허구성).

후보자의 선거공보도 어떤 후보는 파랑색 배경을 사용한다든지, 어떤 후보는 노란색

로 교육위원회의 위원이 되는 일반 지방의원을 선출하는 지역구 주민은 다른 지역구 주민에 비해서 실질적으로 지방자치단체의 교육관련 의사결정에 2배의 참여권을 가지게 되는 셈이 되어 보통선거의 원칙에 위배되는 문제가 발생하였다(충북대학교 지방교육연구센터, 2009).

13 15% 이상 득표자는 선거비용 전액보전을, 10~15%미만은 반액을 보전받는다.

배경을 사용함으로써, 후보자도 어느 정도 자신의 정당선호를 표현하고 있었다. 즉, 정치적 중립성이라고 하여 정당공천을 직접 받지 않고, 2년 동안 정당가입을 하지 않도록 하였지만, 간접적으로 정당의 영향을 받고 있는 선거였다고 보여진다.

(3) 교육선거가 중앙정치에 대한 중간평가성격으로 해석되었다(중앙정치의 대리전).

교육선거와 교육자치는 지방정부의 교육정책을 가장 잘 수행할 수 있는 대표자와 집행자를 뽑는 선거로서 중앙정치의 영향을 받지 않아야 하는데, 실제로는 선거제도가 중앙정치에 대한 중간평가로서의 성격으로 해석되었다. 따라서 중앙정부에 대한 반대의 표시로서 교육선거를 행하게 되어, 지방교육자치의 취지를 무색하게 만들었다.

(4) 정당공천이 배제된 교육선거에서 특히 교육의원선거는 투표용지에 기재된 순서가 당락을 결정하는 중요한 요인이 되었다(후보자 기호부여방식).

교육선거는 정당공천이 배제되어 투표용지에 후보이름만 기호 없이 기재돼 사실상 '깜깜이 투표'를 방조하게 하였다. 또한 추첨을 통해 순번을 정하기 때문에 1번이나 2번으로 투표용지 위쪽에 등재하는 후보가 유리한 선거가 되고 말았다('로또선거'). 16명의 교육감 당선자 중 첫 번째 기재된 경우는 6명(37.5%), 두 번째는 4명(25%), 세 번째는 5명(31.3%), 네 번째 이상은 1명(6.3%)으로 나타나고 있다. 교육감선거에서는 첫 번째 기재된 후보의 당선율과 나중에 기재된 후보의 당선율과는 유의한 차이를 보이지 않는 것으로 조사되었다(황아란, 2010 : 43). 그러나 상대적으로 인지도가 떨어지는 교육의원선거에서는 뚜렷한 차이를 확인할 수 있었다. 즉, 무투표당선 1명을 제외한 총 81명의 교육의원 당선자 중 투표용지에 첫 번째로 기재된 경우가 53명(65.4%)으로 두 번째 22명(27.1%), 세 번째 5명(6.2%), 그 이상 1명(1.2%)보다 훨씬 많았다.

3. 중앙정부와 지방정부간 갈등과 사회분열

(1) 선거후 교육이념에 따른 후유증이 예상된다(중앙정부와 지방정부간 갈등 ; 교육계 분열;사회분열).

선거후에 상이한 교육이념에 의한 대립이 선거에서 나타나서, 교육정책집행과정에서 분열된 시민들의 교육에 대한 입장을 조정하고 방향을 잡아가는데 어려움이 예상된다. 특히 중앙정부의 교육정책방향이나 이념과 지방정부 교육감이나 교육위원들의 교육정책방향이나 이념이 대립될 경우에는 중앙정부-지방정부간의 갈등양상이 나타날 수도 있다.

(2) 특정이념을 지지하는 후보들은 후보단일화를 하여 후보자개인에 대한 선택이 아니라 집단화된 후보자를 선택하도록 하여, 유권자의 개인선호에 왜곡현상을 일으켰다(조직선거).

A교육이념을 지지하는 후보들은 후보단일화에 어려움이 있어서 각각 개인적인 행동을 한 반면에 B교육이념을 지지하는 후보들은 후보단일화를 통하여 유권자의 선택이 B후보로 집중됨으로써 분산된 투표를 한 A교육이념을 지지하는 유권자들의 표가 사표화 되었다.

다음으로 교육자치의 제도적인 문제점을 지적해 보자. 지방교육자치는 지방자치와 교육자치가 결합되어 있는 것으로 자치의 기본은 의결기관인 의회를 두는 것으로 볼 수 있다. 그런데 교육위원회가 폐지된다는 것은 반자치적 모양새다. 단지 교육감만을 선거로 한다고 이것이 과연 교육자치가 되는가의 의문이 남는다. 그렇다고 교육자치를 한다고 하면서 일반행정에 통합시켜버리면, 과연 교육자치가 되는가의 문제도 남는다. 교육자치는 교육행정의 자치가 아니라 주민참여를 통한 주민들의 요구에 부응하는 교육서비스를 제공하는 것을 의미하는 것이라고 하면, 교육자치 적정구역으로서의 지역교육구(새롭게 만들어야 할 것임)에 국가 혹은 시도에서 자치의 "권한을 이관"하여 국가 혹은 시도의 직무를 수행하는 위원회와 교육감을 선출하는 과정을 거쳐야 할 것으로 보인다. 이런 관점에서 몇 가지의 문제점을 생각해 보면 다음과 같다.

1. 교육자치제도의 정합성문제

(1) 교육의원선거는 4년 후에 폐지되기에 교육감만을 선거로 하게 될 것이다.

국회의 교육자치를 위한 개혁논의 과정에서 여 · 야간에 타협한 산물인 교육의원선거를 4년 후에는 폐지하는 것으로 결론을 내렸다. 따라서 4년 후에는 교육감만을 선거로 뽑게 된다. 이는 교육자치제도의 정합성에 문제가 있다고 보여진다.

(2) 교육행정과 일반행정의 의사결정기구는 통합되었지만, 집행기구는 분리되어 있다(시장 · 도지사와 교육감의 갈등상존)

교육행정의 의사결정기구는 지방의회로 통합되어 있지만, 집행기구는 여전히 독립 분리되어 있다. 행정의 효율성을 위해서는 유사한 행정관리를 하는 교육행정관리와 일반행정관리를 통합하는 것이 효율적일 수 있다. 현재는 유사한 행정관리를 이중적이고 중복적으로 처리하고 있다. 일반행정관리와 교육행정관리의 분리로 인하여 양쪽의 단체장이 서로 교육정책에 대한 입장이 정반대일 경우, 협력이 어려워지고, 교육정책을 둘러싸고, 갈등이 심화되며, 엇박자가 나서 지방정부의 분열을 심화시킬 수 있다.

2. 교육자치의 적정단위

(1) 교육자치를 위한 선거제도를 실시하는 계층이 너무 높아 주민에게서 멀다.

교육자치는 보충성의 원칙에 따라서 가능한 주민과 가까운 행정계층에서 하는 것이 바람직하다. 그럼에도 불구하고 교육자치를 광역시도에서 실시하고 있어, 주민으로부터 거리가 너무 멀고, 교육자치라기 보다는 '교육행정의 자치'에 불과하다.

(2) 교육자치를 위한 교육세원을 자체 조달할 수 없다(교육재정권한 자율성 확보).

자치는 결국 재원의 문제이다. 재원을 어떻게 조달하고, 재원사용에 대한 책임을 누구에게 지는가의 문제이다. 교육재원이 현재는 국가의 예산에서 주로 조달되고, 일부 대도시의 도시지역에서 교육회계 쪽으로 예산지원을 할 수 있는 여지가 있지만, 교육자치구 혹은 교육자치기관에서 독자적으로 교육세를 징수할 수 있는 권한이 없다. 재정권한의 자율성을 확보해 주어야 진정한 자치가 가능할 것이다.

3. 교육분권 선행과 전문자치의 허용여부

(1) 중앙정부에 의한 교육집권이 심각하다.

교육자치를 말하면서도 중앙정부의 교육과학기술부에 의한 교육 관련의 권한과 예산을 대부분 가지고 있기에 지방정부에 의한 교육권한이 부여되어 있지 않다. 교육의 최종적인 책임이 국가로 되어 있다는 점이다. 법률을 만들고, 지방정부에 대한 지원을 하기 위한 권한은 국가가 가지지만, 교육정책이나 교육시설, 교육내용에 대해서 상당한 정도의 자율성을 지방정부에 분권해야 할 것이다. 교육자치에 앞서 교육분권이 먼저 시행되어야 하는 이유이다.

(2) 교육자치에 대한 전문자치를 허용한다면, 경찰자치, 도시계획자치 등에 대해서도 과연 전문자치를 허용할 것인가의 문제가 있다.

행정은 점점 전문화되어져 가고, 일정한 자격증을 가진 전문가들이 행정관리를 행하는 경우가 많다. 교육분야의 자치를 정치적 중립성을 이유로 전문자치를 허용한다고 하면, 경찰자치와 같이 정치적 중립성이 요구되는 영역도 전문자치를 허용할 것인가의 문제와 도시계획영역도 전문가들에 의한 행정관리가 요구되는 곳인데 이곳도 도시계획가들에 의한 전문자치를 허용할 것인가 등의 문제도 발생한다.

제4절 분권형 국가운영체제를 위한 교육자치제도의 개선방향

정치와 자치는 다르다. 정치는 현실적 이해관계를 조정하고 국가전체의 파이를 키워나가기 위한 비전을 제시하는 정당활동이라고 한다면, 자치는 생활필요를 해결하고, 좋은 공동체를 형성하여 공동체의 성장을 경영하는 것이다. 정치는 정치적인 선택을 하게 하는 것이나 자치는 생활적인 선택을 하여야 하기에 비정치적이어야 한다. 행정은 바로 이러한 정치와 자치를 연결하는 역할이기에 정치적 중립성을 가지고, 정책과 사업을 집행하여야 하고, 효율성을 가장 중요한 가치로 여겨야 한다.

정치의 단위는 국가이다. 그러나 자치는 생활근린 공간이다. 자치와 동호회가 다른 것은 자치는 일정한 행정공간을 중심으로 이루어지는 공동체이지만, 동호회는 취미나 운동 등의 개인적 관심을 중심으로 모이는 공동체이기 때문이다. 전문적인 이론을 매개로 하여 학회 등과 같은 학술 공동체도 있고, 혈연이나 지역, 학연 등을 매개로 하여 모이는 친목 공동체도 있다. 물론 이런 공동체도 자치가 필요하고, 회비를 내어 규칙을 가지고 운영한다. 회장도 뽑고 운영진도 뽑으며 감사를 선출하기도 한다. 이런 비공식 조직에서도 자치가 일어나고 있으나, 공식조직으로서의 행정구역과 지리적 공간을 중심으로 이루어지는 자치는 생활필요를 해결하는 공동체이다. 농촌의 경우에는 농업을 공동으로 생산하는 과정을 통하여 자연스럽게 친목공동체가 행정공동체로 전화되어 자치가 이루어질 수도 있지만, 도시의 경우에는 생활의 주된 산업이 다양하여 이들간에 공통된 공동체를 형성하기가 용이하지 않다. 즉, 자치란 것이 형성되기가 용이하지 않다는 사실이다. 동주민자치위원회의 경우를 보더라도 자치라는 이름을 가지고 있지만, 아파트 관리소의 자치정도의 역량도 갖기가 어려운 현실은 이를 반영해 준다고 할 것이다.

이처럼 생활자치가 어려운 상황에서 생활자치의 가장 중심적인 영역이라고 할 수 있는 교육자치를 과연 할 수 있는 것인가? 더구나 교육자치의 중심가치로서 정치적 중립성이란 가치를 구현할 수 있을 것인가? 엄밀히 말하면 정치적 중립성은 교육행정관료들에게 필요한 개념이지 교육자치에서는 '탈정치성(de-politicizing)'이 무엇보다도 요구되고 있는 것이다. 그럼에도 불구하고, 교육자치라는 이름으로 정치화(politicizing)되기 쉬운 광역행정계층에 정치적 중립성이란 이름으로 정당의 추천을 받지 않는 정도로 후보가 나오게 해서는 후보자들은 많은 사람의 지지를 쉽게 얻기 위하여 자신의 공약 속에 정치화되기 쉬운 이념의 문제나 정책이슈(issue of policy)를 제기하지 않을 수 없는 것이다. 이미 교육이념의 문제나 정책문제가 이슈가 되면, 이는 정치화된 것이라고 보여진다. 그럼에도 정치적 중립성이란 기준을 강조하면, 현실 정치는 왜곡(distortion)이 일어나지 않을 수 없다. 이처럼 바로 교육선거제도의 문제는 기준과 현실이 부합하지 않은 상황 속에서 억지로 이론적인 기준을 들이대면서 생긴 부작용(side effects) 내지는 왜곡이라고 보여 진다. 이러한 부작용을 시정하고, 교육자치의 기본개념에 부합하도록 하기 위하여 다음과 같은 교육자치제도의 발전안에서 교육선거의 개선방향을 제시하고자 한다.

1. 분리에서 통합으로 : 의회-관료제도; 학교자치구는 주민직선(정치적 중립), 광역단위는 정치적 중립 배제, 일반행정과 통합

교육자치에서 우선적인 논점은 교육분권이 이루어져야 한다는 사실이다. 교육분권 없이 실시되는 교육행정의 자치는 진정한 지역교육자치를 이룩하지 못할 것이다. 교육행정의 자치는 지역교육자치(local education autonomy)의 바다 위에서 이루어져야 한다. 광역교육행정은 행정관리의 측면이 강하다. 광역행정관리의 책임자를 선거로 선출한다는 것이 기초행정관리나 교육자치구의 자치에 어떤 영향을 줄 것인가를 생각해 보아야 한다.

광역행정관리는 자치의 영역이라고 보다는 정치의 영역일 가능성이 높다. 그래서 일반행정기관의 단체장이나 광역의원의 선거는 정당의 개입이 허용되어 있다. 즉 인구규모나 행정계층의 속성이 정치적 성향을 묻는 선거가 될 가능성이 높다는 점이다. 그럼에도 불구하고, 정치적 중립성의 가치를 견지해야 할 교육선거를 광역교육행정영역에다가 도입한 것은 연목구어(緣木求魚)이다. 고기를 구하려면, 바다나 강으로 가야하는 것이다. 교육자치의 고기가 있는 곳은 기초지방정부 계층[14]이거나 이보다 더 자치에 가까운 학교자치구(school district)[15]로 가야 할 것이다. 따라서 학교자치구에서 교육위원선거와 교육감선거를 하도록 한다고 하면, 최소한 광역교육행정은 일반행정과 통합하여도 무방할 것으로 보인다. 미국의 주정부의 경우에 일반행정과 통합되어져 있고, 주지사가 임명하는 것이 비율적으로 높다. 행정의 중복성과 비효율성을 제거하고, 일반행정으로부터 교육재정의 지원과 관심을 받기를 원한다고 하면, 광역교육행정에서는 일반행정과 통합하는 것이 바람직할 것이다. 진정한 교육자치는 교육자치구 레벨에서 실행해야 하는 것이다. 의사결정기구란 측면에서도 분리에서 통합으로 가고 있다고 보여진다. 이미 교육위원회를 지방의회의 상임위원회의 하나로 위상을 잡았다는 것은 통합의 방향으로 선회한 것으로 보인다. 교육행정과 일반행정은 통합하거나 연계의 밀도와 깊

14 기초지방정부인 서울시 자치구의 경우에는 학교가 35-60여개가 존재한다. 매우 규모가 큰 학교자치구가 되는 셈이다.

15 한국에는 이 개념에 해당하는 구역이 존재하지 않는다. 굳이 찾는다고 하면, 동계층을 들 수 있고, 이곳에는 학교가 4개에서 9개까지 있는 곳이다. 2-3개의 동을 합치면, 학교가 10-25개정도까지 존재하는 학교구가 될 수 있다.

이를 심화하는 방향으로 나아가야 할 것으로 보인다.

2. 통제에서 지원으로 : 행정역할

교육행정의 역할은 학교자치구에 대한 지원역할로 전환되어야 한다. 교육행정(educational administration)이 교육자치(educational autonomy)의 역할을 수행하려 해서는 안된다. 즉 학교가 무엇을 하여야 하고, 누가 어떻게 하여야 하는가에 대한 학교교육에 대한 일반적인 규율이나 학교구내의 모든 고용인의 채용에 대한 권한, 교육세 징수에 대한 권한, 학생의 인권과 책무, 승급과 졸업에 대한 요건, 과외활동 등의 현안처리, 교육과정의 개발과 교과서의 승인 등을 학교자치구에서 할 수 있도록 해주어야지, 이것을 교육행정이 다 정하고, 이를 집행감독을 하는 역할을 해서는 안된다. 교육자치구에 대하여 자치를 하도록 하고, 행정은 이러한 자치가 제대로 할 수 있도록 지원하고, 부족한 부분을 지원하는 역할을 해야 할 것이다. 광역교육행정과 기초교육행정의 역할이 통제에서 지원으로 바뀌어야 한다.

3. 교육청자치에서 학교구자치로 : 교육자치의 적정단위

지방교육청의 교육자치는 지방교육행정의 자치가 되어 이는 진정한 지역자치가 빠진 자치라고 보여진다. 물론 학교운영위원회의 구성에서 학부모의 참여와 선거를 통하여 구성하도록 함으로써 학교자치의 외형적 조건을 갖추고 있다. 그러나 여기서도 '선거를 실시한다(선거의 실시주체도 학교이고, 투표방식도 추천임명과 유사한 경우도 있음, 공모를 통하여 후보자를 모집하는 형식은 갖추고 있는 곳도 있으나 엄밀한 투표행위가 이루어지고 있는지는 조사필요)'라고 하는 외형적인 학교자치의 형태는 있으나, 대부분의 예산이 교육청으로부터 지원받고 있어서 학교운영위원회가 학교자치의 경영(management)을 제대로 하고 있다고 보기는 어렵다. 실제로 학교운영위원회는 급식업체의 입찰과정이나 적격심사 등을 실시하는 사업평가를 주로 하는 경우도 있다. 학교행사에 대한 기획 등은 학교장이나 서무담당자가 준비하는 경우가 많고, 운영위원으로서의 전문성이나 경험축적이 약하고, 운영위원으로서의 교육훈련도 필요한 경우가 많다. 따라서 학교운영위원회도 미약한 학교자치를 하고 있는 것으로 보이나, 학교구(school district)를 하고 있지는 않다. 굳이 적용해 보자면, 교육청에 대한 학교구자치를 생각해 볼 수 있으나, 서울시와 같은 대도시의 경우 인구규모가 50만 이상에 하나의 학교구자치가 되어, 규모가 너무 큰 것이어서 자치의 단위라고 보기는 어려운 측면이 있다. 그렇다고 하면, 교육청의 산하에 학교지역(school district)을 따로 구획하여야 하고, 이에 대한 선거를 실시해야 한다는 난점도 생겨서 진정한 교육자치의 문제를 어떻게 실현해야 하는가에 대하여 어려움에 봉착하게 한다. 만일, 현실적인 대안으로서 180여개의 교육청에 대한 학교구자치를 실시하도록 한다고 하면, 교육장과 교육청의 교육위원들을 선거로 선출하여야 할 것이다. 기초정부 수준에서 교육자치제를 실시하여야 한다는 주장은 많은 전문가들의 주장이기도 하다(김신복, 2003; 김흥주 외, 1999).

4. 의회제(의결기관)-관료제(집행기관)의 정합성 확보 : 교육감선거 폐지

교육자치제도의 개혁방향과 관련되어지는 문제이다. 교육위원회구성을 위한 교육의원선거를 4년 후에는 폐지하기로 결정된 상태에서 교육위원회 없이 교육감선거만을 실시하는 것이 정부 거버넌스(governance of government)구성에서 합리적인가의 문제이다. 지방자치의 핵심은 지방의회의 구성에 있는 것이고, 교육 관련의 지방의회라고 할 수 있는 것이 교육위원회인데, 이의 소속을 지방의회의 분과위원회로 해 두었다는 것은 정부 거버넌스 설계에서 교육 관련의 지방의회를 폐지하는 방향으로 선택한 것인지, 단지 지방의회와의 관련성을 높이기 위하여 지방의회와 결합시키기 위하여 교육위원회를 지방의회의 상임위원회로 둔 것인지의 방향을 알기 어렵다. 만약 전자라고 하면, 교육감선거를 그대로 둔다는 것은 교육자치를 폐지한 상태에서 교육감선거만을 한다는 것도 기관구성설계상 어색하다는 점이다. 후자라고 하면, 교육감선거를 그대로 두겠지만, 4년 후에는 교육위원에 대한 선거를 폐지하였기에 교육위원의 선거 없이 교육감만을 선거한다는 것도 기관구성설계(organization design of government)상 어색하다고 할 수 있다. 어색하다는 것은 제대로 기능하거나 작동하기가 어렵다는 것을 의미한다.

어느 쪽의 방향이든 4년 후의 교육감선거를 어떻게 할 것인가는 주요한 논점이고, 현재의 추세대로 나간다고 하면, 교육감선거의 폐지를 염두에 두고 국회에서는 논의를 진행하고 있는 것인지를 확인해 볼 필요가 있다.

제5절 결론

이상의 논의에서 교육선거는 이원적 접근으로 해결하는 것이 타당할 듯싶다. 즉, 정치적 중립이 가능한 적정단위에서 교육감 선거가 되어야 한다. 그러기 위해서는 첫째, 광역적 단위는 정치적 중립에 의한 교육선거를 폐지하고, 일반행정의 단체장 지방선거와 연계한 교육선거를 모색해야 한다. 둘째, 기초(학교구)단위에서는 개별화된 민심을 반영하는 것이 가능한 근린(생활)자치이기 때문에 정치적 중립에 의한 교육선거를 실시해야 한다. 이는 교육정책과정과 집행과정에 교육수요자인 주민(교사, 학생, 학부모)들이 최대한 참여가 가능한 단위이기 때문이다. 더 나아가 전문성을 띄고 있는 교육활동에 있어서 전문가인 교육자들의 판단과 결정이 존중될 수 있는 단위이기도 하기 때문이다. 교육자치는 사회적 통합을 견고히 하기 위하여 실시하는 것이다. 자치를 통하여 권한을 부여하여 정부의 신뢰성과 효율성, 반응성을 높이기 위하여 선거제도를 도입하는 것이다. 그럼에도 불구하고, 선거제도의 도입이 오히려 사회의 갈등과 분열을 심화하거나 고착화하여 사회갈등을 증폭시키는 제도로 이용되고 있다고 한다면, 이 제도의 운영을 재고하여야 할 것이다. 물론 우리 사회의 역사적 흐름이 민주화와 지방자치를 강화해 나감으로써 국민의 만족도를 높이고, 반응성을 강화시켜 나간다고 하는 흐름에 동의하지만, 그 방법론과 적용대상의 면에서 적실성을 생각해야 할 것이다. 교육의 정치적 중립성을 확보하는 방법에는 다양한 방법론이 있을 수 있다. 후보자의 정당공천을 금지한다거나 정당가입을 2년간 금지하는 것으로만 교육행정의 정치적 중립성이 확보되는 것은 아니라고 본다. 중앙정부의 경우 대통령이 교육과학기술부장관을 임명하는 것은 정치적 행위일 수 있으며, 광역지방정부의 단체장이나 의원의 경우 정당공천을 받고 선거과정에 정책을 가지고 정당이 경쟁을 하므로 정치적이다. 그럼에도 불구하고, 광역행정 공무원에 대해서는 정치적 중립성(political neutrality)을 요구하고 있는 것이다. 즉 단체장이나 의원이 정치적으로 정당의 개입이 있다고 하여, 교육공무원이 정치적 중립성을 잃어버린다고 할 수는 없다는 점이다. 그렇다고 하면, 교육감이나 교육위원의 선거에서 정치적 중립성을 요구할 필요는 없다. 그렇다고 하면 '정치적 중립에 의한 교육감선거'및 교육위원선거는 폐지해도 좋을 것이다. 정치적 중립을 굳이 원하지 않는다고 한다면 정당추천에 의하여 교육감선거를 실시할 수 있을 것이고, 정당추천을 하지 않는다고 한다면, 단체장이 선거를 하면서, 러닝메이트로서 교육분야의 전문가를 선정하여 선거를 치르는 방법도 있을 것이다. 물론 이러한 경우에도 전제조건은 교육자치구(school district)에 대한 교육자치를 도입해야 한다는 것이다.

이러한 전제조건이 충족된다는 조건하에, 광역교육행정에 대한 교육감선거를 위하여 단체장과 러닝메이트로 선거에 임하는 방법, 시도지사와 교육부시장으로서 러닝메이트로 선거에 임하는 방법(이혜숙 김찬동 외, 2008)을 들 수 있다. 전자의 방법은 집행기관의 통합 없이 일반행정과 교육행정의 분리로 인한 연계협력부재의 문제를 해소하는 방법이다. 즉 일반행정단체장이 교육감과 지방교육정책에 대한 입후보 단계에서 공동으로 정책을 만들고, 실천전략을 구상함으로써, 당선이후에 정책공조가 가능하게 하는 것이다. 후자의 방법은 지방교육행정과 일반행정을 통합하였다고 할 경우에 시도지사 밑에 교육부시장 혹은 교육부지사를 두어서 러닝메이트로 선출하는 방안이다. 다시 말해, 어느 방법으로 하던 교육행정의 자치를 하는데 있어서 정치적 중립에 의한 교육감선거 혹은 교육위원선거를 굳이 고집할 이유가 없다는 것이다. 즉 정치적 중립에 의한 교육감선거는 폐지하고, 일반행정의 단체장 지방선거와 연계한 교육행정자치를 실시하여도 무방할 것이란 점이다. 진정한 교육자치는 교육행정의 자치가 아니라 기초지방정부 혹은 학교자치구에서의 교육 권한이관에 의한 자치여야 한다. 이 때 교육행정의 역할은 교육정책을 통제하는 것이 아니라 교육자치가 활성화될 수 있는 지원(support)역할에 그쳐야 할 것이다. 교육자치구에서의 교육자치는 선거의 정치적 중립이 지켜져야 할 것이다. 선거라고 해도, 미국의 시의회선거의 경우 규모가 작은 경우에는 정치적 중립(nonpartisan)을 견지하는 경우가 있다. 미국 30대 도시의 경우, 지방선거에서 정당의 참여여부를 보면, 인구 100만이하의 경우에는 정당비참여(nonpartisan)의 경우가 대부분이다. 따라서 교육자치구의 선거에서는 정치적 중립이 오히려 확보되어야 한다. 광역 교육행정에서는 정치적 중립을 버리더라도, 오히려 보충성의 원칙에 따라 주민에 가까운 자치공간에서는 정치적 중립이 견고히 확보되어야 할 것이다. 정치적 중립을 현실적으로 확보하기 위한 다양한 방법이 고안되어야 한다. 예를 들어 학교자치구에 출마한 교육위원이나 교육장의 경우 교육전문성이 높은 사람을 출마조건으로 강화하는 방법이 있을 것이다.

참고문헌

고전. (2003). 〈지방교육자치제도 진단연구〉. 한국교육개발원.

김신복. (2003). 교육자치와 지방자치는 다르다. 〈교육개발〉 11월-12월호, 한국교육개발원.

김신복. (1991). 교육자치와 지방자치의 연계성-자치기구 구성상의 쟁점을 중심으로. 〈행정논총〉 29(2).

김태수. (2003). 일반자치와 교육자치와의 관계 및 그 정립방안의 검토. 〈한국사회와 행정연구〉 14(2).

김태완. (1991). 교육자치제도의 변천과정과 문제. 〈교육학연구〉 21(1).

김흥주·백성준·고전·양승실. (1999). 〈지방교육자치제도의 재구조화연구〉. 한국교육개발원 연구보고서 RR99-9.

김흥주. (2004). 기초단위 교육자치 도입방안 고찰. 〈한국지방자치학회보〉. 16(1).

박정수. (2000). 교육자치행정 일원화 대 이원화. 〈한국행정학회 2000년도 기획세미나 발표논문집〉.

송기창. (2003). 교육행정과 지방행정의 연계 확대방안. 〈한국행정학회 2003년도 동계학술대회 발표논문〉.

이기우. (1998). 교육자치와 학교자치 및 지방교육행정제도. 〈한국지방자치학회보〉. 10(3).

이승종. (1999). 지방교육자치제의 발전방안. 〈지방행정연구〉 한국지방행정연구원.

이일용. (1994). 교육자치제도의 개선논쟁점에 관한 연구. 〈교육학연구〉. 32(1).

이혜숙 · 김찬동 · 박은철. (2008). 〈지방교육행정과 일반행정의 관계정립방안 연구〉. 서울시정개발연구원.

조성일 · 안세근. (1996). 〈지방교육자치제도론〉. 양서원.

최진혁. (2005). 우리나라 교육분권의 적정성논의에 관한 연구. 〈한국사회와 행정연구〉. 16(1).

최진혁. (2008). 외국의 교육자치제도 : 미국, 프랑스, 일본을 중심으로. 〈공공정책 21〉.

최진혁. (2011). 지방분권과 지역균형발전의 상징도시로서의 세종시와 사회통합 구현방안. 〈세종시 국정운영의 효율화와 사회통합〉. 충북발전연구원.

홍준현 · 하혜수 · 최진혁. (2007). 〈행정중심복합도시의 교육자치 등에 관한 연구〉. 중앙대학교 산학

협력단 국가정책연구소.
황아란. (2010). 지방선거의 정당공천제와 중앙정치의 영향 : 제도적 요인과 개선방안. 제1차 토론회 6.2지방선거평가와 정당공천제의 실태와 개선방안. 〈사회통합위원회〉. 한국지방자치학회.
한국행정학회. (1991). 지방자치와 교육자치의 연계강화방안.
지방교육자치에 관한 법률. 일부개정 2002. 1.26 법률 제6626호.
지방교육자치에 관한 법률 전부개정법률안 2005. 4.19
지방교육자치에 관한 법률 일부개정 2010.2.26 법률 제10046호.
충북대학교 지방교육연구센터. (2009). 교육의원 선거제도 규정을 위한 '지방교육자치에 관한 법률' 개정방안.
http://www.education.gouv.fr(2004.9.10//2007.6.12//2010.8.7)
http://www.ac-strasbourg.fr(2007.7.1//2010.8.7)
중앙선거관리위원회. (2010). 교육감, 교육의원 선거 결과
http://www.agendanet.co.kr(2010.8.3)
Académie Strasbourg. (2006). Bienvenue dans l'académie de Strasbourg.
Ministère de l'éducation nationale. (2006). Repères et références statistiques.
Ministère de l'Intérieur et de l'Aménagement du territoire, *Les Collectivités locales en chiffres 2009*. Paris : La documentation française, 2009.

04 4.10총선과 지방민주주의

제1절 서론 : 문제제기

2024년 4.10 총선으로 제22대 국회가 개원하고 보수정부라 일컫는 윤석열 정부가 (2년여의 국정운영 수행기간이 있었음에도 과반 의석 획득에 실패함으로써) 취임당시 여소야대의 정치지형을 극복하지 못하고 그것도 야권 강세의 정국에 갇히게 됨으로써 정권 내내 국회의 도움을 받기 어려운 상황에 놓이게 되었다. 아마도 이런 모습은 한국 헌정사에 (무소속이었던 최규하 대통령을 제외하고) 처음으로 기록되고 있을 정도로 앞으로의 정국은 그 불확실성으로 인해 어려움을 예고하고 있다.

우리는 1987.6.29 민주화 선언에 따라 기존의 중앙정부 중심의 지방행정을 수행하였던 것에서 1991년 지방의회 재구성, 1995년 자치단체장 주민직선으로 지방자치단체(지방정부) 중심의 자치행정으로 옮겨졌다. 이제 30여년의 세월을 통해 소중한 경험과 값진 교훈을 얻었고, 이를 통해 새로운 지방자치의 제2도약의 시대를 열어가고자 하고 있다. 이때 우파정부로의 정권교체를 이룬 윤석열정부가 야심차게 준비했던 '지방자치분권 및 지역균형발전에 관한 특별법안(이하 통합법률안)'에 따라 기존의 국가균형발전위원회와 자치분권위원회를 발전적으로 통합한 대통령직속 지방시대위원회를 구성하여, 이제 대한민국의 지역발전과 지방민주주의와 연관된 자치분권에 관련한 논의는 이 위원회를 거쳐 대통령에 보고되어 대한민국의 지역발전정책을 총괄하게 되었다. 그동안의 경험(참여정부에서 문재인정부까지)에 의하면 지방민주주의를 위해 준비하였던 많은 자치분권과제들이 국회에 계류되어 정쟁의 댓가를 치를 수밖에 없었던 씁쓸한 기억을 지울 수 없다. 그만큼 우리나라도 국회의 입법이 중요하고 그 입법을 통해 지방을 다스리려는 정치적 중앙집권주의가 강하게 작동하고 있다. 물론 국회가 입법한 법률을 유월(逾越)한 행위(결정)는 무효로 간주한다는 월권(越權)의 법리(doctrine of ultra vires)로 국회의 전권한성을 인정하는 영국의 경우에서도 국회의 지방장악력이 강력한 것으로 이해해볼 때 우리나라와 영국이 별반 다르지 않을 것으로 볼 수 있지만, 실제에 있어 영국의 국회는 국가 이전에 존재하였던 지방의 관습, 문화 등을 존중하는 것이 정치문화화 되어 있고 거기에서 자연히 지방의회를 존중할 수밖에 없는 정치지형을 만들어내고 있지만 우리의 경우는 전혀 다르게 국회의 하위 선거기관 정도쯤 평가받는 지방의회가 되고 있다는데 문제의 심각성이 있다. 이제 지방민주주의의 상징적 기관으로서의 지방의회가 우리나라에서 어떠한 평가를 받아야 하는 것인지를 깊이 생각해보며 이 글을 정리해 보고자 하는 이유이다. 따라서 본고는 이번 4.10총선으로 22대 국회를 구성하고 민선8기 중반에 이른 시점에 국회와 지방의회를 통해 우리의 지방민주주의의 발전과제를 논의해 보고자 한다.

제2절 지방민주주의(la démocratie locale)의 의미

민주주의의 견습(훈련)에서 주민의 근린(近)단체로 코뮌(commune)의 교육적 기능(la fonction pédagogique)을 강조하는 인용문구로 흔히 알렉시스 드 토크빌(Alexis de Tocqueville)의 그 유명한 표현이 거의 2세기가 지나는 오늘날까지도 회자(膾炙)되고 있다. 즉, "지방자치의 자유에 대한 관계는 초등학교(les écoles primaires)의 학문(la science)에 대한 관계와 같다." "지방자치는 그것을 주민의 손이 닿는 곳에 가져오므로 국민들이 그것을 어떻게 행사하는지를 가르친다"면서 "지방자치 없이도 국가는 자유로운 정부를 수립할 수 있을지 모르나 자유정신(l'esprit de la liberté)을 가질 수는 없다"는 것이다(Alexis de Tocqueville : De la démocratie en Amérique).[1] 이렇듯 지방자치의 교육적 기능이 지방자치단체의 역할에 있어 지방민주주의를 강조하고 항상 정치적 연설(담화)의 중심에 있게 하였던 것은 지방자치제도가 지방민주주의와는 분리해서 생각할 수 없는 매우 밀접한 관계로서 이해하려는 입장이었다.[2] 이와 같은 맥락에서 제임스 브라이스(James Bryce)는 소규모 자치단체를 민주주의의 원천으로 비유하면서 "지방자치를 실시하는 것이 민주주의의 최량의 학교이며, 그 성공을 위한 가장 확실한 보증인(...the best school of democracy, and the best guarantee for its success, the practice of local self-government)이라고 강조하였다. 이 역시 민주주의의 학교, 훈련장으로서의 지방자치의 뿔뿌리민주주의의 중요성을 강조하였다(James Bryce, Modern Democracies). 이렇듯 주민과 가장 근거리에 위치한 코뮨(commune)이 민주주의의 기초세포(la cellule de base de la démocratie)로서 인식되는 것과 지방정부가 주민에게 가까우면 가까울수록 보다 효과적이라는 토마스 제퍼슨(Tomas Jefferson)의 법리(doctrine de Thomas Jefferson)도 같은 맥락에서 이해된다.

이런 배경에서 볼 때 지방자치제도는 지방정부와 주민의 밀접성 가운데 운용되는 것이 보다 효과적인 것으로 그 안에는 주민의 참여와 통제가 작동하는 것으로 이해할 수 있다. 이것이 바로 본질적인 지방민주주의의 요체로 간주할 수 있을 것이다. 그런데, 시민(주민)은 납세자(contribuables)이며, 동시에 지방공공서비스의 사용자(usagers)이고, 경우에 따라서 많은 비용의 지출을 감당하는 지방자치단체의 고객(clients)이 된다는 사실이다. 이러한 시민의 성격은 프랑스 대혁명시기, 즉 1789년 8월 26일 시민권리선언(La Déclaration des droits de l'homme et du citoyen)에서 그 세 가지 권한을 도출하고 있다. 즉, 보편적 의지형성(la formation de la volonté générale)에 개인적으로 기여할 권한(le droit de concourir)과 공공기여(공적납세)(la contribution publique)의 필요성을 스스로 결정하고 그 사용을 확인할 권한(le droit de constater) 및 행정부 내 모든 공무원에게 책임(회계

1 C'est pourtant dans la commune que réside la force des peuples libres. Les institutions communales sont à la liberté ce que les écoles primaires sont à la science; elles la mettent à la portée du peuple; elles lui en font goûter l'usage paisible et l'habituent à s'en servir. Sans institutions communales une nation peut se donner un gouvernement libre, mais elle n'a pas l'esprit de la liberté.

2 지방자치제와 민주주의가 밀접한 관계를 갖지 않는다고 보는 시각은 유럽 대륙계의 조지 랑그로드(George Langrod)의 주장에서 나왔는데, 대륙계의 지방자치 대표모델로서 프랑스의 정치사상가의 알렉시스 드 토크빌(Alexis de Tocqueville)은 그와는 다른 반대의견을 보여주는 것이 아이러니(irony)하다.

계좌)을 요구할 권한(le droit de demander)이 그것이다. 여기에서 지방민주주의는 대표제(représentative)와 참여제(participative)를 동시에 갖고 있는 것으로 해석한다(Rasera, 2002 : 10-13). 대표제도에서 보면 프랑스 헌법 제72조 2항(지방자치단체는 선출된 의원에 의하여 법률이 정하는 바에 따라 자유로이 자치행정를 수행한다)[3]에 규정한 바와 같이 지방민주주의는 두 가지 측면으로 나타난다. 첫 번째 시민은 책임을 행사하고 의결하는 수단을 행사하는 그들의 대표자를 선출한다는 사실이다. 두 번째 다양한 지방권한을 문제삼지 않는다고 해도 시민은 지방토론에 참여한다는 사실이다. 왜냐하면 시민과 행정기관과의 관계는 더 이상 "어린아이(un gamin)와 가부장적인 아버지(le paterfamilias)"와의 관계가 아니기 때문이다. 오늘날 사회관계의 위기는 대표제 민주주의가 아니라(대표제 민주주의는 가치가 있는 것이고 계속 개선되어야만 하는 것이기에) 민주주의가 대표제도에만 머무를 때 불완전하다는 사실에서 비롯되는 것임을 깨달아야 한다는 것이다(Raséra, 2002 : 10-13). 결국 지방민주주의는 대표제도와 참여제도가 바르게 장착되어져서 주민의 참여와 통제를 받을 수 있게 될 때 가동될 수 있는 것으로 볼 수 있다.[4]

같은 맥락에서 대륙계 국가의 지방자치(지방민주주의)모델에 유사하게 접근하여 왔던 우리나라의 헌법도 "지방자치단체에 의회를 둔다. 지방의회의 조직, 권한, 의원선거와 지방자치단체장의 선임방법 기타 지방자치단체의 조직과 운영에 관한 사항은 법률로 정한다"(제118조)고 하여 지방의회를 통한 대의(대표)민주주의를 밝히고 있다. 더 나아가 우리나라는 대의(대표)민주주의의 보완책으로서의 주민참여예산제도, 주민소환제도, 주민발안제도 등 주민직접민주주의제도를 가동하고 있다.

---

3 Ces collectivités s'administrent librement par des conseils élus et dans les conditions prévues par la loi.

4 이런 맥락에서 프랑스 지방민주주의는 대표제도와 참여제도를 강화해가는 일련의 후속 법률을 보게 된다. 1982년 3월 2일 법률이 제1조에서 지방적 삶에 시민참여의 발전에 관한 법률이 채택되리라고 예견하고 있다하더라도 시민들이 그들의 지방행정에 실제적으로 들어가기 위해서는 1992년 2월 6일 법(Loi d'orientation No 92-125 du 6 fevrier 1992 relative à l'administration territoriale de la République)을 기다려야 했고, 다음 근린민주주의에 관한 2002년 2월 27일 법률을 기다려야 했다. 그러나 보다 결정적 기수를 주도한 것은 2003년 3월 28일 헌법과 후속 법률이었다. 헌법은 청원권(le droit de pétition)과 같이 새로운 권한을 창설하였고(art. 72-1, al. 1er de la constitution), 모든 지방자치단체에 결정적 주민투표(référendum décisionnel)를 행사할 수 있도록 하였다(헌법 72-1조, 2항). 그리고 유권자 자문기구(mécanismes de consultation des électeurs)를 예견하였는데, 특별법을 적용받는 지방자치단체의 창설이라는 가정 하에서 유권자의 의사를 청하기 위해서나(헌법 제 72-1조, 3항) 해외에 위치하는 지방자치단체를 위해 규정 변화(un changement de statut) 이전에 유권자의 합의(동의)를 얻어내기 위한 조처(헌법 72-4조)로 제시되었다(www.interieur.gouv.fr Dernière modification : 09/09/2015 ; 2016.

제3절 지방민주주의의 현황

1. 대표제도; 지방선거 및 총선거

여기서는 ‘민주주의의 꽃’이라고 하는 지방선거와 총선거를 통해 우리의 대표제도의 현황을 점검하고자 한다. 참여민주주의에 의해 자양분을 얻는 대의민주주의를 강화하는 차원에서라도 선거제도는 투명하고 공정해야 한다는 사실이다.

1) 지방선거(2022.6.1)의 특징

보수우파정부로의 정권교체가 이뤄지고 난지 채 3개월이 되지 않은 짧은 기간에 치러진 6.1지방선거는 여권에 힘 실어주기(정권의 안정화)와 권력의 견제라는 구호로 진행되었지만 시기적으로 현 정권에 대한 중간평가를 할 수 있는 여건이 되지 못했고, 자연히 지난 정권의 국정운영과 연계한 지방정부의 심판적 성격으로서 나타났다. 그러나 지방선거가 여전히‘중앙정당의 대리전’으로 치러지다 보니 지방선거가 지니는 주민의 일상생활과 밀접한 관련이 있는 지역현안과제를 정책적으로 판단해 볼 수 있는 그런 선거와는 거리가 멀었던 것이다. 즉, 지방선거의 쟁점을 지역문제가 아니라 중앙정치의 쟁점을 부각시키고 후보자의 도덕성 흠결에 집중시킴으로써, 후보자를 주로 소속정당으로 선택하도록 하였다. 그 결과, 주민은 지역의 특정정당 독점구조로 고착화되는 지역주의에 매몰되게 하였으며, 지방자치는 여전히 중앙정치에 예속되어 반자치적으로 운영되고 있고, 정책실종에 따른 무책임정치를 자행할 수밖에 없었던 것이다. 따라서, 지방자치가 지역의 문제를 정책화하지 못한 채, 주민의 진정한 올바른 선택을 받지 못함으로써 주민자치를 실현해 내는데 한계를 드러낼 수밖에 없었던 것이다(최진혁, 2018).

요컨대, 지난 선거들이 제기한 문제점은 지방선거에 정책화되어있지 않은 중앙정당이 지나치게 개입해서 드러난 부작용이 매우 심각하다는데 있다. 정당민주화도 실현되지 못하고 정책정당으로서의 주민의 요구를 반영하지 못하는 반자치적인 정당체제로 지난 선거를 치렀던 것이다(최진혁, 2012). 더구나 지방선거가 회를 거듭할수록 그들의 학습효과에 힘입어 정치인들 그들만의 리그로 전락한 '권력의 섬'을 만들어 놓으면서 유능한 일반시민들이 지역에 봉사할 수 있는 통로를 개방하지 못하여 훌륭한 지역 인재를 충원해 내는데 그 역할을 다하지 못했다는 뼈아픈 지적을 받고 있는 것이다. 결국 정치권의 이해관계 속에 정당공천을 둘러싼 비리와 잡음은 당선 후 자치단체장과 지방의원의 지방공직 부패로 연결되고, 지역감정의 조장과 지역주의의 고착화를 야기하였고, 유권자인 주민들은 더욱 정치에 대한 불신의 벽을 높게 쌓게 하였던 것이다(최진혁, 2022). 이런 상황에서 지방민주주의의 핵심적 기관인 지방의회가 중앙정당의 기호에 맞는 인물로 채워지고 그들의 추종세력으로 만들어가는 강력한 정치적 중앙집권체제 하에 놓이게 하였다. 그러한 정치체제 속에 자연히 국회의원과 지방의원의 관계는 정치적 수직관계 하에 놓일 수밖에 없는 구도를 만들어 낼 뿐이었다.

2) 총선거(4.10) 특징

제22대 국회의원을 선출한 윤석열정부 2년차에 실시된 4.10총선거는 다음과 같은 특징을 남겼다.

우선 기득권세력의 거대 양당체제를 더욱 공고화한 선거로 나타났다. 선거제도에 대한 논란이 있었음에도 정당이 지역구에서 덜 얻게 된 의석을 정당득표율 기준으로 비례대표의석으로 만들어주는 연동형 비례대표제로 50% 채워주는 것으로 하는 준연동형 비례대표제를 사용하여 치른 선거였다[5]. 그러다보니 비례대표 의석확보를 위한 거대정당의 위성정당 난립형상을 부추긴 선거가 되었고, 결국 더불어민주당의 더불어민주연합과 국민의힘의 국민의 미래가 비례대표 의석(46석)의 32석(69.6%)을 얻게 하는 결과를 보여주었다.

그리고 무소속 후보의 당선자가 한명도 배출하지 못한 선거로 기록되었다. 55명의 무소속후보가 출마했으나 단 한명도 당선되지 못하는 헌정사상 최초의 기록으로 남게 되었다. 또한 국회의원 직업군으로서 법조인 인사가 여전히 많이 진출하고 있음을 알 수 있다(61명). 그러면서 최근 의료개혁 이슈에 힘입어 의료인 출신 당선자가 증가하고 있

5 준연동형 비례대표제는 지역구 선거결과와 정당득표율을 반영하여 지역구의석비율보다 정당득표율이 클 경우, 부족한 의석수의 50%를 비례대표로 할당하는 방식이다(허석재, 2024).

는 것도 주목할 만하다(12명). 이러한 상황에서 이번 총선거는 여소야대의 정국이 지속되는 국회를 만들어 놓았다는 사실이다(중앙선거관리위원회, 2024).

그리고 무엇보다도 중요한 것은 총선거에 진출할 정치인사들의 충원제도인데 주민의 의사(정당원 투표, SNS, 여론조사)를 반영한다고 하지만 각 정당들은 여전히 권력중심에 선 인사의 의견이 크게 반영될 수밖에 없는 정치지형 안에 공천심사의 논란은 여전하였다는 사실이다. 여기에 그들의 권력게임 속에서 주민과 괴리된 그들만의 선거가 되고 있다는 비판을 면키 어려운 형국이다.

또한 지방선거, 총선거 모두에서 사용하고 있는 사전투표제도는 유권자의 편의를 제공해 투표참여의 기회를 높여 투표율을 제고시키기 위한 목적으로 시행되었으나(2013년 선거에 처음 도입) 그동안 10여년의 경험은 그 효용성과 공정성에 의문을 제기하는 선거공정성, 투명성 논란의 중심에 있는 선거제도로 비쳐지고 있다. 즉, 비용과 인력이 추가로 인한 경제적 문제, 사전투표자와 선거당일 투표자간의 정보격차문제, 사전투표와 당일투표에서 정당간의 득표율의 현격한 차이문제 등이 그것이다.

2. 참여제도; 주민참여예산제도

(지방)민주주의가 대표제도에 머물러만 있을 때 그 효력은 반감될 수밖에 없기에 주민의 참여제도가 중요하게 뒷받침되어야 한다. 여기에서는 그동안 우리가 획기적으로 전국 지방자치단체에 통용되어 활용하고 있는 대표적인 주민참여제도로서 주민참여예산제도를 예를 들어 발전적 접근을 해보고자 한다. 즉, 주민참여예산제도가 지방의회가 시민사회와 함께 논의의 장을 넓혀 나아가야 한다는 주민자치적 사고를 토대로 새로운 시대변화에 맞게 재설계 논의를 발전적으로 전개하고자 한다.

그런 면에서 지난 지방자치 1.0시대에 논의되었던 주민참여예산제도는 이제 그동안의 소중한 경험과 값진 교훈을 토대로 보다 실제적이고 구체적인 지역 상황에 맞게 접근될 필요성이 크다. 따라서 주민주권을 강조하는 자치분권2.0시대에는 주민참여예산제도의 주요 국면을 좀 더 근원적 접근으로 지방민주주의의 참여제도를 보강해야 할 필요성이 있다. 예를 들면 예산편성에 맞춰 논의하였던 기존의 주민참여예산제를 보다 다원적으로 접근해볼 수 있는 다음의 6하 원칙에 따라 논의해 볼 수 있는데, 즉 분석요소를 누가(who), 언제(when), 어디서(where), 무엇을(what), 어떻게 (how), 왜(why)로 구분하여 그 문제점과 대안을 제시해 볼 수 있을 것으로 본다(충남대 공공문제연구소, 2023).

(1) 누가(who)

주민참여예산제도의 참여자는 첫째 주민과 시민단체, 둘째 자치단체장, 셋째 담당공무원으로 보고 중앙정부(행정안전부 재정협력과)는 주민참여예산제도의 근간인 관련 법 및 규정 제정, 실무지침 개발, 평가제도의 운영 등 기본 인프라를 구축하는 체제로 보고 있다. 이제 더 나아가 시민단체와 지방의회의 참여와 협력 속에서 논의를 전개해야 할 것이다.

(2) 언제(when)

예산과정상의 주민참여 활동이란 측면에서 주민참여의 범위를 살펴보면, 우리나라의 경우 예산편성 단계 외에 집행 · 결산 · 평가 단계에서 주민이 참여할 수 있도록 법적 제도화(지방재정법 제39조 및 동법 시행령 제46조)가 되어 있다. 그런데, 주민참여예산의 범주를 예산편성에 집중하여 사업의 의제(agenda)설정, 예산집행, 결산 및 회계검사, 사업성과가 어떤지를 검토하는 데 소홀하였다. 따라서 이를 보완할 제도설계가 필요하다.

(3) 어디서(where)

지금까지는 주민자치를 '주민이 하는 자치'라고 하는 자치의 3요소 중에서 누구인 '주민'에 방점이 있었다고 하면, 새로운 근린자치는 '주민이 살고 있는 구역'이라는 어디에(where)에 방점을 두는 정책으로 전환할 필요가 있다. 따라서 지역 내 사업만이 아닌 지방자치단체 내 지역 간은 물론 지방자치단체 간에 활용이 가능한 공동(협동)생산(co-production)에 대한 노력이 필요할 것이다.

(4) 무엇을(what)

현재 주민참여예산에서는 대부분 자치단체가 제공하는 재원을 가지고 주민이 필요로 하는 필수서비스가 아닌 부가적 서비스, 즉 없어도 별 문제가 없는 시혜적 서비스에 한정되는 경향이 있다. 대부분의 인구소멸지구의 경우, 복지서비스(현금 또는 현물 지원형)가 주류를 이루고 큰 예산이 소요되는 지역에 대한 투자형 사업지원은 이와 상관없는 것으로 조사되고 있다. 그리고 주민참여예산사업의 운영과정에서 참여예산 규모의 급격한 증가와 참여지원기관의 위탁업무나 사업선정에 정치적 편향성이 개입되거나 부적절한 운영사례가 있어 이에 대한 통제의 필요성이 있다. 그리고 주민참여예산제도에서는 주민의 협조가 가장 필요한 부분, 주민이 잘 알고 있는 재해 등 위급상황에 대한 대처방법, 지역 내 위험시설에 대한 정보, 과거의 이력사항, 필요한 시설에서 의미가 있을 것으로 보는데, 지방자치단체가 나눠주기식의 소규모 사업을 남발할 것이 아니라 재원을 비축해 정말 필요한 위기상황에서 사용하도록 해야 한다.

(5) 어떻게(how)

주민참여예산제도의 법적 근거로서 2022년 현재 우리나라 243개 지방자치단체는 본 제도의 운용조례를 제정하여 운용하고 있는데, 적극적인 방법을 고려해봄직하다. 즉, 예를 들면 주민참여 방법에 대한 질적 수준을 제고하기 위한 주민 숙의활동을 지원하는 방법으로 주민참여기구 회의시 전문가 지원(Facilitator, Coordinator 등), 사업제안 관련 컨설팅 등 지원, 현장방문 등의 지원을 해주는 것을 고려해 볼 수 있다.

(6) 왜(why)

주민참여예산제도를 왜 시행하여야 하는지에 대한 논의를 새로운 환경변화에 대응하여 그 프레임을 보강해야 할 것이다. 왜냐하면 규범적 측면의 정의에 의하면 풀뿌리 자치분권은 당위적인 측면에서 의미가 있으며, 용어 그 자체의 상징성으로 인해 바람직하다는 의미를 포함하고 있으나 현실에서의 타당성은 현상에 대한 심층적인 분석을 통하여 개선방안을 제시하여야 할 것이기 때문이다. 그동안 우리 사회가 정치적 이념성과 사회적 포용을 강조해 온 방향성에 따라 주민참여예산제도가 활성화되었으나 정치지형의 변화, 인구소멸지역으로 표현되는 사회 · 경제적 여건의 변동, 주민의 관심과 역량 및 실질적 참여의 부족, 주민참여예산제도 담당공무원의 업무 부담 등을 고려해 볼 때 이러한 변화를 충분히 수용가능한 제도도입이 요구된다. 따라서 경제성장의 침체로 인한 자치단체의 예산감축에 대비해 주민참여예산사업의 효율성에 대한 내부통제의 강화가 이루어져 할 것이고. 외국의 사례와 같이 주민의 부담이 수반되어 주민에 의한 내부통제가 제도화되고, 인근지역과의 공동사업이 일반화되는 사례를 참조할 수 있을 것이다.

제4절 국회와 지방의회의 관계설정; 정치 · 행정적 구조 재설계

국회의원은 진정한 지방자치를 실현해내기 위해 지방의회와 함께 국가의 의사와 지방의 의사가 서로 교차하여 논의할 수 있는 공간을 만들어 주어야 한다. 이는 국가의 의사가 수직(垂直)적 내지 계서(階序)적으로 침투되는 행정관계영역과는 달리 수평(水平)적 정치관계 영역 안에 존재하게 하도록 하자는 것이다. 이를 통해 국정운영의 효율성을 증진시켜 지방의 발전과 국가의 발전이 선순환하는 실천적 지방자치의 틀을 만들어 국가경쟁력을 강화해 나갈 수 있을 것이기 때문이다. 따라서 정치적분권이 이루어진 새로운 국회와 지방의회간의 정치 · 행정적 구조를 재설계해야 한다. 여기서는 프랑스의 사례를 통해 그 정책적 시사점을 얻고자 한다(최진혁, 2011).

(1) 국회와의 관계

프랑스의 지방의회는 국회와 매우 밀접한 관계를 형성하고 있다. 상원(Sénat)은 지방자치단체를 대표하는 기관으로 헌법에 이미 규정해 놓고 있으며(제34조 2항), 따라서 도의원들에 의한 선출자로서 지방대표로서의 역할을 담당하고 있다. 따라서 상원은 국가의 대표자인 동시에 지역대표자가 되어 국가이해와 지방이해를 조정할 수 있도록 하고 있다. 특히 겸직제도(cumul des mandats)는 일부의원들은 양쪽 의회에 가담하게 하여 국가와 지방의 문제를 동시에 다루게 한다. 따라서 자연히 자기 지역민의 이해문제를 국회에서 다루려는 경향이 있다. 여기에서 우리 국회는 지역대표성을 인정하는 상원제도를 고려해야 한다. 국민 인구수에 비례한 국회의원을 운용하는 것의 보완책으로 지역균형차원의 대표성을 인정하는 국회로의 진전이 필요한 것이다. 결국 단원제 운영의 국회를 양원제 형태로 재설계해야 하는 이유이다. 그리하여 국가와 지역이 상호 밀접하게 또는 통합차원의 정치구현이 가능해지는 효과를 발휘할 것으로 본다. 요컨대 정치적 분권이 실현되어 국회와 지방의회가 대등한 관계에서 국가의 문제와 지역의 문제를 균형적으로 판단하고 집행하게 되는 것이다.

(2) 다른 지방의회와의 관계

이론상 지방의회 간에는 행정적 영역이 아니라 선거를 통한 정치적 영역이기 때문에 원칙적으로 수직(계서)적인 관계가 존재하지 않는다. 따라서 기초나 광역자치단체 구분 없이 자치단체간의 어떠한 간섭이나 통제를 배제하는 것이 원칙이다. 그러면서 자치단체간의 이해충돌이나 특수한 업무를 수행하고자 할 때 지방의회 간에 서로의 중재나 도움을 통해 해결해야 한다. 또한 여러 자치단체간의 갈등이 발생할 수 있는 사안에 대해서는 각 지방의회의 대표자들이 또 다른 지방의회를 구성하여 긴밀하게 협조할 수 있다. 즉, 각 지방의회는 한 지역에 갇혀 단절된 상태로 의정활동을 하는 것이 아니라 상하, 좌우의 의회 즉, 광역과 기초의회, 광역과 광역의회, 기초의회와 기초의회간의 협력을 통해 해법을 제시하고 결국 주민의 삶의 질을 높이게 하는 의정활동을 하게 되는 것이다. 의정활동의 품질을 제고하는 것은 물론이다.

제5절 결론

프랑스의 유명한 정치학자 조지뷔르도(George Burdeau)의 표현을 빌리자면 지방민주주의는 과연 통치하는 것인가(통치자 : gouvernante) 아니면 통치받는 것인가(피통치자 : gouvernée)에 대한 질문으로 시작한다. 지방자치단체(도시)를 다스릴 사람을 선출하는 것이 유권자의 유일한 역할인지, 아니면 퇴위(양위)하도록 하는 통제행위는 유효하지 않은 것인지에 대한 질문인 것이다. 우리 사회가 지방민주주의의 징표로서 지방자치제도가 무늬만 자치이지 실제는 중앙집권적 지방행정의 연장선상의 유연한 관치행정정도로 인식하고 있는 것이 아닐까하는 염려가 있다. 이러한 비판이 있다는 것은 바로 우리 사회가 지방자치제의 30여년의 경험에도 불구하고 통치하는 자의 모습이 더 강하게 나타나고 있는 것으로 볼 수 있고, 주민으로부터 통치받는 영역이 상대적으로 부족하게 나타나고 있음을 반증하는 것이 아닌가 한다. 따라서 통치하는 민주주의가 통치받는 민주주의로의 전환으로서 지방자치제의 제2의 도약으로 지방민주주의의 모습을 그려본다. 대의민주주의가 직접민주주의의 보완으로 더욱 성숙해진 대표제도와 참여제도로서 지방민주주의가 정착되기를 소망해보는 이유이다.

참고문헌

최진혁. (2011). 국회의원과 지방의회의원의 역할관계 정립, 월간자치행정, 12월.

최진혁. (2018). 우리나라 지방선거의 과제 : 정책선거 강화를 중심으로, 지방행정연구, 32(2).

최진혁. (2022). 6.1지방선거(민선8기)의 평가 : 대전광역시 · 충청남도를 중심으로, 한국과 국제사회. 6(4).

허석재. (2024). 현행 준연동제 비례대표제에 대한 오해와 이해; 준연동형은 연동형에 준하는 제도인가? 국회입법조사처, 이슈와 논점, 2199호.

중앙선거관리위원회. (2024). 선거통계시스템 자료.

충남대학교 공공문제연구소. (2023). 충청남도 풀뿌리자치분권 정책의 도 및 시 · 군 현황과 분석. 충청남도 공익활동 지원센터.

Raséra, Michel. (2002). La démocratie locale, Paris : L.G.D.J.

De Tocqueville, Alexis.(2009). Democracy in America / Abridged with an Introduction by Michael Kammen, NewYork : Bedford/St. Martin's.